Freya Pausewang

Dem Spielen Raum geben

Grundlagen und Orientierungshilfen
zur Spiel- und Freizeitgestaltung
in sozialpädagogischen Einrichtungen

Cornelsen

Verlagsredaktion: Erich Schmidt-Dransfeld
Strichzeichnungen (soweit nicht einzeln angegeben): Silvia Christoph, Berlin
Umschlagfoto: Heike Kaiser, Mainz
Gestaltung und technische Umsetzung: Text & Form, Düsseldorf

1. Auflage, 12. Druck 2016

Alle Drucke dieser Auflage sind inhaltlich unverändert und können im Unterricht nebeneinander verwendet werden.

Druck: Beltz Bad Langensalza GmbH

ISBN 978-3-464-49154-6

PEFC
PEFC/04-31-2257

PEFC zertifiziert
Dieses Produkt stammt aus nachhaltig bewirtschafteten Wäldern und kontrollierten Quellen.

www.pefc.de

Inhaltsverzeichnis

Einführung

Das vorliegende Buch befasst sich mit der Betreuung und Anleitung des Spiels von Kindern und Jugendlichen, und zwar vorrangig mit dem Spiel in Gruppen, wie es in sozialpädagogischen Einrichtungen, insbesondere den Tageseinrichtungen, der Heimerziehung und der offenen Kinder- und Jugendarbeit zum Alltag gehört.

Die Zielgruppe, an die sich das Buch wendet

Das Buch ist für Berufsgruppen gedacht, die das Spiel von Kindern und Jugendlichen betreuen, begleiten und anleiten. Damit sind in erster Linie Erzieherinnen und Erzieher in ihrer Berufsausbildung gemeint, aber auch sozialpädagogische Fachkräfte, die bereits im Beruf stehen und nach heutigen Standorten der Spielpädagogik suchen.

Aufgrund der unterschiedlichen Lehrpläne der Bundesländer für die Fachschulen für Sozialpädagogik muss das Buch einen breiten Inhalt umfassen. Innerhalb der Ausbildung werden nicht alle Themen behandelt werden können. Zugleich ist eine intensive Bearbeitung einzelner Teilbereiche im Rahmen dieses Buches nicht möglich. Die zusätzliche Verwendung von Fachliteratur ist deshalb ratsam. Im Anschluss an jedes Kapitel werden Literaturhinweise gegeben.

Um den Lesefluss nicht zu erschweren wird wegen des überwiegend von Frauen ausgeübten Berufes vorzugsweise die weibliche Geschlechtsbezeichnung verwendet. Selbstverständlich sind immer beide Geschlechter gemeint.

Das Anliegen des Buches

Das Buch soll der Leserin und dem Leser Anregungen geben das spontane Spiel Heranwachsender im Sinne eines selbstbestimmten, lustvollen und erlebnisintensiven Handelns zu unterstützen, das heißt, jungen Menschen Raum und Möglichkeiten für ihr Spiel zu schaffen.
Diese Unterstützung kann sich in der indirekten Spielanleitung zeigen, zum Beispiel im Herstellen einer angemessenen Spielatmosphäre, als auch in der direkten Spielanleitung, etwa in Form von Einführungen neuer Spiele oder der Bearbeitung von Konflikten. Dabei wird dem Kind eine hohe Spielkompetenz zugetraut und optimale Selbstbestimmung im Spiel angestrebt.
Konträre Ansichten in Wissenschaft und Praxis über Wirkungen des Spiels und spielpädagogisches Verhalten werden häufig zur Diskussion gestellt. Dadurch soll die Leserin, der Leser nicht verunsichert werden, sondern Hilfe erhalten einen eigenen Standort zu finden und zu begründen. Wenn es auch spielpädagogische Grundsätze gibt, kann Spielpädagogik nicht über Lehrsätze erlernt werden, sondern setzt eine ständige Bereitschaft zur Nachdenklichkeit, Standortfindung und spontanen Entscheidung voraus.

Das Buch ist keine Spielesammlung. Soweit im Text Spiele beschrieben werden, dienen sie zur Veranschaulichung von theoretischen Erörterungen. Spielesammlungen, die in großer Zahl auf dem Markt vorhanden sind, werden in der Regel in den Literaturhinweisen auch nicht genannt.

Zur Struktur des Buches

<u>Gliederung und Sachwortverzeichnis</u>

Das Buch hat zwar eine aufeinander aufbauende Struktur, ist aber so gehalten, dass die Kapitel unabhängig voneinander gelesen werden können. Dadurch lässt sich allerdings nicht vermeiden, dass hin und wieder Gedanken wiederholt werden. Wo Zusammenhänge wichtig erscheinen, wird im Text auf die jeweiligen Kapitel oder Seiten verwiesen.
Eine differenzierte Gliederung und ein ausführliches Sachwortverzeichnis, bei dem die Seite, auf der das Thema hauptsächlich behandelt wird, fett gedruckt ist, sollen dem Leser helfen die gesuchte Thematik schnell zu finden.

Anregungen zum Eindenken in die jeweilige Thematik
Zu Beginn der Teilkapitel wird immer eine Aufgabe gestellt, die dazu beitragen soll, dass die Lesenden sich in die behandelte Thematik eindenken und sich eigene Erfahrungen und Kenntnisse bewusst machen. (Da es sich in erster Linie um ein Unterrichtsbuch handelt, beziehen diese Aufgaben in der Regel Gruppenaktivitäten oder -gespräche ein.) Vieles, was anschließend im Text gesagt wird, kann dann als Bestätigung der eigenen Gedanken empfunden werden.

Zusammenfassungen
Die zweiziffrigen Kapitel werden im Anschluss an die Textteile, die teilweise unterschiedliche Teilbereiche behandeln (vor allem das vierte Kapitel) in einer kurzen Zusammenfassung gerafft wiedergegeben.
Diese Zusammenfassungen sollen:
1. den Lesern, die das möchten, einen schnellen Überblick über die inhaltlichen Schwerpunkte und die Ausrichtung des jeweiligen Kapitels geben, bevor sie den ganzen Abschnitt lesen,
2. die Möglichkeit bieten, sich nach dem Lesen eines Kapitels den Inhalt noch einmal in kurzer Form zu vergegenwärtigen,
3. den Studierenden helfen, gelesene Inhalte zu wiederholen und Erinnerungslücken zu bearbeiten,
4. die Diskussion in der Gruppe hinsichtlich der eigenen Standortfindung anregen und erleichtern.

Anregungen zum Nach-Denken
Die Zusammenfassungen werden durch unterschiedliche kurze Texte aus der Fachliteratur oder durch Aufgabenstellungen ergänzt, die zum Nach-Denken der jeweiligen spielpädagogischen Erörterungen anregen und zur eigenen Standortfindung beitragen können. Damit soll unterstrichen werden, dass das pädagogische Handeln immer wieder reflektiert und überdacht werden muss, weil es nur wenige pädagogische Grundsätze gibt, die in ein eindeutiges Richtig oder Falsch einzuordnen sind.

Claudia, Sabine und Frank
Claudia, Sabine und Frank sind fiktive, das heißt ausgedachte, Studierende einer Fachschule für Sozialpädagogik. Sie beschließen jedes Kapitel mit einem kurzen Gespräch, das ebenfalls zu Nachdenklichkeit anregen, unterschiedliche spielpädagogische Ansichten verdeutlichen und zum Vergleichen von eigenen Erfahrungen und Standorten auffordern soll.

Sie stehen für „meine“ Studierenden, die mir in und nach Unterrichtsstunden und -einheiten offene und ehrliche Beiträge und Rückmeldungen gaben, womit sie mich zum Nachdenken anregten und auf diese Weise zum Gelingen des Buches beitrugen.

Sabine: Sie erwarten also von uns, Frau Pausewang, dass wir das vorliegende Unterrichtsbuch lesen und nach jedem Abschnitt unseren Eindruck formulieren.
Claudia: Eine Zusammenfassung des Kapitels, so wie wir es verstanden haben?
Ich: Nein, keine Zusammenfassung! Ich wünsche mir, dass Sie lediglich Gedanken hochkommen lassen, zu denen das jeweilige Kapitel angeregt hat.
Frank: Und wenn mir völlig abwegige Gedanken in den Kopf kommen, zum Beispiel Kindheitserinnerungen an Spiel oder Berufszweifel oder Protestschreie?
Ich: Auch das! Es soll keine Zensur geben. Ich möchte, dass Ihr Gespräch die Leser anregt, die eigenen ausgelösten individuellen Gefühle und Gedanken nicht zu zensieren, nicht nach brauchbar

oder unbrauchbar zu ordnen, sondern sie wahrzunehmen, symbolisch vom Bauch in den Kopf steigen zu lassen, sie sich bewusst zu machen, um sie verbalisieren und diskutieren zu können.
Claudia: Wir sollen also einen spontanen Gedankenaustausch vornehmen. Na, probieren wir's!
Frank: Da bin ich ja gespannt, wie das funktioniert!

Das Motto des Buches

Das Buch soll anregen über die eigenen Einflussmöglichkeiten auf Kinder und Jugendliche als Spielleiterin und Spielleiter nachzudenken und die pädagogischen Wirkungen im sozialpädagogischen Beruf bewusst zu nutzen.

Der Einfluss von Erzieherinnen und Erziehern auf Kinder ist nach meiner Überzeugung überaus hoch, nicht nur ebenso groß wie der Einfluss von Lehrerinnen und Lehrern, sondern höher. Der Beruf hat in der Öffentlichkeit nicht das Ansehen, das ihm gebührt.
Mein Motto habe ich in dem Buch „So macht mir mein Beruf wieder Spaß. Ein Selbsthilfebuch für Erzieherinnen" von Theo Schoenaker, Julitta Seitzer und Gerda Wichtmann gefunden (1995, S.24):

„Ihre gründliche Ausbildung und Ihr pädagogisches Geschick in Verbindung mit Ihrer Liebe zum Kind lassen Sie an Bedeutung für die Qualität der nächsten Generation weit aus allen anderen Berufen herausragen. Es kann sein, dass solche, die es wissen sollten, es nicht wissen, aber Sie wissen es und können es sich immer wieder klarmachen."

Dank

Ich habe zahlreiche Personen gebeten (Studierende, Praktiker/innen und Wissenschaftler/innen), Teile des Buches zu lesen und mir kritische Rückmeldung zu geben. Ich danke diesem großen Personenkreis sehr herzlich!

Schlangenbad, im April 1997 *Freya Pausewang*

Hinweise zur Benutzung des Buches in einer nach vier Phasen gegliederten Ausbildung bzw. beim Vorgehen anhand von Entwicklungsaufgaben

1. Phase
In der Ausbildung ist diese Phase durch das Eindenken in die Berufsrolle geprägt.
Das 1. Kapitel des Buches veranlasst den Leser sich mit der Bedeutung des Spiels für junge Menschen und damit verbunden für die berufliche Arbeit in sozialpädagogischen Einrichtungen auseinanderzusetzen. Unterschiedliche Aspekte werden erörtert, wie Spiel gesehen, eingesetzt, unterstützt und angeleitet werden kann.
Im 2. Kapitel wird der Blick auf das gesellschaftliche Umfeld gelenkt, in dem junge Menschen ihr Spiel gestalten. Es werden Anregungen gegeben, wie Spieldefizite im alltäglichen Leben der Kinder und Jugendlichen durch bewusstes spielpädagogisches Vorgehen in der Einrichtung verringert und angemessene Spielorte, Spielmaterialien, Spielregeln und der Umgang mit Spielpartnern organisiert werden können. Dadurch rücken Breite und Bedeutung spielpädagogischer Arbeit in den Mittelpunkt.
Die Anregungen zum Eindenken, die Texte zum Nach-Denken und die Dialoge der drei Studierenden im Anschluss an die Kapitel fordern zur Bewusstmachung von Kindheitserinnerungen und zum Vergleich erlebter Erfahrungen und unterschiedlicher Sichtweisen auf. Sie sollten die Reflexion eigener Erfahrungen und den Aufbau von beruflichen Zielen und Rollenvorstellungen unterstützen und zugleich zu handlungsorientierten Unterrichtsmethoden anregen.

2. Phase
Hier steht die Fremdwahrnehmung im Mittelpunkt.
Das 3. Kapitel des Buches behandelt zunächst die Beobachtung. Allgemeine Vorgehensweisen im Zusammenhang mit spielpädagogischem Vorgehen (freies und gelenktes Spiel) werden gegenüber gestellt. Dabei wird der Blick der Leser auf Spielverhalten und Spielbedürfnisse der Gruppenmitglieder gelenkt.
Ausgewählte Abschnitte des 4. Kapitels können zur Veranschaulichung von Spielverhalten und zur Planung von Spielangeboten einbezogen werden.
In Fortführung der 1. Phase werden in den Anregungen und Nach-Denk-Texten weiterhin Vergleiche von Erinnerungen und Erfahrungen sowie Gegenüberstellungen von Standorten vorgenommen, um die Studierenden zu veranlassen, an dem Bild der zukünftigen beruflichen Rolle weiter zu arbeiten.

3. Phase
Sie wird durch die Entwicklung von Konzepten für praktisches Handeln bestimmt.
Das umfassende 4. Kapitel des Buches behandelt konkrete spielpädagogische Fragestellungen. Es veranlasst die Leser sich mit erfahrenen oder vorstellbaren Spielsituationen unterschiedlicher Bezugsgruppen auseinanderzusetzen und eigene Konzepte für die spätere berufliche Arbeit zu durchdenken.
Das 5. Kapitel regt die Auseinandersetzung mit dem Spiel bestimmter Gruppen junger Menschen an, für die spezielle Konzepte entwickelt werden müssen: Kinder und Jugendliche mit Verhaltensauffälligkeiten, in Krankheitsphasen und mit Behinderungen.
Das 6. Kapitel stellt anerkannte Konzepte dar und bietet damit die Möglichkeit, indirekte und direkte Spielförderung in einem größeren Zusammenhang zu sehen. Dies leitet zur letzten Phase über.

4. Phase
Es soll erreicht werden aus der Sicht grundlegender Richtungen auch eigene Konzepte ableiten zu können und so die in dieser Phase verlangte Umsetzung des eigenen sozialpädagogischen Konzepts in konkrete praktische Arbeit vorzunehmen. Für diese Umsetzung kann das gesamte Buch als Nachschlagewerk dienen. Die Literaturhinweise bieten Anregungen zur Vertiefung aufkommender Fragen und zielen auf selbstständige Weiterarbeit.

1 Die Bedeutung des Spiels für junge Menschen und für Pädagogen

Vielleicht fragen Sie als Leser oder Leserin: „Warum muss denn in alles immer eine Bedeutung gelegt werden? Spiel ist Spiel. Spiel ist einfach da, weil es Spaß macht. Kinder müssen es nicht lernen, sie können es. Der Erwachsene muss sie nur lassen. Als Erzieherin oder Erzieher oder als sonstiger Berufstätiger in einem pädagogischen Beruf benötige ich praktische Kenntnisse, muss ich vielfältige Spiele kennen und erklären, vielleicht auch für das jeweilige Kind oder die Gruppe variieren können. Damit – und nicht mit theoretischen Erläuterungen – will ich mich in diesem Beruf und in dessen Ausbildung auseinander setzen! Nur nicht aus allem eine Theorie machen, wenn doch praktisches Handeln gefragt ist!"
Der pädagogische Beruf nicht so einfach. Die Erzieherin, der Erzieher geraten ständig in Situationen, in denen sie Entscheidungen treffen müssen, auch im Zusammenhang mit dem Spiel des Kindes und des Jugendlichen. Diese Entscheidungen verlangen einen pädagogischen Standort.
Beispiele: In der Puppenecke dominiert immer das gleiche Kind. Die Mitspieler beschweren sich nicht. Sie lassen sich offensichtlich gerne anleiten und spielen gut gelaunt mit. Frage: Eingreifen oder nicht? – Ein Kind sitzt lustlos(?) herum. Frage: Zum Spiel motivieren, einen Auftrag geben oder einfach nur sitzen lassen? – Julia, fünf Jahre, will Ihnen ständig helfen. In ein zwangloses Spiel kann (will?) sie sich nicht einlassen. Frage: Ist Spielen für die Entwicklung notwendig? – Ein Jugendlicher im Heim ist von Computerspielen, bei denen nur abgeschossen wird, nicht wegzubringen. Frage: Gibt es Spiele mit schädlichen Wirkungen? – Eltern beschweren sich: „Durch Ihre Art von Spielen lernt mein Kind nichts!" Frage: Was antworte ich?

Mit diesem Anreißen von spielpädagogischen Fragestellungen will ich keine Angst vor beruflichen Aufgaben und beruflicher Verantwortung hervorrufen, sondern ich will lediglich deutlich machen: Pädagogen müssen ihr erzieherisches Handeln immer wieder hinterfragen, weil sie häufig vor Entscheidungen gestellt werden, die sie in Konflikte bringen und für die sie Wirkungen und Bedeutungen erkennen müssen. Die Entscheidungen müssen auch mit ihrem übrigen pädagogischen Verhalten übereinstimmen. Nur wenn die einzelne Entscheidung in einen größeren Zusammenhang gestellt wird, wirkt sie stimmig und für alle Beteiligten überzeugend.

1.1 Problematik der Definition von Spiel/Abgrenzung zu Arbeit und Lernen

Anregung zum Eindenken in die Thematik

Gruppengespräch

Sprechen Sie in Kleingruppen über Unterschiede zwischen Spiel und Arbeit.
Vergleichen Sie Ihre Gefühle und Empfindungen bei beiden Tätigkeiten, und zwar als Kind und heute.

„Spiel ist die Arbeit des Kindes", werden Sie schon manchmal gehört haben. Ist es das wirklich? Ist Spiel der Arbeit gleichzusetzen, wenn es wie beim Kind ernsthaft und intensiv betrieben wird, oder gibt es Unterschiede zwischen Spiel und Arbeit? Sollte Lernen möglichst über Spiel geschehen?
Im Zusammenhang mit Spiel, Arbeit und Lernen ergeben sich viele Fragen. Einige davon sollen auf den nächsten Seiten erörtert und beantwortet werden.

Schwierigkeiten der Definition

Obwohl wir eigentlich alle wissen, was mit Spiel gemeint ist, und wir das Wort ständig gebrauchen, ist eine eindeutige Definition des Begriffes Spiel nicht wirklich möglich, weil es viele Merkmale von Spiel gibt, die in manchen Spielen vorkommen, in anderen aber nicht.
Im Wörterbuch zur Pädagogik wird Spiel folgendermaßen definiert:
Im Unterschied zum zweckbestimmten, geplanten Arbeiten ist Spiel *(die Vf.) die zweckfreie, spontane, freiwillige, von innen heraus motivierte, lustbetonte und fantasiegeleitete Tätigkeit, die nach bestimmten Regeln verläuft. Da der Begriff nicht eindeutig definiert werden kann, wurde in der spieltheoretischen Literatur versucht für unterschiedliche Spielformen gemeinsame Merkmale und Funktionen des Spiels herauszuarbeiten. Dabei wurde betont, dass im konkreten Spiel nicht immer alle Merkmale auftreten müssen und es Übergangsphänomene zwischen Spiel und Arbeit oder Spiel und Erkunden gibt. Folgende Merkmalsbeschreibungen kennzeichnen den Begriff: Das Spiel erfolgt freiwillig, selbstbestimmt und zweckfrei um seiner selbst willen und frei von äußeren Zwängen. Es findet losgelöst vom Ernst des Alltags statt und aktiviert Fantasievorstellungen. Es ermöglicht in der handelnden Auseinandersetzung mit Mitspielern und Objekten Realitätserfahrungen und die Verarbeitung von Alltagsproblemen. In diesen Interaktionsprozessen finden Lernvorgänge statt, die für die soziale, kognitive und psychomotorische Entwicklung von großer Bedeutung sind. Das Spiel geht von einer Idee aus, ist zielgerichtet und dennoch offen für wechselvolle Veränderungen im Verlauf, dessen Ergebnis und Ende nicht vorhersehbar ist. Es erfüllt sich im Hier und Jetzt und wird von der Aktivität und Emotionalität der Spieler getragen, wobei der periodische Wechsel von Spannung und Entspannung charakteristisch ist. Das Spiel erfordert auch bei offenen und variabel gestalteten Verläufen die Verständigung über Regeln. Es macht Spaß, ist mit lustbetonten Gefühlen verbunden und mit Ängsten unvereinbar.* (Horst Schaub und Karl Zenke: Wörterbuch zur Pädagogik 1995, S. 328.)

In der Spielforschung wird betont, dass das Spiel ein Prozess sei, bei dem der Spieler Innen und Außen verbindet. Damit ist gemeint, dass das Kind in das Spiel sein Inneres (Gedanken, Gefühle, Erfahrungen, Fantasie) einbringt und mit der erlebten Realität (Außen) verknüpft. Gerd Schäfer (1989) spricht von einem intermediären (= in der Mitte, dazwischen liegenden) Bereich zwischen Innenwelt und äußerer Realität. Das Kind kann im Spiel so tun als ob. Es verwendet Symbole. Damit kann es die Realität so verändern, dass sie der Innenwelt angepasst wird. In diesem Zwischenbereich schafft sich das Kind seine eigene Spielwelt.

Spiel und Arbeit

Als eins der wesentlichsten Merkmale des Spiels wird die Zweckfreiheit der Tätigkeit angesehen, das heißt, das Spiel geschieht um des Spielens willen und nicht wegen seines Ergebnisses. Hierin liegt eine Abgrenzung vom Spiel zur Arbeit. Landläufig wird oft gesagt, der Unterschied vom Spiel zur Arbeit läge in der Spielfreude. Das Spiel ist zwar in der Regel eine lustbetonte Tätigkeit, lustvoll kann Arbeit aber ebenso sein. Der wesentliche Unterschied liegt nicht in der Handlungsfreude, sondern in dem Zweck. Arbeit wird wegen eines Ergebnisses vorgenommen: Die Zubereitung von Speisen ist Arbeit, weil die Mahlzeit benötigt wird. Die Reparatur eines Fahrrades, das Umtopfen von Pflanzen, das Aufräumen und Reinigen sind Arbeiten, und zwar auch dann, wenn sie freiwillig übernommen werden und Spaß machen. Das Ergebnis einer Arbeit kann der eigenen

Person dienen, zum Beispiel Anziehen, Zähne putzen, Aufräumen. Es kann aber auch dem Zusammenleben in der Gruppe oder der Familie dienen, etwa das Tischdecken, das Spülen, Einkaufen oder Kochen.
Natürlich kann beim Spiel *auch* ein Ergebnis angestrebt werden: Ein Turm soll gebaut, das Puzzle vervollständigt werden oder die Volleyballmannschaft will gewinnen. Dieses Ergebnis wird aber nicht für die Gestaltung des Alltags gebraucht. Das Ergebnis erhöht den Spielreiz: Es macht Spaß, den Turm möglichst hoch zu bauen. Ein Puzzle wäre uninteressant, wenn man es nicht zu Ende bringen könnte. Das Volleyballspiel hat gerade wegen des Gewinnens oder Verlierens einen großen Spielreiz.

Kinder sollen und wollen keineswegs nur spielen. Sie wollen auch arbeiten. Arbeit führt eben zu einem Ergebnis, das für einen selbst oder für andere, ggf. die Gemeinschaft, notwendig oder sinnvoll ist. Arbeit erhöht das Selbstwertgefühl. Wenn das Kind arbeitet, gibt es einen Beitrag, es gliedert sich in das System, in dem es lebt (die Familie, die Gruppe), ein und macht sich nützlich. Es hat etwas zu geben, es ist nicht nur Nehmender in diesem System. Natürlich kann es sich auch in einem Gruppenspiel nützlich machen, wenn es zum Beispiel Ideen in das gemeinsame Spiel einbringt oder die Spielführung übernimmt. Der Unterschied liegt darin, dass das Kind hier zur augenblicklichen, jederzeit beendbaren gemeinsamen Handlung beiträgt, während es bei der Arbeit seinen Beitrag zu einem Ergebnis, das in irgendeiner Weise weiterverwendet wird, gibt. Wenn ein Kind arbeitet, ist also sein Beitrag, sein Geben, deutlicher und anders, als wenn es spielt.
Im Spiel gibt es sich dem von innen kommenden Spieldrang hin und kann sich ganz in dieses Tun versenken, in der Regel ohne Ergebniszwang und ohne Pflichtgefühl. Arbeit, bei der es häufig nicht nur für sich selbst handelt, sondern anderen etwas zu geben hat und sich an der Bewältigung des Alltags beteiligt, stellt von außen kommende Anforderungen. Dabei sollte Arbeit durchaus auch mit Freude verbunden sein, damit das Kind ein beglückendes Gefühl nicht nur im Vorweisen seines Ergebnisses empfindet, sondern bereits beim Tun selbst.
Es wäre für das Kind schädlich, wenn seine Arbeit als Spiel bezeichnet und möglicherweise dadurch abgewertet würde, vielleicht weil sie freiwillig, freudig und geschickt ausgeführt oder vom Kind nicht zu Ende geführt wird. Das Kind wird sich dann nicht ernst genommen fühlen und kann sich nicht angemessen in Arbeit eindenken und Arbeit wertschätzen.
Andererseits darf Spiel auch nicht als „die Arbeit des Kindes" angesehen werden, auch wenn Spiel für das Kind anstrengend und seine vorrangige Tätigkeit ist oder wenn es einen hohen Lerncharakter hat und Ausdauer verlangt. Spiel muss als Spiel mit einer Ausrichtung auf das lustbetonte, gegenwärtige Tun gedeutet werden. Das Kind muss selbstbestimmt und zweckfrei spielen dürfen und in seinem Spiel wachsen ohne sein Handeln auf ein Ergebnis auszurichten. Nur dann kann es sich von seinen Wünschen und seiner Fantasie leiten lassen und den oben beschriebenen intermediären Bereich zwischen innerer und äußerer Welt finden. Diesen Bereich benötigt es um einerseits seine Erfahrungen aus der Realität zu verarbeiten und in seine Innenwelt aufzunehmen und um andererseits sein Denken, Fühlen und Handeln, das heißt seine Innenwelt, der Realität anzupassen.
In diesem selbstbestimmten intermediären Bereich, der weder harte Realität ist – auf der Handlungen negative Folgen nach sich ziehen können -, noch sich als reine Fantasie äußert – die sich in der Realität überhaupt nicht auswirkt -, kann das Kind sein Handeln ausprobieren. Es erprobt für die Realität und in der Realität, und doch auf einer unrealen Ebene. In der Zwanglosigkeit hinsichtlich Zeit und Ergebnis und mit der Möglichkeit jederzeit abzubrechen, weil es auf das Ergebnis nicht ankommt, kann das Kind Ideen entwickeln und nach entsprechenden Lösungen suchen. Es kann kreativ sein, weil es erfinden darf, ohne etwas vorweisen zu müssen.
Konkret kann das zum Beispiel bedeuten: Um Konflikte und Einschränkungen, die das Kind in der Realität verkraften musste, zu verstehen und zu verarbeiten, muss es sie nachspielen dürfen, etwa im Rollenspiel oder durch den Bau eines

Turmes, den es umwirft und wieder neu erstellt. Um die Erwartungen, die an sein Konfliktverhalten gestellt werden – wie Kompromissbereitschaft oder Geduld zu haben –, erfüllen zu können, muss es ein solches Verhalten im Spiel erproben dürfen. Dabei wird es im intermediären Bereich Fantasie und Realität verquicken.
Seine spielende Auseinandersetzung zeigt keine realen Folgen, das heißt das Kind beschädigt nichts oder kränkt niemanden, wenn es seinen Turm umwirft oder einen wütenden, bellenden Hund spielt. Die Arbeit hingegen mit ihrer Ausrichtung auf das Ergebnis hat ihren Standort deutlich in der Realität. Sie verfolgt ein Ziel, das, wenn es nicht erreicht wird, mit einem Misserfolg verbunden ist.

Natürlich gibt es zwischen Spiel und Arbeit fließende Übergänge: Wenn beispielsweise das Kind einen Baukasten begeistert ausschüttet und ihn wieder einräumt, wenn es mit seinem Kinderbesen das Zimmer ausfegt (ohne deshalb Mutter zu spielen) oder wenn ein Jugendlicher zum Sportverein geht, ist schwer zu entscheiden, ob es sich um Spiel oder um Arbeit handelt. Was als Spiel begann, kann als Arbeit enden, wenn etwa das freudige Reinigen der Puppenecke als Puppenmutter keinen Spaß mehr macht und mühsam (nicht mehr in der Rolle der Puppenmutter) beendet werden muss. Ebenso kann eine begonnene Arbeit zum Spiel werden, etwa, wenn das Kind Geschirr spült und dabei das Besteck ins Wasser fallen lässt, als handele es sich um Menschen, die ins Schwimmbecken springen. Gegen fließende Übergänge ist nichts einzuwenden, denn das Kind benötigt beides: Spiel *und* Arbeit. Weder nur Spielen noch nur Arbeiten entspräche seinem natürlichen Entwicklungsbedürfnis.
Der Versuch, Arbeit und Spiel genau zu trennen, ist zwecklos, weil beide Tätigkeiten so vielgestaltig sind, dass sie nicht eindeutig abgegrenzt werden können. Es ist auch nicht so wichtig, dass wir jede Tätigkeit des Kindes sauber zuordnen können. Wichtig ist lediglich, dass wir *beide* Tätigkeitsformen als notwendig für die Entwicklung des Kindes ansehen und sie entsprechend unterstützen.

Das methodische Vorgehen wird bei Spiel und Arbeit unterschiedlich sein: Ein Spiel, das um seiner selbst willen gespielt wird, kann abgebrochen werden, wenn die Lust nachlässt. Eine Arbeit benötigt das Ergebnis und muss in der Regel zu Ende geführt werden. Wenn das Kind mit einer Arbeit überfordert ist, kann diese Arbeit vielleicht verändert, von jemand anderem übernommen, verschoben oder geteilt werden. Ein Spiel dagegen kann jederzeit beendet werden. Natürlich wird es auch Situationen geben, in denen Erzieher/innen darauf bestehen, ein Spiel zu Ende zu führen, beispielsweise, wenn bei einem Gruppenspiel durch das Aufhören eines Spielers das Spiel für alle anderen Beteiligten abgebrochen oder stark beeinträchtigt wird oder wenn ein Kind häufig Dinge beginnt und sie nicht zu Ende führt. Dann ist allerdings in Frage zu stellen, ob die Fortsetzung für dieses Kind noch Spiel bedeuten kann.
Dass bei der Arbeit das Ergebnis wichtig ist, sollte das Kind durch eine entsprechende Stellungnahme spüren: durch das Betrachten des Ergebnisses, vielleicht durch einen Hinweis auf die Nützlichkeit und die Verwendung des Arbeitsergebnisses, durch Lob oder, wenn nötig, auch Tadel. Das Kind muss erkennen, dass zum Leben Pflichten gehören und dass es seinen Teil zum gemeinsamen Alltagsleben beitragen kann und muss.

Wenn dagegen *Spiele* zu stark hinsichtlich des Ergebnisses beurteilt werden, wird die Leistung und nicht die Spielfreude beachtet und bewertet. Das kann bedeuten, dass das Kind solche Spielformen reduziert, die von innen heraus kommen, und dass es diejenigen Spielformen vorzieht, die Leistung vorweisen. Das Kind wird abhängig von Leistung und Lob. Es wächst nicht an sich selbst, sondern durch die Beurteilung der Mitmenschen. Es verdrängt möglicherweise die Wahrnehmung seiner Gefühle, wertet sich selbst vorrangig aufgrund seiner Leistungen. Leistungsüberbewertung kann Abwertung der eigenen Person bedeuten. Eine solche Einstellung kann möglicherweise dazu führen, das Haben höher zu stellen als das Sein.

Das kann eine starke Konsumorientierung bewirken.

Spiel und Lernen

Spiel und Lernen stehen nicht nur in einem fließenden Übergang zueinander, sondern sie sind miteinander verquickt. Kinder lernen beim Spiel. Kinder *wollen* beim Spiel auch lernen und spielen bestimmte Spiele, *weil* sie dadurch lernen. Der große Lernzuwachs fällt beispielsweise auf, wenn das zweijährige Kind immer wieder von einer Stufe springt oder auf einem Mäuerchen entlangläuft, wenn es Bausteine übereinander türmt, wenn das Schulkind eine neue Technik, etwa eines Baukastens, begeistert ausprobiert, wenn der Jugendliche die Stichsäge und den Bohrer spielerisch erprobt. Hier entsteht die Motivation aus dem Erkunden, dem Experimentieren, dem spannenden Forschen. Der junge Mensch will wissen, wie etwas funktioniert und ob es ihm gelingt.

Es ist auffallend, dass Kinder aufhören, ein bestimmtes Spiel zu spielen, wenn es keinen Lernreiz mehr bietet: Das Springen von der Stufe macht keinen Spaß mehr, wenn das Kind sicher geworden ist. Dann springt es vielleicht von der zweiten Stufe. Ein Puzzle wird nicht mehr gespielt, wenn es gekonnt wird, der Baukasten bleibt liegen, wenn die Technik beherrscht wird, es sei denn, er bietet noch reizvolle kreative Möglichkeiten.

Spiel kann auch als Methode genutzt werden um ein bestimmtes Ziel und damit Lernen zu erreichen: Lernspiele in der Schule, die sogenannten didaktischen Spiele im Kindergarten, bei denen das Kind seine Wahrnehmungsfähigkeit und seine kognitiven (erkenntnismäßigen) Fähigkeiten schulen soll, etwa Zuordnung, Gliederung, Zahlenverständnis usw. Spiele können dazu beitragen und dafür eingesetzt werden, dass das Kind seinen Alltag besser bewältigt. Konkret kann das beispielsweise heißen: Die Erzieherin im Kindergarten oder Hort beobachtet fragwürdiges Konfliktverhalten der Kinder und häufigen Streit. Im Rollenspiel werden nun Konfliktsituationen nachgespielt oder erfunden, um sie später in der Realität besser zu bewältigen. Im Jugendzentrum will die Erzieherin die Mädchengruppe veranlassen, ihr Verhältnis zum männlichen Geschlecht bewusst zu machen und darüber nachzudenken. Dabei setzt sie Spiele ein, bei denen „typisch männlich“ und „typisch weiblich“ charakterisiert werden.

Da Spiel nicht eindeutig zu definieren ist und nicht alle Merkmale in einem Spiel enthalten sein müssen, kann auch dann von Spiel gesprochen werden, wenn es zu Lernzwecken eingesetzt wird, obwohl die eigentlich so wichtigen Kennzeichen wie Zweckfreiheit, Spontaneität und „von innen heraus kommend“ fehlen. Allerdings muss es dem Spielleiter gelingen, die Spieler so zu lenken, dass die spielerische Auseinandersetzung mit dem Material, den Spielregeln und dem Spielinhalt zu einer Innen-Außen-Begegnung führt. Das heißt, dass der Spieler wirklich *lustvoll* seine Gedanken, Gefühle, Kenntnisse und Erfahrungen nach außen bringt und mit der Realität in eine Beziehung setzt. Ein Lernspiel, das nur aus Pflicht gespielt wird, etwa um die Erwartungen der Erwachsenen zu erfüllen oder um gelobt zu werden, ist kein eigentliches Spiel mehr. Natürlich werden oft, besonders in der Schule, viele dieser spielerischen Methoden eingesetzt, um das Lernen angenehmer und lustbetonter zu machen, ohne dass es sich dabei im eigentlichen Sinne um Spiele handelt.

Lernspiele sind nicht abzulehnen, sie erleichtern dem Kind das notwendige Lernen, aber Pädagogen dürfen sie nicht als reine Spiele ansehen und dürfen nicht davon ausgehen, dass durch sie das Spielbedürfnis des jungen Menschen gestillt werden würde. Sie sind wie die Arbeit auf das Ergebnis ausgerichtet und bauen auf Leistung und nicht auf das spontane Sich-Einlassen in ein reizvolles Tun auf.

Lernspielmaterialien werden deshalb auch als Arbeitsmittel bezeichnet, zum Beispiel didaktisches Spielmaterial oder viele der von Maria Montessori entwickelten Lernmaterialien, die häufig in Kindergärten verwendet werden (siehe Kapitel 6.1).

Ebenso wie das Spiel nicht eindeutig von Arbeit und Lernen abzugrenzen ist, kann auch zwi-

schen Lernen und Arbeit keine klare Grenze gezogen werden. Bei einer Arbeit lernt das Kind, und Lernen kann harte Arbeit bedeuten.
Ein Unterschied zwischen wirklicher Arbeit und Lernen liegt darin, dass bei der Arbeit das Ergebnis für die Bewältigung des Alltags und das Zusammensein benötigt wird, während das Ergebnis des reinen Lernens dem Kind und seiner eigenen Entwicklung zugute kommt. Als Beispiel: Das Kind, das den Tisch für die Gruppe deckt, arbeitet. Es lernt wahrscheinlich dabei. Das Ergebnis kommt in erster Linie der Gruppe zugute. Wenn das Kind dabei gelernt hat, zum Beispiel zu zählen oder das Besteck zuzuordnen, hat es auch etwas für sich selbst getan. Ein anderes Kind soll auf einem Bild Besteck erkennen und mit Namen benennen, vielleicht auch ausschneiden und richtig angeordnet aufkleben. Sein Lernergebnis kommt nur ihm selbst zugute. Für den Alltag und die Gruppe hat es nur dann etwas geleistet, wenn es das Gelernte anschließend in konkrete Arbeit umsetzt.
Das bedeutet: Wenn Lernen im Rahmen einer sinnvollen Arbeit geschieht, hat es eine höhere Bedeutung für den jungen Menschen, weil seine Lernhandlung der Alltagsbewältigung dient. Allerdings ist das nicht immer möglich.
Die Arbeit hat einen stärkeren sozialen Aspekt. Das Lernen enthält nicht oder kaum das Geben, das in der Arbeit liegt und auch vom Kind als ein Beitrag für das soziale Zusammenleben erkannt werden kann.

Fazit:
Das Lernen darf weder das Spiel überfrachten, weil druckfreies Spiel zu einer optimalen Entwicklung gehört, noch darf Spiel die eigentliche

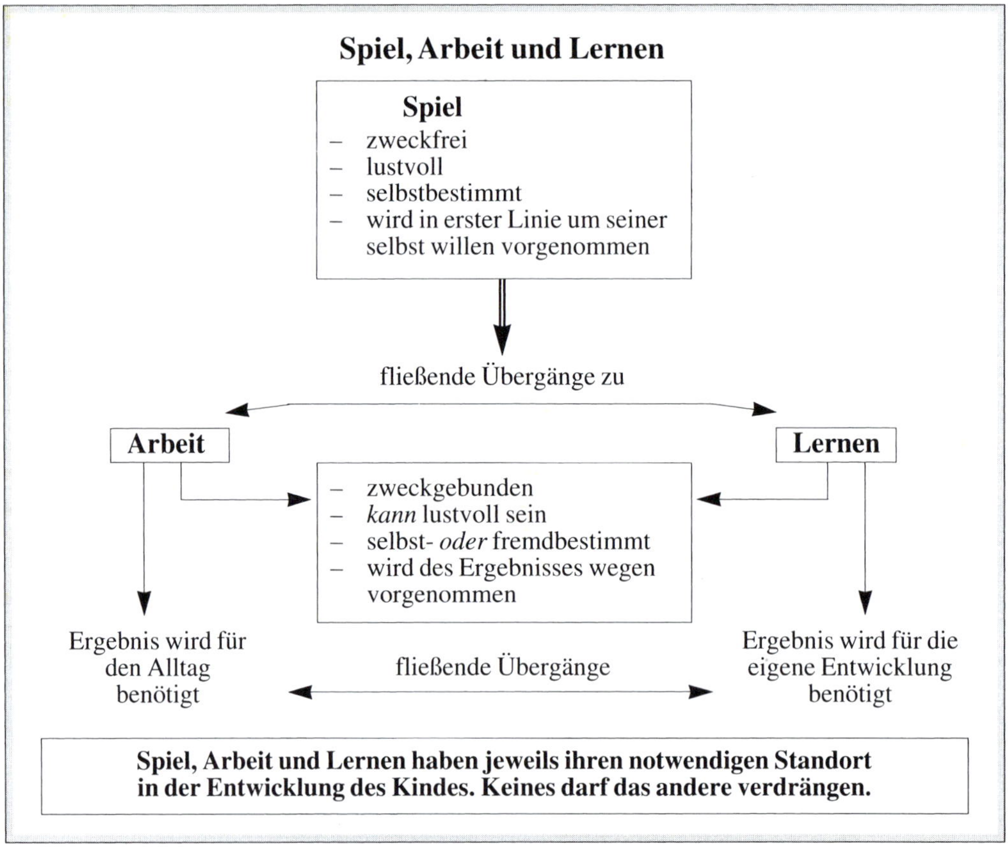
Spiel, Arbeit und Lernen
Spiel
– zweckfrei
– lustvoll
– selbstbestimmt
– wird in erster Linie um seiner selbst willen vorgenommen
fließende Übergänge zu
Arbeit
Lernen
– zweckgebunden
– *kann* lustvoll sein
– selbst- *oder* fremdbestimmt
– wird des Ergebnisses wegen vorgenommen
Ergebnis wird für den Alltag benötigt
fließende Übergänge
Ergebnis wird für die eigene Entwicklung benötigt
Spiel, Arbeit und Lernen haben jeweils ihren notwendigen Standort in der Entwicklung des Kindes. Keines darf das andere verdrängen.

auf die Bewältigung des Alltags ausgerichtete Arbeit ersetzen. Das Kind würde, wenn es nicht auch für andere arbeitet, nicht genügend das Geben erproben können, sondern sich vor allem dem Erwachsenen gegenüber ausschließlich in der nehmenden Rolle wiederfinden. Es würde nicht angemessen lernen sich in die Gemeinschaft einzubringen.

Deutlich werden die fließenden Übergänge und die Untrennbarkeit von Spiel, Arbeit und Lernen bei Freizeitaktivitäten von Jugendlichen, zum Beispiel beim Werken, Malen, dem Theaterspielen, dem Singen und Musizieren, dem Tanzen, Kochen oder auch dem Wandern, beim Zelten und beim Sport. Gerade diese Tätigkeiten bestimmen in sozialpädagogischen Einrichtungen einen breiten Teil der gemeinsamen Aktivitäten, vor allem in Einrichtungen für Schulkinder und Jugendliche.

Es ist für Pädagogen nicht nötig, jede kindliche Handlung nach Spiel, Arbeit oder Lernen zu definieren, aber es ist erforderlich, jungen Menschen wirklich echtes Spiel und echte Arbeit zu ermöglichen. Spiele, die nur im Randbereich von Spiel anzusiedeln sind, reichen für ihre Entwicklung nicht aus. Warum dieses kernhafte Spiel so wichtig ist, wird in späteren Kapiteln noch genauer behandelt werden.

Schlussfolgerungen für Pädagogen

Zusammenfassend kann gefragt werden: Wenn beim Spiel nicht die Absicht, den jungen Menschen etwas zu lehren, im Vordergrund stehen darf, wenn Lernspiele nicht zum echten Spiel zählen, wenn Spiel aus der Motivation des Spielers heraus entspringt, also eine Angelegenheit des Spielers selbst ist, wie kann Spiel dann gelehrt werden? Verliert das Spiel nicht in dem Augenblick, in dem es gelehrt wird, seinen Spielcharakter?

Wenn also die Frage gestellt wird: „Spielen lehren oder spielen lassen?“, könnte aus der Sicht der Definition durchaus angenommen werden, Spielen könne nicht gelehrt werden, weil es von innen heraus kommt und aus der Motivation des Kindes entspringt. Ein Kind würde Ihnen wahrscheinlich auch anworten: „Spielen braucht man doch nicht zu lernen, das kann man doch!“ Also muss man Kinder nur spielen *lassen*!? Ganz sicher muss man Kinder spielen lassen, das heißt, sich als Erwachsener heraushalten, weil das Spiel zur Entwicklung des Kindes gehört wie das Laufen- oder Sprechenlernen. Das Kind will in dem, was es selbst kann, nicht gegängelt werden. Es gibt aber – abgesehen von den Übergängen des Spiels zur Arbeit und zum Lernen – unterschiedlichste Einflussmöglichkeiten auf das Spiel. Dazu gehören die Spielatmosphäre, der Spielraum, das Material, die Spielpartner und die Spielregeln (auf die der Erwachsene Einfluss nehmen kann). Das Vorbildverhalten des Erwachsenen wirkt auf das Spielverhalten der Kinder, die Reaktionen wie Verstärkungen, Lob und Tadel und alle sonstigen Anregungen, die von Erzieherinnen ausgehen. Außerdem können Pädagogen durchaus Kinder zu Spiel anregen oder die Spielleitung übernehmen und neue Spiele einführen. Die Frage „Spielen lehren oder spielen lassen?“ müsste also beantwortet werden mit „Sowohl als auch!“. Mit diesem „Sowohl-als-auch“ ergeben sich zahlreiche weitere Fragen, vor allem: „Wann und wie kann und soll man *lehren* und wann und wie *lassen*?“ Konkret kann das zum Beispiel heißen: Welches Spielmaterial biete ich an, welches vermeide ich? Welche Regeln setze ich im Spiel? Erlaube ich es, wenn die Kinder lautstark Schießen spielen? Sehe ich Wettspiele als lehrreich oder als fragwürdig an und unterstütze sie oder schränke sie ein? Wie schreite ich ein, wenn einzelne Spieler von der Gruppe unterdrückt werden? Oder wie ermögliche und schütze ich echtes Kinderspiel?

Das erste Kapitel dieses Buches bearbeitet vor allem allgemeine theoretische Grundlagen für diese Fragen. Die weiteren Teile sollen zur Auseinandersetzung mit der konkreten Spielanleitung und mit speziellen Spielbereichen und -themen anregen und damit Hilfen zur eigenen Standortfindung und zu reflektiertem (überlegtem) pädagogischem Handeln im Rahmen der Spielerziehung bieten.

Zusammenfassung

- Der Begriff Spiel umfasst so unterschiedliche Aktivitäten, dass es keine allgemein gültige Definition gibt. Spiel ist eine zweckfreie, spontane, freiwillige und lustbetonte Tätigkeit, deren Motivation aus dem Spielenden selbst entspringt. Die Merkmale des Spiels müssen nicht vollständig in jedem Spiel vorhanden sein.

- Im Spiel widmet sich der Spieler ganz dem gegenwärtigen Tun. Das Spielergebnis ist nebensächlich. Der Spielende kann die Realität mit Hilfe seiner Fantasie verändern und er kann auf einer symbolischen Ebene druckfrei handeln. Dadurch bietet das Spiel eine Möglichkeit sich mit der Realität auseinander zu setzen, ohne negative Folgen befürchten zu müssen.

- Spiel bedeutet eine Auseinandersetzung des jungen Menschen mit seiner inneren Welt und seiner Außenwelt. Spiel ist ein fundamentaler Grundpfeiler seiner Entwicklung und findet losgelöst vom Alltag statt.

- Die Arbeit ist auf ein Ergebnis ausgerichtet, das in der eigentlichen Bedeutung des Wortes der Bewältigung des Alltags und des Zusammenlebens dient. Gestellte Lernaufgaben können für das Kind harte Arbeit bedeuten. Arbeit kann ebenso wie das Spiel lustvoll sein. Freude an der Tätigkeit macht eine Arbeit aber nicht zum Spiel.

- Spiel ist auch dann Spiel, wenn es Anstrengungen verlangt, solange es aus der lustvollen Motivation des Spielenden entspringt, solange der Prozess im Mittelpunkt steht und das Ergebnis nicht zur Alltagsbewältigung gebraucht wird.

- Kinder benötigen für ihre Entwicklung sowohl das Spiel als auch die Arbeit. Arbeit gibt dem Kind die Möglichkeit, etwas Nützliches für die Bewältigung des Alltags zu leisten. Das Kind hat etwas zu geben. Das Spiel darf allerdings auch nicht durch lustbetonte Arbeit oder motivierende Lernaufgaben verdrängt werden.

- Im Spiel, vor allem im Spiel der Kinder, wird gelernt, und Lernen, das heißt die lernende Bewältigung des Alltags und die Verarbeitung der alltäglichen Erfahrungen, ist häufig die ausschlaggebende Motivation des Spiels. Sobald aber das Kind veranlasst wird, so zu spielen, dass es Lernziele erreicht, die der Erwachsene als erstrebenswert vorschreibt, kann der Charakter des Spiels verloren gehen. Spiele mit Lernabsichten von Seiten des Erwachsenen sind deshalb im Grenzbereich des Spiels anzusiedeln. Sie sind in angemessenem Maß einzusetzen und dürfen das spontane, freiwillige und aus eigener Motivation entspringende Spiel nicht ersetzen.

- Alle gesund entwickelten Kinder spielen. Sie benötigen aber eine angemessene Spielatmosphäre sowie Anerkennung und Verstärkung ihres Spiels um das Spiel optimal entwickeln zu können. Durch entsprechende Anregungen können sie ihr Spiel entfalten und differenzieren.

Zum Nachdenken:

❍ Aussage einer Mutter, die ihr Kind vom Kindergarten abholt:
„Was, ihr habt heute nichts gemacht, *nur* gespielt?!"

❍ Bericht einer anderen Mutter: „Mein vierjähriger Sohn mag es gerne, wenn ich mit ihm spiele und wir dafür Lernspiele wie Domino und Würfelspiele oder Farblernspiele auswählen. Wenn wir das Spiel dann beendet haben, strahlt er, sagt, dass es schön gewesen wäre, aber dass er jetzt erst einmal etwas *spielen* müsse."

❍ „Erst die Arbeit, dann das Spiel!"

❍ *Kein Kind kann zum Spielen gezwungen werden, einerlei um welchen Spielinhalt es sich handelt. Und wenn es unter Zwang „spielt", dann nennt man dies Unterricht oder Unterweisung.*
(Christian Büttner 1995, S.144)

❍ Spiel ist keine Spielerei!

❍ **Zuordnungsübung: Arbeit oder Spiel oder im Bereich dazwischen?**

1. Kindergartenkinder putzen mit Begeisterung und ohne Auftrag die Waschbecken im Bad.
2. Hortkinder erledigen ihre Hausaufgaben.
3. Anke spielt in der Puppenecke und räumt dabei als Mutter den Puppenschrank auf.
4. Jonas schüttet einen (unordentlichen?) Baukasten aus und räumt ihn ganz geordnet auf.
5. Mehmet repariert sein Fahrrad und putzt es auf Hochglanz. Anschließend macht er das Gleiche für seine Freundin Sevim.
6. Mareike setzt im Kindergarten jeden Morgen zunächst ein Puzzle zusammen.
7. Ramona malt ein Bild, weil die Mutter eins haben will.
8. Jan, drei Jahre, macht alle Turnübungen nach, die ihm Michael, fünf Jahre, vormacht.
9. Ali fährt schon zum 21. Mal mit dem Rollbrett die Hangstraße hinunter.
10. Peter lernt Einrad fahren.

❍ Michael Renner zur Abgrenzung von Spiel und Arbeit:

❒ *Wenn Arbeit und Spiel nicht mehr zu unterscheiden sind, werden die wesentlichen Möglichkeiten elementarer Spielerfahrung gefährdet, zum Beispiel das Handeln, was keine Folgen hat, ohne bewusste Absicht geschieht u.ä. Nicht die Arbeitenden oder Spielenden entscheiden dann, ob sie spielen oder arbeiten, sondern sie erledigen Spiel als Pflicht, was dann „spielerisches Erarbeiten" genannt wird. Vokabellernen spielen läßt zum Beispiel ganz andere Spielmöglichkeiten und Spielhandlungen zu als „spielerisch" Vokabeln für die richtige Schule zu lernen. Englische Worte im Spiel müssen nur englisch klingen, nicht richtes Englisch sein. Beim „spielerischen Lernen" soll das Lernen an sich unterhaltsamer werden, es gliedert sich an sich in den Lernzielkatalog der Schule ein, ist also fremdbestimmt.*
Kinder und Jugendliche werden misstrauisch, wenn ihnen Arbeits- oder Lernaufgaben als Spiele verkauft werden. Freiheit und Selbstbestimmung sind dann nicht mehr erfahrbar. PädagogInnen, die ihre Intentionen und methodischen Vorgehensweisen als Spiel deklarieren, ignorieren das Selbstbestimmungsmoment des Spiels.
Zielorientierte „Spiele" sind ihrem Wesen nach Übungen, die im Rahmen einer Quasi-Realität bestimmte Dispositionen im Hinblick auf die Wirklichkeit trainieren. Entspricht es aber nicht dem menschlichen Bedürfnis, auch einmal etwas zu tun ohne nach der Nützlichkeit zu fragen? (...)

Wenn mit einem Spiel etwas erreicht werden soll, was mit dem Spiel eigentlich gar nichts zu tun hat, können wir von einer Täuschung sprechen. Die Folge sind Enttäuschungen. Deshalb ist auch eine sprachliche Klarheit im zwischenmenschlichen Umgang notwendig. Spiel zu sagen und Pflicht (Arbeit) zu meinen, führt zu einem Verlust an Glaubwürdigkeit und zu unklarer Kommunikation. Im Spiel sollten sich Kinder, Jugendliche und Erwachsene frei von äußeren Zwecken und quasi gleichberechtigt begegnen können. (...)

Freies Spiel und notwendiges Lernen können beide gleichermaßen anstrengend sein. Lernen muss nicht per se Unlust auslösen, Spiel nicht per se Lust machen. Beides kann spannend, langweilig, aufregend oder noch etwas ganz anderes sein.

In der konkreten Situation kann gar nicht immer geklärt werden, ob ein Spiel oder das Lernen Spaß macht. Oft kommt der Spaß – sowohl beim Lernen als auch beim Spielen – wenn die gestellte Aufgabe bewältigt ist. In Spiel- und Lernsituationen können aber auch andere Formen des Ergriffenseins entstehen, die mit Spaß, egal welcher Art, nicht vergleichbar sind (z.B. staunen, trauern, sich wundern etc.) ❑

(Michael Renner: Spieltheorie und Spielpraxis. Eine Einführung für pädagogische Berufe, 1995, S. 48ff.)

Claudia, Sabine und Frank
Studierende einer Fachschule für Sozialpädagogik

◆ **Frank:** Der Abschnitt über Arbeit hat mich nachdenklich gemacht: Kinder müssen auch arbeiten. Das ist eine ganz schön hohe Anforderung an uns Erzieher.

◆ **Sabine:** Dass wir Jugendliche im Heim zur Arbeit erziehen müssen, war mir klar, aber dass wir zum Beispiel dafür sorgen müssen, dass Kinder im Kindergarten auch arbeiten ...? Claudia, wie siehst du das mit deiner Kindergartenerfahrung?

◆ **Claudia:** Gar nicht so problematisch. Kinder arbeiten meist gern und es gibt auch Arbeit für sie, wenn wir uns die Mühe machen, sie zu lassen. „Mühe machen", sage ich deshalb, weil es ja viel schneller geht, Arbeit selbst zu erledigen. Kindern Arbeit zu ermöglichen und sie dazu anzuhalten, würde zugleich bedeuten, dass das Wirtschaftspersonal mehr in die pädagogische Arbeit einbezogen wird: Spülmaschine ein- und ausräumen, fegen, Waschbecken putzen und so. Natürlich würde das mehr Zeitaufwand für die Reinmachefrau bedeuten. Sie müsste dann an anderer Stelle entlastet werden. Also auch wieder mehr Arbeit für uns.

◆ **Sabine:** Für meine zukünftige Arbeit im Hort oder Heim sehe ich da größere Probleme. Da wird Arbeit nur noch selten freiwillig geleistet. Ohne feste Regeln und Konsequenzen kommen wir wohl kaum aus.

Aber zum Spiel: Mich hat der kurze Nachdenksatz „Spiel ist keine Spielerei!" beeindruckt. Als hätte er das ganze Kapitel auf einen Punkt gebracht: „Nimm das Spiel ernst!"

◆ **Frank:** Davon müsste man manche Eltern erst mal überzeugen können!

Literaturempfehlung

Jürgen Fritz: Theorie und Pädagogik des Spiels. Eine praxisorientierte Einführung. Juventa Verlag 1991. Darin das Kapitel: Was ist das Wesen des Spiels?

Ulrich Baer: Spielpraxis. Eine Einführung in die Spielpädagogik. Kallmeyersche Verlagsbuchhandlung 1995. Darin das Kapitel: Was ist Spiel?

Hans Mogel: Psychologie des Kinderspiels. Die Bedeutung des Spiels als Lernform des Kindes, seine Funktion und Wirksamkeit für die kindliche Entwicklung. Springer Verlag 1994, 2. Aufl.

Darin das Kapitel: Spielfreude, ein generelles Merkmal des Spiels?

1.2 Spielentwicklung und Spielformen

Anregung zum Eindenken in die Thematik

Zuordnen (klassifizieren) von Spielen
Arbeiten Sie im Plenum (Klassenverband)!

- *Sammeln Sie unterschiedliche Spielarten und schreiben Sie diese an die Wandtafel (mindestens 15), zum Beispiel:*
  Spiel mit Sand,
  Verstecken und Fangen.
- *Ordnen Sie anschließend diese Spielarten nach übergeordneten Gesichtspunkten, und zwar:*

1. *Fähigkeiten ausprobieren (gemeint sind Spiele, bei denen vorrangig Bewegung, Wahrnehmen, Handhabung von Materialien zum Ausdruck kommen),*
2. *etwas herstellen (zum Beispiel bauen, werken, malen, formen),*
3. *Rollenspiele (Spiele, bei denen sich die Spielenden in eine andere Rolle versetzen),*
4. *Regelspiele (Spiele, die nach Regeln gespielt werden).*

Manche Spielarten werden Sie wahrscheinlich in mehrere Gruppen einordnen können. Wählen Sie diejenige Gruppe, die Ihnen vorrangig erscheint.

- *Überlegen Sie:*
  - *Ist eine der vier Gruppen nur wenig oder einseitig vertreten? Kann die Aufzählung in dieser Gruppe ergänzt werden?*
  - *Ist eine altersmäßige Zuordnung möglich oder erkennbar (beispielsweise Krippe, Kindergarten, Hort)?*
  - *Erinnern Sie sich an eigene Vorlieben?*
  - *Sehen Sie die vier Spielformen als gleichwertig bedeutsam für die Entwicklung von Kindern an oder erscheinen sie Ihnen als ungleich wichtig?*
  - *Wenn Sie Erfahrung mit behinderten Kindern haben: Spielen körper- und geistigbehinderte Kinder im Laufe ihrer Entwicklung ebenfalls in allen vier Spielformen?*

Kinder beginnen bereits als Säuglinge zu spielen. Mit zunehmendem Alter wird das Spiel differenzierter und vielfältiger. Die Entwicklung der Grundformen kindlichen Spiels ist bei allen gesunden Kindern ähnlich.

Übungsspiel oder Funktionsspiel

Die ersten Spiele sind Übungsspiele (Bezeichnung von Jean Piaget). Charlotte Bühler spricht von Funktionsspielen. Der Säugling beginnt einfache Bewegungen ohne ein bestimmtes Ziel zu erproben. Die eigenen Fähigkeiten, deren *Funktionen* werden erforscht und *geübt* (= Funktions- oder Übungsspiel).
Auffallend sind diese spielerischen Bewegungen, wenn der Säugling anfängt zu lallen, das heißt, wenn er mit seiner Stimme spielt. Er liegt in seinem Bettchen und erprobt stimmliche Geräusche. Dabei wirkt er entspannt. Ebenso werden Hände und Beine lustvoll bewegt. Hier ist allerdings für den Zuschauer schwerer erkennbar, ob es sich wirklich um Spiel handelt, also um beabsichtigte, lustvolle Bewegungen.
Noch vor Ende des ersten Halbjahres werden Gegenstände in dieses Bewegungsspiel einbezogen: Rasseln und andere Dinge werden bewegt, Mobiles werden mit den Augen verfolgt und mit den Händen in Bewegung gesetzt, Gegenstände werden zum Mund geführt und mit Lippen, Kiefer und Zunge untersucht und betastet.
Im zweiten Halbjahr werden diese Spiele gezielter vorgenommen: Gegenstände werden

fallen gelassen, mit ihnen wird geklopft, Dinge werden herangezogen. Sobald die Kinder krabbeln und laufen können, ist nichts mehr vor ihnen sicher. Sie wollen die Welt spielend entdecken. Die zunehmenden Körperfunktionen werden lustvoll erprobt: krabbeln, laufen, klettern, greifen, anfassen und loslassen, heranziehen und wegstoßen, werfen, schlagen, in den Mund stecken usw.
Die Übergänge von Spiel und Nichtspiel sind fließend. Von Spiel können wir vor allem dann sprechen, wenn das Kind die Tätigkeiten aus Lust an diesem Tun vornimmt und dabei entspannt und gelockert wirkt. Wenn es beispielsweise der Mutter nachläuft, weil es Hunger hat oder weil es nicht allein gelassen werden will, liegt kein Spiel vor. Wir können deshalb nicht bei jeder Aktivität des Kleinkindes von Spiel reden.

Je älter das Kind wird, desto differenzierter nimmt es seine Übungsspiele vor: Stufen hinunterspringen, einen kleinen Hügel erklettern und hinunterlaufen oder rutschen, einen Stuhl erklimmen, sich auf die Zehen stellen um etwas zu erreichen. Geräte und Materialien werden zunehmend und vielfältig ausprobiert: Wasser gießen, Sand schütten, matschen, in Pfützen patschen, Dinge rollen lassen, Fahrzeuge ziehen, sich selbst mit Fahrzeugen fortbewegen. Bis ins Jugendalter – auch noch bei Erwachsenen – bleiben Übungsspiele erhalten. Das ist beispielsweise der Fall, wenn ein neues Gerät, etwa ein Pedalo oder ein Einrad, ausprobiert und damit gefahren wird (systematisches und eisernes Üben würde je nach Motivation nicht mehr zum Spiel zählen), oder wenn die Funktion eines unbekannten Büchsenöffners aus Lust (und nicht aus Notwendigkeit) untersucht wird.

Konstruktionsspiel

Das Konstruktionsspiel wird von J. Piaget nicht als eine eigene Spielform bezeichnet. Charlotte Bühler sieht es als eine eigene Form an. Bereits im zweiten Lebensjahr kann das Kind mit seinen Bausteinen Türme bauen, die es dann wieder voller Freude umwirft. Horst Nickel spricht von Herstellspielen (1991, S. 127).

Meist werden den Kindern vielfältige Materialien zum Konstruieren angeboten. Zunächst sind es Bausteine, die einfach übereinander gesetzt werden und den Kindern erste Kenntnisse über Statik vermitteln. Dazu kommen Ringpyramiden und ähnliche Materialien, deren Konstruktion vorgegeben ist. Später erhalten die Kinder Bausteine mit haltbaren Verbindungen zum Stecken (zum Beispiel Lego) oder zum Schrauben. Mit unterschiedlichen Werkmaterialien erstellen sie ebenfalls Produkte, beispielsweise aus Papier, Ton oder Holz.

Konstruktionsspiele beginnen meist mit einem noch ungezielten Ausprobieren der entsprechenden Materialien: ineinanderstecken, schrauben, formen, schneiden, kleben, mit Farbstiften kritzeln (Übungsphase = Übungsspiel). Erst wenn die Funktion einigermaßen beherrscht wird, fängt das Kind an, sich Konstrukte vorzustellen und sie zu gestalten. Diesen Prozess können wir bei vielfältigen Konstruktionsspielen beobachten: Sandspiel, Malen, Bauen, Kneten usw. Der Beginn ist ein „Kritzelstadium" mit dem Material. Die gezielte Konstruktion setzt die Kenntnis, wie das Material benutzt werden kann, weitgehend voraus und verlangt zudem eine Vorstellung von dem zu gestaltenden Endprodukt. Diese Vorstellung kann zunächst durchaus sehr vage sein, sie kann sich im Laufe des Konstruierens ständig verändern und ausformen, bis ein befriedigendes Endprodukt erreicht wurde. Oft spielt der Zufall mit.
Bevor Kinder die Vorstellung eines Produktes entwickeln können, liegt meist eine Deutung des Zufallsproduktes vor: Sie malen ungezielt (kritzeln) und geben nach der Fertigstellung dem Bild eine Deutung: Eine Sonne, ein Mensch, ein Haus. Sie bauen etwas und bezeichnen es anschließend als Treppe, als Zaun oder als Tier usw.
Wenn die Technik des Konstruierens beherrscht wird, kann auch etwas nach Vorlagen hergestellt werden. Beim Malen wird das Nachvollziehen von Vorlagen als problematisch und im Allgemeinen nicht als förderlich angesehen, weil sich die eigene Kreativität

nicht entwickeln kann. Ein Kind ist dann schnell davon überzeugt, dass es selbst nicht malen könne, und entwirft seine Bilder nicht mehr eigenständig. Beim Bauen, bei dem mit vorgegebenen Bauteilen konstruiert wird und bei dem das Erkennen von Zusammenhängen (Technik) eine große Rolle spielt, wirken sich Vorlagen weniger negativ auf die eigene Kreativität aus. Trotzdem sollte auch hier, vor allem beim jüngeren Kind, darauf geachtet werden, dass der Glaube an die eigene Gestaltungsfähigkeit nicht durch zu viele Vorlagen verkümmert.

Natürlich muss nicht nur mit vorgegebenen Bauteilen gebaut und konstruiert werden. Sand, Matsch, Wasser, Erde, Steine, Hölzer, Äste, Wildfrüchte, oder industrielle Wertstoffe und vieles mehr regen Kinder an etwas zu bauen und zu werken.

Kinder haben auch Freude am großräumigen Konstruieren: Tücher und Möbel für Häuser und Höhlen, Bretter, Seile und Autoreifen für eine Bewegungsbaustelle oder bei älteren Kindern vielleicht sogar für ein Baumhaus.

Symbolspiel und Rollenspiel

Mit der Vorstellung, dass ein Gegenstand ein anderes Objekt darstellt, hat das Kind bereits eine weitere Spielform erreicht: das Symbolspiel: Das Kind funktioniert einen Gegenstand um und sieht in ihm etwas, was er nicht darstellt. (Deshalb sagt J. Piaget, dass das Konstruktionsspiel Anteile des Übungsspiel und Anteile des Symbolspieles enthalte. Das Kind übt mit dem Material, aber es stellt auch etwas im Modell (Symbol) her: Das gebaute Haus ist kein wirkliches Haus.

Bereits im Laufe des zweiten Lebensjahres sind Kinder zu Symbolspielen in der Lage: Ein länglicher Baustein wird zum Löffel. Der Baustein wird jetzt nicht mehr zum Mund geführt um ihn zu betasten, sondern weil er einen Löffel oder auch ein Stück Brot darstellt. Der Sand wird im Sandeimer umgerührt, weil er Essen in einem Kochtopf bedeutet, nicht mehr nur, weil das Rühren oder Schütten Spaß macht.

Symbolspiele sind zunächst Nachahmungsspiele. Das Kind handelt so, wie es das bei den Bezugspersonen, vor allem den Eltern und den älteren Geschwistern, sieht. Es versetzt sich noch nicht selbst in die Rolle anderer Personen. Dieser Schritt folgt aber bereits im dritten Lebensjahr.

Das Kind beginnt dann sich selbst als jemand anderen zu sehen: Als Mutter, die das Essen kocht, als Vater, der das Auto fährt, als Käufer und Verkäufer usw. Das Kind handelt jetzt als Mutter oder Vater. Es tut nicht nur, als ob es eine andere Person wäre, sondern es fühlt sich im Spiel auch wirklich als diese Person, und kann jetzt Handlungen vornehmen, die ihm in seiner eigenen Rolle als Kind nicht möglich sind, zum Beispiel Essen kochen oder Auto fahren. Das eigentliche Rollenspiel beginnt. (J. Piaget bezeichnet das Rollenspiel als Symbolspiel.)

Während des Kindergartenalters erreichen Rollenspiele einen Höhepunkt. Sie sind aus dem Leben des Kindes nicht wegzudenken. Nicht nur Gegenstände und die eigene Person werden symbolisch zu anderen Dingen und Wesen, auch Situationen werden umfunktioniert. Es wird gespielt, *als ob* die Situation jetzt anders wäre, als sie ist: „Ich hätte schon eingekauft und müsste jetzt kochen und das Kind wäre krank. Der Vater wäre verreist.“ Spielpartner werden jetzt zunehmend wichtig. Spielpläne werden gemeinsam entworfen: „O, ja, wir spielen Autounfall, ich wäre die Polizei und du wärst der Krankenwagen!“ „Nein, ich müsste mit dem Hubschrauber kommen, es wäre ein schwerer Unfall!“

Rollenspiele werden oft mit Konstruktionsspielen verknüpft: Es wird etwas für das Rollenspiel gebaut, zum Beispiel Straßen für ein Autospiel. Im Flur bauen sich Kinder eine Höhle, die sie später dazu motiviert, wilde Tiere zu sein. Oder Rollenspiele werden unterbrochen, weil zur Fortsetzung des Spiels etwas gebaut werden muss: Die Familie will verreisen und baut dafür aus Stühlen ein Auto.

Manchmal kann es Konflikte in der Spielgruppe geben, weil das eine Kind am Konstruieren seine Freude hat und das Bauen und Konstruieren für das geplante Rollenspiel zu lange ausdehnt, während das andere Kind zum Rollenspiel drängt.

Im Rollenspiel werden Erlebnisse der Kinder auf fiktiver, das heißt unrealer Ebene wiederholt und wiedererlebt: Das Kind spielt, was es erlebt hat, insbesondere solche Erlebnisse, die es beeindruckt, verängstigt oder empört haben: Es ahmt die Eltern nach, es spielt krank sein, gestraft werden oder selbst strafen, ein gefährliches Tier sein, imaginäre (unreale, ausgedachte) Fähigkeiten haben. Es wiederholt Fernsehsendungen und Hörspiele oder gestaltet sie um.

Rollenspiele sind auch bei Hortkindern im Grundschulalter noch sehr aktuell. Sie können unterschiedliche Formen annehmen bis hin zum Theaterspiel, bei dem für ein Publikum gespielt wird. Dazu gehört auch zum Beispiel das Handpuppenspiel, das ältere Kindergartenkinder durchaus bereits für Zuschauer spielen können, vorausgesetzt, sie haben es vorher gesehen und als angenehm und spannend erlebt.
In der Form von Theaterspiel haben auch manche Jugendlichen und Erwachsenen noch am Rollenspiel Spaß.

In der Schule und in der Erwachsenenbildung werden Rollenspiele als Methode eingesetzt. Die Lernenden sollen beispielsweise als Berufstätige, etwa als Polizei, handeln und ihre Entscheidung erklären um Aufgaben dieses Berufsbildes zu erfassen oder Entscheidungen nachzuvollziehen zu können. Bei nahezu jedem Lernstoff und in jedem Unterrichtsfach lassen sich solche Rollenspiele einsetzen: in der Rolle von Abgeordneten argumentieren, ein fiktives Bewerbungsgespräch führen, sich in einer Fremdsprache unterhalten, als Erzieherin vor (durch Mitschüler gespielten) Eltern das eigene Vorgehen begründen. Diese Methode kann dazu beitragen, dass die Lernenden Situationen, Geschehnisse und Ansichten aus unterschiedlicher Sicht betrachten, sich in ungewohnte Sichtweisen einlassen und die Breite von Argumentationen erfassen und üben. Dabei wird ihr Wissen erweitert und verfestigt. Zusätzlich machen solche Lernsequenzen meist Spaß, wenn sie auch manchmal Überwindung kosten. Was hier im jugendlichen und erwachsenen Alter geübt und vom Lehrenden vorstrukturiert wird, kann das jüngere Kind von selbst leisten und begibt sich ohne Anleitung freudig in die verschiedensten Rollen und Situationen.

Regelspiel

Die letzte Gruppe der Spiele sind die Regelspiele. Jürgen Fritz erklärt ihre Entstehung so (Fritz 1991, S. 39 f):

Die Regelspiele entwickeln sich langsam aus den Übungsspielen. Hat das Kind bestimmte sensumotorische Fähigkeiten erworben, bildet es Regeln, nach denen diese Fähigkeiten sich zeigen sollen: Eine enge Straße entlang laufen ohne die Hauswände zu berühren, eine Treppe hinaufgehen ohne die Hände zu benutzen. Diese „Selbstverpflichtung" im Übungsspiel bildet den Übergang zu den Regelspielen, bei denen die Verpflichtung zur Einhaltung von den Mitspielern kontrolliert wird. Regelspiele in ihrer entfalteten Form sind also soziale Spiele: Spiele, die zu mehreren stattfinden und in denen Absprachen zwischen den Spielern über die Regeln und den Spielablauf vorliegen. Die Regel, Kristallisationspunkt dieses Spieltyps, ist als objektivierte soziale Vereinbarung Teil der sozialen Außenwelt. Im Regelspiel geht es also nicht mehr nur um das Zeigen und Entwickeln von Fähigkeiten, sondern auch um das Herstellen sozialer Strukturen: die Bildung einer Gruppe, die unter sich ausmacht und kontrolliert, was nach welchen Regeln gespielt wird.
Die in gegenseitiger Absprache und allseitigem Einvernehmen getroffenen Vereinbarungen über Spiel und Spielregeln sind im Gegensatz zu den Vorschlägen und Verboten im Elternhaus „eigene" Regeln des Kindes und drücken vielfach schon Selbstbeherrschungs- und Selbstbestimmungsverhalten aus.
Kinder setzen sich zum Beispiel Regeln für ein Hüpf- oder Ballspiel und sehen ihre Leistungsfortschritte nicht nur im Bewältigen der Spielart, sondern auch in der Einhaltung der Spielregel oder in der Durchsetzung der Spielregel gegenüber den Spielpartnern. Dabei können die Kinder in Konflikte geraten zwischen der Suche nach Anerkennung durch die Mitspieler aufgrund ihrer Leistung oder aufgrund ihres Umgangs mit den vereinbarten Spielregeln. Sie

schummeln um eine bessere Leistung zu erbringen, oder sie geben ihren Leistungsfehler zu um als gerecht zu gelten. Je nach Gruppenzusammensetzung und dem Verhalten der Mitspieler (Alter) kann die Regeleinhaltung sehr hoch bewertet werden. Die Regelübertretung kann dann mit Abwertung und Verachtung, möglicherweise sogar mit Ausschluss aus der Spielgruppe bestraft werden.
Echte Regelspiele, bei denen Kinder auf die Einhaltung der Regeln achten und nicht nur einen vorgegebenen Ablauf mitmachen, beginnen in ersten Anfängen etwa mit fünf Jahren und steigern sich im Grundschulalter bis etwa zehn Jahre auf einen Höhepunkt.

Im Regelspiel übt das Kind spielend Formen des Zusammenlebens in Gruppen und Gesellschaften. Es ordnet sich auf spielender Ebene „Gesetzen", die das Zusammenleben regeln, unter und empfindet Spielfreude daran, diese Gesetze in unterschiedlichster Form auszuprobieren, sich anzupassen oder die Mitspieler in ihre Grenzen zu verweisen: Bewegungs- und Sportspiele, Spiele im Kreis, Brett- und Kartenspiele, Singspiele, Wahrnehmungsspiele, Schreib- und Zeichenspiele und viele weitere Spielformen gehören dazu. Auch der Erwachsene hat noch seine Freude an Regelspielen, sei es im Sport, bei Brettspielen wie Schach, bei Kartenspielen oder anderen Denkspielen.
Regelspiele können Abschnitte von Übungs-, Konstruktions- und Rollenspielen enthalten. Die Spieler müssen zum Beispiel mit einem Ei (einer Kartoffel) auf einem Löffel möglichst schnell ein Ziel erreichen (Übungsspiel), einen Begriff pantomimisch spielen oder malen, der dann von den Mitspielern geraten wird (Rollenspiel und Konstruktionsspiel).
Regelspiele sind weitgehend auf Richtig und Falsch ausgerichtet. Deshalb führen sie häufig – nicht grundsätzlich – zu konkurrierendem Verhalten. Viele Regelspiele sind Gewinn- und Verlierspiele. Dieses vergleichende Verhalten setzt noch nicht ein, wenn Kinder beginnen sich an Regelspielen zu beteiligen. Vierjährige Kinder im Kindergarten achten beispielsweise noch nicht darauf, ob sie mehr Memorykarten als die anderen gewonnen haben, wenn sie nicht von älteren darauf hingewiesen werden. Das Mitspielen als solches reicht ihnen als Faszination und als Anforderung aus. Bei einem Wettlauf können Dreijährige „Erster" rufen, auch wenn sie als Letzter das Ziel erreichen, weil für sie „Erster" bedeutet, das Ziel als solches erreicht zu haben. Sie vergleichen noch nicht. Es wäre auch falsch, sie zu einem konkurrierenden Verhalten anzuhalten, wenn sie es selbst noch gar nicht in ihr Spiel einbeziehen. (Über die Problematik von Konkurrenzspielen mehr in Kapitel 4.5.2 auf Seite 176)

Die Bezeichnungen der einzelnen Spielformen werden in wissenschaftlichen Kreisen, wie schon erwähnt, differierend vorgenommen, wobei hinter Begriffen unterschiedliches Verständnis stehen kann. Wolfgang Einsiedler (1991, S. 60 ff) empfindet zum Beispiel die Bezeichnung „Funktions- oder Übungsspiel" als einseitig. Er bevorzugt die Bezeichnung „psychomotorische Spiele", Er begründet, dass es sich nicht nur um reine Bewegungs- und Funktionsfreude handelt, sondern dass das Kind in diesen Spielen durchaus auch seine kognitiven Fähigkeiten einsetzt, Zusammenhänge erkennt und Wirkungen gezielt erprobt.

Die Bezeichnungen Fiktionsspiel und Illusionsspiel für das Rollenspiel sind (noch) üblich. Hans Mogel warnt jedoch davor sie zu gebrauchen und begründet das folgendermaßen (Mogel 1994, S. 65 ff): Das kleine Kind beobachtet seine Eltern. Es sieht Handlungen, die es faszinieren und die es selbst auch tun möchte, die es aber nicht ausführen darf oder auch nicht ausführen kann. „Beispielsweise darf es nicht selbst Auto fahren und es kann nicht sein eigenes Kind ins Bett bringen." Das Kind muss also damit fertig werden, dass es bestimmte Handlungen der Eltern nicht ausführen kann. Nun bietet sich ihm das Symbol. Es kann jetzt auf dem Stuhl sitzen, Autogeräusche erzeugen und Auto fahren. Es tut nicht, *als ob* es Auto fahren würde. In seinen Augen fährt es tatsächlich Auto. Ebenso bringt das Kind, das seine

Puppe ins Bett legt, aus seiner eigenen Sicht sein Kind zu Bett. Es handelt sich also nicht um Illusionen (Täuschungen, Einbildungen) oder Fiktionen (Erfindungen, Annahmen) bzw. um „so tun als ob". Das Kind darf und kann jetzt ersehnte Handlungen vollführen, die ihm vorher unmöglich waren. *Irreführend sind die genannten Bezeichnungen, weil sie den Erziehern, Eltern, (.....) Lehrern suggerieren, dass diese Spiele phantastische Verhaltensweisen und illusionäre Handlungen darstellen, die man jederzeit unterbrechen könne. Deshalb bergen diese Bezeichnungen auch ein Risiko für das Erziehungsverhalten.* (Mogel 1994, S. 67)

Natürlich kann die Spielentwicklung auch aus anderer Sicht betrachtet werden, beispielsweise, mit welchem Material die Kinder spielen, wie sie sich Spielpartnern zuwenden und sie in ihr Spiel einbeziehen, inwieweit sie sich die Welt aneignen und gesellschaftliche Einstellungen in ihr Spiel und durch das Spiel übernehmen. Wenn von Spielentwicklung die Rede ist, wird im Allgemeinen aber an die beschriebenen Spielformen gedacht.

Die behandelte Klassifikation von Piaget (und Charlotte Bühler) kann im gerafften Überblick und unter Einbezug anderer Bezeichnungen wie folgt zusammengefasst werden:

Spielentwicklung und Spielformen

Übungsspiel
(auch genannt:
Funktionsspiel,
psychomotorisches Spiel)
z.B. lallen, greifen, krabbeln, laufen, springen, balancieren, Fahrrad fahren, Schlittschuh laufen

Das Kind erprobt seine wachsenden psychomotorischen Fähigkeiten ohne und mit Material und Menschen.

Symbolspiel
(auch genannt:
Fiktionsspiel
Illusionsspiel)
z.B. Hantieren mit Stab als Löffel, Sand als Speise, Kochen oder handwerken wie ein Elternteil

Das Kind „tut als ob" und ahmt nach, es verändert die Realität um sie spielerisch zu bewältigen.

Fortsetzung im **Konstruktionsspiel**,
z.B. bauen, malen, werken

Das Kind gestaltet mit Material nach eigenen, vorgegebenen oder gemeinsam entwickelten Vorstellungen.

Fortsetzung im **Rollenspiel**,
z.B. Kind als Mutter, Busfahrer, Arzt

Das Kind versetzt sich in die Rolle anderer Lebewesen und entwirft in dieser Rolle Handlungsstrategien.

Regelspiel
z.B. Brett-, Karten-, Kreis-, Sing-
Zeichen-, Ball- und Laufspiele

Das Kind erkennt Regeln, erfindet und variiert sie und hält sie zunehmend ein.

Die Spielformen entwickeln sich nacheinander und beeinflussen sich gegenseitig

Zusammenfassung

- Kinder beginnen bereits in den ersten Lebensmonaten zu spielen. Sie erproben zunächst ohne ein Ziel einfache Bewegungen, zum Beispiel lallen und greifen. Später erkennen sie Wirkungen ihres Tuns und wiederholen ihre Handlungen gezielt, und zwar aus Freude am Tun.
  Dieses erste Spiel ist das sogenannte Übungsspiel (Jean Piaget) oder Funktionsspiel (Charlotte Bühler). Da es sich um die Erprobung körperlicher *und* geistiger Fähigkeiten handelt, wird auch vom psychomotorischen Spiel gesprochen.

- Während der Säugling zuerst nur mit dem eigenen Körper spielt, werden allmählich Gegenstände und Personen einbezogen. Das gezielte Ausprobieren von Funktionen der Gegenstände, insbesondere das Bauen, Malen und Werken, wird von Charlotte Bühler und anderen als Konstruktionsspiel bezeichnet.

- Gegen Ende des zweiten Lebensjahres beginnt das Kind mit Symbolspielen. Es funktioniert Gegenstände um, tut so, als ob sie etwas anderes seien, um sie für sein Spiel zu gebrauchen. Deshalb wird auch von Illusions- oder Fiktionsspielen gesprochen. In einem späteren Stadium spricht man von Rollenspielen, weil sich das Kind selbst sowie seine Spielkameraden in andere Rollen versetzt.

- Bei Regelspielen liegt die besondere Spielfreude an dem Erkennen, Erfinden und Einhalten von Spielregeln. Regelspiele werden zunächst ohne Konkurrenzempfinden gespielt. Gegen Ende der Kindergartenzeit und im Schulalter erhalten sie zunehmend Wettbewerbscharakter und spornen dadurch zu Leistung und zum Durchhalten an.

- Diese Grundformen des Kinderspiels werden im Laufe der Kindheit von allen normal entwickelten Kindern mehr oder weniger differenziert gespielt. Es gibt zahlreiche Untergruppen und Mischformen.

Zum Nachdenken:

❍ **Beantwortbare Fragen?**

Die meisten Kinder spielen gerne, stundenlang und intensiv, oft bis ins Erwachsenenalter. Manche Kinder spielen wenig, hören früh auf zu spielen und scheinen sich am Spiel kaum zu freuen.
Wo können Ursachen für dieses unterschiedliche Spielverhalten liegen?
Wie ordnen Sie sich selbst mit Ihrer Spielmotivation ein?

Erwachsene können noch psychomotorisch spielen, zum Beispiel Schwimmen, Schlittschuh laufen oder jonglieren. Regelspiele sind bei Erwachsenen noch sehr üblich. Rollenspiele verschwinden dagegen fast ganz oder werden verbrämt, zum Beispiel Monopoly. Warum?

In Kindergärten beteiligen sich die Erzieher/innen häufiger an Regel- als an Rollenspielen. Warum? Was bewirken sie dadurch? Wollen sie das wirklich bewirken?

Manche Spiele sind wie eine Mode. Sie kommen und gehen. Andere sind wie unsterblich. Sind meine Kinderspiele gestorben?

Claudia, Sabine und Frank
Studierende einer Fachschule für Sozialpädagogik

◆ **Sabine:** Habt ihr diese Fragen gelesen, Claudia und Frank?
◆ **Claudia:** Ja, sie erschlagen mich! Und das ist erst der Anfang des Buches!
◆ **Frank:** Als Überschrift steht: „Beantwortbare Fragen?" Mit Fragezeichen. Wir sollen wohl nur darüber nachdenken.
◆ **Claudia:** Nachdenken heißt für mich auch nach einer Antwort zu suchen. Das finde ich ganz schön heftig!
◆ **Sabine:** Ja, darüber könnte man stundenlang diskutieren. Meine Gedanken sind allerdings bei der Frage hängen geblieben, welche meiner Kinderspiele nicht mehr gespielt werden und warum das so ist.
◆ **Frank:** Das ging mir auch so. Davon abgesehen kam mir der Text des Kapitels bekannt vor. Ich konnte immer sagen: Ja, das stimmt. So spielen Kinder. Es war eigentlich nur ein Bewusstmachen dessen, was ich im Grunde weiß. Ich habe bei diesem Kapitel ständig an meine sechsjährige Nichte gedacht und mir ihre Entwicklung bewusst gemacht.
◆ **Claudia:** Und? Hat's gestimmt?
◆ **Frank:** Was? Ihre Spielentwicklung? Ja, wenn du das meinst.

Literaturempfehlung

Jürgen Fritz: Theorie und Pädagogik des Spiels. Eine praxisorientierte Einführung. Juventa Verlag 1991. Darin das Kapitel 2: Wie entwickelt sich das Spielverhalten von Kindern?

Helga Müller/Pamela Oberhuemer: Kinder wollen spielen. Spiel und Spielzeug im Kindergarten. Verlag Herder 1994 (3. Aufl.). Darin die Abschnitte 3: Kinderspiel als Gegenstand der Forschung und 4 : Spielen – Spielformen – Lernformen im Kindergarten

Horst Nickel und Ulrich Schmidt-Denter: Vom Kleinkind zum Schulkind. Ernst Reinhardt Verlag 1991. Darin das Kapitel 6.2: Formen des Kinderspiels und ihre Veränderung

Michael Renner: Spieltheorie und Spielpraxis. Eine Einführung für pädagogische Berufe. Lambertus Verlag 1995. Darin das Kapitel: Spielformen und die Spielentwicklung des Menschen

1.3 Spieltheorien

Anregung zum Eindenken in die Thematik

Rollenspiel

Spielen Sie: Ein Diktator verbietet das Spielen. Begründen Sie dem Diktator, warum diese Entscheidung falsch ist und mit welchen Entwicklungen der Kinder er dann rechnen müsste. Argumentieren Sie auch aus der Sicht der unterschiedlichen Spielformen: Funktions-, Konstruktions-, Rollen- und Regelspiel.
Der Diktator soll versuchen die jeweiligen Argumente abzuschmettern.

Alle gesund entwickelten Kinder spielen. Immer wieder im Laufe der Geschichte wurde die Frage gestellt und nach ihrer Antwort gesucht, warum Kinder eigentlich spielen und was das Spiel für das Kind und seine Entwicklung bedeutet. Da das Spiel eine so schwer zu definierende Tätigkeit ist, wurde es häufig nur aus einem bestimmten Blickwinkel betrachtet und aus dieser Sicht untersucht. Dabei wurden vielfältige Gründe gefunden, warum das Kind spielt. In unterschiedlichen Zeiten und je nach geistigen Strömungen wurden verschiedene Theorien über das Spiel und dessen Sinn entwickelt. Diese Theorien waren und sind Grundlagen für die Förderung, Lenkung oder auch Einschränkung des Spiels.
Jürgen Fritz hat Spieltheorien zusammengefasst und in vier Gruppen gegliedert (J. Fritz 1986 und 1991). In einem kurzen Überblick werden im Folgenden wesentliche Richtungen der Spieltheorien nach seiner Gliederung dargestellt.

1. Spiel als eine nützliche Tätigkeit im Hinblick auf die Zukunft

Parallel zur Verbannung des Spiels in den Bereich der Kindheit zieht sich durch die Geistesgeschichte Europas der Gedanke, das „nutzlose“ Spiel für die Erziehung der Kinder zu verwenden, um sie so sicher auf die Wirklichkeit der Gesellschaft festzulegen. Von Aristoteles über die Pädagogen der Renaissance und Aufklärung bis heute lässt sich die Absicht verfolgen, über das Spiel das Kind zum Lernen bestimmter Inhalte und Fähigkeiten zu überlisten, es dazu zu bringen, sich die Wirklichkeit so anzueignen, wie die Erwachsenen sie verstehen. Pädagogisch domestiziert, so der Kern des Gedankens, kann das „nutzlose“ Spiel durchaus seinen Nutzen (für die Gesellschaft) zeigen. Ein typischer Vertreter dieser Geistesrichtung ist John Locke (1693). (Jürgen Fritz 1991, S. 14)
Natürlich messen wir heute dem Spiel auch ganz andere Bedeutungen zu, trotzdem hat der Nützlichkeitsgedanke, das heißt der Lernaspekt des Spiels, immer noch eine hohe Bedeutung. Man braucht nur Spielebücher durchzublättern. Viele der Spielesammlungen enthalten Angaben von Lernzielen, die mit dem jeweiligen Spiel verfolgt werden (können). Damit wird das Spiel bewusst zum Erlernen bestimmter Fähigkeiten eingesetzt. Über das Spiel lässt sich die gesamte Entwicklungsbreite schulen: kognitive, psychomotorische, emotionale, kreative und soziale Fähigkeiten.

Da Spielen zweifellos eine Handlungsform des Kindes ist, in der es lustvoll und intensiv lernt, ist es naheliegend, dass das Spiel von Pädagogen und Eltern gezielt unter dem Lernaspekt eingesetzt wird und sich unter diesem Gesichtspunkt wirtschaftlich gut vermarkten lässt. Wie schon in Kapitel 1.1 betont, besteht dabei die Gefahr, dass das Spiel *zu stark* unter dem Nützlichkeits- und Lernaspekt gesehen wird. Ein zu hoher und gezielter Lernanspruch von Seiten der Erwachsenen kann einerseits bedeuten, dass dem Kind die Entwicklungsrichtung, die der Erwachsene für es anstrebt, vorgeschrieben und festgelegt wird. Damit wird der eigene Handlungs- und Entwicklungsraum für das Kind möglicherweise zu sehr eingeschränkt. Im Beispiel: Das Kind wird durch Lernspiele im kognitiven Bereich intensiv gefördert, während es vielleicht seine gestalterischen Fähigkeiten nur spärlich entwickeln kann oder im sozialen Bereich zu wenig Selbstbestätigung und ein zu geringes Übungsfeld erhält.
Andererseits kann die starke von Erwachsenen vorgegebene Lernabsicht des Spiels dem Kind das ungezielte, lustvolle spielende Handeln zu sehr einschränken. Da die Spielfähigkeit und das lustbetonte Spiel im Hier und Jetzt – ohne Zukunftsabsichten – zur gesunden und optimalen Entwicklung des Kindes gehören, können solche Spieleinschränkungen sich auf die gesamte Entwicklung des Kindes negativ auswirken, beispielsweise auf Leistungsfreude, auf das Selbstbild oder das soziale Verhalten.

Eine noch heute gültige pädagogische Richtung, die den Lernaspekt im Spiel in den Mittelpunkt stellt, geht auf Maria Montessori zurück. Anfang des 20. Jahrhunderts entwickelte Montessori Spielmaterialien für Kinder, mit denen vor allem die Wahrnehmung und das erkenntnismäßige Denken geschult werden. Dabei entsteht der Lernerfolg in erster Linie durch das strukturierte und geordnete Material, und nur in geringem Maß durch die Anleitung. In diesem Zusammenhang spricht Montessori von der vorbereiteten Umgebung, die das Kind zum lernenden Spielen anregt (siehe Seiten 262 ff).

Aus anderer Sicht, aber auch unter dem Nützlichkeitsgedanken, wird im Spiel eine Vorübung zukünftiger Ernstsituationen gesehen. Im Spiel kann das Kind ohne reale Folgen Situationen für seine Realität ausprobieren und erkunden. Es braucht beispielsweise nicht eine Bestrafung zu befürchten, wenn es in der Rolle eines wilden Tieres die anderen Spieler anbrüllt oder wenn es sein eigenes Bauwerk wütend zerstört. Das Kind übt im Spiel Situationen und Denkweisen aus verschiedener Betrachtungsrichtung zu sehen und flexibel zu handhaben.

2. Spiel als gegenwärtige Lebendigkeit

In deutlichem Gegensatz zum Aspekt der Nützlichkeit betont der Gegenwartsbezug des Spiels die lebensspendenden Kräfte des Spiels, die keiner Legitimierung in der Zukunft bedürfen und für sich allein schon Grund genug sind das Spiel als sinnvoll anzusehen. Schleiermacher (1826) wendet sich entschieden gegen den Gedanken, die Gegenwart des Spiels von seinem zukünftigen Nutzen abhängig zu machen: „Darf man überhaupt zugestehen, dass ein Lebensaugenblick als bloßes Mittel für einen anderen diesem anderen könne geopfert werden?“ Für Schleiermacher gehört zum Spiel die Befriedigung des Moments ohne Rücksicht auf die Zukunft. (Jürgen Fritz, 1991, S. 18)

Charlotte und Karl Bühler waren in der ersten Hälfte des 20. Jahrhunderts Vertreter der Überzeugung, dass die Bedeutung des Spiels in dem gegenwärtigen lustbetonten Handeln liege. Lebensfreude ist nach ihrer Auffassung das Hauptmerkmal des Spiels. Ihrer Ansicht nach ist das Spiel deshalb auf die Gegenwart und nicht auf die Zukunft bezogen, wenn es auch selbstverständlich intensive Auswirkungen auf die Entwicklung des Kindes hat.

Heinz Heckhausen (1964) hat eine viel beachtete Theorie über das Spiel entwickelt, der auch die Freude am Hier und Jetzt zugrunde liegt: Er sieht im Spiel u.a. den Wechsel zwischen Spannung und Entspannung als ein wesentliches Bedürfnis des Kindes. Diese Spannung und deren Lösung erzeugt die Spiellust und wird als Motor für das Spiel bezeichnet. Das häufige „Guck-Guck-Spiel“ des Kleinkindes ist ein überzeugender Beweis dafür: Wenn das Kind freiwillig im Spiel die Bezugsperson nicht mehr sieht, weil es sich zum Beispiel hinter einen Gegenstand stellt, der ihm den Blickkontakt nimmt, gerät es in Anspannung, das heißt in eine Ängstlichkeit, die sich im angespannten Gesicht und im schnelleren Atem äußert. Sobald es wieder Blickkontakt hat, lässt die Spannung sofort nach. Spannung und Lösung, Spannung und Erleichterung sind Antrieb und Motivation für viele Spiele und bewirken im Hier und Jetzt Spielreiz und Spielfreude.

3. Spiel als Übertragung und Verarbeitung konflikthafter Situationen

Die Tatsache, dass das Kind im Spiel nicht nur lustbetonte Handlungen vollzieht, sondern auch schmerzhafte Erfahrungen nachspielt, macht deutlich, dass im Spiel Vergangenes aktualisiert und wiedererlebt wird. Das Kind spielt beispielsweise die schimpfende Mutter, den Arzt, der eine Spritze gibt, erlebte Angstsituationen, traurige Erlebnisse und Verlassenheit.
Sigmund Freud, der Begründer tiefenpsychologischer Therapien, sah in diesem Spiel Zusammenhänge zu seiner psychoanalytischen Behandlungsmethode unbewältigter Erlebnisse.
Jürgen Fritz (1991, S. 22) erklärt diese Zusammenhänge so:

Die Psychoanalyse geht davon aus, dass der seelische Organismus die Reize der Außenwelt nur bis zu einer bestimmten Stärke aufnehmen und assimilieren, d.h. psychisch verarbeiten kann. Ist der Außenreiz zu stark und zu mächtig oder tritt er sehr überraschend innerhalb kurzer Zeit auf, ist der seelische Organismus überfordert und behilft sich mit dem Wiederholungszwang: Das traumatische Ereignis taucht in neuer Gestalt wieder auf; der Mensch steht unter dem Zwang eine von ihm nicht verarbeitete Situation immer wieder neu inszenieren zu müssen. Die Situation der nicht bewältigten Ohnmächtigkeit gegenüber einer übermächtigen Vaterfigur wird z.B. auf andere Situationen des späteren Lebens übertragen: auf Beziehungen zu Lehrern, Geistlichen, Vorgesetzten. Die nicht oder nur unzureichend verarbeiteten Erlebnisse mit dem Vater lasten wie ein Druck auf dem seelischen Organismus und drängen dahin, sich erneut damit zu beschäftigten, erneut als Erlebnis reproduziert zu werden.

Vom Ich des Menschen her gesehen ist dieser Wiederholungszwang ein Versuch durch „Neuinszenierungen" die nicht verarbeiteten Erlebnisse doch zu assimilieren – also nicht nur Schicksal, sondern auch aktiver Versuch die Beeinträchtigungen der Psyche Schritt für Schritt durch Verarbeitungen aufzuheben. Es ist, als ob die Psyche den zu großen Brocken der traumatischen Erfahrung in kleine Portionen zerlegte und diese nach und nach verdaute.

Das Spiel des Kindes, das einer unlustvollen Situation folgt, ist mit dem Mechanismus des Wiederholungszwanges vergleichbar. Das Kind versucht im Spiel seine übermächtigen Lebenseindrücke psychisch zu bewältigen, indem es das übermächtige Erlebnis durch „Neuinszenierungen" in kleine Stücke zerlegt, die es dann nach und nach assimilieren kann. Durch die Tatsache, dass das Kind eine passiv erlebte (und erduldete) Situation in einem Spiel inszeniert, schafft es einen Übergang von der Passivität zur Aktivität. Dies kann sich noch verstärken, wenn das Kind die Rolle, die es in der Wirklichkeit gehabt hat, im Spiel gegen eine andere (aktivere) vertauscht. Musste das Kind einen schmerzhaften Zahnarztbesuch erdulden, wird es im Spiel selbst der Zahnarzt, der seinen Teddybären behandelt. Das Einnehmen einer aktiven Rolle erleichtert den Assimilationsvorgang, es schafft eine seelische Distanz zum schmerzvollen Erlebnis und macht das Kind zum „Herren der Situation".

An anderer Stelle schreibt Jürgen Fritz:
Die psychoanalytische Betrachtungsweise des Spiels hat sich als sehr fruchtbar erwiesen. Sie hat auf der einen Seite eine analytisch orientierte Spieltherapie hervorgebracht (Anna Freud, Hans Zulliger), in der das freie Kinderspiel als ein fortwährender Prozess der Selbstheilung einbezogen ist. Auf der anderen Seite ist eine kindorientierte Spielpädagogik entstanden, die Spiele als Möglichkeit zum Verständnis und zur emotionalen Förderung von Kindern und Jugendlichen nutzt. (Fritz 1991 S. 24)

4. Spiel als Spiegel der Gesellschaft

Eine vierte Richtung stellt das Spiel in den Zusammenhang mit dem gesellschaftlichen Zusammenleben der sozialen Gruppe, in der das Kind aufwächst: Das Kind spielt solche Spiele, die ihm helfen sich an die Wertevorstellungen und Normen seiner Bezugsgruppe anzupassen und sie zu verinnerlichen. Kinder unterschiedlicher Kulturen verhalten sich im Spiel sehr unterschiedlich.

Brian Sutton-Smith hat sich mit dem Vergleich von Spiel in unterschiedlichen Kulturen intensiv befasst und dabei zum Beispiel festgestellt: Kinder in Kulturen, die im realen Leben stark auf die Kooperation angewiesen sind (beispielsweise Eskimos), kennen kaum Konkurrenzspiele. In Kulturen, in denen die Erwachsenen über Jagd und handwerkliches Geschick ihr Überleben sichern (etwa in tropischen Regionen), spielen die Kinder viele Geschicklichkeits- und Jagdspiele wie Speerwerfen und Bogenschießen (Vgl. Brian Sutton-Smith: Die Dialektik des Spiels).

Das bedeutet nicht nur, dass die Kinder im Spiel die Erwachsenen nachahmen, sondern auch, dass sie sich die Werte und Normen der Gesellschaft, in der sie leben, aneignen und verinnerlichen. Zugleich üben sie die Überlebensstrategien ihrer Gesellschaft, zum Beispiel Kooperation, Geschick oder Konkurrenz. Sie vergleichen sich mit den Fähigkeiten ihrer Spielkameraden und versuchen sie zu übertrumpfen. Auch Geschicklichkeitsspiele oder kooperative Spiele lassen Vergleiche zu. Das bedeutet, dass in diesen Spielen auch immer Konflikte bearbeitet und die Formen des gesellschaftlichen Zusammenlebens nachempfunden, erprobt und verfestigt werden. Was im Spiel geübt und verinnerlicht wurde, kann problemloser in reale Situationen übertragen werden. Wenn Kinder bei uns über Spielregeln lernen anderen Steine in den Weg zu legen (Malefiz) oder andere aus dem gemeinsamen Rennen zu werfen (Mensch-ärgere-dich-nicht), wird es ihnen in der Realität leichter fallen, sich mit den eigenen Fähigkeiten gegen andere durchzusetzen, sie gegebenenfalls zu übervorteilen um sich bessere gesellschaftliche Positionen zu sichern. Damit können sie leichter den Konflikt bewältigen, der zwischen Durchsetzungsfähigkeit und dem moralischen Anspruch auf Einfühlungsvermögen, Mitgefühl und Hilfsbereitschaft in der Realität geleistet werden muss. Wir brauchen hier keineswegs nur an die heute oft als etwas fragwürdig angesehenen Gewinnspiele zu denken. Sportliche Gruppenspiele wie Volley- oder Fußball lehren kooperatives Verhalten in der eigenen Teamgruppe, aber zugleich eine Form von schädigendem Verhalten gegenüber der Gegengruppe. Fangspiele verdeutlichen dem Kind eine Freiheit und Selbstbestimmung, die nur erreicht werden kann, wenn der Abstand zum Nachfolger groß genug ist.

Interessant ist in diesem Zusammenhang auch die bereits erwähnte Theorie von Gerd E. Schäfer (1989) . Er zeigt auf, wie das Kind sich im Spiel langsam der Realität annähert und sie schrittweise über das Spiel verinnerlicht. Er lenkt den Blick bei der Betrachtung und Erforschung des Spiels auf den sogenannten intermediären (= dazwischenliegenden) Bereich zwischen innerer und äußerer Welt: Das Kind kann im Spiel seine Wahrnehmungen, Gedanken, Gefühle, Erkenntnisse, Erfahrungen und seine

Spieltheorien

Spiel als nützliche Tätigkeit im Hinblick auf die Zukunft

- Spiel als Lernform (bereits Aristoteles, 4. Jahrh. v. Chr., J. Locke, 17. Jahrh., heutige gesellschaftliche Einstellung)
- Spiel als lernende Auseinandersetzung durch vorbereitete Umgebung mit angemessenem Spielmaterial (M. Montessori)

Spiel als Ausdrucksform gegenwärtiger Lebendigkeit

- Spiel als Erfüllung des Daseins (Ch. und K. Bühler)
- Spiel als Wechsel zwischen Spannung und Entspannung (H. Heckhausen)

Spiel als Aktualisierung von Vergangenem

- Spiel als Verarbeitung erlebter Situationen (S. Freud)
- Spiel als Form der Selbstdarstellung von verletzenden Erfahrungen (A. Freud, H. Zulliger)

Spiel als Integrationshilfe in die Gesellschaft

- Spiel als Anpassung an die gesellschaftl. Werte und Normen und als Widerspiegelung gesellschaftl. Lebens (B. Sutton-Smith)
- Spiel als Handlung im geschützten intermediären Bereich zwischen Innenwelt und Außenwelt (G. E. Schäfer)

Fantasie auf einer unrealistischen Ebene erproben. Es handelt in einem „Zwischenbereich“, der nicht die volle Realität ist, sondern in dem das Kind die Realität so verändert, dass es mit ihr umgehen, sie langsam annehmen und verarbeiten kann. Im Spiel hat das Kind die emotionale und geistige Freiheit so zu handeln, wie es seinem Bedürfnis und seinen Vorstellungen entspricht. Das Kind schafft sich einen Spielraum, in den es nach Bedarf eintreten aber auch jederzeit austreten kann. In diesem Zwischenbereich, auch „lebendige Hüllschicht“ genannt, kann es die Realität so verändern (tun als ob), dass es mit ihr umgehen und sie in sein Handeln einbauen kann. Umgekehrt kann es sich aufgrund seiner Fantasie in der Realität leichter zurechtfinden, indem es Lücken oder Unkenntnis der erlebten Realität spielerisch-phantastisch überbrückt.
Es kann sich zum Beispiel vom Spielpartner jagen und fangen lassen, dieses Spiel aber jederzeit abbrechen, wenn es ihm zu viel wird. Es kann spielen, dass es gegen einen bösen Feind kämpft und dass es der Sieger ist, ohne dass es sich in diesen Feind einfühlen und sein Empfinden und Handeln nachempfinden muss, wie das in einer realen Konfliktsituation von ihm verlangt wird. Es kann sich ohne ein schlechtes Gewissen an den Spielregeln „festhalten“, wenn es im Spiel einen Partner übervorteilt, oder kann sich mit den Spielregeln trösten, wenn es selbst übervorteilt wird. Es kann auch die Spielregeln dahingehend verändern, dass es mit seinen Fähigkeiten erfolgreich das Spiel bewältigt, während es in der Realität Misserfolge einstecken müsste, wenn es den gestellten Anforderungen nicht genügt.

Die Vielzahl der Spieltheorien, von denen hier nur einige umrissen wurden, zeigt die Breite der Bedeutung des Spiels auf. Wenn auch heute die eine oder andere Sicht als einseitig angesehen wird, so schließen sie sich gegenseitig nicht aus. Sie ergänzen sich. Keineswegs kann davon gesprochen werden, dass das Spiel wirklich erforscht sei. Nicht nur die sich ständig wandelnden Spiele bieten Anlass zur weiteren Untersuchung, das Spiel als solches wird noch lange nicht voll durchschaut.

Zusammenfassung

- Da das Spiel eine vielgestaltige Tätigkeit mit unterschiedlichen Erscheinungsformen ist, haben sich zahlreiche Theorien entwickelt, die das Spiel zu erklären versuchen.

- Wesentliche Spieltheorien lassen sich (nach Jürgen Fritz) in vier Gruppen zusammenfassen:

1. Seit frühester Geschichte bis zur heutigen Zeit wird dem Spiel eine auf das reale Leben vorbereitende Lern- und Übungsfunktion zugeschrieben. Nach diesen Theorien wird im Spiel ein Nutzen für die Zukunft des Kindes gesehen.

2. In einer Gegenströmung zum Nützlichkeitsgedanken wird im Spiel der Bezug zur Gegenwart hervorgehoben und die Spiellust des Kindes sowie die Zweckfreiheit des Spiels betont. Demnach äußert sich Spiel als Erfüllung des Daseins. Der lustvoll erlebte Wechsel von Spannung und Entspannung wirkt als Motor und Motivation zum Spielen.

3. Zugleich hat das Spiel auch einen Bezug zur Vergangenheit des Kindes. Das Kind spielt erlebte Situationen nach um sie zu verarbeiten. Bei problematischen und traumatischen (seelisch verletzenden) Erfahrungen können im Spiel heilende Kräfte liegen. Aus dieser Erkenntnis wurde die tiefenpsychologische Spieltherapie entwickelt.

4. Im Spiel passt sich das Kind an die Werte und Normen der Gesellschaft, in der es lebt, an. Es ahmt die Erwachsenen nach, nimmt Informationen auf und erweitert sein Verhaltensrepertoire. Es verbindet sein Innenleben (Gedanken, Gefühle, Erfahrungen) mit der Realität, indem es die Realität mit Hilfe seiner Fantasie umgestaltet. Es spielt, als ob die Realität so wäre, wie sie zu seinem Inneren passt, und es versetzt sich mit Hilfe seiner Fantasie in Verhaltensweisen und Fähigkeiten, die in der Realität von ihm – jetzt oder später – erwartet werden. Dadurch lebt es sich in die Realität ein und übernimmt die Lebensformen und Einstellungen der Gesellschaft.

Zum Nachdenken:

- „Kinder lernen durch das Spiel sich so zu benehmen, dass sie mit der Gesellschaft, die sie umgibt, übereinstimmen." (Alva Myrdal: Chancen und Gefahren für das Kinderspiel. 1988, Seite 76)

- **Untersuchung von Spielmaterialien und Regelspielen unter den vier Blickwinkeln der Spieltheorien**
  - Wählen Sie in Gruppen bekannte Spielmaterialien aus, zum Beispiel
- Brettspiele wie Mühle, Mensch-ärgere-dich-nicht, Memory,
- Rollenspielmaterial, etwa Puppen, kleine Fahrzeuge,
- Konstruktrionsmaterial, zum Beispiel bestimmte Bausteine,
- Regelspiele ohne spezielles Spielmaterial, etwa Ball-, Hüpf-, Geländespiele.
  - Untersuchen und diskutieren Sie in Ihrer Gruppe, ob und inwiefern sich die vier Arten der Spieltheorien in diesen Spielen erkennen lassen.

Claudia, Sabine und Frank
Studierende einer Fachschule für Sozialpädagogik

◆ **Claudia:** Dieser Abschnitt macht mir bewusst, dass eigentlich in jedem größeren und intensivem Kinderspiel alle Aspekte der Spieltheorien zu finden sind. Da hat in meinem Vorpraktikum eine Gruppe von Kindern öfter mit großer Vorliebe eine Riesenstadt in der großen Bauecke gebaut und stundenlang Rollenspiele darin gespielt. Sie haben zum einen dabei eine Menge gelernt, sie haben sich in ihr Spiel im Hier und Jetzt voll eingelassen, sie haben ihr Leben im Spiel widergespiegelt, da war Spannung und Entspannung noch und noch. Sie waren mitten drin im Zwischenbereich zwischen Fantasie und Realität. Sie haben dabei auch geprobt sich an die Anforderungen der Gesellschaft anzupassen, wenn ich Verkehrsregeln, Begrüßungsformen bei ihrem gegenseitigen Spielbesuch oder Hilfe bei einem Unfall als Anforderungen der Gesellschaft ansehe.

◆ **Sabine:** Stimmt. Ich kann das Gleiche von meinem Hort berichten. Da hat sich zum Beispiel eine Gruppe von Kindern unterschiedliche Flugzeuge gefaltet. Die haben sie dann vom zweiten Stock heruntersegeln lassen. Dann kamen sie auf die Idee kleine Fallschirme zu basteln und Spielmännchen daran zu hängen. Sie haben tagelang damit gespielt. Ich habe nur so über die Ideen und über ihr lustvolles Lernen gestaunt. Auch, wie sie mit ihren Gefühlen und ihrem Wissen dabei umgegangen sind.

◆ **Claudia:** Sagt mal, können wir das heute als Erwachsene noch, uns so intensiv in ein Spiel einlassen?
◆ **Sabine:** Wohl nur ganz selten. Frank, wie war das bei deinen erwachsenen Behinderten im Zivildienst? Können die noch intensiv spielen?
◆ **Frank:** Ihr müsst euch abgewöhnen von *den* Behinderten zu reden. Jede Behinderung ist anders.
◆ **Claudia:** Frank, du nimmst nicht Stellung! Du versteckst dich hinter deiner Theorie von den Unterschieden!
◆ **Frank:** Na und? Es ist so. – Aber ich kann euch eine Antwort sagen: Natürlich gibt es erwachsene Behinderte, die gern und auch vielfältig spielen. Es gibt aber auch andere, die auf keinen Fall mit Kindern gleichgesetzt werden wollen. Sie lehnen Spiel ab. Und sicher können manche erwachsenen Behinderten auch nicht mehr spielen, genauso wenig wie viele nichtbehinderten Erwachsenen.

Literaturempfehlung

Jürgen Fritz: Theorie und Pädagogik des Spiels. Eine praxisorientierte Einführung. Juventa Verlag 1991. Darin Teil 1.1: Aus welchen Blickwinkeln lässt sich das Spiel betrachten?

Jürgen Fritz: Vom Verständnis des Spiels zum Spielen mit Gruppen. Pädagogische Hilfen für den Spielleiter. Grünewald Verlag 1986.
Darin Teil 1: Spieltheorie und Spielpädagogik

Hans Scheuerl: Alte und neue Spieltheorien. In Andreas Flitner (Hrsg.): Das Kinderspiel. Verlag Piper 1973 (5. Aufl.)

Andreas Flitner: Spielen – Lernen. Praxis und Deutung des Kinderspiels. Verlag R. Piper und Co. 1975 (4. Aufl.). Darin der Abschnitt: Hauptrichtungen der Spieltheorie

Gerd E. Schäfer: Spielfantasie und Spielumwelt. Spielen, Bilden und Gestalten als Prozesse zwischen Innen und Außen. Juventa Verlag 1989

1.4 Wirkungen des Spiels auf Kinder und Jugendliche

In den bisherigen Kapiteln ist schon viel über die Bedeutung des Spiels gesagt worden. Insbesondere befassen sich die Spieltheorien mit den Wirkungen des Spiels, weil die Erforschung, warum ein Kind spielt, natürlich auch den Wert des Spiels für die Entwicklung des jungen Menschen beinhaltet.
Im Folgenden wird die Bedeutung des Spiels aus dem Blickfeld der Gliederung, die ich für die Darstellung der Spieltheorien verwendet habe, kurz vergegenwärtigt um anschließend die Wirkungen des Spiels in zwei unterschiedlichen Ausschnitten zu betrachten und zu konkretisieren: dem Umgang mit den Gefühlen von Angst und Zorn im Spiel.
Im zweiten Teil dieses Abschnittes wird das Spiel aus der Sicht von Freiheit und Selbstbestimmung untersucht.

1. Im Spiel findet das Kind ein Übungsfeld für die Bewältigung des realen und des zukünftigen Lebens

Junge Menschen erproben spielerisch und lustvoll, was sie für den Alltag und für ihre Zukunft benötigen. Unter diesem Aspekt wird das Spiel von Pädagogen als Lernmöglichkeit genutzt und gezielt eingesetzt: Es dient als Methode für zu erlernendes Wissen und für die Schulung entwicklungsnotwendiger Fähigkeiten. Eine zu starke Betonung der vom Erzieher angestrebten Lernziele, die dem Spielenden also von außen gesetzt werden, bedeutet – wie schon beschrieben wurde -, dass dadurch das Merkmal der Zweckfreiheit des Spiels verwässert wird. Spiel im eigentlichen Sinne entspringt aus der Motivation des Spielenden und seiner Spontaneität. Es kann jederzeit abgebrochen werden. Wenn das Kind Lernspiele abbrechen will, ist der Pädagoge oft nicht einverstanden und versucht, die Motivation aufrechtzuerhalten. Geschickte Methoden und reizvolle, oft farbenprächtige Spielmaterialien tragen dazu bei, das Kind bei der Stange zu halten. Allerdings wirkt der Lernzuwachs im Spiel auch motivierend auf den jungen Menschen. Das Kind bemerkt seine Fortschritte und hat selbst Interesse daran, das Spiel fortzusetzen.

2. Das Kind lebt im Spiel voll und ganz seiner Gegenwart

Der Spielende erfreut sich seiner Fähigkeiten, erprobt sie, reagiert sich ab, genießt seine zunehmende und überschüssige Kraft sowie seine wachsenden Kenntnisse. Das Kind schöpft auch Kraft aus dem Spiel. Dabei schafft es sich lustvolle Erregung und Konzentration, indem es zwischen Zuständen der Spannung und der Lösung wechselt: Es riskiert und ängstigt sich (wird es gelingen?) und löst die Spannung, wenn es das Ziel erreicht hat oder aufgibt. In dieser natürlichen und lustvollen Risikobereitschaft wagt es neue Entwicklungsschritte und erlebt sie als freudig. Dabei wiederholt es häufig um die erfahrene Spannung und Lösung immer wieder zu erleben, bis sie aufgrund sicherer gewordener Fähigkeiten nachlässt und das Spiel seinen Reiz verliert. Es hört zum Beispiel auf, mit einem Spielmaterial zu spielen, wenn es den Umgang damit voll beherrscht. Es übt dabei sein Können. Im Spiel erlebt und erprobt der junge Mensch sich selbst ganzheitlich. Psyche, Körper und Geist werden aktiviert und nach jeweiligem Bedürfnis des Spielers eingesetzt (wenn die Umwelt das Spiel nicht einschränkt).

3. Im Spiel wird erlebte Realität wiederholt und verarbeitet

Auf der einen Seite bedeutet die Wiederholung von erlebten Realsituationen, dass das Kind Erfahrenes und Erlerntes verfestigt um es in sein Verhalten oder sein Wissen aufzunehmen. Erfreuliche Erlebnisse werden nacherlebt, insbesondere im Rollenspiel. Das Kind wiederholt im Spiel aber auch unerfreuliche und schmerzliche Erlebnisse und kann dabei eine psychische Erleichterung empfinden. Es verarbeitet die negative Erfahrung. Ältere Kinder, Jugendliche und Erwachsene benutzen das Gespräch als Verarbeitung: Wenn man unangenehme Erfahrungen gemacht hat, hilft es, mit jemandem darüber zu reden. Durch die gedankliche Wiederholung und Darstellung gegenüber Mitmenschen sieht man das Erlebnis aus einer anderen Sicht, bekommt Abstand, sieht Dinge vielleicht nicht mehr so extrem oder findet auch neue Lösungswege. Mit dem Problem lässt sich jetzt leichter umgehen. Diese Verarbeitung findet das Kind, das sich verbal noch nicht so ausdrücken kann, im Spiel. Auf diesem Prinzip beruht die analytische Spieltherapie.

4. Im Spiel lebt sich das Kind in die soziale Gruppe ein, in der es aufwächst

Das Kind setzt sich mit den Anforderungen, die an es gestellt werden, auseinander. Dabei hilft ihm die Schaffung eines Raumes, der zwischen seinem Inneren (Gedanken, Fantasien, Vorstellungen, Fähigkeiten) und dem Äußeren, nämlich der Realität, angesiedelt wird. Das Kind verändert die Realität so, dass es mit ihr umgehen kann, indem es so tut, als ob sie so wäre, wie das Kind sie für sein Spiel braucht. In diesem selbstgeschaffenen Raum zwischen eigenem Inneren und erlebtem Äußeren kann es sich gefahrlos bewegen. Seine Erfolge und Niederlagen kann es weitgehend selbst bestimmen, indem es den Raum individuell absteckt. Im Beispiel: Es versteckt sich und kommt aus seinem Versteck, wenn die Spannung zu groß wird. Es beteiligt sich an den Spielen anderer, wenn es sich sicher genug fühlt. Es gestaltet im Rollenspiel seine Umwelt so, wie es sie versteht und verkraftet: „Ich wäre die Mutter, die müsste jetzt einkaufen. Das Kind wäre krank und der Vater wäre nicht da. Er wäre arbeiten gegangen." (Von der Arbeit des Vaters hat das Kind keine Vorstellung und kann sie deshalb auch nicht spielen.) Im Spiel schafft es sich Regeln, die es variiert und zunehmend einhält. Es erprobt das Zusammenleben im ungefährlichen intermediären Raum.

Bedeutung des Spiels

1. Lustvolles Übungs- und Erprobungsfeld für die Realität
   (Nützlichkeit, lustvoller Lerncharakter)

2. Daseinserfüllung im Hier und Jetzt
   (Lebensfreude)

3. Verarbeitung der Realität und heilende Wirkung bei psychisch verletzenden Erfahrungen
   (Vergangenheitsbewältigung und therapeutische Wirkungen)

4. Gefahrlose Handlung im intermediären Raum zwischen Innenwelt und Außenwelt
   (Individuell abgestimmte Anpassung an die realen Anforderungen sowie an die gesellschaftlichen Werte und Normen)

1.4.1 Der Umgang mit Gefühlen im Spiel

Weil das Spiel auf der Ebene der Fiktion (des Erdachten) stattfindet, kann das Kind Handlungen und Gefühle spielen, die es auf der realen Handlungsebene unterdrückt oder nicht offen zum Ausdruck bringt. Angst und Zorn sind Gefühle, die das Kind oft verbergen muss, weil es sich seiner Angst schämt oder wegen seines Zornes getadelt wird. Aus diesem Grund ist es interessant, die Bedeutung des Spiels am Beispiel von Angst und Zorn zu untersuchen.

Angst im Spiel

Anregung zum Eindenken in die Thematik

Setzen Sie sich in einen Stuhlkreis und legen Sie zwei große Plakatpapiere auf die Erde (Abfallpapier von Zeitungsdruckereien).
Schreiben Sie auf eins der Plakate: „Das Kind muss im realen Leben Angst erfahren, weil ...“ Auf das zweite Plakat schreiben Sie: Das Kind soll im realen Leben möglichst keine Angst erfahren, weil ...“
Schreiben Sie jetzt Argumente auf die beiden Plakate, wie sie Ihnen einfallen.
Überlegen Sie anschließend, welche Bedeutung Sie dem Spiel im Zusammenhang mit Angst zumessen.

Während es leicht einzusehen ist, dass Kinder zum Vergnügen spielen, ist es sehr viel schwieriger zu erkennen, dass Kinder spielen um ihre Angst zu bewältigen oder Ideen und Impulse, die Angst hervorrufen, wenn sie nicht beherrscht werden. Angst ist immer im kindlichen Spiel enthalten, und oft ist sie ein Hauptfaktor. (Winnicott 1988, S. 108)

Auf den ersten Blick erscheint die Behauptung, dass Angst in jedem Spiel enthalten sei, befremdend. Angst und Spiel scheinen sich gegenseitig auszuschließen. In der Definition auf

Seite 10 wurde gesagt, dass Spiel mit Ängsten unvereinbar sei. Allerdings: Die Angst, von der hier die Rede ist, entspricht nicht der realen Angst. Wenn das Kind reale Angst hat, zum Beispiel sich davor fürchtet, an einem Spiel teilzunehmen (etwa aus Angst, vor Strafe oder Blamage), kann es bestenfalls erzwungen spielen. Ein solches Spiel kann keineswegs als echtes Spiel bezeichnet werden. Auch wenn die Angst andere Gründe hat, die nicht mit dem Spiel zusammenhängen, etwa wegen eines bedrohenden Erlebnisses (zum Beispiel Angst aus dem Kindergarten nicht wieder abgeholt zu werden), kann das Kind oft nicht spielen. Winnicott spricht im obigen Zitat von einer anderen Angst, nämlich der Angst, die das Kind *im* Spiel und innerhalb des Spiels entwickelt und erprobt.

Wenn Angst breit gefasst wird und als Unsicherheit, als mit Mut verbundenes Risiko und als leichtes Gruselgefühl (das einem halb angenehm, halb unangenehm den Rücken hinunter rieselt) verstanden wird, ist die Häufigkeit von Angst im Spiel durchaus zu erkennen. Dann beinhaltet ein Gefühl der Spannung nämlich auch Angst. (Nach Heckhausen ist ein wesentliches Merkmal des Spiels der Wechsel zwischen Spannung und Entspannung.)

An konkreten Beispielen wird das deutlich: Das kleine Kind versteckt sich im Guck-Guck-Spiel hinter einem Gegenstand oder schließt die Augen und riskiert dabei, dass die Mutter nicht mehr zu sehen – also weg – ist. Dass sie wie zur Überraschung wieder da ist, wenn das Kind den Blickkontakt herstellt, löst die Angst auf. (Das Kind war sich nämlich nicht sicher, ob die Mutter wieder da sein wird, wenn sie doch eben weg war!)

Spiele wie das Springen von einer Stufe, das Balancieren über eine Mauer, das Klettern, das Fahrradfahren und später alle sportlichen Spiele enthalten eine gute Portion Angst. In vielen Regelspielen kommt Angst zum Ausdruck: Fangspiele, Gewinnspiele, Wettspiele, Gruselspiele und Mutproben haben für ältere Kinder und Jugendliche oft einen hohen Spielreiz.

Aus einer anderen Sicht enthalten viele Rollenspiele den gespielten Umgang mit der realen Angst, dann nämlich, wenn das Kind real erlebte Angst im Spiel wiederholt und verarbeitet, zum Beispiel, wenn es einen Zahnarztbesuch oder die strafende Mutter oder die Angst vor einem Tier spielt.

Ein so unangenehmes Gefühl wie die Angst wird also freiwillig in das Spiel hereingenommen und als lustvoll empfunden. Das macht deutlich, dass Angst bis zu einem gewissen Grad auch außerhalb des Spiels in der Realität als Reiz und Aufforderung empfunden wird. Erst wenn sie überhand nimmt, und vor allem, wenn sie nicht begrenzbar ist, wird sie zur Qual. Jeder Mensch erlebt in der Realität Angst. Das Kind muss lernen mit dieser realen Angst umzugehen. Angst ist ein Schutz. Sie hilft dem Menschen, das Risiko, das er eingeht, zu begrenzen. Der Mensch muss auspendeln zwischen Vermeidung einer angstbesetzten Handlung und Wagnis dieser Handlung. In diesem Wagnis muss ein Reiz liegen. Jeder Schritt ins Neue, jeder Fortschritt beinhaltet Wagnis und Risiko. Deshalb muss dieses Risko auch lustbetont sein. Die menschliche Entwicklung käme sonst zu einem Stillstand. Im Spiel setzt das Kind sich mit dieser Mut-Angst auseinander und erprobt spielerisch das Risiko.

Wenn die reale Angst zu groß war und seelische Verletzungen hinterlassen hat, hilft das Spiel wiederum diese Wunden zu heilen (zu verarbeiten). Die Angst im Spiel unterscheidet sich in einem sehr wesentlichen Punkt von der Angst in der Realität: Das Kind kann sie begrenzen. Es kann sich so weit einlassen, wie es will, und kann das Spiel abbrechen oder verändern, wenn die Angst zu bedrohlich wird. Lediglich bei Gruppendruck muss das Kind möglicherweise seine Angsttoleranzschwelle überschreiten. Dann muss es zuweilen nicht nur weiterspielen, sondern zusätzlich noch seine Angst verbergen. „Spielverderber!", oder „Hast wohl Schiss?", machen es ihm unmöglich, seine Angst zuzugeben. Auch Druck von Seiten der Pädagogen (der Eltern) kann zwingend sein: „Sei keine Memme!", „Es wird dir niemand den Kopf abreißen!", und andere unpädagogische Sprüche und Vorwürfe können zu angstbesetztem Weiterspielen zwingen.

Die Angst eines Kindes muss ernst genommen werden. Sie lässt sich auch nicht wegargumentieren. Mit „Du brauchst keine Angst zu haben!", ändert sich das tatsächliche Gefühl der Angst wenig, denn Gefühle sind stärker als der Verstand. (Diese Behauptung ist für Sie sicher nachvollziehbar, wenn Sie zum Beispiel Angst davor haben, nachts allein über den Friedhof zu gehen. Auch eine Hundertschaft von Polizisten, die vor Ihnen den Friedhof durchgekämmt hat, würde Ihre Angst kaum ändern.) Das *Wissen* um die Gefahrlosigkeit nimmt Ihnen die Angst nur in seltenen Fällen. Angst muss bearbeitet werden. Und eben das Spiel bietet eine phantastische – sogar mit Lust verbundene – Bearbeitungsform! Aber das Kind muss die Angst im Spiel selbst begrenzen können und muss auch davon überzeugt sein, dass es das kann. Das Kind erlebt die begrenzbare Angst im Spiel als spannend und motivierend. Es erlebt sie auf einer ungefährlichen Ebene. Die Hilflosigkeit, die das Kind in der realen Angst erlebt hat, wiederholt sich im Spiel nicht in der gleichen Weise. Spiel ist nicht Realität.

Die vier Blickwinkel, unter denen J. Fritz die Spieltheorien zusammengestellt hat (Kapitel 1.3) und die in diesem Abschnitt als Aspekte für

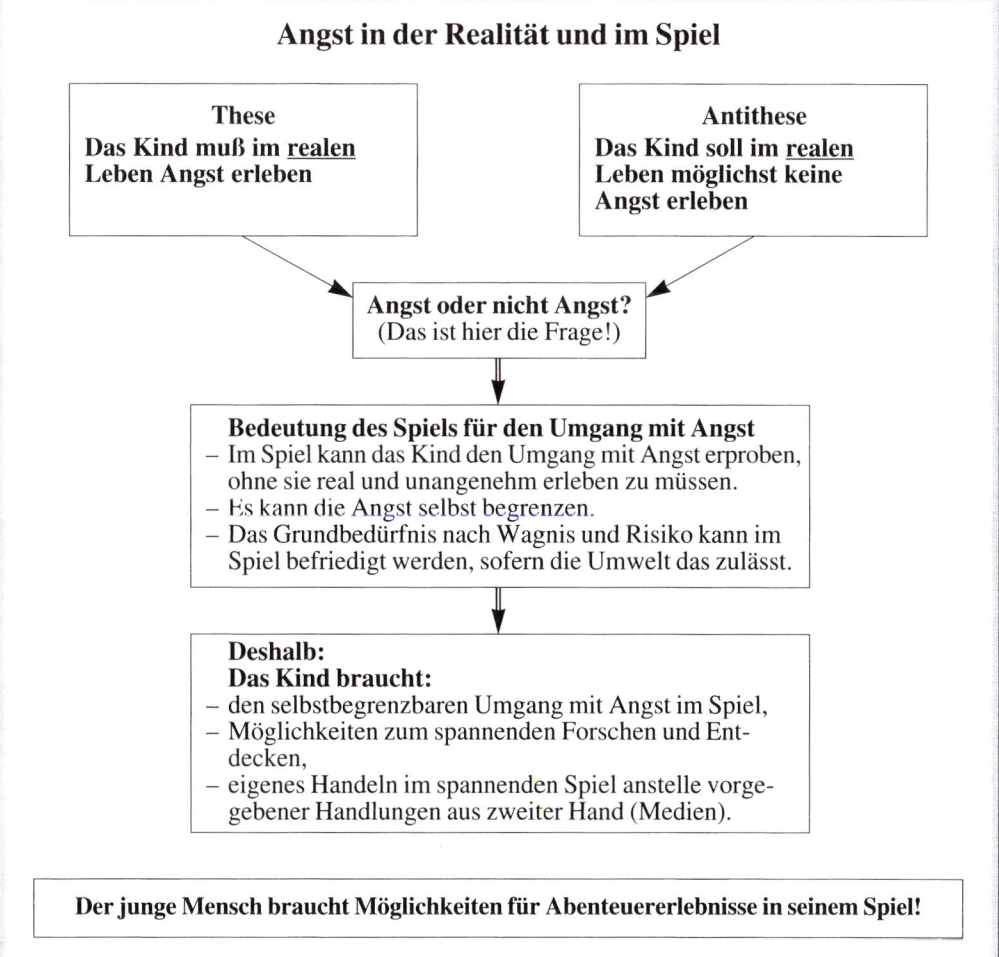

Angst in der Realität und im Spiel

These
Das Kind muß im realen Leben Angst erleben

Antithese
Das Kind soll im realen Leben möglichst keine Angst erleben

Angst oder nicht Angst?
(Das ist hier die Frage!)

Bedeutung des Spiels für den Umgang mit Angst
- Im Spiel kann das Kind den Umgang mit Angst erproben, ohne sie real und unangenehm erleben zu müssen.
- Es kann die Angst selbst begrenzen.
- Das Grundbedürfnis nach Wagnis und Risiko kann im Spiel befriedigt werden, sofern die Umwelt das zulässt.

Deshalb:
Das Kind braucht:
- den selbstbegrenzbaren Umgang mit Angst im Spiel,
- Möglichkeiten zum spannenden Forschen und Entdecken,
- eigenes Handeln im spannenden Spiel anstelle vorgegebener Handlungen aus zweiter Hand (Medien).

Der junge Mensch braucht Möglichkeiten für Abenteuererlebnisse in seinem Spiel!

die Bedeutung des Spiels gewählt wurden, werden bei der Betrachtung der Angst im Spiel deutlich:

1. Im Spiel lernt das Kind mit Angst umzugehen (Nützlichkeit des Spiels).
2. Im Spiel geht das Kind lustvoll mit seiner Angst um. (Es handelt im Hier und Jetzt mit seinen Gefühlen und empfindet dabei Lebensfreude.)
3. Im Spiel verarbeitet das Kind erlebte und befürchtete Angst (Vergangenheitsbewältigung und therapeutische Wirkung).
4. Im Spiel lebt das Kind sich in die gesellschaftlichen Erwartungen hinsichtlich der Handhabung und Bewältigung von Angst ein (Anpassung an die realen Anforderungen).

Die Lebensgestaltung des heutigen Kindes und Jugendlichen lässt diesen Umgang mit Angst im Spiel allerdings nur wenig zu. Kinder können kaum ein Risiko eingehen. Die Erwachsenen haben Inselwelten für sie geschaffen, in denen alles „kindgerecht" (wie sie meinen!) vorbereitet ist: das Kinderzimmer, der Spielplatz im Freien, die sozialpädagogische Einrichtung mit ihren Innen- und Außenräumen, die Vereine und Förderkurse. Den Weg von einer dieser Inseln zur anderen ist vom Kind nicht alleine zu bewältigen. Es wird dorthin von den Erwachsenen begleitet. Es gibt für Kinder kaum mehr etwas zu entdecken. Die Erwachsenen haben alles für sie entdeckt, ihr Leben und ihre Lebensbewältigung so vorbereitet, dass die Kinder nur zugreifen brauchen. Aber das ist nicht, was sie suchen. Sie wollen ihre reale Welt erforschen und ihre Spielwelt selbst erschaffen. Abenteuergeist und Forscherdrang werden nicht befriedigt. Das Kind kann Abenteuer nur aus zweiter Hand erleben: in den Medien. Das reicht aber für den Umgang mit Angst nicht aus. Viele Kinder können heute den Umgang mit Angst in ihrem Spiel nicht mehr breit genug erleben und erproben. Möglicherweise ist das ein Grund für die Suche nach Grenzerfahrungen (zum Beispiel U-Bahn-Surfing) vieler Jugendlicher.

Aggression im Spiel

Anregung zum Eindenken in die Thematik

Bewusstmachung von eigenem Umgang mit Aggressionen

Versenken Sie sich etwa fünf Minuten bei vereinbarter Stille im Raum in eigene erlebte aggressive Gefühle. Durchdenken Sie, wie Sie im Alltag mit diesen Gefühlen umgehen. Sprechen Sie anschließend in Gruppen über Ihre Reaktionsgewohnheiten auf zornige Gefühle und vergleichen Sie mit den Reaktionen der anderen Gruppenmitglieder. (Beachten Sie, dass es keine bösen Gefühle gibt, sondern höchstens unangemessene und in Frage zu stellende Reaktionen *auf Gefühle!)*

Umgangssprachlich wird Aggression als unerwünschtes angreifendes und schädigendes Verhalten angesehen. Aggressive Gefühle und aggressives Verhalten sind aber auch Voraussetzung für Durchsetzungsvermögen und Verteidigung gegenüber empfundenem Angriff. Wir kennen ein zu starkes aggressives Verhalten, das heißt ein objektiv nicht nachvollziehbares und nicht duldbares, schädigendes Verhalten, wenn zum Beispiel ein Kind ein anderes schlägt oder versucht, es mit kränkenden Worten zu erniedrigen und zu verletzen. Es gibt aber auch aggressionsgehemmte Kinder, die sich nicht durchsetzen können, sondern sich ängstlich anpassen und kritiklos ausführen, was von ihnen verlangt wird.

Ebenso wie das Kind im Laufe seiner Entwicklung lernen muss mit Angst umzugehen, muss es einen angemessenen Standort finden mit seiner Aggression umzugehen.

Jeder Mensch empfindet Hass und Wut, das heißt feindselige Gefühle, die mit dem Wunsch

verbunden sind Dinge oder Menschen zu schädigen, zum Beispiel zu kränken oder anzugreifen.
Häufig werden bereits aggressive *Gefühle* als böse angesehen. Gefühle stehen aber jenseits von Gut und Böse. Sie sind einfach da. Sie entstehen aus dem Geschehniszusammenhang. Es gibt keine guten oder bösen Gefühle. Beispielsweise würden wir es als fragwürdig ansehen, wenn jemand bei einer groben Ungerechtigkeit keinen Zorn, sondern Gleichgültigkeit empfände. Trotzdem wird Zorn häufig den Kindern als abzulehnendes Gefühl vermittelt. Kindern wird oft gesagt: „Sei nicht zornig!“, oder gar: „Man darf nicht zornig sein!“ Diese Aussagen sind unangemessen. Als böse oder als unerwünscht ist möglicherweise das Verhalten anzusehen, das aufgrund eines Gefühles entstanden ist. Wenn beispielsweise ein Kind wütend auf die Mutter oder die Erzieherin ist, weil es sich ungerecht behandelt fühlt, oder wenn es Zorn hat, weil ein mühsam gebauter Turm eingestürzt ist, kann nicht von böse gesprochen werden. Wenn das Kind aber jetzt eine Vase der Mutter aus Rache zerschlägt, „um es ihr heimzuzahlen“, oder die Bauklötze gegen den Schrank schleudert, können wir dieses *Verhalten* ablehnen. Das bedeutet: Das Kind muss Wege finden um mit seinen Gefühlen angemessen umzugehen, insbesondere mit Wut, das heißt mit denjenigen Gefühlen, die destruktive (zerstörende) Handlungen nach sich ziehen können.

Es soll in diesem Zusammenhang nicht darüber nachgedacht werden, wie wir uns als Spielleiter verhalten könnten, wenn ein Kind im Rahmen des Spiels aggressiv wird, oder wie wir vermeiden können, dass sich Kinder gegenseitig stören. Dieser Aspekt wird in Kapitel 5.1 behandelt. Im hier vorliegenden Abschnitt geht es um den *Umgang mit aggressiven Gefühlen auf der Ebene des Spiels*.
Machen wir uns bewusst: Spiel ist eine Möglichkeit, Erfahrungen und Gefühle auf spielerische Weise und auf ungefährlicher Ebene zum Ausdruck zu bringen und zu verarbeiten. Zugleich kann das eigene Handeln auf der ungefährlichen Spielebene, nämlich dem intermediären Bereich, erprobt und an die Realität angepasst werden. Das Kind kann Grenzen austasten, Macht erproben, Gewalt und Zorn zum Ausdruck bringen, ohne dass es Konsequenzen in seiner realen Beziehung zu den Bezugspersonen in Form von Liebesentzug, Strafe oder Abwertung seiner Person befürchten muss. Es darf zum Beispiel spielen, die Puppe sei ungezogen und hätte der Mutter geschadet. Es darf die Puppe für diese Ungezogenheit schlagen, ohne dass es selbst in der Realität dafür bestraft wird. Oder es kann seinen selbstgebauten Turm umwerfen und damit seine Macht über das Baumaterial auskosten.
Dabei muss das Zum-Ausdruck-Bringen keinesfalls realistisch sein. Das Kind kann verschlüsseln. Darin ist es Meister, ohne es von Erwachsenen gelehrt bekommen zu haben. Es spielt zum Beispiel nicht die real erlebte Zorn auslösende Handlung der Mutter, sondern es spielt einen bissigen Hund, eine negative Figur aus einem Film oder eine sonstige Verkörperung des Bösen. Aufgrund seiner Fantasie braucht die gespielte Realität der wirklichen Realität nicht zu entsprechen. Das Kind braucht die Mutter nicht wirklich zu schädigen. Es spielt im intermediären Raum *zwischen* Realität und Fantasie.
Die Verschlüsselung der Gefühle kann gerade bei der Aggression sehr weit gehen, vielleicht, weil das Kind in der Realität erlebt hat, dass aggressive Gefühle nicht gern gesehen oder gar bestraft werden.
Gespielte Aggression kann genossen werden, weil sie erleichtert. Deshalb wird auch dieses Spiel von Spannung und Entspannung geprägt sein. Dadurch wird es zur lustvollen Tätigkeit im Hier und Jetzt.

Aus eigener Erfahrung weiß man, dass körperliche Abreaktion bereits helfen kann die Spannung des Zorns zu mildern und mit den starken affektiven Gefühlen sachlicher umzugehen. Solche körperlichen Abreaktionen können bei Erwachsenen oder Jugendlichen zum Beispiel sein: Türen schlagen, zügig spazieren gehen, etwas kraftvoll zerreißen (etwa einen dicken Karton), irgendetwas einen Fußtritt geben. Da sind wir schon wieder mitten im Spiel: Alle Spiele, die mit Stoßen, Werfen, Treten, Ziehen, Reißen usw. zu tun haben, können Abreaktion für aufgestaute Gefühle bieten. Diese Tatsache müssen sich Erzieherinnen zunutze machen: Eine unruhige, kribbelige Gruppe oder auch ein gefühlsgeladenes einzelnes Kind können durch Spiele abreagieren, in denen – in geregeltem Maß – etwas zerstört oder angegriffen wird wie Bauen und Umwerfen, Ballspiele, Kegelspiele, Sägen und Hämmern. Zornige Gefühle sind Energieerzeuger. Sie setzen Kraft frei. Bewegungsreiche Spiele wie Ballspiele, Seilspiele, Fang- und Laufspiele usw. bieten dem Körper Abreaktionsmöglichkeiten bei gestauter Kraft.

Natürlich entstehen im Spiel auch Konflikte, insbesondere zwischen Spielpartnern: Streit. Der junge Mensch hat im Spiel auch realen Zorn zu bearbeiten, der nicht auf der Spielebene abläuft, sondern lediglich durch das Spiel ausgelöst wurde. Das Kind hat im Spiel ein Übungsfeld für die Handhabung seines Zorns. Es wird einen Weg suchen und erproben zwischen Durchsetzung, Unterordnung und Kompromiss.

Auch hier sind die vier von J. Fritz aufgestellten Blickwinkel der Spielbedeutung wiederzufinden:

1. Spiel als Nützlichkeit für die Zukunft: Auf der Spielebene wird der Umgang mit Aggressionen ausprobiert und Erfahrungen werden gesammelt.
2. Spiel als gegenwärtige Lust: Aggressionen auf der Spielebene werden als angenehm empfunden.
3. Spiel als (verschlüsselte) Abreaktion von erlebter Welt: Kränkende Verletzungen können verarbeitet werden.
4. Spiel als Auseinandersetzung mit der Realität sowie als Integration in die Gesellschaft: Gesellschaftliche Erwartungen zwischen den Polen von Durchsetzung eigener Wünsche und einfühlsamer Rücksichtnahme werden angenommen und verinnerlicht.

Auf eine tiefer gehende psychologische Wirkung aggressiver Spiele soll hier nicht weiter eingegangen werden. Es ist beispielsweise umstritten, ob aggressive Spiele, etwa Kampfspiele, hilfreich sind, wenn es darum geht, aggressives Verhalten von Kindern zu mildern. Es ist in empirischen Versuchen (systematischen Experimenten) nachgewiesen worden, dass Kinder, denen aggressionsanregendes Spielzeug angeboten wurde, sich nach dem Spiel aggressiver verhielten als Kontrollgruppen, die friedlichere und kooperative Spielphasen hinter sich hatten. Andererseits kann zum Beispiel mangelnde Bewegungsmöglichkeit zu erhöhten Frustrationen führen, die sich in aggressivem Verhalten der Kinder äußern.

Aggressives Spiel kann nicht aggressives Verhalten als solches ändern. Spiel ist kein pädagogisches Mittel für aggressionsüberschäumende Kinder und hat auch keinen Einfluss auf die Ursachen der Aggressionen. Was eine geschickte Spielpädagogik allenfalls kann, ist: wahrnehmen, in welchen frustrierenden, einschränkenden aggressionsaufbauenden Verhältnissen das Kind lebt und ihm Möglichkeiten bieten während der Zeit des Spiels aus diesen beengenden Verhältnissen auszubrechen. Mit anderen Worten: Spielpädagogik darf nicht die gleichen frustrationsauslösenden Bedingungen vorgeben, die der junge Mensch in der Umwelt sowieso schon hat. Das bedeutet konkret zum Beispiel: Wenn das Kind in einer engen Wohnung in einem Hochhaus wohnt, wenn ideenlose Spielplätze keine Spielerfindungen zulassen, dann darf die sozialpädagogische Einrichtung diese Lebenseinschränkungen durch etwa bewegungsarme oder monotone Spielmöglichkeiten nicht noch verstärken.

Wenn also hier aggressive Spielformen als angemessen und sinnvoll dargestellt werden, so sind solche Spiele gemeint, die ein symbolisches destruktives Verhalten zulasssen, das vom Spieler in der Regel nicht in reale Aggression übertragen wird. Das destruktive, schädigende Verhalten im Spiel darf nicht so weit gehen, dass aggressives Verhalten eingeübt oder die Schwelle für schädigende Handlungen verringert wird. Über Spiele, die pädagogisch in Frage gestellt werden können, wie Schießspiele, Wett- und Konkurrenzspiele wird im späteren Text noch öfter die Rede sein.

Aggression im Spiel

Im Spiel kann das Kind Aggressionen äußern, ohne Konsequenzen befürchten zu müssen.

1. Frustrationen und aggressive Gefühle angemessen und ungestraft äußern

- Bewegungsspiele: laufen, klettern, ringen, toben (insbesondere nach bewegungsarmen Phasen)
- Rollenspiele: Erlebtes (ggfs. verschlüsselt) nachspielen, z.B. böse sein dürfen in der entsprechenden Rolle
- destruktive Tätigkeiten: eigenes Bauwerk umwerfen, sägen, reißen, schneiden, stampfen, stoßen
- Ballspiele und ähnliches: werfen, schlagen, pritschen

2. Angemessenen Umgang mit Aggressionen für die Realität erproben

- Rollenspiel: symbolisch Böses tun dürfen,
- die Verkörperung des Bösen auf der Spielebene bekämpfen, sich als der Bessere fühlen dürfen
- manche Regelspiele: böse sein in den Grenzen einer Regel, anderen Schaden zufügen dürfen, z.B. rauswerfen
- reale Konflikte im Spiel (gezielt) bearbeiten

Pädagogisches Verhalten:

- **Das Kind benötigt einen großen Spielraum um Abreaktions- und Übungsformen für den Umgang mit Aggressionen im Spiel zu erproben.**
- **Spielideen der Kinder müssen in angemessenem Rahmen zugelassen werden, auch dann, wenn sie aggressive Gefühle enthalten.**
- **Erzieher/innen müssen zu Spielformen anregen und sie ermöglichen, die den sinnvollen Umgang mit Aggressionen unterstützen.**

1.4.2 Selbst- und Fremdbestimmung im Spiel

Anregung zum Eindenken in die Thematik

Erinnerung an Selbst- und Fremdbestimmung im Spiel

Nehmen Sie sich Zeit und versuchen Sie sich an Selbst- und Fremdbestimmung in Ihren Kinderspielen zu erinnern. Lassen Sie dabei mögliche Gedanken hochkommen wie:

- *Spieleinschränkungen durch Erwachsene und Ihr mögliches Aufbegehren dagegen?*
- *Spieleinschränkungen durch andere Vorgaben wie Verpflichtungen, Rücksichtnahme, Gefahrenquellen, Mangel an Spielplatz?*
- *hre Rolle in Spielgruppen: führend? unterordnend? Kompromisse findend?*

Sprechen Sie anschließend in Gruppen über Ihre Erinnerungen und vergleichen Sie Ihre Erfahrungen.

Häufig wird Selbstbestimmung mit freiwilliger, lustbetonter Tätigkeit gleichgesetzt. Selbstbestimmung muss aber immer verantwortliches Handeln beinhalten. Ein Kind, das die Folgen seines Handelns nicht abschätzen kann und deshalb unangemessene Gefahren eingeht, darf nicht selbstbestimmt handeln. Andererseits ist Spiel grundsätzlich eine freiwillige und lustbetonte Tätigkeit.
Der Erwachsene muss deshalb in entsprechenden Situationen das Spiel des Kindes begrenzen und Fremdbestimmung ausüben. Gegen diese Fremdbestimmung kann ein Kind aufbegehren, wenn sie ihm nicht einsichtig ist oder wenn es sich übermäßig eingeschränkt fühlt. Fremdbestimmung muss allerdings nicht immer vom Erwachsenen ausgehen. Auch innerhalb von Spielgruppen entsteht Fremdbestimmung durch dominierende Kinder.

Spiel ist eine zweckfreie, freiwillige und von innen heraus motivierte Tätigkeit. Das heißt, echtes Spiel kann nicht erzwungen werden. In dem Moment, in dem das Kind aufgrund einer Anweisung etwas spielen muss, handelt es sich bei diesem Kind nicht mehr um ein echtes Spiel. Das bedeutet nicht, dass ein Kind sich im Spiel nicht von anderen (Kindern oder Erwachsenen) mitreißen lassen kann. Das Mitspielen und das Zusammenspiel muss bei echtem Spiel aber auf Freiwilligkeit beruhen und mit Spielfreude verbunden sein.
Allerdings sind die Grenzen zwischen Freiwilligkeit und Zwang fließend. Ein Kind, das zu einem von Spielkameraden vorgeschlagenen Spiel keine Lust hat, also keine von innen heraus kommende Motivation verspürt, kann mitspielen, weil es ihm lieber ist, etwas in der Gruppe oder mit einem Partner zu unternehmen als allein zu spielen. Ein gemeinsam angefangenes Spiel wird oft wegen des Gruppendruckes oder der eigenen moralischen Einstellung nicht abgebrochen, auch wenn es keinen Spaß mehr macht. Das eigene Lustgefühl schwankt ja auch und ist nicht immer genau feststellbar. Das eine Kind freut sich während der Aufbauphase eines Spiels, zum Beispiel dem Bauen einer Stadt oder eines Hauses auf das darauf folgende Rollenspiel. Es baut mit wenig Lust. Der Spielpartner sieht vielleicht im Bauen die Spielmotivation und lässt sich nur aus Kameradschaft auf das Rollenspiel ein. Während des Spiels steigt dann vielleicht der Spielreiz.
Auch die einzelnen Handlungen und Rollen innerhalb eines Spiels müssen nicht immer mit Lust und Freiwilligkeit gespielt werden, beispielsweise das passive Baby in der Puppenecke sein zu müssen, der Fänger beim Versteckspiel oder der Verlierer beim Brettspiel.
Erwartungshaltungen von erwachsenen Bezugspersonen können dem Kind die eigenen Gefühle verwischen, weil das Kind darin Lust verspüren kann, die Erwartungen zu erfüllen. Es setzt zum Beispiel das Puzzle nicht aus eigener Spielfreude zusammen, sondern weil es weiß, dass es damit der Mutter oder der Erzieherin eine Freude macht, und weil es dann als fähig angesehen wird. Das ältere Kind spielt mit dem jüngeren Geschwister ein Spiel auf dessen Spielebene, weil die Mutter das so erwartet oder weil das Kind aus eigener Einsicht diese betreuende Funktion übernimmt. Vielleicht auch, weil es die Anerkennung der jüngeren Geschwister sucht, möglicherweise aber auch, weil es selbst Spielfreude dabei empfindet.
Es ist deshalb für Erzieherinnen und Erzieher nicht immer einfach zu erkennen, ob ein Kind wirklich eigene Spielbedürfnisse oder die Erwartungen der anderen erfüllt.
Es kann allerdings auch keine grenzenlose Freiheit geben. Die Spielwünsche der unterschiedlichen Kinder müssen untereinander abgestimmt und in Einklang gebracht werden. Was der eine gern macht, ist für den anderen vielleicht ein Greuel. Ziel für den Gruppenleiter kann es hier lediglich sein, die Kinder sensibel zu beobachten um zu erkennen, an welchen Stellen bestimmte Gruppenmitglieder gezwungen werden, eigene Wünsche unangemessen zurückzustellen, oder welche Kinder und Jugendlichen sich rigoros durchsetzen.

Wenn der Spielende sich in Gefahr bringt, muss die Erzieherin Grenzen setzen, zum Beispiel wenn Kinder auf der Straße spielen wollen oder wenn sie gefährliche Gegenstände benutzen.

Freiheit und Selbstbestimmung stoßen auch dort an Grenzen, wo sie mit den Bedürfnissen und Ansprüchen der anderen Mitmenschen kollidieren. Die Selbstbestimmung des einen Kindes darf nicht die Unfreiheit für ein anderes Kind oder einen Erwachsenen bedeuten, wenn ein Spieler sich zum Beispiel unverhältnismäßig dominant verhält, sich von Spielpartnern oder Erwachsenen bedienen lässt oder die Bedürfnisse anderer nicht wahrnehmen will. Der Anspruch auf Selbstbestimmung im Spiel kann deshalb nicht unter dem reinen Lustprinzip gesehen werden. Selbstbestimmung ist immer in einen sozialen Zusammenhang zu stellen.

Auch dem Material gegenüber muss ein Kind eine verantwortliche Haltung entwickeln. Pfleglicher Umgang mit Material, Aufräumen, kein verschwenderischer Verbrauch und keine unnötigen Eingriffe in die Natur sind für das Spiel ebenso wie im allgemeinen Leben Grenzen für Selbstbestimmung und Freiheit. Wo soziale und ökologische Verantwortung vom jungen Menschen noch nicht wahrgenommen werden kann oder nicht übernommen wird, muss der Erwachsene fremdbestimmen. Wenn das Kindergarten- oder Schulkind sich beispielsweise mit dem Ausräumen und Benutzen von Spielmaterial übernimmt und nachher nicht mehr aufräumen kann – das nicht nur einmal, sondern öfters –, muss das Spielmaterial begrenzt werden.

Damit das Kind diese Verantwortlichkeiten entwickeln kann, benötigt es angemessene Leitung von Seiten der Betreuer. Entsprechende Ermunterungen oder auch Grenzen wird der Erwachsene ihm geben, wenn zum Beispiel die Krippenerzieherin sagt: „Hol dir das Auto zurück, Alex, das Katrin dir weggenommen hat!“, wenn im Kindergarten die Regel gilt, dass Bilderbücher nicht am Maltisch betrachtet werden dürfen, wenn die Erzieherin im Hort verlangt die Spielregel zu verändern oder das Spiel abzubrechen, weil immer das gleiche Kind fangen muss, oder wenn im Jugendzentrum Billardkugeln nur gegen ein Pfand ausgegeben werden, weil sonst die Kugeln verloren gehen oder immer die gleichen Jugendlichen das Spiel besetzen.

Grenzen der Selbstbestimmung im Spiel

Freiwilligkeit im Spiel wird begrenzt durch:

1. Motivationen der Spieler,

zum Beispiel:
- mitspielen aus Freundschaft oder um zur Gruppe zu gehören,
- zu Ende spielen um kein Spielverderber für die Mitspieler zu sein,
- unangenehme Spielphasen durchhalten, weil nachfolgende angenehme Abschnitte vermutet werden,
- etwas spielen, weil es die erwachsene Bezugsperson erwartet,
- sich unterwerfen aus Angst vor negativen Sanktionen durch Gruppenmitglieder oder Erwachsene

2. Einschränkungen durch Erwachsene

Regeln und Grenzen um zu gefahrlosem und zu sozial und ökologisch verantwortlichem Spielverhalten zu führen

Zusammenfassung

- Spiel ist eine schwer zu beschreibende, vielseitige Tätigkeit, deren Merkmale bei einzelnen Spielen nicht immer vollständig zutreffen müssen.
  Die Bedeutung des Spiels ist vielfältig und unterschiedlich.

- Häufig wird im Spiel zunächst die Nützlichkeit und die Lernwirkung gesehen. Spiel verliert aber seine Echtheit, vor allem seine Zweckfreiheit, wenn es zu stark unter dem Lerncharakter eingesetzt wird.

- Echtes Spiel ist immer auf die Gegenwart ausgerichtet und bedeutet für das Kind eine Daseinserfüllung im Hier und Jetzt.

- Das Spiel hat verarbeitende Wirkungen und kann deshalb auch bei seelischen Konflikten und Verletzungen klärend und heilend wirken.

- Im Spiel verändert das Kind aufgrund seiner Fantasie die Realität so, dass es in dieser erfundenen Realität handeln kann. Zugleich passt es sich an die wirkliche Realität an und übt im intermediären Spielraum sein Handeln für die Realität ein.

- Spiel wird stark von Gefühlen bestimmt. Gefühle aus dem Alltag finden im Spiel ihren Ausdruck und ihre Abreaktion. Insbesondere für unangenehme Gefühle (Angst und Aggression) bietet das Spiel eine Handlungsplattform, auf der das Kind keine Sanktionen (Bewertungen) befürchten muss. Es kann deshalb ungehemmt agieren.

- Die Spielmöglichkeiten werden für das Kind heute häufig so vorbereitet oder durch die Umwelt so eingeschränkt (Verstädterung, Wohnsituationen, Verinselung der Spielmöglichkeiten), dass abenteuerreiche Spiele für das Kind oder den Jugendlichen kaum noch durchführbar sind. Dadurch kann der junge Mensch ein wesentliches Grundbedürfnis, nämlich die Angst im Spiel zu erproben, kaum ausreichend befriedigen.

- Die Tatsache, dass das Kind im Spiel selbst bestimmt, wie weit es sich in seine Gefühle einlässt und sie ausspielt, hilft ihm das Risiko einzugehen und Gefühle symbolisch in Handlungen umzusetzen. Das Kind hat die Möglichkeit auch solche Handlungen auszuführen, die im realen Leben nicht zugelassen werden, zum Beispiel sein Kind (= Puppe) zu schlagen.

- Ein Spiel beruht grundsätzlich auf Freiwilligkeit. Allerdings sind die Motivationen, warum sich Kinder oder Jugendliche einem bestimmten Spiel zuwenden oder gemeinsam spielen, weder für Außenstehende noch für den Spielenden selbst immer erkennbar. Beispielsweise kann das Bedürfnis, zu einer Spielgruppe zu gehören größer sein als die eigentliche Lust am Spiel.

- Freiheit und Selbstbestimmung haben im Spiel ebenso wie im sonstigen Leben ihre Grenzen dort, wo der junge Mensch sich selbst in Gefahr bringt, wo er die Freiheit und Selbstbestimmung anderer unverhältnismäßig einschränkt oder wo er sich unangemessen hinsichtlich ökologisch verantwortlichem Handeln verhält.

Zum Nachdenken:

❍ **Die fünf Freiheiten des Menschen:**

Sehen und hören, was wirklich ist,
nicht:
was sein sollte.
Sagen, was ich denke,
nicht:
was ich denken sollte.
Fühlen, was ich wirklich fühle,
nicht:
was ich fühlen sollte.
Fordern, was ich möchte,
nicht:
immer erst auf Erlaubtes warten.
Risiko eingehen,
ohne sich immer erst abzusichern.

(Virginia Satir. In: Welt des Kindes, Heft 3/89)

❍ **Pädagogische Entscheidungen**

1. Tobias, fünf Jahre alt, hilft Lena, drei Jahre, auf ein Klettergerüst zu steigen. Lena kann mit Sicherheit alleine nicht herunterkommen.

2. Die Treppe als Spielort für Krippenkinder?

3. In der Freizeit will Jonas, 12 Jahre, die geplante Nachtwanderung nicht mitmachen. Offensichtlich hat er Angst. Er sagt, er habe Kopfweh.

4. Moritz, fünf Jahre alt, spielt mit Mark, vier Jahre, im Freien. Mark ist der Hund. Moritz will den Hund „trainieren". Er wirft einen Stock in hohem Bogen weg. Wenn Mark ihn nicht schnell genug holt, wird er geschlagen. Trotzdem spielt Mark weiter und äußert keinen Protest.

❍ **Standortfindung für berufliches Handeln:**

Sie beobachten als Gruppenleiter/in in einem Hort oder Heim folgende zwei Situationen von „Angst im Spiel". Wie würden Sie handeln?

Beispiel I:
Die Kinder, die schon früher von der Schule kommen, spielen vor dem Mittagessen meist im Hof. Sie selbst (Erzieher/in) halten sich in der Küche auf, als Funda, Erstklässlerin, durch den Flur auf die Toilette rennt. Eine Weile später kommt Markus, dritte Klasse. Er fragt Sie nach Funda, sucht sie und redet mit ihr. Dann sehen Sie, wie Markus mit Funda an der Hand hinausgeht. Funda wirkt in ihrer Körperhaltung eher ängstlich und zögernd.
Sie übertragen Ihre Arbeit in der Küche einer Mitarbeiterin und gehen hinaus. Die Kinder spielen Verstecken. Funda muss suchen. Jedesmal, wenn sie an einem Versteck von Kindern vorbeikommt, springt das Kind mit lautem Indianergeheul hinaus und rennt dicht an Funda vorbei zum Anschlag. Funda hat offensichtlich keine Chance jemanden zu fangen. Sie sucht auch nur zögernd und unternimmt keine Versuche jemanden abzuschlagen. Eins der Kinder ruft Ihnen begeistert zu sich auch zu verstecken.

Beispiel II:
Die Kinder bauen im Turnraum eine „Geisterbahn". Dafür haben sie mit Decken und Tüchern, Tischen und Turngeräten Gänge gebaut.

An einem Seil sollen die Teilnehmer im abgedunkelten Raum die Geisterbahn entlanggehen. Unerwartet passieren dann gruselige Berührungen, beispielsweise mit einem nassen Lappen oder mit einem schwabbelig gefüllten Gummihandschuh. Die Kinder sind hochauf begeistert, sie probieren den Weg immer wieder neu aus und suchen nach Ideen einer Verlängerung. Mit großer Spannung werden Sie gerufen um die Geisterbahn auch auszuprobieren.

Anschließend will die Spielgruppe dann die Kinder der anderen Gruppe rufen, damit sie die Geisterbahn ausprobieren und richtig erschreckt werden.

Claudia, Sabine und Frank
Studierende einer Fachschule für Sozialpädagogik

◆ **Claudia:** Als ich mich für den Beruf entschlossen und das Vorpraktikum begonnen habe, dachte ich, Spielen bedeute einfach nur mitspielen, sich von den Kindern führen lassen und vielleicht mal einen Konflikt schlichten. Wie hast du das gesehen, Sabine?

◆ **Sabine:** Ähnlich. Allerdings habe ich mich auch selbst am Spiel begeistern können, zum Beispiel habe ich mit Wonne als Löwe im imaginären Löwenkäfig unter dem Tisch herumgebrüllt. Ich glaube, ich habe so ein Spiel manchmal auch angeleiert, wenn ich echt zornig war und brüllen wollte. Und – ich geniere mich fast das zu sagen – ich habe selbst schrecklich gern Kampfspiele gespielt, und zwar in einem Alter, in dem viele meiner Klassenkameradinnen so etwas überhaupt nicht mehr spielten. Ich habe mir dann jüngere Kinder gesucht und so getan, als würde ich ihretwegen spielen. Zum Beispiel: Zwei Mannschaften mussten sich gegenseitig ein Lebensbändchen entreißen. Wer kein Leben mehr hatte, kam ins Gefängnis der Gegenpartei. Dort konnte man dann unter höchsten Schwierigkeiten erlöst werden. Ach, wie waren diese Spiele so angstvoll und so spannend! Aber wie wichtig das Spiel für die Kinder und deren Entwicklung ist, das habe ich in meinem Vorpraktikum eigentlich nicht gesehen. Ich habe es als Erholungsphase und als Lustgewinn für die Kinder aufgefasst.

◆ **Frank,** sich ins Gespräch einmischend: Es sage mir aber keiner, dass lustvolles Mitspielen für die Erzieher nicht auch wichtig sei. Schließlich sind wir Identifikationsmodell. Gerade bei Spielen will ich nicht ständig den Chef spielen, der sagt, wo es langgeht und der Grenzen setzt, sich aber nicht beteiligt.

◆ **Sabine:** Ich glaube, ich müsste aufpassen, dass ich bei so einem Abenteuerspiel plötzlich nicht für mich spielte und einfach aus Freude am Spiel meine Rolle als Erzieherin vergäße.

◆ **Frank:** Wenn das Spiel reibungslos läuft, sehe ich darin kein Problem. Und wenn es Konflikte oder echte Gefahren gibt, wirst du sicher sofort wieder in der Realität sein. Oder? Darf ich denn nicht auch mal echt spielen?

Literaturempfehlung

W. Winnicott: Warum Kinder spielen. In: Andreas Flitner (Hrsg.): Das Kinderspiel. Verlag Piper 1988 (5. Aufl.)

Ulrich Baer: Spielpraxis. Eine Einführung in die Spielpädagogik. Kallmeyerische Verlagsbuchhandlung 1995. Darin das Kapitel: Welche pädagogischen Ziele können wir mit Spiel fördern?

Thomas Lang: Kinder brauchen Abenteuer. Ernst Reinhard Verlag 1995 (2. Aufl.)

Christian Büttner: „Gewalt“ im Kinderspiel – zur kindlichen Identifikation mit Medienhelden. In: Deutsches Jugendinstitut (Hrsg.): Handbuch der Medienerziehung. Leske und Buderich 1995

2 Rahmenbedingungen für das Spiel

Kinder, vor allem jüngere Kinder, können zwar immer und überall spielen – wenn Erwachsene es ihnen nicht verbieten oder verleiden -, aber ein echtes und vertieftes Spiel verlangt Voraussetzungen. Dazu gehören eine wohlwollende und das Spiel wertschätzende Atmosphäre, angemessener Spielraum und sinnvolles Spielmaterial. Auf Dauer gesehen benötigt das Kind auch Spielpartner.

Wenn diese Rahmenbedingungen nicht vorhanden sind oder wenn sie nicht den Bedürfnissen des Spielenden entsprechen, kann sich das Kinderspiel nicht optimal entfalten.

2.1 Spielatmosphäre: Gesellschaftliches Umfeld und Erwartungshaltung der Bezugspersonen an das Spiel des Kindes – Bedeutung für die sozialpädagogische Praxis

Anregung zum Eindenken in die Thematik

Traumreise

Setzen Sie sich bequem hin (besser: auf eine Decke legen).
Ein Gruppenmitglied sollte die Traumreise vorbereitend durchdacht haben und sie in langsamer, ruhiger Sprache mit langen Pausen begleiten: Sie geraten in der Fantasie über eine magische Art in ein Spieltraumland. Dieses Land sehen Sie sich genau an: die Räumlichkeiten mit allen Winkeln, das Spielgelände im Freien, die Spielpartner, die Spielmaterialien. Sie sehen nach, ob eine Aufsichtsperson vorhanden ist. Dann beginnen Sie, in dem Fantasieland zu spielen. Plötzlich haben Sie das einzige Verbot übertreten und werden aus diesem Grund aus den Traumland auf die Erde verwiesen und sind ein Kind in einer innerstädtischen Wohngegend.

Sprechen Sie anschließend über Ihre Spielträume und über Ihre Gefühle bei der Rückkehr in die Realität.

Wenn Kinder frei und ungelenkt spielen, so spielen sie, was sie erleben. Sie setzen sich im Spiel mit ihrer Umwelt und deren Anforderungen auseinander und erproben auf der Ebene des Spiels ihr späteres Erwachsensein. Sie konstruieren (bauen und malen) beispielsweise, was sie erleben. Sie spielen im Rollenspiel Handlungen der Erwachsenen nach und übernehmen dabei deren Einstellungen, etwa die tröstende Haltung der Mutter oder der Erzieherin, das Machtverhalten zwischen Mutter und Vater (auch stellvertretend für das Verhalten zwischen den Geschlechtern), das Kampfverhalten eines Fernsehhelden.
Kinder aus unterschiedlichen Kulturen spielen anders, weil sie in Gesellschaften mit verschiedenartiger Lebensweise und Lebenseinstellung aufwachsen (siehe Seite 29).

Darüber hinaus beeinflussen die erwachsenen Bezugspersonen das Spiel durch ihr bewusstes oder nicht bewusstes Lenken und Eingreifen: ob sie beispielsweise das Spiel wertschätzen, ob sie den Kindern ausreichend Zeit und Möglichkeiten für ihr Spiel einräumen, ob die Kinder Leistungen vorweisen müssen, ob die Bezugspersonen ihr Spiel in vorgegebene Zeitabschnitte einteilen (Terminkalender für Kinder!) und es gedankenlos unterbrechen, welches Spielmaterial sie zur Verfügung stellen, ob sie den Kindern Spielkameraden ermöglichen und natürlich auch, welches Spiel und Spielverhalten sie loben und verstärken usw. Wir Erwachsenen wirken auf das Spiel der Kinder in vielfältiger Weise ein. Dabei werden wir selbst vom gesellschaftlichen Umfeld beeinflusst und geprägt, beispielsweise im Angebot von Spielmaterial (etwa welche Art von Puppen und wie viele), in dem, was wir als gute oder fragwürdige Spiele empfinden (zum Beispiel Lernspiele, Schießspiele, Doktorspiele, Konkurrenzspiele, Computerspiele), in unserer eigenen Beteiligung beim Spiel (beteiligen wir uns bei Brett- und anderen Lernspielen oder auch bei Bewegungs- und Rollenspielen?).
Die Kinder erleben bei ihren Spielkameraden Spielmaterial und Spielverhalten, sie sehen das Spielzeugangebot in Geschäften und werden von Werbung beeinflusst. Spielwünsche werden hervorgerufen und Spielverhalten wird geprägt.

Zusammenfassend:
Das Spiel der Kinder wird durch die Erwachsenen und die Gesellschaft, in der das Kind aufwächst, beeinflusst. Das Kind lebt sich mit Hilfe seines Spiels in die Erwartungen der Mitmenschen, die es umgeben, ein und übernimmt gesellschaftliche Werthaltungen.

Einflüsse unserer industriellen Gesellschaft auf das Kinderspiel

Eigentlich müsste das Spiel unserer Kinder in der industriellen Gesellschaft optimal ermöglicht und gefördert werden, denn noch nie ist das Spiel und sind die Kinder und deren Entwicklung so ernst genommen worden wie heute in den Industrieländern.

Beispiele:
– Es gibt Berufe/Berufszweige, die sich ausschließlich mit der Forschung, Lehre und Praxis des Kinderspiels befassen. Als Ergebnis finden wir eine Fülle von Veröffentlichungen, Anleitungen zu Spiel und Spielesammlungen – also ein optimales Know-how zum Umgang mit Spiel.
– Für die Entwicklung der Kinder wird viel investiert. Kinder laufen nicht nur nebenher. Ihre Interessen werden weitgehend formuliert und gesellschaftlich (jedenfalls verbal) anerkannt.
– Lernanforderungen werden durch spielerische Lernformen erleichtert, zum Beispiel in der Schule, im Sport, bei Kursangeboten und im Einzelunterrricht. Spiel hat bei fast allen Therapieformen einen hohen Stellenwert, sei es bei psychotherapeutischen Behandlungsformen, bei der Arbeit mit Behinderten oder bei krankengymnastischen Trainingsprogrammen.

Auch die familiären Bedingungen sind im Mittel gut. Stetig sinkende Arbeitszeit und die positive wirtschaftliche Entwicklung in den letzten Jahrzehnten haben dazu geführt, dass wir uns viel Zeit für die Förderung unserer Kinder nehmen und ihre Entwicklung auch finanziell unterstützen können. Gegenüber früheren Lebensbedingungen ändert auch die schwierigere Wirtschaftsentwicklung der allerletzten Zeit daran nichts Grundsätzliches.
Verringert haben sich ferner die privaten Arbeitszeiten – zunehmende maschinelle Arbeitserleichterung im Haushalt, weniger zeitaufwendige Reparaturen, Benutzung des Autos usw. Das bringt Zeit für Kinder.

Fazit: Wir wissen heute um die Bedeutung des Spiels und wir haben im Prinzip mehr Zeit, uns dem Spiel der Kinder zu widmen. Aber diese Tatsachen scheinen das Spiel der Kinder doch nicht wesentlich zu verbessern, denn gesellschaftliche Faktoren in unserer heutigen industriellen Gesellschaft haben auch einschränkende Wirkungen auf das Spiel der Kinder:

1. Da werden zunächst jedem die bereits erwähnten Spieleinschränkungen einfallen:
– die Verstädterung mit Verkehrssituationen,

die häufig weder das Spiel auf Straßen zulässt noch die Möglichkeit bietet, dass Kinder sich ohne Hilfe der Erwachsenen treffen; Ersatz sind unnatürliche und sterile Spielplätze. (Die natürliche Wildnis ist der beste Spielplatz!);
– die Verinselung von Kindern, da viele von ihnen ohne Geschwister aufwachsen und oft bis zum Schulalter nicht selbstständig Spielpartner erreichen können;
– Wohnungen mit kleinen Kinderzimmern ohne Dachboden, Werkkeller, Scheunen oder Hinterhöfe, dadurch steht das Spiel stark unter der Beobachtung und Kontrolle der Erwachsenen;
– Spielzeugüberfülle, die das Spiel nicht fördert, sondern erstickt und vor allem wenig Möglichkeiten bietet selbst zu erfinden, weil schon alles erfunden ist;
– technische Medien, vor allem Fernsehen und Video, die das Kind wahrnehmen lassen, was *andere* Kinder spielen, ihm aber nicht das eigene Erlebnis bieten und deshalb vom eigenen Spiel ablenken und wertvolle Spielzeit des Kindes ungenutzt schlucken. Das bedeutet Wahrnehmungsfülle im visuellen und akustischen Bereich, bei der das Be-greifen (im doppelten Sinne des Wortes) und damit das Handeln zu kurz kommt. Handlungssehnsüchte werden geweckt, aber nicht gestillt. (Allerdings empfindet das Kind im Moment des Zuschauens und Zuhörens eine Befriedigung seines Erlebnishungers. Leider! Denn dadurch spürt und sucht es möglicherweise nicht, was es vermisst.)

2. Es gibt noch eine zweite Gruppe von Spielhemmern, nämlich die Einstellungen der Erwachsenen in unserer leistungsorientierten Gesellschaft:
– Das Spiel wird zu stark unter dem Aspekt des Lernens gesehen. Unter diesem Motto wird Spielmaterial angepriesen und wird für unterschiedlichste Kurse und Programme geworben: musikalische Früherziehung, Mal- und Werkkurse, Schwimmen, Kinderturnen usw. Überall wird vom Lernen durch Spiel gesprochen. Eltern neigen dann leicht dazu, diese – in begrenztem Maß sinnvolle – Zeit des Kindes als Spiel anzusehen anstatt als harte Arbeit, so dass das echte, so wichtige Spiel zu kurz kommt.
– Im Spiel wird durch die Erwachsenen oft die Leistung und damit das Spiel*ergebnis* betont. Damit verliert das Spiel aber eines seiner wesentlichsten Merkmale, nämlich die Zweckfreiheit (siehe Seite 10 f). Erwachsene bieten dem Kind häufig bevorzugt solche Spielmöglichkeiten an, bei denen das Kind seine Leistung zu beweisen hat, bei denen es offen legt, dass es etwas gelernt hat oder dass es besser bzw. zumindest nicht schlechter ist als seine Altersgenossen. Es kann sich nicht einfach spontan und angstfrei dem Tun hingeben, sondern es muss sein Ergebnis beachten. Diese Einstellung äußert sich zum Beispiel, wenn Eltern Spielmaterial kaufen, das auf ein Ergebnis angelegt ist (vom Puzzle bis zum Modellbaukasten mit zu bauenden Vorlagen), wenn im Kindergarten Brettspielen am Tisch mehr Bedeutung zugemessen wird als dem Rollenspiel oder der Bewegungsbaustelle im Turnraum, wenn Schulkinder durch Hausaufgaben und Förderkurse kaum noch Zeit zum Spielen haben.

Konsequenzen für Erzieher/innen

Was bedeuten diese spielhemmenden und spielvortäuschenden Einflüsse für Erzieher und Erzieherinnen? Wie können sie diesen einseitigen Erwartungen an kindliches Spiel entgegenwirken?

1. Angemessene Spielmöglichkeiten bieten

Wenn wir das Spiel des Kindes ernst nehmen, müssen wir ihm möglichst viel seiner Zeit in der sozialpädagogischen Einrichtung für diejenigen Spieltätigkeiten freihalten, die echtem Spiel entsprechen: zweckfrei, spontan, freiwillig, von innen heraus motiviert, lustbetont und fantasiebegleitet. Dafür benötigt das Kind weitgehende Freiheit von Zeitdruck und Leistungsdruck, viel Spielraum, und zwar inneren Spielraum im Sinne von spielen dürfen, wie es gerne möchte, mit eigener Ideenfindung und Spontaneität, und äußeren Spielraum im Sinne von Spielplatz, das heißt einem solchen Raum (Innenraum und Außenraum), der Möglichkeiten zu selbsterfundenem Spiel bietet.
Das Kind braucht nicht unbedingt Spielmaterial, das von Erwachsenen für sein Spiel vorgefertigt

wurde, sondern es stillt gerade im Erfinden seiner Spielgegenstände einen Teil seiner Bedürfnisse, nämlich seine Fantasie ins Spiel zu bringen. Konkurrenz muss im Spiel niedrig gehalten werden, vor allem beim jüngeren Kind, denn Konkurrenz betont das Ergebnis und nicht den Prozess. Ansporn besser zu werden, bietet der Konkurrenzkampf im Allgemeinen nur dann dem Kind, wenn die eigene Schwäche nur punktuell und nicht grundsätzlich wahrgenommen wird: „Heute ist es mir nicht gelungen, aber gestern war ich gut und morgen werde ich es wieder sein." Oder: „Auf vielen Gebieten bin ich besser als die anderen, also macht es nichts, wenn ich es einmal nicht schaffe." Der Leistungsschwache wird durch Konkurrenz kaum gefördert und der Leistungsstarke verliert im Konkurrenzspiel sein Einfühlungsvermögen in den Partner. Er darf mit dem Leistungsschwächeren kein Mitleid haben, weil er dann ja nicht mehr schuldfrei der Bessere sein könnte.

2. Spiel sinnvoll fördern und anleiten

Echtes Kinderspiel ermöglichen, heißt zwar, dem Kind viel Freiraum zu eigengestaltetem Spiel zu bieten, aber es bedeutet nicht, sich als Gruppenleiter aus der Spielführung ganz herauszuziehen. Gelenktes Spiel kann durchaus seine Berechtigung haben, um dem jungen Menschen neue Spielmöglichkeiten und Selbsterfahrung zu bieten, um ihn im echten Spiel (das er sich manchmal schon in frühen Jahren abgewöhnt hat – abgewöhnen musste) zu bestärken und ihm Anregungen zu geben. Dieses Spiel muss aber möglichst häufig so gestaltet sein, dass die Spieler sich lustbetont in die Spiel*handlung* einlassen und dass das *Ergebnis* als *zweitrangig* angesehen wird. Im Beispiel: Man muss im Kindergarten nicht unbedingt die gewonnenen Memorykarten in ihrer Menge vergleichen. Es ist unwichtig, wer gewonnen hat. Volleyball wird in erster Linie gespielt, weil es Spaß macht, und nicht, weil die Mannschaft gewinnen will.

Der Spielpädagoge darf auch die Lernleistung des Spiels nicht in den Mittelpunkt stellen, weil er dann echtes Spiel einschränken würde. Wenn er beispielsweise mit der Hortgruppe eine Geisterbahn im Turnraum baut, dann vor allem, weil das Erfinden und Ausprobieren für die Gruppe spannend ist und Freude bringt. Wenn dadurch Angst abgebaut wird, ist das ein erfreulicher Nebeneffekt.

Natürlich wird in der sozialpädagogischen Praxis das Spiel auch als eine Lernform eingesetzt, zum Beispiel eben um Angst abzubauen oder ein bestimmtes Verhalten einzuüben. Das ist als solches nicht abzulehnen, aber die Erzieherin, der Erzieher müssen sich darüber im Klaren sein, dass es sich hier möglicherweise nicht um echtes Spiel handelt und dass diese Form von Spiel das wirkliche Spielbedürfnis des Kindes nicht abdeckt.

3. Eltern- und Öffentlichkeitsarbeit

Erzieher/innen werden die Erfahrung machen, dass sie mit ihrem Anliegen, den Kindern echtes Spiel zu ermöglichen, nicht immer auf die Zustimmung der Eltern stoßen. Manche Eltern erkennen nicht, dass sie zu Hause dem Kind dieses handlungs-, bewegungs- und abenteuerreiche eigengestaltete Spiel nicht ermöglichen können, manchmal auch nicht wollen. Sie versperren sich dann auch oft den spielpädagogischen Zielen der sozialpädagogischen Einrichtung, vielleicht, weil deren Anerkennung eigene Schuldgefühle hervorrufen würde. Viele Eltern sehen die Entwicklung ihrer Kinder in erster Linie als berufliche Karriere. Unter diesem Aspekt erscheinen ihnen soziales Verhalten, Kreativität, Spontaneität oder Selbsterfahrung unwichtig. Es wird Erzieherinnen dann oft einen hohen Einsatz kosten, Eltern die Ziele echten Spiels zu vermitteln und den Wert des eigengestalteten, kreativen Handelns zu verdeutlichen. Dazu ist es nötig, die spielpädagogische Arbeit in der Einrichtung transparent zu machen und häufig zu begründen, damit die Eltern erkennen, warum Erzieherinnen das Spiel nicht in erster Linie unter den Lern- und Entwicklungsaspekt stellen.

Auch wenn Eltern in der familiären Erziehung nicht beeinflusst werden können, so ist es doch wichtig, ihnen die institutionelle Erziehung offen zu legen, damit das Kind wenigstens über gegenseitige Akzeptanz beide unterschied-

Einflüsse auf das Kinderspiel in der heutigen Gesellschaft

Chancen	Gefahren
– Wertschätzung von Kindheit und Wertschätzung von Spiel	– Wenig Freiraum zu eigenständiger Spielgestaltung für das Kind
– Breites Wissen um die Bedeutung und Wirkung des Spiels	– Starke Förderung des Spiels unter dem Aspekt des Lernens und zu wenig unter dem des Bedürfnisses nach zweckfreiem, spontanem Handeln
– Berufsgruppen, die das Spiel von Kindern und Jugendlichen lenken und fördern (in Theorie und Praxis) oder nutzen (z.B. Schule oder Therapieformen)	– Einseitige Betonung des Spiels unter dem Leistungs- und Wettbewerbscharakter und materielle Überbetonung des Spiels auf Kosten von einfallsreichem, kreativem Handeln im Spiel
– Zeitliche und finanzielle Möglichkeiten der Erwachsenen, die Entwicklung ihrer Kinder zu unterstützen	– Negative Auswirkungen der Reizüberflutung auf Spielzeit, Spielideen und Spielbedürfnisse der Kinder

Konsequenzen für die sozialpädagogische Einrichtung

- Spiel in sozialpädagogischen Einrichtungen als eigengestaltete Zeit des jungen Menschen ernst nehmen und ermöglichen (Spielplatz, Spielzeit, Spielmaterial, Spielpartner)
- Konkurrenz im Spiel möglichst niedrig halten (Spielmaterial, Spielregeln, Spielabläufe, Spiellenkung, Umgang mit Spielpartnern)
- Spiel nicht materiell betonen (keine Spielzeugüberfülle, keine materiellen Belohnungen)
- Reizüberfülle vor allem für das Kleinkind vermeiden (Geräuschkulissen, Fernsehen, Autofahrten, Spielzeugfülle)
- Gelenktes Spiel unter dem Gesichtspunkt des lustbetonten Handelns im Hier und Jetzt wertschätzen, ermöglichen und anleiten (Ergebnis nicht wichtig nehmen)
- Im Rahmen der Eltern- und Öffentlichkeitsarbeit diese Spielbedeutung vermitteln und die eigene spielpädagogische Arbeit offen legen (Gespräche, Eltern-Kind-Nachmittage, Feste)

lichen Einflüsse annehmen kann und keinen Bruch zwischen Elternhaus und Einrichtung verspürt.
Auch in der Öffentlichkeit wird häufig Spiel falsch eingeschätzt – und damit oft die gesamte Arbeit in sozialpädagogischen Einrichtungen. Das lustbetonte spielende Handeln eines Kindes wird auf die Erzieherin übertragen. Berufliche Arbeit wird dann in der Meinung vieler zum *Spiel der Erzieherin.* Dadurch wird nicht

nur das Berufsbild der sozialpädagogischen Fachkräfte sowie die sozialpädagogische Einrichtung herabgewürdigt und falsch beurteilt, sondern zugleich das Spiel des Kindes abgewertet als reine Vergnügungs- und Erholungszeit.

Gelegenheiten für Transparenz spielpädagogischer Arbeit in der Einrichtung können zum Beispiel sein:

- ein knapper Hinweis zu einem abholenden Elternteil im Tür- und Angelgespräch, dass und wie das Kind oder die ganze Gruppe vertieft gespielt hat,
- ein kurzer Dia-Vortrag am Elternabend, in dem Spielsituationen der Kinder dargestellt und deren Bedeutung erklärt werden,
- ein Eltern-Kind-Nachmittag, für den ein Spielprogramm entwickelt wird, bei dem Spielfreude und Spielfantasie der Kinder *und* Eltern zum Ausdruck kommen,
- eine Reportage in der Lokalzeitung, in der über das Sommerfest berichtet wird, an dem keine Wettspiele veranstaltet wurden, sondern Eltern und Kinder gemeinsam in unterschiedlichen Bereichen spielten, zum Beispiel einen Tastparcours mit verbundenen Augen ausprobierten, aus Abfallhölzern etwas werkten, ein Bild mit Fingerfarben malten oder mit selbsthergestellten oder Orff'schen Instrumenten musizierten.

Zusammenfassung

- Eigentlich sollte man meinen, Kinder in unserer heutigen Gesellschaft hätten gute Spielmöglichkeiten, weil sie in eigenen, meist gut ausgestatteten Kinderzimmern, in vor- und außerschulischen pädagogischen Einrichtungen, in der Schule wie auch in der Familie viele Gelegenheiten zum Spiel haben.
  Es erweist sich aber, dass dieses Spiel einseitig ist und dass dem Kind eigengestaltetes, selbstverantwortetes und abenteuerreiches echtes Spiel häufig nicht ausreichend ermöglicht werden kann.
- Die Medien, der Konsum und die Möglichkeiten zu reisen bieten dem Kind eine breite Wahrnehmung von der Welt. Die entsprechende Verarbeitung der Eindrücke, die über kindliches spielendes *Handeln* geschehen müsste, wird ihm oft nicht ausreichend geboten.
- Die wirklichen Spielwünsche des Kindes, nämlich erfinderisch zu sein, seine Fantasie und die real erlebte Welt forschend und handelnd im Spiel zu verbinden, werden durch die Umwelteinflüsse erheblich eingeschränkt.
- Die sozialpädagogischen Einrichtungen sind deshalb gefordert, den Kindern im Rahmen ihrer Möglichkeiten echtes, zweckfreies, spontanes, freiwilliges, von innen heraus motiviertes lustbetontes und fantasiebegleitetes Spiel zu ermöglichen. Dafür benötigt das Kind eine Umwelt, die veränderbar ist, sowie Zeit, um sich in sein Spiel zu vertiefen.
- Konkurrenz im Spiel muss – vor allem beim jüngeren Kind – niedrig gehalten werden, damit das Kind druckfrei Empathie (Einfühlung) erfahren und soziales Verhalten erproben kann.
- Neben der direkten Spielpädagogik in der Gruppe hat die Erzieherin die Aufgabe, die Gestaltung des Spiels in der sozialpädagogischen Einrichtung gegen-

über den Eltern der Kinder offen zu legen und zu begründen, um die Eltern zu beeinflussen und weil das Kind sonst in einen Zwiespalt zwischen familiärer und institutioneller Erziehung geraten kann.

- In der Öffentlichkeit wird sozialpädagogische Arbeit oft falsch gesehen und falsch gewertet. („Die Erzieherin spielt ja nur.") Erzieherinnen und Erzieher sollten deshalb häufig die Gelegenheit nutzen, ihre spielpädagogische Arbeit nach außen offen zu legen, um die öffentliche Meinung über sozialpädagogische berufliche Arbeit und die Qualität sozialpädagogischer Einrichtungen aufzuwerten.

Zum Nachdenken:

❒ Eure Kinder sind nicht eure Kinder.
Sie sind die Söhne und Töchter
von des Lebens Verlangen nach sich selber.
Sie kommen durch euch, doch nicht von euch.
Und sind sie auch bei euch,
so gehören sie euch doch nicht.
Ihr dürft ihnen eure Liebe geben,
doch nicht eure Gedanken,
denn sie haben ihre eigenen Gedanken.
Ihr dürft ihren Leib behausen,
doch nicht ihre Seele.
Denn ihre Seele wohnt im Hause von morgen,
das ihr nicht zu betreten vermöget,
selbst nicht in euren Träumen.
Ihr dürft euch bestreben, ihnen gleich zu werden,
doch suchet nicht, sie euch gleich zu machen.
Denn das Leben läuft nicht rückwärts,
noch verweilet es beim Gestern. ❑

Aus: Khalil Gibran: Der Prophet.

❍ Kinder wollen im Spiel erfinden, das heißt kreativ sein. Kreativität ist dort möglich, wo die Umwelt veränderbar ist. Kinder brauchen eine Umgebung, auf die sie verändernd einwirken können.

❒ *Wir haben die Verantwortung für das, was beim Spielen gelernt wird:*
Also: Beim Spielen wird durch Experiment und Wiederholung gelernt. Aber was? Informationen und Verhaltensweisen. Und beides prägt dann den Erfahrungsschatz! Da kommt es schon sehr darauf an, welches Wissen sich den Spielenden erschließt und wie sie im Spiel miteinander umgehen, welche Denkinhalte und welche Handlungen gelernt und geübt werden.
Denn: Dieses Lernen geschieht oft unbemerkt, so nebenher. Wird also nicht kontrolliert. Und es geschieht unter angenehmen Bedingungen. Das Spiel macht Spaß. So prägt sich das dabei Gelernte sehr erfolgreich ein. Umso dramatischer wird unsere pädagogische Verantwortung.
Wer das alles weiß, kann die Verantwortung für das, was die Kinder und Jugendlichen im Spiel lernen, leider nicht mehr (bequemerweise) an den „natürlichen Reifungsprozess" oder an die „kindgemäße Spielgestaltung" abschieben.
Wer weiß, dass beim Spielen gelernt wird, trägt die Verantwortung dafür, was gelernt wird – soweit wir als Eltern und Pädagogen jedenfalls einen Einfluss auf das Spiel ausüben. ❑

Ulrich Baer 1995, S. 76

Claudia, Sabine und Frank
Studierende einer Fachschule für Sozialpädagogik

◆ **Sabine:** Verrückt! Du wirst als Erzieherin immerzu hin- und hergeworfen zwischen: Das ist zu viel und das ist zu wenig. Ständig sollst du wie auf einer Gratwanderung aufpassen, dass du nicht auf einer Seite abrutschst.
◆ **Frank:** Wie meinst du das?
◆ **Sabine:** Also:
Kinder allein lassen, aber sie beaufsichtigen.
Kinder fördern, aber ihr Spiel nicht mit Lernen überfrachten.
Gute Ergebnisse vorweisen, aber Ergebnisse nicht in den Mittelpunkt stellen.
Kindern angemessenes Spielzeug bieten, aber Überfülle vermeiden.
Wo, bitte, ist der gangbare Mittelweg?
◆ **Claudia:** Wir müssen eben in Kauf nehmen, dass es nicht nur Chancen, sondern auch Gefahren gibt und dass sowohl ein Zuviel als auch ein Zuwenig schädlich sein kann. Dafür ist der Beruf abwechslungsreich. Wenn wir mal abrutschen, müssen wir eben wieder hochklettern.
Du bist ja auch nicht allein, sondern du bist ein Teil in einem Team.
◆ **Sabine:** Das dich auch blind machen und zum Mitläufer werden lassen kann. Genauso wie du im gesellschaftlichen Strom mitschwimmst und erst merkst, in welcher Richtung du dich bewegst, wenn du ans Ufer schaust.
◆ **Frank:** Wir haben jedenfalls keinen Beruf, bei dem wir sagen können: „Jetzt weiß ich, wie man's macht. Ich habe ausgelernt." Darin sehe ich nicht *nur* Anstrengung, sondern auch eine Art von Faszination.

Literaturempfehlung

Jürgen Fritz: Theorie und Pädagogik des Spiels. Eine praxisorientierte Einführung. Juventa Verlag 1991
Alva Myrdal: Chancen und Gefahren für das Kinderspiel in unserer leistungsorientierten Gesellschaft.
In: Flitner, Andreas (Hrsg.) Das Kinderspiel. Piper & Co. Verlag 1988 (5. Aufl.) S. 72 - 78
Ulrich Baer: Spielpraxis. Kallmeyersche Verlagsbuchhandlung 1995
Helga Müller / Pamela Oberhuemer: Kinder wollen spielen. Spiel und Spielzeug im Kindergarten. Verlag Herder 1986
Michael Renner: Spieltheorie und Spielpraxis. Eine Einführung für pädagogische Berufe. Lambertus Verlag. 1995

2.2 Spielraumgestaltung im Haus und im Freien

Anregung zum Eindenken in die Thematik

Vergleich von eigenen Spielerinnerungen und heutigem Kinderspiel
Denken Sie in einigen ruhigen Minuten über Ihre Spielerinnerungen nach. Gehen Sie dabei gedanklich in möglichst frühe Kindheit zurück.
Schreiben Sie besonders positiv erinnerte Spiele in großer Schrift auf je einen Zettel.
Sortieren Sie anschließend die Zettel nach vorüberlegten Gesichtspunkten, zum Beispiel:
im Raum / im Freien,
mit anderen Kindern / allein,

mit gekauftem Spielmaterial / ohne Material / mit Dingen aus Umwelt und Natur, eigene Idee / gemeinsame Idee / Nachgestaltung einer vorgegebenen Idee.

Vergleichen Sie Ihre Erfahrungen mit dem Spiel, das heute den Kindern ermöglicht wird.

Während das Kind früher häufig am häuslichen oder beruflichen Arbeitsplatz der Erwachsenen oder in der Natur spielte, hat es heute Spielräume, die speziell für es selbst geschaffen wurden: das Kinderzimmer, der ausgewiesene Spielplatz im Freien, der Kindergarten und der Hort, jeweils mit ihren unterschiedlichen Räumen und Außenspielplätzen. Dieser spezielle Kinderraum kann für das Kind Vorteile, aber auch Nachteile haben. Das Kind fühlt sich in diesem Raum anerkannt, akzeptiert. Es darf mit den Dingen hantieren, ohne Sorge zu haben etwas der Erwachsenen zu zerstören oder ihnen im Wege zu stehen. Es hat sein eigenes Reich. Nachteile dieser Kinderräume liegen unter anderem gerade in der Zuweisung in diese eigens für das Kind gestalteten Räumlichkeiten. Das Kind will in vielen seiner Spiele die Erwachsenen imitieren und deren Handeln in der Fantasiewelt nachvollziehen: Es versetzt sich in die Rolle der Erwachsenen, wenn es mit der Puppe die Handlungen im Haushalt nachahmt oder wenn es Autofahren spielt. Selbst, wenn es etwas konstruiert, etwa ein Haus, oder wenn es eine Stadt baut, dann sind es die Dinge der Erwachsenen, die es nachstellt. Bei Regelspielen übt es sich in die Gesetzmäßigkeiten des gesellschaftlichen Lebens der Erwachsenen ein.
Wenn nun das Kind in seinem Spiel vom Erwachsenen isoliert wird, bedeutet das, ihm zwar einen ungefährlichen und akzeptierten Spielraum zu bieten, aber es wird von ihm verlangt, sich vom Erwachsenen abzugrenzen. Hier liegt also ein Gegensatz, den sich der Erwachsene in der Regel nicht bewusst macht und der in der Fachliteratur auch nur selten thematisiert wird. Die Spielzeugindustrie verstärkt diese Tendenz, indem sie die Kinderräume mit Material ausstattet, das dem Kind die Erwachsenenwelt ersetzen soll, und zwar in der Regel in Miniaturausgabe. Dadurch wird ihm das Hantieren mit den Gegenständen leichter gemacht. Es hat jetzt zum Beispiel eine eigene Puppenküche, die seiner Größe entspricht. Dafür wird aber erwartet, dass es die Mutter beim Kochen nicht mehr stört. Das Kind will aber eigentlich in seinem Spiel die Mutter nicht *imitieren*, sondern es will die Mutter *sein*. Der Spielherd ist genau genommen nur der Ersatz für den echten Herd. Der materielle Reichtum, den wir unseren Kindern heute bieten, muss deshalb nicht unbedingt eine Spielbereicherung bedeuten. Das Kind, das einen Kasten spielend als seinen Herd benutzt, kann kreativer und selbstbestimmter seine Umwelt verändern als dasjenige Kind, dem der Ersatz bereits von den Erwachsenen, zum Beispiel als perfekter Spielherd, vorgegeben wird.

Das heutige Kind hat also in der Regel eigene, ihm zugewiesene Spielorte, die speziell für seine Spielbedürfnisse vom Erwachsenen ausgestattet werden. Die sozialpädagogische Einrichtung gehört als Ganzes dazu. Bei deren Ausstattung haben Erzieherinnen und Erzieher teilweise Mitbestimmung. Sie müssen sich deshalb über die Ausstattung sowohl des Innen- wie auch des Außenraumes Gedanken machen.

Raumgestaltung im Innenraum

In den letzten Jahrzehnten hat sich in den sozialpädagogischen Einrichtungen ein auffallender Wandel in der Gestaltung der Innenräume vollzogen. Während es früher üblich war, in den Tageseinrichtungen übersichtliche Räume zu schaffen, in denen die Pädagogen die Kinder im Blickfeld hatten und das Spiel beobachteten, werden die Räume heute in Spieleinheiten gegliedert, in denen die Kinder sich in Nischen, Nebenräume, obere Ebenen oder Flure und Flurteile zurückziehen können, um unbeobachtet und selbstbestimmt zu spielen. In kleinen, begrenzten Räumen oder Raumteilen fühlen sie sich geborgener, beschützter und selbstständi-

ger, so dass ihr Spiel eigenständiger, origineller und kreativer entwickelt wird.
Dieser Prozess hat sich langsam vollzogen. In den 60er Jahren rief das sogenannte Raumteilverfahren in den Kindergärten und Horten erste Veränderungen hervor: Es wurden halbhohe Regale angeschafft. Dadurch konnten die Räume geteilt und Spielecken gebildet werden. Zunächst wurden die Ecken allerdings lediglich für das Blickfeld des Kindes vom übrigen Raum abgegrenzt. Die Erzieherin konnte in ihrer Körpergröße die Kinder beobachten. Allmählich wurde auch die Höhe in die Abgrenzung einbezogen. Leichte, meist durchsichtige Vorhänge (die später dichter wurden) und höhere Raumteiler verbargen nun auch für die Erzieherin die Sicht.
Dann wurden die Nebenräume wie Flure, Zusatzräume und schließlich die freie Benutzung der Turnräume einbezogen. Einen weiteren Gliederungstrend brachten die Spielhäuser und zweiten Ebenen in den Gruppenräumen. Die Spielhäuser, wie sie weitgehend von Spielzeugfirmen geliefert werden, entsprechen verkleinerten Häusern der Erwachsenen. Die zweiten Ebenen, wie sie vor allem zunächst von Wolfgang Mahlke konstruiert wurden, lassen die Verwendung und Deutung für das Kind offen. Sie sind vergleichbar mit Ecken und Teilräumen, wie sie sich früher in alten verwinkelten Häusern ergaben und von Kindern zum Spielen benutzt wurden: Ecken auf Dachböden, in Schuppen oder Scheunen.

Viele Tageseinrichtungen haben inzwischen eigene Modelle von Hochebenen entwickelt, die genau ihren Gruppenräumen angepasst sind. Teilweise werden sie von kompetenten Eltern gebaut.

Selbst die Bodenbeläge eines Raumes werden variiert: Die Stimmung und das Spiel sind unterschiedlich, je nachdem ob der Boden aus Holz, Teppich, Fliesen, Kunststoff o.ä. besteht. Auch bei den Lichtquellen wird für Vielfalt gesorgt: In dämmerigen Nischen und Ecken gibt es unterschiedliche Lampen. Der Raum ist nicht mehr gleichmäßig hell.
Bewegliche Möbel werden gegenüber fest verankertem Mobiliar häufig bevorzugt. Tische werden reduziert, denn das Kind spielt gerne auf dem Boden und hat dort ganz andere Spiel- und Bewegungsmöglichkeiten als auf einem Stuhl am Tisch. Selbst für den Stuhlkreis braucht man nicht mehr unbedingt Stühle. Dafür eignen sich Ecken mit Teppichboden oder auch Teppichfliesen, die von den Kindern zu einem Kreis gelegt werden.
Alles ist beweglicher und veränderbarer geworden. Festgelegte Räumlichkeiten fordern auch zu festgelegtem, vorbestimmtem Spiel heraus. Die Flexibilität im Spiel und die Kreativität des Kindes werden durch eine variable Raumgestaltung unterstützt.

In der Heimerziehung hat sich dieser Trend, die Großgruppen und die Übersichtlichkeit aufzulösen, auf einer breiteren Ebene gezeigt. Die großen Heime wurden weitgehend aufgelöst und in kleine Wohneinheiten verändert, die teilweise in ihrer Altersmischung einer großen Familie ähneln. Die Gruppen leben auch nicht mehr wie früher am Ortsrand, sondern haben jetzt Wohnungen – meist größere Einfamilienhäuser – in Städten oder Dörfern. Die Kinder und Jugendlichen haben ein Wohnumfeld wie andere Gleichaltrige, die in ihren eigenen Familien aufwachsen. Sie haben ein eigenes Zimmer, manchmal ein Zweibettzimmer, und haben die Möglichkeit sich diese Räume auch so einzurichten, wie es ihnen gefällt. Manchmal tragen Kellerräume und Dachböden oder Schuppen zu Rückzugsmöglichkeiten bei. Allerdings fehlt heutigen Heimkindern der naturnahe Außenraum, den die Großheime am Ortsrand oft boten. Das heißt, bewegungsreiches Spiel ist oft nur begrenzt möglich. Dafür erleben die Kinder und Jugendlichen eine natürliche Integration in das Gemeinwesen und können ihre Freizeit mit denjenigen Kindern gemeinsam verbringen, in deren Umgebung sie leben und mit denen sie Kindergarten, Schule oder Berufsausbildungen besuchen.

Die Bedeutung des Raumes und dessen Wirkung auf die Wahrnehmung der Kinder, auf ihre Motivationen, Stimmungen und Handlungen und damit auf ihre gesamte Persönlichkeit wird allmählich in sozialpädagogischen Einrichtungen erkannt. Die Raumgestaltung findet langsam die entsprechend notwendige Beachtung.

Die Gestaltung des Außenraumes

Nachdem in der Innenraumgestaltung der sozialpädagogischen Einrichtungen bereits seit Jahrzehnten ein deutlicher Trend zu Veränderungen festzustellen ist, wird jetzt zunehmend auch an der Umgestaltung der Außenräume, das heißt der Spielplätze, gearbeitet. Während vorher Überblick und Kontrolle des kindlichen Spiels im Mittelpunkt der Planung standen und zu gleichförmigen Spielplätzen führten, wird jetzt wie in den Innenräumen danach gesucht, selbstbestimmtes, kreatives und vielseitiges Spiel der Kinder mit unterschiedlichsten Bewegungsmöglichkeiten zu fördern. Durch Hecken, Mulden, Hügel und Mauern werden Spielecken geschaffen, in die Kinder sich zurückziehen können. Zugleich wird danach gesucht, Natur vielfältiger hereinzuholen: Hecken, Weidentunnels und -häuser, Vertiefungen, Höhlen und Baumhäuser regen zu vielfältigeren Spielideen an. Die Elemente Wasser und Erde werden deutlicher einbezogen durch kleine Teiche, Bäche, Pumpen und natürliche Pfützenbildung. Die Kinder erleben Erde nicht mehr nur als Sand oder Rasen, sondern legen kleine Gärtchen an, graben Löcher, gehen mit Matsch um, können den Boden bearbeiten, befühlen und riechen. Unterschiedlicher Untergrund wie Rasen, Sand, Rindenmulch, Kies, Holz- und Steinpflaster lassen die Kinder die Vielfalt der Bodenbeschaffenheit spüren. Manchmal werden Feuerstellen eingerichtet (nicht Grillplätze!). Der Spielplatz wird nicht nur zum Bewegungsraum, sondern auch zum Erlebnis- und Erfahrungsraum. Im naturnäheren Außenraum wird auch der Pflanzenwuchs unterschiedlicher und Tiere wie Würmer, Insekten, Vögel, vielleicht auch kleinere Säugetiere wie Eichhörnchen und Igel stellen sich ein. Das Spiel im Außenraum ist in vielen Einrichtungen, vor allem in Kindergärten, selbstbestimmter für Kinder geworden. Kinder dürfen in kleinen Gruppen auch ohne Aufsicht im Freien spielen oder sich in Teile des Hofes zurückziehen, in denen sie von der Erzieherin nicht direkt beobachtet werden.

Allerdings darf nicht übersehen werden, dass natur*nahe* Außenraumgestaltung eben nur naturnah und nicht Natur selbst ist. Das Spiel in

Raumgestaltung

Ziele in sozialpädagogischen Einrichtungen:
- vielfältige Bewegungsmöglichkeiten
- Anregungen zu reichhaltigen Erfahrungen und Stimmungen
- Rückzugsmöglichkeiten zu selbstbestimmtem, kreativem Spiel
- Spielmöglichkeiten in Gruppen oder allein ohne direkte Aufsicht

Innenraum
- abgegrenzte, variable Ecken und Hochebenen
- Nutzung der Nebenräume
  Nutzung des Turnraums für eigengestaltetes Spiel
- unterschiedl. Bodenbeschaffenheit und Lichtquellen
- wenig, weitgehend bewegliches Mobiliar

Außenraum
- Hecken, Mulden, Hügel, Mauern
- naturnahe Gestaltung und Bepflanzung
- vielfältiger Umgang mit Erde, Wasser und Natur
- zur Kreativität anregende Spielmöglichkeiten
- Nutzung des Außenraumes ohne direkte Aufsicht

Wald und Feld, Spaziergänge und Wanderungen dürfen nicht in Vergessenheit geraten.

Abenteuerspielplätze
Abenteuerspielplätze, die es seit Jahren in größeren Städten gibt, verhelfen zu Naturerfahrung und erlebnisreichen Spielmöglichkeiten. Sie werden von pädagogischem Personal betreut. Ihre naturnahe Gestaltung bietet Möglichkeiten zu vielfältigem eigengestaltetem Spiel. Handwerkszeug und entsprechendes Material, vor allem Holz und Steine, regen zu handwerklichem Tun an. Häufig bietet ein einfacher Raum Unterschlupf bei Regen. Manchmal werden Tiere gehalten wie Ponys, Ziegen, Schafe oder Kaninchen, um den Kindern aus städtischer Umgebung auch diesen Naturbezug zu ermöglichen. Teilweise werden auch Programme angeboten. Kleine Feste bieten manchmal zusätzliche Anreize und Höhepunkte.

Spielmobil
Das Spielmobil (ein alter Bus, ein Container oder ein größeres Auto) führt variable Gegenstände mit sich: Bälle, Kisten, Seile, Malutensilien, Federballspiele, Verkleidungskiste, Bücher, Ton, Schwungtuch, Reifen etc. Die pädagogischen Mitarbeiter bieten den Kindern die verschiedensten Spielmöglichkeiten an, wenn sie irgendwo auf einem Platz für einen Tag oder mehrere Station machen: vom Stadtspiel (Erkundungsspiel) über Spielaktionen bis zu Fahrradturnieren und Brettspielen. Das Spielmobil hat gerade dort besondere Aufgaben, wo die Spielmöglichkeiten für Kinder sehr begrenzt sind – häufig in städteplanerisch vernachlässigten Stadtteilen mit großem ausländischem Bevölkerungsanteil. Ein Spielmobil verbleibt mehrere Tage oder Wochen auf einem Spielplatz oder fährt an bestimmten Wochentagen immer dieselben Plätze an.
(Ulrich Baer 1995, S. 156 f)

Zusammenfassung

- Heutige Kinder haben sowohl in der Familie als auch in den sozialpädagogischen Einrichtungen ihnen zugewiesene Räume für ihr Kinderspiel: Kinderzimmer, Gruppenräume, Spielplätze im Freien. Diese Räume vermitteln ihnen einerseits, dass sie anerkannt sind und dass sie in diesen Räumen handeln und spielen dürfen ohne auf Erwachsene Rücksicht nehmen zu müssen (solange sie nichts ernsthaft beschädigen). Andererseits sind dadurch die Räume der Erwachsenen für ihr Spiel tabu.

- In den Innenräumen von sozialpädagogischen Einrichtungen (Krippe, Kindergarten, Hort, Heim) versucht man heute den Kindern Rückzugsmöglichkeiten zu bieten, bewegungs- und ideenreiche Gruppenspiele zu ermöglichen, Gelegenheiten zu schaffen, damit die Kinder eigene Spielideen entwickeln und umsetzen können. Zu einer entsprechenden Raumnutzung tragen verschiebbare Möbel, abgeteilte Ecken, Podeste, zweite Ebenen und benutzbare Nebenräume bei.

- In der Heimerziehung kommt die Aufgliederung in Wohngruppen, die in größeren Einfamilienhäusern oder Wohnungen leben, einer individuellen familienähnlichen Lebens- und Spielgestaltung entgegen. Allerdings fehlt den Wohngruppen in der Regel der naturnahe und zu Bewegung auffordernde Außenbereich früherer Großheime.

- Die Außenraumgestaltung erfährt ebenfalls auffallende Veränderungen: Naturnähere Gestaltung und Vielfältigkeit in der Struktur regen zu unterschiedlichen Bewegungen und Spielen an. Zugleich wird die Natur bewusster erfahren und gezielter in das gemeinsame Handeln der Gruppe einbezogen.

- Abenteuerspielplätze findet man meist nur in großen Städten. Sie werden pädagogisch betreut und bieten Möglichkeiten für unterschiedliche bewegungsreiche und gestalterische Spiele. Den Kindern und Jugendlichen werden geeignete Spielmittel, Baumaterialien und Handwerkszeug zur Verfügung gestellt.

- Spielmobile sind große Autos (Busse, Wohnmobile), die regelmäßig bestimmte Wohngegenden anfahren. Geschultes pädagogisches Personal bietet auf Plätzen oder im Innenraum des Fahrzeugs Spielmaterial und Spielprogramme an.

Zum Nachdenken:

❍ **Bewusstmachung der Wirkung von Raumgestaltung auf das Leben und das Spiel der Kinder und Jugendlichen:**

Zeige mir die Räume, und ich sage dir, was in ihnen geschieht

So	oder	**so?**
Funktionalität		kreative, kommunikative Prozesse
Erwachsenenansprüche		Kinderansprüche
Trennung von Innen- und Außenwelt		fließende Übergänge zwischen Innen- und Außenwelt
Ausstellungsort		Erfahrungsort
Bestimmung durch die Gestalter		Bestimmung durch die Benutzer

(Nach Erika Kazemi-Veisari: Räume gestalten Beziehungen. In: Kindergarten heute. Heft 3/1991)

❐ *Diese Spielräume zu schaffen, heißt aber, sich zurückzuziehen, Natur so zu belassen, wie man sie vorfindet und wie sie sich selbst entwickelt; ertragen können, dass Kinder in einer solchen Umwelt es ohne Zutun von Erwachsenen und Pädagogen erreichen können, zu der ihnen gemäßen Ordnung und Form zu finden – auch entgegen ästhetischer Vorstellungen der Erwachsenen. (.....) Für den Spielpädagogen heißt es, dass er auch „faul" sein darf; dass er mit Muße geschehen lassen kann; dass er es genießt, nicht müssen zu müssen; dass er mitspielt, wenn er von Kindern dazu eingeladen wird – und wenn ihm dazu zumute ist.* ❐
(Jürgen Fritz 1991. S. 118)

Claudia, Sabine und Frank
Studierende einer Fachschule für Sozialpädagogik

◆ **Frank:** „Zeige mir die Räume und ich sage dir, was in ihnen geschieht!" Dieser Satz gefällt mir! Ich habe mir neulich zwei Kindergärten in meinem Nachbarort angesehen, weil ich eine Stelle für mein Blockpraktikum suchte. Da kann man ja tatsächlich von der Raumgestaltung her abschätzen, wo einem die Arbeit liegen wird und wo nicht.

◆ **Sabine:** Diese Tatsache empfinde ich als einen ganz schön hohen Anspruch. Die Eltern meiner Kindergarten- oder Hortkinder werden sich also ein Bild meiner Pädagogik machen, allein davon, wie gepflegt meine Räume aussehen!

◆ **Claudia:** Das ist doch nicht gemeint, Sabine! Nicht die Frage, ob du aufgeräumt hast oder ob der letzte Schrei an den Wänden hängt, sondern zum Beispiel, ob deine Kinder in Reih und Glied an den Tischen zu sitzen haben oder ob ihnen die Möglichkeit offen steht, in irgendwelchen Nebenräumen oder Teilräumen Höhlen zu bauen oder Möbel zum Spiel umzustellen.

◆ **Frank:** Aber auch, ob sterile Ordnung oder unordentliche Lebendigkeit dein Prinzip ist!

◆ **Sabine:** Jetzt frage ich dich, was deins ist, Frank!

◆ **Frank:** Ich werde wohl von meiner privaten Unordnung etwas abrücken müssen, aber auf jeden Fall Lebendigkeit behalten wollen. Na, sagen wir mal: „ordentliche Lebendigkeit", wie immer du das deutest, Sabine.

◆ **Claudia:** Du kneifst schon wieder, Frank! *Wir* sollen's deuten!

Literaturempfehlung

Wolfgang Mahlke / Norbert Schwarte: Raum für Kinder. Ein Arbeitsbuch zur Raumgestaltung in Kindergärten. Beltz-Verlag 1989

Erike Kazemi-Veisari: Räume gestalten Beziehungen. Raumgestaltung im Kindergarten. In: Kindergarten heute, Heft 3/1991, S. 12 ff

Naturschutzzentrum Nordrhein-Westfalen Recklinghausen: Naturspielräume für Kinder. Eine Arbeitshilfe zur Gestaltung naturnaher Spielräume in Kindergärten und anderswo. Recklinghausen 1994 (4. Aufl.)

Klaus Miedzinski: Die Bewegungsbaustelle – Kinder bauen ihre Bewegungsanlässe selbst – verlag modernes lernen, Dortmund 1996

M. Caiati / S. Delač / Müller: Freispiel – freies Spiel? Erfahrungen und Impulse. Don Bosco Verlag 1994

Gerhard Regel / Axel Jan Wieland (Hrsg.): Offener Kindergarten konkret. Veränderte Pädagogik in Kindergarten und Hort. E.B.-Verlag Rissen, Hamburg 1993

2.3 Das Spielmaterial

Anregung zum Eindenken in die Thematik

Erinnerungen an Spielmaterial vergleichen

Bringen Sie für diese Stunde ein Spielmaterial aus Ihrer Kindheit mit, das Ihnen viel bedeutet hat.
Unterhalten Sie sich in Gruppen darüber, welche Bedeutung dieser Gegenstand für Sie als Kind hatte und wie Sie ihn verwendet haben.
Sprechen Sie anschließend im Plenum über Ihre Erkenntnisse hinsichtlich der Bedeutung von Spielzeug für das Kind und darüber, was die Erinnerung an eigenes Spielmaterial bei Ihnen ausgelöst hat.

Unsere Kinder erhalten zu viel Spielmaterial. Damit sage ich niemandem etwas Neues. Wir wissen, dass Kinder in der Überfülle von Spielmaterial eher das Spielen verlernen als dass es gefördert werden würde. Trotzdem füllen sich die Kinderzimmer zunehmend mit Spielzeug. Irene Flemming hat in ihrem Buch „Einfach anfangen" überzeugend zu unserem Verhältnis zu Spielmaterial Stellung genommen (I. Flemming, 1992, S. 11 – 14):

Selbstverständlich brauchen Kinder Spielzeug, werden Eltern antworten. Womit sollen sie sich denn sonst beschäftigen? Und sieht man nicht, welche Freude Kinder an Spielzeug haben? Wünschen sie sich nicht zum Geburtstag und zu Weihnachten immer wieder Spielzeug?
Selbstverständlich brauchen Kinder Spielzeug, werden auch Erzieher behaupten. Kinder lernen doch mit Spielzeug, sie begreifen damit ihre Umwelt. Es ist nötig, damit sie Formen und Farben erkennen und erste technische Zusammenhänge erfassen. Auch zum Rollenspiel brauchen Kinder Spielsachen. Namhafte Pädagogen wie Fröbel und Montessori haben Spielzeug für Kinder entwickelt, weil sie der Meinung waren, dass man Kinder damit fördern kann.
Nein, sage ich, es ist nicht selbstverständlich, dass Kinder Spielzeug brauchen. Unzählige Kinder auf der Welt kommen gut ohne Spielzeug aus, wenn man Spielzeug als einen Gegenstand versteht, der extra zum Spielen hergestellt wurde. Kinder spielen nämlich auch ohne vorgefertigte Spielsachen.
Im Grunde genommen engt jedes Spielzeug, und sei es noch so pädagogisch wertvoll, die Fantasie ein. Das Holzscheit, welches als Pferd benutzt wird, ist in der Vorstellung des Kindes ein viel vollkommeneres und lebendigeres Pferd als das hübsch geschnitzte. Wenn ein Kind, das bisher mit einer Streichholzschachtel Auto spielte, ein kleines Modellauto bekommt, kann es dieses nicht mehr in seiner Vorstellung in eine Waschmaschine verwandeln. Beim Lumpenlieschen kann sich das Kind immer wieder einen anderen Gesichtsausdruck vorstellen, das ist bei einer Puppe mit Plastikkopf und eingefrorenem, süßen Lächeln kaum möglich. Wie kann so ein Puppenkind wütend oder traurig sein?
Es sind die Erwachsenen, die Spielzeug brauchen. Wenn sie verstehen wollen, was das Kind da macht, wenn sie am Spiel des Kindes teilnehmen wollen, dann haben sie es mit einem geschnitzten Pferd leichter als mit einem Stück Holz.
Erwachsene kaufen sich frei mit Spielzeug. Da sind Spielsachen, sagen sie, nun geh und spiel schön, ich habe keine Zeit. Auf den meisten Verpackungen von Brett- oder Geduldsspielen sind kleine Leute abgebildet, die sich intensiv und mit fröhlichem Gesicht beschäftigen. So hätten es die Großen gerne.
Erwachsene kaufen Spielzeug um ihr Eigentum vor dem Zugriff der Kinder zu schützen. Damit das Kind nicht ständig die Kochtöpfe aus dem Schrank räumt, bekommt es Puppentöpfe geschenkt. Damit es nicht immer wieder Mutters Schnürbänder verknotet, gibt sie ihm Lederfleckchen mit gestanzten Löchern und einen Schnürsenkel als Spielzeug. Nun kann es fädeln und knoten, so viel es will. Damit das Kind nicht immer Vaters Zange verschleppt, bekommt es eigenes kleines Werkzeug. Vater Zange ist damit aber tabu.
Erwachsene brauchen Spielzeug als Lehrmittel. Schenken sie ein Mengendomino, haben sie natürlich Hintergedanken. Mit dem Farbwürfelspiel soll das Kind die Farben kennen lernen und mit den kleinen Holzsteckern soll es seine Feinmotorik üben. An Plastikspielzeug mit technischen Raffinessen soll es unsere moderne Welt kennen lernen. Es soll, es soll, es soll ...
Erwachsene erziehen und lenken mit Spielzeug. Noch immer erhalten Mädchen anderes Spielzeug als Jungen. Wie man mit Dingen pfleglich umgeht, wie man aufräumt und Ordnung hält, lernt das Kind an Spielzeug.
Mit Spielsachen werden auch Gesinnungen vermittelt. Früher setzte man Hamster in Kästchen mit Laufrädern, damit sie ein mechanisches Spielzeug bewegten. Heute würde man das als Tierquälerei ansehen. Goethe besaß eine Spielzeug-Guillotine – die Todesstrafe galt als normal. Wer in der Nazizeit groß wurde, hat

sicher mit Soldaten gespielt und die Erwachsenen fanden das ganz richtig.
Immer wieder verfolgen also Erwachsene eigene Ziele, wenn sie Spielsachen erfinden, herstellen und den Kindern in die Hand geben.
Sicher freuen sich Kinder, wenn sie Spielzeug geschenkt bekommen. Zeigt es doch, dass der Erwachsene an sie gedacht hat, dass er das Spielen bejaht und die Eigenwelt der Kinder akzeptiert. Und durch manches Spielzeug lernen die Kinder tatsächlich viel.
Aber die übervollen Spielzeugläden mit all dem schreiend bunten, glatten, hygienischen Zeug bereiten mir Unbehagen. Die Schränke in den Kinderzimmern sind übervoll. Was tun wir den Kindern an mit diesem Überangebot? Lassen wir ihnen denn Zeit sich intensiv mit einem Ding auseinander zu setzen? Sind die gekauften Dinge dazu angetan, dass ein Kind sie liebgewinnt? Oder sind es Prestigeobjekte, mit denen man vor den Spielkameraden angeben kann? Sind es Sachen, über die man sich freut, oder handelt es sich um Konsumartikel, die bald im Mülleiner landen? Will der Hersteller das Kind wirklich fördern mit dem Spielgegenstand oder legt er es darauf an, dass man, um richtig damit spielen zu können, immer neue Zusätze kaufen muss? Denken wohlmeinende Verwandte wirklich an das Kind, wenn sie einkaufen, oder geht es ihnen darum zu zeigen, was sie sich leisten können?
Eine Sache, die urspünglich aus Liebe zu den Kindern entstand, wird heute auf verschiedene Weise schmählich missbraucht.

Auch in Kindergärten wird zunehmend festgestellt, dass die Fülle von Spielmaterial das Spiel der Kinder nicht fördert, sondern eher hemmt. In Fachzeitschriften wird von Modellversuchen berichtet, nach denen Kindergärten für zwei bis drei Monate das Spielzeug in den Keller stellten, mit Ausnahme von Werkmaterialien, Dingen aus der Natur wie Ästen und Steinen und Material aus dem Alltag wie Verkleidungssachen, großen Kartons und Tüchern. Die Erfahrungen bestätigten die Annahme: Die Kinder spielten nach kurzer Eingewöhnungszeit intensiver, fantasiereicher, sozialer und ausdauernder (vgl. Schubert, E./Strick, R., 1994, S. 3-11; Salosnig, M. u.a., 1995, S. 34-36).
In anderen Kindergärten wird das Freispiel von der Spielzeugfülle entschlackt und grundsätzlich weniger Material als üblich angeboten (vgl. Caiati, M. u.a., 1994).

Zeug zum Spielen

Material, das nicht als Spielzeug hergestellt wurde, wird oft im Gegensatz zum Begriff Spielzeug als Zeug zum Spielen oder auch als Spieldinge, hin und wieder auch als Spielmittel bezeichnet. Dazu gehören alle Dinge aus dem unmittelbaren Lebensraum des Kindes. Dieses Material bietet dem Kind die Möglichkeit, seine Spielgegenstände selbst zu suchen und zu erfinden. Im Erfinden liegt bereits große Spielfreude. Winnicott sagt: ... *es erscheint besser, weniger Erleichterungen zu geben als mehr, denn Kinder sind fähig, Dinge und Spiele mühelos zu erfinden und auch das zu genießen.* (Winnicott, D. W. 1988, S. 107). Durch die Kreativität, die Ideenfindung und die Eigenständigkeit wächst das Selbstwertgefühl des Kindes: Es muss nicht Vorgegebenes nachvollziehen, es erfindet selbst. *Wenn Kinder Spielmaterial nicht selbst erfinden können, sondern ausschließlich Fertigprodukte erhalten, machen sie nicht mehr die Erfahrung, dass sie selbst Produzenten sein könnten. Die Erfahrung der Machbarkeit ist aber zugleich die Erfahrung der Veränderbarkeit. Es könnte deshalb sein, dass sich Kinder von heute nicht mehr als Subjekte möglicher gesellschaftlicher Veränderungen erleben.* (Bauer, K. W. 1980, S. 59, zitiert nach Kazemi-Veisari, E., 1987, S. 182)
Spielwaren der Spielzeugindustrie sind speziell für das Kind hergestellt worden. Sie machen die Kinder zu Konsumenten. Das ist auch Absicht. Sie sorgen für Umsatz. Zugleich werden die Kinder – wie gesagt – von der Erwachsenenwelt symbolisch isoliert. Sie erhalten eine Erwachsenen-Imitation in ihre Kinderzimmer. Sie spielen beispielsweise mit einem Kaufladen (der den erlebten Selbstbedienungsläden übrigens nicht mehr entspricht), während sie ebenso gut mit der Stehleiter und den Schuhen aus

dem Regal einen Schuhladen selbst erfinden könnten. Die Benutzung von Gegenständen aus der Umwelt und der Natur gibt ihnen die Möglichkeit, gleiche Gegenstände wie die Erwachsenen zu benutzen und sich deshalb mit den Erwachsenen identifizieren zu können.

Zeug zum Spielen (Spieldinge)

= Material, das nicht zum Spielen gedacht ist, jedoch dafür benutzt werden kann

- unterstützt Kreativität, Eigenständigkeit und Improvisation (selbst erfinden!)
- wirkt gegen Konsum und Wegwerfverhalten (weniger unbrauchbar gewordenes Spielzeug!)
- regt zu vielseitiger Verwendung von Material an
- erhöht Wertschätzung
  * von Materialien
  * den eigenen Ideen
  * des eigenen Handelns
  * der eigenen Person
- fördert die Unabhängigkeit von Vorgaben
- trägt bei zum Vergnügen am Spiel durch Erfinden von Spielmaterial und Spielideen

Zeug zum Spielen ermöglicht dem Kind nicht isoliert zu sein, nicht in eine Kinderwelt gedrängt zu werden, sondern sich in Einheit mit Erwachsenen und Umwelt zu erfahren und zu erproben.

Gekauftes Spielmaterial

Natürlich wird ein Kind auch gekauftes Spielmaterial erhalten.
Dieses Spielmaterial sollte allerdings kritisch bewertet und sorgsam ausgewählt werden.
Als Kriterien werden Ihnen wahrscheinlich zunächst grundlegende Gesichtspunkte einfallen wie:
Das Spielmaterial muss dem Alter und dem Entwicklungsstand des Kindes entsprechen. Es sollte möglichst vielseitig verwendbar sein und zu eigengestaltetem Spiel anregen. Es sollte aus einem angemessenen Material und mit guter Verarbeitung hergestellt sein, damit das Kind sachgemäß damit umgehen kann, ohne dass es zu schnell kaputt geht. Natürlich wird das Kind auch die Erfahrung machen, dass es wertschätzend mit seinem Material umgehen muss, weil es beschädigt werden kann, beispielsweise mit den empfindlichen Bilderbüchern. Spielzeug muss sicher sein, das heißt, das Kind darf sich nicht damit in Gefahr bringen. Kleine Kinder dürfen zum Beispiel keine Kleinteile bekommen wie Perlen, die sie in Nase oder Ohren stecken könnten. Das Material und der Anstrich müssen ungiftig sein, weil Kleinkinder oft etwas in dem Mund nehmen und mit den Lippen untersuchen. Zuletzt muss auch der Preis stimmen.

Neben diesen grundlegenden Auswahlkriterien, die im Allgemeinen leicht nachvollziehbar sind, muss man sich auch den inhaltlichen Aspekt des Spielmaterials und der Spielregeln sowie deren Wirkung bewusst machen: Welches Bild vom Leben, welche Einstellungen zum Leben vermittelt das jeweilige Spielzeug? Wir brauchen hier gar nicht an das Schieß- und Kriegsspielzeug zu denken, von dem jeder weiß, dass damit ein ethisch fragwürdiger Inhalt gespielt wird.
Wenn man sich z.B. fragt, welches Bild vom Leben das Mensch-ärgere-dich-nicht-Spiel dem Kind vermittelt, dann kann man zunächst erst einmal von einer Verunsicherung ausgehen.

Das Spiel steht im Widerspruch zur Moral im Alltag, nämlich hinsichtlich der von den erwachsenen Bezugspersonen erwarteten Grundhaltung: Einfühlung in Mitmenschen, Hilfsbereitschaft und Wertschätzung. Das Kind soll beispielsweise in der Realität niemandem bewusst schaden. In diesem Spiel darf, ja soll es das sogar. Das Kind wird die Erfahrung machen, dass das Spiel eine andere Ethik als der Alltag verlangt. Allerdings wird es – wenn es älter wird – merken, dass es auch im alltäglichen Leben Bereiche gibt, in denen es anderen nicht helfen soll, zum Beispiel bei Klassenarbeiten in der Schule, oder sogar (in Grenzen) anderen schaden darf um eigene Rechte und Vorteile zu erkämpfen, zum Beispiel in der Marktwirtschaft.

Das Mensch-ägere-dich-nicht-Spiel ist so bekannt, dass man es von Kindern nicht fernhalten kann, wohl auch nicht fernhalten will. Es ist keineswegs das einzige Spiel dieser Art. Bei Malefiz beispielsweise muss man den Spielpartnern möglichst geschickt Steine in den Weg legen. Bei Monopoly geht es noch robuster zu. Allerdings werden Malefiz und Monopoly von älteren Kindern gespielt.

Es ist ratsam, Mensch-ärgere-dich-nicht dem Kind erst dann anzubieten, wenn es Verständnis für Regelspiele entwickelt hat, also zu Beginn des Grundschulalters. In diesem Alter reizt eine Regel, die Rache oder „Bösesein" erlaubt. Sie wird vom Kind als Spielregel angesehen und vom Alltag getrennt. Sie irritiert dann (fast) nicht mehr.

Kritisch sind auch diejenigen Spielwaren zu sehen, die – abgesehen von den Spielregeln – in ihrer Darstellung bestimmte gesellschaftliche Einstellungen vermitteln, die der Realität oder den pädagogischen Zielen nicht entsprechen. Die Barbiepuppe beispielsweise verkörpert ein Frauenbild und ein Frauenideal, nach dem die Frau vor allem schlank und schön zu sein hat, eine reichhaltige Garderobe besitzt, einen Swimmingpool und sonstigen materiellen Besitz vorzuweisen hat. Das reichhaltige Angebot an zusätzlichen Artikeln veranlasst das Kind sich ständig weitere Dinge zu wünschen. Wenn das Kind versucht mit der Barbie die eigene Realität nachzuspielen und zu verarbeiten, werden die Wünsche nach Besitz und äußerer Wirkung mit einfließen. Es wird sich in die vermeintliche gesellschaftliche Erwartungshaltung eindenken und sie verinnerlichen, wenn nicht die Realität das Kind veranlasst, diese Scheinwelt in Frage zu stellen.

Während die Barbiepuppe ein ausgesprochenes Mädchenspielzeug ist, bietet die Industrie natürlich auch entsprechendes Material für Jungen an. (Allein diese Zuweisung ist in Frage zu stellen, weil sie Rollenklischees vermittelt!) Entsprechendes „Jungenspielzeug" sind zum Beispiel die Sciencefiction-Figuren, die starke, kampflustige und harte Männer darstellen. Der Junge identifiziert sich mit dieser stellvertretenden Puppe, die Kraft und Macht symbolisiert. Diese Figuren unterscheiden sich meist in gute und böse Charaktere, die gegeneinander kämpfen. (Bei der Barbie gibt es das nicht.) Die männlichen Puppen werden dem Kind kaum vermitteln, dass es als Junge jetzt und später als erwachsener Mann traurig sein und weinen darf, warmherzig und liebevoll sein kann und nicht über, sondern neben der Frau steht.

Allerdings darf die Wirkung von solchen Spielmaterialien, die nicht den Einstellungen des realen Lebens entsprechen, auch nicht überbewertet werden. Ebenso wenig wie schießen spielende Kinder später grundsätzlich gute Soldaten werden, ist damit zu rechnen, dass Barbiepuppen oder Sciencefiction-Helden bleibende Grundeinstellungen verursachen, wenn das reale Leben andere Werte vermittelt. Trotzdem ist zu fragen, was Erwachsene mit dem Schenken solcher Spielmaterialien eigentlich beabsichtigen. (Über den Umgang als Erzieherin mit diesem Spielmaterial, das Kinder oft in die Tageseinrichtungen mitbringen, wird in Kapitel 4.3.2 Stellung genommen.)

Eine andere Gefahr gekauften Spielmaterials bedeutet die Überbetonung von Lernspielzeug, das oft, wie auf S. 13 f beschrieben, gar nicht als echtes Spielmaterial bezeichnet und vom Kind auch wenig zum spontanen und selbstbestimmten Spiel benutzt werden kann. Dazu gehören zum Beispiel Puzzles, Memorys, Zuordnungs- und

Würfelspiele, Domino und Bilderlotto. Kinder spielen sie oft gerne; zum Teil, weil sie ein Lob oder das Mitspielen der Erwachsenen erwarten, natürlich auch, weil sie sich über das Ergebnis freuen, weil sie ihren Lernzuwachs spüren und Spaß daran haben. Es ist aber darauf zu achten, dass diese Spiele wegen ihrer einseitigen Betonung des Ergebnisses nicht überhand nehmen und das prozessorientierte Spiel verdrängen.

Es gibt industrieunabhängige Verzeichnisse, die zu Spielmaterial Stellung nehmen, zum Beispiel die Kennzeichnung „Spiel gut", herausgegeben vom Arbeitsausschuss Kinderspiel + Spielzeug e.V. in Ulm, oder die Auszeichnung von guten Brettspielen (Spiel des Jahres). Trotzdem ist auch hier kritisch zu beachten, ob diese Materialien für das entsprechende Kind oder die Gruppe angemessen und sinnvoll sind.

Auch im Hort oder bei Schulkindern im Heim ist das Spielzeug mit einer kritischen Einstellung einzukaufen. Das Hortkind wird in der Schule im Bereich des Lernens stark gefordert. Der Wunsch nach Arbeit und ergebnisorientiertem Tun ist damit oft gestillt. Die anfallenden Dienste wie Tisch decken oder Pflanzen gießen verlangen ebenfalls ergebnisausgerichtetes Handeln. Deshalb haben Hortkinder oft ein starkes Verlangen nach kreativem, eigenständigem, bewegungsreichem Spiel. Wenn sie dieses Bedürfnis nicht haben, kann es möglicherweise bereits verkümmert sein und die Kinder trauen sich eigene Erfindungen und selbstbestimmtes Handeln gar nicht mehr zu. Oft suchen Hortkinder auch die Zuwendung der Erzieherin, die sie bei Brett- und anderen Regelspielen meist leichter finden als bei kreativen oder konstruktiven Spielformen. Diese Kinder brauchen aber gerade ein besonders behutsames Hinführen zu kreativem Spiel, damit sie sich an ihren Spielideen erfreuen, an ihren Stärken wachsen und ihre Frustrationen verarbeiten. Erzieherinnen müssen sich dem Kind deshalb auch bei kreativem Spiel zuwenden, diese Spielformen anerkennen, verstärken und unterstützen.

Kinder im Schulalter spielen zum Beispiel noch gerne Rollenspiele, in denen allerdings nicht unbedingt Puppen vorkommen müssen. Für diese Spiele sind Verkleidungssachen, Tücher, Handpuppen und Gelegenheit zum Höhlen- und Hausbau sinnvoll. Konstruktionsspiele sind ebenfalls beliebt, vor allem großräumige Konstruktionen im Turnraum und im Freien: Baumaterialien, unstrukturierte Werkmaterialien wie Holz, Seile, Tücher, Polster und Matten, Ton und Wasser sind dafür geeignet.

Hort- und Heimkinder benötigen an erster Stelle Spiele im Freien, bei denen sie über Bewegung das lange Sitzen und die häufigen Frustrationen des Morgens abreagieren können. Oft kommen aber in sozialpädagogischen Einrichtungen die Spielmaterialien im Freien zu kurz. Wenn sie nur aus Sandkasten, Wippen, Schaukeln, Rutschen und Klettergerüst bestehen, sind die Spiele der Kinder zu sehr festgelegt und zu gleichförmig.

Spielmaterial

Pädagogische Absicht	Gefahr
– zu lustvollem, ideenreichem Spiel anzuregen – die Auseinandersetzung mit der Welt zu fördern und dem Kind zu helfen, seine innere Welt (Gefühle, Gedanken, Wissen) mit der erlebten Welt zu verbinden, Erfahrungen zu verarbeiten und zu verinnerlichen – Spiel zu bereichern, Anregung zu geben, sich in Neues einzulassen, sich vielseitig zu erproben, Fähigkeiten zu entwickeln	– Spiel festzulegen – das Kind in seiner Wahrnehmung von Welt einzuschränken, durch einseitiges und irritierendes Material zu verunsichern und unerwünschte Einstellungen zu fördern – durch Überfülle Spiel zu behindern

Zusammenfassung

- Aufgrund der finanziellen Möglichkeiten können wir in den Industrieländern unsere Kinder reichlich mit Spielmaterial versorgen. Die Spielzeugfülle kann für ein Kind aber spielhemmend und nicht spielfördernd sein, weil der Bezug zu einem Spielzeug oft nicht mehr entstehen kann und weil die Vertiefung in ein Spiel weniger stattfindet.

- Material, das nicht als Spielzeug hergestellt wurde, sich aber zum Spielen eignet, bietet dem Kind oft eine Fülle von erfindungsreichen Spielen. Das Kind hat hiermit nicht einen vom Erwachsenen vorgefertigten Gegenstand, dem eine bestimmte Spielfunktion bereits zugedacht wurde, sondern es erfindet sein Spielmaterial wie auch seinen Spielverlauf selbst. Und gerade in diesem Erfinden erlebt es einen großen Teil seiner Spielfreude.

- In einigen Kindergärten wurde versucht für eine begrenzte Zeit von einigen Monaten auf vorgefertigtes Spielmaterial weitgehend zu verzichten. Die Kinder waren in der Lage sich umzustellen. Ihr Spiel veränderte sich zu kreativeren Formen. Spiele in Gruppen nahmen zu. Andere Kindergärten reduzieren drastisch vorgefertigtes Spielmaterial zugunsten von Spieldingen aus der Umwelt.

- Gekauftes Spielmaterial muss kritisch ausgewählt werden, weil es häufig aus wirtschaftlichen und nicht aus pädagogischen Gründen hergestellt wurde, wenn es auch als pädagogisch wertvoll angepriesen wird. Als Auswahlkriterien sind nicht nur formale Aspekte wie Haltbarkeit, Sicherheit oder Spielvielfalt zu sehen, sondern auch Gesinnungen und Einstellungen, die dem Kind mit dem Material (meist nicht bewusst) vermittelt werden. Solche Einflüsse auf Gesinnungen äußern sich zum Beispiel in dem Frauenbild, das die Barbiepuppe vermittelt, durch „männlich"-harte Spielfiguren oder in der Wirkung auf selbstbestimmtes und politisches Denken und Handeln durch Brettspiele.

- Bei Anschaffungen von Spielmaterial darf das Spiel im Freien nicht vergessen werden. Kinder haben in der Regel heute zu wenig Bewegung, nicht nur die Schulkinder, sondern bereits Kindergartenkinder. Für ideen- und bewegungsanregendes Spielmaterial im Freien muss deshalb gesorgt werden. Selbstverständlich muss es sich auch hier nicht nur um ausgesprochenes Spielmaterial handeln. Seile, Bretter, Autoreifen usw. eignen sich ebenso gut für Kinderspiele wie speziell für Kinder hergestellte Spielwaren.

Zum Nachdenken:

- Weniger ist mehr!

- Es gibt Maler,
  die malen
  die Sonne
  als gelben Fleck.

  Und es gibt Maler,
  die malen
  mit Inspiration
  aus einem gelben Fleck
  die Sonne.
  (Pablo Picasso. In: Welt des Kindes, Heft 2/88)

Erdachte Fortsetzung:
Es gibt Kinder,
für die symbolisiert
sich der Mensch
in der Barbie.
Und es gibt Kinder,
die lassen
aus einem zusammengeknoteten
Stück Stoff
mit Inspiration
einen Menschen entstehen.

❍ **Diskutieren Sie die folgende Aussage:** *Verzicht auf Spielzeuge, die keine realen Tätigkeiten ermöglichen, sondern nur zur Einübung abstrakter Funktionen dienen, zum Beispiel Schrauben, die nur zum Schrauben da sind, mit denen sich aber keine Gegenstände zusammenschrauben lassen, Farbplättchen, die nur zur Farbdifferenzierung taugen oder Spielzeug, das nur scheinbar Gegenstände des realen Bedarfs repräsentiert, wie zum Beispiel Puppenherde, die aus Holz sind.*
(Wolfgang Mahlke / Norbert Schwarte 1989, S. 43)

❍ Michael Renner äußert sich zum Einfluss von Spielzeug auf die Einstellung des jungen Menschen an den Beispielen von Barbiepuppen und Spielzeugwaffen (M. Renner, 1995, S. 60):
❒ *Die Frage, ob ein Mädchen durch dieses Spielzeug automatisch die repräsentierte Frauenrolle übernimmt, ist wohl kaum eindeutig zu beantworten. Wahrscheinlich simulieren Mädchen mit diesen Puppen Aspekte ihres Frauseins, die durch andere Erfahrungen wieder infrage gestellt werden. Ebenso wenig ist zu erwarten, dass Jungen, die mit Gewehren, Pistolen und Soldaten spielen, später aggressiver und weniger friedfertig sind als Jungen, denen diese Spiele verboten wurden. Die Erfahrungen der Kinder und Jugendlichen, die sie mit dem Konsum-, Status- und Aggressionsverhalten der Erwachsenen machen, haben auf ihr späteres Verhalten einen wesentlich größeren Einfluss als diese Spiele.* ❑

❍ **Zusammenhang erkennen zwischen Spielentwicklung und angemessenem Spielmaterial**
Durchdenken Sie am Beispiel „Spielzeugauto“ folgende Fragen:
a) Welche Reihenfolge der unten genannten Autos entspricht der Spielentwicklung des Kindes?
b) Welche Art von Auto ist für welche Spielform angemessen?
c) Wie wird das Kind in den Spielformen mit dem jeweiligen Auto spielen?

- Matchboxautos und Bausteine
- einfaches Spielauto, um selbst darin zu fahren
- ferngesteuertes Auto
- einfaches (Holz-)Auto ohne Details
- Auto, das aus Baumaterial gebaut wird
- Verkehrsbrettspiel mit Autos als Setzfiguren

Claudia, Sabine und Frank
Studierende einer Fachschule für Sozialpädagogik

◆ **Frank:** Als ich den Satz „Weniger ist mehr“ zum ersten Mal gehört habe - ich glaube, es war im Zusammenhang mit Waldorfpädagogik -, konnte ich überhaupt nichts mit diesem Widerspruch anfangen. Inzwischen finde ich faszinierend, wie oft er passt!
◆ **Sabine:** Naja, beim Geld passt er jedenfalls nicht.
◆ **Frank:** Das fragt sich, solange du nicht sagst, *zu* wenig. Ich möchte jedenfalls nicht die Geldsorgen eines Millionärs haben.
◆ **Sabine:** Aber ein bisschen mehr verdienen könnten wir in unserem anstrengenden Beruf schon.
◆ **Frank:** Da stimme ich dir natürlich zu. Ich habe ja auch nicht gesagt, dass der Satz immer

passt. Jedenfalls stehe ich beim Spielmaterial voll dahinter. Arme, übersättigte Kinder. Ob sie später einmal sparsam mit Material umgehen werden können in einer Zeit, in der wir vielleicht viel weniger haben werden als heute?

◆ **Sabine:** Ich bin als kleines Kind mit viel Spielzeug aufgewachsen. Später ging es meinen Eltern finanziell nicht mehr so gut. Ich habe immer geglaubt, *kleine* Kinder müssten viel Spielzeug haben um sich zu entwickeln. Jetzt sehe ich das anders.

◆ **Claudia:** Ich habe begeistert mit Barbies gespielt und ständig musste noch etwas dazu gekauft werden, vom Taschengeld oder von Verwandten. Und natürlich war blond und schlank sein mein Ideal. In der Realität beides unerreichbar. Ich glaube, in der Pubertät hat sich meine Haltung dann verändert. Da wollte ich gegen den Strom schwimmen. Dabei wurden mir Äußerlichkeiten unwichtig.

◆ **Sabine:** In meiner Barbiezeit hatten meine Eltern schon Geldsorgen. Ich habe eine ältere Cousine, die mir ihre Barbies geschenkt hat. Ich habe meinen Mitspielerinnen natürlich nicht gesagt, dass sie nicht neu waren. Heute denke ich ganz anders. Secondhand besorge ich bewusst und spreche das auch aus, weil ich damit „gegen Konsum" demonstriere.
Frank, du kannst nicht mitreden, oder?

◆ **Frank:** Doch, kann ich. Ich habe zwei Schwestern. Ich fand unmöglich, dass ihre Barbies weibliche Körperfiguren hatten, aber im Unterkörper geschlechtslos waren, genauso wie „Ken", der einzige Mann.
Zum Spielen fand ich sie langweilig. Die männlichen, ach so kämpferischen und tapferen Helden mit ihren übermenschlichen Kräften und Fähigkeiten boten viel spannendere Rollenspielabläufe. „Retten in der Not" waren – glaube ich – meine Hauptthemen.

Literaturempfehlung

Irene Flemming: Einfach anfangen. Spielpädagogik ganz praktisch. Matthias Grünewald-Verlag 1992
Michael Renner: Spieltheorie und Spielpraxis. Eine Einführung für pädagogische Berufe. Lambertus Verlag 1995
Ulrich Baer: Spielpraxis. Eine Einführung in die Spielpädagogik. Kallmeyersche Verlagsbuchhandlung 1995
M. Caiati / S. Delač / A. Müller: Freispiel – freies Spiel? Erfahrungen und Impulse. Don Bosco 1994
René Reichel / Reinhold Rabenstein: Spielpädagogik. Grundlagen und Berichte. Verlag Ökotopia 1987
Maria Salosnig u.a.: Zwei Monate ohne Spielzeug. In TPS 1/1995, S. 34-36
Rainer Strick / Elke Schubert: Freie Räume schaffen. Das Projekt „Spielzeugfreier Kindergarten". In: Kindergarten heute 6/94, S. 3-11

2.4 Spielpartner

Anregung zum Eindenken in die Thematik

Interaktionsspiel
Bilden Sie einen dicht stehenden Kreis, der sich fest an den Händen hält. (Bei mehr als 16 Teilnehmern bitte zwei Kreise!) Ein Gruppenmitglied steht außerhalb des Kreises und versucht hineinzukommen. Die Gruppe versucht das zu verhindern. Das einzelne Gruppenmitglied kann auch innerhalb des Kreises stehen und versuchen herauszukommen. Mehrere Gruppenmitglieder sollten die Rolle des Aus- oder Eingeschlossenen ausprobieren.

Sprechen Sie anschließend über Ihre Gefühle, und zwar sowohl die Gefühle der jeweils einzelnen Gruppenmitglieder wie auch der verweigernden Teilnehmer im Kreis.
Reden Sie über die Bedeutung von Zugehörigkeit zu einer Gruppe und der Anerkennung von Seiten der Gruppenmitglieder.

Spiel als Übungsfeld für die Umsetzung der Grundbedürfnisse nach Anerkennung, Zugehörigkeit und Sicherheit

Alle Menschen haben von Geburt an ein Grundbedürfnis nach Anerkennung und Zugehörigkeit sowie nach Sicherheit. Diese Grundbedürfnisse wollen befriedigt werden. Der Mensch ist kein Einzelwesen, das für sich allein lebt. Er braucht Kontakte. Die eigene Wertschätzung entsteht weitgehend aus der Wirkung, die der einzelne durch sein Verhalten beim Gegenüber auslöst. Die Reaktion des Partners oder der Gruppe ist ein Spiegel für das eigene Selbstbild.

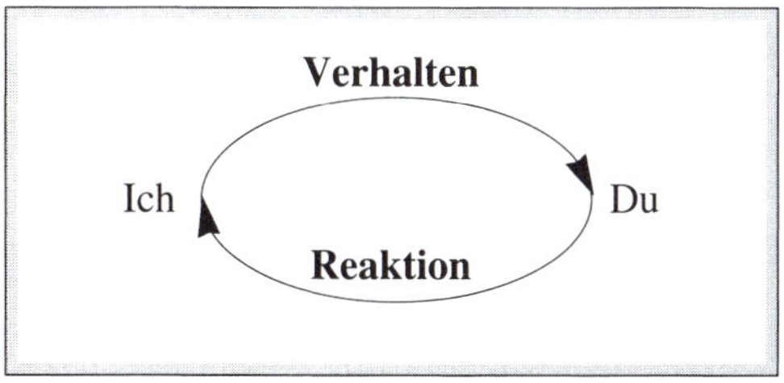

Menschen sind so angelegt, dass sie einander zu ihrem Menschwerden brauchen. Sie stehen so eng miteinander im Zusammenhang, dass einer aus der Zuwendung des anderen lebt. Ich brauche die Anerkennung von anderen und die Zugehörigkeit zu anderen, um zu leben. (Irene Klein, 1992, S. 21)

Für das Verhalten in Gruppen bedeutet das, dass der Einzelne versucht sich so zu verhalten, dass er Anerkennung, Bestätigung und Zugehörigkeit durch die Gruppenmitglieder erfährt. Wenn er kann, sucht er sich Partner oder Gruppen, in denen er aufgrund seiner Einstellungen und seines gewohnten Verhaltens ohne große Umstellungen, die ihn verunsichern würden, Anerkennung und Zugehörigkeit spüren kann. Er freundet sich beispielsweise mit denjenigen Menschen seiner Umgebung an, bei denen er sich schnell angenommen und zugehörig fühlt. Trotzdem wird sein Verhalten in den einzelnen Gruppen unterschiedlich aussehen, je nachdem, welche Rolle er in dieser Gruppe gefunden hat. Unser Verhalten und unser Auftreten unterscheiden sich zum Beispiel in der familiären Bezugsgruppe gegenüber einem Freundeskreis oder den Arbeitskollegen. In der einen Gruppe sind wir vielleicht ruhig und zurückhaltend, in der anderen laut, fröhlich und dominant.

Kinder suchen sich für ihr Spiel Partner und Gruppen, mit denen sie eine kurze Zeit oder auch langfristig spielen. Sie nehmen wahr, wie die anderen auf ihr Verhalten reagieren. Sie erkennen, welches Verhalten von ihnen erwartet wird. Sie werden auch versuchen die Gruppen zu beeinflussen, damit sie mit dem von ihnen bereits als erfolgreich erprobten Verhalten die gewünschte Anerkennung finden. Während ein Kind beispielsweise durch Unterordnung unter die Vorschläge der anderen Mitspieler die Anerkennung sucht, bringt das andere Spielideen und seine Begeisterungsfähigkeit erfolgreich ein und das dritte versucht möglicherweise über clownhaftes oder anderes auffälliges Verhalten Bestätigung zu erfahren. Die Reaktionen der Gruppenmitglieder beeinflussen die individuellen Verhaltensweisen. Sie bestätigen zum Beispiel, dass sie das gezeigte Verhalten bejahen, und vermitteln dadurch Anerkennung, oder sie lehnen ab, verurteilen, ignorieren. Deshalb ist es wichtig, dass Kinder in *unterschiedlichen* Gruppen ihr Zugehörigkeits- und Anerkennungsbedürfnis erproben können. Wenn sie zu stark auf die Zugehörigkeit zu einer einzigen Gruppe angewiesen sind, müssen sie sich der Erwartungshaltung der Gruppenmitglieder fügen, denn ohne Zugehörigkeit zu einer Gruppe können sie nicht leben. Wenn Gefahr besteht isoliert zu werden und keine andere Zugehörigkeit mehr finden zu können, ist es zum Beispiel nicht möglich zu sagen: „Jetzt spiele ich nicht mehr mit!“ Bei Gefahr der Isolation müssen

sich Kinder in die vorhandenen Strukturen der einzig für sie in Frage kommenden Gruppe fügen und ihr Verhalten danach ausrichten.
Die sozialpädagogische Einrichtung, die unterschiedliche Gruppenzuordnungen ermöglicht, bietet dem Kind deshalb möglicherweise breitere Entwicklungschancen als eine in ihren Rollen festgelegte Geschwistergruppe.

Bedeutung für die Gruppenleiter/innen in sozialpädagogischen Einrichtungen

Weder das Kind, das sich unterordnet, noch das Kind, das nach eigenem Vorteil in einer Gruppe dominiert, zeigt ein wünschenswertes Verhalten. Das Kind muss mit dem Bedürfnis nach Anerkennung und Gruppenzugehörigkeit experimentieren dürfen. Das kann mit der kleinsten Gruppe, nämlich mit zwei Mitgliedern, das heißt einem einzigen (Spiel-)Partner, beginnen. Experimentieren kann das Kind nur, wenn sein Bedürfnis nach Sicherheit einigermaßen befriedigt ist. Innerhalb der Gesamtgruppe muss sich das Kind deshalb unter der Führung der Gruppenleiterin einigermaßen sicher und angenommen fühlen. In den kleinen Spielgruppen, die sich bilden, hat es dann eher die ausreichende Kraft seine Grenzen auszutasten. Es muss beispielsweise den Mut haben zu fragen, ob es mitspielen darf, es darf nicht resignieren, wenn es abgelehnt wird, sondern es muss versuchen bei anderen Kindern erneut Gruppenzugehörigkeit zu finden. Kleinere Kinder haben oft einen längeren Atem als ältere, die schon mehr negative Erfahrungen sammeln mussten.
Umgekehrt muss das Kind in der Lage sein, die Bitten anderer Kinder um Einbezug in eine Spielgruppe abzuwägen und angemessen zu entscheiden.
Die Gruppenleiterin hat die schwierige Aufgabe diese Prozesse zu beobachten, damit nicht eins der Kinder ins Abseits gerät und versucht, sein Sicherheitsgefühl über abweichendes Verhalten aufrechtzuerhalten, beispielsweise über unangemessene Anpassung, über fragwürdiges soziales Verhalten oder über den verzweifelten Versuch, sich kontinuierlich Freundschaft über materielle Angebote zu erkaufen: „Bist du mein Freund, wenn ich dir das und das gebe?“

Altersgemischte Gruppen in Tagesstätten helfen dem Kind in der Regel, unterschiedliche Gruppenzusammensetzungen auszuprobieren. Das Kind kann sich jüngere Spielpartner wählen, die sich seinen Spielideen unterordnen. Oder es spielt mit älteren Kindern, die ihm neue Ideeen vermitteln und es vielleicht begeistern können, wenn es selbst ideenlos war.

Im Hort und im Heim sind diese pädagogischen Gruppeneinflüsse ebenfalls von großer Bedeutung, denn es könnte sein, dass das Kind in der Schule die Zugehörigkeit, Anerkennung und Sicherheit nicht erfährt, die es für eine reibungslose Entwicklung benötigt. Manche Hort- und fast alle Heimkinder leben in belastenden familiären Verhältnissen, die viele ihrer Fähigkeiten einschränken und ihr Verhalten prägen können. Kinder, die im Unterricht nicht mithalten können, geraten oft an den Rand der Klassengemeinschaft. In jedem Fall wird ihr Bedürfnis nach Anerkennung und Sicherheit nicht befriedigt. Möglicherweise finden sie noch nicht einmal innerhalb der Schulklasse in einer Kleingruppe Anschluss. Sie müssen – wenn das möglich ist – im Hort oder Heim die Zugehörigkeit zu Partnern und Gruppen wenigstens im Spiel erleben dürfen. Allerdings kann ihnen der Betreuer die Partner- und Gruppenfindung nicht abnehmen. Bestenfalls kann er versuchen, dem Kind Türen zu öffnen und seine Bemühungen bestärkend zu begleiten. Vielleicht ist es manchmal möglich, Stärken von denjenigen Kindern oder Jugendlichen aufzuspüren, die auf der Verliererseite stehen, um ihnen neue Gruppenerfahrungen zu bieten. Nicht immer wird das gelingen. Die Gefahr, dass diese Kinder und Jugendlichen sich solchen Gruppen anschließen, die bereits Außenseiter sind und über sozial abzulehnendes Verhalten gegenseitige Anerkennung suchen, ist für diese Jugendlichen groß. Diebstahl als spielerische Mutprobe bedeutet dann zum Beispiel Anerkennung in der Randgruppe, der sie sich zuordnen.

In sozialpädagogischen Einrichtungen werden häufig Partner- und Gruppenspiele durchgeführt. Das können gelenkte Spiele sein, zum Beispiel Regelspiele. Wichtiger sind aber die freigewählten Zuordnungen der Kinder und Jugendlichen in selbstgestalteten Spielen, weil die jungen Menschen hier selbstbestimmter handeln und experimentieren können. Sie ordnen sich einer Spielgruppe zu oder organisieren sie. Aus dieser Spielgruppe können sie auch wieder austreten, wenn ihnen das Spiel oder das soziale Umgehen miteinander nicht zusagt. Sie können ausprobieren, wie und in welcher Zuordnung sie am besten zurechtkommen und sich am wohlsten fühlen.

Der Tageslauf muss in sozialpädagogischen Einrichtungen deshalb so gestaltet sein, dass die Gruppenmitglieder genügend Freiraum für sebstorganisiertes Gruppenspiel erhalten.

Trotz der Notwendigkeit von hoher Selbstbestimmung der Spieler ist die Beobachtung durch die Gruppenleitung wichtig, um im Rahmen der Möglichkeiten zu vermeiden, dass der junge Mensch in eine Randposition oder in unangemessenes Spielverhalten gedrängt wird.

Die Bedeutung von Spielpartnern für die Entwicklung des jungen Menschen

Menschen haben von Geburt an ein:

1. Grundbedürfnis nach Anerkennung und Zugehörigkeit

2. Grundbedürfnis nach Sicherheit

Folge

Beide Bedürfnisse müssen befriedigt werden. Das führt zu:

1. Gruppenzugehörigkeit suchen,
2. sich so verhalten, dass Anerkennung und Bestätigung (Sicherheit) durch die Gruppenmitglieder erfolgt.

Jedes Gruppenmitglied muss sein Verhalten auspendeln zwischen

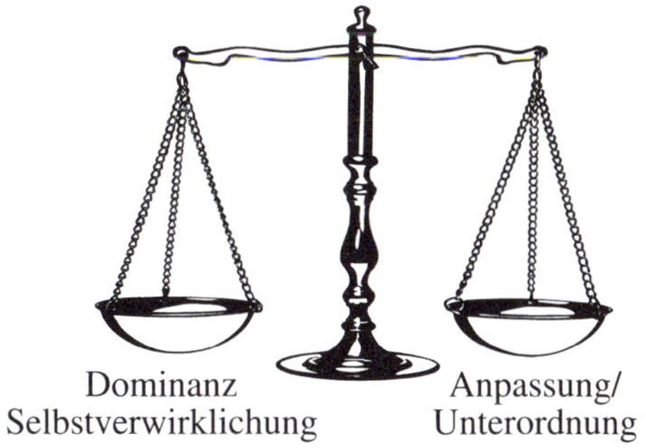

Das Spiel mit unterschiedlichen Spielpartnern und Spielgruppen bietet dem Kind ein Übungsfeld für Gruppenzugehörigkeit.

Zusammenfassung

- Jeder Mensch hat Grundbedürfnisse nach Anerkennung, Zugehörigkeit und Sicherheit. Menschen können nicht isoliert leben.
  Das Kind erprobt seine Zugehörigkeit im Spiel mit Partnern und Gruppen. Es richtet sein Spielverhalten so aus, dass es die notwendige Anerkennung, Zugehörigkeit und Sicherheit erfährt.

- Der Mensch erlebt sich selbst durch die Reaktionen, die er bei seinen Mitmenschen auslöst. Diese Reaktionen spiegeln sein Verhalten. Daran kann er die Wirkung seines Verhaltens erkennen und entsprechend reagieren. Bei Kindern läuft diese Widerspiegelung des eigenen Verhaltens zu einem Teil im Spiel.

- Gruppenleiter/innen müssen die Prozesse innerhalb von Spielgruppen wahrzunehmen versuchen, um Kindern zu helfen, wenn sie durch Gruppenmitglieder in unvorteilhafte Rollen oder unangemessenes Spielverhalten gedrängt werden oder andere bedrängen. Unangemessen können sowohl Zurückhaltung wie auch Dominanz oder moralisch abzulehnendes Denken und Handeln sein.

- Das Spiel mit Spielpartnern in sozialpädagogischen Einrichtungen kann für ein Kind gegenüber dem Spiel mit Geschwistern Vorteile bringen. Das Kind hat eine breitere Wahlmöglichkeit von Spielpartnern und kann sein Verhalten in unterschiedlichen Gruppenzusammensetzungen ausprobieren. In der Familie wird sein Partner- und Gruppenverhalten möglicherweise durch die älteren oder jüngeren Geschwister sowie die Eltern stärker festgelegt. Alternatives Verhalten ist dem Kind in der Familie oft nicht möglich.

Zum Nachdenken:

○ Irene Klein misst den Gruppenerfahrungen große Bedeutung für die Entwicklung des Menschen zu:

❐ *„Gruppe“ ist etwas höchst Faszinierendes. Sie ist wie ein hochempfindliches „Wesen“, in dem einzelne Teile ständig aufeinander einwirken, miteinander in Beziehung und Wechselwirkung stehen, sich ineinander verweben und in dem ein Impuls vielfache Auswirkungen hat, je nachdem wie der „Teil“ beschaffen ist, auf den er trifft, und wie dieser diese Auswirkungen wieder in Aktion und Verhalten umsetzt und wie diese ihrerseits wirken. Es ist ein mehrdimensionales Netzwerk; es ist die Dynamik der Gruppe.*
„Gruppe“ ist also mehr als die Summe der Einzelnen.
Erfahrungen von „Gruppe“ ist für ein Individuum lebensnotwendig. Ich kann in Isolierung nicht leben. Durch die Erfahrungen im Zusammenleben mit anderen kann ich Sicherheit und Bestätigung erhalten; ich kann eine Vorstellung und ein Bild von mir selbst entwickeln; ich bekomme „Selbst-Bewusstsein“.
Mein Ich-Werden braucht die Beziehung zum anderen. Martin Buber: Der Mensch wird durch das Du zum Ich.
„Gruppe“ ist aber nicht immer oder auto-

matisch aufbauend für den Menschen; sie kann ihn auch zerstören und das Gegenteil des oben Erwähnten bewirken. Unterdrückung des Selbstwertgefühls, Verlieren des Glaubens an sich selbst, Blockierung der eigenen Fähigkeiten und Selbstaufgabe. „Gruppe" ist also nicht „an sich" gut. „Gruppe" braucht eine Richtung. Gruppe muss gestaltet und verantwortet werden, damit die Mitglieder hilfreiche Erfahrungen machen können. ❑

Irene Klein 1992, S. 83 f

❍ **Diskussion zur Standortfindung:** Angenommen, im Freispiel bilden immer die gleichen Kinder eine Spielgruppe. Soll die Erzieherin eingreifen und die Gruppenzusammensetzung beeinflussen?

Claudia, Sabine und Frank
Studierende einer Fachschule für Sozialpädagogik

◆ **Frank:** Ich habe einmal ein interessantes Spiel zum Thema „Ausschluss aus der Gruppe oder Außenseiter" gemacht. Das verlief so: Es sollte ein gemeinsames Bild ohne zu sprechen gemalt werden. Ein Gruppenmitglied wurde als Außenseiter nach draußen geschickt. Jetzt vereinbarte die Gruppe ein gemeinsames Thema und wählte eine gemeinsame Farbe, mit der sie malte. Der „Außenseiter" wurde hereingerufen und bekam einen Stift in einer anderen Farbe. Er sollte mitmalen ohne zu wissen, worum es ging.

◆ **Claudia:** Das reizt mich! Lass es uns ausprobieren!

Nach den drei Durchgängen, in denen jeder einmal draußen war:

◆ **Claudia**: Ich fand die Außenseiterrolle fürchterlich! Ständig hatte ich das Gefühl, ihr macht euch über mich lustig. Ich war völlig verunsichert.

◆ **Sabine:** Komisch! Ich fand es höchst interessant! Ihr mit eurem unabänderlichen Blau! Da habe ich mit meinem Rot Farbe ins Bild gebracht! Außerdem konnte ich tun, was ich wollte. Ihr wart ans Thema gebunden. Ich konnte euch provozieren. Ich habe mich denkbar wohl gefühlt. Und du, Frank?

◆ **Frank:** Ich wurde zornig. Alles, was ich malte, passte nicht rein. Ich habe euer Thema nicht rausbekommen. Schließlich habe ich alles wütend durchgestrichen, was ihr gemalt habt.

◆ **Claudia:** Soll das heißen, dass Außenseiter sich ganz unterschiedlich fühlen können?

◆ **Sabine:** Ich vermute, wir fühlten uns nicht wirklich ausgeschlossen. Wir brauchten keine Angst zu haben.

◆ **Frank:** Wahrscheinlich hängt das unterschiedliche Gefühl damit zusammen, wie sicher man sich sonst in der Gruppe oder in anderen Gruppen fühlt. Jedenfalls bin ich überzeugt, dass ein Kind, das auf eine bestimmte Gruppenzugehörigkeit verzichten kann, weil es sich in anderen Gruppen auch zugehörig fühlt, einen ganz anderen Freiraum und ein positiveres Gefühl als Außenseiter hat als ein anderes Kind, das auf die Zugehörigkeit zu eben dieser Gruppe angewiesen ist. Dann muss der Ausschluss ja eine Qual sein!

Literaturempfehlung

Irene Klein: Gruppenleiten ohne Angst. Ein Handbuch für Gruppenleiter. Verlag J. Pfeiffer 1992 (4. Aufl.), darin insbesondere Teil I: Was geschieht in Gruppen? Zum Verständnis der Kommunikation und der Prozesse in Gruppen.

Helga Müller / Pamela Oberhuemer: Kinder wollen spielen. Spiel und Spielzeug im Kindergarten. Verlag Herder 1994 (3. Aufl.), darin das Kapitel 11: Spielverderber.

Anne Kettner: Ihr Kind wird zum Außenseiter. In: A. Kettner / Egbert Haug-Zapp: Das Kindergartenbuch. Rowohlt 1990

3 Spielleitung

In diesem Kapitel gerät eine Frage, die schon des Öfteren angeschnitten wurde, sehr in den Mittelpunkt: Spielen lassen oder spielen lehren?
Wenn in vorangegangenen Abschnitten von Rahmenbedingungen für das Spiel gesprochen wurde, so handelte es sich um indirekte Einwirkungen auf das Spiel, nämlich um die Bereitstellung von Raum, Material, Ruhe, Zeit und Spielpartnern. In dem nun folgenden Kapitel soll über Möglichkeiten und Grenzen gesprochen werden, als Erzieherin und Erzieher direkt in das Spiel der Kinder und Jugendlichen einzugreifen, das heißt sie zum Spiel anzuregen, ihnen neue Spielmöglichkeiten zu zeigen oder sie auch im Spiel einzugrenzen, wenn ihr Spiel als gefährlich oder unangemessen eingeschätzt wird.
Die Ansichten, wie weit Erwachsene das Kinderspiel direkt beeinflussen sollen, lassen sich aus unterschiedlicher Sicht diskutieren. Einerseits ist das Spiel (hier ist vom echten Spiel, nicht vom Lernspiel die Rede) Sache der Spieler, das heißt der Kinder. Es entspringt aus ihren Ideen, aus ihrer Spontaneität, ihrer Fantasie, ihrer Auseinandersetzung mit der Welt. Andererseits ist Spiel ein sehr empfindsames Tun. Es fällt in sich zusammen, wenn der Spieler zum Beispiel durch Gefühle blockiert ist, etwa wenn er in reale Angst gerät, sich nicht sicher fühlt oder durch Zorn gelähmt ist. Kinder können aufhören echt zu spielen, wenn ihr Spiel nicht wertgeschätzt wird, wenn von ihnen immer Handlungsergebnisse und Lernerfolge erwartet werden oder auch, wenn sie mit zu viel Spielmaterial überschüttet werden. Eine Spielstimmung kann manchmal nicht mehr entstehen, wenn sie einmal unterbrochen wurde. Konflikte können Gruppenspiele behindern oder auch unmöglich machen. Spiel muss also wertgeschätzt, beschützt und unterstützt werden.

Kinder benötigen auch Vermittlungen ihnen unbekannter Spiele und Anleitung zum Spiel. Gründe dafür gibt es mehrere:
– Kinder, die selten Möglichkeiten haben, mit älteren Kindern zu spielen, werden weniger traditionelle Spiele kennenlernen, zum Beispiel Straßenspiele wie Hickel- und Ballspiele oder Gummitwist. Auch Spiele für die Kleinsten, die von einer Generation zur anderen weitergegeben werden, wie Kniereiter- und Fingerspiele geraten leicht in Vergessenheit.
– Manche Spiele benötigen Erklärungen von Erwachsenen, zum Beispiel Brettspiele und andere Regelspiele.
– Es kommen auch neue Spiele auf und manche alten werden nicht mehr gespielt, weil die gesellschaftlichen Einstellungen sich ändern, beispielsweise nehmen Konkurrenzspiele ab und kooperative Spiele zu. Viele Lernspiele der 70er und 80er Jahre werden heute nicht mehr wichtig genommen. Dagegen werden ausländische Spiele bewusst einbezogen.
– Die mangelnden natürlichen Spielmöglichkeiten der Kinder sind ein weiterer Grund dafür, dass Spiel nicht nur einen künstlich geschaffenen Schutzraum benötigt, sondern darüber hinaus pädagogisch unterstützt und gepflegt werden muss, beispielsweise durch Spiele im Wald und andere Naturwahrnehmungsspiele oder Gelände- und Stadterkundungsspiele.

Ein weiterer Grund für die direkte Unterstützung und Lenkung von Spiel ist das Verhalten der spielenden Kinder untereinander. Bei betreutem Spiel kann eher wahrgenommen werden, wenn Kinder sich in einer Spielgruppe nicht entfalten können. Wie oft mögen Kinder in Nachbarschafts- oder sonstigen Spielgruppen in ausweglose Positionen geraten, aus denen sie sich nicht befreien können, sondern sich anpassen und unterordnen und sich vielleicht Erniedrigungen durch andere Kinder gefallen lassen müssen. Menschen, die sich als Kinder nicht entfalten konnten, sprechen als Erwachsene selten darüber. Wir erfahren deshalb wenig über solche Spieleinschränkungen, die nicht nur momentane Auswirkungen haben, sondern zu Entfaltungs- und Entwicklungseinschränkungen führen können.

Es ist in experimentellen Versuchen nachgewiesen worden, dass Kinder Entwicklungsfortschritte machten, wenn sie durch Erwachsene - zum Beispiel im Kindergarten durch die Erzieherin - zu vielfältigerem Spiel angeregt wurden. Solche Tests wurden in verschiedenen Spielbereichen vorgenommen: Konstruktionsspiele, Rollenspiele und auch Regelspiele. (Vergleiche W. Einsiedler: Das Spiel der Kinder 1991, S. 144 f.)

Insgesamt wird heute eingesehen, dass viele Kinder aufgrund ihrer Wohnumwelt, der einseitigen Medieneinflüsse, der hohen schulischen Anforderungen sowie durch den geringen Kontakt zu Kindern in ihrer Nachbarschaft in ihren Kinderspielen eingeschränkt sind und sich oft nicht so kreativ entfalten können, wie es für eine optimale (Spiel-)Entwicklung nötig wäre. Manche Spielfähigkeiten verkümmern, die für eine breite Entwicklung des Individuums hilfreich sind. Dazu gehören beispielsweise die kreative Spielerfindung, die Begeisterungsfähigkeit oder die Fähigkeit Planungsentwürfe für Gruppenaktivitäten gemeinsam zu entwickeln, wie das beim gemeinsamen Konstruktions- und Rollenspiel oft geschieht. Spiel muss also auch wegen der gesellschaftlich einschränkenden Einflüsse gefördert, gelenkt und geschützt werden.

Natürlich dürfen Spielanregung und Spielleitung nicht so weit gehen, dass Kinder und Jugendliche sich auf die Erwachsenen als Animateure verlassen und sich nur noch beschäftigen lassen wollen. Spiellenkung muss immer als Ziel das selbsttätige Spielen des jungen Menschen im Auge behalten. Erzieherinnen und Erzieher müssen sich als Spielpädagogen zurückziehen, wenn immer möglich. Sie müssen allerdings auch erkennen, wenn sie gebraucht werden um die Spielfähigkeit und Spielfreude zu erhöhen. Sie müssen selbst mit Spielfreude spielen können, weil Spiel nur gelingt, wenn es durch Freude am Tun begleitet wird. Zugleich müssen sie „über den Dingen stehen“ und loslassen können, wenn es geboten erscheint, vielleicht sogar, wenn es ihnen selbst den größten Spaß bereitet. Das heißt, sie spielen und spielen doch nicht.

Warum Spiellenkung?

- Spiel und Spielvertiefung schützen und fördern, weil Spielmotivation leicht von außen beeinträchtigt werden kann
- Spiele und Spielideen vermitteln, weil viele Kinder ihre Spielfähigkeit zu wenig entfalten können, zu schnell verlieren oder nur einseitige Anregung erhalten
- Spiel beobachten, verstärken und wenn nötig eingreifen, weil Konflikte manchmal von Kindern nicht gelöst werden können
- Spiel als Persönlichkeitsförderung anerkennen und beeinflussen, weil Spiel breite Entwicklungsmöglichkeiten bietet und weil Kinder über das Spiel lustvoll lernen .

Spiellenkung so viel wie nötig, so wenig wie möglich

Ziel: maximale Selbstbestimmung der Spielenden

3.1 Die Beobachtung

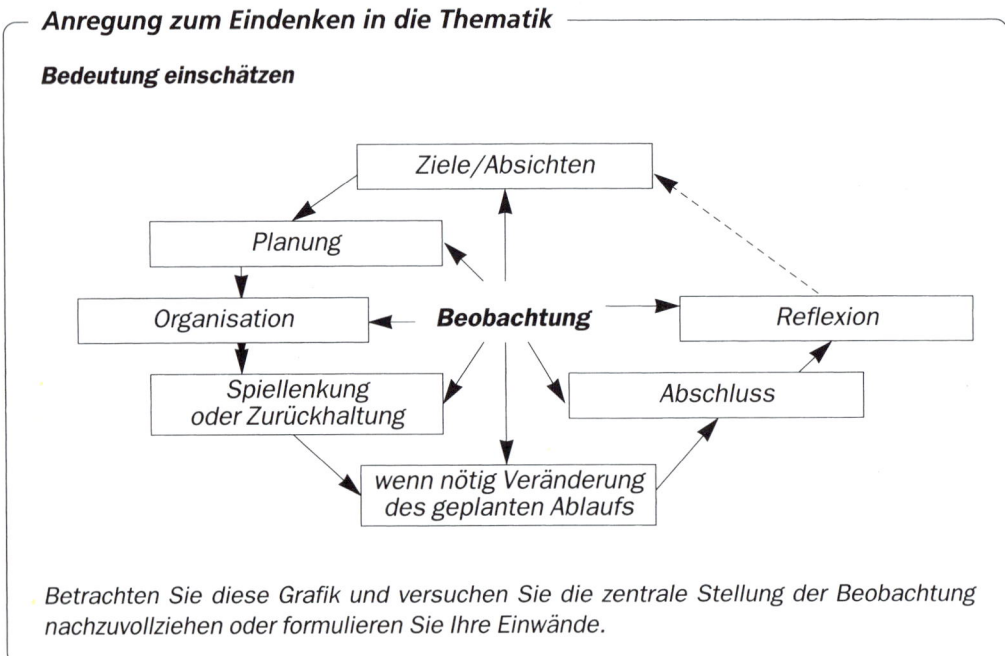

Anregung zum Eindenken in die Thematik

Bedeutung einschätzen

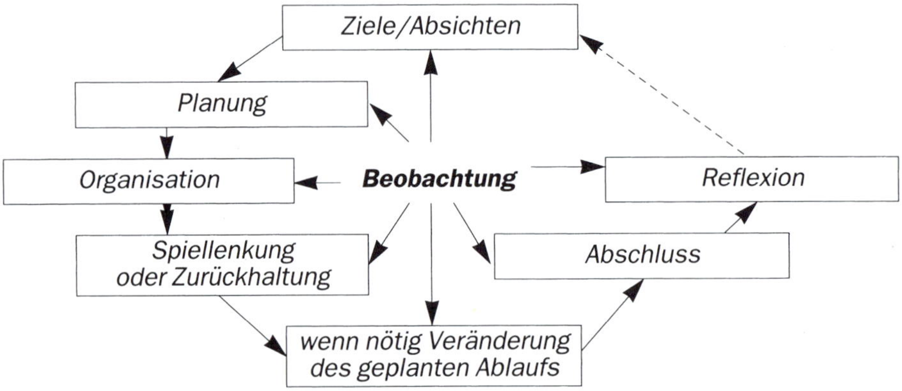

Betrachten Sie diese Grafik und versuchen Sie die zentrale Stellung der Beobachtung nachzuvollziehen oder formulieren Sie Ihre Einwände.

Ziel der Spielleitung ist es, dafür zu sorgen, dass die Gruppenmitglieder sich in das Spiel versenken, weiterbringende Erfahrungen sammeln und dass die lustbetonte Auseinandersetzung mit der eigenen Person und der Welt gelingt.
Diese lustbetonte Auseinandersetzung kann durch mangelnde Motivation, Frustrationserlebnisse, Ermüdung, geringe Initiative usw. bereits zu Beginn des Spiels niedrig sein oder während des Spiels beeinträchtigt werden. Deshalb ist die Beobachtung eine wichtige Aufgabe des Spielleiters, und zwar sowohl im selbstbestimmten Spiel (Freispiel) des Heranwachsenden wie auch beim gelenkten Spiel. Aufgrund Ihrer Beobachtung werden Sie in Ihrer Funktion der Spielleitung (Gruppenleitung) eingreifen oder sich zurückhalten.

Die Bedeutung der Spielbeobachtung für pädagogisches Handeln

Beobachtungen können unterschiedlich aussehen. Für psychologische Tests wird meist eine sachliche, unvoreingenommene, lediglich das sichtbare Verhalten festhaltende Beobachtung verlangt, beispielsweise das Protokollieren, wie oft eine bestimmte Verhaltensweise gezeigt wurde. Diese Beobachtungen sind notwendig, vor allem um das Verhalten eines Kindes oder Jugendlichen im Zusammenhang mit den Umwelt- und Erziehungseinflüssen zu erkennen oder um abweichendes Verhalten objektiv feststellen zu können.
Im Alltag von Erzieherinnen, insbesondere bei der allgemeinen Beobachtung von Spielverhalten, geht es weniger nur um das sachliche als viel mehr um das einfühlende Beobachten, weil von der Erzieherin sofort eine pädagogische Reaktion erwartet wird. Sie muss reagieren, wenn die Spieler mit ihrem Spiel nicht zurechtkommen, bei einem Konflikt oder bei Fehlverhalten eines Gruppenmitglieds. Die Erzieherin versucht wahrzunehmen, welche Gefühle zu dem beobachteten Verhalten geführt haben und ob der junge Mensch in dieser Situation alleine zurechtkommt, ohne sich oder anderen zu schaden.

Beispiele:
– Das Kindergartenkind Sebastian betritt den Gruppenraum, setzt sich auf den nächststehenden Kinderstuhl und „tut nichts". Die beobachtende Erzieherin muss sich nun einfühlen: Benötigt das Kind diese Zeit, um sich vielleicht vom ruhigen Familienleben auf das quirlige Durcheinander in der Gruppe umzustellen? Möglicherweise hat es auch Erfahrungen aus der Familie zuerst einmal zu verarbeiten. Oder ist es durch die Vielfalt des Gruppenlebens erschlagen, verängstigt und gehemmt? Vielleicht wartet es aber auch darauf, angeregt zu werden, weil es sich alleine nicht traut oder die nötige Initiative nicht aufbringt.
Aus ihrer Beobachtung und deren Deutung ergibt sich schlussfolgernd ihr Verhalten: Das Kind in Ruhe lassen oder ihm behutsam helfen sich in die Gruppe einzugliedern? Und wenn eingliedern, dann durch die Erzieherin selbst oder durch ein anderes Kind? Bedeutet die Hilfe bei der Eingliederung, dass Sebastian den Schritt in der nächsten Situation alleine schneller finden wird, oder bedeutet die Hilfe, dass das Kind sich an der Erzieherin festhält und selbst noch weniger Initiative ergreift?

– Im Hort spielt das neunjährige Mädchen Tatjana ausschließlich in Spielgruppen mit jüngeren Kindern, sei es im Hof, in der Puppenecke oder bei Brettspielen am Tisch. Die Erzieherin muss überlegen: Holt sich das Kind hier Sicherheiten als Gegengewicht zu den schulischen und vielleicht familiären Misserfolgen? Oder fehlt Tatjana die Fähigkeit sich unterzuordnen und Kompromisse zu schließen, was bei gleichaltrigen oder älteren Spielkameraden von ihr verlangt würde? Und was bedeutet Tatjana als älteste Spielpartnerin für die anderen Kinder? Ist behutsame Lenkung, und wenn ja, welche, angebracht?

– Im Kurheim oder in der Freizeit fällt am ersten gemeinsamen Tag, an dem die Erzieherin eine Spielrunde zum Kennenlernen anleitet, Tobias, ein etwas dicklicher Junge, durch seine Clownereien auf. Ist es Unsicherheit, weil er Angst hat, dass über ihn, sein Aussehen und seine körperliche Tollpatschigkeit gelacht wird? Will er deshalb das Lachen gleich provozieren und selbst hervorrufen, weil es dann leichter zu ertragen ist? Oder will er über diese Spielform die Autorität der Gruppenleiterin untergraben um eigene Autorität und eigene Freiheiten zu gewinnen?

Beobachtung und schlussfolgerndes Handeln liegen in der täglichen Pädagogik oft dicht beieinander. Deshalb muss die Beobachtung möglichst einfühlsam geschehen, damit die pädagogische Handlung (Aktion oder Re-aktion) angemessen und hilfreich vorgenommen werden kann. Hilfreich wird sie vor allem dann sein, wenn es gelingt, dem jungen Menschen Hilfe zur Selbsthilfe zu geben. Selbsthilfe setzt voraus, dass das Kind selbst andere Verhaltensformen anstrebt. Das kann über Einsicht in ein unangemessenes Verhalten geschehen oder auch über das Lustgefühl und das Erfolgserlebnis beim Ausprobieren einer Handlungsalternative. Wenn Sebastian beispielsweise - von der Erzieherin angeregt - erfahren hat, dass er in einer Spielgruppe aufgenommen wird und beim gemeinsamen Spiel Freude hat, wird er das nächste Mal mehr Mut zum Fragen haben. Wenn Tatjana in einer Spielgruppe älterer Kinder sich akzeptiert fühlt, wagt sie sich vielleicht öfter in diese Gruppe. Wenn Tobias sich von der Erzieherin anerkannt fühlt, weil er eine verantwortungsvolle Aufgabe übertragen bekommen hat, braucht er sich die Anerkennung der Gruppe vielleicht nicht mehr so stark über Clownereien zu holen. Hier dürfte eine Methode sinnvoll sein, die mit der Gesprächsform des *aktiven Zuhörens* verbunden ist: aktives Beobachten.

Kleiner Exkurs zur Erklärung des aktiven Zuhören

Aktives Zuhören ist folgendermaßen zu verstehen: Zu einem Gespräch gehören immer Sprecher und Zuhörer. Der Zuhörer muss - wenn er wirklich hinhört - sich in den Sprecher einfühlen und gedanklich bei dem Sprecher sein. Er darf nicht die Gesprächsinhalte auf die eigene Person übertragen, wie das bei Smalltalks so häufig passiert.

Ein Beispiel für mangelndes Einfühlen:
Sprecher: „Ich fühle mich heute gar nicht gut, ich habe Kopfweh!"
Zuhörer: „Nein, heute fühle ich mich wohl, aber letzte Woche ging es mir auch so miserabel!"
Ein solches Zuhören bringt dem Sprecher nichts, weil er sich nicht angenommen fühlt. Der Zuhörer hat die Aussage lediglich auf seine eigene Person übertragen. Wenn der Zuhörer aktiv zuhören würde, müsste seine Antwort das formulieren, was bei ihm, dem Zuhörer, angekommen ist, was er verstanden hat, und zwar aufgrund seines Einfühlens in den Partner, ohne dass er bereits Stellung nimmt. Er würde also beispielsweise sagen: „Dein Kopf nimmt dir alle Initiative." Oder einfach nur bestätigend: „Es geht dir heute nicht so gut. Durch Kopfweh wird alles so anstrengend." Oder: „Du möchtest in Ruhe gelassen werden." Bei solch einer einfühlenden Reaktion des Zuhörers fühlt sich der Sprecher verstanden, er braucht sich nicht zu verteidigen, zur Wehr zu setzen oder abzugrenzen. Das heißt, er kann angstfrei sich selbst betrachten und kann vielleicht mehr zu seiner Situation, in diesem Fall dem Unwohlsein, sagen. Mit aktivem Zuhören bewirkt der Zuhörer (natürlich nicht immer), dass der Sprecher angstfreier mit sich umgehen und seine Situation genauer betrachten kann. Im vorliegenden Beispiel stellt er vielleicht fest, dass er sich über irgendetwas geärgert hat, dass er möglicherweise Zeit braucht um über dieses Ärgernis nachzudenken und es kann sein, dass er sogar eine Lösung findet um dieses Ärgernis aus der Welt zu schaffen. Der Zuhörer hat ihm dann zwar durch sein Zuhören geholfen, mit seinem Problem besser fertig zu werden, aber er hat ihm das Problem nicht abgenommen und für ihn gelöst. Der Sprecher hat seine Situation aus eigenem Antrieb verbessern können.

Aktives Beobachten

Diese Wirkung wird durch eine gute einfühlende Beobachtung und die entsprechende Rückmeldung (aktives Beobachten) ebenfalls angestrebt. Das beobachtete Kind oder der Jugendliche muss das Gefühl haben, dass die Beobachtung von Seiten des Erziehers oder der Erzieherin aus verstehender und einfühlsamer Motivation entstanden ist. Der Beobachtete darf sich nicht abgewertet, sondern muss sich aufgewertet fühlen. Diese Wertschätzung zu vermitteln ist natürlich nicht einfach. Der Beobachtende muss sich um Verständnis der beobachteten Handlung bemühen ohne jedoch Stellung zu nehmen. Auf keinen Fall darf er seine Deutung als die einzig richtige sehen. Er muss immer mit der Überzeugung beobachten, dass der junge Mensch aus einem Zusammenhang heraus so handelt und dass er selbst Gründe für dieses Verhalten hat, auch wenn ihm diese Gründe vielleicht nicht bewusst sind.
Beispiele:

– Das neu angekommene Kindergartenkind Sebastian spielt nicht. Dafür müssen Gründe vorliegen. Die wahrgenommene Beobachtung wird ohne Stellungnahme und ohne Handlungsauftrag zurückgemeldet: „Sebastian, du magst jetzt nicht spielen, nicht wahr?" Vielleicht auch: „Ich sehe, Sebastian, du hast viel zu denken!" Vielleicht merkt Sebastian jetzt, dass er eigentlich spielen will. Vielleicht kann er jetzt seine Befindlichkeit oder seine Wünsche äußern.
– Das neunjährige Hortmädchen Tatjana spielt immer mit jüngeren Kindern. Offensichtlich bestehen für sie Hürden sich gleichaltrige oder ältere Spielpartner zu suchen. Die Erzieherin könnte sagen: „Wie ich sehe, spielst du lieber mit jüngeren Kindern, Tatjana." Vielleicht veranlasst die Bemerkung Tatjana sich selbst zu betrachten und festzustellen, dass sie tatsächlich immer mit jüngeren Kindern spielt, was ihr bisher nicht bewusst war. Vielleicht will sie diese Situation jetzt, da sie ihr bewusst ist, verändern.
– Der Junge Tobias im Kurheim benimmt sich clownhaft. Damit will er etwas erreichen. Die beobachtende Erzieherin muss ihm nicht sagen, was sie vermutet, zum Beispiel, dass er einen Lacher bei den Gruppenmitgliedern bewusst provozieren will, damit er nicht fürchten muss, dass über sein Aussehen gelacht wird. Vielleicht sagt sie: „Du magst es, wenn die anderen über dich lachen, gell?" Oder: „Du erreichst es schnell, dass alle über dich lachen." Jetzt kann Tobias darüber nachdenken, ob er es wirklich mag, wenn über ihn gelacht wird oder vielleicht

auch, ob er andere Möglichkeiten für den Wunsch nach Sicherheit in der Gruppe findet.

Mit solchen wertfreien Rückmeldungen äußert die Erzieherin keine Kritik am Verhalten des Kindes und überlässt ihm die Entscheidung, sein Verhalten zu verändern. In vielen Situationen wird die Erzieherin weiter beobachten, um dem Kind Zeit zu lassen, seinen Weg selbst zu finden. In anderen Situationen kann der Weg aber von der Erzieherin vorbereitet und geebnet werden, vor allem dann, wenn das Kind sich oder anderen schaden würde. Beispielsweise kann sich die Erzieherin in die Nähe von Sebastian setzen, um bereit zu sein auf ihn einzugehen, wenn er es will, und um ihm den Kontakt, den er möglicherweise sucht, zu erleichtern.
Im zweiten Beispiel – Tatjana – wird sie vielleicht zunächst versuchen, die Hintergründe und Wirkungen zu erfassen, bevor sie das Spiel der Kinder beeinflusst, wenn sich das Verhalten von Tatjana nicht ändert.
Im dritten Beispiel, dem clownhaft spielenden Tobias, muss sie gleich einschreiten, weil gerade zu Beginn einer Gruppenzusammensetzung in der Kennenlernphase ein Gruppenmitglied in eine Rolle geraten kann, aus der es sich nur schwer befreien kann. Tobias müsste dann die Erwartungshaltung der Gruppe erfüllen und weiterhin den Clown spielen. Hier ist also eine schnelle Reaktion erforderlich. Vielleicht hilft es in diesem Fall, wenn die Erzieherin ein anderes Spiel vorschlägt, in dem Tobias sich sicher fühlt. Es kann sein, dass er eine Rolle benötigt, die ihm klare Verhaltensweisen vorschreibt. Möglicherweise kann die Erzieherin sein clownhaftes Verhalten als Stärke sehen und für ihn als Stärke definieren: „Du erreichst es schnell, Tobias, dass dich alle betrachten und dir zuhören. Könntest du die Führung für das nächste Spiel übernehmen? Dabei soll aber möglichst nicht gelacht werden, weil Konzentration verlangt wird!“

Maria Caiati beschreibt die aktive Beobachtung im Freispiel ihres Kindergartens anschaulich und begründet deren Notwendigkeit, nachdem sie einen Fall dargestellt hat, bei dem sie wegen mangelnder Beobachtung in einem Konflikt zwischen Kindern nicht angemessen helfen konnte (M. Caiati, 1994, S. 97).

Diese Geschichte zeigte uns noch einmal deutlich, dass unsere Beobachtung im Freispiel kein Luxus ist, sondern pure Notwendigkeit um angemessen helfend eingreifen zu können, wenn es notwendig ist. Es ist schade, dass Tätigkeiten wie Beobachten und Zuhören so geringgeschätzt werden, bloß weil sich dabei nichts rührt (wenn jemand den ganzen Tag redet, ist das schon anders, mag er noch soviel Unnützes reden, ganz zu schweigen von emsiger manueller Tätigkeit, auch wenn diese ohne Sinn und Zweck als reine Beschäftigung erfolgt um ja nicht nachdenken zu müssen).
Wie beim aktiven Zuhören ist das aktive Beobachten eine Tätigkeit starken inneren Engagements (und dementsprechend erschöpft ist man hinterher, obwohl man scheinbar nichts getan hat). Sie erfordert wie aktives Zuhören Einfühlungsvermögen, denn es genügt nicht, dass man nur zuschaut, man muss auch verstehen, vor allem Prozesse und Entwicklungen verstehen, Zusammenhänge erkennen, sich in ein Kind hineinversetzen können, damit man spürt, was dieses Erlebnis für dieses Kind in seinem gegenwärtigen Entwicklungsstand bedeuten könnte. Bloßes Zusehen mag vielleicht noch besser sein als überhaupt nichts mitzubekommen, man kann sich dann immerhin eventuell entsinnen, wann es losgegangen ist, aber das sind nur sehr äußere Phänomene, die mit den inneren Vorfällen möglicherweise, aber nicht unbedingt, etwas zu tun haben.
Aktives Beobachten ist allerdings auch kein diagnostischer Scharfblick, der abhakt, was dieses Kind alles nicht kann, der kalt konstatiert, dass es aggressiv ist, unsozial, alleine spielt, abgelehnt wird (ohne dass man erkennt, dass eine Gruppe in einem bestimmten Stadium kein neues Kind mehr verträgt) usw. Auch hier fehlt Einfühlungsvermögen.

Gleichgültig, ob bei freiem oder beim gelenkten Spiel, die Spielleitung basiert auf der Beobach-

Die Beobachtung als pädagogische Aufgabe

Ziel: Wahrnehmung als Voraussetzung für Hilfe zur Selbsthilfe

↓

Aufmerksam beobachten
- einfühlsam
- konzentriert
- offen, das heißt ohne festlegende Erwartungshaltung
- Wertschätzung und Akzeptanz empfindend (und wenn möglich über wertfreie Rückmeldung vermitteln)

↓

Hintergründe der Handlung erfassen und mögliche Wirkungen abschätzen
(für Betroffene und für die Gruppe)

↓

pädagogisch sinnvoll reagieren
je nachdem:
- sofort
- später
- oder auch gar nicht, (wenn der junge Mensch alleine seine Situation meistern kann)

tung. Das äußert sich in der indirekten Spielleitung (Raumgestaltung, Materialangebot, den Regeln für das Spiel, dem Wertschätzen des kindlichen Spiels, dem Einfluss auf den Umgang mit Spielpartnern) wie auch in der direkten Spiellenkung, zum Beispiel dem Eingreifen oder der Planung, Zusammenstellung oder Veränderung des angebotenen Spielprogramms. Die Reflexion im Anschluss an eine Spielphase ist nur aufgrund von Beobachtung möglich. Sie beeinflusst die folgenden Spielplanungen.
Im Überblick kann die Bedeutung der Beobachtung wie oben und auch wie auf der nächsten Seite dargestellt werden.

Die Beobachtung hat also für die Spielleiterin oder den Spielleiter eine zentrale Stellung. Die Vorbereitungen, das konkrete Lenken des Spiels („Wann und wie greife ich ein und beeinflusse das Spiel?"), die Entscheidung über Form und Zeitpunkt, das Spiel zu beenden, sowie die Reflexion basieren auf der Beobachtung.

Die Wichtigkeit der Bewusstmachung von Beobachtungen

Spielleitung ohne Beobachtung und deren Auswertung ist kaum vorstellbar. Sie würde entweder keine Spielleitung sein oder im Chaos enden. Allerdings muss Beobachtung dem Spielleiter nicht immer bewusst sein. Sie kann „im Bauchraum" bleiben und den Spielleiter trotzdem leiten. Vielen zukünftigen Erzieherinnen und Erziehern fällt es schwer, sowohl ihre Beobachtung wie auch das schlussfolgernde (spiel)pädagogische Handeln ins Bewusstsein zu heben und anschließend zu verbalisieren. Es erscheint ihnen zu selbstverständlich, als dass es beschrieben werden könnte.

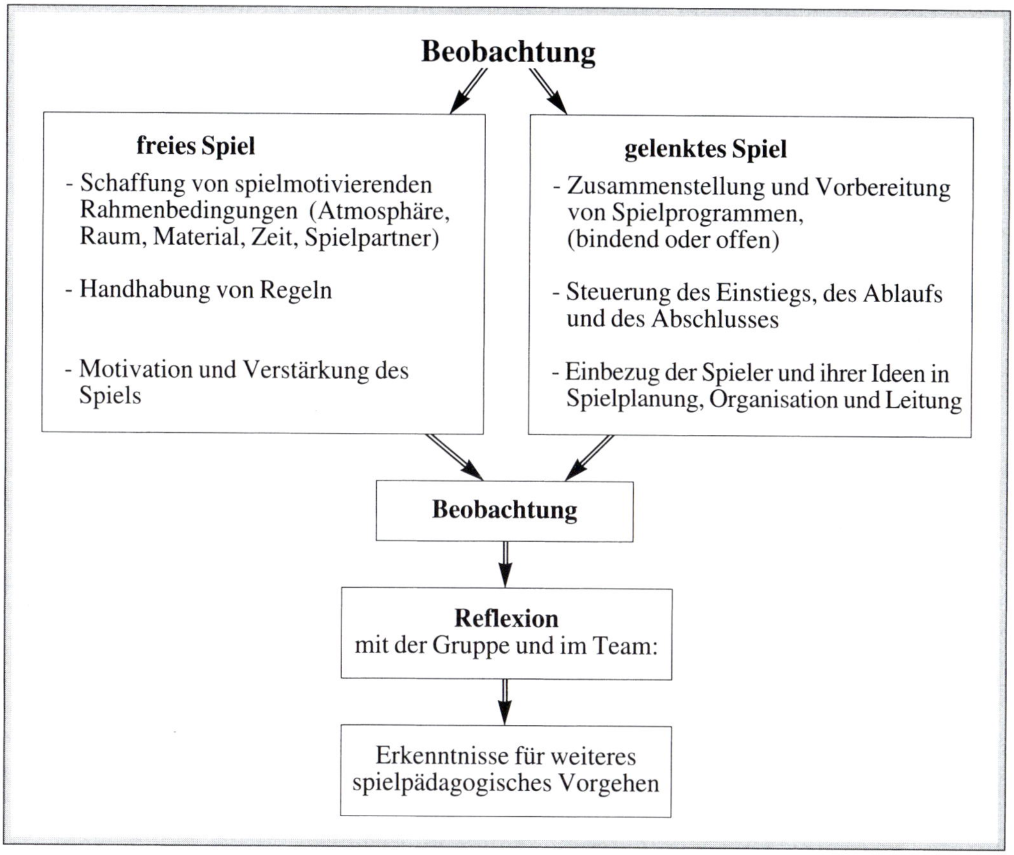
Beobachtung
freies Spiel
- Schaffung von spielmotivierenden Rahmenbedingungen (Atmosphäre, Raum, Material, Zeit, Spielpartner)
- Handhabung von Regeln
- Motivation und Verstärkung des Spiels
gelenktes Spiel
- Zusammenstellung und Vorbereitung von Spielprogrammen, (bindend oder offen)
- Steuerung des Einstiegs, des Ablaufs und des Abschlusses
- Einbezug der Spieler und ihrer Ideen in Spielplanung, Organisation und Leitung
Beobachtung
Reflexion
mit der Gruppe und im Team:
Erkenntnisse für weiteres spielpädagogisches Vorgehen

Das spontane, nicht bewusst gemachte Handeln kann durchaus angemessen und pädagogisch sehr wertvoll sein. Die Bewusstmachung des Beobachtens und des eigenen Handelns sagt nichts über die Qualität der pädagogischen Entscheidung aus. Trotzdem muss von Gruppenleiterinnen und Gruppenleitern dieses bewusste Beobachten und Handeln erwartet werden.

Gründe:
– Nicht bewusstgemachtes Handeln kann nicht *bewusst* überdacht, kritisch betrachtet, bewertet, begründet und gezielt verändert werden. Unangemessenes pädagogisches Vorgehen bleibt zu einem Teil ebenfalls im nicht bewussten Bereich.

– Das eigene Handeln muss im Team abgestimmt werden. Dafür muss es offengelegt, verbalisiert, und oft auch begründet werden.

– Eltern haben den Anspruch zu erfahren, wie mit ihren Kindern gearbeitet wird (Transparenz der pädagogischen Arbeit). Sie müssen auch pädagogisches Vorgehen hinterfragen dürfen. Das heißt, sie haben ein Anrecht auf Begründungen, wenn sie pädagogisches Verhalten nicht nachvollziehen können.

– Kinder und Jugendliche fragen oft selbst, warum sie sich in einer bestimmten Weise so oder so verhalten sollen und nicht in einer von ihnen vorgeschlagenen Weise spielen dürfen. Wenn auch nicht jedes Vorgehen vor den zu Erziehenden begründet werden muss, so sollte die Erzieherin doch als Prinzip ihr Handeln begründen können.

– Oft ist es auch eine pädagogische Absicht, einzelne Gruppenmitglieder oder die gesamte Gruppe in die Planung einzubeziehen und ihnen die Zielsetzung eines beabsichtigten Vorgehens bewusst zu machen. Beispielsweise werden Erziehungspläne mit jugendlichen Heimbewohnern abgesprochen. Es wäre ein fremdbestimmtes und wenig effektives Vorgehen, wenn Jugendliche nicht wüssten, warum sie bestimmte Auflagen erfüllen oder ein gewünschtes Verhalten übernehmen sollen.

Fazit: Es genügt für angehende Erzieherinnen und Erzieher nicht, spontan angemessen (spiel)pädagogisch zu handeln. Das müssen sie natürlich auch leisten, aber das Vorgehen und dessen Hintergründe müssen verbalisiert werden können. Dafür ist Beobachtung und deren Bewusstmachung die Voraussetzung.

Zusammenfassung

- In der (spiel)pädagogischen Arbeit werden zwei unterschiedliche Beobachtungsformen eingesetzt: die möglichst objektive Wahrnehmung von bestimmten Verhaltensweisen und die einfühlende Beobachtung, die zum Erkennen vor allem dann notwendig ist, wenn die Erzieherin schnell reagieren muss.

- Wenn die Erzieherin ein unangemessenes (Spiel-)Verhalten bei einzelnen Gruppenmitgliedern oder der Gruppe beobachtet, muss sie eine Verhaltensänderung anstreben. Die optimale Lösung wäre, wenn der junge Mensch sein Fehlverhalten oder sein eingeschränktes Verhalten selbst erkennen könnte und bereit wäre nach Alternativen zu suchen.

- Eine einfühlende Beobachtung (aktive Beobachtung) mit einer Rückmeldung im Sinne des aktiven Zuhörens kann manchmal einen solchen Prozess auslösen, weil der junge Mensch sich nicht angegriffen fühlt und weniger angstfrei über sein Verhalten nachdenken kann.

- Die Erzieherin muss einschätzen, ob eine pädagogische Reaktion auf ein beobachtetes unangemessenes Verhalten sofort, später oder vielleicht gar nicht erfolgen muss. Pädagogisches Ziel ist, dass der junge Mensch seine Verhaltensalternativen selbst entwickeln kann und nicht mehr als nötig gelenkt wird.

- Ob im freien oder von der Erzieherin gelenkten Spiel, die Beobachtung steht im Mittelpunkt der (spiel)pädagogischen Leitung. Sie veranlasst den Gruppenleiter
  - Ziele anzustreben,
  - das Spiel angemessen zu planen und zu organisieren,
  - während des Spiels zu lenken und Planungen flexibel umzusetzen,
  - ein Spiel zu Ende zu führen und
  - in der Reflexion aufgrund der Erfahrungen erneut (spiel)pädagogisches Vorgehen zu entwerfen.

- Beobachtungen werden vor allem bei Anfängern oft nicht bewusst wahrgenommen. Eine häufige Bewusstmachung ist aber erforderlich, damit das pädagogische Handeln reflektiert, besprochen, im Team oder auch mit Eltern abgestimmt und mit den betroffenen Kindern und Jugendlichen geplant werden kann.

Zum Nachdenken:

❍ René Reichel (Hrsg.), 1987, S. 26, schreibt im Zusammenhang mit den Gefühlen bei Wettspielen:

❒ *Lust - welch eine schillernde Fantasie der Menschen und unserer Zeit.*
Eine der heikelsten Fragen beim Miteinanderspielen ist: Was erleben die Mitspieler lustig - was bringt ihnen Lust - was macht Spaß - welche „Lustgewohnheiten" haben die Mitspieler.
Und welche Lust ist den Mitspielern „erlaubt" - durch die Situation, die bestehenden Beziehungen und die mitgebrachten inneren Vorschriften. Welche Lustfantasien bringen Anreiz und Energie, welche sind derart mit Angst besetzt, dass die Abwehr überwiegt? ❑

❍ Ulrich Baer, 1995, S. 81:

❒ *In einem Klima der gegenseitigen Wertschätzung entstehen am leichtesten Ideen, weil sich alle trauen sie zu äußern, ohne schief angesehen zu werden. So ist es auch am einfachsten, an den Ideen anderer weiterzuspinnen.* ❑

❍ **Übung:**

Beobachten Sie Menschen in Ihrer Umgebung und melden Sie Ihre Beobachtung in „aktivem Beobachten", also wertfrei, zurück. Als Übung können ganz alltägliche Beobachtungen gewählt werden:
Beispiele:
Jemand isst sein Pausenbrot: „Ich sehe, du hast Hunger" oder einfach nur: „Hunger?"
Jemand steht vor dem Spiegel. Nicht etwa: „Du bist schön genug!" Das wäre eine Bewertung, zusätzlich eine Beurteilung, die als abwertend empfunden werden kann. Sondern sagen Sie zum Beispiel: „Ein schneller Blick in den Spiegel, bevor es losgeht!?"
Nach einer Unterrichtsstunde kann jemand zum Beispiel seine Beobachtung rückmelden: „Du warst heute sehr ruhig." Nicht: du warst heute *zu* ruhig." Das wäre keine wertfreie Feststellung, sondern eine Bewertung.

Claudia, Sabine und Frank
Studierende einer Fachschule für Sozialpädagogik

◆ **Claudia:** Beobachten finde ich die langweiligste Tätigkeit, die es in unserem Beruf gibt. Untätig sitze ich da. Vielleicht brennt es mir unter den Nägeln, bei der Spielgruppe mitzumachen. Vielleicht möchte ich etwas ganz anderes tun, zum Beispiel Arbeiten erledigen, die ich während der Dienstzeit sonst nicht schaffe, wie Listen ausfüllen, etwas ins Elternkontaktheft schreiben, mir Spiele in einem Buch ansehen. Jedenfalls in solchen Phasen, in denen die Gruppe allein zurechtkommt.

◆ **Sabine:** Maria Caiati findet das falsch, jedenfalls, wenn du allein in der Gruppe bist.

◆ **Claudia:** Ich glaube, wenn ich mir eine Stelle suche, werde ich gleich bei meiner Vorstellung sagen, dass ich nicht gerne beobachte und werde fragen, ob die zweite Kraft in meiner Gruppe das nicht tun kann. Andere Arbeitsteilungen werden ja auch vorgenommen, zum Beispiel turnen, basteln oder kochen.

◆ **Sabine:** Das kann nicht wahr sein, Claudia! Wie willst du denn dann begründen, wenn du einem Kind eine zwingende Regel setzt, zum Beispiel: „Jeweils nur ein Spielzeug aus dem Schrank holen." Willst du dann zu den Eltern sagen: „Meine Mitarbeiterin hat beobachtet, dass das Kind nicht aufräumt, deshalb habe *ich* ..."

◆ **Claudia:** Nein, ich beobachte natürlich auch, aber eben nebenbei.

◆ **Sabine:** Beim heutigen Personalschlüssel wird das sowieso gar nicht anders zu machen sein, leider!

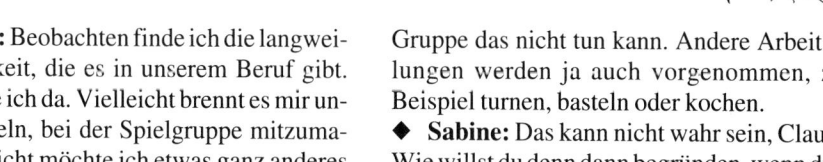

◆ **Claudia:** Wenn's wirklich sein muss, werde

ich natürlich auch **nur** beobachten, zum Beispiel bei auffälligem Verhalten oder bei Problemen in den Gruppenbeziehungen. Ich sehe schon ein, dass es sein muss.

◆ **Frank:** Ich habe euch zwei gerade *beobachtet*, wie ihr argumentiert habt und welche mimischen und gestenmäßigen Ausdrücke ich ablesen konnte. Höchst interessant! Claudia sagt mutig ihre Meinung, Sabine hat den gelesenen Text verinnerlicht, wirkte aber zunächst nicht voll überzeugend, versteckt sich hinter Caiati. Dann gerät Claudia ins Absurde! Arbeitsteilung bei Beobachtung! Damit fordertest du Sabine heraus, und am Schluss scheint ihr beide einen zumindest vorläufig gangbaren Weg gefunden zu haben!
Meine Meinung: Ich habe den Eindruck, Claudia, du siehst das Beobachten zu passiv. Du kannst beim Beobachten rückmelden, du kannst aufschreiben, was dir auffällt und was du in ein Team-Reflexionsgespräch oder in das nächste Planungsgespräch bringen willst!

◆ **Sabine:** Oh, Frank, du hast's erfasst! Du hast's auf den Nenner gebracht! Dafür hättest du ein „Sehr gut" verdient!

◆ **Claudia:** Frank, das war ein Superlob von Sabine! Schätze es, du bekommst es nicht oft! Wertneutral zurückgemeldet müsste ich dir wohl jetzt so etwas sagen wie: „Es gefällt dir, Frank, andere zu beobachten und den Prozess, der zwischen ihnen abläuft, zu erfassen und rückzumelden. Und natürlich auch, deine Meinung über unsere Ansichten kundzutun!"

◆ **Frank:** Danke für das „Sehr gut", Sabine. Und Claudia, danke für die wertneutrale Rückmeldung. Sie regt mich zum Nachdenken über mich an, ob ich das wirklich gerne mache. Soll sie doch wohl auch, oder?

Literaturempfehlung

Rainer Strätz: Beobachten. Anregungen für Erzieher im Kindergarten. 1990 (2. Aufl.)

M. Caiati / S. Delač / A. Müller: Freispiel - Freies Spiel? Erfahrungen und Impulse. Don Bosco 1994

3.2 Freies Spiel – eigengestaltetes Spiel

Anregung zum Eindenken in die Thematik

Bewusstmachen von Erfahrungen im Zusammenhang mit Freispielführung
Diskutieren Sie die unten dargestellte Ansicht von Freispielführung und vergleichen Sie mit eigenen Erfahrungen. Versuchen Sie dabei, sich in die hier vorgestellte Handhabung des Freispiels einzudenken ohne vorschnell zu verurteilen.
„Vielleicht ist es überflüssig, das zu erwähnen, aber wir spielen während des Freispiels überhaupt nicht mit. Die Kinder haben selbst genügend Ideen und geben sich gegenseitig Impulse. Der Erwachsene ist nie gleichberechtigter Spielpartner, sondern immer gleich in der Rolle des Spielleiters, die er ja auch bei gemeinsamen Spielen einnimmt. Er passt schon allein wegen seiner Körpergröße nicht ins Spiel; das Ganze ist ein gekünstelter Versuch Gleichheit herzustellen, die nicht möglich ist. Auch seine guten Ideen bei der Beobachtung kindlicher Spiele soll er für sich behalten, das Spiel ist nicht seine Sache."
(M. Caiati u.a.1994, S.59).

Vom Freispiel sprechen wir bei Gruppen jüngerer Kinder einschließlich des Grundschulalters. Im Freispiel beschäftigen sich die Kinder weitgehend selbstbestimmt, wobei es sich um Einzelspiel, Spiel in Kleingruppen oder auch in Ausnahmefällen um Spiel in der Gesamtgruppe handeln kann. Die Erzieherin unterstützt das Spiel der Kinder, lenkt es aber nicht.
Bei älteren Kindern und Jugendlichen wird das Wort Freispiel gewöhnlich durch Freizeit ersetzt, weil die eigengestaltete Zeit nicht nur für Spiel genutzt wird. Von den Jugendlichen werden unterschiedliche Tätigkeiten – auch außer Haus – vorgenommen wie Besuche bei Freunden oder Vereinen, Aktivitäten wie Kochen, Basteln, Malen, Fahrradfahren, Computerspiel, Musikhören, Fersehen usw.

Das Gegenstück zum Freispiel sind gelenkte Spielprogramme, die von Gruppenleiter/innen geplant, organisiert und geleitet werden, beispielsweise Naturwahrnehmungsspiele, Spiele im Kreis, eine Rallye, die Erstellung eines Werkstücks, ein Eltern-Kind-Fest, eine Spielrunde zum gegenseitigen Kennenlernen der neuangekommenen Kinder oder Jugendlichen in der Freizeit, ein Spielenachmittag anlässlich einer Geburstagsfeier in der Heimgruppe.
Die beiden Spielarten unterscheiden sich hinsichlich der Leitung und Organisation des Spiels durch den Gruppenleiter: Freispiel bedeutet möglichst geringe direkte Lenkung. Angeleitete Spielprogramme verlangen Lenkung. Dazwischen liegen zahllose Spielformen, in denen das Spiel vorübergehend, auch mal stärker oder schwächer, gelenkt wird oder die Führung von Gruppenmitgliedern übernommen werden kann.

Definition des Freispiels im Kindergarten
Kinder im Kindergarten haben am Morgen zunächst reichlich Zeit, in der sie nach ihren Bedürfnissen spielen können. Der Raum ist in Kindergärten weitgehend so gestaltet, dass die Kinder sich in abgetrennte Ecken zu verschiedenen Spielformen in Kleingruppen zusammenschließen oder auch alleine spielen können. Nebenräume werden, so weit möglich, einbezogen.

Bei offenen Gruppen sind die Räume meist für jeweils eine Spielart eingerichtet. Spieldauer, Spielmaterial, Spielpartner und – im Rahmen der Möglichkeiten – Spielort können von den Kindern selbst gewählt werden.
Regeln des Freispiels sorgen dafür, dass das Spiel nicht im Chaos endet. Solche Regeln sind zum Beispiel: Spielmaterial aufräumen, wenn ein neues Spiel begonnen wird; das Frühstück am dafür vorgesehenen Ort einnehmen; oft auch: der Erzieherin Bescheid sagen, wenn man den Raum verlässt. (Es ist darauf zu achten, dass das Kind die Erzieherin nicht *fragt*, weil das Fragen von einer Genehmigung abhängt und deshalb die Selbstbestimmung des Kindes reduziert und die Fremdbestimmung der Erzieherin erhöht wird. Wenn das Kind *Bescheid sagt*, wird die Hierarchie zwischen Erzieherin und Kind verringert.)
Es gibt ausgesprochene und erklärte Regeln, wie die oben genannten. Andere Regeln werden als selbstverständlich angesehen und deshalb oft nicht formuliert: „Jeder isst nur das eigene Frühstück.“ „Spielzeuge aus dem Kindergarten dürfen nicht mit nach Hause genommen werden.“ Darüber hinaus gibt es Regeln, die in manchen Einrichtungen bestehen, in anderen kommt man ohne sie aus, zum Beispiel: „Es dürfen nicht mehr als vier Kinder in der Puppen- oder der Bauecke spielen.“
Manchmal werden mehr Regeln als nötig eingesetzt, weil sie die Gruppenleitung zu erleichtern scheinen. Regeln, die für die Gruppenmitglieder uneinsichtig sind und sie unangemessen einschränken, rufen aber Konflikte hervor oder bringen die Spieler in problematische Entscheidungssituationenen. Wenn beispielsweise eine kleine Gruppe zusammen spielt und jetzt ihr Spiel im Flur oder in einer Spielecke fortsetzen möchte, für die eine Teilnehmerbegrenzung vorliegt, geraten sie in Probleme. Sie können beispielsweise nicht zu dritt im Flur weiterspielen, weil nur zwei Spieler erlaubt sind. Sie müssen einen Mitspieler ausschließen.
Abgesehen von fragwürdigen Regeln werden die Erzieherinnen grundsätzlich von Zeit zu Zeit die Regeln überprüfen um sie auf ein nötiges Mindestmaß zu beschränken, denn die

Selbstbestimmung des Kindes soll im Freispiel so hoch wie möglich sein.

Der Stellenwert des Freispiels

Das Freispiel im Kindergarten wurde in den letzten Jahren zunehmend als wertvoll und für das Kind als notwendig angesehen. Es gab Zeiten, in denen es fast nur als eine organisatorische Möglichkeit eingeschätzt wurde, durch die eine fließende Ankunft der Kinder geregelt werden konnte. Es bot zugleich den Erzieherinnen Zeit für ein kurzes Tür- und Angelgespräch mit den Eltern oder für eine individuelle Zuwendung für ankommende Kinder. Diese Aufgaben hat es heute natürlich auch noch, aber sie sind nicht der Grund für diese Spielphase. Heute sieht man in dieser Spielform als solcher einen hohen Eigenwert. Das Freispiel wird zeitlich ausgedehnt. Tagesabschnitte, in denen Erzieherinnen die Kindergruppe anleiten und gelenkte Aktivitäten anbieten, nehmen zugunsten des Freispiels ab. Das Kind soll Eigeninitiative entwickeln, sich in selbstgewählte Spiele vertiefen und dabei Kontakte zu Spielkameraden aufbauen. Die Kinder schließen sich im Freispiel zu Spielgruppen zusammen und entwickeln gemeinsam Spielideen (siehe Kapitel 2.4). Wertvolle soziale Lernprozesse finden statt. Spiel- und Bewegungsdefizite, die das Kind zu Hause erlebt, soll es hier wenigstens teilweise ausgleichen können. Das Spielmaterial wird vom Team gezielt ausgewählt und bietet den Kindern Möglichkeiten zu Kreativität, Kommunikation und gemeinsamer Spielplanung.

In manchen Kindergärten war es – und ist es noch – üblich, dass die Kinder frei spielen, während die Erzieherin am Tisch sitzt und mit einer Kleingruppe bastelt oder Spiele durchführt, mit denen sie ein bestimmtes Lernziel verfolgt: Zählspiele, Farblernspiele, Zuordnungsspiele, Sprachschulung, Bilderbuchbetrachtungen, Basteln usw. Diese Spieleinteilung kann für die Kinder (und für die Erzieherinnen sowie die Eltern) allerdings eine Bewertung der Spielarten nach sich ziehen, nämlich eine Höherbewertung der angeleiteten Tätigkeit und eine Abwertung des freien Spiels, etwa: Angeleitete Tätigkeiten sind wichtig und müssen geleistet werden, um Lernfortschritte zu erreichen. Wer seine Lernleistung vollbracht hat, *darf* spielen gehen. Das selbstbestimmte Spiel geht dann mit wenig Zuwendung und Beachtung von Seiten der Erzieherin vonstatten und soll möglichst konfliktfrei funktionieren. Dem wirklichen Freispiel wird kein hoher Wert beigemessen, sondern die Aufmerksamkeit der Erzieherin wird für vermeintlich bedeutsamere Dinge benötigt. Daraus kann dann die bewertende Einstellung resultieren: Lernleistungen sind wichtig und entsprechen der Arbeit, Freispiel hat den Sinn von Pausen, es ist entspannend und bedeutet Kraft schöpfen für die nächste Lernleistung. Zugleich wird dadurch auch unbemerkt ausgesagt: „Nur das, was Erwachsene als höher gestellte, fähigere Menschen dir, Kind, vermitteln, ist wertvoll. Du kommst nur weiter, wenn du von ihnen lernst.“ Wenn dann für diese Lernleistungen auch noch Schablonen verwendet werden, verstärkt sich diese Erkenntnis: „Auch die Erzieherin ist noch nicht perfekt genug. Sie holt sich wiederum von fähigeren Menschen die Vorlagen. Nachmachen ist wertvoller als selbst entwickeln.“ Diese pädagogische Einstellung kann so etwas bewirken wie eine unbemerkte Erziehung zum (vermeintlich) gut funktionierenden Arbeitnehmer, und zwar zu demjenigen Arbeitnehmer, der Aufträge auszuführen hat ohne sie selbst zu gestalten. Es fragt sich aber, ob dieses Erwachsenenbild für unsere heutigen Kinder noch gültig ist. Wir benötigen immer weniger den Industriearbeiter, der gleichförmige, vorgegebene Arbeiten exakt auszuführen hat, sondern es werden vor allem mittelständische Unternehmer und Mitarbeiter gebraucht, die in der Lage sind, sich beweglich in entstehende Marktlücken einzupassen. Das müssen Menschen sein, die selbstbestimmt und eigenverantwortlich denken und handeln können, die Entscheidungen treffen, Ideen entwickeln, kombinieren, schlussfolgernd denken können und zur Zusammenarbeit fähig sind. (Günter Faltin und Jürgen Zimmer haben diese Thematik mit pädagogischen Konsequenzen bearbeitet und begründet.) Diese

Denkweise kann das freie Spiel wahrscheinlich eher vermitteln als ein angeleitetes Spiel, bei dem die Erzieherin zeigt, wo es langgeht, oder bei dem nach Regeln gespielt und nach Vorlagen gearbeitet wird.

Ein anderer Grund für die Aufwertung des Freispiels ist sicherlich, dass wir uns der veränderten und eingeschränkten Spielmöglichkeiten für unsere Kinder bewusst werden, wie das bereits in Kapitel 2.1 und 2.4 beschrieben wurde: nämlich das Schwinden der Spielorte in der Natur und der Nachbarschaft sowie die geringere Verfügbarkeit von Spielpartnern und von kreativen Spielmöglichkeiten. Die sozialpädagogischen Institutionen (Krippe, Kindergarten und Hort) müssen deshalb ersetzen, was das Kind im familiären Umfeld an naturgegebener Spielumwelt und frei gewählten Spielpartnern nicht mehr hat. Das Recht auf einen Kindergartenplatz ist die schlussfolgernde Konsequenz, denn das Kind benötigt im Vorschulalter *selbstbestimmtes* Spiel mit *selbstgewählten* Spielpartnern.
Das bedeutet, dass das Freispiel für das Kind eine Zeit sein muss, in der es seine eigenen Spielideen umsetzen kann, sich von Material und Spielpartnern anregen lässt, im Spiel mit selbstgewählten Partnern Gruppenzugehörigkeit erprobt und Anerkennung sowie Sicherheit in der Spielgruppe sucht und findet.

Die Rolle der Erzieherin

Mit der höheren Bewertung des Freispiels ändert sich auch die Rolle der Erzieherin im Freispiel. Sie ist – wie schon gesagt – weniger in Lernspiele oder Basteln mit Kindergruppen eingebunden, sondern wendet sich in ihrer ganzen Person und mit voller Aufmerksamkeit den spielenden Kindern zu. Natürlich ist das keineswegs in allen Kindergärten so, aber dieser Trend ist in der Fachliteratur wie auch in der Realität deutlich erkennbar.
Die Art, wie sich Erzieherinnen in das Freispiel einbringen, ist unterschiedlich und die Ansichten darüber gehen auch in der spielpädagogischen Forschung auseinander.
Es gibt Kindergärten, in denen die Erzieherinnen der Ansicht sind, dass sie sich selbst nur aktiv am Spiel der Kinder beteiligen oder Konflikte klären, wenn Kinder sie darum bitten und natürlich wenn Gefahr besteht, dass Schaden (an Menschen und Dingen) entsteht. Sie messen nicht nur dem selbstgestalteten Spiel der Kinder einen hohen Wert bei, sondern sie setzen volles Vertrauen in die Kraft des Kindes, sich in der Auseinandersetzung mit Menschen und Dingen seiner Umwelt zu entwickeln und nicht ständig auf Lenkung und Förderung angewiesen zu sein. Dass die Erzieherinnen die Kinder intensiv beobachten und sie keineswegs allein lassen, braucht mit Sicherheit nicht erklärt zu werden.

Auch wenn die Erzieherin selbst nicht mitspielt, wird sie doch wach und aufmerksam sein für Anregungen, mit denen sie das Spiel der Kinder bereichern oder Freispiel unterstützen kann ohne sich deshalb einzumischen. Sie wird zum Beispiel für gemeinsame Erlebnisse sorgen, die im Spiel umgesetzt werden können und dem Spiel Nahrung geben. Zusätzlich wird sie durch angemessenes Material zum Spiel anregen.
Beispiele:
– Eine gemeinsame Übernachtung im Kindergarten: Davor oder danach werden Matten in der Turnhalle und sonstige Utensilien zur Verfügung gestellt, die dazu anregen das Ereignis im Spiel vorzuproben oder nachzuspielen. Ebenso können Besuche im Gemeinwesen wie bei der Polizei, der Feuerwehr, beim Arzt und Zahnarzt usw. von Kindern im Spiel leichter aufgegriffen werden, wenn Materialien dazu anregen, beispielsweise Seile als Feuerwehrschläuche, Verbandszeug und abgelegte Spritzen vom Arzt (ohne Nadel).
– Die Erzieherin unterstützt die Kinder in ihrer Wahrnehmung von Material aus der Umwelt, das zum Spielen geeignet ist, etwa wenn bei einem Spaziergang Stöcke gesammelt werden, wenn Riesenkartons in die Einrichtung gebracht werden um daraus etwas zu bauen. Sie kann mit Kindern zum Schreiner gehen oder in ein Bastelgeschäft um Holzabfälle zu erbitten. Eine Werkbank sowie Handwerkszeug werden

zur Verfügung gestellt. Die Erzieherin regt an mit den gewerkten Gegenständen zu spielen. Hierbei ist nicht gemeint, dass alle Kinder so spielen, wie die Erzieherin das vorschlägt (= angeleitetes Spiel – auch das wäre möglich, wäre aber eben nicht Freispiel!). Die Kinder werden lediglich veranlasst sich in neues Spiel einzulassen und andere Erfahrungen zu sammeln.

In anderen Kindergärten bringen sich die Erzieherinnen gezielt ins Spiel ein, und zwar dann, wenn sie der Ansicht sind, dass die Kinder allein „auf der Stelle treten", dass sie Spielchancen, kreative Möglichkeiten und Erweiterungen ihres Spieles alleine nicht erkennen und nicht ausschöpfen können. Die Erzieherinnen geben Impulse, wenn sie meinen, dass ihre Hilfe die Kinder weiterbringen oder auch einfach nur bestärken kann.
Solche Hilfsangebote können in zwei Gruppen gegliedert werden:

1. Beraten:
Die Erzieherin schlägt einem spielenden Kind oder einer Kindergruppe eine Spielerweiterung vor, zeigt weiterführendes Material, gibt Spielideen, öffnet den Blick für andere Spiellösungen.

Freispiel

Spielmotivation durch spielfördernde Räumlichkeiten und Materialangebote

Hohe Selbstbestimmung des Kindes durch:
- freie Wahl von:
  * Spielmaterial
  * Spieldauer
  * Spielpartner
  * Spielort
- minimale Einschränkung durch Regeln

Bedeutung für das Kind:

- eigene Spielideen entwickeln und umsetzen
- sich von frei gewählten Spielpartnern anregen lassen
- Spielanregungen geben
- Gruppenzugehörigkeit erproben
- Anerkennung und Sicherheit in der Spielgruppe erfahren

Rolle der Erzieherin

Beispiel A
Breite indirekte kreative Spielanregungen geben (Raumgestaltung, Spielmaterial, Atmosphäre, Erlebnisse).
Beobachten und nur eingreifen, wenn die Kinder offensichtlich Hilfe benötigen

Auf die Kreativität, Entscheidungsfähigkeit und Selbstbestimmung des Kindes vertrauen

Beispiel B
Beobachten und Hilfen zur Erweiterung und Entwicklung des Spiels geben.
Neben den indirekten Spielanregungen:
1. Spiel beraten
2. Mitspielen

Die eigene Fachkompetenz zur Spielförderung des Kindes sinnvoll einsetzen

Beispiele:

– Das Kind legt mit flachen Bausteinen Straßen. Die Erzieherin fragt, wohin diese Straßen führen und ob jemand darauf fährt, um dadurch zu anderen Bauformen anzuregen und Impulse zum Rollenspiel zu geben.

– Beim Mutter-Kind-Spiel, bei dem das Baby in seiner passiven Rolle unzufrieden zu sein scheint, fragt sie, ob das Kind vielleicht krank sei. Sie schlägt vor einen Arzt zu suchen (um anzuregen und um noch ein anderes Kind ins Spiel zu bringen).

– Sie erklärt Spielern, die eine Regel des Brettspiels nicht durchschauen, wie das Spiel gespielt wird.

2. Mitspielen:

Die Erzieherin schaltet sich als Mitspielerin in das Spiel der Kinder ein, bestärkt die Spieler durch ihr Mitspielen und/oder erweitert das Spiel durch neue Ideen. Ihre Spielbegeisterung kann Vorbild sein und die Kinder motivieren und mitreißen.

Beispiele:

– Beim obigen Bausteine-Spiel nimmt sie vielleicht einen langen Baustein, definiert ihn als Bus, lässt Leute fiktiv ein- und aussteigen und fordert das Kind auch auf mit einem Bus zu fahren, damit die Leute umsteigen können.

– Beim Rollenspiel klopft sie vielleicht an, stellt sich als Tante vor und fragt, ob sie die Familie besuchen darf. Sie kann das Spiel erweitern, wenn sie zum Beispiel als Tante sagt, dass das Kind einen Arzt braucht.

– Sie führt neue Brettspiele ein und spielt dabei mit.

Das freie Spiel und die Freizeitgestaltung in den verschiedenen sozialpädagogischen Einrichtungen

Wenn von Freispiel die Rede ist, wird meist zuerst an den Kindergarten gedacht. In anderen sozialpädagogischen Einrichtungen haben die Gruppenmitglieder ebenfalls Tagesabschnitte, in denen sie über ihre Zeit selbst verfügen. Bei älteren Kindern und Jugendlichen sprechen wir – wie gesagt – nicht mehr von Freispiel, sondern von Freizeit und Freizeitgestaltung.

Bevor ich im Folgenden auf die Freizeitgestaltung im Hort und im Heim eingehe, will ich einen kurzen Blick auf die altersgemischte Gruppe werfen, die in Tagesstätten zunimmt: Die Kinder werden nicht mehr Krippen-, Kindergarten- und Hortgruppen zugeordnet, sondern in altersübergreifenden Gruppen zusammengefasst.

Die altersgemischte Gruppe in ihrer Bedeutung für das Freispiel

In altersgemischten Gruppen macht das Kind die Erfahrung zunächst ein jüngeres Kind zu sein, das sich von älteren Kindern im Spiel leiten und anregen lässt. Zugleich kann es aber auch mit gleichaltrigen Kindern spielen, bei denen es auf ähnliches Spielverhalten trifft und sich durchzusetzen versucht. Langsam wächst es in die Gruppe hinein, kann zugleich mit älteren *und* jüngeren Kindern spielen um eines Tages zu den ältesten Kindern zu gehören und aus der Einrichtung herauswachsen. Es erfährt die unterschiedlichen Rollen im Alltagsleben und auch im Spiel. Als Vorbild sieht es nicht nur die Erzieherin, sondern auch die älteren Kinder. In der Altersmischung der Kindergemeinschaftsgruppen (Krippe, Kindergarten und Hort in einer Gruppe) kann es seinen eigenen Werdegang, sein wachsendes Können noch deutlicher an den älteren Kindern vorausschauen und an den jüngeren Kindern nachvollziehen. Es kann für seine Spielbedürfnisse die passenden Kinder auswählen: das Krippenkind, um vielleicht noch einmal ganz kindlich spielen zu können ohne ausgelacht zu werden, etwa wie ein Hund aus dem Napf schlabbern, einfach nur einen Turm bauen und ihn umwerfen. Es kann zum Beispiel dem kleinen Kind ohne Hemmungen hinsichtlich seiner Leseschwäche ein Buch vorlesen. Es wird sich daran freuen, dass es dem kleinen Kind Spielfreude zu geben vermag. Zugleich kann es seinen Vorsprung genießen und Verantwortung übernehmen. Es kann mit älteren Kindern spielen und sich von ihnen leiten und anregen lassen und seine Grenzen austasten. Es wird nicht nur von der Erzieherin, sondern auch von älteren Kindern angeleitet und weitergeführt.

Freispiel im Hort

Das Freispiel im Hort hat ebenfalls einen hohen Stellenwert. Das Hortkind hat am Vormittag in der Schule unterschiedliche Lernanregungen durch Erwachsene und durch Klassenkameraden erhalten und oft Frustrationen und Misserfolge einstecken müssen. Die gemeinsame Mahlzeit im Hort und die Hausaufgaben sind weitere Anforderungen sich in eine Gruppe einzugliedern und Regeln einzuhalten. Das Hortkind braucht in der restlichen Zeit einen großen Freiraum um sich individuell in solche Handlungen einzulassen, die ihm in dieser Situation entsprechen. Für das eine Kind können das bewegungsreiche Spiele im Freien, im Turnraum oder an der Werkbank sein, für das andere Kind eine kuschelige Zurückgezogenheit ohne jede Anforderung, für das dritte das Erfolgserlebnis bei Spielen, bei denen es sich sicher fühlt (die möglicherweise kindlicher sind, als es seinem Alter entspricht), und das vierte reagiert im Rollenspiel ab, was es in der Schule schlucken musste. Natürlich benötigen viele Kinder neben der spielfördernden Atmosphäre auch konkrete Anregungen und Bestärkungen.

Freispiel ist in jedem Fall für Hortkinder ein wichtiges Gegengewicht zu den Anforderungen der Schule, den Hausaufgaben und vielleicht dem Familienleben, in dem es möglicherweise seine Bedürfnisse nach Zugehörigkeit, Anerkennung und Sicherheit nicht ausreichend befriedigen kann. Manche Hortkinder leben unter familiären Mangelerlebnissen, weil vielleicht die problematische Ehe ihrer Eltern auseinander ging oder der allein lebende Elternteil sich mit dem Kind überfordert fühlt. Im Freispiel kann das Kind zwanglos handeln, wie es ihm und seinen momentanen Bedürfnissen entspricht.

Die Aufgabe der Erzieherin liegt hier ganz stark in der gefühlsmäßigen Begleitung des Kindes. Die Erzieherin muss also seine Wut, Eifersucht, Enttäuschung, Trauer wahrnehmen und muss dem Kind ermöglichen, seine Gefühle auszuspielen – solange es niemandem schadet. Das setzt eine intensive Beobachtung voraus, und zwar eine wertfreie Beobachtung, die wahrnimmt, wo Wünsche, Bedürfnisse und Spannungen des Kindes liegen, ein Beobachten, das von Anerkennung und Wertschätzung getragen ist. Natürlich muss die Erzieherin auch fordern und Grenzen setzen, wenn zum Beispiel einzelne Gruppenmitglieder sich nicht an Regeln halten oder wenn die Gruppe in einen Aufschaukelprozess gerät, der zum Chaos führt.

Gelenktes Spiel sollte im Hort ein Angebot sein, an dem weitgehend freiwillig teilgenommen werden kann, damit das selbstbestimmte Spiel der Kinder als Einzel-, Partner- oder Gruppenspiel nicht noch mehr eingeschränkt wird, als es durch den Tageslauf eines Hortkindes sowieso schon ist. Viele Horte richten es so ein, dass an einem bestimmten Wochentag die Hausaufgaben zu Hause gemacht werden, meist freitags, und dafür etwas Gemeinsames mit der gesamten Hortgruppe unternommen wird, weil ohne eine verpflichtende gemeinsame Aktion ein Gruppengefühl nur schwer aufkommen kann. Für das Gefühl der Zugehörigkeit, der Anerkennung und Sicherheit sind aber positive Gruppenbeziehungen wichtig.

Freizeit / Freispiel im Heim

In Heimgruppen ist der Teil der Kinder und Jugendlichen, die in ihrem Verhalten auffallen, verhältnismäßig hoch. Das bedeutet häufig auch, dass sie in ihrer Spielfähigkeit gehemmt und verkrampft sind und sich in ein Spiel nicht versenken können. Die Betreuer sind mit den Aufgaben, die für die Bewältigung des Alltags zu leisten sind, oft voll ausgelastet: von der Essenszubereitung bis zum Arztbesuch mit einem Kind, der Hausaufgabenbetreuung oder der Hilfe bei einer Bewerbung für eine Lehrstelle. Sie haben wenig Zeit sich um das Spiel der Gruppenmitglieder zu kümmern und einem Kind zu helfen, sich in ein selbstbestimmtes Tun einzulassen, an die eigene Kreativität zu glauben und das eigene spielerische Handeln wertzuschätzen. Aber gerade Heimkinder sind häufig eben nicht mehr in der Lage wirklich zu spielen oder konfliktarm mit Spielkameraden umzugehen. Sie würden eigentlich dringend spielpädagogische Begleitung benötigen. Freies Spiel muss deshalb von den Betreuern im Rahmen ihrer Möglichkeiten gut beobachtet werden. Kinder, die nicht spielen können, müssen anders beschäftigt werden und dürfen spielende Kinder nicht stören und verunsichern. Zugleich muss es ein Anliegen der Heimerzieherinnen und Heimerzieher sein, die Kinder und Jugendlichen aus der Isolierung in der Heimgruppe herauszuholen und sie auf ein selbstständiges Leben im Gemeinwesen vorzubereiten. Es ist für Kinder und Jugendliche im Heim notwendig, Freizeitangebote des Gemeinwesens zu nutzen. Das können öffentliche Spielplätze sein, Vereine (insbesondere Sportvereine) Jugendzentren und Freizeiten. Genauso wichtig sind ihre Kontakte zu Kindern und Jugendlichen, die in Familien aufwachsen. Die Betreuer im Heim werden deshalb die Gruppenmitglieder immer wieder dazu anregen, Außenkontakte wahrzunehmen und Spielmöglichkeiten außerhalb der Heimgruppe zu nutzen, aber auch Freunde in die Heimgruppe einzuladen und mit ihnen etwas zu unternehmen.

Zusammenfassung

- Das Freispiel ist eine Spielphase, die von der Erzieherin möglichst wenig gelenkt, sondern von den Gruppenmitgliedern selbst bestimmt wird. Der Raum und das Material tragen dazu bei, dass sich Kleingruppen bilden und vielfältige Spiele – allein oder in unterschiedlichen Zusammensetzungen – vorgenommen werden.

- Die Erzieherin beobachtet das Freispiel und sorgt – teilweise durch Regeln – für eine angenehme Spielatmosphäre. Bei der Bearbeitung von Konflikten muss sie oft helfen, allerdings immer mit dem Ziel der Hilfe zur Selbthilfe.

- Die Erzieherin regt durch gemeinsame Erlebnisse und durch angemessenes Spielmaterial zu Spielideen und deren Umsetzung an.
  Darüber hinaus kann die Rolle der Erzieherin unterschiedlich aussehen:
  a) intensive Beobachtung, aber weitgehende Zurückhaltung, um die Selbstbestimmung der Gruppenmitglieder zu betonen im Vertrauen auf deren Spielkompetenz oder
  b) beraten, eigenes Mittun und Eingreifen mit dem Ziel der Förderung von Spielkompetenz der Gruppenmitglieder.

- Das Freispiel wird heute als eine wertvolle Spielphase für Kinder angesehen. Das Gruppenmitglied kann hier die Zugehörigkeit zu Gruppen erproben, den Umgang mit Spielpartnern üben, sich Anerkennung und Sicherheit von Altersgenossen holen und das Spiel eigenständig gestalten. Das pädagogisch ausgewählte Spielmaterial bietet Möglichkeiten für Kreativität und Kommunikation.

- Altersgemischte Gruppen, insbesondere die Altersmischung vom Krippen- bis zum Hortalter, bieten den Kindern breite Möglichkeiten, sich Spielpartner zu wählen und unterschiedliche Spiele vorzunehmen, ohne sich zum Beispiel bei zu kindlichem Spiel zu genieren, oder auch, um eigene Kompetenzen im Zusammenspiel mit jüngeren oder älteren Kindern zu genießen.

- Kinder im Hort und Heim stehen häufig in belastenden familiären Situationen. Freispiel kann dazu beitragen, Frustrationen zu verarbeiten. Andererseits können die Spielfähigkeit und der Umgang mit Konflikten bei den Kindern bereits eingeschränkt sein. Hier wird von der Erzieherin eine intensive Beobachtung und ein geschicktes Lenken der Kinderspiele gefordert.

- Mit zunehmenden Alter tritt das eigentliche freie Spiel zurück, an dessen Stelle treten andere Freizeitbeschäftigungen wie Unternehmungen, sportliche Betätigungen, Umgang mit Medien oder das Zusammensein mit Altersgenossen.

Zum Nachdenken:

❍ Maria Caiati, Svjetlana Delač und Angelika Müller charakterisieren in „Freispiel – freies Spiel?“ die Gestaltung ihres Freispiels im Kindergarten auf humorvolle Weise so (1994, S. 8 ff):

❒ *Unser Kindergarten hat seit einiger Zeit einen besonderen Ruf, der sich in teilweise sehr gegensätzlichen Ansprüchen und Gerüchten niederschlägt. Sogar die Kinder bekommen das anscheinend mit: So sagte ein Kind aus einem anderen Kindergarten, das während dessen Sommerschließung bei uns war: „Gell, bei euch darf man alles tun!"*

Dabei sind die Reaktionen weitaus häufiger unsicher als ablehnend (wobei es natürlich sein kann, dass wir Ablehnendes nur nicht zu hören bekommen). Am klarsten kommen die Reaktionen von den Eltern. Wenn diese sich überhaupt äußern, dann häufig erfreut:

– *Also, dieses Chaos könnte ich nicht aushalten (positiv gemeint)!*

– *Bei euch möchte ich nochmals Kind sein!*

– *Eure Nerven möchte ich haben, da gehe ich lieber in die Fabrik!*

Und sogar:

– *Der Kindergarten oder keiner!*

Weniger positive Äußererungen der Eltern beziehen sich mehr auf Kindergarten und Freispiel allgemein:

– *So schön, wie ihr es habt, möchte ich es auch einmal haben!*

– *Morgens pressiert es uns nicht besonders, da spielen die Kinder ja nur!*

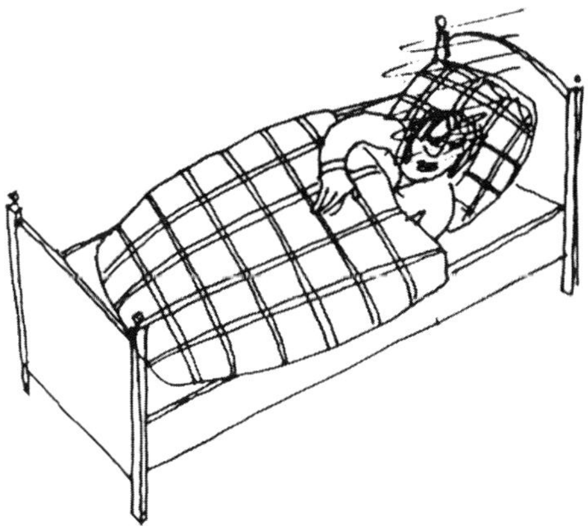

Da das letzte Zitat für viele Mütter spricht, machen wir jedes Jahr einen Einführungselternabend mit dem Thema „Bedeutung des freien Spiels im Kindergarten".

Am verwirrtesten sind die Erzieherinnen und Kinderpflegerinnen, vor allem auch solche, die bei uns zur Aushilfe arbeiten:

– *Im Kindergarten an der Alfonsstraße braucht man gar nichts zu tun, nur zu beobachten.*

– *Mir fällt auf, dass ihr so wenig Tische im Raum habt, wo spielen denn hier die Kinder?*

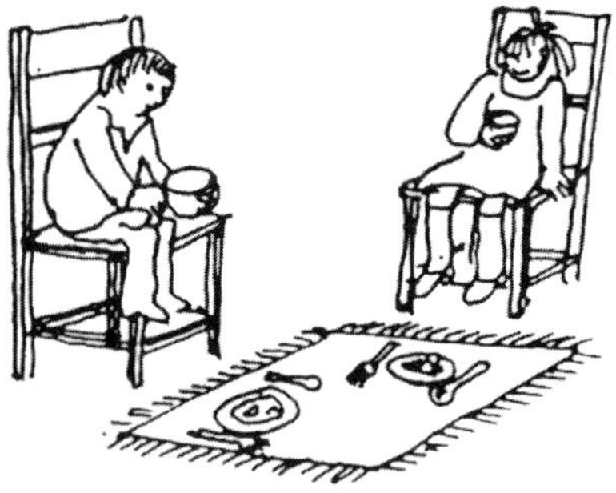

– *Was tut ihr denn eigentlich wirklich?*

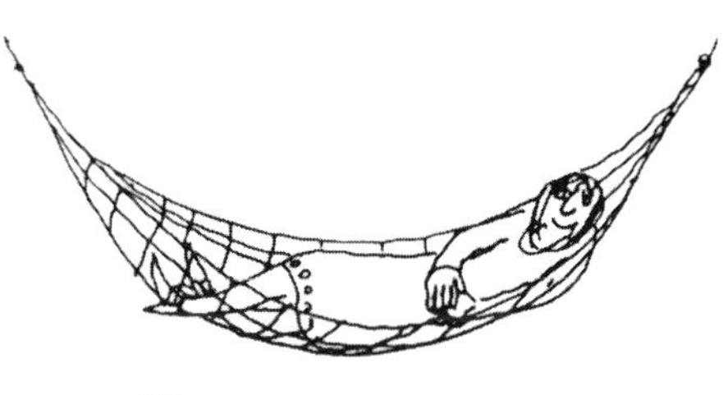

- *Man muss doch nebenbei mit den Kindern etwas tun, man kann sie doch nicht nur frei spielen lassen!*
- *Wie sollen die Kinder eigentlich das Spielen lernen, wenn ihr bloß immer zuschaut?* ❑

❍ Maria Caiati und ihr Team überlegen an anderer Stelle ihres Buches, wie sich erzieherische Einflüsse auf das kindliche Spiel und die Entwicklung des Kindes auswirken können (Caiati 1994, S. 14):

❐ *Die meisten Kinder können, wenn sie in den Kindergarten kommen, frei spielen, möglicherweise mit Einschränkungen. Durch bewusste Gestaltung der Spielumwelt im Kindergarten und durch weise Zurückhaltung der Erzieherin wären sie in der Lage, diese „Defizite" selbsttätig aufzuholen. In Wirklichkeit ist es aber eher so, dass Kinder, je näher die Schule rückt, durch Geringschätzung des freien Spiels erst in diesem Alter das Spielen „verlernen", weil sie es aberzogen bekommen. Und möglicherweise entwickeln sich gegen das Lernen bereits die ersten Abneigungen, weil Förderung und Lernen oft als freudlose Pflicht erlebt werden. Aber selbst wenn der Kindergarten nicht in diese Richtung wirkt, gibt es hin und wieder Kinder, die aufgrund bestimmter Umstände (die gar nichts mit einer fehlerhaften Familienerziehung zu tun haben müssen) nicht frei spielen können. Wir halten es für unmöglich, Kindern das Spielen „beizubringen"; der kindliche Entwicklungsprozess läuft nicht so einschichtig ab, dass man nur „oben" etwas hineinzuwerfen bräuchte, damit „unten" etwas „herauskommt". Der Erzieher muss dem Kind die Verantwortung für sein Problem übergeben (denn es ist das Problem des Kindes, nicht unseres!); das Kind selbst muss sein Problem in die Hand nehmen, wir können das nicht für das Kind „richten". Der Erzieher kann nur Bedingungen schaffen, beistehen und ermutigen. Das beinhaltet so etwas wie Vertrauen auf die Kraft des Lebendigen im Kind, was Ihnen berechtigterweise erst einmal etwas mystisch vorkommen muss.* ❑

❍ Jürgen Fritz spricht nicht nur vom Vorschulalter, wenn er über die Selbstbestimmung der Kinder im Zusammenhang mit ihrem Spiel nachdenkt (Theorie und Pädagogik des Spiels, 1991 S. 169 f):

❐ *Die Rolle eines pädagogisch orientierten Spielleiters ist notwendige Folge veränderter Lebens- und Umweltbedingungen. Die „Biotope", in denen naturwüchsiges Spiel wachsen könnte, vermindern sich drastisch. An deren Stelle tritt als „pädagogische Zuchtpflanze" das angeleitete Spiel in Gruppen – nicht weil diese „Pflanzen" den natürwüchsigen überlegen sind, sondern weil die „Ernährungsbasis" sonst entschieden zu schmal zu wäre. Damit tut sich eine der wesentlichen Widersprüchlichkeiten der handlungsbezogenen Spielpädagogik auf: Mit Hilfe der Person des Spielleiters „fördert" und „nährt" das Spiel die Spieler in der Gruppe, zugleich aber vergrößert sich die Gefahr, dass die Spieler von sich aus und selbstbestimmt kaum mehr ein für sie befriedigendes Spiel zuwege bringen.*

Spielpädagogik rechnet mit „behinderten" Kindern und stellt sich didaktisch und methodisch auf sie ein. Indem der Spielleiter die „behinderten" Kinder „nährt", schreibt er ihre „Behinderung" fort. Die Existenz des Spielleiters ist untrennbar mit den Formen der „Behinderung" verbunden: Spielunlust, eingeschränkte Verhaltensmöglichkeiten, Mangel an Ideen, Spielmöglichkeiten und Spielpartnern. Eine bis ins Letzte perfekte methodische Planung kann vieles ermöglichen und zahlreichen Zielen dienen – aber möglicherweise gerade diese „Behinderung" nicht angehen. Das „gelungene" Animationsprogramm bestärkt den Spielleiter in seiner Berufsrolle, führt die Notwendigkeit seines Tuns allen vor Augen – und schreibt zugleich die „Unfähigkeit" der Spieler fest, so etwas aus eigenem Vermögen zustande zu bringen.

Ziel der handlungsorientierten Spielpädagogik müsste es ein, diese „Behinderung" partiell zu beheben und Spielpädagogen „überflüssig" zu machen. Wie lässt sich das bei der Leitung von Spielgruppen zuwege bringen? Paradoxerweise gelingt dies nur durch „aktive Selbstbegrenzung": Mut zum Mangel und zu Fehlern, Improvisation und eigene Spielfreude anstelle detaillierter, lernzielorientierter Planung. Diese „Schwächen" des Spielpädagogen können möglicherweise zur „heimlichen" Stärke werden: geschehen lassen können, der Stärke der Gruppe Vertrauen entgegenbringen, Entwicklungen in der Gruppe sich entfalten lassen, einfach „da" zu sein. Ruhige Stärke im Hintergrund hilft einer Gruppe zur eigenen Stärke zu gelangen. ❑

Claudia, Sabine und Frank
Studierende einer Fachschule für Sozialpädagogik

◆ **Sabine:** Freispiel ist also erfolgreich, wenn die Kinder
- mit hoher Selbstbestimmung spielen,
- in Kleingruppen soziales Miteinander erproben,
- vielseitige Spielideen entwickeln,
- Spielführung sowie auch Spielunterordnung lernen und
- aufkommende Konflikte bearbeiten können.

◆ **Claudia:** Kern erfasst und super formuliert! Aber das Ziel als unerreichbaren Stern an den Himmel gehängt! Oder? Was sagst du, Frank?

◆ **Frank:** Nichts. Ich habe nicht vor, im Kindergarten zu arbeiten.

◆ **Claudia:** Frank!! Du kneifst schon wieder! Ersetze das Wort Freispiel durch ein anderes passendes Wort für Jugendliche, dann betrifft es dich auch!

◆ **Frank:** Also, wenn du das unbedingt willst: Ziele des Freizeitverhaltens bei erwachsenen Behinderten: Selbstbestimmung, soziales Verhalten, Ideenreichtum, Führung, Unterordnung und Konfliktbearbeitung. Das waren doch deine Stichworte, Sabine? Das sind gute Richtziele, aber eben unerreichbar. Wenn Behinderte das schaffen, brauchen sie keine Betreuung mehr.

◆ **Sabine:** Bei Heimjugendlichen würde ich das auch so sehen. Oh, halt mal! Das heißt dann aber doch: Wenn ein Jugendlicher gelernt hat seine Freizeit sinnvoll zu gestalten, dann muss er auch in der Lage sein das sonstige Leben selbstbestimmt in die Hand zu nehmen: die berufliche Arbeit und den lebenspraktischen Bereich?

◆ **Claudia:** Da bin ich mir nicht so sicher. Könnte es nicht sein, dass jemand ideenreich mit seiner Freizeit zurechtkommt, aber zum Beispiel arbeitsscheu ist? Da brauche ich nur an einen Mitbewohner meiner Wohngemeinschaft zu denken: Beruf und Freizeit bestens, aber seine Dienste in der WG so miserabel und egoistisch, dass er bald bei uns aufgrund eines Mehrheitsbeschlusses rausfliegen wird.

◆ **Sabine:** Das ist aber nicht Unfähigkeit. Können würde er das schon. Jedenfalls sehe ich echte sozial verantwortliche Spielfähigkeit als beste Voraussetzung für eine spätere Lebensbewältigung an. Auf den kürzesten Nenner gebracht würde ich formulieren: „Spielen lernen ist Lebensbewältigung lernen".

Literaturempfehlung

M. Caiati / S. Delač / A. Müller: Freispiel – freies Spiel? Erfahrungen und Impulse. Don Bosco Verlag 1994

Gerda Lorentz: Freispiel im Kindergarten. Chancen seines bewussten Einsatzes. Herder Verl. 1983

Helga Müller / Pamela Oberhuemer: Kinder wollen spielen. Spiel und Spielzeug im Kindergarten. Herder Verlag 1986

Thomas Lang: Kinder brauchen Abenteuer. Ernst Reinhardt Verlag 1995

3.3 Gelenktes Spiel

Anregung zum Eindenken in die Thematik

Standortsuche

In der Praxismappe des Bundesjugendwerkes der Arbeiterwohlfahrt „Spiele für Kinder und Jugendliche" (1980) werden zehn Fähigkeiten angegeben, die von einem Spielleiter verlangt werden. Schreiben Sie diese Fähigkeiten auf einen Zettel und geben Sie ihnen nach der von Ihnen eingeschätzten Wichtigkeit Nummern von eins bis zehn. Das heißt, verändern Sie die hier vorgegebene Reihenfolge. (Bei Entscheidungsschwierigkeiten können auch mehrere Fähigkeiten auf einen Rang gesetzt werden.)

1. *Spiele ziel-, gruppen- und situationsangemessen auswählen können*
2. *eine große Zahl verschiedenartiger Spiele parat haben*
3. *eine eigene Spielkartei anlegen können*
4. *Spiele verändern und neu entwickeln können*
5. *auf Spielverweigerung und Spielunlust sicher reagieren können*
6. *seine Vorgehensweise den Erwartungen und Vorerfahrungen seiner Gruppe/ Mitspieler anpassen können*
7. *wissen, wie man Gruppen zu mehr Kreativität und zu eigenen Spieleinfällen motiviert*
8. *selbst gerne und viel spielen*
9. *für bestimmte Spiele die notwendige Atmosphäre erzeugen können*
10. *Spiele selbstsicher und präzise eingeben können*

Vergleichen Sie in Gruppen Ihre unterschiedliche Einschätzung und begründen Sie Ihre Rangordnung.

Gelenktes Spiel umfasst eine große Breite von Möglichkeiten, weil Spiel äußerst vielfältig ist. In allen Spielformen kann Spiel angeleitet werden: im Übungsspiel (Funktionsspiel, psychomotorisches Spiel), im Konstruktionsspiel, im Rollenspiel und vor allem in den Regelspielen sowie in den unzähligen Zwischenformen. Im Kapitel 4 wird auf verschiedene Spielarten und deren spezielle Anleitung eingegangen werden. Deshalb sollen im jetzt folgenden Text lediglich allgemeine Grundsätze für die Lenkung von Spielen erörtert werden.

Die Spielauswahl

Echtes Spiel ist eine Sache des Spielers. Spiel kann nicht erzwungen werden. Ein Kind kann mitmachen und so handeln, wie der Spielleiter das möchte, ohne dass ihm das eigentlich Spaß macht. Aber dann kann man nicht von wirklichem Spiel für dieses Kind sprechen.

Dem Spielleiter muss es deshalb gelingen, dem Spielenden Spielfreude an dem vorgeschlagenen Spiel zu vermitteln. Zwei Voraussetzungen sind dafür nötig:
1. die eigene Spielfreude des Spielleiters (keine vorgetäuschte, sie würde unecht wirken und bemerkt werden!) und
2. die Fähigkeit den Spieler dort abzuholen, wo er steht, bei seinen Bedürfnissen, seinen Wünschen und seinem Können, und sich mit ihm angemessen in Bewegung zu setzen. Es muss ein Spielreiz, eine Faszination im Spielenden entstehen, die ihn neugierig macht und motiviert.
Zu einfache Spiele langweilen, zu schwierige Spiele rufen Versagensängste hervor und verlangen große Überwindung. Spiele, die nicht am Interesse des Spielers ansetzen oder es hervorrufen, werden abgelehnt oder nur widerwillig gespielt.

Unbemerkt falsche Spielauswahl
Die Erzieherin ist – vor allem bei Kindern im Vorschulalter – eine Autoritätsperson. Das Kind hat sich nach ihr zu richten und will auch ihre Wünsche befriedigen, weil es ihre Zuneigung, ihre Zuwendung und ihre Anerkennung braucht. Das bedeutet: Es könnte sein, dass die Erzieherin nicht merkt, wenn die Kinder nur deshalb mitspielen, weil es von ihnen so erwartet wird, und nicht, weil sie am Spiel Freude haben. Es fällt der Erzieherin vielleicht nicht auf, dass sie die Bedürfnisse der Kinder nicht erfasst hat. Solche Situationen entstehen zuweilen im Stuhlkreis, der in manchen Kindergärten regelmäßig den Vormittag abschließt. Spiele im Kreis, jeden Tag vielleicht ein paar andere, aber doch immer wiederholend und sehr ähnlich, bieten wenig Spielreiz. Die Erzieherin fühlt sich vielleicht auch deshalb sicher, dass die Kinder diese Spiele mögen, weil sie die Kinder fragt, was sie spielen wollen. Kinder, die wissen, dass Kreisspiele von ihnen erwartet werden, benennen dann Spiele. Außerdem gibt es immer Kinder, die konkrete Spielwünsche anmelden, weil sie hoffen, dass sie – wenn sie ein Spiel vorschlagen – dann auch der Spielführer oder Spielbeginner sein dürfen. Es ist ja immerhin besser, selbst etwas vorzuschlagen, als zu spielen, was andere vorschlagen (die geringste Langeweile für dieses Spiel!). Der Spieler hat dann auch wenigstens das Gefühl etwas zur Gestaltung beigetragen zu haben. Möglicherweise melden sich auch gleich mehrere Kinder, die dieses Spiel spielen wollen. Die Erzieherin wiegt sich in Sicherheit das Spielinteresse der Gruppe getroffen zu haben. Sie wundert sich allerdings über die vermeintliche geringe Ausdauer der Kindergruppe, weil bereits nach kurzer Zeit Unruhe entsteht. Oder vielleicht wundert sie sich auch nicht, weil sie diese schnelle Unruhe schon oft festgestellt hat und auf die geringe Konzentrationsfähigkeit und Ausdauer der Kinder schiebt.
Erzieherinnen müssen also gerade bei jüngeren Kindern aufpassen, dass sie die Kinder im Rahmen ihrer Spielleitung nicht stärker fremdbestimmen als nötig. Es besteht durchaus kein Muss, einen Kindergartenvormittag mit Regelspielen im Kreis zu beschließen. Wenn Erzieherinnen es für sinnvoll halten, dass die Gruppe einmal im Laufe des Tages eine gemeinsame Aktion durchführt um ein Gruppengefühl zu entwickeln oder Gruppenregeln zu erlernen, gibt es viele andere Möglichkeiten für Gruppenaktivitäten:
– eine Gesprächsrunde über ein faszinierendes Thema, vielleicht auch einen Planungs- und einen Reflexionsteil (das findet in Kindergärten sowieso meist viel zu wenig statt!),
ein Märchen (im Kindergarten nicht vorlesen, sondern erzählen!),
– ein Erzählspiel,
– ein Handpuppenspiel von der Erzieherin für die Gruppe,
– gemeinsame Bewegungsspiele im Freien wie „Wer fürchtet sich vor'm (nicht schwarzen, sondern weißen, grünen oder blauen!) Mann" oder ein Laufspiel, einfach nur von einer Seite des Spielplatzes zur anderen,
– Selbst- und Partnerwahrnehmungsspiele
– an einem Regentag Turnübungen auf und um den Kinderstuhl oder mit der Teppichfliese, auf der die Kinder im Kreis sitzen (weil der Kindergartenraum von zu vielen Stühlen entrümpelt wurde!).

Ähnlich verhält es sich bei den Tisch- und Brettspielen im Kindergarten, bei denen oft die Erzieherinnen mitspielen. Kinder holen sich möglicherweise diese Spiele, weil sie denken, dass das von ihnen erwartet wird. Sie werden ja auch oft für solche Lernspiele gelobt, während etwa das Rollenspiel in vielen Einrichtungen von den Erzieherinnen weniger wahrgenommen und weniger bestätigt und verstärkt wird. Außerdem suchen die Kinder die Nähe und das Mitspielen der Erzieherinnen. Das ist bei einem Brettspiel einfacher und üblicher als bei Konstruktions- und Rollenspielen.

Ich fasse zusammen: Ein erzwungenes Spiel ist kein echtes Spiel.
Erzieherinnen müssen im Kindergarten sehr genau beobachten, ob die Kinder echtes Interesse an einem vorgeschlagenen Spiel zeigen oder ob sie nur aus Gehorsam, Zuneigung zur Erzieherin oder aus Bedürfnis nach Anerkennung und Sicherheit mitspielen.

Gelenktes Spiel im Hort
Im Hort verweigern sich die Kinder schneller. Erzieherinnen meinen dann oft, Kinder seien nach der Schule nicht mehr zu einem Spiel zu motivieren. Aber auch hier muss die Erzieherin prüfen, ob die Spielunlust möglicherweise an falschen Vorschlägen liegt. Allerdings hat das Hortkind durch die Schule, das gemeinsame Mittagessen in der Hortgruppe und die Hausaufgabenerstellung sich schon eine lange Zeit des Tages in eine Gruppe einfügen müssen. Dass es jetzt nicht schon wieder angeleitete Gruppenspiele wünscht, ist nur zu verständlich.

Angeleitetes Spiel in der offenen Jugendarbeit
In der offenen Jugendarbeit werden die Betreuer durch die Möglichkeit der Kinder und Jugendlichen, an dem Spielangebot teilzunehmen oder wegzubleiben, sehr viel deutlicher daran arbeiten, die wirklichen Spielinteressen der Bezugsgruppe zu erfassen. Eine Aufteilung der Programme nach den Interessen und Fähigkeiten der Teamer kann dazu beitragen, dass das Angebot vielfältig und abwechslungsreich wird, und zwar sowohl für die Jugendlichen wie auch für die Betreuer.

Spielangebote im Heim
In Heimen werden seltener gemeinsame und von den Betreuern angeleitete Spiele durchgeführt. Das liegt an den meist altersgemischten Gruppen mit sehr unterschiedlichen Interessen der Gruppenmitglieder. Manchmal spielen die Betreuer mit einer Kleingruppe. Das geschieht aber gewöhnlich weniger im Sinne einer Spielanleitung, sondern eher als Mitspieler, um Zuwendung zu signalisieren, um zu einer lockeren Atmosphäre beizutragen, um Spiel aufzuwerten durch das eigene Mittun oder auch um den Gruppenmitgliedern zu einem möglichst konfliktfreien Spiel zu verhelfen.
Manchmal werden bei Geburtstagen und anderen Festen oder auch an gemeinsamen Gruppenabenden Spiele angeboten. Solche Gruppenaktivitäten finden oft einmal in der Woche mit dem Ziel statt ein Gruppengefühl zu entwickeln und zu erhalten. Gruppenspiele müssen abwechslungsreich sein und die Interessen der Gruppenmitglieder auffangen. Wenn es nicht gelingt, Spielfreude und Daseinsfreude hervorzurufen, wirkt sich das negativ auf das Gruppengefühl aus.
Dann ist es besser, Tätigkeiten vorzunehmen, die einen stärkeren Arbeitscharakter haben. Damit kann ebenfalls das Gefühl der Gruppenzugehörigkeit geweckt und aufgebaut werden, zum Beispiel gemeinsames Kochen oder Backen, Ausschmücken oder Renovieren eines Raumes, Vorbereiten einer Geburtstagsfeier oder eines Festes, und natürlich die Planungs- und Reflexionsgespräche.
Gewinnspiele (die immer zugleich Verlierspiele sind) sollten von den Gruppenleiter/innen bedachtsam vorgeschlagen werden, wenn sie von den Jugendlichen nicht ausdrücklich gewünscht sind. Heimkinder stehen schon genug auf der Verliererseite. Sie sollten im Spiel Erfolge verbuchen dürfen. Dafür müssen sie mit ihren Stärken oder mit ihren Vorlieben spielen. Manchmal können kooperative Spiele eine Gruppe faszinieren, sportliche Spiele, zum Beispiel mit (geliehenen) Fahrgeräten wie Pedalos,

Skateboards, Inliners fahren, Tischtennis mit Rundlauf, Brett- und Kartenspiele, von denen es inzwischen auch solche gibt, die nicht oder nur in geringem Maß auf Gewinnen und Verlieren aufgebaut sind. Allerdings spielen die Jugendlichen auch oft Konkurrenzspiele gern, vor allem im sportlichen Bereich, weil sie auf diesem Gebiet mit Erfolgen rechnen können. Bei Gruppenspielen, etwa den verschiedenen Ballspielen, bieten Kameradschaft und Kooperation innerhalb der Spielgruppe zusätzlich eine andere Form von Erfolgen (oder auch Misserfolgen).

Ebenso wichtig erscheint es mir, die Angebote der Animationsbranche wenig zu nutzen oder gar (entfernte) Freizeitparks zu besuchen. Heimkinder kommen oft aus einem zerbrochenen Familienleben und sind psychisch belastet. Das äußert sich unter anderem in geringerer Belastbarkeit für die Schule und die Berufsausbildung. Sie werden später oft keine gut verdienenden Berufe erreichen können, zumal ihnen ja auch häufig die Familie fehlt, die sie im Finden und Stabilisieren ihrer Berufslaufbahn unterstützt. Außerdem: Das eigengestaltete Spiel ist kreativer und wertvoller als die Nutzung des Freizeit-Dienstleistungsgewerbes mit seinen konsumorientierten Angeboten.

Neben ausgesprochenen Spielen sind Ausflüge und Fahrten nicht zu unterschätzen, insbesondere in ihrer Wirkung auf Erlebnisintensität und Gruppengefühl: Fahrten im Sommer zu einem See, im Winter zum Schlittenfahren, Fahrradtouren, Jugendherbergsübernachtungen, Zelten und anderes.

Spielauswahl beim Spiel mit einzelnen Kindern und Jugendlichen

Angeleitetes Spiel kann natürlich auch mit einzelnen Kindern und Jugendlichen stattfinden. Beispiele:

– Die Erzieherin zeigt einem neu aufgenommenen Kind die Handhabung eines ihm unbekannten Spielmaterials.

– Mit einem redardierten oder behinderten Kind nimmt sie regelmäßig Spiele zur Förderung bestimmter Fähigkeiten vor, sei es Koordination von Blick und Handführung, Grobmotorik oder Sprachförderung. (Zur Sprachförderung ist allerdings zu sagen, dass es in jedem Falle besser ist, mit dem Kind viel zu sprechen, wenn es etwas zu sagen gibt, etwa von Erlebnissen zu erzählen, als das Kind dazu zu veranlassen, Bilder zu beschreiben oder Dinge zu sagen, die reine Übungsworte sind und keine echten Mitteilungen. Das gilt natürlich für alle Lernprogramme, nicht nur für die sprachfördernden.)

– Das Spiel mit einem einzelnen Kind könnte auch überall dort wichtig und notwendig sein, wo das Kind Zuwendung und Beachtung nötig hat. Dann sind solche Spiele von Bedeutung, die dem Kind Bestärkung geben, es bei seinen Stärken abholen. Manchmal kann die Erzieherin auch Spiele wählen, die für das Kind oder den Jugendlichen nicht anstrengend sind, um nebenbei Zeit zur Unterhaltung zu haben, auf die es ihr eigentlich ankommt. Gespräche entwickeln sich leichter, wenn man etwas zu tun hat. Dann ist die Atmosphäre lockerer, denn man kann sich beschäftigen und niemand hat das Gefühl etwas sagen zu *müssen*. (Das kennen wir als Erwachsene ja auch. Allein die Kaffeetasse kann schon lockern!)

Es muss sich nicht immer um groß angelegte Spiele handeln. Ein kurzes Scherzspiel beim Gute-Nacht-Sagen im Heim, ein lustiges Versteckspiel oder ein schnelles Fangen auf dem Weg zum Einkaufen, ein einfaches Ratespiel oder ein fröhliches Erzählspiel am Mittagstisch, ein paar Körperübungen vor den Hausaufgaben zählen auch zu angeleitetem Spiel. Angeleitete Spiele sind nicht immer eine große Aktion. Es macht auch nichts, wenn ein solches Spiel mal nicht ankommt. Dann wird es abgebrochen und vielleicht fällt eine neue Spielidee ein.

Größere Spielprogramme und -aktionen

Dort, wo es sich um größere Aktionen handelt, wo wirklich eine vorbestimmte Zeit in Gruppen gespielt wird, müssen die Auswahl und die Reihenfolge gut geplant sein. Die Spannungskurve während der Spielzeit sollte zunächst ansteigen. Dann wird ein Plateau erreicht. Sie wird aufgrund Ermüdung und Sättigung langsam wieder abfallen. Gerade wenn die Spielfreude anfängt nachzulassen, muss abgebrochen und ein anderes Spiel vorgeschlagen oder die Spielphase beendet werden.

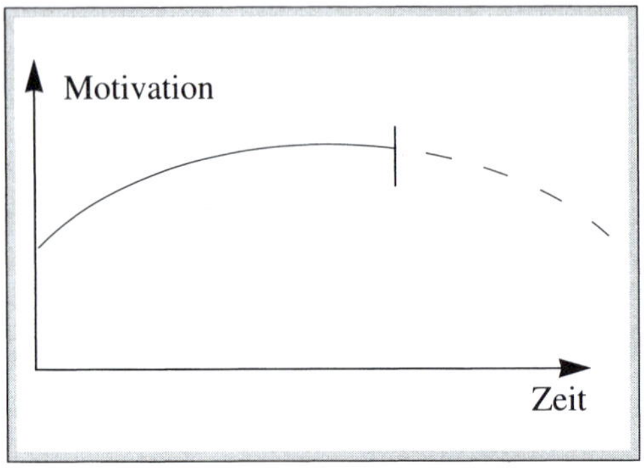

Ein zu schnelles Abbrechen eines Spieles kann allerdings bedeuten, dass die Spielfreude gar nicht erst richtig aufkommen kann. (Aspekte zu größeren Spielprogrammen werden im Kapitel 4 noch detailliert behandelt.)

Ziel der Spielleitung: sich entbehrlich machen

Kinder sind grundsätzlich für Spiel kompetent. Sie müssen es im Prinzip nicht vom Erwachsenen lernen. Wenn nun der Erwachsene junge Menschen im Spiel anleitet, dann muss das Ziel dahinter stehen das Kind in seiner Kompetenz zu stärken. Konkret heißt das zum Beispiel als Spielleiter oder Spielleiterin Motivationen zu wecken, zu Ideen anzuregen, neue Spiele vorzustellen, Spielvertiefung zu erreichen und dem jungen Menschen zu helfen Hemmungen und Hürden zu überwinden. Der Erwachsene muss letztlich wollen, dass das Kind seine Kompetenz erweitert und das Spiel selbst in die Hand nimmt. Ein Spielleiter kann sich beispielsweise nicht mit einem Sport-Trainer vergleichen. Der Trainer lehrt, der Spielleiter regt an.

Der Spielleiter muss deshalb immer das Ziel haben sich entbehrlich zu machen, damit der junge Mensch wachsen kann. Das ist nicht einfach, denn die Selbstverwirklichung im Beruf liegt für viele Erzieherinnen und Erzieher in der eigenen Aktivität und nicht in der Überflüssigkeit. Hier muss die Erzieherin oft gegen ihre eigenen Grundbedürfnisse angehen.

Sich überflüssig machen kann darin liegen, dass die Erzieherin zum Beispiel bei einem angeleiteten Regelspiel die Spielführung so schnell wie möglich an Gruppenmitglieder abgibt. Es reicht vielleicht schon, wenn sie ein neues Spiel nur eine Runde selbst anleitet und es dann gleich von einem Gruppenmitglied anführen lässt. Bei einem der Gruppe bekannten Spiel braucht sie die Spielführung oft überhaupt nicht zu übernehmen.

Sich entbehrlich machen kann auch darin bestehen, das von Kindern selbst initiierte Spiel höher wertzuschätzen als das von Erziehern angeleitete Spiel, also nicht immer eigene Vorschläge zu bringen.

Es kann auch sein, dass die Erzieherin vorübergehend ein Spiel anleitet um sich wieder zurückzuziehen, zum Beispiel, wenn es bei einem von Gruppenmitgliedern angefangenem Regelspiel Konflikte und Uneinigkeit über den Spielverlauf gibt. Oft ist es möglich, die Ausgestaltung eines Spiels den Gruppenmitgliedern zu überlassen, zum Beispiel bei einem angeleiteten Rollenspiel oder einem Konstruktionsspiel, etwa gemeinsam einen Tastparcours zu bauen.

Natürlich gibt es auch Spielarten, die grundsätzlich einen Spielleiter benötigen. Das ist dann der Fall, wenn der Spielleiter etwas Abstand zu dem Spielgeschehen haben muss und nicht eine Spielerrolle innehaben darf. Dazu gehören zum Beispiel das Theaterspiel oder eine Spielekette, die nach einer geplanten Spielfolge zusammengestellt und aufgebaut ist, oder eine Rallye und natürlich auch alle großen Spielaktionen. Es kann auch Gruppen geben, die aufgrund ihrer Zusammensetzung ohne die Autorität eines Spielleiters nicht gemeinsam spielen können.

Aufgaben der Spielleiter/innen

In ihrer Funktion, ein Spiel oder eine Spielfolge vorzuschlagen und zu lenken, kommen Erzieherinnen und Erziehern unterschiedliche Aufgaben zu.

Spiele anschaulich eingeben
Der Spielleiter hat die Spiele zu erklären – das in möglichst einfachen Worten und sehr anschaulich: Vieles kann vorgezeigt werden.
Beispiel: Das Regelspiel „Löffelspiel" wird erklärt. Der Spielleiter könnte nun den Spielverlauf beschreiben: „Alle setzen sich auf den Boden. In die Mitte des Sitzkreises legen wir Löffel, und zwar einen weniger als Spieler. Einer erzählt eine Geschichte. Sobald darin das Wort 'Löffel' vorkommt, müssen alle nach einem Löffel greifen. Wer keinen Löffel erwischt hat, erzählt weiter." Eine solche Beschreibung des Spielverlaufs setzt Konzentration und hohes Vorstellungsvermögen der Spieler voraus.
Der Spielleiter könnte stattdessen die Gruppe sofort auf den Boden setzen lassen. Er legt Löffel in die Mitte des Kreises und sagt, dass hier ein Löffel zu wenig liegt. Die Gruppe ist bereits gespannt, wie das Spiel geht. Jetzt erklärt der Spielleiter die weitere Spielregel. Sollte die Gruppe unruhig sein, kann er auch die Löffel erst nach seiner Erklärung hinlegen, weil sie bereits zum Anfassen und Spielen reizen könnten, solange er noch erklärt.

Den Spielverlauf beobachten
Nach dem Erklären des Spiels und der Beobachtung, ob es verstanden wurde und wie es bei den Spielern ankommt, muss der Spielleiter weiter beobachten. Wenn Probleme entstehen oder zu entstehen drohen, beispielsweise Unklarheiten, Konflikte, Lustlosigkeit oder eine Eskalation in Albernheit oder Wildheit, muss er eingreifen. Manchmal kann es nötig werden, ein einzelnes Gruppenmitglied vom weiteren Spiel auszuschließen. Wenn es sich um eine größere Anzahl von unmotivierten Spielern handelt, ist es besser, nach einem anderen Spiel zu suchen als Konzentration und Beteiligung zu erzwingen.
Der Spielleiter muss das Spiel beenden, wenn es sinnvoll erscheint, das heißt wenn die Spielfreude nachlässt oder gar nicht erst richtig aufkommt.
Planung muss flexibel gehandhabt werden. Eine starre Durchführung von vorgenommenen Spielen kann die Spielstimmung negativ beeinflussen. Während des Spielens muss der Spielleiter aufgrund seiner Beobachtung entscheiden, ob er seinen Plan weiter durchhalten oder ihn verändern will. Ungeplantes, spontanes Vorgehen, also auf Ideen beim Spielen selbst zu hoffen, kann gut gehen, kann aber auch im Fiasko enden. Wenn der Spielleiter unter Druck gerät ein alternatives Spiel finden zu müssen, kann es sein, dass die Ideen ausbleiben. Deshalb ist es notwendig, immer Reservespiele in der Hinterhand zu haben.
Eigenes Mitspielen sollte bei angeleiteten Spielen so oft wie möglich eingeplant werden. Es signalisiert Nähe und Spielbegeisterung und regt zur Nachahmung an.

Die Reflexion
Angeleitete Spiele sollten möglichst oft im Anschluss mit der Spielgruppe reflektiert werden. Solche Reflexionsgespräche, die nicht lang sein müssen, vermitteln der Gruppe, dass sie ernst genommen wird. Sie helfen den Spielern sich Gefühle und Prozesse, die während des Spiels abgelaufen sind, bewusst zu machen. Die Spieler sind oft weit mehr dazu in der Lage, Gedanken in ein Reflexionsgespräch einzubringen, als Spielleiterinnen und Spielleiter vermuten und ihnen zutrauen.
Wichtig bei einer solchen Bewusstmachung und Rückmeldung ist die Frage- und Gesprächstechnik. Fragen, die mit einem Verb beginnen, erfordern genau genommen nicht mehr als ein Ja oder ein Nein. Zum Beispiel: „Hat es euch gefallen?" Zusätzlich ist diese Frage eine Suggestivfrage, weil die erwartete Antwort schon vorgegeben ist: Jedes Kind weiß, dass hier ein Ja von ihm erwartet wird und dass ein Nein die Erzieherin enttäuschen würde.
Fragen, die mit Fragewörtern beginnen, regen zu mehr Nachdenklichkeit und zu breiterer Beantwortung an (natürlich auch nicht immer): „Was hat euch bei diesen Spielen am besten gefallen und was war am langweiligsten?" Mit dieser Frage wird zudem signalisiert, dass auch negative Eindrücke gegeben werden dürfen. „Welches Spiel hättet ihr gerne noch länger gespielt?" „Bei welchem Spiel hättet ihr lieber früher Schluss gemacht?" usw.

Natürlich muss auch ohne die Gruppe unter den Spielleitern eine Reflexion stattfinden. Häufig läuft sie im Trubel des Alltags nur gedanklich ab und ist schnell zurückgedrängt und vergessen. Schade drum! Ein Gespräch mit einer beteiligten Person – auch mit einer unbeteiligten – hilft, sich Erfahrungen deutlicher zu machen. Sie bleiben dann besser in Erinnerung und können in die nächste Planung einfließen. Mancher Frust bliebe Erzieherinnen und Erziehern erspart, wenn es gelänge, deutlicher, bewusster und im Spiegel einer anderen Person (im Gespräch mit jemandem, der echt zuhören und möglichst aktiv rückmelden kann) Gefühle und Erfahrungen aus dem nicht bewussten Bauchraum ins Bewusstsein zu heben und zu verbalisieren.

Spielleitung

- geeignete Programmauswahl treffen
- Spannungsbogen bei Planung und Spielleitung beachten
- anschaulich erklären
- sich selbst entbehrlich machen
- intensiv beobachten und pädagogisch geschickt reagieren
- über eigenes Mitspielen entscheiden
- Ideen der Gruppenmitglieder bedingt einbeziehen
- mit abschließendem kurzem Reflexionsgespräch enden
- Reflexion mit Teamern zur eigenen spielpädagogischen Qualifizierung vornehmen

Zusammenfassung

- Um Spiele wirkungsvoll anleiten zu können, muss die Erzieherin selbst Freude an diesen Spielen haben. Vorgetäuschte Spielfreude wirkt unecht.
- Spiele, die den Spielenden keinen Spaß machen, können zwar von den Gruppenmitgliedern gehorsam ausgeführt werden. Aber es handelt sich dann nicht um echte Spiele für die Gruppe. Deshalb muss die Auswahl der Spiele sorgsam getroffen und die Spielfreude der Gruppenmitglieder intensiv beobachtet werden.
- Das vorgesehene Programm muss verändert werden, wenn die Spiele bei mehreren Spielern nicht ankommen. Deshalb müssen bei der Vorbereitung Ersatzspiele eingeplant werden.
- Spiele mit *einzelnen* Kindern oder Jugendlichen können aus unterschiedlichen Gründen vorgenommen werden: Spielfreude wecken und Spielfähigkeiten stär-

ken, einfach nur Zuwendung bieten, gezielt in einem Entwicklungsbereich fördern oder das Spiel als Möglichkeit zu lockerer Kommunikation nutzen.

- Spiele, die der Gruppe oder einzelnen Gruppenmitgliedern unbekannt sind, müssen *anschaulich* erklärt werden. Während des Spielens ist die Beobachtung wichtig, damit Missstimmungen rechtzeitig angegangen werden können und die Spielfreude erhalten bleibt.
- Nach einer Spielrunde sollte, wenn möglich, eine Reflexion mit der Gruppe stattfinden. Sie kann kurz sein, muss aber mit geschickter Fragestellung eingeleitet werden, damit die Spieler sich öffnen und ehrliche Rückmeldung geben.
- Eine zusätzliche Reflexion mit Erwachsenen über den Spielverlauf hilft, sich die Wirkungen des eigenen Vorgehens bewusst zu machen und sie in die nächste Planung einzubeziehen.

Zum Nachdenken:

❍ „Gegen den Willen eines Menschen kann ich nicht mit ihm spielen.“
(René Reichel: 1987, S. 11)

❐ ***Erfolgsdruck fördert auch Erfolge***
Um Leute zu gewinnen und zum Wiederkommen zu bewegen haben sich Methoden und Konzepte bewährt, die viel Ermutigung bringen: Den Wert des Einzelnen hervorheben, jede Leistung schätzen, auf Gelungenes mehr achten als auf Misslungenes.

Gegen das drohende Wegbleiben von Teilnehmern helfen keine Inhalte und Methoden, die so wie in Familie, Schule, am Arbeitsplatz vor allem Mängel aufzeigen, Fehler bewusst machen, lange Mühe erfordern, kurz: viel Entmutigung hervorrufen oder verstärken. Solche Angebote haben nur dort noch eine Chance, wo sie mit hohem, gesellschaftlichem Prestige verbunden sind, z.B. Sport.
Mit anderen Worten: Die taktische Notwendigkeit sich um die Leute zu bemühen erleichtert das Verständnis für ein menschenfreundiches Konzept und unterstützt seine Anwendung. ❑
(René Reichel, ebenda)

❍ **Selbsteinschätzung**
Zu Beginn dieses Kapitels auf Seite 96 wurden Fähigkeiten aufgezählt, die ein guter Spielleiter aufweisen muss.
Überlegen Sie jetzt, wie weit Sie sich selbst diese Fähigkeiten zutrauen. Beachten Sie, ob Sie bei Fähigkeiten, die Sie als wichtig ansehen, noch Fortschritte machen müssten und überlegen Sie in der Studiengruppe, wie Sie diese Fähigkeiten üben könnten. (Berücksichtigen Sie bitte, dass niemand von Ihnen Perfektion erwartet und Sie selbst das auch nicht tun dürfen! Beurteilen Sie sich selbst also nicht zu hart! Arbeiten Sie auch mit Ihren Stärken!)

1. Ich kann Spiele ziel-, gruppen- und situationsangemessen auswählen.
2. Ich habe eine große Zahl verschiedenartiger Spiele parat.
3. Ich kann eine Spielkartei anlegen.
4. Ich kann Spiele verändern oder neu entwickeln.
5. Ich kann auf Spielverweigerung und Spielunlust reagieren.

6. Ich kann meine Vorgehensweise den Erwartungen und Vorerfahrungen meiner Gruppe/Mitspieler anpassen.
7. Ich weiß, wie man Gruppen zu mehr Kreativität und zu eigenen Spieleinfällen motiviert.
8. Ich spiele selbst gerne und viel.
9. Ich kann für bestimmte Spiele die notwendige Atmosphäre erzeugen.
10. Ich kann Spiele selbstsicher und präzise eingeben.

(Nach: Praxismappe des Bundesjugendwerkes der Arbeiterwohlfahrt „Spiele für Kinder und Jugendliche" 1980. S. 9)

Claudia, Sabine und Frank
Studierende einer Fachschule für Sozialpädagogik

◆ **Frank:** Wenn ich „angeleitete Spiele" höre, denke ich immer zuerst an den Stuhlkreis und schon habe ich eine Horrorvorstellung. Ich sehe mich im Kindergarten sitzen und „Mein rechter Platz" spielen. Kann da jemals jemand Spaß an diesen langweiligen Spielen haben?
Dann muss ich mir erst langsam klarmachen, wo die Breite der angeleiteten Spiele liegt, also zählt ja zum Beispiel auch ein Volleyballspiel dazu oder eine Maskenpantomime, die wir mal für eine Vorführung einübten.

◆ **Sabine:** Oder – was wir im Hort einmal als Verdauungsspiel nach einem guten Essen machten: Im Nachbarhochhaus in den zwölften Stock laufen und wieder herunter.

◆ **Claudia:** In meinem Vorpraktikum im Kindergarten haben wir nur selten „Mein rechter Platz" gespielt. Die Gruppenleiterin war voller Ideen für Spiele. Als sie einmal sagte, sie wolle in der nächsten Zeit Farben in den Mittelpunkt unseres Schlusskreises stellen, bin ich erschrocken, weil ich befürchtete, dass wir jetzt mit den Kindern üben müssten die Farben richtig zu benennen. Aber es kam ganz anders. Es war richtig spannend. Als zum Beispiel Rot dran war, haben wir vor die Fenster einen roten Vorhang gehängt und uns dann anmuten lassen: Alle legten sich auf den Boden und träumten von Rot. Wir haben uns Geschichten vom kleinen Rot erzählt. Jedes Kind sollte etwas kleines Rotes mitbringen. Wir haben einen Rot-Suchspaziergang gemacht und dabei festgestellt, dass Rot die Farbe ist, die Gefahren anzeigt: vom Verkehrsschild bis zur Absperrung und der roten Bodenkennzeichnung für Fahrradwege. Schließlich haben wir unsere Kirchenfenster auf ihre rote Farbe hin betrachtet. Da haben nicht nur die Kinder gelernt. Ich auch. Rot hat für mich – jetzt wollte ich gerade sagen: „Farbe bekommen".

◆ **Sabine:** Ideen muss man haben! Ob sie einem in der praktischen Arbeit kommen?

◆ **Frank:** Die Kinder oder Jugendlichen haben aber auch eine Menge Ideen. Man muss ihnen nur signalisieren, dass sie wichtig und willkommen sind. Ich meine, ihre Ideen, natürlich auch sie selbst. Wenn man ihre Ideen aufgreift, werden sie zunehmen. Ha! Ich habe ein Rätsel: „Was wird mehr, wenn man davon nimmt?"

◆ **Claudia:** Langsam, Frank! Auf dein Rätsel gibt es mehrere Antworten! Ich habe das mal irgendwo im Zusammenhang mit Liebe gelesen.

◆ **Sabine:** Haben wir nicht auch schon einmal etwas ähnliches beim Thema „Spielzeugüberfülle" gesagt?

Literaturempfehlung

René Reichel (Hrsg.): Spielpädagogik. Grundlagen und Berichte. Ökotopia Verlag 1987

Ulrich Baer: Spielpraxis. Kallmeyersche Verlagsbuchhandlung 1995

Jürgen Fritz: Vom Verständnis des Spiels zum Spielen mit Gruppen. Pädagogische Hilfen für den Spielleiter. Grünewald Verlag 1986

Josef Broich: Gruppenspiele anleiten. Maternus Verlag 1991

3.4 Spielführung durch Gruppenmitglieder

Anregung zum Eindenken in die Thematik

Erinnerung

Versuchen Sie sich ein Spiel aus eigener Kindheit ins Gedächtnis zu rufen, bei dem Sie oder ein anderes Kind Spielführung übernommen haben.
Was hat diese Spielführung für Sie bedeutet?
Durchdenken Sie Fähigkeiten, die von guten Spielführern verlangt werden.
Tauschen Sie Ihre Erfahrungen und Gedanken in Ihrer Studiengruppe aus.

Wenn Kinder oder Jugendliche in Gruppen miteinander ohne Anleitung eines Erwachsenen spielen, übernehmen oft Gruppenmitglieder die Spielführung. Bei der Initiative von Seiten der Gruppenmitglieder spricht man gewöhnlich von *Führung*, während der offizielle Leiter, also die Erzieherin, die Gruppe oder das Spiel *leitet*, das heißt die Spiel*leitung* übernimmt.

Die Bedeutung für das Gruppenmitglied

Viele Regelspiele haben innerhalb ihres Ablaufs wechselnde Spielführer, wenn zum Beispiel ein Spieler in der Mitte des Kreises steht und den weiteren Spielverlauf für eine Spielrunde lenkt. Auch bei Spielen, die nicht unbedingt einen Spielführer benötigen, sondern in gemeinsamer Absprache entschieden werden könnten, übernimmt oft ein Spieler die Führung, beispielsweise bei Rollenspielen, bei Konstruktionsspielen in der Bauecke oder bei Bewegungsspielen im Freien. Ohne einen Spielführer gibt es meist mehr Konflikte, ganz besonders dann, wenn zwei oder mehrere Spieler unterschiedliche Ideen einbringen und sie umgesetzt haben wollen oder den weiteren Spielverlauf bestimmen möchten.

Solche Konflikte sind keineswegs nur als Problem zu sehen. Sie sind für die Entwicklung eines Kindes von großer Bedeutung. Hier wird um Ansichten und Positionen gerungen, Fremd- und Selbstbestimmung werden gegeneinander abgewogen. Erzieherinnen, die sehr harmoniebedürftig sind, halten solche Konflikte manchmal nicht durch. Sie setzen Regeln, bestimmen den Spielverlauf selbst oder ziehen es vor, wenn dominante und fähige Kinder oder Jugendliche die Führung übernehmen. Meistens ist die Rolle des Spielführers ja auch eine beliebte Rolle, jedenfalls bei jüngeren Kindern. Wenn sich die Konflikte dann verringern, wird vielleicht gar nicht genauer beobachtet, mit welchen Mitteln Gruppenmitglieder ihre Führung durchsetzen.

Manche Gruppenmitglieder haben ihre Rolle als Spielführer bereits innerhalb der Gruppe so gefestigt, dass sie ohne Verhandlungen und ohne Kampf von den Gruppenmitgliedern anerkannt werden. Das kann sein, wenn sie besondere Begeisterungsfähigkeit ausstrahlen oder zündende Ideen haben und die Mitspieler wissen, dass das Spiel mit ihnen als Spielführer schön ist.

Ein Beispiel: Alexander gehört zu den ältesten Kindern im Kindergarten. Meist kommt er, wenn schon einige Kinder da sind. Sobald er den Gruppenraum betritt, wird er von den spielenden Kindern gefragt, ob sie mit ihm spielen dürfen. Manchmal fangen Kinder kein Spiel an, weil sie auf Alexander warten. Alexander fragt dann oft: „Habt ihr schon etwas angefangen?“ Auf angefangene Spiele kann er sich meist gut einlassen. Er bringt sofort Ideen ein, um das Spiel zu erweitern. Dabei kann er Rollen verteilen ohne dominant zu wirken. „O ja, diese Stadt hätte einen Fluss und da würde die Wasserpolizei fahren. Hamdy, willst du die Wasserpolizei sein? Die Wasserpolizei müsste alle Schiffe kontrollieren.“ Julian schlägt vor: „Und dann wäre jemand ins Wasser gefallen, der müsste gerettet werden...“ Alexander: „O ja, zwei Leute und ein Hund, aber der kann schwimmen ...“

Es kann aber auch sein, dass Gruppenmitglieder ihre Führungsposition über Druck erreicht haben und die Mitspieler sich ihnen ausgeliefert fühlen, beispielsweise, indem sie passive, ausführende Rollen übernehmen müssen, zum Beispiel das Baby der Familie spielen, oder indem sie die Rolle nach den Vorgaben des Spielführers ausführen müssen: „Nein, so nicht, das ist ganz falsch! Du musst als Doktor ..."
Wenn spielführende Gruppenmitglieder einmal nicht anwesend sind, läuft das Spiel in den Spielgruppen völlig anders. Manchmal wissen die Gruppenmitglieder dann nicht, was sie spielen könnten. Kinder, die gewohnt sind sich führen zu lassen, fühlen sich verunsichert und müssen ihre Rolle innerhalb der Gruppe neu suchen und ausprobieren.

Für eine gute Spielführung sind differenzierte Fähigkeiten erforderlich: Eigene und fremde Wünsche müssen wahrgenommen, deren Folgen abgeschätzt und Kompromisse gefunden werden. Der Spielführer muss sich für die Verwirklichung der gemeinsamen Pläne einsetzen, muss Initiative ergreifen, Begeisterung und Spielfreude ausstrahlen, sich gegenüber anderen durchsetzen und manchmal auch den vorgeschlagenen Weg begründen. Schließlich übernimmt der spielführende Mitspieler Verantwortung für das Gelingen des Spiels.

Kinder haben heute in der familiären Lebenswelt oft nicht die ausreichenden Möglichkeiten mit etwa gleichaltrigen Spielpartnern zu spielen, noch weniger in Gruppen mit mehreren Spielern. Das Kind kann sich in seinem Verhalten gegenüber anderen Kindern kaum beweisen. Der Umgang mit Eltern oder anderen Erwachsenen bietet ihm nicht die gleiche Auseinandersetzung. Das Kind muss sich gegenüber den Eltern vielleicht unterordnen oder es kann dominieren. Es spürt und weiß, dass die Eltern Macht ihm gegenüber haben, auch wenn sie diese Macht nicht nutzen. Mit gleichaltrigen Spielpartnern muss anders mit Macht und Durchsetzung umgegangen werden.
Der Kindergarten und andere sozialpädagogische Einrichtungen haben deshalb im Zusammenhang mit Spielführung und Spielunterordnung wichtige pädagogische Aufgaben zu leisten.

Aufgaben für Gruppenleiter/innen im Zusammenhang mit Spielführung durch Gruppenmitglieder

Erzieherinnen müssen sich fragen, was die Spielführung für das einzelne Kind oder den Jugendlichen bedeutet und wie sich das Mitspielen oder Unterordnen der anderen Spielteilnehmer auf deren Entwicklung auswirkt. Nur wenn die Erzieherinnen sich Folgen dieser Rollen klarmachen, können sie angemessene Ziele und pädagogische Konsequenzen ableiten.

Ideal ist eine Gruppenzusammensetzung bei einem Spiel dann, wenn die Führung nicht nur in einer Hand liegt, sondern wenn Ideen gemeinsam entwickelt werden und alle Teilnehmer ihren Teil zum Gelingen des Spiels beitragen. Spielführung muss nicht bedeuten, dass nur jeweils *ein* Spieler das Sagen hat. Von Führung wird auch gesprochen, wenn lediglich Impulse, Gedanken, Initiativen, Stellungnahmen, Bewertungen, Grenzen usw. eingebracht werden. Führung heißt nicht, dass alle Fäden und die Verantwortung des Gelingens in einer einzigen Hand liegen müssen, wie das bei Spielleitung durch die Gruppenleiterin der Fall ist.

Ziel des pädagogischen Vorgehens muss es sein, die so wichtigen Fähigkeiten, die zur Übernahme von Führungsrollen gehören, zu fördern, ohne dass sie in unangemessene Dominanz überschwappen. Wenn nur egoistische Spielwünsche des Spielführers umgesetzt werden, wird die Spielführung fraglich.
Spielführung muss deshalb im Rahmen der Möglichkeiten beobachtet werden. Das ist nicht immer machbar, nicht nur, weil die Erzieherin ihre Aufmerksamkeit nicht überall haben kann oder weil sie sich problematischem Verhalten zuwenden muss, sondern auch, weil Gruppenspiel häufig dort geschieht, wo es die Erzieherin nicht sieht: im Freien, in Nebenräumen oder auch in Spielecken, auf der zweiten Ebene. Diese Rückzugsmöglichkeiten werden gerade

dafür geschaffen, dass Kinder unbeobachtet und in eigener Regie spielen können. Die Beobachtung von Spielführung muss deshalb vorsichtig und unaufdringlich vorgenommen werden. Sie ist aber notwendig, damit nicht immer die gleichen Kinder diese Funktion übernehmen und dadurch die eigene Position möglicherweise auf Kosten der anderen stärken. Natürlich muss auch berücksichtigt werden, dass Kinder die Zugehörigkeit, Anerkennung und Sicherheit in der Gruppe unterschiedlich empfinden und auf verschiedene Weise suchen, das heißt, dass sie auch nicht die gleichen Rollen oder Funktionen anstreben. Während das eine Kind sich in der Führungsposition anerkannt und dadurch sicher fühlt, empfindet das andere vielleicht in der Tatsache, beliebter Mitspieler zu sein, seine Anerkennung und Zugehörigkeit.

Im Kindergarten, vielleicht auch noch im Grundschulalter, hat die Erzieherin gewisse (begrenzte!) Einflussmöglichkeiten auf die Bildung von Kleingruppen. Sie kann zum Beispiel ein ruhiges, sich fügendes, älteres Kind dahin lenken, dass es bei jüngeren Kindern Spielführung übernimmt, etwa ihnen mit Handpuppen etwas vorspielt, ein Bilderbuch mit ihnen betrachtet oder sie in ein Rollenspiel einbindet. Das Kind macht dann vielleicht die angenehme Erfahrung, dass es auch in der Position als Spielführer Anerkennung von anderen erhält und sich dadurch sicher und zugehörig fühlen kann.
Die Erzieherin könnte auch für ein bestimmtes Spiel solche Kinder in eine Gruppe zusammenbringen, die es alle verstehen, Führung zu übernehmen, beispielsweise sie gemeinsam im Freien spielen lassen (wenn die restliche Gruppe noch im Raum ist). Die Gruppenmitglieder müssen sich dann mit ihrem Führungsanspruch intensiver auseinander setzen und Kompromisse suchen. Natürlich ist bei einer solchen Gruppenzusammensetzung mit härteren Konflikten zu rechnen, als wenn ein Teil der Spielpartner sich kritiklos fügt. Es wäre aber – wie schon gesagt – falsch, nur den Weg des geringsten Widerstandes zu gehen (allerdings manchmal nicht anders ertragbar).

Spiele im Kreis bieten eine weitere Möglichkeit Kinder langsam in verantwortliche Führungsaufgaben innerhalb von Spielen einzuführen, wenn etwa bei Regelspielen im Kindergarten kreative oder führende Einsätze von einzelnen Spielern zu leisten sind: Ein Kind beginnt ein Spiel, wählt die Spielpartner für einzelne Rollen aus, bestimmt Bewegungen, die von allen zu machen sind usw. Meist spielen alle Kinder diese kleinen Führungsrollen gern, sobald sie sich in der Gruppe einigermaßen sicher fühlen. Hier muss die Erzieherin darauf achten, dass sich einzelne Kinder nicht mit diesen kleinen, ziemlich festgelegten Führungsrollen zufrieden geben, sondern dass sie ihre Führungsfähigkeiten ausdehnen auf andere Bereiche.

Wenn Gruppenleiter ihre Führungspositionen möglichst oft an Gruppenmitglieder abtreten, ermöglichen sie nicht nur den Kindern und Jugendlichen Gruppenführung, sondern sie geben auch ein Vorbild: Es ist wünschenswert und gut, Macht abzugeben und zu verteilen.

Bei älteren Kindern sind die Rollen innerhalb von Gruppen oft fester ausgeprägt. Manche Kinder und Jugendliche streben ständig Führung an. Führung bedeutet ja auch Macht. Zuweilen – vielleicht oft – geschieht das ohne Einfühlungsvermögen und Wertschätzung der Spielpartner. Diese Gruppenmitglieder scheinen sich in der Gruppe nur bestätigt zu fühlen, wenn sie in der Führungsrolle sind. Manchmal helfen Gespräche, weil den Gruppenführern oft nicht bewusst ist, wie sie auf die Spielpartner wirken. Andere Gruppenmitglieder übernehmen selten Führung. Hier gilt es zu bestärken, Mut zu machen, damit diese Gruppenmitglieder wachsen können und mit ihnen die Gruppe.
Die Initiative und Bereitschaft von Gruppenmitgliedern, Spielführung und deren Problemlösung in die Hand zu nehmen, wird zunehmen, wenn ihre Versuche anerkannt werden. Die Erzieherin sollte deshalb häufig Rückmeldung an spielführende Kinder geben. Dieses Feedback soll möglichst aufbauend sein, aber natürlich müssen auch Schwachstellen bewusst gemacht werden. Ein Beispiel: „Ariane, ich fand deine Idee schön,

ihr habt ganz begeistert gespielt. Sicher hat es dir Freude gemacht. Ich hatte nur manchmal den Eindruck, Moritz war nicht so glücklich, er hätte auch gerne ein bisschen mitbestimmt."
Kurze Reflexionsgespräche mit der Gruppe nach Spielphasen sind eine weitere gute Möglichkeit Kooperation anzustreben. Zum Beispiel: „Hattet ihr einen Spielführer?" (Kleine Kinder würden „Bestimmer" sagen.) „Oder habt ihr gemeinsam entschieden?" „Wessen Ideen waren es?" „War es schwierig, sich zu einigen?" „Was würdet ihr dem Spielführer gerne sagen wollen?" (Diese Frage ist allerdings nur dann sinnvoll, wenn die Gruppenmitglieder sich sicher in der Gruppe fühlen und nicht fürchten müssen, dass sie bei ehrlich kritischer Rückmeldung mit Strafe durch die Gruppenmitglieder oder den Spielführer rechnen müssen.)

Natürlich kann es sein, dass Gruppenleiter/innen auch Grenzen setzen müssen, wenn sich unangemessenes Führungsverhalten einzelner Gruppenmitglieder nicht ändert oder wenn Spielteilnehmer kritiklos einem starken Spielführer folgen und sich negativ beeinflussen lassen. Das kann zum Beispiel der Fall sein, wenn zu moralisch verwerflichem Spielen und Handeln angeleitet wird wie Diebstahl aus Abenteuerlust oder Erschrecken und Bedrohen von Menschen; wenn Spieler zu risikoreich und gefährlich spielen, etwa kurz vor einem fahrenden Auto die Straße überqueren, oder wenn zu Spielen motiviert wird, die einzelnen Spielern schaden, beispielsweise Spiele im sexuellen Bereich oder das Übervorteilen von schwachen Gruppenmitgliedern.

Zusammenfassend kann festgehalten werden: Spielführung durch Gruppenmitglieder zu ermöglichen, zu beobachten, zu lenken und zu reflektieren, notfalls auch zu begrenzen, sind wichtige Aufgaben für Erzieherinnen und Erzieher, gleichgültig, in welcher sozialpädagogischen Einrichtung sie arbeiten.

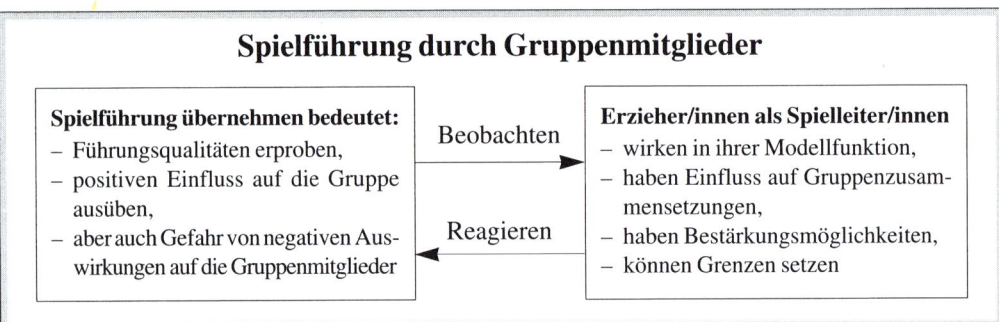

Spielführung durch Gruppenmitglieder

Spielführung übernehmen bedeutet:
- Führungsqualitäten erproben,
- positiven Einfluss auf die Gruppe ausüben,
- aber auch Gefahr von negativen Auswirkungen auf die Gruppenmitglieder

Beobachten →

← Reagieren

Erzieher/innen als Spielleiter/innen
- wirken in ihrer Modellfunktion,
- haben Einfluss auf Gruppenzusammensetzungen,
- haben Bestärkungsmöglichkeiten,
- können Grenzen setzen

Zusammenfassung

- Bei vielen Spielen übernehmen Gruppenmitglieder Spielführung. Dabei erlernen und üben sie wichtige Führungsqualifikationen: Beobachten, eigene Wünsche formulieren, fremde Wünsche wahrnehmen, Kompromisse schließen, Initiative ergreifen, Begeisterung ausstrahlen, Verantwortung übernehmen.

- Erzieherinnen und Erzieher bemerken im Trubel der Gruppenbetreuung häufig eine Spielführung durch Gruppenmitglieder erst dann, wenn es zu Konflikten kommt. Dadurch werden Stärken der Spielführer oft nicht beachtet und wenig bestärkt.

- Erzieherinnen und Erzieher können auf die Spielführung von Gruppenmitgliedern Einfluss nehmen, indem sie das Führungsverhalten beobachten, Gruppenzusammensetzungen (vor allem bei jüngeren Kindern) beeinflussen, positives Führungsverhalten bestärken, führungsschwachen Gruppenmitgliedern behutsam Führungsaufgaben übertragen, wenn nötig Grenzen setzen und unangemessenes Verhalten den Beteiligten bewusst machen.

Zum Nachdenken:

❍ Irene Klein schreibt in „Gruppenleiten ohne Angst" (S. 112):

❐ *Führung wird breiter verstanden als Gruppenleitung. Führung geschieht überall dort, wo einzelne Mitglieder in der Gruppe andere in einer von ihnen gewünschten oder angezielten Richtung beeinflussen, wo Teilnehmer Initiative übernehmen, Motor sind, Richtung angeben, dazu anregen oder aufrufen, etwas Bestimmtes zu tun oder zu unterlassen. In einer Gruppe, in der die Mitglieder keine Führung übernehmen, herrscht Bewegungslosigkeit und Stillstand.*
So verstanden ist Führung eine notwendige Funktion der Gruppe im Sinn einer bewussten gegenseitigen Einflussnahme, die sich bezieht auf Programme, Gefühle, Verhalten, Denken und Wertvorstellungen. ❐

Claudia, Sabine und Frank
Studierende einer Fachschule für Sozialpädagogik

◆ **Claudia:** Wenn ich die Begriffe richtig erfasst habe, dann übernehme ich als Praktikantin im Kindergarten Spiel*leitung*, weil ich den offiziellen Auftrag habe ein Spiel zu lenken. Wenn ich in unserer Studiengruppe ein Spiel einführe, dann ist das Spielführung, weil ich nicht eure Lehrerin, sondern ein Gruppenmitglied bin.

◆ **Sabine:** Da kann man aber ins Schwimmen geraten! Wenn du zum Beispiel eine Rallye für die Studiengruppe vorbereitest und durchführst – meinetwegen im Auftrag der Lehrerin –, dann würde ich das als offiziell bezeichnen. Also Spiel*leitung*, oder? Also ich sehe da schon fließende Übergänge.

◆ **Frank:** Nein, dann *übst* du Spielleitung, weil das zu unserer Berufsausbildung gehört. Aber ich denke jetzt an etwas anderes: Meine Gedanken hängen im Augenblick mehr an der *Bedeutung* der Spielführung als am Begriff. Ich fange zunehmend an zu erkennen, dass im Kindergarten Weichen gestellt werden. Wenn ein Kind im Kindergartenalter und in der Kindergartengruppe nicht lernt Führung zu übernehmen oder sich gegen unangemessene Führung aufzulehnen, dann ist der Zug möglicherweise schon abgefahren. Dann wird sein Mitläufertum und sein Schwanz-Einziehen vielleicht nur noch in den späteren Erziehungsinstitutionen verstärkt.

◆ **Claudia:** Es freut mich, Frank, dass du meine spätere Arbeit, nämlich den Kindergarten, beginnst wertzuschätzen. Ich hatte bisher den Eindruck, dass du ihn als – naja – Kinderkram abgetan hast. Zugleich erschreckt mich meine Verantwortung, wenn das so ist, wie du sagst.

Literaturempfehlung

Irene Klein: Gruppenleiten ohne Angst. Ein Handbuch für Gruppenleiter. Verlag J. Pfeiffer 1992 (4. Aufl.)

Maria Caiati, Svjetlana Delač, Angelika Müller: Freispiel – Freies Spiel? Erfahrungen und Impulse. Don Bosco Verlag 1994 (6. Aufl.)

4 Spielformen und Freizeitaktivitäten sowie deren Anleitung

Kapitel vier ist der umfangreichste Abschnitt dieses Buches. Unterschiedliche Spielformen für alle Altersstufen werden in ihrer Bedeutung für das Kind oder den Jugendlichen behandelt, und es wird über methodisches Vorgehen bei der Betreuung dieser Spiele oder über deren Anleitung nachgedacht. Dabei werden vorrangig solche Aspekte behandelt, die bei schwierigen Entscheidungen in der sozialpädagogischen beruflichen Arbeit Standorthilfe geben können oder auf weniger beachtete, aber doch wichtige Einflussmöglichkeiten hinweisen.

Die Gliederung wird zunächst nach den sich in der Entwicklung des Spiels aufeinander aufbauenden Spielformen vorgenommen: Übungsspiele/Funktionsspiele, Konstruktionsspiele, Rollenspiele (geteilt in Rollenspiele für die Gruppe und darstellende Spiele, die vor Zuschauern gespielt werden) und Regelspiele. Danach werden einige Spielarten betrachtet, die nicht eindeutig einer dieser Spielformen zuzuordnen sind. Im letzten Teilabschnitt wird über solche Aktivitäten nachgedacht, die nicht zum Spiel zu zählen sind, die aber von Erzieherinnen und Erziehern im Rahmen der Freizeitpädagogik gelenkt werden müssen.

Bei der jeweils empfohlenen Literatur am Ende der zweiziffrigen Teilabschnitte handelt es sich nicht um Spielesammlungen (die es meist in großer Zahl gibt), sondern vorrangig um Konzepte und Gedanken zu den jeweiligen Spielformen. Ein bibliographisches Handbuch mit übersichtlich gegliederten Literaturnachweisen der Jahre 1980 bis 1994 zu Spiel, Bewegung und Animation hat Josef Broich unter dem Titel „Spiel-Bibliographie" 1995 im Maternus-Verlag herausgebracht. Es bietet eine überschaubare Übersicht über die auf dem Markt erhältliche Literatur einschließlich der Spielesammlungen in Buch- und Karteiform.

4.1 Übungsspiele/Funktionsspiele

Die ersten Spiele des Kindes sind Übungsspiele (Bezeichnung nach Piaget) oder Funktionsspiele (Charlotte Bühler). Das Kind wiederholt einfache Handlungsschemata und übt seine zunehmenden Fähigkeiten (Funktionen). Im Laufe der Entwicklung werden die Handlungsabläufe vielfältiger und komplizierter. Während der Säugling Freude am Funktionieren seiner Stimme, am Schauen und Hören, am Ausprobieren seines Tastsinnes oder an einfachen Bewegungen mit seinen Gliedmaßen hat, reizt das ältere Kind das Laufen, Balancieren, Springen, Werfen, Fahrrad fahren, Stelzenlaufen usw.

Das Übungs- oder Funktionsspiel verschwindet bei den meisten Menschen auch im Erwachsenenalter nicht ganz und zeigt sich noch in spielerischem Ausprobieren von Bewegungen und Wahrnehmungen, zum Beispiel auf dem Jahrmarkt.
Als Übungsspiele sind vor allem solche Spiele zu bezeichnen, die das lustvolle Erproben der Motorik und der Sinne betreffen. Deshalb soll in den nächsten beiden Abschnitten über Bewegungs- und Wahrnehmungsspiele sowie deren Bedeutung für den jungen Menschen und die Erzieherin nachgedacht werden.

4.1.1 Körpererfahrungs- und Bewegungsspiele – nicht nur für die Kleinsten

Anregung zum Eindenken in die Thematik

Ausprobieren von neuen Bewegungsformen

Bringen Sie von zu Hause so weit als möglich Geh- und Fahrspielzeuge mit: Stelzen, Dosenstelzen (Dosen, die an langen Schnüren unter den Schuhsohlen festgehalten werden), Pedalos, Skateboards, Inlineskates, Rollschuhe usw. und benutzen Sie solche Geräte aus Ihrem Turnraum. Nehmen Sie sich Zeit mindestens eines dieser Geräte, die Sie noch nie oder schon sehr lange nicht mehr benutzt haben, auszuprobieren.

Beobachten Sie sich selbst und die anderen Gruppenmitglieder. Sprechen Sie anschließend über Ihre Erfahrungen und Beobachtungen.

Während Wahrnehmungsspiele stärker auf das Erfassen der Außenwelt gerichtet sind, stehen bei den Körpererfahrungs- und Bewegungsspielen das Erfassen des eigenen Körpers mit seinen unterschiedlichsten Fähigkeiten sowie das Umgehen mit dem Körper im Mittelpunkt.
Der Säugling spielt zuerst mit seinem eigenen Körper, bevor er Gegenstände aus der Umwelt zum Spiel benutzt: Er spielt mit seiner Stimme, wenn er lallt; er strampelt lustvoll und entdeckt, dass er die Hände gezielt bewegen und etwas greifen kann.
Das Kleinkind stellt voller Freude seine wachsenden Fähigkeiten fest, wenn es krabbelt, läuft, strampelt, springt, balanciert, mit Gegenständen wirft, etwas schiebt oder zieht usw.

Bei Bewegungsspielen geht es keineswegs nur um reine Bewegung. Das Kind riskiert Neues, und zwar freiwillig. Das Kind geht lustvoll ein Wagnis ein, zum Beispiel von einer Treppe zu springen, einen Hang hinunterzukullern, auf Bäume zu klettern, über einen Baumstamm zu balancieren. Es weiß, dass es das Spiel abbrechen kann, wenn es seine Grenzen erreicht hat. Es kann seine Grenzen austasten. Spiele, insbesondere solche Spiele, in denen der Körper erprobt wird, vermitteln häufig abenteuerliche Gefühle.
Bewegungsspiele sind voller Spannung. Sie können Abreaktion von psychischer Anspannung bedeuten. Gefühle können sich in körperlicher Bewegung äußern, zum Beispiel Freude in tänzerischen Bewegungen oder im schnellen Lauf, Zorn im Ballwerfen, Zufriedenheit im Balancieren.
Beim Sport stehen die Leistung und die Schulung des Körpers im Mittelpunkt, beim Spiel die Lust. Bewegungsspiele sind deshalb nicht mit Sport gleichzusetzen. Natürlich gibt es fließende Übergänge und keine eindeutige Abgrenzung.

Heutige Kinder laufen Gefahr sich nicht ausreichend zu bewegen. Das liegt zum einen am Mangel an Möglichkeiten zu vielfältiger Bewegung, insbesondere zu selbstständigem Spiel im Freien. Dazu kommt das Auto, durch das Bewegungen ebenfalls eingeschränkt werden. Zum anderen tragen die Medien zu Bewegungsarmut bei, weil sie durch ihre Faszination Kinder fesseln und sie von Bewegung abhalten. Hier kann ein Kreislauf einsetzen: Kinder, die sich wenig bewegen, verringern manchmal ihr Verlangen nach Bewegung, vor allem, wenn der Bewegungsmangel mit Überernährung gekoppelt ist. Sie werden körperlich träge und entwickeln nicht die physische Tüchtigkeit und Widerstandsfähigkeit, die ihrem Alter entspricht. Gesundheitliche Folgen zeigen sich oft erst sehr viel später. Gesunde Ernährung, keine Überernährung, wenig Süßigkeiten, vor allem nicht zwischendurch, sind Voraussetzungen für ein angemessenes Körpergewicht und einen ge-

sunden und bewegungsfreudigen Körper. Die Sorge, dass Kinder bei uns unterernährt sind, brauchen wir nicht zu haben, Fehlernährung kennen wir allerdings häufig.
Durch mangelnde Bewegung kann auch das Gegenteil von Trägheit entstehen, nämlich Unruhe und Rastlosigkeit. Bei schwierigen, quirligen, aggressiven Gruppen wäre es wichtig, zuerst die Bewegungsmöglichkeiten der Kinder (in der Familie und in der sozialpädagogischen Einrichtung) zu erforschen und so weit als möglich zu erweitern. Wenn Kinder entsprechenden Bewegungsfreiraum haben und wissen, dass sie sich bewegen dürfen, werden sie in der Regel auch bewegungsreiche Spiele erfinden. Wertschätzendes Anerkennen und Bestärken durch die Erzieherin und bewegungsanregendes Spielmaterial erhöhen den Erfindungsgeist der Gruppe. Schließlich kann die Erzieherin durch Mitspielen und durch angeleitete Bewegungsspiele weitere Ideen der Kinder zu bewegungsreichem Spiel wecken und neue Möglichkeiten für die Gruppe erschließen.

Über die Notwendigkeit und die Möglichkeiten von bewegungsreichem Spiel ist in anderen Kapiteln schon viel gesagt worden, zum Beispiel im Abschnitt Raumgestaltung (Seite 54 ff) oder im Kapitel Aggression im Spiel (Seite 38 ff). Der Einbezug von Bewegung wird auch in später folgenden Abschnitten noch bearbeitet werden, etwa die Bedeutung von Bewegung bei Spielen im Stuhlkreis. Aus diesem Grund wird auf konkrete Bewegungsspiele in diesem Kapitel nicht differenzierter eingegangen.

Im Tagesablauf einer sozialpädagogischen Einrichtung ist es wichtig, dass Bewegung nicht

Körpererfahrungs- und Bewegungsspiele

Bewegung im Alltag

Heutige Situation vieler Kinder

- bewegungsarme Wohn- und Lebensweise
- häufig körperliche Trägheit durch Überernährung
- oft Rastlosigkeit und geringe Konzentration durch Bewegungsmangel

Angemessene Lebensweise

- vielfältige und abwechslungsreiche Bewegung
- gesunde Ernährung
- Freude an Bewegung gepaart mit Fähigkeit zu Besinnung und Konzentration

Deshalb

Biete
vielfältige Bewegungsmöglichkeiten (für selbstorganisiertes Kinderspiel und durch vorgegebene Bewegungsspiele)!
Sorge
für Ausgleich zwischen Bewegung und Ruhe!
Beachte
gesunde Ernährung!

nur einzelnen Tagesabschnitten zugewiesen wird, etwa dem Spiel im Freien oder der wöchentlichen Turnstunde. Die Gruppenmitglieder müssen – abgesehen von bestimmten Programmen wie einer Erzählstunde oder dem Herstellen einer Werkarbeit – immer Möglichkeiten haben sich zu bewegen. Wenn sie sich nicht von selbst bewegen, müssen sie zu – möglichst lustvoller – Bewegung angeregt werden. Ein Kind braucht allerdings auch Ruhe für Konzentration und Besinnung. Die Gruppe muss Raumteile für ruhige *und* für bewegungsreiche Spiele haben. Solche Raumteile für Bewegung können eine Tobeecke im Flur sein, der Turnraum oder die Möglichkeit für einzelne Kinder allein oder in einer Kleingruppe im Freien zu spielen. Eine flexible Tageslaufgestaltung ist Voraussetzung für bewegungsreiche Spiele der Gruppenmitglieder.

Manche Erzieherinnen sind ängstlich hinsichtlich der Aufsichtspflicht, wenn Kinder zum Beispiel klettern oder balancieren. Aber Pädagogik steht vor Aufsichtspflicht. *Die Rechtsprechung beweist, dass überlegtes pädagogisches Handeln anerkannt wird. Die Aufsichtspflicht verlangt von Erzieherinnen grundsätzlich nichts anderes und grundsätzlich nicht mehr als von den Eltern erwartet wird. (.....) Pädagogische Fragen, Aufgaben und Probleme müssen durch pädagogische Kompetenzen gelöst werden. Aufsicht ist und bleibt Nebenpflicht zur Erziehungspflicht.* (Christa Preissing/Roger Prott 1994, S. 50)

4.1.2 Wahrnehmungsspiele – die Welt erkunden

Anregung zum Eindenken in die Thematik

1. Bewusste Wahrnehmung der Umwelt

Bringen Sie eine leere Papprolle von Haushaltstüchern, Toilettenpapier oder Ähnlichem mit. Sehen Sie durch diese Röhre und betrachten Sie Ihre Umwelt bewusst in diesem Ausschnitt. Suchen Sie interessante „Fotoausschnitte“. Finden Sie für Ihre Fotos jeweils einen Titel. Tauschen Sie Ihre Wahrnehmungserfahrungen aus, denken Sie zum Beispiel über den Unterschied zu alltäglichen Wahrnehmungen nach oder versetzen Sie sich in einen Marsmenschen, der die Erde zum ersten Mal und nur mit diesen Ausschnittblicken sieht.

2. Körperwahrnehmung

Spielen Sie „Rollende Jungfrau“:
Die Gruppe liegt dicht nebeneinander auf dem Boden. Ein Gruppenmitglied legt sich quer über die liegende Gruppe. Die Gruppenmitglieder rollen in der gleichen Richtung. Die „Jungfrau“ wird vorwärts gerollt.
Möglichst viele Gruppenmitglieder sollten diese Bewegungsform erproben. Sprechen Sie anschließend über die ungewöhnliche Bewegungswahrnehmung.
Oder:
Spielen Sie „Steife Puppe“:
Die Gruppe von bis zu 12 Teilnehmern steht dicht im Kreis und sorgt für einen festen Stand. Ein Gruppenmitglied steht in der Mitte und lässt sich steif wie eine unbewegliche Puppe fallen, während die Füße im Kreismittelpunkt auf dem Boden bleiben. Die steife Person wird von den Gruppenmitgliedern aufgefangen und herumgeschoben. Bei geschlossenen Augen hat die „Puppe“ gewöhnlich ein noch angenehmeres Gefühl. Nicht alle Menschen haben das ausreichende Vertrauen um sich fallen zu lassen. (Keinen Druck ausüben!)

Bedeutung der Wahrnehmung für die geistige Entwicklung des Kindes

Wahrnehmungen bestimmen unser Leben und prägen unser Empfinden, Denken und Handeln. Über die Wahrnehmung erschließt sich das Kind – und nicht nur das Kind – die Welt.
Im Allgemeinen sprechen wir von fünf Sinnen: dem Gesichtssinn (Sehen), dem Gehörsinn, dem Geruchssinn, dem Geschmackssinn und dem Tastsinn. Diese Sinne sind erkennbar an Sinnesorganen gebunden: an das Auge, das Ohr, die Nase, den Mund und die Haut. Es gibt aber noch weitere Sinne, von denen vor allem der Gleichgewichtssinn (vestibuläres System) für die lustvolle Entdeckung der Welt und der eigenen Person bedeutsam ist. Er kommt zum Ausdruck, wenn sich der Mensch bewegt oder bewegt wird. Das kleine Kind fühlt sich zum Beispiel wohl, wenn es getragen oder geschaukelt wird, wenn das Kind sich aufrichtet, zu laufen anfängt, später springt, klettert, fährt usw. Deshalb ist der Gleichgewichtssinn auch ein Anlass für zahlreiche Spiele: klettern, balancieren, Fahrrad fahren, Rollbrett fahren, schaukeln, wippen usw. Ein weiterer, für das Spiel wichtiger Sinn liegt im kinästhetischen System, der heißt der Tiefensensibilität und der Bewegungsempfindung. Dieser Sinn nimmt die Muskelspannung, die Kraft des eigenen Körpers und das Gewicht von Objekten bei deren Bewegung wahr. Springen, rennen, werfen usw. vermitteln über den kinästhetischen Sinn Informationen und Lustgefühle.
Dagegen haben etwa der Temperatursinn der Haut und der Schmerzsinn für das Spiel des Kindes kaum eine Bedeutung.

Die ersten Spiele des Säuglings sind Übungsspiele im Zusammenhang mit Bewegung und Wahrnehmung. Das Kind spielt mit seinen Sinnen. Es schaut und folgt Gegenständen mit seinen Augen, es tastet und greift, es hört Geräusche, auch seine eigene Stimme, und spielt damit. Später, wenn es krabbelt, sich aufrichtet, zu stehen und zu laufen beginnt, übt es mit Wonne sein Gleichgewicht.

Unsere Sprache macht deutlich, wie wichtig die Sinne für die Entwicklung der geistigen Fähigkeiten sind: Wir sprechen vom Be*greifen*, wenn wir die geistige Handlung meinen, vom Er*fassen*, dem Durch*schauen* und von der klaren *Sicht* der Dinge, von Ver*stehen* (Gleichgewichtssinn), vom *Standort* (der Ort, wo ich stehe) und vom Ver*stand*. Wir sagen, jemand sei von allen Sinnen, wenn er verständnislos und unbegreiflich handelt, oder sprechen von einer sinnlosen Entscheidung, wenn sie keinen Erfolg verspricht.
Die Wahrnehmung ist das Tor zur Welt und die Voraussetzung zur geistigen Entwicklung. Das Kind nimmt die Welt wahr, wie sie ist, und es nimmt wahr, was es mit seinen Handlungen auslöst. Der Säugling erforscht, was passiert, wenn er beispielsweise einen Gegenstand fallen lässt. Damit erkennt er Zusammenhänge und sieht die Folgen seines Handelns. Im sozialen Zusammenleben ist das Du der Spiegel für uns selbst. Die Reaktionen, die wir auslösen, nehmen wir wahr. Diese Reaktionen beeinflussen wiederum unser Handeln und unseren Umgang mit den Menschen.
Ein Kind hat einen überaus hohen Drang wahrzunehmen. Zunächst ist es für den Säugling die direkte Umwelt, die wahrgenommen wird: die Berührungen der Haut mit der Umgebung, die Körperlage beim Liegen und Getragenwerden, die Stimme der Menschen und die sonstigen Geräusche, das Blickfeld mit den festen und beweglichen Konturen und Farben, die Gerüche. Mit wachsender Mobilität wird der Wahrnehmungsradius erweitert. Eltern fühlen sich von der unstillbaren Neugierde des kleinen Kindes, sich und die Welt wahrzunehmen, manchmal genervt. Das Kind ergreift, was in erreichbarer Nähe ist, steckt alles in den Mund um mit den Lippen zu tasten und zu schmecken, klettert, bleibt beim Spazierengehen nicht auf dem Bürgersteig, geschweige denn an der Hand, um alle möglichen Mauern und Stufen zu ersteigen usw. Manchmal müssen die Kinder in diesem spontanen Wahrnehmungsbedürfnis eingeschränkt werden, weil sie sich in Gefahr bringen. Aber oft werden sie unnötigerweise gebremst. Nicht nur die Bezugspersonen, auch das gesellschaftliche Umfeld behindern heute die Wahrnehmungsmöglichkeiten eines Kindes: die Woh-

nungsweise zum Beispiel, die nicht mehr ermöglicht, das Wetter und die Natur spontan wahrzunehmen oder mit dem Körper und seinem Gleichgewichtssinn ausreichend und breit zu experimentieren. Das Erforschen der Welt außerhalb der Wohnung ist für das Kind oft nur in Begleitung Erwachsener möglich. Deshalb rücken das Sehen und das Hören für viele Kinder in den Mittelpunkt. Sehen und Hören sind Fernsinne, denn die Wahrnehmung ist auch aus der Entfernung möglich, ohne dass die Dinge berührt oder begangen werden müssen. Kinder können die Außenwelt weitgehend aus dem Fenster betrachten, sei es aus dem Zimmerfenster oder dem Autofenster. Dabei handelt sich um ein Sehen und Hören, das zur gleichen Zeit das Be-*greifen* nicht ermöglicht. Mit dem Wort „Begreifen" habe ich die körperliche Handlung gemeint. Aber wahrscheinlich ist der Satz auch in den geistigen Bereich zu übertragen. Ein Kind, das mit seinen Nahsinnen (Tast-, Druck-, Schwere-, Gleichgewichts-, Bewegungs-, Geschmacks- und Geruchsempfindungen) nicht mehr genügend wahrnehmen kann, sondern auf seine Fernsinne (Sehen und Hören) angewiesen ist, dürfte Schwierigkeiten haben, die Welt ausreichend zu verstehen. (Die Begriffe aus dem Bereich des Denkens beziehen sich weit mehr auf die Nah- als auf die Fernsinne: Wir kennen zwar das Wort durch*schauen* (Fernsinn), aber es gibt viel mehr geistige Begriffe aus dem Bereich der Nahsinne wie etwa: *leicht* ver*stehen*, *schwer erfassen*; Problembearbeitung kann *harte* Arbeit bedeuten. Auch umgangssprachlich kennen wir solche Begriffe: Etwas macht einen *sauer*, so dass man die darin verwickelten Menschen nicht mehr *riechen* kann. Es *stinkt* einem, wenn man es *satt* hat.

Die Fernsinne Sehen und Hören holen dem Menschen die fernere, nicht berührbare Welt nahe heran. Die Entwicklung der Technik hat diese Möglichkeit endlos verfeinert: fernsehen, fernhören, fernsprechen, faxen, Auto fahren. Für den Erwachsenen ist das eine gute Sache, weil die Geschehnisse der Welt und ihre Zusammenhänge erfasst werden und mit ihnen umgegangen werden kann. Für das Kind, das seine Nahwelt noch nicht er*fasst* hat, bedeuten diese technischen Errungenschaften möglicherweise ein Problem, weil sie Nähe vortäuschen und das Kind mit Eindrücken überschütten, die es noch nicht einordnen kann.

Dazu kommt die Reizüberflutung in den Bereichen Sehen und Hören. Der Mensch muss bei seinen Wahrnehmungen immer selektieren (auswählen). Bei Nahsinnen geschieht das weitgehend durch Handlung. Was wir nicht anfassen oder mit unseren Füßen begehen, können wir nicht ertasten. Wenn wir uns nicht bewegen, können wir unseren Körper nicht spüren. Was wir nicht in den Mund nehmen, können wir nicht erschmecken. Sehen und Hören kann vielfach und mehrfach zur gleichen Zeit auf uns einwirken. Wir müssen viele Dinge, die wir mit den Fernsinnen wahrnehmen, einfach unbeachtet lassen, weil wir einer zu großen Reizfülle ausgesetzt sind.

Die technischen Möglichkeiten Fernes heranzuholen und seh- und hörbar zu machen haben einen weiteren Nachteil für die Entwicklung des Kindes: Das Kind sieht im Film das Erlebnis anderer Kinder. Es erlebt nicht selbst. Es erfährt die gezeigte Spannung nicht aufgrund der eigenen Wahrnehmung mit den Nahsinnen. Sein Abenteuer- und Spannungsgefühl ist beim Erlebnis anderer Kinder anders, schwächer als beim eigenen Handeln. Deshalb muss das Medium das gezeigte Abenteuer steigern. Während ein Kind es beispielsweise als spannend und abenteuerlich empfindet auf einen Baum zu klettern (weniger auf ein Klettergerüst oder einen zubereiteten Kletterbaum mit vorgegebenen Tritthölzern!) könnte ein Film, der nur das Suchen und Tasten beim Hinauf- und Hinabklettern zeigt, keine Spannung hervorrufen. Das Abenteuer muss im Film sichtbar gefahrvoller sein um Spannungsgefühle zu erzeugen. Zusätzlich wird das eigene Abenteuerbedürfnis nicht gestillt, im Gegenteil! Beim älteren Kind kann es in sich zusammenfallen, weil der Jugendliche an andere Abenteuer im Film gewöhnt ist. Das natürliche eigene Bedürfnis läuft Gefahr zu verkümmern oder kann übersteigert werden, wenn der Alltag nicht andere Lebensreize bietet. Offensichtlich können manche Jugendlichen erst dann ihre Abenteuerbedürfnisse befriedigen, wenn sie realistische Gefahrengrenzen und/oder gesellschaftliche soziale Gesetze überschreiten. Ein Spiel kann vom Kind jederzeit beendet werden, wenn das Kind an Grenzen seiner Angst oder seiner Fähigkeiten stößt. Die spektakulären Mutproben Jugendlicher machen an diesen Grenzen nicht Halt. Es ist nicht mehr Spiel, wenn sie große Summen für Bunjeespringen ausgeben, Einbrüche und Zerstörungen aus Abenteuerlust vornehmen oder ihr Leben auf dem Dach einer U-Bahn riskieren. Die Abenteuerlust wird nicht mehr durch realistisch angemessenes Wahrnehmungswagnis und begrenzbares Risiko befriedigt. (Siehe dazu auch das Kapitel Erlebnispädagogik 6.2)

Schlussfolgerungen für Wahrnehmungsspiele im sozialpädagogischen Beruf

Die obigen Ausführungen machen deutlich: Kinder benötigen vielfältige Möglichkeiten um die sie umgebende Welt mit ihren Nahsinnen, vor allem dem Tastsinn, dem Gleichgewichtssinn und dem Bewegungssinn zu erfahren. Zugleich brauchen die Kinder Einschränkungen für die Wahrnehmungen mit den Fernsinnen – dem Sehen und Hören –, und zwar dann, wenn diese Wahrnehmungen nicht zusammen mit den Nahsinnen aufgenommen werden können, wenn die Gegenstände, die sie sehen oder von denen sie hören, nicht direkt und konkret berührt werden können. Das heißt, jüngere Kinder benötigen Einschränkungen bei allem, was durch Technik aus der Ferne hergeholt wird und vom Kind nicht zugleich er*fasst* werden kann. Das Begreifen setzt Greifen voraus. Erst wenn das Kind Gegenstände be*griffen hat*, das heißt, mit seinem Tastsinn erfasst hat, kann es langsam Schlussfolgerungen ziehen und Dinge auch über seinen Sehsinn erkennen. Je jünger das Kind ist, desto stärker muss es über die Nahsinne die Welt wahrnehmen, das heißt die Fernsinne möglichst in Verbindung mit den Nahsinnen einsetzen können.

Im Spiel erkundet das Kind lustvoll seine Umwelt. Lustvolles Lernen ist wirkungsvolles Lernen. Manche Erfahrungen wiederholt es im Spiel tagelang, bis sie ihm geläufig sind. Zuweilen benötigt es Mut machende Verstärkungen, weil es negative Erfahrungen gemacht hat, etwa erschrocken ist oder sich weh getan hat. Manchmal sind auch Einschränkungen notwendig, weil es sich oder andere in Gefahr bringt.
Gezielte und angeleitete Wahrnehmungsspiele können das selbstgewählte Spiel des Kindes verstärken.
Je nach Alter der Kinder ergeben sich für die Erzieherin unterschiedliche Aufgaben.

In der Krippe:
Das gesamte Leben des Kindes in der Krippe muss auf eine ganzheitliche Wahrnehmung ausgerichtet sein:

– Das Kind braucht eine **Spiel- und Lebensatmosphäre**, in der es in seiner Neugier und in seinem Forscherdrang bestätigt, ermuntert und verstärkt wird. Grenzen, die dem Kind gesetzt werden, müssen kritisch hinterfragt werden. Natürlich darf es sich und andere Kinder nicht in Gefahr bringen.

– Die **Raumgestaltung** muss Voraussetzungen bieten, die dem Kind ermöglichen seinen Körper und seine Sinne zu erproben. Es muss krabbeln, sich aufrichten, laufen, klettern, springen, rollen, schaukeln usw. können. Auch zum ganzkörperlichen Tasten muss es angeregt werden, etwa durch unterschiedliche Bodenbeläge im Raum und im Freien sowie Sitz- und Liegemöglichkeiten.

– Dem Kind muss **Spielmaterial** angeboten werden, das zum Anfassen, In-den-Mund-Nehmen, Heben, Schieben, Ziehen, Gießen, Werfen usw. geeignet ist. Außerdem muss dafür gesorgt werden, dass das Kind nicht nur gekauftes Spielmaterial erhält und damit hantiert (davon auch nicht zu viel!), sondern auch Dinge aus der Umwelt und aus dem alltäglichen Leben zum Spielen benutzen kann: Tücher, Haushaltsgegenstände, Wasser, Matsch, Sand, Erde, Möbel, Podeste, Treppen, Leitern, unebener Boden, Lebensmittel (nicht zum spielenden Verbrauch, sondern zum ausprobierenden Zubereiten). Der Alltag ist voller Wahrnehmungsmöglichkeiten!

– Eine **Tageslaufgestaltung**, in der Wartezeiten möglichst nicht vorkommen, und wenn, dann durch spielerische Umwelterfahrung genutzt werden, ist für das kleine Kind von großer Bedeutung. Kleine Kinder benötigen immer Möglichkeiten zur Bewegung und damit zur Körpererfahrung, das heißt, dass das Liegen (im Wachzustand) und Sitzen auf Sitzmöbeln auf ein Mindestmaß beschränkt wird, weil dabei die Umweltwahrnehmung mit den Nahsinnen eingeschränkt ist.

– **Individuelle körperliche und emotionale Zuwendung** sind für das kleine Kind äußerst wichtig: Das Krippenkind nimmt noch stark über die Haut des ganzen Körpers wahr (während wir Erwachsenen den Tastsinn vorrangig auf die Hände konzentriert haben): Das Kind auf den Schoß nehmen, Wiegen, Streicheln usw. sind ganzheitliche Wahrnehmungen. Spiellieder wie Kniereiter-, Finger- und Kreisspiele schließen den gesamten Körper in die Wahrnehmung mit ein. Die emotionale Zuwendung und Ermutigung macht das Kind mutig, in seiner Neugierde nicht nachzulassen und bei Misserfolgen, zum Beispiel Sich-Wehtun, nicht aufzugeben.

Im Kindergarten:
Bei drei- bis sechsjährigen Kindern steht die ganzheitliche sinnliche Erfahrung der Welt noch immer sehr im Mittelpunkt ihrer Lern- und Spielbedürfnisse. In diesem Alter muss auch noch viel darauf geachtet werden, dass nicht nur über Dinge gesprochen wird oder Geschehnisse gezeigt werden, sondern dass die Kinder vor allem tasten und mit ihrem ganzen Körper wahrnehmen. Es darf beispielsweise nicht nur mit der Gruppe über Regen *gesprochen* werden, sondern die Gruppe muss durch den Regen laufen, ihn auf der Haut spüren, ihn hören, vielleicht auch die Zunge herausstrecken und ihn schmecken dürfen, ihn nach trockenen Sommertagen riechen, eine Pfütze erproben, den Matsch und den Bach durchwaten, das Eis der Pfütze zertreten. Und nicht – wie das leider so häufig der Fall ist – nur vom Haus in die Garage und von dem Parkplatz vor dem Kindergarten ins Gebäude laufen. Hier ist Elternarbeit wichtig, aber auch die konkrete Erfahrung mit der Kindergruppe in der sozialpädagogischen Einrichtung.
Wenn es im Kindergartenalter auch bereits möglich ist, über Hören oder Sehen Erinnerungen ins Gedächtnis zu rufen, zu bearbeiten und zu erweitern, zum Beispiel über etwas Erlebtes zu berichten und Geschichten zu erzählen, Bilderbücher zu betrachten, mit Handpuppen vorzuspielen usw., so ist die direkte sinnliche Erfahrung doch noch der Kern des kindlichen Lebens und Lernens.
Wie stark das kleine Kind mit allen seinen Sinnen und dem ganzen Körper wahrnehmen muss, ist in den letzten Jahren in der Kindergartenpädagogik etwas bewusster geworden. Das zeigt sich zum Beispiel an der **Innen- und Außenraumgestaltung**, die sich auffallend verändert hat, etwa wenn Sitzmöbel und Tische reduziert, zweite Ebenen eingebaut und Außenflächen naturnah gestaltet werden.

Entsprechende **Spielmaterialien** und Experimentiergeräte können die differenzierte Wahrnehmung unterstützen: Lupen, ein Fernglas, ein leeres Kaleidoskop (das von Kindern gefüllt werden kann), ein ausgedienter Fotoapparat um bewusst Ausschnitte aus der Welt zu betrachten). Das von Maria Montessori entwickelte Spiel- und Arbeitsmaterial (Siehe Seite 262) ist insbesondere auf die Sinneswahrnehmung ausgerichtet und bietet eine Fülle von Anregungen für Kinder im Kindergarten- und Schulalter. Dazu gehören auch Dinge des alltäglichen Lebens wie Wasser umschütten, um Mengen zu vergleichen oder eine Balkenwaage, um Gewichte zu unterscheiden.
Gekauftes Material kann durch Umweltgegenstände und selbstgewerktes Material ergänzt werden. Eine Gruppe kann sich zum Beispiel eine Experimentierecke einrichten: unterschiedlich gefüllte Filmröhrchen zum Hören und Riechen, ein Tastmemory, eine Tastwand,

ein Kasten, in dem blind getastet wird, und verschieden hoch gefüllte, angestrichene Flaschen zum Gewichtsvergleich.

Neben der Raum- und Tageslaufgestaltung als Voraussetzung zu selbstgewählten Wahrnehmungsspielen werden dem Kind auch **gelenkte Spiele** im Bereich der Wahrnehmung angeboten. Ein Teil von ihnen wird als Kimspiele bezeichnet. (Ihren Namen haben sie nach Kim, einem Jungen im gleichnamigen Roman des englischen Schriftstellers Rudyard Kipling [1865 – 1936]. Kim übte sich darin, Gegenstände, die er kurz betrachtet hatte, möglichst vollständig aufzuzählen.) Bei Kimspielen wird in der Regel ein einzelner Sinn in den Mittelpunkt gestellt, indem meist der Sehsinn ausgeschaltet wird. Es wird beispielsweise etwas ertastet ohne es zugleich zu sehen. Es wird mit verbundenen Augen gerochen, geschmeckt, gehört oder etwas vorher Gesehenes erinnert. Diese Spiele machen Spaß und verdeutlichen, wie stark wir uns im Alltag nach dem Sehsinn richten und was es für uns bedeutet, wenn wir uns auf die anderen Sinne konzentrieren müssen. Wir merken dann, dass viele Wahrnehmungen im Alltag durch den Sehsinn überdeckt werden. Beispielsweise nehmen wir das Tasten nur oberflächlich wahr, wenn wir eine Tasse zum Mund führen. Wenn wir sie im Spiel mit geschlossenen Augen aufheben und eine uns unbekannte und nicht gesehene Flüssigkeit trinken, spüren wir das Tasten deutlicher und werden auch bewusster riechen und schmecken.

Wahrnehmungsspiele gibt es in großer Fülle. Sie können eine Hilfe sein, die Welt bewusster wahrzunehmen. Sie sind aber nur eine fast scherzhafte Ergänzung der alltäglichen Wahrnehmung von Welt. Der Alltag und das tägliche

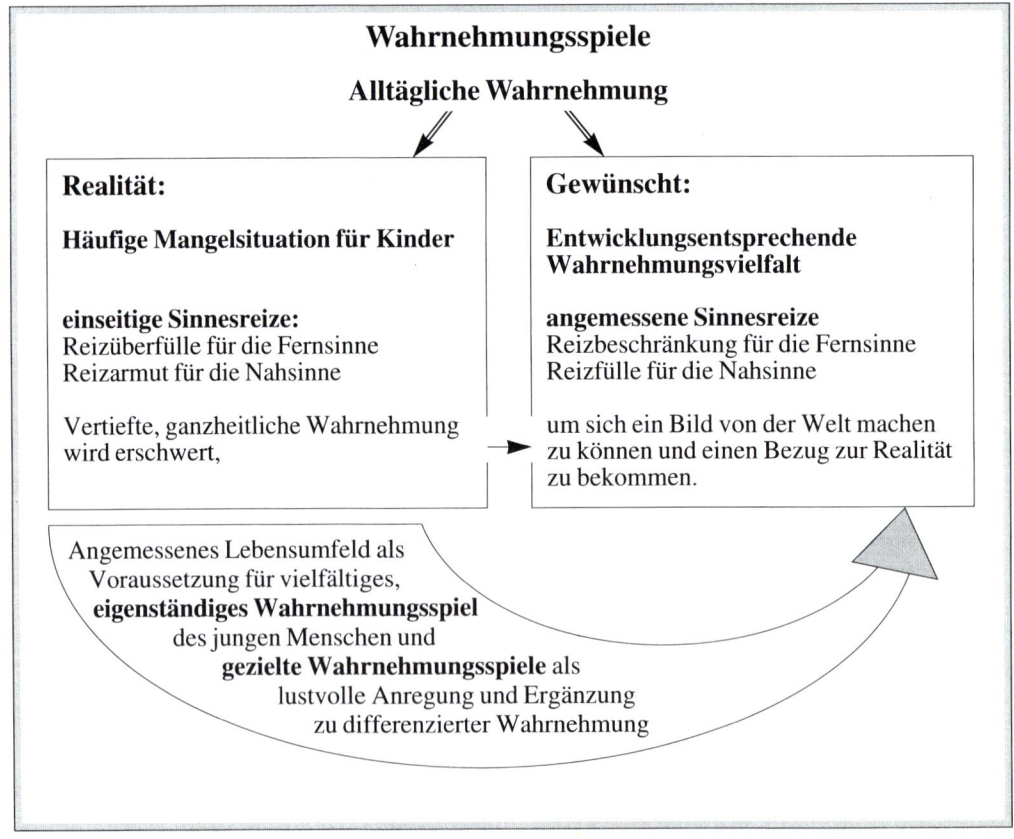

Wahrnehmungsspiele

Alltägliche Wahrnehmung

Realität:

Häufige Mangelsituation für Kinder

einseitige Sinnesreize:
Reizüberfülle für die Fernsinne
Reizarmut für die Nahsinne

Vertiefte, ganzheitliche Wahrnehmung wird erschwert,

Gewünscht:

Entwicklungsentsprechende Wahrnehmungsvielfalt

angemessene Sinnesreize
Reizbeschränkung für die Fernsinne
Reizfülle für die Nahsinne

um sich ein Bild von der Welt machen zu können und einen Bezug zur Realität zu bekommen.

Angemessenes Lebensumfeld als Voraussetzung für vielfältiges, **eigenständiges Wahrnehmungsspiel** des jungen Menschen und **gezielte Wahrnehmungsspiele** als lustvolle Anregung und Ergänzung zu differenzierter Wahrnehmung eigenständige Spiel müssen dem Kind die Möglichkeit geben seine Sinne, vor allem die Nahsinne, einzusetzen und seine Umwelt be-*greifend* zu erfassen.

Neben dem eigentlichen Spiel dürfen andere Formen von Wahrnehmung nicht fehlen wie Experimente, Besichtigungen, Erkundungen, Ausflüge, gezielte Betrachtungen und Beobachtungen. Der Alltag muss das Kind dazu anregen, die Welt, in der es lebt, interessiert wahrzunehmen.

Wahrnehmungsspiele im Schul- und Jugendalter

Seh- und Hörsinn sind im Schulalter auffallend in den Mittelpunkt der Wahrnehmung getreten. Wenn sie im Spiel ausgeschaltet werden, nimmt der junge Mensch oft staunend wahr, was seine Nahsinne ihm mitteilen. Ideenreiche Kimspiele machen auch im Hort oder auf einer Freizeit noch Spaß, beispielsweise ein Barfußparcours. Da unsere Füße ständig in Schuhen stecken und wenig zu tasten haben, können Wahrnehmungen mit den Füßen faszinierende Erlebnisse sein. Auch ein Spiel mit dem Gleichgewichtssinn kann äußerst spannend sein, wenn etwa die Jugendlichen mit verbundenen Augen von anderen auf einer Liege oder einer Decke getragen werden. Solche Spiele helfen dem Jugendlichen sich seiner sinnlichen Fähigkeiten bewusst zu werden, sie zu schätzen, sich an ihnen zu freuen.

Naturwahrnehmungsspiele

Einen besonderen Bereich der Wahrnehmungsspiele bietet die Natur. Vor allem Stadtkinder erleben die Natur nur noch wenig. (Erzieherinnen haben mir von Heimkindern im Schulalter erzählt, die den Wald nur von Bildern und Filmen, nicht aber real kannten!) Dieser Mangel äußert sich allerdings nicht unbedingt im Wissen, weil Natur durch Medien vermittelt wird. Man kann über Medien vieles erfahren, was in der realen Natur so nicht erlebt werden kann, wie beispielsweise das Leben unter Wasser, in der Wildnis, in der Erde, bei scheuen Tieren usw. Es geht bei der Wahrnehmung aber nicht nur um Wissen, sondern um Erlebnis und damit auch um Gefühle, durch die das Wissen anders aufgenommen und intensiver verarbeitet wird. Ein emotionaler und wertschätzender Bezug wird weniger über das Wissen als über das gefühlsbetonte Erlebnis aufgebaut.

Wahrnehmungsspiele in der Natur sprechen Kinder und Jugendliche in jedem Alter an, wenn sie angemessen ausgewählt werden. Spazierengehen genügt nicht. Der junge Mensch muss tasten, beobachten, riechen, entdecken und erforschen können. Wenn die Wahrnehmungen zusätzlich mit Spiel verbunden sind, bleiben sie lustvoll und eindrucksvoll in Erinnerung. Gezielte und angeleitete Wahrnehmungsspiele können vor allem für diejenigen Kinder und Jugendlichen, die in der Natur wenig eigene Spielideen entwickeln, eine gute Anregung sein. J. B. Cornell war einer der ersten, der 1979 (deutsche Ausgabe) ein kleines Buch mit faszinierenden Naturwahrnehmungsspielen herausgebracht hat, das heute immer noch aktuell ist. Diese Spiele sind gut dafür geeignet, Gefühle bei den Kindern und Jugendlichen hervorzurufen, die helfen können einen positiven Bezug zur Natur zu entwickeln.

Ein Beispiel dafür ist „Blinde Karawane“:
Die Gruppe geht mit verbundenen Augen tastend an einem Seil entlang, das zwischen Bäumen gespannt ist und wenn möglich durch sonniges und schattiges sowie unebenes – aber ungefährliches – Gelände führt. Langsam und genau wird mit Füßen und Händen und dem ganzen Körper der Weg ertastet und erspürt.

Es darf allerdings nicht vergessen werden, dass angeleitete Spiele immer nur Ergänzungen zu den alltäglichen Wahrnehmungen und den eigengestalteten Spielen der Kinder sein dürfen. Um einen Bezug zur Natur zu entwickeln muss das Kind die Natur häufiger und umfassender erleben als in vorgeplanten Spielen. Ausflüge, Dämmerungs- und Nachtwanderungen, Freizeiten und Zeltlager sind notwendige Voraussetzungen, um die Natur ganzheitlich zu erfahren.

Naturwahrnehmungsspiele

nach J. B. Cornell

Grundsätzliche Einstellung der Erzieherin:
Respekt für die Kinder und Wertschätzung der Natur

Prinzipien der Vermittlung

1. Lehre weniger und teile mehr von deinen Gefühlen mit.
2. Sei wahrnehmungsfähig für die Interessen und Gefühle der Kinder, damit du sie verstärken kannst.
3. Sorge für Konzentration, ohne Aufmerksamkeit kann man nicht wahrnehmen.
4. Lasse erst schauen und erfahren und sprich danach darüber. Suche nicht die Rolle des Lehrers, sondern die des Abenteuergefährten.
5. Vermittle Freude. Deine eigene Begeisterung wird ansteckend wirken!

Zusammenfassung

- Die heutige Lebensweise ist für viele Kinder und Jugendliche zu bewegungsarm. Dazu tragen das Wohnumfeld (insbesondere Hochhauswohnungen) und Verkehr bei, die mangelnden Möglichkeiten für Kinder sich selbständig und selbstbestimmt mit Spielkameraden zu treffen, die Verlockungen der Medien, das Gefahrenwerden (Bus und Auto) anstelle des Laufens und vieles mehr. Fehl- und Überernährung führen zu körperlicher Schwerfälligkeit und Trägheit.

- Bewegungsmöglichkeiten im Tagesablauf und bewegungsreiche Spiele müssen deshalb in sozialpädagogischen Einrichtungen einen breiten Raum einnehmen. Das äußert sich in Raumgestaltung (innen und außen) und in den Regeln der Raumnutzung, im Tagesablauf, zum Beispiel dem freien Frühstück und den Zeiten für freies Spiel im Innen- und Außenraum, in der Auswahl des Spielmaterials (ruhig am Tisch sitzend oder bewegungsanregend) und in dem gezielten Angebot von bewegungsreichen Spielen.

- Die Wahrnehmung ist die Voraussetzung für das Denken und die Erkenntnis. Heutige Kinder nehmen häufig einseitig wahr, und zwar zu schwach mit den Nahsinnen, vor allem dem Tastsinn, dem Gleichgewichtssinn und dem Bewegungssinn, und zu überhäuft mit den Fernsinnen Sehen und Hören.

- In der (spiel)pädagogischen Arbeit muss deshalb darauf geachtet werden, dass das Kind mit seiner Haut (nicht nur mit den Händen) tasten und mit seinem ganzen Körper Erfahrungen sammeln kann.

- Die Wahrnehmung des jungen Menschen kann auf unterschiedliche Weise in der sozialpädagogischen Einrichtung gefördert werden: einerseits durch indirekte Spiel- und Forschungsmöglichkeiten (Atmosphäre, Raumgestaltung, Spielzeugangebot, Tageslaufgestaltung), andererseits durch direkte Spielanleitungen: Kimspiele, Experimente, Erkundungen.

- Insbesondere Kinder aus städtischem Umfeld haben wenig Gelegenheit die Natur wahrzunehmen (Erde, Wasser, Luft und Feuer sowie die Pflanzen- und Tierwelt). Selbstbestimmtes Spiel im Freien, das den jungen Menschen Gelegenheit zum abenteuerreichen Forschen und Entdecken gibt, ist deshalb für Stadtkinder unbedingt erforderlich.

- Angeleitete Naturwahrnehmungsspiele ergänzen das selbsterfundene Spiel und sind vor allem – aber nicht nur – für diejenigen Kinder wichtig, die von sich aus nur schwer Spielideen mit und in der Natur entwickeln können.

- Medien können breites Wissen über die Welt vermitteln, sie werden aber nur mit den Fernsinnen Hören und Sehen aufgenommen. Der junge Mensch erlebt dabei aus zweiter Hand und erforscht nicht selbst. Medien können deshalb nur als Ergänzung der direkten Wahrnehmung angesehen werden.

Zum Nachdenken:

❐ *Hören und Sehen sind öffentliche Tätigkeiten. Anfassen, Tasten, Ergreifen aber gehören ins Private.* ❐
(Renate Zimmer, 1995, S. 20)

❍ **Möbel als Spielzeug – ja oder nein?**

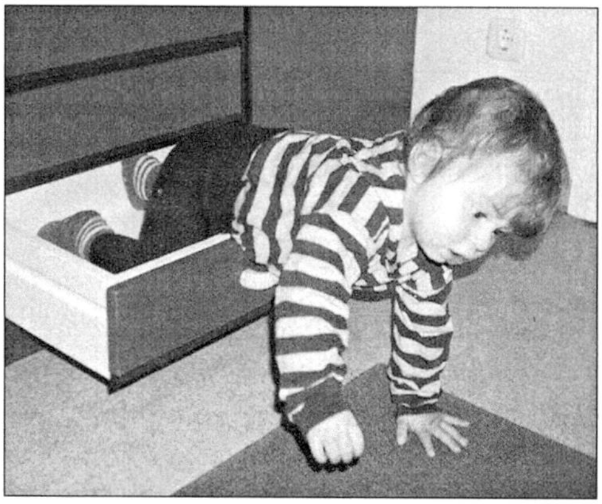

❐ *Die Vorstellung, dass Kinder zwischen sechs und zwölf Jahren in einer körperlichen Ruhephase (Latenzzeit) leben, ist zumindest was ihren Bewegungsdrang betrifft und die unzähligen neuen Dinge, die sie nun mit ihrem Körper anzufangen lernen, widerlegt. Welche motorischen Fähigkeiten sich Kinder in dieser Zeit aneignen, ist wirklich bemerkenswert, und die Versäumnisse werden nur noch schwer, manchmal auch gar nicht, aufgeholt. Die meisten Kinder, die in dieser Zeit beispielsweise das Schwimmen nicht gelernt haben, werden es sich auch als Erwachsene nicht mehr beibringen lassen. Das Gleiche gilt wohl auch fürs Radfahren, Schlittschuh- oder Rollschuhlaufen, fürs Gehen auf Stelzen, Tauchen oder für jedwede Art von Ballspielen. Nicht, dass ein Erwachsener all diese Dinge nicht mehr lernen könnte, aber der Zugang ist erheblich schwerer, und bis man zu einigermaßen befriedigenden Ergebnissen kommt, liegt ein langer, mühsamer Weg vor einem. Unzählige erwachsene Skischüler haben nach dem dritten Skikurs mit neidischen Blicken auf das blicken müssen, was ihnen ein Kinderanfängerkurs da vorführt.*
Körpererfahrungen werden jedoch nicht

nur im Bewegungssportlichen gemacht. Kinder lernen in dieser Zeit das Pfeifen ebenso wie das Rülpsen, mit den Fingern zu schnippen ebenso wie das Schielen. Augenzwinkern oder andere witzige, kuriose und oftmals schwierige körperliche Verrenkungen werden geübt und so lange probiert, bis man sie auch kann. ❑
(Thomas Lang, 1995, S. 44 f)

❍ Durchdenken Sie folgenden Ausspruch:
❑ *Ich kann nur schützen, was ich liebe, ich kann nur lieben, was ich kenne, ich kann nur kennen, was ich wahrnehme, ich nehme nur wahr, was für mich Bedeutung hat.* ❑
(Knauer / Brand, S. 36)

❍ **Standortsuche**
Diskutieren Sie über angemessenes pädagogisches Verhalten bei folgender Situation: Als es an einem heißen Sommertag zu regnen beginnt, ziehen sich die Kindergartenkinder aus und springen fröhlich im Hof herum um den Regen auf ihrer ganzen Haut zu spüren. Ein Kind will sich nicht ausziehen.

Claudia, Sabine und Frank
Studierende einer Fachschule für Sozialpädagogik

◆ **Claudia:** Ich habe in meinem Sechswochen-Praktikum eine Erzieherin erlebt, die konnte den Kindergartenkindern eine Wahrnehmung und Wertschätzung des eigenen Körpers vermitteln, dass ich nur so staunte.
Einmal hatten wir vor dem Abholen der Kinder noch etwa zehn Minuten Zeit. Die Kinder waren schon angezogen. Ich weiß nicht mehr, warum wir früher fertig waren. Die Erzieherin hat eigentlich Wartezeiten immer vermieden, wenn es ging.
Sie schlug den Kindern vor, einmal die eigenen Hände genau zu betrachten. Jeder besah zuerst einmal aufmerksam seine Hände. Dann wurden sie beschrieben: erst Finger und Daumen mit den Gelenken und den Fingernägeln, dann der Handrücken und die Innenfläche – die Kinder sagten sinngemäß „Handbauch". Danach sprach die Erzieherin darüber, was Hände können: Greifen. Sie probierten genau aus, wie man greift, und stellten fest, dass der Daumen so viel Kraft hat wie die vier Finger zusammen. Dann lenkte die Erzieherin die Aufmerksamkeit auf das Tasten. Sie befühlten alles um sich herum, von den Möbeln und dem Fußboden bis zu der eigenen Kleidung. Sie unterschieden rauh und glatt. Ein Kind bemerkte, dass die Hände auch warum und kalt fühlen können. Sie befühlten ihre Stirnen und ihre Hände und verglichen die Temperaturen der verschiedenen Gegenstände. Zum Schluss sagte die Erzieherin, dass Hände auch sprechen könnten. Die Kinder sahen sie ungläubig an. Da zeigte sie auf die Tür und winkte ab. Die Kinder verstanden und lachten. Dann streichelte die Erzieherin liebevoll das Haar eines Kindes. Die Kinder haben sofort geraten, allerdings unterschiedliche Möglichkeiten wie „Sei nicht traurig!" oder: „Du hast deine Mütze vergessen!" Die Erzieherin lachte und zeigte dann auf ein Paar Schuhe, dessen Schnallen offen waren, und bat mit Handzeichen ein anderes Kind beim Schließen zu helfen. Zuletzt schlug sie vor, dass die Kinder einmal versuchen sollten, ob ihre Eltern die „Handsprache" verstehen können.
Die Kinder haben anschließend ihre Hände wie Wunderdinger vor sich hergetragen.

◆ **Sabine:** Faszinierend. Eigentlich habt ihr – die Kinder und du – nichts Neues erfahren. Ihr habt nur gelernt hinzusehen, zu staunen und wertzuschätzen. Das muss dich sehr beeindruckt haben.

◆ **Frank:** Mit religiöser Erziehung – so verstanden – könnte ich mich identifizieren.

◆ Sabine: Was hat das mit Religion zu tun?

◆ **Claudia:** Doch, da sehe ich auch einen Zusammenhang: Hinsehen, staunen, wertschätzen und dankbar sein, dass es so ist, wie es ist.

Literaturempfehlung

Renate Zimmer: Handbuch der Bewegungserziehung. Verlag Herder 1994 (2. Aufl.)

Karin Mönkemeyer: Spiele für alle fünf Sinne. Hören, riechen, schmecken, sehen, greifen: Wie Babys und kleine Kinder spielend lernen. Rowohlt Taschenbuchverlag 1988

Joseph B. Cornell: Mit Kindern die Natur erleben. Ahorn Verlag 1979

Renate Zimmer: Ohne Sinne kein Verstand. Zur Bedeutung sinnlicher Erfahrung in einer sinnen-losen Zeit. In: Kindergarten heute, Heft 9/1995, S. 20 – 27

Renate Zimmer: Handbuch der Sinneswahrnehmung. Grundlagen einer ganzheitlichen Erziehung. Verlag Herder 1995

Raingard Knauer /Petra Brandt: Ich schütze nur, was ich liebe. Konzept einer ganzheitlichen Umweltpädagogik. Herder Verlag 1995

Thomas Lang: Kinder brauchen Abenteuer. Ernst Reinhardt Verlag 1995, (2. Aufl.)

4.2 Konstruktionsspiele

Konstruktionsspiele können sehr unterschiedlich ablaufen. Trotzdem haben sie Gemeinsamkeiten, die sich auf die Art der spielerischen Tätigkeit wie auch auf das pädagogische Vorgehen beziehen. Deshalb sollen zunächst einige dieser Gemeinsamkeiten dargestellt und erörtert werden, bevor in zwei Teilkapiteln gesondert einerseits auf Bauspiele und zum anderen auf Konstruktionsspiele im Bereich von Werken, Malen und Formen eingegangen wird.

Anregung zum Eindenken in die Thematik

Selbsterfahrung beim Ausprobieren von Konstruktionsspielen

Besorgen Sie sich jeder Material für ein in kurzer Zeit herzustellendes konstruktionsbezogenes Werk: Bausteine, Knete, industrielles Wegwerfmaterial, Naturmaterial, Papier und Farben und Ähnliches.

Bilden Sie Zweiergruppen. Während der eine Partner schweigend *ein Werk erstellt, schaut der andere zu, gibt Ratschläge und lobt, wenn es ihm angemessen erscheint. (Bleiben Sie bitte bei diesem Vorgehen, auch wenn es Ihnen unangenehm und fragwürdig erscheint!)*

Danach werden die Rollen ohne Aussprache gewechselt.

Anschließend tauschen beide ihre Erfahrungen in beiden Rollen aus.

Im Plenum werden die Erfahrungen verglichen. Übertragungen in die pädagogische Arbeit mit Kindern und Jugendlichen sollen dabei vorgenommen werden.

Abgrenzung zu anderen Spielformen und zur Arbeit

Konstruktionsspiele sind Spiele, bei denen das Kind etwas erstellt. Zu Konstruktionsspielen gehört also immer Material, das verändert und gestaltet werden kann. Beim Bauen ist dieses Material meist wiederverwendbar. Beim Malen, Werken und Formen wird es weitgehend verbraucht. Das Wort „Konstruieren" erscheint deutlicher auf das Bauen gerichtet zu sein als auf Malen, Werken und Formen, was in der Regel stärker dem künstlerischen Bereich zugeordnet wird. Der Begriff bezieht sich im Rahmen des Spiels auf beide Aktivitätsformen.

Das Konstruktionsspiel unterscheidet sich von anderen Spielformen durch sein Ergebnis. Es hinterlässt ein gestaltetes Werk, während die anderen Spielformen (Übungs-, Rollen- und Regelspiele) viel deutlicher auf den Prozess ausgerichtet sind. Dort, wo Letztere ein Ergebnis anstreben, zum Beispiel ein Gewinnspiel oder eine Theateraufführung, ist das Ergebnis immerhin vergänglich, wenn es nicht über technische Medien festgehalten wird und in seinem Ablauf erneut beobachtet werden kann. Das Ergebnis der Konstruktionsspiele kann aufbewahrt, immer wieder betrachtet oder auch benutzt werden, zum Beispiel zu weiteren Spielen oder für den Gebrauch im Alltag. Ergebnisse der Konstruktionsspiele, zum Beispiel ein Bauwerk, können oft umgestaltet und fortgesetzt werden.

Diese Ergebnisorientiertheit rückt das Konstruktionsspiel in die Nähe der Arbeit. Ob es sich bei der Herstellung eines Werkes nun um Spiel oder um Arbeit handelt, ist nicht eindeutig abzugrenzen. Es hängt nicht in erster Linie von der Tätigkeit als solcher ab, sondern von dem Gefühl des Betroffenen. Wenn das Erreichen des Ergebnisses als Pflicht empfunden wird – auch wenn diese Pflicht Freude macht –, ist die Tätigkeit mehr im Sinne von Arbeit als von Spiel zu deuten, zum Beispiel, wenn für ein Fest der Raum dekoriert werden soll.

Vor allem in der Form des Malens und Werkens nimmt das Konstruktionsspiel in sozialpädagogischen Einrichtungen eine Sonderstellung ein. Es leitet zur Arbeit über. Die Grenze zwischen Spiel und Arbeit verschwimmt. Viele Erzieherinnen – insbesondere im Kindergarten – sehen eine ihrer Aufgaben darin, Kinder im Basteln und Malen anzuleiten. (Ich beziehe das Wort „Basteln“ vor allem auf das Gestalten mit Papier.) Ihre Anleitung ist meist stark ergebnisorientiert. Die Kinder sollen beispielsweise sorgsam und genau arbeiten und die Handhabung angemessener Techniken erlernen wie Schneiden, Kleben, Zeichnen und Malen. Solche angeleiteten Tätigkeiten können nicht mehr als wirkliches Spiel bezeichnet werden, auch dann nicht, wenn sie dem Kind Freude bereiten. Der Spielcharakter geht durch die Vorgaben und die Ergebnisorientiertheit verloren. Zugleich besteht Gefahr, dass durch solche Tätigkeiten Kinder grundsätzlich die Spielfreude am Werken und Malen verlieren. Sie gewöhnen sich daran, nur noch auszuführen, was ihnen aufgetragen wird, und meinen, selbst entworfenes Malen und Werken sei wertlos. Erzieherinnen müssen mit *angeleitetem* Werken und Malen deshalb sehr behutsam vorgehen. Es sollte nur selten vorgenommen werden und sich dann auf Techniken und Grundformen beschränken, zum Beispiel auf einige Falttechniken oder auf die Einführung von Mal*techniken*. Schablonen sollten vermieden werden. Das bedeutet, dass der Erwachsene nur so etwas wie eine Vorstufe vermittelt, eine Grundtechnik, auf die das Kind dann eigenständig aufbauen kann.

Zwei Phasen der Konstruktionsspiele

Konstruktionsspiele können in zwei Phasen gegliedert werden, in die Übungs- oder Ausprobierphase und in die eigentliche Gestaltungsphase.

1. Übungs- und Erprobungsphase

Wenn das Kleinkind mit Konstruktionsspielen beginnt, handelt es sich zunächst meist um einfache Turmbauten: Klötze werden übereinander gesetzt. Das Kind stellt fest, dass sie übereinander stehen bleiben, und probiert das aus. Wenn es ein Material erhält, das sich verändern lässt, mit dem man etwas herstellen kann, dann probiert es die Funktionen dieses Materials aus und die eigenen Fähigkeiten, damit umzugehen: Es schaufelt Sand und lässt ihn rieseln, es steckt Bausteine zusammen, es schneidet mit der Schere und dem Messer, probiert Farben aus, es erforscht die Wirkung von Handwerkszeug. Zunächst will es damit noch gar kein Werk erstellen.

Diese Phase ist prozessorientiert. Das Ergebnis ist unwichtig. Das Kind hat einfach Spaß am Erkunden und Ausprobieren. Es erlernt die Technik. Dieser Abschnitt der Konstruktionsspiele könnte deshalb auch den Übungsspielen zugeordnet werden. Er hat einen fließenden

Übergang zur zweiten Phase, der gezielten Gestaltung, nämlich dann, wenn das Kind probierend etwas gestaltet hat und diesem Werk im Nachhinein eine Deutung gibt. Das ist zum Beispiel beim Malen des jüngeren Kindergartenkindes so, wenn es seinen gemalten Kreis bei Nachfrage als Sonne oder als Mensch deutet oder sein zufälliges Bauwerk als Haus bezeichnet.

2. Konstruktions- und Gestaltungsphase
Nachdem der Spielende einigermaßen Sicherheit mit dem Material gewonnen hat, setzt das Planen und gezielte Gestalten ein. Das Kind hat eine Vorstellung, die es verwirklicht. Natürlich kann es diese Vorstellung während des Gestaltens ständig verändern.
Das Spiel wird ergebnisorientiert. Der Spieler denkt bereits beim Herstellen an das Ergebnis. Bei dem Erstellen eines Werkes handelt es sich um symbolhafte Vorstellungen, beispielsweise baut das Kind ein Schiff, malt ein Haus, bastelt ein Fernrohr. Diese Dinge sind nicht reale Schiffe, Häuser oder Fernrohre, sondern sie symbolisieren die Realität. Jean Piaget hat das Konstruktionsspiel deshalb den Symbolspielen zugeordnet, zu denen auch das Rollenspiel zählt. Charlotte Bühler und andere sehen im Konstruktionsspiel eine in sich geschlossene Spielform, die sich von den anderen Formen unterscheidet.
Aus pädagogischer Sicht halte ich es für wichtig, Konstruktionsspiele als eine eigene Spielform zu betrachten und das Verhalten als Spielleiter zu durchdenken, weil diese Spielart durch die Ausrichtung auf das Ergebnis ein besonderes methodisches Vorgehen verlangt.

Bedürfnis nach Ungestörtheit bei Konstruktionsspielen

Konstruktionsspiele verlangen von den Spielenden eine Vorstellung von dem, was sie herstellen wollen. Dafür und für die Umsetzung dieser Vorstellung ist Konzentration und eine Versenkung in die Tätigkeit notwendig. Der Spieler benötigt Zeit und häufig auch Zurückgezogenheit. Kinder, die in ein Konstruktionsspiel vertieft sind, lassen sich oft nur ungern ansprechen. Sie wollen während der Konstruktionsphase meist auch nicht über ihr Werk sprechen. „Über ungelegte Eier spricht man nicht!" Darüber zu sprechen könnte bedeuten, dass ihr Plan zusammenfällt, weil Einwände, Zweifel, Ratschläge kommen können, die derjenige, der hier selbstbestimmt etwas ausprobieren und erschaffen will, nicht haben möchte. Die Erzieherin muss deshalb vorsichtig sein, damit sie das Kind in seinem Spiel nicht stört und nicht voreilig nach dem Ergebnis fragt. Zwei oder mehrere Konstrukteure können zusammen ein Werk erstellen und sich dabei gegenseitig anregen und ihre Ideen miteinander austauschen. Aber auch dann wirkt ein beratender Außenstehender, der selbst nicht mitgestaltet, eher störend.

Kreativität im Konstruktionsspiel

Häufig wird im Zusammenhang mit Konstruktionsspielen von Kreativität gesprochen. Der junge Mensch entwirft und gestaltet in der Regel ein eigenständiges Werk. Dabei ist er kreativ, denn Kreativität ist die Fähigkeit originell zu denken und dieses Denken in Handlungen umzusetzen. Andere Spielformen, bei denen keine bleibenden Ergebnisse zu verzeichnen sind, wie das Rollenspiel, der Tanz, die Gestaltung mit der Sprache, können allerdings ebenfalls kreative Tätigkeiten sein.
Manchmal neigen Erzieherinnen dazu, Konstruktionstätigkeiten *grundsätzlich* als kreativ anzusehen. Das sind sie nicht. Wenn ein Kind eine vorgegebene Idee nachgestaltet, wenn es zum Beispiel nach einer Vorlage baut oder die von der Erzieherin gezeigten Bastelvorgänge nachvollzieht, kann von Kreativität kaum gesprochen werden. Natürlich kann es sinnvoll für ein Kind sein, eine vorgegebene Idee nachzugestalten. Es lernt dabei Techniken und kann diese Kenntnisse später vielleicht in eine eigene Gestaltung einbringen. Es wäre allerdings falsch, bei solchen Tätigkeiten anzunehmen, man habe die Kreativität der Beteiligten gefördert. Die Kreativität kommt erst dann zum Tragen, wenn der junge Mensch die erlernten Techniken in eigenständig entwickelten Ideen anwendet.

Pädagogisches Verhalten bei Konstruktionsspielen

Hier ist vor allem an zwei Gefahren zu denken, durch die das konstruktive Spiel des Kindes durch den Erwachsenen ungünstig beeinflusst werden kann:

1. Die Gefahr der Anleitung
Wie schon gesagt, ist nichts dagegen einzuwenden, wenn das Kind von Zeit zu Zeit nach Vorgaben etwas erstellt. Ein häufiges Arbeiten nach der Anweisung des Erwachsenen schränkt aber den kreativen Freiraum und den Glauben an die eigene Kreativität ein. Das Kind übernimmt den Anspruch an Perfektion, der von der Erzieherin ausgeht. Die eigene Ideenfindung wird unterbewertet und die Erwartung des Erwachsenen hinsichtlich des Endproduktes wird vom Kind übernommen. Ohne den Glauben an den Sinn eigener Kreativität verkümmert diese Fähigkeit. Erzieherinnen, die Kinder häufig im Bereich des Konstruktionsspiels anleiten, und zwar im Sinne feststehender Ergebnisse, tragen deshalb dazu bei, dass die Kreativität dieser Kinder abnimmt, wenn nicht andere Umwelteinflüsse diese Einschränkungen wettmachen, beispielsweise Einflüsse der Familie.

2. Die Gefahr der Bewertung
Wenn die Erzieherin eine Technik vermittelt, muss sie kontrollieren und mit Richtig und Falsch bewerten, zum Beispiel wenn Kinder Handwerkszeug einsetzen, wenn sie Klebstoff verwenden oder Pappmaschee zum Formen herstellen. Die Erzieherin wird ihnen die richtige Handhabung zeigen, wenn sie Schrauben im Baukasten nicht verwenden können oder in einer Bewegungsbaustelle Einsturzgefahren nicht erkennen. Die Bewertung darf sich aber nur auf die Technik beziehen.

Im kreativen Bereich, also der Umsetzung von eigenen Ideen, gibt es kein Richtig und Falsch. Eine künstlerische Darstellung kann gut oder weniger gut sein. Sie kann gefallen oder nicht gefallen, aber sie ist nicht falsch, denn sie ist nicht an eine realistische Wiedergabe gebunden. Korrekturen können Kinder in ihrer Kreativität einschränken. Kinder werden dann in der eigenen Bewertung ihrer Werke unsicher und richten sich nach dem Urteil des Erwachsenen. Kreativität entspringt aber aus der ureigensten Lust und der individuellen Vorstellung desjenigen, der die Idee entwickelt. (Wenn Sie die Anregung zu diesem Kapitel auf S. 123 ausprobiert haben, werden Sie diese Ansicht aus eigner Erfahrung betätigen können.)

Die Gefahr von Bewertungen wird Ihnen auch deutlich werden, wenn Sie an das Rollenspiel denken. In der Regel kommen Erwachsene – jedenfalls pädagogisch geschulte – nicht auf die Idee etwa die Art, wie das Kind die Mutter spielt, zu korrigieren. Auch dann nicht, wenn sie selbst die Mutterrolle ganz anders sehen. Hier wird die Zuständigkeit des Kindes für sein Spiel voll akzeptiert, während beim konstruktiven Spiel oft Vorgaben gegeben werden und das Ergebnis bewertet wird.

Dieser Unterschied im pädagogischen Verhalten liegt möglicherweise daran, dass wir Erwachsenen meinen bei sichtbaren und messbaren Ergebnissen zuständiger zu sein als bei den vergänglichen Prozessen. Als weiterer Grund ist anzusehen, dass die sichtbaren und bleibenden vergleichbaren Ergebnisse vom Erwachsenen als Beweis des eigenen Könnens und Lehrens gesehen werden. Eltern loben zum Beispiel die Bastelarbeiten.

Es geht bei der Stellungnahme und Bewertung von Konstruktionsspielen nicht nur um Korrekturen, sondern auch um das Lob. Auch Lob ist eine Bewertung. Wenn das Kind zum Beispiel mit seinem Werk selbst nicht zufrieden ist, kann es sein, dass es sich durch ein Lob nicht ernst genommen fühlt oder dass es seinen eigenen Anspruch nach dem des Erwachsenen richtet. R. Bean (1994, S. 62 ff) schlägt vor zunächst einmal vorsichtig herauszufinden, wie das Kind selbst zu seinem Werk steht, wenn es vom Erwachsenen eine Stellungnahme erwartet.

In jedem Fall sollten Stellungnahmen, wo sie sich nicht vermeiden lassen, so weit wie möglich als Ich-Botschaften gegeben werden. Die Ich-Botschaft signalisiert die Subjektivität einer Beurteilung. Der Satz „Dein Bauwerk gefällt mir“ sagt, wie das Werk auf den Betrachter wirkt. Die Du-Botschaft: „Das hast du schön gebaut" wirkt objektiver und deshalb endgültiger. Hier wird der Erwachsene zum kompetenten Beurteiler, der offensichtlich von der Sache etwas versteht. Zugleich stellt er sich mit der Du-Botschaft über das Kind, während die Ich-Botschaft die Hierarchie zwischen Erwachsenem und Kind verringert.

Grenzen für Kreativität

Die Erzieherin muss kreative Aktivitäten der Kinder dort einschränken, wo der junge Mensch sich in Gefahr bringt, wenn er zum Beispiel mit Dingen hantiert, die giftig sind oder ihn verletzen können, und wo er an soziale oder ökologische Grenzen stößt. Die Ideenverwirklichung des einen darf die Selbstbestimmung des anderen Gruppenmitglieds nicht unverhältnismäßig einschränken. Mangelndes soziales Verhalten ist nicht zu akzeptieren. Unter ökologischer Grenze sehe ich die Begrenzung des Materials. Diese Grenze ist nicht einfach zu ziehen. Einsichtig ist, dass Natur nicht unnötig beeinträchtigt werden darf, beispielsweise Pflanzen nicht ausgerissen oder lebende Äste nicht abgebrochen werden dürfen. Einsichtig ist in der Regel auch, dass begrenztes Material sparsam verwendet wird, vor allem dann, wenn es Geld kostet. Problematisch wird die Grenze, wenn das Material aus der Sicht des Erwachsenen unbegrenzt zu sein scheint. Industriemüll (Schachteln, Netze, Schnüre, Kartons usw.) ist beispielsweise oft reichlicher vorhanden als verbraucht werden kann. Papier ist manchmal in Form von Abfällen ausreichend von Druckereien kostenlos zu bekommen und würde sowieso zum Recycling gegeben. Sparsamer Umgang erscheint nicht notwendig. Fragwürdig ist aber die Grundhaltung, die dem jungen Menschen durch unbegrenzten Verbrauch vermittelt wird. Hier muss ein Team sich eine gemeinsame Einstellung erarbeiten und auch Grenzen vorgeben, wo Fülle vorhanden ist. Beispielsweise kann ein Team entscheiden, dass nicht zugestimmt wird, wenn Kinder ein Malpapier nach zwei Strichen wegwerfen und sich weigern die Rückseite zu verwenden, auch dann nicht, wenn genügend Papier vorhanden ist. Außerdem muss Kindern vermittelt werden, dass großzügiger Umgang, zum Beispiel mit Industriemüll, nicht auf andere Dinge, etwa das Leitungswasser, das auch unendlich zu sein scheint, übertragen werden darf.

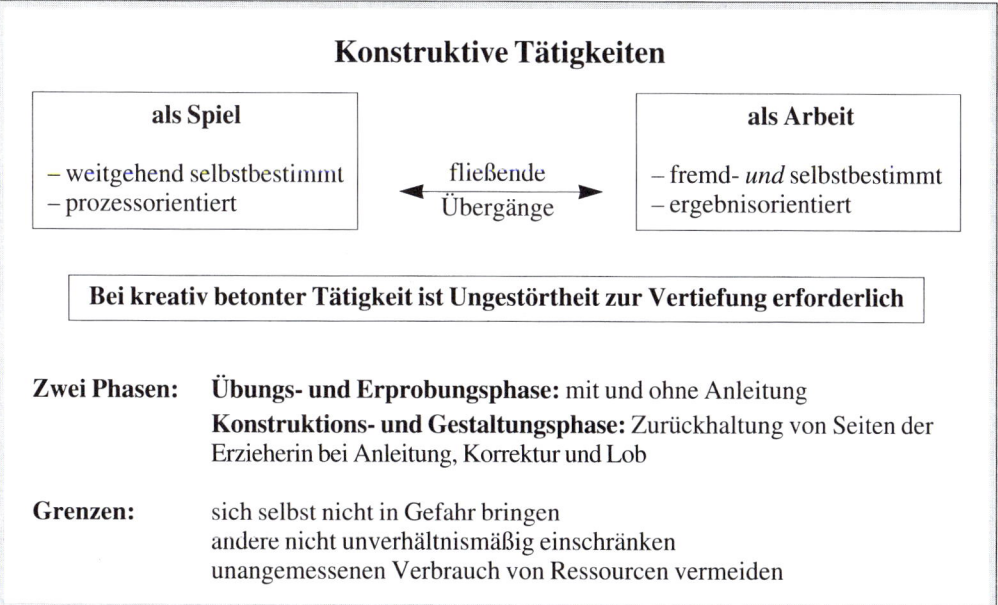

Konstruktive Tätigkeiten

als Spiel		als Arbeit
– weitgehend selbstbestimmt – prozessorientiert	◄ fließende Übergänge ►	– fremd- *und* selbstbestimmt – ergebnisorientiert

Bei kreativ betonter Tätigkeit ist Ungestörtheit zur Vertiefung erforderlich

Zwei Phasen: **Übungs- und Erprobungsphase:** mit und ohne Anleitung
Konstruktions- und Gestaltungsphase: Zurückhaltung von Seiten der Erzieherin bei Anleitung, Korrektur und Lob

Grenzen: sich selbst nicht in Gefahr bringen
andere nicht unverhältnismäßig einschränken
unangemessenen Verbrauch von Ressourcen vermeiden

Konstruktionsspiele bei Jugendlichen
Bei manchen Kindern nehmen die Konstruktionsspiele mit zunehmendem Alter ab. Bei anderen verfestigen sie sich zu Hobbys. Ein gewisses Bedürfnis wird in der Schule durch Fächer wie Kunst, Werken, ggf. Handarbeit abgedeckt. Jugendzentren bieten auf diesem Gebiet oft Kurse oder Werkraumbenutzung an. Von Spiel kann dann nur noch bedingt gesprochen werden, weil das Ergebnis zu stark in den Mittelpunkt gerückt wird und der Jugendliche sich nicht mehr spielend mit der Materie auseinander setzt. Manche Jugendlichen entwickeln auffallend kreative Hobbys, etwa Töpfern, Malen oder Computergrafik, andere halten sich mehr an Vorgaben wie Modellbau, Stricken oder Puzzeln. Wenn solche Hobbys auch mit Lust vorgenommen werden, so entspricht ihre Ernsthaftigkeit und ihre Orientierung auf das Ergebnis meist nicht mehr dem eigentlichen Spielcharakter. Aus dem spielenden Umgang mit Materie ist ein ernsthaftes Üben oder gezieltes Herstellen von Produkten entstanden.

4.2.1 Bauen – Lust und Last

Anregung zum Eindenken in die Thematik

Großräumiges Bauen
Bauen Sie in der Turnhalle oder bei schönem Wetter im Freien in Gruppen je ein gemeinsames größeres Bauwerk mit allen verfügbaren Gegenständen: Turngeräte, mitgenommene Stühle, Tücher, Seile, Matten usw.
Betrachten Sie anschließend die Bauwerke der anderen Gruppen.
Sprechen sie zum Schluss darüber, was dieses Bauen und das Aufräumen für Sie bedeutet hat.

Zum Bauen wird Platz benötigt. Da fängt die Last schon an: Platz schaffen ohne die anderen Spieler der Gruppe einzuschränken.
Zweitens benötigt man zum Bauen Material, und das nicht wenig. Konflikte können entstehen, wenn mehrere Konstrukteure sich das Material teilen müssen. Noch schwieriger wird es aber meist, wenn das Spiel zu Ende ist: Ausgepowert vom Spiel muss jetzt noch aufgeräumt werden. Für die Erzieherin entstehen nun oft Entscheidungen: Was darf stehen bleiben? Wie viel muss aufgeräumt werden? Wer hat mitgespielt und muss deshalb beim Aufräumen helfen? Gibt es Drückeberger, die sich kurz vor dem Spielende einem anderen Spiel zuwandten, um nicht mit aufräumen zu müssen?
Für die Gruppenmitglieder und für den Gruppenleiter ist das Bauen oft mit Konflikten verbunden. Zugleich bereitet das Bauen viel Spielfreude. Obwohl dem bauenden Kind klar ist, dass das Ergebnis anschließend oder später wieder zerstört werden muss, macht das Bauen Spaß. Der Prozess steht beim Bauen auffallend im Mittelpunkt, wenn auch auf ein Ergebnis hingearbeitet wird.

Ich möchte Bauspiele in drei Gruppen gliedern:

1. Spiele mit kleinen Bausteinen, meist Steckmaterial, mit dem am Tisch oder auch auf dem Boden gespielt wird. Das Konstruieren ist der Anreiz für das Spiel und das Ziel des Spiels. Manchmal wird in Gruppen gebaut, oft aber auch von einem einzelnen Kind. Für dieses Bauen können auch Vorlagen benutzt werden.

2. Spiele in der Bauecke oder in sonstigen Raumteilen auf dem Boden. Die Konstruktionen sind meist als Vorarbeit für Rollenspiele gedacht oder werden mit ihnen verbunden: eine Stadt mit Straßen für ein Spiel mit Fahrzeugen, eine Baustelle, ein Hafen, ein Zoo, eine Burg oder Szenen eines Fernsehfilmes. Bei diesen Konstruktionen sieht man seltener einzelne

Kinder spielen. Meist schließen sie sich in Gruppen zusammen. Sie regen sich gegenseitig an, zugleich müssen die Mitspieler untereinander verhandeln, und das in verschiedener Hinsicht: Was soll gebaut werden? Wie soll es gebaut werden, wer übernimmt welche Teile, wie soll später damit gespielt werden usw. Manchen Kindern ist das Bauen wichtiger, anderen das nachfolgende Rollenspiel. Das sind konfliktreiche Spielsituationen, Gelegenheiten für das Kind sich mit unterschiedlichen Problemen auseinander zu setzen und daran zu wachsen (oder auch zu scheitern).

3. Als dritte Bauart sehe ich das großräumige Bauen im Flur, im Turnraum oder im Freien. Hier geht es weniger um vorgegebene Materialien, sondern auch das Material wird weitgehend selbstständig von den Spielern gefunden und zum Bau verwendet: Tücher, Möbel, Bretter, große Kartons, Großbausteine, Matten, Schaumstoffteile, Seile, alle erdenklichen Materialien, die sich verbauen lassen. Im Freien können auch Dinge aus der Natur einbezogen werden: Büsche, Äste, Steine, Mulden.
Mit Vorliebe bauen Kinder Hütten und Höhlen, das heißt kleine, abgegrenzte Räume. Sie vermitteln Gemütlichkeit und Geborgenheit.
Großräumiges Bauen kommt leider in sozialpädagogischen Einrichtungen noch immer zu kurz. Dabei macht es einen überaus großen Spaß und wirkt abenteuerreicher als das Erstellen kleiner Modelle. Es regt zur Kooperation an und erfordert während des Bauens und beim anschließenden Spiel vielseitige Bewegung.

Pädagogisches Verhalten bei Bauspielen
Oft wird das Bauen von der Erzieherin wenig beachtet, vor allem in den beiden ersten Formen. Selten baut sie mit. Allerdings müsste sie beim Mitbauen darauf achten, dass sie nicht einfach in Kinderspiele eingreift und ihnen die Führung aus der Hand nimmt. Ihre Begeisterung und Spielfreude wird die Kinder bestärken und ihnen vermitteln, dass Bauen nicht nur Kindern Spaß macht.
Wenn Betreuer mit Kindern bauen, sind im Verhältnis männliche Erzieher häufiger bei diesen Spielformen zu finden als weibliche. Diese Tatsache könnte bedeuten, dass die weiblichen Betreuerinnen sich für das Bauen nicht so recht zuständig fühlen. Die älteren Jungen könnten sich dadurch bei „männlichen“ Tätigkeiten nicht genügend bestärkt und anerkannt fühlen. Jungen werden im letzten Kindergartenjahr oft rastlos und wirken unausgefüllt. Sie benötigen Spielformen, die ihrem Tatendrang und ihrem Wunsch, sich als Mann zu fühlen, entgegenkommen.

4.2.2 Malen, Werken, Formen – selbst- und fremdbestimmt

Anregung zum Eindenken in die Thematik

Gestalten unter einem Motto
Bringen Sie ausreichend gereinigten Industriemüll wie Schachteln, Dosen, Netze, Karton, Wolle usw. mit. Auch Naturmaterialien sind geeignet.
Gestalten Sie jeder etwas unter einem Motto, das sie vorher gemeinsam auswählen, zum Beispiel:
– Wie es mir jetzt hinsichtlich meiner Ausbildung geht,
– Berufsbild Erzieherin und Erzieher,
– Berufsfreuden und Berufsbelastungen.
Zeigen und erklären Sie anschließend Ihre Ergebnisse im Plenum und sprechen Sie darüber, inwiefern Werken eine Form von Sprache sein kann.
(Überlegen Sie, ob Ihre Hände etwas sagen konnten, was Ihr Kopf noch nicht wusste.)

Wie schon gesagt, werden Kinder im Kindergarten beim Basteln oft von Erzieherinnen angeleitet. Die Erzieherin hat das herzustellende Produkt ausgewählt und den Ablauf durchdacht. Sie erwartet gut gearbeitete Ergebnisse. Der Spielcharakter solcher Tätigkeiten ist gering. Hier geht es für das Kind mehr um Übungen, um Lernen und um Arbeit. Vorgegebene Bastelarbeiten legen das Kind fest. Sie können nicht abgebrochen, ggfs. nur unterbrochen werden, wenn die Lust nachlässt. Wir sprechen bei solchen Tätigkeiten meist auch gar nicht von Spiel.

Von einem stärker spielenden Charakter kann beim Werken, Malen und Formen gesprochen werden, wenn das Tun, das heißt der Prozess, wichtiger ist als das Ergebnis und wenn der Spieler selbst die Leichtigkeit des Spielens und nicht den Druck der Leistungsanforderung spürt.

Malen kann zum Beispiel eine Form der Sprache sein. Das Kind drückt im Bild aus, was es im Moment bewegt. (Die Kinderpsychotherapie macht sich diese Ausdrucksform zunutze, weil sie dadurch einen Einblick in Empfindungen, Gefühle und Gedanken von Kindern erhält, die Kinder verbal nicht äußern können.)

Malen kann einfach nur lustvolle Hingabe an die Tätigkeit sein. Es macht einfach Spaß, Farbe und Formen auf das Papier zu bringen. Deshalb kann ein Kind manchmal auch sein gemaltes Bild wegwerfen ohne frustriert zu sein, vorausgesetzt, Erwachsene haben ihm nicht zu stark die Wichtigkeit des Ergebnisses vermittelt. Gemalte Bilder oder erstellte Werke sollten deshalb nicht ohne Wissen des Kindes und nicht gegen seinen Willen ausgestellt werden. Bei jüngeren Kindern muss man auch vorsichtig sein die Werke der Gruppenmitglieder nach den Kriterien der Erwachsenen für eine Ausstellung auszusortieren. Allerdings wäre es falsch, schnell hingeworfene Zeichnungen oder Werkarbeiten, die ohne Sorgfalt und Vertiefung erstellt wurden, als „etwas Besonderes" für eine längere Raumdekoration zu verwenden.

Auch beim Formen kann es dem Kind unwichtig sein, ein vorzeigbares Ergebnis zu haben. Das Kneten und Formen selbst macht Spaß. Sandspiel, das sowohl Formen wie auch Bauen bedeuten kann, wird mit dem Wissen der Vergänglichkeit vorgenommen – auch die vielleicht mit großem Aufwand erstellte Strandburg. Die Erbauer empfinden es zwar als schade, wenn sie mit dem nächsten Regen oder der Flut vergeht, aber sie haben sie mit diesem Wissen trotzdem lustvoll erbaut. Ähnlich geht es Kindern, die in einer Freizeit einen Staudamm an einem Bach bauen und Rindenschiffchen schnitzen.

Wenn Kinder aus Naturmaterialien wie Ästen und Steinen oder aus Industriemüll alle möglichen Dinge herstellen, beispielsweise ein Flugzeug, einen Roboter oder ein Auto, und anschließend damit spielen oder auch nicht damit spielen, so haben diese Tätigkeiten einen deutlichen Spielcharakter, weil sie meist ohne Ergebnisdruck, trotzdem aber mit Ergebnisfreude entstanden sind.

Bei diesen Tätigkeiten ist das Kind sein eigener Meister. Es entwirft Ideen und setzt sie um. Dabei darf es sich ohne weiteres Hilfe holen, wenn es selbst nicht weiterkommt, ohne dass sein Selbstwertgefühl dadurch beeinträchtigt wird. Deshalb bleiben die Idee, der Planungsentwurf und die Ausführung doch noch sein eigenster Anteil.

Einmal gelerntes Wissen reicht heute für den Erwachsenen im Beruf nicht mehr aus. Im Laufe seiner Berufstätigkeit muss der Einzelne ständig neu lernen. Dafür muss er bis ins hohe Alter flexibel und lernfähig bleiben.

Es ist deshalb wichtiger, Kinder zu kreativer Produktherstellung anzuregen, bei der sie nach eigenständigen Lösungen suchen und auf eigenen Erfindungsgeist und eigene Flexibilität vertrauen, als sie genaues Nachvollziehen von vorgegebenen Prozessen und Produkten zu lehren.

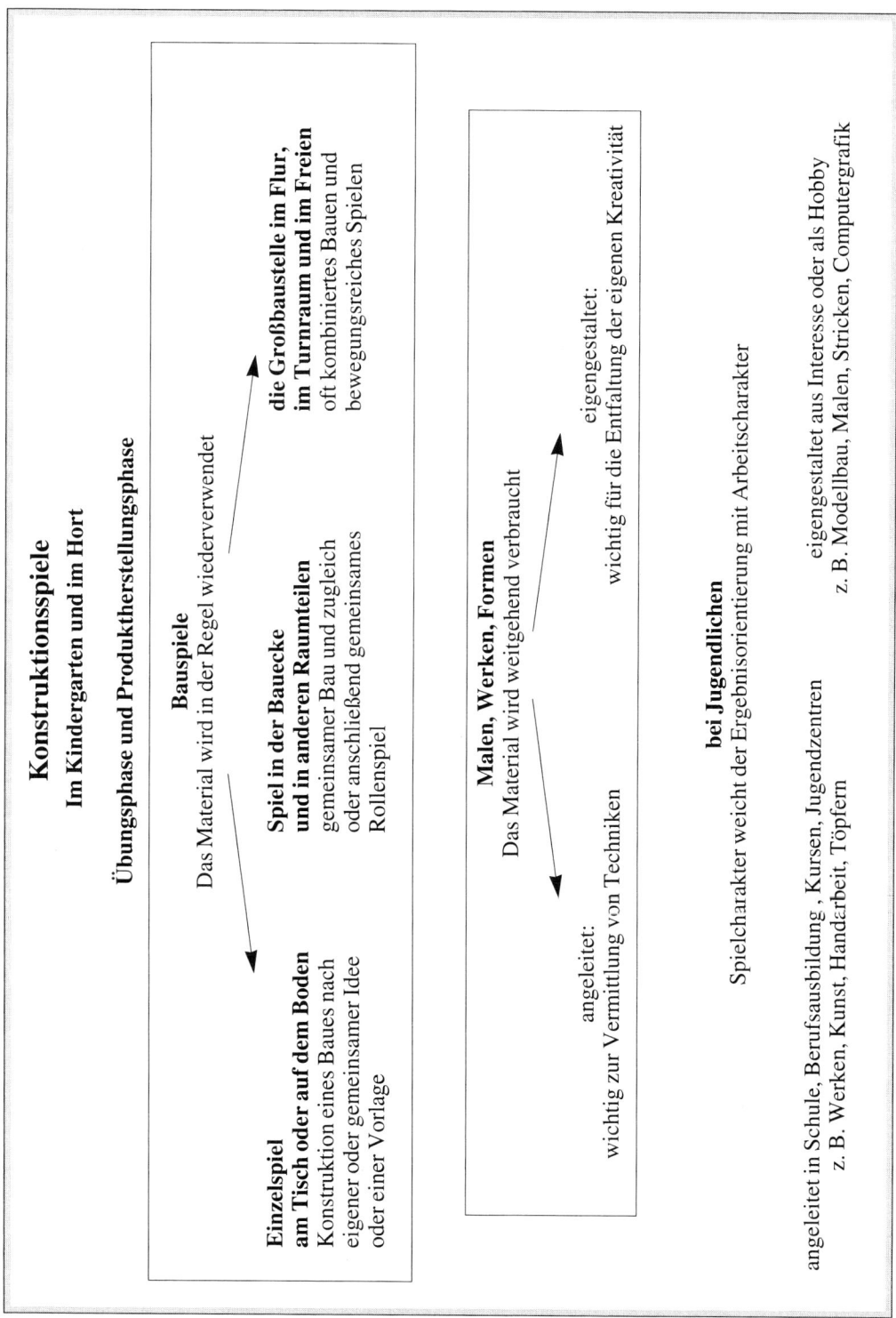

Konstruktionsspiele

Im Kindergarten und im Hort

Übungsphase und Produktherstellungsphase

Bauspiele
Das Material wird in der Regel wiederverwendet

Einzelspiel
am Tisch oder auf dem Boden
Konstruktion eines Baues nach eigener oder gemeinsamer Idee oder einer Vorlage

Spiel in der Bauecke
und in anderen Raumteilen
gemeinsamer Bau und zugleich oder anschließend gemeinsames Rollenspiel

die Großbaustelle im Flur,
im Turnraum und im Freien
oft kombiniertes Bauen und bewegungsreiches Spielen

Malen, Werken, Formen
Das Material wird weitgehend verbraucht

angeleitet:
wichtig zur Vermittlung von Techniken

eigengestaltet:
wichtig für die Entfaltung der eigenen Kreativität

bei Jugendlichen
Spielcharakter weicht der Ergebnisorientierung mit Arbeitscharakter

angeleitet in Schule, Berufsausbildung , Kursen, Jugendzentren
z. B. Werken, Kunst, Handarbeit, Töpfern

eigengestaltet aus Interesse oder als Hobby
z. B. Modellbau, Malen, Stricken, Computergrafik

Zusammenfassung

- Konstruktionsspiele unterscheiden sich von anderen Spielformen durch ihr Ergebnis, das sichtbar und messbar aufbewahrt und verglichen werden kann. Deshalb gehen Konstruktionsspiele fließend in Arbeit über. Von Arbeit kann in der Regel dann gesprochen werden, wenn der Gegenstand erstellt wird, weil er für den Alltag verwendet und gebraucht wird.

- Um etwas zu gestalten, muss man zunächst die Technik beherrschen. Deshalb gliedern sich Konstruktionsspiele in zwei Phasen: die Übungs- bzw. Erprobungsphase und die Gestaltungsphase. Bei der ersten Form kann Anleitung und Vormachen sinnvoll sein. In der Gestaltungsphase können Vorgaben die eigenen Ideen des jungen Menschen einschränken. Deshalb ist hier Zurückhaltung geboten.

- Kreativität ist das Erfinden und Umsetzen eigener Ideen. Aus diesem Grund ist Kreativität nur schwer zu bewerten. Sowohl mit Korrekturen wie auch mit Lob ist vorsichtig umzugehen um den jungen Menschen nicht vom Urteil des Erwachsenen abhängig zu machen.

- Kreativem Gestalten dürfen möglichst wenig Grenzen gesetzt werden. Grenzen sind dort notwendig, wo der Einzelne sich in Gefahr bringt, wo er andere unverhältnismäßig einschränkt oder wo er Material in unnötiger Menge verbraucht. Diese Grenzen sind allerdings schwer zu ziehen.

- Wenn Kinder gemeinsam bauen, müssen Baupläne miteinander abgestimmt und später das Aufräumen geklärt werden. Kooperation und Konfliktbearbeitung sind deshalb zusätzliche Lern- und Handlungsbereiche.

- Häufig werden konstruktive Tätigkeiten eher im kleinräumigen Bauen und im Werken mit Papier gefördert als in Großräumigkeit und im Werken mit Holz. Das kann vor allem für die älteren Jungen im Kindergarten, die „männliche" Tätigkeiten bevorzugen, und für die Jungen im Hort bedeuten, dass sie wenig Möglichkeiten haben sich mit ihrem Geschlecht zu identifizieren. Außerdem ist die Großräumigkeit abenteuer- und bewegungsreicher.

- Werken und vor allem Malen können für das Kind eine Form von Sprache sein. „Gesagtes" gilt oft nur für den Augenblick. Es muss nicht unbedingt ausgestellt werden.

Zum Nachdenken:

❍ Horst Kleinschmitt bewertet handwerkliches Tun sehr hoch, wenn er schreibt (Fantasie will geplant sein. In: Kindergarten heute 11-12/96, S. 30):

❐ *Während des gesamten Arbeitsverlaufes spürt sich das Kind, und am Ende ist ein Ergebnis zu sehen. Wenige Erlebnisse sind so intensiv und zugleich so konkret*

fassbar. Darüber hinaus erlebt das Kind die Umgebung als veränderbar und von ihm selbst gestaltbar – ein zutiefst emanzipatorischer Vorgang, der vielleicht mehr positive Energien in einem Menschen freisetzt als viele sprachlich vermittelte Einsichten. Die Kinder lernen, dass bestimmte Probleme praktisch, das heißt mit den Händen und durch Nachdenken, zu lösen sind.
(...)
Kinder, die sich ihr Spielzeug selbst basteln, spielen anders. Kinder, die ihre Rasseln und Trommeln selbst herstellen, haben einen anderen Bezug zur Musik. Menschen, die in irgendeiner Form ihrem Inneren einen äußeren Ausdruck verleihen können, sei es durch Malen, Formen, Schnitzen, Bauen, Singen, Tanzen, finden leichter zu einem inneren Gleichgewicht. (...) Die Hände haben ihr Eigenleben. Ich habe in kreativen Seminaren erlebt, dass Erwachsene regelrecht erschraken angesichts der Erfahrung, dass ihre Hände etwas am Bewusstsein (und seiner Kontrollinstanzen) vorbei gestaltet haben. ❑

❍ **Übertragung auf erlebte Praxis**
Lesen Sie den folgenden Text von Thomas Lang.
Wählen Sie eine sozialpädagogische Einrichtung für Kinder im Kindergarten- oder Schulalter aus, die Sie kennen gelernt haben. Durchdenken Sie, inwieweit die Kinder die Möglichkeit hatten sich ein Haus zu bauen. Überlegen Sie weiter, was das Team vielleicht noch tun könnte um diese Möglichkeiten zu erweitern.
Tauschen Sie Ihre Gedanken miteinander aus.

❐ *Sich ein eigenes Haus bauen*
Wer erinnert sich nicht an die Hütten, Lager und die abenteuerlichen Behausungen, die jeder von uns mit eben den Materialien, die einem zur Verfügung standen, gebaut hat. Der Erfindungsgeist, aus was sich alles eine Höhle oder Behausung bauen lässt, machte weder vor Mutters Gardinen halt noch sparte man die eigene Bettdecke aus. Für Kinder scheinen solche „Bautätigkeiten", verbunden mit den dann darin stattfindenden Spielen, eine große Wichtigkeit zu haben, und dies nicht nur für den Augenblick, sondern für ihre gesamte Entwicklung. (...) Sehr oft werden diese Behausungen dann tagelang bespielt, mit Freundinnen und Freunden als Raum genutzt, in dem man gemeinsam essen will, den man zu einem Laden umfunktioniert oder in den man sich sogar heimlich nachts zum Schlafen hinschleicht, um dann natürlich kein Auge zuzubekommen. ❑
(Thomas Lang: Kinder brauchen Abenteuer. 1995, S. 36 f)

Claudia, Sabine und Frank
Studierende einer Fachschule für Sozialpädagogik

◆ **Frank:** Ich habe herrliche Erinnerungen an meine Großeltern, die eine Scheune besaßen, in der wir großräumig bauen konnten. Wir schwelgten in Experimentierfreude, Forschergeist, Heimlichkeiten und Spannung wie sonst selten bei einem Spiel.

◆ **Sabine**: Ich habe das großräumige Bauen und Werken auch geliebt und hatte als Kind gute Gelegenheiten dazu, denn wir haben an einem Waldrand gewohnt. Einmal haben wir – meine Schwester und ich – in einem versteckten Waldstück einen Friedhof gebaut. Feierlich. Ehrfürchtig. Mit Grabsteinen, Zaun und Grabkreuzen. Auf die unterschiedliche Gestaltung der Grabsteine haben wir sehr viel Sorgfalt gelegt. Tote Tiere, die wir fanden, wurden mit Beerdigungszeremonien begraben, einmal sogar das Rückgrat eines Fisches. Der Friedhof war unser Geheimnis. Unsere Eltern wussten nichts davon.
Als bei einem Nachbarn der Wellensittich starb, fragten wir Herrn Wagner – den wir sehr moch-

ten – ob wir den Vogel begraben dürfen. Er sagte zu, bat aber darum, mitgehen zu dürfen. Das brachte uns in Bedrängnis, weil wir damit unseren Friedhof offen legen mussten. Wir entschieden uns zuzusagen und fühlten uns später sehr ernst genommen, weil Herr Wagner unseren Friedhof gut fand und sogar ebenso wie wir auf unserem Gebetstein niederkniete und unsere Beerdigungszeremonien als letzte Ehre für den Wellensittich ernsthaft mitmachte.

◆ **Claudia:** Hattet ihr in dieser Zeit einen Todesfall, der euch nahe ging?

◆ **Sabine:** Ich kann mich nicht daran erinnern. Ich glaube, wir haben uns einfach nur mit dem Tod auseinander gesetzt. Komisch, was hat das eigentlich mit dem Bauen und Werken zu tun, worüber wir uns nach diesem Kapitel unterhalten sollten?

◆ **Claudia:** Die Verbindung sehe ich aber ganz stark! Großräumiges Bauen, das nicht weggeräumt werden muss, das im Verborgenen geschehen kann und dem Kind Geheimnisse bietet, bedeutet viel mehr als nur konstruieren. Da wart ihr nicht nur mit euren Händen aktiv, sondern mit dem ganzen Körper, und zusätzlich mit eurem Geist und der Seele. Ich merke, dass ich als Stadtkind auf diesem Gebiet viel versäumt habe.

Literaturempfehlung

Reynold Bean: Kreative Kinder. Was Eltern und Pädagogen dazu beitragen können. Rowohlt Taschenbuch Verlag 1994.

Maria Caiati / Svjetlana Delač / Angelika Müller: Freispiel – Freies Spiel? Erfahrungen und Impulse. Don Bosco Verlag 1994

Lore Thier-Schroeter / Renate Diedrich: Kinder wollen bauen. Kreatives Spielen nach Fröbel. Don Bosco Verlag 1995

TPS – Theorie und Praxis der Sozialpädagogik. Heft 6/90: Thema: Basteln.

Horst Kleinschmitt: Fantasie will geplant sein. Kreatives Arbeiten im Kindergarten. In: Kindergarten heute. Heft 11-12/96 und 97.

4.3 Rollenspiele

Rollenspiele sind Als-ob-Spiele. Der Spielende sieht sich selbst oder einen Gegenstand, zum Beispiel eine Puppe, in einer fiktiven, das heißt angenommenen Rolle und handelt im Spiel in dieser Rolle.

Im freien Rollenspiel erfindet das Kind seine Rolle und den Spielverlauf selbst oder auch gemeinsam mit der Spielgruppe. Im angeleiteten Rollenspiel gibt der Spielleiter einen Rahmen oder einen Inhalt vor, nach dem gespielt wird. Die Spieler spielen auch dann für sich selbst, das heißt, ihr Spielziel ist das Eindenken in eine Rolle und die Identifikation mit dieser Rolle. Der Spielleiter bezweckt mit seiner Anleitung, dass die Spielenden durch das Spiel einen Gewinn für sich ableiten können. Dieser Gewinn kann einfach nur Spaß am Spiel sein. Der Spielleiter kann aber auch andere Ziele für den jungen Menschen anstreben, wie zum Beispiel ein besseres Konfliktlöseverhalten in realen Situationen. In der Schule und in der Erwachsenenbildung werden Rollenspiele eingesetzt, um die Auseinandersetzung mit einem Spielinhalt zu erreichen. Auch in der psychotherapeutischen Arbeit kann mit Rollenspielen gearbeitet werden.

Im darstellenden Spiel – auch szenisches Spiel genannt – spielen die Spieler für Zuschauer.

Das vorführende Spiel hat einen ganz anderen Charakter. Der Spieler muss seine Darstellungen kritisch im Hinblick auf die Wirkungen betrachten. Er spielt nicht für sich, sondern er stellt für andere eine Rolle dar.
Weil diese beiden Spielarten – das Rollenspiel und das darstellende Spiel – sich in ihrem Anliegen grundsätzlich unterscheiden, sollen darstellende Spiele in einem nächsten Kapitel behandelt werden, während in den folgenden Teilabschnitten Aspekte und pädagogische Überlegungen zu dem eigentlichen Rollenspiel bearbeitet werden.

4.3.1 Das freie und das angeleitete Rollenspiel – lassen und lenken

Anregung zum Eindenken in die Thematik

Beispiele suchen und diskutieren

Betrachten Sie die Übersicht von Rose Götte auf Seite 136.

- *Finden Sie ein drittes Beispiel.*
- *Ordnen Sie etwaige Altersstufen diesen Formen des Rollenspiels zu, allerdings ohne genau festzulegen, weil Kinder sich sehr unterschiedlich entwickeln können.*
- *Überlegen Sie, wie Sie entwicklungsverzögerte Kinder fördern könnten, damit sie im Rollenspiel weiterkommen.*
- *Diskutieren Sie das Pro und Kontra einer solchen Förderung.*

Im Kindergarten vergeht in der Regel kaum ein Tag ohne Rollenspiele.
Bei Grundschulkindern im Hort und im Heim werden Rollenspiele ebenfalls noch gerne gespielt. Zum Beispiel spielen Mädchen mit Barbiepuppen und Jungen mit kriegführenden oder anderweitig kämpfenden Figuren, oder die Kinder übernehmen selbst faszinierende Rollen wie Detektiv, Showmaster oder Sängerin.
In der Regel greifen die Betreuer wenig in das Rollenspiel ein, weil die Kinder ihre Rollenspiele gut und gerne allein spielen.

Spielverhalten der spielenden Kinder im Rollenspiel

Auf die Entwicklung der Rollenspiele wurde in Kapitel 1.2 („Die Entwicklung des Spiels“ auf Seite 21) bereits eingegangen. Es beginnt in seinen ersten Anfängen schon im zweiten Lebensjahr, indem das Kind Handlungen nachahmt und dabei Tätigkeiten fiktiv (angenommen, nicht real) durchführt. Das Kind tut so, als ob es essen, trinken, kochen, schlafen usw. würde. Diese nachahmende Tätigkeit ist die erste Stufe des Rollenspiels, das sich im Laufe der Entwicklung erweitert und ausdifferenziert.

Während die Kinder zunächst nebeneinander spielen, entwickeln sie bald das Rollenspiel in Gruppen, sogenanntes soziales Rollenspiel. Sie spielen verschiedene Rollen in einer gemeinsamen Handlung: „Vater, Mutter, Kind“ (der Vater wird immer noch an erster Stelle genannt, obwohl die Mutter die Hauptrolle einnimmt!), Unfall, Feuerwehr, Kaufladen, Fahrten aller Art, gehörte Geschichten und gesehene Fernsehsendungen.
Der Höhepunkt der Rollenspielentwicklung liegt etwa am Ende der Kindergartenzeit. Danach geht der Fantasiereichtum für Rollenspiele langsam zurück. Im Grundschulalter erreichen die Spiele oft nicht mehr die Intensität wie bei den fünf- bis siebenjährigen Kindern.
Rose Götte (1977, S. 36) hat die verschiedenen Stufen des Rollenspiels anschaulich und übersichtlich zusammengefasst (siehe Tabelle auf der nächsten Seite).

Kinder, die in der höchsten Stufe, dem sozialen Rollenspiel auf Stufe II, spielen, sind in der Lage breite Fähigkeiten in das gemeinsame Spiel einzubringen. Das Spiel wird geplant, das heißt, die Handlungen müssen im Voraus gedanklich

Überblick über die verschiedenen Stufen des Rollenspiels

Beispiel 1	Kind schiebt Auto hin und her, macht Brummgeräusche.	Kind lädt sein Auto mit Baubklötzen auf, fährt damit zu einer bestimmten Stelle, lädt ab, fährt zurück.	Mehrere Kinder spielen mit Autos nebeneinander her, benutzen dieselben Straßen.	Kind fährt mit dem Auto zu einem anderen Kind, spricht es als Tankwart an, tankt Benzin.	Das Kind bekommt Streit mit dem Tankwart, ruft die Polizei, Passanten mischen sich ein ...
Beispiel 2	Kind verrührt Sand und Wasser im Kochtopf.	Kind fühlt sich als Hausfrau oder Koch, rührt um, schmeckt ab, versucht, füttert vielleicht die Puppe mit dem Gericht.	Andere Kinder kochen ebenfalls. Jeder füttert seine eigene Puppe.	Eine Frau kocht das Essen für ihren Mann (oder umgekehrt). Sie essen gemeinsam.	Die Kinder meckern über das Essen, das gekocht wurde ... Familienkrach.
Bezeichnung	NACHAHMUNGSSPIEL	EINFACHES ROLLENSPIEL	KOLLEKTIVES ROLLENSPIEL	SOZIALES ROLLENSPIEL – STUFE I	SOZIALES ROLLENSPIEL – STUFE II
Beschreibung	Kind ahmt eine Tätigkeit nach, versetzt sich aber nicht in die Rolle einer anderen Person.	Kind spielt eine Rolle und ahmt Handlungen und Handlungsfolgen nach, die zu dieser Rolle gehören, und kann dabei Selbstgespräche führen.	Das Spiel einzelner Kinder ist räumlich und thematisch näher gerückt. Die Kinder sprechen sich manchmal an, erwarten aber keine Antwort (kollektiver Monolog).	Das Spiel von mindestens zwei Personen ist aufeinander bezogen. Gespräche finden statt, aber das Hauptgewicht wird auf das Handeln, nicht auf das Reden gelegt. Über Gefühle, Gedanken wird nicht geredet. Soziale Sprache.	Die Handlung ist so kompliziert, dass längere verbale Äußerungen nötig sind. Die handelnden Personen argumentieren, begründen, erklären. Spielregeln werden festgelegt. Soziale Sprache, Argumentation.
Fähigkeiten	Beobachten, Nachahmen von Bewegungen (Pantomime), Nachahmen von Geräuschen.	+ Differenzierte Beobachtung, Handlungsablauf wird logisch gegliedert (zuerst, danach ...), Bewegungen im Raum haben eine bestimmte Bedeutung und sind nicht beliebig auswechselbar.	+ Kind stimmt seine Bewegungen auf andere Kinder ab, nimmt andere Kinder wahr.	+ Kooperation. Zuhören, verstehen, antworten.	+ Kinder einigen sich auf Spielregeln (das soll unser Tisch sein, du hättest den ganzen Tag noch nichts gegessen). Einfühlungsvermögen, Konfliktlösungsfähigkeit.

Rose Götte: Sprache und Spiel im Kindergarten, Weinheim 1977, S. 36

entworfen werden, die Ideen werden gegenseitig abgestimmt, verändert und weitergeführt. Rollenflexibilität (Beweglichkeit in verschiedenen Rollen) wird geübt, Kompromisse müssen gefunden, Absprachen eingehalten und Konflikte bearbeitet werden.

Es ist nicht selbstverständlich, dass Kindergartenkinder immer diese Stufe erreichen. Die Spielgrenzen können in der eingeschränkten Spielfähigkeit eines Kindes liegen oder auch an mangelnden sozialen Kompetenzen (Fähigkeiten). Es kann zum Beispiel sein, dass sich Kinder nicht auf die Ideen anderer einlassen oder auch selbst keine begeisternden Ideen einbringen können. Die Kinder spielen vielleicht nur eine sehr kurze Zeit miteinander, oder sie spielen nebeneinander ein gleiches oder ähnliches Spiel. Ihre Kommunikation besteht dann lediglich in spielorganisierenden Gesprächen und Handlungen, zum Beispiel: „Darf ich auch auf deiner Straße fahren?“ oder „Lass mich jetzt bitte mal am Herd kochen!“ Manchmal geraten Kinder ansatzweise in die höchste Stufe, aber scheitern nach kurzer Zeit an mangelnder Kompromissbereitschaft. Manche Kinder entwickeln auch nur eine geringe Fantasie, während andere äußerst vielgestaltig spielen.

Deshalb ist zu fragen, was Gruppenleiter/innen tun können um das Rollenspiel von Kindern zu fördern.

Unterstützung und Förderung des freien Rollenspiels

Da ist zunächst an die indirekten Möglichkeiten der Spielförderung zu denken, die in Kapitel zwei unter der Überschrift „Rahmenbedingungen für das Spiel“ erörtert wurden (S. 47).

Dazu gehört vor allem die **Raumgestaltung**. Kinder müssen sich für das Rollenspiel zurückziehen können. Zwei- und dreijährige Kinder können ihr Rollenspiel noch problemlos spielen, wenn sie beobachtet werden. Ältere Kinder wollen zunehmend mit ihren Spielpartnern unbeobachtet sein. Der Innen- und der Außenraum müssen den Kindern deshalb Spielorte bieten, in denen sie sich unbeobachtet fühlen.

Spielmaterial muss zum Rollenspiel anregen. Das kann es vor allem dann, wenn es nicht zu stark festgelegt ist. Ein vorgegebenes, differenziert ausgestaltetes Schiff oder ein detailliert dargestellter Zirkus sind nur für den jeweils vorbestimmten Zweck brauchbar. Das Erfinden von Spielideen wird stärker angeregt, wenn das Material für unterschiedliche Handlungen offen ist, wenn zum Beispiel das Holzpodest nicht nur ein Schiff, sondern auch ein Auto oder ein Felsen sein kann und der Zaun nicht nur zum Zirkus, sondern auch für andere Umzäunungen verwendet werden kann.

Das **Verhalten der Erzieherin, des Erziehers** beeinflusst das Rollenspiel der Kinder ebenfalls. Eine Erzieherin, die im Kindergarten lange Zeit des Vormittags am Basteltisch verbringt oder mit Kindergruppen Brettspiele durchführt und sich nur dann dem Rollenspiel zuwendet, wenn Konflikte entstanden sind, vermittelt der Gruppe nonverbal, worauf sie Wert legt, nämlich auf produktives, messbares, ergebnisorientiertes Spiel. Dagegen wird eine Erzieherin, die Rollenspielideen der Kinder mit entsprechendem Material und Zeit unterstützt, deutlicher ihre Wertschätzung von Rollenspiel signalisieren und dadurch diese Spielart verstärken können.

Eine Voraussetzung für die Entwicklung von Spielideen sind **reale Erlebnisse** und Erfahrungen der Kinder, beispielsweise die gemeinsamen Ausflüge und Besuche, etwa bei der Feuerwehr, der Polizei, beim Arzt, das Einkaufen. Entsprechendes Spielmaterial, bzw. Gegenstände, die sich dafür eignen, helfen die Erlebnisse in Spielhandlungen umzusetzen und fantasievoll nachzuerleben.

Wenn Kinder ein Rollenspiel beginnen und nicht so vorankommen, wie das zu erwarten wäre, kann die Erzieherin auf zweierlei Weise die **Rollenspiele beeinflussen**, das heißt in Spiele der Kinder direkt eingreifen.

1. Eingreifen von außen: Die Erzieherin beobachtet das Spiel der Kinder. Wenn sie fehlende Verhaltensweisen für das soziale Rollenspiel bemerkt, beispielsweise ein Nebeneinander und nicht das Miteinander, gibt sie Anregungen ohne aber selbst mitzuspielen. Zum Beispiel: Ein Kind spielt in der Bauecke mit einem Last-

auto und das andere erprobt einen Kran. Die Erzieherin schlägt vor, dass der Kranfahrer doch das Auto beladen könnte, das die Fracht dann irgendwohin zu fahren hat. Oder: Ein Kind deckt in der Puppenecke für seine Puppe den Tisch, während das andere daneben seine Puppe ins Bett bringt. Die Erzieherin schlägt vor, dass die Puppenmütter sich besuchen und gemeinsam kochen oder etwas unternehmen.
2. Mitspielen: Die Erzieherin schaltet sich in das Spiel der Kinder ein, indem sie beispielsweise sagt, dass sie ein Brückenbauer sei und für ihre Brücke Steine brauche, die der Lastwagenfahrer ihr doch bitte liefern und beim Kranführer aufladen lassen solle. In der Puppenecke ist sie vielleicht die Oma, die zu Besuch kommt und die beiden spielenden Kinder verbindet.
Bei verflachendem Spiel kann die Erzieherin ebenfalls in beiden Formen, nämlich von außen anregend oder mitspielend, neue Ideen einbringen und dem Spiel fantasievolle Impulse geben.

Sara Smilanski (In: Flitner 1988, S. 184 ff) hat bei benachteiligten israelischen Kindern Spielförderungen bei Rollenspielen experimentell erprobt und die Ergebnisse mit einer Kontrollgruppe verglichen. Sie hat eine auffallende Verbesserung des Spielverhaltens bei den geförderten Kindern festgestellt. Bei einer weiteren nicht geförderten Kontrollgruppe, deren Kinder aus privilegierter Herkunft kamen, hat sie parallel das Rollenspielverhalten untersucht. Diese Kinder zeigten von vornherein und ohne Förderung eine auffallend höhere Spielfähigkeit. Das heißt, dass das Spiel, und eben auch das Rollenspiel, durch das Umfeld und die Erziehung gefördert werden kann.
Es gibt allerdings auch kritische Stimmen hinsichtlich des Eingreifens durch Erwachsene in das Rollenspiel der Kinder. Das Spiel ist eine Sache der Kinder. Wenn Erwachsene sich einschalten, können sie die dominierende Rolle gegenüber Kindern nicht ablegen. Sie sind nie wirklich gleichberechtigte Spielpartner. Ihre Vorschläge müssen auf das Kind wie eine Korrektur wirken. Wenn die Erzieherin die Kinder fördern will, muss sie nach Ansicht dieser Denkrichtung andere Möglichkeiten suchen, zum Beispiel geeignetes Material zur Verfügung stellen, entstehende Konflikte beobachten, den spielenden Kindern signalisieren, dass sie ihr Spiel wertschätzt. Sie kann selbst auch Rollenspiele initiieren und lenken, aber nur dann, wenn sie von vorneherein klarstellt, dass so gespielt wird, wie sie das vorschlägt, also ein gelenktes Rollenspiel durchführt. Sie kann zum Beispiel vorschlagen: „Wir spielen ein Bilderbuch nach" oder „Wir spielen Zirkus". Innerhalb dieser Vorschläge kann sie die Kinder beraten, wie sie eine Rolle spielen können. Aber Rollenspiele, die von Kindern entwickelt wurden, sind deren Angelegenheit. Hier sollte die Erzieherin nur bei ernsthaften Konflikten eingreifen oder wenn sie darum gebeten wird. Das Spiel der Kinder sollte auch deren Spiel bleiben.

Angeleitetes Rollenspiel

Bei angeleitetem Rollenspiel liegt die Initiative also bei der Erzieherin.
Gründe für angeleitetes Rollenspiel können darin liegen, dass die Erzieherin Kindern Anregung geben will differenzierter zu spielen oder sich mit bestimmten Inhalten intensiv auseinander zu setzen. Es kann auch einfach nur sein, dass sie den Kindern vermitteln will, Rollenspiel macht auch ihr Spaß. Damit nimmt sie Rollenspiele ernst und verweist sie nicht ins möglicherweise unbeachtete Freispiel.
Vorformen für angeleitete Rollenspiele lassen sich vor allem in pantomimische Szenen, aber auch in Bewegungs- und Regelspiele einbinden. (Pantomimen sind Rollenspielszenen ohne Worte.) Im Bewegungsspiel kann die Erzieherin zum Beispiel vorgeben, in welchen Formen gelaufen werden soll: über eine (nicht vorhandene) Mauer balancieren, zwischen Pfützen laufen ohne hineinzutreten, von Stein zu Stein springen, schnell vor dem Regen nach Hause laufen usw. Kreisspiele für Kindergartenkinder haben oft pantomimische Einlagen. Manchmal sind die Bewegungen stark vorgegeben wie „Schmetterling, du kleines Ding". Bei anderen Spielen gibt es einen eigengestalterischen Freiraum wie beim Handwerkerraten. Gefühle können in solche Spiele einbezogen werden, zum Beispiel kann die Gruppe eine Reise in die

„Stadt der Gefühle“ unternehmen und in den Straßen der Freundlichkeit, der Gleichgültigkeit, des Zorns oder der Zärtlichkeit spazieren gehen.
Diese vielen, sehr unterschiedlichen Spielmöglichkeiten, bei denen Pantomimen oder Rollenspiele in Regelspiele eingebunden sind, verhelfen dem Kind dazu, sich in kleine, in sich geschlossene Situationen einzudenken und sie zu spielen. Wenn sie nicht als Einzelne diese Szenen vorspielen, sondern alle Gruppenmitglieder zur gleichen Zeit spielen – jeder auf seine individuelle Weise wie beim oben beschriebenen Bewegungsspiel –, werden sie Spielhemmungen abbauen können.
Darüber hinaus lassen sich gemeinsame Erlebnisse der Gruppe oder einzelner Kinder sowie Geschehnisse aus der Erfahrungswelt der Kinder im angeleiteten Rollenspiel spielen, zum Beispiel ein Museumsbesuch, das Einkaufen oder das erlebte Zeltlager. (Jugendliche würden solche Erlebnisse überzeichnen und daraus einen Scherz machen: die Unterschiedlichkeit einzelner Museumsbesucher oder Käufer, das Verhalten einzelner Betreuer im Zeltlager. Dann wird das Rollenspiel aber zum darstellenden Spiel: Zuschauer werden gebraucht.)
Wenn es der Erzieherin im Kindergarten gelingt, Interessen der Gruppe an einem bestimmten Rollenspielinhalt aufzufangen oder zu wecken, kann es sein, dass ein Teil des Gruppenraumes umgestaltet wird und ein bestimmtes Rollenspiel über mehrere Tage ausgedehnt und mehrfach wiederholt wird: Teile des Gruppenraums werden zum Krankenhaus, zu einem fernen Land, in das die Gruppe reist, zum Meer, in dem nur mit Schiffen gefahren werden kann, zur Mondlandschaft oder zum Dinosaurierland. Erzählungen können nachgespielt werden, beispielsweise Märchen oder der Inhalt von faszinierenden Bilderbüchern. Manche Erzieherinnen haben gute Erfolge, wenn sie eine Erzählung in zwei Sprachen spielen lassen: zum Beispiel in Deutsch von einer deutschen Spielgruppe und das gleiche in Türkisch von einer Gruppe türkischer Kinder.
Zukünftige Erlebnisse können vorgeholt und dadurch bearbeitet werden, wenn zum Beispiel mit den älteren Kindern im Kindergarten Schule gespielt wird oder mit Jugendlichen Bewerbungsgespräche oder unterschiedliche Konfliktbearbeitungen spielend ausprobiert werden.

Mit angeleiteten Rollenspielen wird nicht die Absicht verfolgt etwas für Zuschauer aufzuführen. Das Rollenspiel wird für den Spieler inszeniert, nicht für den Zuschauer. Wenn Gruppenmitglieder zugleich Zuschauer sind, so ist das so, weil es sich so ergibt. Deshalb haben diese Rollenspiele auch keinen Übungscharakter. Der Prozess des Spiels ist das Ausschlaggebende. Wenn Szenen wiederholt werden, dann

Rollenspiel

- Verarbeitung von Erlebtem durch Wiederholen
- Erweiterung der Sichtweise durch Identifikation mit anderen Rollen
- Ausprobieren von neuen Verhaltensformen auf der geschützten Ebene des Spiels

freies Rollenspiel	**angeleitetes Rollenspiel**
Kinder spielen nach ihren Vorstellungen Erzieher/innen unterstützen indirekt	Erzieher/innen leiten an, Spieler planen und gestalten mit, gezielte Thematisierung eines Inhalts
Hauptphase 5–7 Jahre	keine Altersbegrenzung

deshalb, weil es Spaß macht, weil der Spieler vielleicht die gleiche Erfahrung noch einmal erleben möchte oder weil er durch eine andere Spielweise eine neue Erfahrung machen soll, und nicht, weil eine bessere Darstellungsform für Zuschauer angestrebt wird.
Der Spielleiter kann mitspielen, wenn er dadurch Anregungen gibt, wenn er motivieren, Spielfreude und Anerkennung vermitteln will oder wenn er das zu spielende Geschehen in einer bestimmten Weise thematisieren will. Das kann zum Beispiel sein, wenn er anstrebt, dass die Spieler eine Szene auch ganz anders interpretieren um beispielsweise mit der Situation in der Realität anders umzugehen, wenn etwa Kinder sich in die Lage versetzen sollen, eigene Wünsche zu formulieren und auch nein zu sagen oder wenn Jugendliche sich ihr Verhalten zu Erwachsenen und ihre Verselbstständigung bewusst machen sollen.

4.3.2 Schießen spielen – ja und nein

Anregung zum Eindenken in die Thematik

Erinnerung und Standortsuche

- *Vergegenwärtigen Sie sich Schießspiele aus Ihrer erlebten Praxis, der eigenen Kindheit und dem Bekanntenkreis.*
- *Sprechen Sie über die Spiellust bei diesen Spielen.*
- *Wägen Sie Verbote solcher Spiele ab (auch zu Fastnacht).*
- *Nehmen Sie Stellung zu gekauftem und zu selbst hergestelltem Kriegsspielzeug.*

Die Problematik des Schießenspielens

Schieß- und Kriegsspiele sind ein problematischer Bereich für Erzieherinnen und Erzieher, insbesondere im Kindergarten. Im Alter von fünf bis sieben Jahren erreichen Rollenspiele – also auch Schießspiele – einen Höhepunkt im Rahmen der Spielentwicklung. Erzieherinnen wünschen sich oft, dass Kinder diese Spiele nicht spielten. Sie werden auch keine Kriegsspielzeuge für die Gruppe als Spielmaterial anschaffen, oft auch nicht von den Kindern von zu Hause mitbringen lassen. Viele Erzieherinnen sagen den Kindern, dass sie diese Spiele nicht mögen. Sie spielen selbst auch in keinem Falle mit. Aber das alles ändert nichts daran, dass Kinder diese Spiele in allen möglichen Variationen spielen und sich das entsprechende Spielmaterial selbst herstellen.
Aus diesem Tatbestand ergeben sich zwei Fragen:

1. Warum sind Erzieherinnen und Erzieher gegen diese beliebten Spiele?
2. Warum sind diese Spiele so beliebt, dass sie selbst von solchen Kindern gespielt werden, die sich sonst sehr nach den Wünschen der Betreuer richten? Kinder entwickeln ihre Wertmaßstäbe in Anlehnung an die Bezugspersonen. Warum nicht in diesem Bereich?

Zur ersten Frage: **Ablehnung bei den Erzieherinnen und Erziehern:**
Kriegs-, Kampf-, Schießspiele sind laut, sie bringen Unruhe in die Gruppe, beeinträchtigen andere Spielgruppen und enden oft im Chaos. Sie beeinflussen die Spielatmosphäre im Gruppenraum.
Das allein ist es aber nicht. Die Abneigung der Erzieherinnen (vor allem der weiblichen?) gegen Schießspiele hat auch ethische Gründe: Es handelt sich um Spiele, deren Inhalt auf Töten und Zerstören beruht. Auch wenn ein Kind auf die Frage, ob es denn wirklich töten wolle, antworten wird, dass es das natürlich nicht wolle, es spiele ja nur, so handelt es sich eben doch um Spiele, in denen Verachtung von Menschen und Zerstörung von Dingen zum Ausdruck kommen. Pädagogen haben Sorge, dass in der Vorstellung der schießen spielenden Kinder Gewalt verharmlost wird und dass sie in ein Freund-Feind-Denken geraten. Kinder bekämp-

fen im Spiel nicht das Böse als solches, sondern sie bekämpfen Menschen, die sie als böse ansehen, oder sie verkörpern im Spiel selbst das Böse. Hier besteht ein Widerspruch zwischen dem Bemühen um gewaltfreie Konfliktlösung im Alltag, um Empathie (Einfühlung) und Akzeptanz auf der einen Seite und der kriegerischen Gewalt im Spiel auf der anderen Seite.
Erzieherinnen können dieses Spiel mit ihrer eigenen Einstellung nicht gut vereinbaren. Krieg spielen tut ihnen weh. Es widerspricht ihren Erziehungszielen und ihrer eigenen ethischen Einstellung. Besonders auffallend ist dieser schmerzhafte Widerspruch in Zeiten, in denen um Frieden gerungen wird. Das war in den Jahren der Friedensbewegung mit ihren Demonstrationen und Ostermärschen so, in der Zeit des Golfkrieges oder des Jugoslawienkonfliktes. Aber auch ohne aktuellen Krieg kostet das Zulassen von Schießspielen Überwindung. Es geht um Töten. Es geht um Gewalt. Die Schießspiele der Kinder widerspiegeln oft den Inhalt von gesehenen Fernsehsendungen. Sie machen den Erzieherinnen deutlich, dass ihr Einfluss auf die Eltern, nämlich Kinder keine entsprechenden Filme sehen zu lassen, minimal ist.

Zur zweiten Frage: **Gründe für die Beliebtheit dieses Spiels bei Kindern (und Jugendlichen):**
Mit Sicherheit ist das Nachspielen und Verarbeiten von Filmen und anderen Medien ein wichtiger Grund für die Schieß und Kriegs spiele. Kinder müssen spielen, was sie erleben. Schießenspielen bietet zudem viele kreative und zugleich spannende Spielmöglichkeiten: Kampf, Mut, Bewährung, Geschick, zum Beispiel schnell, klug, vorausschauend zu sein, sich für das Gute einzusetzen oder auch Bösesein spielen zu dürfen. Das sind alles faszinierende Motivationen. Außerdem wird vieles im Alltag vom Kind nur halb verstanden, gerade im Zusammenhang mit Streit und Kampf. Die Tatsache nicht durchzublicken ängstigt, der Alltag ängstigt überhaupt mit seinen vielen unbewältigten Informationen und Problemen. Gewalt im Spiel hilft Angst zu bewältigen, zu verkraften, zu verarbeiten, zu akzeptieren.

Ein weiterer Grund ist das Gefühl von Macht, das mit dem Schießen verbunden ist. Schießen ist ein Symbol der Macht. Der Gegner wird durch Schießen endgültig besiegt – vernichtet. Der Schießende hat Macht über den Feind. Macht haben ist für Kinder, die sich in der Realität oft eben nicht mächtig fühlen, aber als Erwachsene mächtig zu sein haben, ein wichtiges Feld für ihre Auseinandersetzung mit sich und der Welt. Schießen spielen hilft ihnen, sich mit der mächtigen Rolle, die sie eines Tages haben werden und die ja auch grundsätzlich erstrebenswert ist, zu identifizieren.
Darin ist unter anderem auch ein Grund zu sehen, warum Jungen öfter Schießspiele spielen als Mädchen. Wenn Kinder im Kindergartenalter feststellen, dass sie einem Geschlecht angehören, und erkennen, dass sie als Erwachsene nur Frau oder nur Mann sein werden, müssen sie sich mit dieser Rolle auseinander setzen. Das ist für kleine Mädchen in der Regel leichter als für kleine Jungen, weil Kinder im Allgemeinen die Frau als Mutter, Erzieherin, Verwandte, mehr erleben als den Mann. Sie haben Identifikationsmodelle, die den Jungen in dieser anschaulichen Form fehlen. Zugleich erfahren aber immer noch viele Kinder, dass der Mann mächtiger ist als die Frau, abgesehen von seiner Größe und seiner Kraft. Das äußert sich zum Beispiel im Geldbesitz (Verdienst) und damit in der Bestimmung, was gekauft wird. Macht ist erkennbar im Gebrauch von lauten Maschinen, die für das Kind faszinierend sind, wie der Bohrer und die Stichsäge. Macht symbolisiert sich im (größeren) Auto, das in den meisten Familien dem Vater gehört. In vielen Familien zeigt sich die unterschiedliche Macht der Eltern auch in der Haltung der Mutter, die sich dem Vater unterordnet. Außerhalb der Familie kommt die Machtstellung des Mannes auch in für Kinder erstrebenswerten Berufsbildern zum Ausdruck, die ebenfalls Macht repräsentieren: Feuerwehr, Polizei, Automechaniker, Müllmann und Pilot. Jungen sehen wenig, wie der Mann zu dieser Macht kommt. Sie erleben den Mann weniger als die Frau. Also muss das Symbol der Macht – die Pistole – her um die männliche Macht zu erproben und sich mit Männern identifizieren

zu können. Männer werden in den Medien eben auch häufig als schießende und tötende Wesen dargestellt, jedenfalls in der Auswahl der Sendungen, die Kinder leider häufig zu sehen bekommen. Diese ohne Skrupel tötenden und durchaus für das Gute kämpfenden Männer verkörpern Unabhängigkeit und Macht.

Im Alltag erlebt das Kind eine Menge von Konflikten, bei denen es Niederlagen verkraften muss. Gegenüber dem Erwachsenen wird es sich letztlich fast immer ohnmächtig fühlen. Im Spiel muss es abreagieren und kompensieren (ausgleichen). Es muss Mächtigsein spielen. Es will schießen spielen.
Schießenspielen lässt die eigenen Grenzen ausprobieren. Auch das ist spannend: die Grenzen gegenüber den Mitspielern, gegenüber der Erziehungsperson, gegenüber dem Computer bei den Videospielen.
Natürlich bieten auch die Spielkameraden wichtige Anreize zum Kampfspiel. Wenn die anderen solche Spiele spielen, will man dazugehören, anerkannt sein.

Pädagogisches Verhalten

Für das Zulassen von Kriegs- und Schießspielen sprechen also viele Gründe. Die Sorge, Krieg spielende Kinder würden später keine friedfertigen Menschen werden, ist unbegründet, wenn der Alltag den Kindern nicht Gewalt und gewalttätiges Verhalten vermittelt. Welcher Erwachsene hat als Kind nicht Kampf und Schießen gespielt? Reale Aggressionen gegen Menschen oder Zerstörungswut gegenüber Dingen entstehen durch ungünstige Einflüsse im alltäglichen Leben, nicht durch das Ausagieren der Gefühle im Kriegsspiel.
Schwierig wird es, wenn diese Spiele überhand nehmen (beim einzelnen Kind und in der Gruppe), denn die Spiele sind laut, bewirken Chaos, stecken an, stören andere, sind nicht konstruktiv. Was also tun?
Als Erstes wäre zu überlegen, ob der Alltag des Kindes/Jugendlichen zu verstärktem Kampfspiel Anlass gibt.
Hier ist zunächst – wenn möglich – Abhilfe zu schaffen.

Beispiele:
- Fernsehen und Video einschränken (sofern das möglich ist),
- Stress- und Ohnmachtsgefühle im Alltag reduzieren und Erfolgserlebnisse erhöhen,
- für Bewegung und körperliche Abreaktion sorgen,
- männliche Vorbilder bieten durch Einblick in reales, angemessenes und nachahmenswertes Verhalten (am besten ein männlicher Erzieher!), durch Kennenlernen von Berufsbildern und beruflicher Arbeit, Einladung von Männern in die Einrichtung zu irgendeiner Tätigkeit, Vater-Kind-Nachmittage, gemeinsame Ausflüge, und natürlich durch entsprechende
- Elternarbeit.

Dass Erzieher/innen in der Einrichtung Kampfspiele einschränken, wenn Lärm, Unruhe und Eskalation das Gruppenleben und die anderen spielenden Kinder beeinträchtigen, ist selbstverständlich. Das würden sie auch bei anderen wilden Spielen tun. Die Begründung liegt dann bei der Störung und nicht bei dem (als verwerflich beurteilten) Spielinhalt. In solchen Fällen lässt sich manchmal auch wildes Spiel in Nebenräume oder ins Freie verlegen.

Natürlich muss zu Schieß- und Kampfspielen jedes Team seinen eigenen Standort finden, muss entsprechende Regeln aufstellen und sie von Zeit zu Zeit überprüfen. Manchmal verlaufen diese Spiele in Wellen. Sie kommen und gehen. Was in einem Jahr begrenzt werden muss, ist im nächsten Jahr vielleicht so gering vorhanden, dass Einschränkungen nicht erforderlich sind. Schließlich ist Verbieten auch eine Form von Gewalt und veranlasst es heimlich zu tun.
Außerdem sind Kampf- und Schießspiele nicht klar abzugrenzen. Indianerspiele sind meist Kampfspiele. Zu Ritterspielen gehören Kämpfe. Burgen wurden zur Abwehr von Feinden gebaut. Wie oft werden zum Beispiel Freizeiten für Kinder im Schulalter unter solch ein Motto gestellt: „Indianerleben“, „Auf den Spuren der Ritter“ und Ähnliches.
Erzieher und Erzieherinnen, die Schießspiele ablehnen, haben oft keine Vorbehalte, solche

Spiele zuzulassen oder auch mitzuspielen. Obwohl es sich um Kampfspiele handelt, werden sie nicht in gleicher Weise negativ eingeschätzt. Sie haben allerdings auch einen anderen Hintergrund. Sie entsprechen einer geschichtlichen Entwicklung. Sie sind Zweikampf und nicht anonymer Krieg. Sie verlangen faire Regeln und bedeuten Erprobung von Kraft und Geschick. Da werden beispielsweise Pfeil und Bogen hergestellt und unter strengen Regeln und Aufsicht wird damit gespielt, oder Schwerter werden aus Zeitungspapierrollen angefertigt, um einen Ritterkampf zu proben. Viele Gesellschaftsspiele, zum Beispiel Brettspiele, sind versteckte oder offene Kriegs- und Kampfspiele, in denen abgeschossen und herausgeworfen wird. Selbst Schach ist eigentlich ein Kriegsspiel. Daran denkt heute nur niemand mehr. Auch manche Ballspiele, bei denen abgeworfen wird, entsprechen Kampfspielen, beispielsweise Völkerball.

Eine weitere Problematik bieten gekaufte Kriegsspielzeuge. Wenn Kinder im Kindergarten oder Hort diese Spielsachen von zu Hause mitbringen, geraten Erzieherinnen in Schwierigkeiten. Das Spielzeug wurde vielleicht von den Eltern geschenkt. Wenn es abgelehnt und das Spiel damit verboten wird, werden auch die Eltern abgewertet. Verbieten ist also problematisch. Andererseits handelt es sich oft um realistisch imitiertes Kriegs- und Schießmaterial wie Panzer und Gewehre. Solches Spielzeug im Kindergarten oder Hort zu erlauben, ist mehr als dem Bedürfnis nach dem schießen spielenden Rollenspiel nachzukommen. Deshalb ziehen Erzieherinnen hier gewöhnlich eine Grenze und erlauben das Mitbringen von kommerziellen Schießspielzeugen nicht. Im Allgemeinen ist es gut, das Mitbringen von eigenem Spielzeug grundsätzlich einzuschränken, weil es zu Konsum anregt, das Haben, den Besitz, in den Mittelpunkt stellt und oft vom eigentlichen vertieften Spiel ablenkt.

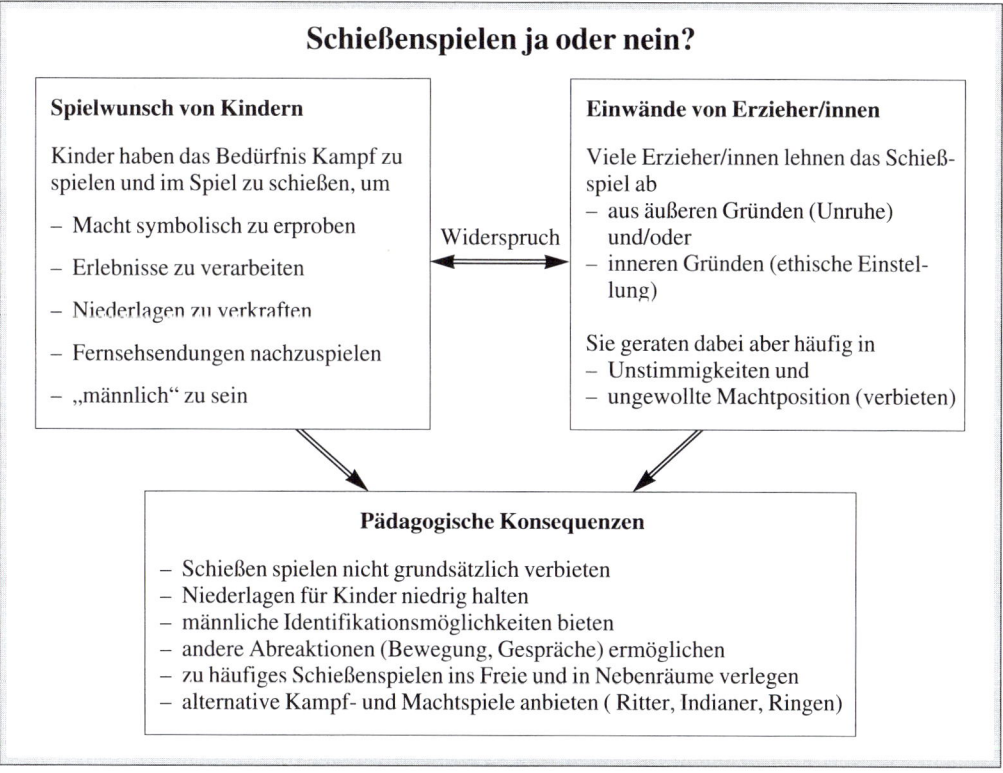

Schießenspielen ja oder nein?

Spielwunsch von Kindern

Kinder haben das Bedürfnis Kampf zu spielen und im Spiel zu schießen, um

- Macht symbolisch zu erproben
- Erlebnisse zu verarbeiten
- Niederlagen zu verkraften
- Fernsehsendungen nachzuspielen
- „männlich" zu sein

Widerspruch

Einwände von Erzieher/innen

Viele Erzieher/innen lehnen das Schießspiel ab

- aus äußeren Gründen (Unruhe) und/oder
- inneren Gründen (ethische Einstellung)

Sie geraten dabei aber häufig in

- Unstimmigkeiten und
- ungewollte Machtposition (verbieten)

Pädagogische Konsequenzen

- Schießen spielen nicht grundsätzlich verbieten
- Niederlagen für Kinder niedrig halten
- männliche Identifikationsmöglichkeiten bieten
- andere Abreaktionen (Bewegung, Gespräche) ermöglichen
- zu häufiges Schießenspielen ins Freie und in Nebenräume verlegen
- alternative Kampf- und Machtspiele anbieten (Ritter, Indianer, Ringen)

Zu Fastnacht entsteht ein weiteres Problem. Soll der schießende Cowboy erlaubt werden, auch wenn Schießspiele außerhalb der Fastnachtsfeier verboten werden? Als Ausnahme? Verbieten? Und wenn so, was verbieten? Die Pistole oder gleich den ganzen Cowboy, weil er ohne Pistole sowieso keinen Reiz mehr ausübt?

Wenn Erzieherinnen das Schießenspielen während des Jahres wegen der Unruhe ablehnen oder reduzieren und nicht, weil es sich um „Tötungsspiele“ handelt, geraten sie auch nicht in Schwierigkeiten, wenn sie zu Fastnacht die Cowboypistolen und andere Waffen zulassen.

4.3.3 Das Doktorspiel und andere Spiele mit sexuellem Hintergrund – Verunsicherung der Erzieher/innen

Anregung zum Eindenken in die Thematik

Erfahrungsaustausch

„Als ich sechs Jahre alt war, entdeckten meine Schwester und ich gegenseitig unsere Genitalien und natürlich spielten wir mit ihnen. Als das meine Mutter entdeckte, verdrosch sie uns fürchterlich und ich wurde mehrere Stunden in einen dunklen Raum gesperrt. Dann musste ich niederknien und Gott um Verzeihung bitten. Es dauerte Jahrzehnte, bis ich diesen frühen Schock überwunden hatte. Und manchmal frage ich mich, ob ich überhaupt jemals darüber hinweggekommen bin.“ *(A. S. Neill: Theorie und Praxis der antiautoritären Erziehung, Reinbek 1969, S. 199, zitiert nach N. Kluge, 1983, S. 148)*

Tauschen Sie Erfahrungen aus Ihrer Praxis mit Doktorspielen und anderen Spielen mit sexuellem Interesse der spielenden Kinder aus.
Möglicherweise sind Einzelne bereit über eigene Erinnerungen zu sprechen.
Vergleichen Sie erlebtes Verhalten von Erwachsenen, die diese Spiele bei Kindern beobachteten.

Während die Schießspiele laut sind und auffallen, vollziehen sich die Spiele mit sexuellem Inhalt eher leise und in für die Erzieherin wenig einsichtigen Spielorten, zum Beispiel in der Puppenecke, auf der zweiten Ebene, auf der Toilette oder hinter Büschen im Freien. Dieses Zurückziehen kann unterschiedliche Gründe haben. Vielleicht wurde den Kindern vermittelt, dass sie solche Spiele nicht spielen dürfen. Um ihr Bedürfnis danach zu befriedigen, müssen sie heimlich spielen. Aber das muss nicht der Grund für ihr Spiel in stillen Ecken sein. Kinder erfahren die Sexualität an sich als etwas Geheimnisvolles. Auch wenn Kinder in vielen Familien sehr offen aufgeklärt werden, so erleben sie doch, dass es sich um einen Intimbereich handelt. Kindergartenkinder kennen auch bereits Scham und sind nicht immer bereit sich nackt auszuziehen oder vor anderen auf die Toilette zu gehen.
Vor dem Mitgehen mit fremden Männern (weniger mit Frauen) wird gewarnt. Schimpfworte beziehen sich häufig auf den sexuellen Bereich. Das Kind erfährt und erlebt Dinge, die es nicht voll durchschaut und die ängstigen.
Unbewältigte Situationen sind häufig der Anlass für Rollenspiele. Das Kind will seine Ängste bearbeiten und durch das Spiel Kenntnisse und mehr Klarheit erlangen. Es will auch seine Kenntnisse umsetzen und spielen, was es erfahren hat und womit es sich beschäftigt.

Für Erzieherinnen und Erzieher entstehen im Zusammenhang mit sexuellen Spielinhalten mehrere Probleme:

1. Ein eigener Standort muss gefunden und vielleicht auch hinterfragt werden. Natürlich haben Erzieherinnen und Erzieher ein Recht auf Privatheit. Sie müssen nicht ihre eigenen Einstellungen offen legen. Aber sie müssen miteinander abstimmen, wie weit sie sexuelle Spiele der Gruppenmitglieder zulassen. Sie müssen absprechen, welche Spiele sie erlauben und wo sie Grenzen setzen. Für die realen Situationen müssen sie nach Formen suchen, wie sie dem spielenden Kind diese Grenzen überzeugend erklären können.

2. Eltern haben ein Recht zu erfahren, wie ihre Kinder erzogen werden. Erzieherinnen und Erzieher müssen ihre pädagogischen Entscheidungen begründen können. Zugleich müssen sie Verständnis für andere Auffassungen aufbringen und ggf. Kompromisse finden, insbesondere bei ausländischen Eltern mit anderen sexual-ethischen Einstellungen.

3. Kinder sind in ihren Erfahrungen, Entwicklungen und Kenntnissen unterschiedlich weit. Außerdem haben sie von ihren Eltern verschiedenartige Einstellungen erfahren. Was für das eine Kind ein natürliches Spiel sein kann, verunsichert möglicherweise ein anderes Kind. Die Erzieherin hat die schwierige Aufgabe zwischen diesen unterschiedlichen Kenntnissen, Gefühlen und Verhaltensweisen ausgleichen.

4. Spiele mit sexuellem Inhalt werden, wie schon gesagt, meist in Zurückgezogenheit, in wenig beobachtbaren Ecken gespielt. Erzieher/innen bekommen oft nur Bruchstücke mit. Der Zusammenhang, aus dem heraus das Spiel entstand, ist oft nicht nachvollziehbar.

5. Sexuell misshandelte Kinder äußern ihre quälenden Erlebnisse oft im Spiel. Gruppenleiter/innen können in der Regel nicht erkennen, ob das Spielen mit sexuellem Hintergrund aus der natürlichen Entwicklung, aus kindgemäßem Neugierverhalten und normaler Verarbeitung von angemessenen Erfahrungen und Kenntnissen herrührt oder als Hilfeschrei gesehen werden müsste. Und wenn das Spiel als fragwürdig eingeschätzt wird, ist es problematisch, Klarheit zu erhalten, ob eine Misshandlung vorliegt. Schritte, zum Beispiel durch das Jugendamt, können nur dann eingeleitet werden, wenn beweisbare Fakten vorliegen. Hier werden sich die Erzieher/innen Hilfe bei entsprechenden Beratungsstellen holen müssen.

6. Eine zusätzliche Verunsicherung kann für männliche Erzieher entstehen. Sie können befürchten, dass ihnen böse Zungen bei Zärtlichkeit mit Kindern oder bei dem Erlauben von beispielsweise Doktorspielen eigene sexuelle Interessen unterschieben.

Die Standortfindung und Abgrenzung ist in diesem Bereich für ein Team oft schwer. Eine Absprache muss aber getroffen und ein etwaiger gemeinsamer Standort muss gefunden werden um die Gruppenmitglieder und Eltern nicht durch unterschiedliche Erklärungen und Verhaltensanweisungen zu verunsichern. Natürlich gibt es keine hundertprozentige Sicherheit und Klarheit, in diesem Bereich noch weniger als bei anderen pädagogischen Fragen.

Es gibt bestimmte Spielsituationen, die immer wieder vorkommen, vor allem das Doktorspiel im Kindergarten und die oft etwas unbeholfenen oder plumpen in ein Spiel verbrämten gegengeschlechtlichen Annäherungsversuche in der Pubertät und danach. Auf diese und einige weitere in der sozialpädagogischen Praxis vorkommenden Spiele und spielähnliche Handlungen will ich etwas genauer eingehen.

Doktorspiele

Doktorspiele sind in Kindergärten von Zeit zu Zeit aktuell. Oft berühren sie den sexuellen Bereich nur ganz am Rande, weil die liebevolle Versorgung eines Patienten gespielt wird oder Verletzungen verbunden und Krankentransporte vorgenommen werden. In der Regel wird auch in angekleidetem Zustand gespielt.
Vor allem im Sommer, wenn die Kinder leicht gekleidet sind und es warm ist, kann es sein, dass die Patienten und Patientinnen sich ausziehen oder ausgezogen werden (wie das in der

Realität durch die Mutter bei kranken Kindern auch der Fall ist), der Bauch untersucht und Fieber festgestellt wird. Bei diesem Spiel haben Jungen und Mädchen die Möglichkeit die Geschlechtsteile anderer Kinder zu betrachten, und zwar nicht nur diejenigen des anderen Geschlechts, sondern auch die des eigenen, denn den eigenen genitalen Bereich kann man ja auch nicht sehen (vor allem Mädchen). Während das eigene Gesicht, das man ebenfalls nicht sehen kann, häufig im Spiegel betrachtet wird, kommen Kinder gewöhnlich erst im Schulalter auf die Idee, sich über einen Spiegel zu hocken um zu sehen, wie man unten aussieht. Und selbst dann ist das genaue Aussehen schwer feststellbar.
Kinder, die einen Säugling als Geschwister haben, der noch gewickelt wird, sehen dessen Geschlechtsteil und können Rückschlüsse ziehen. Wenn Eltern sich ihren Kindern ungehemmt nackt zeigen, baut das Kind zwar weniger Hemmungen im sexuellen Bereich auf, aber es erfährt nur wenig über sein eigenes Aussehen sondern fast nur etwas darüber wie es aussehen wird, wenn es erwachsen ist.
Es ist also naheliegend und völlig normal, wenn Kinder das Rollenspiel dazu benutzen, einmal genau hinzuschauen, wie man selbst und wie das andere Geschlecht an diesem Körperteil aussieht. Fiebermessen ist dafür der beste und überzeugendste Spielinhalt. Zudem wird das Berühren des Afters und der Geschlechtsteile (erogene Zone) von den meisten Kindern als lustvoll empfunden.
In der Regel wird von den Kindern fiktiv Fieber gemessen, das heißt, sie tun als ob sie Fieber messen würden. Sie wissen aus eigener Erfahrung, dass man als Kranker etwas Angst hat, die Mutter könne einem beim Einführen des Thermometers in den Darm wehtun. Kinder benutzen deshalb nur in sehr seltenen Fällen einen Gegenstand als Thermometer. Nun kann das Einführen von Spielgegenständen als Fieberthermometer in den Darm oder anderer Umgang mit Gegenständen an Scheide und Penis Verletzungen verursachen. Davor muss gewarnt und solches Spielen muss verboten werden, genauso wie keine Gegenstände in Ohren oder Nase gesteckt werden dürfen.

Das Doktorspiel in nacktem Zustand mit Einbezug der Geschlechtsteile entspricht einem ganz natürlichen Spiel- und Erkundungsbedürfnis des Kindes. Dieses Spiel als solches zu verbieten, kann ein Kind verunsichern und kann Hemmungen im sexuellen Bereich hervorrufen. Dagegen ist für das Kind durchaus einsichtig, dass es nicht mit Gegenständen Fieber messen darf.

Natürlich kann es für ein Team schwierig sein, Doktorspiel in entkleidetem Zustand zuzulassen und vor den Eltern der Kinder zu vertreten. Dahinter können eigene Vorbehalte stehen, aber auch die Sorge vor den Einstellungen der Eltern, insbesondere vor ausländischen (aber auch deutschen) Eltern, die eine andere Vorstellung von sexueller Aufklärung und sexueller Erziehung haben. Konfrontation mit den Eltern oder Rückzug mancher Eltern können die Folge sein. Die Erzieherinnen würden dann möglicherweise auch in anderen Erziehungsbereichen ihren Einfluss auf diese Eltern verlieren.
Eine allgemein gültige Regel, wie mit Doktorspielen umzugehen ist (auf die man sich vielleicht berufen könnte), gibt es nicht.
Was also tun?

1. Die Teammitglieder sollen sich selbst gegenüber ehrlich sein

Nur wer sich seinen eigenen Standort klar macht, kann ihn auch überzeugend vertreten. Erwachsene müssen auch vor Kindern ehrlich argumentieren. Kinder spüren es, wenn sie unecht sind, auch wenn Kinder ihre Verunsicherung nicht in Worte fassen können. Die Ablehnung von Doktorspielen in entkleidetem Zustand beispielsweise auf Elternansichten zu schieben, wenn man sie selbst als unangemessen empfindet, verursacht leicht Verunsicherung bei Kindern und Teamern. Allerdings ist das ein hoher Anspruch, nicht nur ehrlich gegenüber anderen zu sein, sondern zunächst einmal gegenüber sich selbst.
Die Aussage etwa: „Manche Eltern wollen das nicht. Sie wollen, dass Kinder beim Spielen und im Schwimmbad immer eine Hose anhaben" wirkt überzeugender, wenn sie stimmt. Eine Er-

zieherin, die selbst etwas gegen das Doktorspiel hat, kann vielleicht Worte finden, die ausdrücken, dass sie selbst Bedenken hat, ohne dass sie bis zum Letzten ihre Meinung äußert, beispielsweise: „Im Kindergarten möchte ich das nicht. Ich habe Sorge, dass Kinder, die das nicht wollen, mitspielen, weil sie kein Spielverderber sein wollen.“ Oder: „Ich finde es nicht gut, nackt krank sein zu spielen. Viele Kinder wollen sich nicht so begucken lassen. Und weil man das nicht so genau weiß, wer das nicht will, möchte ich solche Spiele bei uns nicht haben“. Oder: „Ich habe Sorge, das nackte Kind könnte beim Untersuchen verletzt werden. Deshalb möchte ich nicht, dass ihr nackt spielt. Ihr könnt ja spielen, ihr hättet schon Fieber gemessen.“

2. Kinder behutsam beobachten

Erzieherinnen (auch Erzieherinnen mit einer sehr offenen sexuellen Einstellung) haben zuweilen die Vermutung und vielleicht die Sorge, dass hinter den Doktorspielen mehr steckt als die bloße Wahrnehmung des Geschlechtsteils. Das kann zum Beispiel sein:

- der Wunsch des Kindes nach Aufklärung im sexuellen Bereich, weil es Teilkenntnisse erfahren hat und mehr wissen möchte oder auch, weil es Informationen erhalten hat, die es verunsicherten oder ängstigten, zum Beispiel die Warnung, nicht mit fremden Männern mitzugehen,
- sexuelle Lust,
- negative Erfahrungen in der Realität und damit verbundene Ängste, beispielsweise, wenn Kinder von fremden Männern angesprochen worden sind bis hin zu tatsächlichem sexuellem Missbrauch,
- Spielverhalten von Spielpartnern, das dem natürlichen Neugierverhalten nicht mehr entspricht, sondern (versteckte) Gewalt zum Ausdruck bringt, weil diese Spielpartner vielleicht Gewalt gesehen haben oder selbst erfahren mussten.

Es ist deshalb sinnvoll solche Spiele der Kinder vorsichtig und behutsam zu beobachten. Das ist nicht einfach, weil Kinder in diesem Alter wahrnehmungsfähig genug dafür sind, dass der untere Körperteil offensichtlich nicht ohne weiteres nackt gezeigt werden soll. Sie sind deshalb misstrauisch und ängstlich, wenn sie beobachtet werden. Bereits Kinder im Schulalter ziehen sich in der Regel nicht mehr ohne Hemmungen vor anderen nackt aus, wenn kein konkreter Grund wie Duschen oder Umziehen vorliegt. Außerdem sind alle Rollenspiele bei Beobachtung störanfällig. Kinder wollen bei Rollenspielen grundsätzlich nicht gern beobachtet werden und insbesondere nicht beim Doktorspiel.

3. Spielzwang durch Spielpartner muss vermieden werden

Kinder müssen dazu angehalten werden, Spielpartner grundsätzlich nicht zu einem Spielverhalten zu zwingen. Spielwünsche und auch sonstige Wünsche der Kinder müssen berücksichtigt werden. Das ist kein einfacher Schritt, denn bei den meisten Konflikten zwischen Kindern wird ein Kompromiss angestrebt, zum Beispiel bei unterschiedlichen Spielideen oder dem Wunsch nach der Benutzung des gleichen Spielmaterials. Im sexuellen Bereich gilt dieser Kompromiss nicht. Hier muss der Wunsch des Spielpartners voll respektiert werden. Diesen Unterschied müssen Erzieherinnen den Kindern immer wieder verdeutlichen. Wenn ein Kind beispielsweise nicht will, dass andere Kinder mit ihm zur Toilette gehen, muss dieser Wunsch anerkannt werden, sowohl was das Zuschauen als auch das Helfen betrifft. Deshalb setzen manche Erzieherinnen grundsätzlich die Regel, dass nur allein in eine Toilette gegangen wird. Wenn Kinder in anderen Bereichen Wünsche haben, zum Beispiel wenn sie sich allein anziehen wollen, muss zumindest begründet werden, warum man ihnen dieses Mal vielleicht doch hilft.

Es gibt aber fließende Übergänge, was die Erfüllung von Kinderwünschen betrifft. Das erschwert für Erzieherinnen das eigene pädagogische Verhalten und erst recht die Vorbildhaltung und Abgrenzung für die Gruppe.

Beispiele:

- Wenn ein Kind nicht mitspielen will – egal bei welchem Spiel – wird es nicht gezwungen. Es kann aber verlangt werden, dass das spielverweigernde Kind sich bei einem Spiel der Gesamtgruppe zuschauend dazusetzt und nicht in dieser Zeit etwas anderes spielt.

– Wenn ein Kind etwas Bestimmtes nicht essen will, wird es nicht gezwungen. Allerdings kann verlangt werden, ein wenig zu probieren, vor allem, wenn wichtige Nahrungsmittel pauschal abgelehnt werden, etwa grundsätzlich Gemüse.

Bei diesen Beispielen wird erkennbar, wie schwierig es ist, Kindern zu vermitteln, dass sie die Persönlichkeit, das heißt in diesem Fall die Spielverweigerung ihrer Spielpartner, zu berücksichtigen haben. Es ist ja beispielsweise auch keine klare Grenze zu ziehen zwischen erstrebenswerter Begeisterungsfähigkeit einerseits und Manipulation oder egoistischer Machtdurchsetzung von Spielführern andererseits. Es ist schwer festzustellen, wie weit die Ausstrahlung und die Begeisterungsfähigkeit eines Kindes die anderen veranlasst, nach seinen Angaben zu spielen und wo es für die Mitspieler beginnt, sich aus Angst, zum Beispiel ausgeschlossen zu werden, unterzuordnen.

Geschlechtsverkehr spielen

Viele Kinder werden bereits im Kindergartenalter nicht nur darüber aufgeklärt, wie Kinder im Leib der Mutter wachsen und geboren werden, sondern auch, wie sie gezeugt werden und dass Geschlechtsverkehr eine für die Eltern schöne, innige und liebende Handlung ist (hoffentlich!). Im Fernsehen werden viele Kinder Szenen sehen, die Neugierde und Fragen wecken, warum Erwachsene so miteinander umgehen. Es ist auch nicht auszuschließen, dass ein Kind nachts aus irgend einem Grund wach wird, Angst hat, zu den Eltern ins nicht abgeschlossene Schlafzimmer läuft und die Eltern (ängstlich?) beobachtet. Wenn es von den Eltern liebevoll und einfühlsam aufgeklärt wird (wahrscheinlich nicht immer!), bleibt trotzdem ein zu verarbeitender Eindruck zurück.

Für Kinder, insbesondere im Alter zwischen fünf und sieben Jahren, ist das Rollenspiel eine Form, Eindrücke und Erfahrungen zu verarbeiten. (Ältere Kinder und Erwachsene gebrauchen dafür vor allem die Sprache.)

Es ist deshalb durchaus nachvollziehbar, dass Kinder im Kindergartenalter den Sexualakt (angezogen oder nackt) spielen, wenn auch selten. Dieses Spiel geschieht in der Regel nicht, um eigene Sexualität auszuprobieren, sondern um das erfahrene Umgehen der Erwachsenen nachzuvollziehen und zu verstehen. Sie spielen fiktiv (als ob).

Es ist naheliegend, dass Erzieherinnen irritiert sind, wenn sie Kinder bei so einem Spiel, womöglich noch in nacktem Zustand, beobachten, weil diese Handlungen ausgesprochen in den Erwachsenenbereich gehören. Solche Spiele werden von Erwachsenen oft mit den Gedanken verbunden, dass das entsprechende Kind in der Realität eine Schädigung erfahren haben muss, brutale eigene Misshandlung oder gesehene Brutalität im Fernsehen oder in der Realität. Das muss aber keineswegs vorausgegangen sein. Freilich ist es angemessen, die betreffenden Kinder eine Zeit lang zu beobachten, wenn man das Spiel als Folge möglicher psychischer oder körperlicher Schädigungen in Betracht zieht.

Das Erzieherverhalten gestaltet sich bei diesem Spiel noch problematischer als bei Doktorspielen – einerseits, weil Kinder unterschiedlich aufgeklärt sind und eine unangemessene Aufklärung über das Spiel unter Kindern geschehen kann (unangemessen im Sinne von: nicht liebevoll, nicht einfühlsam, bruchstückhaft, verängstigend). Andererseits ist es in erster Linie Sache der Eltern (und ihr Recht!), ihre Kinder im sexuellen Bereich aufzuklären.

Es ist deshalb nachvollziehbar, wenn ein Team sich entscheidet, solche Spiele im Kindergarten abzulehnen (ohne sie deshalb als böse hinzustellen). Auch hier müssen Begründungen vorsichtig formuliert werden. Verbote ziehen immer die Gefahr nach sich, dass sie heimlich übertreten werden. Wenn das geschieht, ist das Gespräch darüber mit den Betroffenen kaum mehr möglich. Sie blocken ab, weil sie ein Verbot übertreten haben und sich hart machen müssen gegenüber Vorwürfen wegen Ungehorsam. Manchmal genügt es die Kinder für eine Zeitlang abzulenken und ihnen andere faszinierende Spiele anzubieten, bis die (möglicherweise

erlebte) Erfahrung im Gespräch oder durch sonstige verschlüsselte Spielformen verarbeitet wurde.
Gespräche mit den Eltern der betroffenen Kinder sind problematisch. Man weiß nicht, was daraus gemacht wird: Bestrafungen und Verbote für das Kind, Misstrauen gegenüber den Erzieherinnen, Gerüchte und Tratsch hintenherum, Verurteilung des Kindes, das mitgespielt hat. Gespräche mit den betroffenen Eltern sind deshalb nur dann sinnvoll, wenn man sich sicher ist, dass die Eltern verständnisvoll reagieren. Diese Sicherheit wird selten der Fall sein. Besser eignen sich Elternabende (ggfs. mit auswärtigen Referenten) über die sexuelle allgemeine Entwicklung des Kindes, über entwicklungsbedingtes Neugierverhalten sowie entsprechende Spiele und über die Notwendigkeit der Eltern Kinderfragen angemessen zu beantworten. In diesem Zusammenhang können Erzieherinnen auch sagen, dass sie sexuelle Aufklärung im Kindergarten nicht ausschließen können und wollen und dass sie Spiele mit sexuellen Inhalten und Berührungspunkten nicht verbieten. Bei einer ausgesprochen thematischen Einheit zum Bereich Sexualität, zum Beispiel Schwangerschaft und Geburt, werden die Eltern vorher benachrichtigt, damit sie ihre Kinder selbst aufklären und eine solche Thematik zu Hause begleiten können.

Selbstbefriedigung

Häufig geht es ErzieherInnen so wie vielen Eltern, Omas und Opas: Mitzubekommen, dass sich ein Kind selbstbefriedigt, indem es sich die Genitalien in aller Öffentlichkeit massiert oder über die Lehne eines Sofas genussvoll hin- und herrutscht, kann unangenehm und peinlich sein. Dies hat viel damit zu tun, dass Selbstbefriedigung immer noch ein äußerst tabuisiertes Thema ist. Die Vorstellung, dass der Partner, ErzieherInnen, LehrerInnen oder PolitikerInnen onanieren, ist uns fremd. Auf der anderen Seite wissen die meisten Menschen von sich selbst, dass Selbstbefriedigung zum Sexualleben gehört, lustvoll erlebt wird und gut tun kann. Warum sollte das bei Partnern, ErzieherInnen, LehrerInnen oder PolitikerInnen anders sein? Wenn Selbtbefriedigung auch mittlerweile nicht mehr im Ruf steht, Rückenmarks- oder Gehirnstörungen zur Folge zu haben, so gilt sie doch üblicherweise als schmutzig und erfährt eine Abwertung. Selbstbefriedigung ist eben eine „Ersatzbefriedigung". Was ja auch in Einzelfällen so sein mag.
(Lothar Kleinschmidt u.a. 1994, S. 44)

Auch dann, wenn Erzieherinnen und Erzieher eine offene sexuelle Einstellung haben und Selbstbefriedigung als solches nicht ablehnen, berührt das Onanieren eines Kindes „in der Öffentlichkeit" eben doch oft peinlich.
Wie immer ist es auch hier sinnvoll zu den eigenen Gefühlen zu stehen und beispielsweise dem Kind zu sagen, dass das Reiben an der Scheide oder dem Penis sicher schön ist, aber dass es besser ist, dafür irgendwohin zu gehen, wo man mehr allein ist. Der Kind erfährt sowieso früher oder später, dass Sexualität nur begrenzt öffentlich gezeigt wird. Es richtet sein eigenes Verhalten danach. Im Schulalter kommt sichtbares Onanieren kaum noch vor.

Sexuelle Spiele bei Jugendlichen

Während im Vorschulalter Spiele mit sexuellen Anteilen aus dem natürlichen Spielbedürfnis entspringen (zum Beispiel verarbeitende Rollenspiele), werden sie im Jugendlichenalter teilweise gezielt eingesetzt, um damit etwas zu erreichen.
Beispiele:
– Jungen und Mädchen albern miteinander. Sie nehmen sich spielend etwas weg, um miteinander in Kontakt zu kommen, auch in Körperkontakt, sie foppen sich, spielen fangen usw. Dabei genießen sie weniger das Spiel als solches, sondern vielmehr die damit verbundene Annäherung. Ihr Vorgehen ist dabei oft laut und plump, ihre Unsicherheit überspielend.
– Brett- und andere Regelspiele werden miteinander gespielt, weil man in Kontakt kommen möchte und sich gegenseitig kennenlernen will und nicht weil das Spiel Spaß macht.
– Tanzkurse ermöglichen körperliche Berührungen in vorgegebenen und gesellschaftlich anerkannten Regeln.

Diese Spiele und spielähnlichen Handlungen sind natürlich und notwendig um sich kennenzulernen, anzunähern und die eigenen sich ändernden Gefühle gegenüber dem anderen Geschlecht und gegenüber einzelnen Personen des anderen Geschlechts zu erfahren und zu erproben.

Anders ist es, wenn solche Spiele die Grenzen des Spiels überschreiten, zum Beispiel Beleidigungen, Abwertungen oder unangemessene Intimitäten oder auch, wenn von einem der beiden Partner Druck ausgeübt wird. Dazu zählen auch sexuelle Spielereien bei gleichgeschlechtlichen Partnern.
Eine wachsame Beobachtung von Seiten der Betreuer (ohne vorschnelle Beurteilung) ist deshalb im Heim und in der offenen Jugendarbeit, teilweise auch schon im Hort, notwendig. Im Gegensatz zum Kindergartenkind – bei dem über Worte viele Missverständnisse entstehen und verbale Erklärungen verunsichern können – kann und muss mit Jugendlichen offen geredet und können Grenzen erklärt werden.
Die Abstimmung im Team ist hier ebenso wichtig wie bei jüngeren Kindern, damit der Jugendliche weiß, woran er ist und nicht Schlupflöcher sucht um seine Wünsche egoistisch durchzusetzen.

Spiele mit sexuellem Hintergrund

Problematische Standortfindung für Erzieher/innen zwischen

- akzeptieren
- Grenzen setzen und begründen
- Schwächere schützen
- erklären
- verbieten
- den Alltag hinterfragen
- Eltern informieren

Zusammenfassung

- Innerhalb des Rollenspiels gibt es eine Entwicklung vom Alleinspiel über das Nebeneinanderspielen bis zum sozialen Rollenspiel, das heißt einem gemeinsamen Spiel mit verschiedenen Rollen.
  Das Rollenspiel bedeutet für das Kind sowohl eine Verarbeitung von Erlebtem wie auch eine Auseinandersetzung mit der Realität aus dem Blickfeld unterschiedlicher Rollen. Es hat deshalb für die Entwicklung eines Kindes eine große Bedeutung.

- Freies Rollenspiel kann indirekt über Raumgestaltung, angemessenes Spielmaterial, über nachspielbare gemeinsame Erlebnisse und Erfahrungen sowie über akzeptierendes und wertschätzendes Verhalten von Erzieherinnen und Erziehern gefördert werden. Ein direktes Fördern über Beraten und Mitspielen wird in der Fachliteratur kontrovers (gegensätzlich, strittig) diskutiert.

- Bei angeleitetem Rollenspiel geht die Initiative von der Erzieherin oder dem Erzieher aus. Der Spielleiter gibt den zu spielenden Inhalt vor und gestaltet ihn mit der Gruppe. Dadurch kann einerseits eine Auseinandersetzung mit diesem Inhalt angestrebt und andererseits darstellendes Spiel vorgeübt werden. Es gibt auch eine Reihe von Regelspielen, die Rollenspielteile enthalten und die einzelne Spieler zu pantomimischen Spielen oder zu anderen Rollenspielen auffordern.

- Bei älteren Kindergartenkindern ist Schießen spielen oft ein beliebtes Rollenspiel. Erzieherinnen geraten dadurch in Konflikte, weil sie Schießen spielen aus ethischen Gründen ablehnen und weil dadurch Unruhe in der Gruppe entsteht. Es ist angemessener, das Spiel mit der Begründung einzuschränken, dass es andere (auch die Erzieherin) stört, als die Einschränkung damit zu erklären, dass Töten nicht gespielt werden darf. Mit dieser Begründung können Kinder nicht mehr ohne schlechtes Gewissen spielen, was sie verarbeiten müssen.

- Spiele mit sexuellem Hintergrund, insbesondere Doktorspiele, verunsichern häufig Erzieherinnen und Erzieher. Das Team muss einen Standort finden und vertreten. Unterschiedliche Gedanken werden dabei einfließen: die eigenen Empfindungen beim Beobachten solcher Spiele, das Wissen um den natürlichen Forscherdrang und Wissensdurst des Kindes, das kindliche Bedürfnis, Erfahrungen und Kenntnisse im Spiel zu verarbeiten, kindliche sexuelle Lust sowie die evtl. Möglichkeit, dass das Kind negative Erfahrungen aus seinem Alltag zum Ausdruck bringt. Regeln und Eingrenzungen, die der Gruppe gesetzt werden, dürfen im Team nicht zu weit auseinander gehen und müssen gegenüber den Eltern begründet werden können.

- In der Pubertät werden Jugendliche gegenüber dem anderen Geschlecht unsicher. Zugleich sind sie neugierig und fühlen sich herausgefordert. Sie wollen sich keine Blöße geben. Diese Unsicherheit kommt oft in albernen, manchmal etwas plumpen Kontaktpielen zum Ausdruck. Spiel- und Handlungsformen, die ein gegenseitiges Kennenlernen ermöglichen, werden deshalb oft gerne angenommen.
  Dagegen müssen Spiele im sexuellen Bereich, bei denen Druck ausgeübt wird oder einer der Partner Schaden erleiden könnte, im Rahmen der Möglichkeiten unterbunden werden.

Zum Nachdenken:

❍ **Bewusstmachung der (spiel-) pädagogischen Situation für Jungen im Kindergarten**

Die Fachhochschule Braunschweig hat in einer Untersuchung die Sozialisation von Jungen, insbesondere in Tageseinrichtungen untersucht und die Ergebnisse in einem Abschlussbericht veröffentlicht (Peter Thoma u.a.: „Manns-Bilder“. 1996, S. 39):

❐ *Als noch-nicht-Männer leben sie mit den Mädchen und den Erzieherinnen im von Frauen dominierten „Binnenraum“ der Versorgungsbeziehungen, der dem männlich dominierten „Außenraum“ der Gesellschaft gegenübersteht. Frauen und Kinder stehen als nicht-männlich den Männern gegenüber.* ❑

Durchdenken Sie Konsequenzen dieser Feststellung für die (spiel)pädagogische Arbeit im Kindergarten.

Vergleichen Sie die Situation für Jungen im Kindergarten mit anderen Einrichtungen, zum Beispiel im Hort, in der offenen Jugendarbeit und im Heim.

❐ *Was hat Kriegssspielzeug Besonderes, was macht es so attraktiv, dass sich selbst Erwachsene nur schwer seinem Bann entziehen können?*
Spielzeugwaffen und -soldaten, mit denen man sich identifizieren kann, machen uns mächtiger als gewöhnliche Leute. Man kann sich durchsetzen, hat ein ganz neues Selbstbewusstsein. Waffen sind ein Mittel

zum Erfolg! Man wird jemand, vor dem andere Respekt haben müssen – zumindest sich fürchten müssen. Und das ist natürlich besonders für die Kinder ein erwünschter Zustand, weil sie so oft als minderwertig, klein und dumm behandelt werden.

Daraus folgt, dass das beste Mittel gegen Kriegsspielzeug die Bestätigung und Anerkennung der Kinder ist. Sie ernst nehmen und sich viel mit ihnen beschäftigen, für sie da sein und ihr Selbstvertrauen stärken, mit einem Wort: sie lieben. ❑

(Ulrich Baer, 1995, S. 180)

❍ Karin Mönkemeyer schreibt im Zusammenhang mit der sexuellen Entwicklung in der Vorpubertät (1993, S. 115)

❒ *Männer motzen,*
doch die Fotzen
haben nur mit Pimmel
den siebten Himmel.

Zu solchen zweifellos ordinären Sprüchen kommen dann meist noch ebensolche Zeichnungen. Eltern sollten wissen, in welcher Tonart ihre Kinder in diesem Alter von Sexuellem reden oder zumindest hören. Da ist nicht mehr viel Raum für die Zärtlichkeit, die in früheren Entwicklungsstadien den Zauber erster Beziehungen zwischen Jungen und Mädchen ausmachte. Auch schmutzige Witze sind jetzt Pausengespräch. Kinder, die sie noch nicht verstehen, erzählen den einen oder anderen harmlos und naiv zu Hause. Machen Sie gute Miene zum bösen Spiel! Es handelt sich um eine – wenn auch für manchen schwer erträgliche – Zwischenstufe in der Entwicklung. Die vielen sexuellen Reize in der Umwelt können offenbar von den Kindern in diesem Alter noch nicht anders verarbeitet werden. ❑

❍ **Argumentationsübung**

Antworten Sie der Mutter eines Ihrer Kindergartenkinder, die Ihnen Folgendes berichtet:

„Neulich hatte ich einen Freund von meiner Tochter Britta bei uns. Beide fünf Jahre alt. Es ist ja nicht zu glauben, wie verdorben und raffiniert Kinder heute schon sind: Da finde ich doch Britta nackt in ihrem Zimmer auf dem Bett und Tobias betrachtet ihr Geschlechtsteil. Als ich reinkomme, wird Tobias rot, deckt Britta schnell zu und sagt betroffen: „Ich wollte nur Fieber messen, ich bin nämlich der Doktor." Er hat ganz genau gewusst, so rot wie er wurde, dass er etwas Verbotenes tut. – Der kommt mir nicht mehr ins Haus! Als ich Britta später zur Rede stellte, sagte sie auch, sie hätten Doktor gespielt. Also völlig von ihm eingewickelt. Da kann man sie noch nicht einmal mit fünf Jahren eine halbe Stunde allein lassen!

Claudia, Sabine und Frank
Studierende einer Fachschule für Sozialpädagogik

◆ **Claudia:** Wenn ich diesen Text vom Schießenspielen richtig verstanden habe, soll ich Schießenspielen nicht verbieten.

◆ **Sabine:** Aber einschränken, wenn es dir zu viel wird!

◆ **Claudia:** Wie wohltuend, dass ich begrenzen darf, wenn es *mir* zu viel wird, und ich nicht immer alles moralisch, ethisch und pädagogisch begründen muss!

◆ **Sabine:** Ich hätte jetzt glatt gesagt, das sei – wenn auch nicht moralisch und ethisch – so doch pädagogisch begründet, wenn ich sage: „*Ich* kann den Lärm und das Chaos nicht mehr ertragen!" Schließlich gehöre ich zur Gruppe! Die Gruppe braucht außerdem meine Kraft für andere Dinge, als Lärm und Chaos zu ertragen.

◆ **Frank:** Mich hat der Text über die Kriegsspiele weniger beeindruckt. Ich fand nichts Neues daran. Selbstverständlich lass ich Kinder schießen spielen. Ich hab's doch auch gemacht!

Und ich wette, ihr auch, wenn vielleicht etwas weniger als wir Jungen! Was mich nachdenklicher gemacht hat, ist der Text über Spiele im sexuellen Bereich. Von mir aus wäre ich nie soweit gegangen, Kinder *nicht* davon abzuhalten, wenn sie den Geschlechtsakt spielen. Aber ich kann nachvollziehen, dass es keinen logischen Grund gibt, es ihnen zu verbieten. Selbst, wenn sie es nackt spielen sollten, könnten sie es nur *spielen*. Es würde nichts passieren. Trotzdem. – Könnt ihr euch vorstellen, dass ihr den Eltern gelassen sagt: „Ja, ich erlaube das wie jedes andere Spiel auch!“ ?

◆ **Claudia:** Ich würde auch schlucken. Ich würde sicher nicht schimpfen. Aber vermutlich würde ich die Kinder beobachten, und wenn ich die Befürchtung hätte, dass sie es wieder tun, noch dazu, wenn andere Kinder womöglich zuschauen, würde ich sie wahrscheinlich ablenken. So würde ich möglicherweise um diese Klippen herumjonglieren, bis diese Spielwelle vorbei ist. Sofern sie überhaupt auftritt. Ich habe in meinem Vorpraktikum weder derartige Spiele erlebt noch davon gehört.

◆ **Sabine:** Was mich an solchen sexuellen Spielen stört, ist, dass sie den Kindern auf diese Weise wahrscheinlich wie eine rein körperliche Handlung vermittelt werden. Naja, nicht direkt vermittelt, aber dass sie bei den Kindern eben so ankommen. Ich würde Kindern vermitteln wollen, dass die körperliche Liebe, der Sexualakt, der Höhepunkt der emotionalen Liebe ist. Kann man das, wenn die Kinder die körperliche Handlung spielen, so wie sie Kochen spielen oder Auto fahren?

Aber schimpfen oder verbieten, wenn sie das tun, würde ich natürlich auch nicht. Ich würde wahrscheinlich mit ihnen darüber sprechen. Mit den beiden, die das gespielt haben. Aber worüber? Was weiß ich, was sie zu Hause erlebt haben? Welche Aufklärung, welche Gewalt, welche Abwertungen, welche Beschimpfungen im Zusammenhang mit Sexualität? Dann kann ich ihnen nur erzählen, was die Liebe und der Geschlechtsakt für mich bedeuten. Wahrscheinlich ist das wirklich besser als zu schweigen.

◆ **Claudia:** Vielleicht wäre es das Beste, man würde Kinder nicht spüren lassen, dass man dieses Spiel beachtet, um keine Aufmerksamkeit darauf zu legen. Nur beobachten und abschätzen, ob eines der Kinder irgendwie leidet. Ich meine damit, beobachtetes Spiel nicht ansprechen, allerdings über Sexualität in anderen Zusammenhängen und zu anderen Zeiten reden.

◆ **Frank:** Für mich wäre so eine Beobachtung ein Grund eine Erziehungsberatungsstelle um Rat zu fragen. Ich würde mich einfach unsicher fühlen.

Doktorspiele finde ich nicht so extrem. Damit könnte ich wahrscheinlich umgehen. Selbstbefriedigung wird schon wieder problematisch. Wenn ich später mit Jugendlichen oder behinderten Erwachsenen arbeite, werde ich auf diesem Gebiet allerdings noch einiges zu lernen haben. Ich meine jetzt weniger das Spiel als das tatsächliche Ausleben von Sexualität.

◆ **Sabine:** Was das Spiel bei Kindern anbetrifft, hast du es als Mann meiner Ansicht nach auch noch schwerer als wir Frauen.

Literaturempfehlung

Maria Caiati u.a.: Freispiel – freies Spiel? Erfahrungen und Impulse. Don Bosco Verlag 1994

Ulrich Baer: Spielpraxis. Eine Einführung in die Spielpädagogik. Kallmeyersche Verlagsbuchhandlung 1995. Darin die Kapitel: Wie führe ich Rollen- und Planspiele durch?“ und „Wie beurteilt die Spielpädagogik Spielmittel und Kriegsspielzeug?“

Norbert Kluge: Sexuelle Grunderfahrungen im Spiel. In: K. J. Kreuzer (Hrsg.) Handbuch der Spielpädagogik. Band 2, Schwann Verlag 1983, S. 145–156

Lothar Kleinschmidt / Beate Martin / Andreas Seibel: Lieben, Kuscheln, Schmusen. Hilfen für den Umgang mit kindlicher Sexualität. Ökotopia Verlag 1994

4.4 Darstellende Spiele

Im darstellenden Spiel wird – wie bereits gesagt – für Zuschauer gespielt. Die Zuschauer müssen allerdings nicht unbeteiligte Personen sein. Beispielsweise kann sich eine Gruppe teilen und jeweils eine Hälfte spielt für die andere Hälfte, wie das bei Scharaden (gespielte Wort- und Silbenrätsel) oder anderen Ratespielen oft der Fall ist. Die Zuschauer können auch in das Spiel einbezogen werden wie beim Mitspieltheater oder häufig dem Handpuppenspiel.
Darstellendes Spiel kann in sehr unterschiedlichen Formen gespielt werden. Auf vier Formen, die in sozialpädagogischen Einrichtungen häufiger eingesetzt werden, soll im Folgenden eingegangen werden: das Pantomimenspiel, das Puppenspiel, das Schattenspiel und das Theaterspiel.

4.4.1 Pantomimenspiele – das A und O des darstellenden Spiels

Anregung zum Eindenken in die Thematik

Ausprobieren eines Pantomimenspieles
Stellen Sie sechs Stühle so hin, dass sie ein Zugabteil darstellen.
Einige Studierende beginnen, pantomimisch (ohne zu sprechen) unterschiedliche Fahrgäste zu spielen. Andere steigen zu, einige wieder aus.

Sprechen Sie anschließend über Ihre Gefühle bei diesem Spiel und über Erfahrungen mit Pantomimenspielen bei Kindern und Jugendlichen.
Tauschen Sie Spielideen aus.
Erörtern Sie das mögliche Verhalten des Spielleiters.

Über Pantomimenspiel (darstellendes Spiel ohne Worte) wurde im Teil „Angeleitetes Rollenspiel", S. 138 schon einiges gesagt. Pantomimenspiele eignen sich gut für die Überleitung vom Rollenspiel zum darstellenden Spiel vor Publikum, denn das Pantomimenspiel wird sowohl als Rollenspiel, das heißt zur eigenen Spielfreude, wie auch als darstellendes Spiel vor Zuschauern gespielt. Da es sich gut als Ratespiel eignet, rutschen Spieler über die Pantomime oft unbemerkt in ein vorführendes Spiel: Einzelne Spieler spielen etwas, die anderen müssen raten. Dazu kommen die zahlreichen Regelspiele, die pantomimische Einlagen beinhalten, vor allem die Spiele im Kreis.
Bei Pantomimen als Mitspieltheater können Zuschauer zu Mitspielern werden, siehe das Beispiel oben. Einige Spieler beginnen eine Szene. Bei Jugendlichen können das Szenen sein wie in einem Warteraum, in einer Bar, am Postschalter. Bei jüngeren Kindern eignen sich einfachere Darstellungen wie über Glatteis gehen, schweres Gepäck tragen, im Omnibus fahren. Zuschauer werden aufgefordert in diese Szene einzusteigen und mitzuspielen. Dabei müssen ihnen die Spielinhalte als solche aus ihrem Leben vertraut sein.
Bei der Pantomime wird nicht gesprochen. Das ist ein weiterer Grund, warum sich Pantomimenspiele gut als eine Einführung in darstellende Spiele eignen. Der Spieler muss sich nur auf die Bewegung und den Ausdruck konzentrieren. Während sich bei gesprochenem Wort der Spieler durch Sprachlosigkeit oder Versprechen leicht blamiert fühlen kann, birgt die Pantomime weniger Gefahren für Misserfolge. Gerade für jüngere oder gehemmte Kinder und Jugendliche wird dadurch der Einstieg in ein

vorführendes Spiel erleichtert. Musik und Tanz können dabei eingesetzt werden. Kostüme sind möglich, dürfen den Körperausdruck aber nicht überdecken.

Man darf allerdings nicht meinen, pantomimische Vorführungen seien für Kinder und Jugendliche einfach zu spielen, denn die Bewegungen müssen ausdrucksstark dargestellt werden. Der Spielende muss voll konzentriert bei der Sache sein und sich während des gesamten Spiels bewußt sein, dass er vor Publikum spielt. Kinder im Kindergarten-, auch noch im Grundschulalter identifizieren sich mit der Rolle und vergessen häufig, dass sie auf die Wirkung ihrer Bewegungen zu achten haben. Etwas anderes ist es, wenn ein Teil der Gruppe die Zuschauer sind und *kurze* Szenen, vor allem zum Erraten vorgeführt werden. Pantomime als Vorführung vor geladenen Gästen sollte deshalb auch bei älteren Kindern und Jugendlichen erst dann eingesetzt werden, wenn solche Spiele als Gruppenspiele vertraut sind und der Gruppe Spaß machen.

(Aus: Müller-Hiestand/Vogel/Vogel-Teepe 1994, S. 19)

So einfach und leicht wie pantomimische Spiele beginnen können, so kunstvoll und perfekt können sie auch enden. Professionelle Pantomimenspieler im Theater oder Film lassen die Zuschauer nur so staunen. Auch pantomimisches Ballett kann überaus faszinieren.

(Aus: Müller-Hiestand/Vogel/Vogel-Teepe 1994, S. 20)

Um pantomimisch etwas darstellen zu können muss der Spieler die zu spielenden Bewegungen vorher wahrgenommen haben, das heißt, es kann nur Bekanntes gespielt werden. Natürlich können Kinder, die noch keine Schlange gesehen haben, auch nachmachen, wie andere Kinder vor ihnen über den Boden gekrochen sind. Beim etwas älteren Kind liegt aber der Spielreiz des Pantomimenspiels im originellen Erfinden. Es ist für die Spielleitung deshalb wichtig, die Kinder zu eigenständigen Ideen zu ermuntern.
Es kommt bei der Pantomime darauf an, charakteristische Körperhaltung, Gestik und (nicht immer) Mimik der zu spielenden Situation zu erfassen und bei vielen Spielen in Übertreibung herauszuarbeiten. Ein alter Mensch kann zum Beispiel übertrieben gebrechlich, ein Kind auffallend leichtfüßig, die Anmache deutlich sichtbar dargestellt werden.
Das Pantomimenspiel muss – wie schon gesagt – nicht unbedingt auf eine Vorführung angelegt sein. Sein Ziel kann auch darin bestehen, sich als Spieler in die Bewegung und den Charakter der zu spielenden Szene einzudenken und sie zu verinnerlichen. Das ist vor allem zu Beginn des Spiels wichtig, wenn das Kind sich darin übt, Pantomimen überzeugend zu spielen.

Die Gegenstände, mit denen gespielt wird, sind in der Regel nicht vorhanden. Sie werden gemimt. Für Vorführungen muss das geübt werden, beispielsweise eine nicht vorhandene Tür zu öffnen und vielleicht auf unterschiedliche Weise zu schließen (wütend, leise, ängstlich) oder einen schweren Koffer zu tragen.
Wenn Pantomimenvorführungen nicht aus kurzen Szenen bestehen, kann ein Erzähler das Geschehen erzählen, während es von den Spielern dargestellt wird.

Im Kindergarten werden auch manchmal Lieder im Chor gesungen oder Texte gesprochen, während sie von der Gruppe gemeinsam pantomimisch begleitet werden, ähnlich wie Fingerspiele. Allerdings handelt es sich dann meist um einfache und allgemeine Bewegungen. Viele Erzieherinnen lehnen solche Vorführungen ab, weil sie unnatürlich und auswendig gelernt wirken. Sie entsprechen nicht den originellen kindlichen Bewegungen und geben dem einzelnen Kind keine Möglichkeit sich in irgendeiner Form kreativ zu zeigen.

Die Pantomime

Darstellendes Spiel ohne Worte:
- als Teil eines Regelspieles
- als Übung von Bewegungen
- als Ratespiel
- als gemeinsames Scherzspiel
- als Erkennen der Charakteristik von Personen und Szenen
- als Vorübung zum Theaterspiel
- als Vorführung

Eindenken – Erfinden – Darstellen – Zuschauen

4.4.2 Das Figurentheater – Puppen zum Leben erwecken

Anregung zum Eindenken in die Thematik

Anfertigen einer Handpuppe
Stellen Sie jeder zu Hause eine einfache Figur für Handpuppenspiel her (von der Styroporkugel als Kopf bis zum bemalten Kochlöffel) und bringen Sie außerdem gekaufte Handpuppen – soweit vorhanden – mit.
Stellen Sie im Plenum Ihre Figur vor und erklären Sie die Herstellung, vor allem, wenn sie von Kindern hergestellt werden kann.
Vergleichen Sie gekaufte Puppen.
Sprechen Sie über gute und schlechte Erfahrungen mit Handpuppen.

Beim Figurentheater wird mit Puppen gespielt, und zwar immer für Zuschauer. Die häufigste Form ist das Handpuppenspiel, ein ausgesprochenes Kindertheater, denn es wird für Kinder und nicht für Erwachsene gespielt. Handpuppenspiel findet häufig in der Form eines Mitspieltheaters statt, das heißt, die Zuschauer werden in das Geschehen einbezogen. Spieler können Erwachsene wie auch Kinder sein, die für eine Kindergruppe spielen. Die Puppe wird über die Hand gezogen und wird durch die Bewegung der Hand und der Finger lebendig.
Handpuppen sind nicht die einzigen Puppen, mit denen Theater für Zuschauer gespielt werden kann: Stabpuppen werden von unten oder auch von oben an Stäben geführt. Sie sind einfach in der Handhabung, sind in ihrer Figur aber steif, wenn sie nicht weitere Stäbe an ihren Händen, Armen oder Beinen erhalten. Dann wird das Spiel allerdings auch schwieriger. Kompliziertere Stabpuppen sind in asiatischen Ländern, zum Beispiel Indonesien, gebräuchlich.
Marionetten hängen an Fäden und werden von oben bewegt. Ihre Handhabung ist je nach der Anzahl der Fäden einer Puppe nicht einfach und

muss geübt werden. Mit Stabpuppen und Marionetten wird auch professionell für Erwachsene gespielt. Auf das Spiel mit Stabpuppen und Marionetten will ich in diesem Buch allerdings nicht eingehen.

In sozialpädagogischen Einrichtungen werden vor allem Handpuppen eingesetzt. Allerdings wird ihnen oft wenig Beachtung geschenkt, obwohl sie insbesondere Kindern im Kindergartenalter viel Freude machen können.

Früher bestanden Handpuppen fast ausschließlich aus den Kasperlepuppen. Im Kaspertheater liegen die einzelnen Charaktere fest. Die Hauptfigur ist der Kasper, ein lustiger, kluger, manchmal etwas alberner und tollpatschiger Bursche, ein männliches Wesen, das jede schwierige Situation irgendwie meistert. Weitere Figuren sind vor allem: sein Freund Seppel, nicht ganz so klug und vorausschauend, die Gretel (eine weibliche, etwas blasse Randfigur), Kaspers gutmütige und immer hilfsbereite Großmutter, König, Prinzessin, Räuber, Polizist, Teufel und Hexe. Kinder, die häufig Kaspertheater sehen, kennen die Charaktere.
Heute geht man meist zu weniger festgelegten Handpuppen über, um nicht so auffallend in Gut und Böse zu trennen, um Charaktere nicht zu stark festzuschreiben und um eine größere Spielbreite offen zu lassen.

Die Bedeutung des Handpuppenspiels für das Kind

Die meisten Kinder lassen sich als Zuschauer vom Handpuppenspiel faszinieren. Sie werden durch die Bewegungen und die Sprache der Puppe so in den Bann gezogen, dass sie den Spieler in und hinter der Puppe nicht mehr wahrnehmen und vergessen. Sie sehen und hören nur noch die Puppe.
Insbesondere das Kindergartenkind ist von Handpuppen begeistert. Es ist noch nicht so weit, dass es die Welt unbedingt real erfassen will. Es kann sich noch in Geheimnisse einlassen und sich von Geheimnissen mitreißen lassen. Die Zuwendung der Puppe zu ihm und das Gespräch der Puppe mit ihm vermitteln ihm, dass es ernst genommen wird, dass es im Mittelpunkt steht, dass es in der magischen Welt mithandeln und sie mitbestimmen darf. Es fühlt sich hereingenommen in ein Reich des Unbekannten. Das Kind sieht beim guten Handpuppenspiel nicht nur zu. Es ist Teil des Geschehens. Hier läuft nicht nur etwas vor ihm ab. Das Kind fühlt sich als Teilnehmer. Es *erlebt* mit.

Wenn das Kind selbst mit Handpuppen spielt, das heißt, wenn es Spieler und nicht Zuschauer ist, wird es zwar nicht die gleiche magische Welt für die Zuschauer erschaffen können, aber es versetzt sich selbst in eine Fantasiewelt und ist der Überzeugung, dass dem Zuschauer das Abrücken in eine andere Welt ebenfalls gelingt. Manche Kinder verlieren ihre Hemmungen, vor Zuschauern zu sprechen und zu handeln, weil sie sich der Täuschung hingeben, dass ja nicht sie selbst, sondern die Puppen handeln und sprechen. Selbst Erwachsene sind hinter der Bühne oft ungehemmter als bei einem Theaterspiel, bei dem sie sichtbar auf der Bühne auftreten müssen.

Möglichkeiten der Nutzung des Handpuppenspiels

Manchmal sind Handpuppen in Kindergärten vorhanden, aber die Kinder spielen selten damit. Der Grund dafür ist oft, dass die Kinder nicht genügend erleben, wie lebendig die unscheinbaren Puppen sein können. Handpuppen müssen für Kinder lebendig *gemacht* werden, bevor das Kind sie für sein eigenes Spiel entdeckt. Die Erzieherinnen müssen selbst mit Handpuppen spielen und den Puppen Leben geben.
Das kann auf unterschiedliche Weise geschehen. Man muss keinesfalls an ein auswendig gelerntes und eingeübtes Kasperlestück denken, vor dem viele Erzieherinnen zurückschrecken. Kleine, spontane Spielanlässe bieten sich oft im Laufe eines Tages an.

Beispiele:
– Die einzelne, den Tag begleitende Handpuppe: Auf einem für die Kinder nicht erreichbaren, aber sichtbaren Schrank oder Wandbrett sitzt

eine (wenn möglich künstlerisch wertvolle) Handpuppe. Vielleicht wird sie über eine leere Flasche oder einen kleinen Ständer gestülpt, damit sie eine lebendige Haltung einnimmt. (Siehe Foto Seite 212)

Zu bestimmten Gelegenheiten holt die Erzieherin die Puppe, zieht sie vor den Kindern über die Hand und lässt sie lebendig werden. Eine Bühne ist dafür nicht nötig. Die Erzieherin darf als Spielerin gesehen werden. Die Puppe lebt trotzdem für das Kind. Im Schlussgespräch am Vormittag spricht die Puppe vielleicht mit, sie schaltet sich bei der Aufräumphase ein, sie ist Teilnehmerin bei jedem Kindergeburtstag, begrüßt morgens die Kinder oder verabschiedet sie und vieles mehr.
Die bekannte Umweltpuppe Knud hat in manchen Kindergärten eine ähnliche Rolle eingenommen. Da Knud als *Umwelt*puppe erfunden worden ist, nimmt er zu Umweltverhalten Stellung und wird so etwas wie ein Aufpasser und Berater für umweltgerechtes Verhalten. Insgesamt muss man allerdings achtsam sein, dass so eine den Alltag begleitende Handpuppe nicht zu einem Moralapostel wird.

– Fingerpuppen:
In kleinen Wartezeiten oder im Schlusskreis lässt die Erzieherin ihre Finger mit Hilfe von kleinen Fingerpuppen zu Menschen werden. Hier sind nicht die auswendig gelernten Fingerspiele gemeint – auch sie können belebende Wirkung haben –, sondern die frei erfundenen Erzählspiele, bei denen die Kinder in den Bann der Erzählung geraten, ggf. mit ihren Fingern mitspielen und die Geschichte vielleicht selbst weiterspinnen oder beeinflussen können.

– Dinge aus Haushalt und Umwelt:
Die Erzieherin kann auch einfach Dinge lebendig werden lassen: Haushaltsgeräte wie Bürsten und Handfeger oder Kaffeekanne und Löffel geraten in ein Gespräch und in eine Handlung miteinander. Auch Naturmaterialien wie Äste und Wurzeln eignen sich. Dabei kann sie die Dinge nehmen, wie sie sind, oder sie kann sie ein wenig vermenschlichen, indem sie ihnen ein Gesicht aufmalt oder sie irgendwie bekleidet. Mit Gemüse oder Obst als Handpuppe habe ich Schwierigkeiten, weil es sich um Lebensmittel handelt.

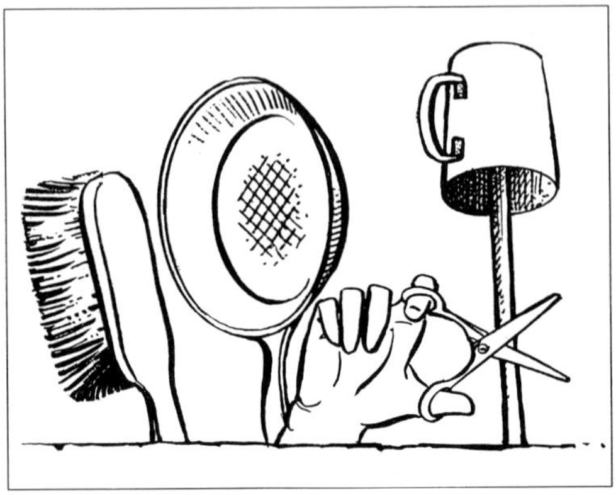

– Kleine improvisierte Handpuppenvorführungen:
Spontane Vorführungen hinter einer improvisierten Handpuppenbühne sind eine weitere Möglichkeit den Puppen Leben einzuhauchen. Die Erzieherin spielt ohne Probe eine situativ ausgedachte kleine Handlung. Dafür eignen sich zum Beispiel die Zeiten nach dem Aufräumen, vor dem Nachhausegehen, der abschließende Spielkreis am Vormittag. Solche spontanen Spiele muss die Erzieherin in der Regel allein spielen. Ein Spiel zu zweit verlangt Absprachen und oft auch Proben.

Handpuppen für die Hand des Kindes
Handpuppen, mit denen Kinder spielen, müssen leicht und handlich sein. Schwere Holzköpfe sind ungeeignet. Das Loch im Kopf und die Größe des Kleides müssen der Kinderhand entsprechen. Wenn die Handhabung zu schwierig ist, verliert das Kind die Lust am Spielen. Deshalb lassen sich Handpuppen selten zugleich von Erzieherinnen und Kindern benutzen.
Die Puppen für die Kinder können sehr einfach sein. Stabpuppen (ohne Zusatzstäbe an Armen oder Beinen) lassen sich leichter handhaben als Handpuppen. Das Kind ergänzt die fehlende Beweglichkeit mit seiner Fantasie.
Verschiedenste Figuren lassen sich für Kinder und mit Kindern leicht herstellen.

Beispiele:
– In eine Styroporkugel wird mit einem erhitzten Stab ein Loch für den Finger geschmolzen und mit einer kleinen Papprolle ausgekleidet. (Styropor schmilzt schon bei geringer Wärme). Ein quadratisches oder rundes Stück Stoff wird von der Mitte aus in das Papprollenloch geschoben. Das Gesicht bemalen, Haare aufkleben, schon ist eine improvisierte Handpuppe fertig.

– Stabpuppen lassen sich schnell aus bemalten und evtl. bekleideten Kochlöffeln herstellen.

– Man kann auch einfach Finger oder Hände bemalen und/oder bekleiden.

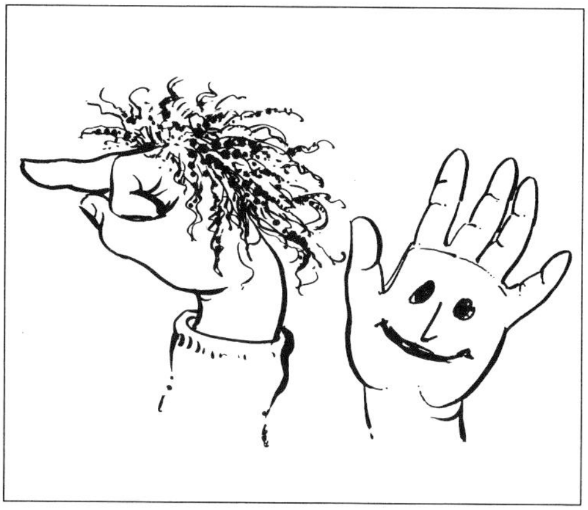

Die Bühne für das Handpuppenspiel
Wenn die Erzieherin auch oft ohne Bühne den Kindern vorspielt, zum Beispiel mit einer einzelnen Handpuppe, so ist für gelegentliche Vorführungen doch eine Bühne angemessen. Auch für das Spiel der Kinder ist eine Bühne sinnvoll. Der Spieler weiß sich hinter der Bühne verborgen und kann ungehemmter spielen. Das Spiel wirkt bei einer Bühne auch anders. Es wird deutlicher zum Vorführspiel.
Eine gekaufte Handpuppenbühne, wie sie von den Spielzeugfirmen angeboten wird, ist dafür nicht erforderlich, im Gegenteil, sie ist oft hinderlich, weil das Spielfenster und der Spielraum hinter der Bühne zu klein sind. Zudem kippt die Bühne sehr leicht um. Außerdem kann bei diesen Bühnen von unterschiedlich großen Spielern nur schlecht im Stehen gespielt werden. Das Spielen im Stehen ermöglicht aber ein lebendigeres Spielen als im Sitzen oder Knien (darüber später mehr).
Spielbühnen sind leicht zu erstellen oder sind auch im Raum einfach nur zu entdecken, zum Beispiel Raumteiler. Ungeeignet sind allerdings halbhohe Schränke, weil die Spielleiste keine Fläche sein darf. Zuschauende Kinder betrachten sich das Theater sitzend von unten. Sie würden über den Schrank nicht hinwegsehen.
Zweite Ebenen haben manchmal Geländer oder Fenster, an denen gespielt werden kann. Über zwei gleiche halbhohe Schränke kann eine Latte

gelegt und ein Tuch darüber gehängt werden. Zwei Stehleitern zu beiden Seiten leisten das gleiche, oder zwei Stühle auf zwei Tischen. Manchmal ist eine Tür vorhanden, an deren Rahmen Haken für eine Latte eingeschraubt werden können, vielleicht in verschiedenen Höhen für die Erzieher/innen und für die Kinder.

Die Bühne muss gut beleuchtet sein. Wenn das Tageslicht dafür nicht ausreicht, sind Lampen nötig. Auf keinen Fall darf die Lichtquelle hinter der Bühne auf der Seite der Spieler sein. Die Gesichter der Puppen wären dann im Schatten und die Pupillen der Zuschauer würden nicht wissen, ob sie sich wegen des hellen Hintergrundes schließen oder wegen der dunklen Puppen öffnen müssen. Ein Grund zur schnellen Ermüdung der Zuschauer!

Wenn vor einem eingeladenen Publikum gespielt wird, zum Beispiel bei einem Kinderfest, sollte die Bühne Seitenbegrenzungen haben, damit die Figuren nicht aus der Tiefe auftauchen, sondern von den verdeckten Seiten auf die Bühne treten können. Allerdings muss dafür gesorgt werden, dass die Spielfläche ausreichend breit ist, damit die Puppen und die Spieler genügend Platz haben. Dabei müssen die Puppen nicht unbedingt immer an der Spielleiste kleben. Sie können sich auch ein Stück nach hinten von der Rampe entfernen. Die Puppen müssen dann aber etwas höher gehalten werden, denn die Kinder betrachten die Bühne von schräg unten.

Die Handhabung der Puppen

Der Zeigefinger wird in den Kopf der Puppe gesteckt, der Daumen und der Mittelfinger in die beiden Hände. Geübte Puppenspieler verwenden anstelle des Mittelfingers den kleinen Finger, weil die Puppe dann eine bessere Haltung bekommt.

Man spielt im Stehen, nicht im Sitzen oder Hocken, weil man viele Handlungen der Puppe mitvollziehen muss um lebendig zu spielen, beispielsweise das Gehen (in kleinen Schritten), das Tanzen oder Drehen um sich selbst. Die Puppe soll immer so hoch gehalten werden, dass sie mindestens bis zu den gedachten Oberschenkeln sichtbar ist.

richtige und

falsche Haltung

Die Puppen müssen sich bewegen, allerdings auf keinen Fall zu viel und zu schnell. Weder ein ständiges Zappeln noch ein Hacken mit dem Kopf, wenn die Puppe redet, sind angemessen. Die Puppe muss die Person, mit der sie spricht, ansehen. Das kann eine andere Figur oder auch das Publikum sein.

Zu viele Spieler bringen eher Unruhe als Lebendigkeit ins Spiel. Zwei Spieler sind ideal. Ein Spieler allein kann Kindern durchaus lebendige und faszinierende Spiele vorführen. Dabei kann er Tricks verwenden, beispielsweise die Puppen hinter der Bühne noch sprechen lassen, während er sie wechselt. Eine leiser oder lauter werdende Stimme symbolisiert ihr Gehen oder Kommen.
Wenn mehrere Spieler ein Stück planen, sind Absprachen und Proben in der Regel notwendig.

Sprache und Geräusche
Der Puppenspieler muss beachten, dass er hinter einem schallschluckenden Tuch oder einer Wand spielt. Deshalb muss die Sprache laut, klar und langsam sein. (In Aufregung sprechen die meisten Menschen zu schnell.) Die jeweiligen Puppen brauchen eine eigene Stimme. Das verlangt Konzentration um die Stimmen während des Spielens nicht zu verwechseln. An der Bewegung der Puppe muss der Zuschauer erkennen können, welche Puppe spricht.
Bei eingeübten Vorführungen sind auch andere Geräusche wichtig, die dann andere Spieler oder Eingeweihte erzeugen: Musik, Gongs, eine Glocke, Donner (das Schütteln eines dünnen Bleches), Tierstimmen, vorher auf Kassette aufgenommene Geräusche und Ähnliches.

Die Ordnung und Vorbereitung hinter der Bühne
Wenn Pausen entstehen, kann es passieren, dass die Zuschauer, die eben noch in der Welt der Puppen lebten, in die Realität zurückfallen. Sie nehmen Kontakt mit dem Sitznachbarn auf, sind vielleicht neugierig, was hinter der Bühne passiert, sie werden laut und unruhig. Deshalb ist es wichtig, Pausen zu vermeiden. Das Bereitlegen der Puppen und der Utensilien in der Reihenfolge, wie sie gebraucht werden, und eine strikte Ordnung sind deshalb wichtig. Es ist besser, ein einfaches Stück ohne Pausen zu spielen, als ein komplizierteres, bei dem die Zuschauer aufgrund von Pausen zwischen realer Welt und Fantasiewelt hin- und herpendeln müssen.

Der Spielinhalt
Handpuppenspiele sind in der Regel fröhliche Spiele. Manchmal enthalten sie moralische Tendenzen. Wir brauchen sie aber keineswegs als heimliche Erzieher zu benutzen. Einen fröhlichen Charakter sollten sie allerdings für Kinder ausstrahlen. Auf den Spannungsbogen muss bei der Spielhandlung geachtet werden. Er sollte ansteigen und erst kurz vor dem Schluss eine Auflösung und Entspannung bringen. Die Handlungen dürfen nicht zu schnell aufeinander folgen, trotzdem muss der Ablauf handlungsreich sein, sonst fehlt dem Spiel die Spannung. Wenn die Zuschauer abschalten, ihre Gedanken woandershin schweifen lassen, ist es schwer, sie wieder zu fesseln.
Wenn einmal eine Panne passiert, wird sie schnell humorvoll überbrückt. Spontaneität sollten Puppenspieler haben und, wenn es geht,

Das Handpuppenspiel

Faszinierende magische Fantasiewelt für Kinder als Zuschauer und als Spieler

Voraussetzungen:
- Erzieherinnen müssen den Puppen Leben geben (selbst vorspielen)
- angemessene räumliche Spielmöglichkeiten schaffen
- bei Handpuppenspiel von Kindern Zuschauer sein
  hin und wieder einfache Handpuppen mit Kindern herstellen

Schlagfertigkeit. Spontaneität und Flexibilität sind schon deshalb notwendig, weil die Puppen möglichst oft die Zuschauer in das Spiel einbeziehen sollten. Wenn das Kind als Zuschauer nicht einbezogen wird, *sieht* es ein Spiel. Wenn es beteiligt wird, handelt es mit, es *erlebt* das Spiel viel deutlicher. Für die Spieler bedeutet die Beteiligung der Zuschauer immer Einmaligkeit und Originalität ihres Spiels. Ein faszinierendes Geschehen!

Wenn Kinder die Spieler sind, benötigen sie ebenfalls Zuschauer. Oft spielen sie aber für andere Kinder nicht spannend genug. Erzieherinnen müssen sich deshalb bereit erklären, bei ihrem Spiel zuzuschauen und als Zuschauer zu reagieren.

4.4.3 Schattenspiel – gar nicht so viel Aufwand

Anregung zum Eindenken in die Thematik

Ausprobieren eines einfachen Schattenspiels

Mit dem Licht eines Tageslichtprojektors hinter zusammengenähten senkrecht aufgespannten Bettlaken lässt sich in einem verdunkelten größeren Raum leicht schattenspielen. Probieren Sie es aus!

Sprechen Sie im Anschluss über Möglichkeiten und Grenzen des Schattenspiels mit Kindern und Jugendlichen. Ziehen Sie dabei auch das Figurenschattenspiel ein.

Das Schattenspiel kann vor allem für Kinder im Schulalter ein spannendes Erlebnis sein. Die Spieler werden von den Zuschauern als Schatten gesehen. Zur Darstellung dieser Technik wähle ich einen Text von Monika Gsella und Wolfgang Bort-Gsella (1994, S. 77 – 80):

Spiele mit dem eigenen Schatten sind außerordentlich reizvoll. Der Zuschauer sieht flächige Gestalten, dadurch kann ein Spiel einfacher, klarer und deutlicher werden. Weitere Vorteile:

– *Die Spieler/innen werden nicht unmittelbar gesehen. Häufig sind sie dadurch weniger aufgeregt und zeigen spontanere Darstellungen.*

– *Die Voraussetzungen für ein Schattenspiel sind relativ einfach zu schaffen und die Requisiten sind nicht teuer. Benötigt wird ein Raum, der abgedunkelt werden kann. Ein Schattenschirm (möglichst ein glattes, senkrecht gespanntes Leinentuch) und eine helle Lichtquelle (Diaprojektor ohne Linse o.Ä.) werden benötigt. Es ist zu beachten, dass zwischen Schattentuch und Lichtquelle genügend Abstand ist.*

– *Bevor es zu Proben und Aufführungen kommt, sollten die Kinder erst einmal mit dem Medium Schattenspiel (hier: Menschenschattenspiel) experimentieren. Einige Kinder spielen hinter dem Schattenschirm, andere beobachten, verbessern, ergänzen. Günstig ist anfangs auch ein „Rundlauf", so dass alle die Gelegenheit haben zu spielen und zu beobachten. Oft wollen alle Kinder hinter den Schirm. Es dauert immer erst eine Zeit, bis Schattenspielexperimente und Proben strukturiert ablaufen können.*

Regeln für die Probenarbeit

– *Schattenbild ist Umrissbild*

Die Silhouette jeder einzelnen Gestalt sollte sehr deutlich sein, denn nur durch verschiedene Silhouetten kann man verschiedene Menschen erkennen, daher sind Körperstellung, Kopf-, Arm- und Handhaltung besonders wichtig. Auch Kostüme müssen in ihren Umrissformen deutlicher werden. Hierzu sind Schleier, Spitzen, Manschetten und Hüte besonders geeignet.

– *Schattenspiel ist immer flächiges Spiel*

Jede Bewegung muss genau auf den Schatten abgestimmt sein, daher sind langsame und stilisierte, d.h. überbetonte Spielbewegungen be-

sonders wichtig, weil sie am besten erkannt werden können. Auch Requisiten sind nicht dreidimensional, sondern zweidimensional darzustellen.

– Schattenspiel ist immer Spiel ohne Worte Schattenspieler/innen stellen alles pantomimisch dar. Sprachlaute kann man ja nicht erkennen. Mimik ist nicht möglich, nur Gesten lassen erkennen, dass man miteinander spricht. Geräusche, auch Gespräche und Musik, gibt man bei einem Schattenspiel von außen ein (Tonband).

– Schattenspiel wirkt durch rhythmische Darstellung

Jede bewusste Bewegung ist schon Rhythmus. Besonders wichtig: Deutlich und verständlich wird ein Spiel immer dann, wenn diese rhythmische Bewegung mit den Geräuschen und der Musik übereinstimmt.

Materialien zum Schattenspiel

Neuerdings gibt es überall Tageslichtschreiber, diese eignen sich auch sehr gut für das Schattenspiel. Der Tageslichtschreiber hat viele Möglichkeiten:

– Farbige Folien bringen farbiges Licht.

– Durch eine Folienrolle, die auf den Overheadprojektor gelegt wird, können Landschaft, Wolken, Schiffe, Wellen Gesteine usw. vorbeiziehen, es können Trennwände entstehen.

– Komplizierte Kulissen können rasch „aufgebaut“ werden (Scherenschnitte). Alltägliche Gebrauchsgegenstände (Zahnbürsten usw.) können zu Kulissen vergrößert werden.

– Personen und Gegenstände schweben herab oder lösen sich ins Nichts auf.

Vorschläge für kleine Schattenspiele

– Tiere werden vorgestellt und erraten (Zoo, Bauernhof, Wald, Wasser).

– Aus einer Kiste wird etwas herausgezaubert.

– Bekannte Menschen werden dargestellt und erraten.

– Operation, verschiedene Gegenstände werden hervorgeholt.

– Zirkus (Säbelschlucker, Schlangenbeschwörer, Gewichtheber etc.)

– Bestimmte Musikstücke oder Lieder werden gespielt.

– Ein Zahn wird gezogen.

– Eine Puppe wird lebendig.

Improvisationsaufgaben für zwei und mehr Kinder	**Aufgaben für die Beobachter (Kinder und Spielleitung)**
Geht zu zweit, schleicht, wartet, lauft!	Achtet darauf, dass die Spieler im „Gleichschritt" gehen!
Geht hintereinander her wie Räuber, Tänzer usw.!	Achtet auf Gleichklang aller Bewegungen, lasst gute Versuche häufiger spielen.
Versucht kleine Szenen zu stellen: begrüßen, heranwinken, aufeinander zugehen, Zunge herausstrecken, boxen, streiten	Achtet darauf, dass die Kinder wirklich miteinander spielen, dass die Zuschauer es sehen können, dass keine überflüssigen Bewegungen gemacht werden!
Versucht Gefühle darzustellen: Erschrockenheit, Enttäuschung, Dankbarkeit, Erleichterung!	Achtet darauf, ob solche Gefühlsbewegungen im Gesicht oder im Körper der SpielerInnen sichtbar werden.
Verwendet nur Musik, Rhythmus und Geräusche. Tanzt nun nach verschiedenen Musikstücken!	Achtet mit darauf, dass Drehungen nur einzeln ausgeführt werden, gebt den Spielern Rückmeldung, wie ihr die Übereinstimmung von Bewegung und Musik seht.
Spielt nun nach der Musik verschiedene kleine Szenen: Begrüßung, Abschied etc.!	Achtet darauf, ob diese Szenen deutlich in Übereinstimmung mit dem Rhythmus der Musik stehen!
Versucht nun andere Geräuscharten hinzuzunehmen, aber auch Musikinstrumente!	Achtet darauf, dass Geräusche und Darstellung übereinstimmen und dass das, was die Spieler zeigen wollen, auch dargestellt wird!
Gehe hin und zurück! Gehe betont langsam!	Auf Arme und Armbewegungen im Schattenspiel achten!
Versuche verschiedene Gangarten, z.B. alter Mann oder alte Frau, Ungeheuer!	Achtet bitte auf Umrisse, Hände, Arme und Bewegungen, ob sie verständlich sind!
Probiere Kostümteile und Requisiten aus, z.B. Hut, Stock, Glas, Schleier!	Achtet wieder auf Umrisse, Überschneidungen, Haltungen!
Improvisiere einfache Tätigkeiten: winken, rauchen, trinken, nicken usw.!	Achtet wieder auf die Darstellung dieser Tätigkeiten, lasst ruhig einmal verschiedene Leute verschiedene Tätigkeiten häufiger nacheinander spielen!

Gsella / Bort-Gsella 1994, S. 78

4.4.4 Theaterspiel – Wagnis mit Grenzen

Anregung zum Eindenken in die Thematik

Diskussion

Sollten Erzieherinnen und Erzieher in ihrer beruflichen Ausbildung gelernt und erprobt haben, vor Zuschauern in irgendeiner Form Theater zu spielen?
Diskutieren Sie das Pro und Kontra.

Da beim Theaterspiel im Gegensatz zum eigentlichen Rollenspiel für Zuschauer gespielt wird, erhält das Spiel einen anderen Akzent. Der Spieler spielt nicht, weil er sich in eine Rolle versetzen will, sondern weil er diese Rolle für andere interpretieren und durchschaubar machen will. Das heißt, er übernimmt zugleich zwei Funktionen: Er muss sich in die Rolle versetzen und zur gleichen Zeit symbolisch neben sich selbst treten und die Wirkung des eigenen Spiels wahrnehmen und einschätzen.
Kindergartenkinder können das noch kaum. Wenn sie einen vorgegebenen Inhalt nachspielen sollen, und das vor Publikum, können sie sich nicht wie in ihrem üblichen Rollenspiel in die beabsichtigte Rolle versetzen. Das bedeutet, sie können eigentlich nur spielen, was ihnen aufgetragen wird. Ihr Spiel wirkt deshalb oft künstlich, unecht, einstudiert.
Kindergartenkindern entspricht auch noch nicht das Üben von Stücken, die vorgeführt werden sollen. Sie streben noch keine Perfektion an. Im Kindergarten sollte deshalb das Spielen vor Publikum dahingehend begrenzt werden, dass Kinder vorführen, was sie sowieso in ihrem Alltag spielen: Lieder, Singspiele, Orff'sche Instrumente, Spiele im Kreis mit pantomimischen Einlagen, Erzählspiele, Fingerspiele und Ähnliches. Ein Üben zum Zweck der Vorführung ist dann (fast) nicht nötig. Wenn wirklich einmal Theater mit Kindern im Kindergartenalter gespielt wird, dann muss es sich auf sehr kleine Abschnitte und einfache Spielformen beschränken. Ein Erwachsener erzählt, während die Kinder pantomimisch handeln, das ist in diesem Alter die sinnvollste Form.

Manchmal wird der Blick der Zuschauer durch aufwendige Kostüme gefesselt. Kinder in Kostümen sind wirkungsvoll. Da wirkt ihre Unbeholfenheit oder Unsicherheit trotzdem oder gerade „süß“. Die pädagogische Absicht einer solchen Aufführung ist allerdings schwer zu erkennen. Hier besteht Gefahr, dass die Kinder sich als Objekte empfinden müssen für ein Anliegen, das die Erwachsenen und nicht sie selbst verfolgen.

Mit Vorführungen von jüngeren Kindern in sozialpädagogischen Einrichtungen sollen vor allem zwei Ziele erreicht werden:
1. Eltern sollen einen Einblick in die Arbeit der Einrichtung erhalten sowie in das Spiel und die Spielentwicklung ihres Kindes.
2. Die Kinder sollen selbst dazu beitragen, den Eltern ihr Spiel offen zu legen, und Stolz sowie Erfolgsfreude beim Vorspiel empfinden.

Ein mühsames Einüben oder aufwendige Kostüme sind für diese Ziele weder nötig noch angemessen, weil dadurch das Bild der spielpädagogischen Arbeit in der Tageseinrichtung nur verfälscht würde.

Im Schulalter können erste eingeübte Vorführungen sinnvoll sein, weil die Kinder ihre Handlungen bereits kritischer betrachten und eine gute Qualität ihres Vorspiels vorweisen möchten. Vielleicht sind sie für spontane Vorführungen auch schon etwas gehemmt. Allerdings ist auch hier vorsichtig vorzugehen. Hortkinder sind durch die Schule und die familiären Situationen häufig sehr belastet. Sie suchen neben den Hausaufgaben oft entspannendes und erholsames Spiel. Sie wollen nicht wieder ihre

Leistungsfähigkeit vorweisen und perfekt sein müssen. Natürlich kann es auch sein, dass Kinder, die in der Schule Misserfolge einstecken müssen, in darstellenden Spielformen Erfolgserlebnisse erfahren und daran wachsen. Dann muss allerdings dafür gesorgt werden, dass die Kinder freiwillig teilnehmen. Zugleich müssen die nicht beteiligten Kinder andere angemessene und lustvolle Aufgaben erhalten, durch die sie in ihrem Selbstwertgefühl bestärkt werden, beispielsweise durch die Gestaltung des Bühnenbildes, durch die Bedienung der Beleuchtung und der Musik, durch mögliche Bedienung bei Getränken, die Handhabung der Kasse usw. Im Allgemeinen eignen sich Theateraufführungen eher für Gruppen mit freiwilliger Zusammensetzung als für sozialpädagogische Einrichtungen, in denen der Anteil an Kindern und Jugendlichen aus problematischem und belastendem Umfeld in der Regel hoch ist.

Beim Theaterspiel wirkt der Spieler in zweierlei Hinsicht auf den Zuschauer:

1. Er wird gesehen, und zwar in seinem Aussehen, in seiner Körpersprache, der Mimik, Gestik und in seinen Bewegungen im Raum.
2. Er wird gehört, und das einerseits in seiner Lautgebung und andererseits in dem Inhalt, der er vermittelt.

Die Konzentration auf zwei Ebenen ist für ein Kind oder einen ungeübten Jugendlichen nicht einfach. Auch der Spielleiter muss beide Ebenen wahrnehmen und die Spieler zu Ausdrucksstärke und Übereinstimmung der beiden Bereiche anleiten und beeinflussen. Er muss sich in die Lage der Zuschauer versetzen und zugleich den gesamten Ablauf im Auge behalten: den Ausdruck in Sprache und Handlung, das Zusammenspiel mit den anderen Spielern, die Stimmigkeit der Charaktere, das Bühnenbild, die Kostümierung.

Ein Spielleiter benötigt deshalb für die wirkungsvolle Leitung einer Theatergruppe ein entsprechendes Training. Er muss selbst Erfahrungen im Theaterspiel haben. Wenn sich Erzieherinnen oder Erzieher zu einer längeren Jugendtheateraufführung mit geladenen Gästen entschließen, bei der die Sprache einbezogen wird, sollten sie sich möglichst über Fortbildung oder mindestens entsprechende Fachliteratur Grundkenntnisse aneignen, damit die Spieler auch kompetent angeleitet werden können. Die Frustrationen sollen für die Kinder und Jugendlichen, auch für den Spielleiter, so gering wie möglich sein und die Aufführung mit all ihren vorbereitenden Übungsstunden soll in guter Erinnerung bleiben. Ungeübten Erziehern und Erzieherinnen rate ich deshalb nur zu kleineren Theaterspiel-Einlagen wie Sketche, Ratespiele, kleine Szenen, bei jüngeren Kindern vielleicht zu einem Zirkus (der in vielen Tier- und Akrobatikdarstellungen als Pantomime gespielt und vielleicht mit einigen Clownnummern und dem Zirkusdirektor Theater spielend ergänzt wird).

Eine andere Situation ist es, wenn eine Kleingruppe für die restliche Gruppe spielt, also nicht vor geladenen Gästen. Solche vorführenden Spielszenen innerhalb der Gruppe eignen sich bei fröhlichen Spielnachmittagen und -abenden oder bei kleinen Gruppenfesten, beispielsweise einem Fastnachtsfest, oder einem Abschiedsfest auf einer Freizeit. Hier sind Witz, Spontaneität und Improvisation ausschlaggebender als Tiefgang und ernsthafte Theaterkunst. Pannen sind wie eine Würze, und vieles wird in der Si-

Theaterspiel

Spieler

- eine Rolle interpretieren
- am eigenen Ausdruck feilen
- symbolisch neben sich treten und das eigene Spiel bewerten

Anleiter

- sich in die Lage des Zuschauers versetzen
- behutsam, aber überzeugend beraten
- den gesamten Ablauf des Spiels im Auge behalten und organisieren

tuation selbst erst erfunden und im Zusammenspiel mit den Zuschauern zum Ausdruck gebracht.

Im Rahmen dieses Buches genauer auf Methoden der Anleitung zum Theaterspielen einzugehen wäre zu umfangreich. Dass während der Ausbildung zur Erzieherin auch Theater gespielt wird, ist empfehlenswert. Es muss ja nicht gleich für ein großes Publikum gespielt werden. Dadurch werden Erfahrungen, Motivationen und Grundkenntnisse erworben, die dazu beitragen können, sich später intensiver mit Laienspielen auseinander zu setzen und sie anzuleiten. Allerdings beansprucht die Vorbereitung viel Zeit.

Zusammenfassung

- Beim darstellenden Spiel wird vor einem Publikum und für den Zuschauer gespielt. Das bedeutet, dass der Spieler sich seiner Wirkung bewusst sein muss und symbolisch neben sich tritt, um sein Vorspielen selbst einzuschätzen. Deshalb muss Theaterspiel eingeübt werden und benötigt einen Spielleiter. Wenn ein Teil der Gruppe das Publikum ist, kann auf längeres Einüben verzichtet werden, weil dann mit Spontaneität gerechnet wird.

- Pantomimenspiele sind für Kinder und Jugendliche ein guter Übergang vom Rollenspiel zum darstellenden Spiel. Da nicht gesprochen wird, liegt der gesamte Aussagegehalt in der Bewegung einschließlich der Körperhaltung und der Mimik. Das Wesentliche der darzustellenden Szene muss so zum Ausdruck gebracht werden, dass der Zuschauer die Handlung erfasst.
  Ältere Kinder und Jugendliche können dabei überzeichnen. Das wirkt humorvoll und regt zu weiterem Spielen an.
  Pantomimenspiele sind bereits im Kindergarten, insbesondere als Einlagen von Sing- und Kreisspielen, üblich und bei den Kindern beliebt.

- Handpuppen sind vor allem für Kinder im Vorschulalter geeignet, weil Kinder in diesem Alter auf dem Höhepunkt ihrer Rollenspielentwicklung stehen und sich vom Spiel der Puppen in die magische Spielwelt versetzen lassen. Das Spiel fasziniert sie, und zwar auch dann, wenn der Spieler gesehen wird. Einzelne Handpuppen können deshalb auch ohne Bühne für sie lebendig werden.

- In vielen Kindergärten gibt es Handpuppen. Sie können in einfacher Form auch mit Kindern hergestellt werden. Damit das Kind selbst Freude am Vorspielen hat, muss es das Vorspiel erlebt haben. Erzieherinnen müssen deshalb selbst mit Handpuppen spielen und müssen auch bereit sein die Rolle des Zuschauers für das Spiel von Kindern zu übernehmen.

- Schattenspiele sind für Kinder im Schulalter oft ein spannendes Erlebnis. Der Schattenspieler spielt grundsätzlich für den Zuschauer, weil er die Wirkung seines Spiels selbst nicht richtig sehen kann. Einfaches Schattenspiel benötigt kein langes Üben. Schattenspielbühnen sind problemloser herzustellen, als meist angenomen wird. Es muss allerdings ein verhältnismäßig großer, verdunkelbarer Raum vorhanden sein (Turnhalle, Flur).

- Theaterspiel, bei dem der Spieler den Spielinhalt über Bewegung *und* Sprache zum Ausdruck bringt, verlangt in der Regel aufwendige Vorbereitung und systematisches Üben und Feilen am Ausdruck und der Gesamtwirkung (Proben). Spielleiter benötigen dafür Vorerfahrungen.

Zum Nachdenken:

○ **Vor Publikum spielen**
Erproben Sie sich im Spielen vor Publikum! Dabei muss es sich nicht um perfektes Theaterspielen handeln. Es eignen sich beispielsweise scherzhafte Szenen, Pantomimen und Schattenspiele bei einer Klassen(fastnachts)feier, gespielt von einer Kleingruppe, oder ein kurzes Handpuppenspiel vor einer Kindergruppe. Wenn möglich, nehmen Sie Ihr Spiel mit Video auf, damit Sie Ihre eigene Wirkung sehen können.

Claudia, Sabine und Frank
Studierende einer Fachschule für Sozialpädagogik

◆ **Sabine:** In meinem Vorpraktikum gab es eine Erzieherin, die mit den Kindern eine Puppe in Kindergröße nähte. Benjamin hatte einen eigenen Stuhl, auf dem er immer saß. Fast täglich hat die Erzieherin ihn „lebendig" werden lassen, indem sie ihn auf den Arm nahm, ihn bewegte und an seiner Stelle sprach. Die Kinder durften ihn auch zum Spiel mitnehmen. Ich habe diese Frau mit ihrem Ideenreichtum bewundert.
◆ **Claudia:** Ich kann mir vorstellen für einige Zeit, vielleicht einige Jahre, Ideen zu haben. Ich denke, da kann man sich eine Menge antrainieren. Das hält lebendig und lässt den Beruf nicht so schnell zur Routine werden. Was mich für meine Berufslaufbahn mehr sorgt, sind der Elan und die notwendige Fähigkeit sich immer auf der Ebene der Kinder zu bewegen. Ob ich das mit 60 Jahren noch kann? Ob ich für die Kinder dann die liebevolle, verständnisvolle, immer lebendige Großmutter bin? Ob mir das gelingt?
◆ **Frank:** Vielleicht musst du dich doch entschließen, Claudia, später einmal mit älteren Kindern oder mit Jugendlichen zu arbeiten.
◆ **Claudia:** Hältst du das für leichter, Frank? Da sehe ich nämlich die Schwierigkeit umgekehrt. Werden die Jugendlichen dich anerkennen oder musst du dann immer erst beweisen, dass du die junge Generation verstehst und nicht innerlich alt und steif und verschroben geworden bist?
◆ **Sabine:** Ich meine, es ist nicht die Frage des Alters, ob ich diesen Beruf bis zu meiner Rente ausführen will und kann, sondern eine Frage meines Entwicklungsprozesses. Es gibt doch durchaus gute ältere Erzieherinnen, und es gibt andere, die nach einigen Jahren starr geworden sind oder auch bereits sagen, dass sie sich etwas anderes aufbauen wollen – auch wenn der Beruf Spaß gemacht hat. Ich denke, es ist die Frage, ob du dich in diesem Beruf ausgefüllt fühlst. Dann kannst du auch mit 60 noch vor Ideen sprühen und Lebendigkeit vermitteln, denke ich jedenfalls.

Literaturempfehlung

Monika Gsella / Wolfgang Bort-Gsella: Stock und Hut stehn uns gut. Theater mit Kindern. Ökotopia Verlag 1994
Irene Flemming: Theater ohne Rollenbuch. Handbuch für kreatives Laienspiel. Matthias-Grünewald-Verlag 1994
Horst Beisl u.a.: Puppen – Bau und Spiel im Kindergarten. Verlag Ludwig Auer 1981.

4.5 Regelspiele

Nach den Übungsspielen, den Konstruktions- und den Rollenspielen sind die Regelspiele die letzte Spielform, die das Kind in seiner Entwicklung erreicht.
Regelspiele sind schwer zu definieren und gegenüber anderen Spielen abzugrenzen. Gemeinsam ist ihnen der vorgegebene Ablauf, das heißt, dass sie nach Spielregeln gespielt werden. Allerdings können bereits Übungsspiele (Funktionsspiele) vom Kind nach einem bestimmten Ablauf vorgenommen werden, zum Beispiel Guck-guck-Spiele. Der vorgegebene Ablauf eines Spieles allein macht noch nicht das Regelspiel aus. Regelspiele sind soziale Spiele. Im Allgemeinen wird dann von Regelspielen gesprochen, wenn die Spieler miteinander in einen Wettstreit treten oder gemeinsam eine Aufgabe nach vorgegebenen Regeln bewältigen. Das heißt, bei Regelspielen sieht sich das Kind als ein Teil der Spielgruppe. Es gibt nur wenige Regelspiele, die nicht wenigstens von zwei Spielern gespielt werden (Solitär ist zum Beispiel ein Regelspiel für einen einzelnen Spieler).
Von der Fähigkeit des Kindes Regelspiele zu durchschauen und sich als Teil einer Gruppe zu sehen wird frühestens im letzten Kindergartenjahr, oft erst im Schulalter gesprochen. Zwar können sich dreijährige Kinder durchaus an einfachen Regelspielen beteiligen, aber sie spielen diese Spiele weitgehend nebeneinander in der Nachahmung und Unterordnung unter den vorgegebenen Ablauf. Das soziale Interesse, sich mit anderen Spielern zu vergleichen oder als Gruppenmitglied Teile einer Gruppenaufgabe zu erfüllen, ist noch wenig entwickelt.

Regelspiele können sehr vielfältig sein. Meist fallen einem zunächst die Brett- und Kartenspiele am Tisch und die Spiele im Stuhlkreis ein. Eine Vielzahl von Regelspielen wird im Freien gespielt, von den Versteck- und Fangspielen über Straßenspiele bis hin zu sportlichen Ballspielen mit sehr differenzierten Spielregeln oder Geländespielen und Stadtrallyes, die viel Zeit und Raum in Anspruch nehmen. In diesem Buch kann allerdings nur auf ausgewählte Regelspiele eingegangen werden.
Formen aller anderen Spielarten können in Regelspielen vorkommen. Durch die Spielregeln erhalten sie eine Ablaufsstruktur. Viele Regelspiele enthalten beispielsweise Rollenspielanteile. Das bekannte „Mein rechter Platz ist leer“ kann in einer solchen Form gespielt werden, dass der gewählte Spieler, der den Platz wechseln soll, zurückfragt: „Als was soll ich kommen?“ Der Auftrag ein bestimmtes Tier zu imitieren muss dann ausgeführt werden. Diese Tierpantomime ist eine Rollenspielform. Beim Spiel „Montagsmaler“, einem Ratespiel, wird von einem Mitspieler ein Begriff gemalt, den die Gruppe zu erraten hat. Beim Spiel „Turmbau“ konkurrieren zwei Spielergruppen, die gleiches Material erhalten, mit dem sie einen möglichst hohen, stabilen Turm bauen sollen. Regelspiele können also auch Konstruktionsspiele enthalten, denen sie eine Struktur, einen vorgegebenen Ablauf und ein geregeltes Miteinander geben.

In den beiden folgenden Teilabschnitten werden vor allem aus der Sicht des Spielleiterverhaltens zwei Aspekte von Regelspielen herausgegriffen um an ihnen Möglichkeiten und Probleme von Auswahl und Anleitung zu diskutieren. Zunächst sollen an Spielen im Kreis, das heißt im Raum, Strukturen für den Aufbau einer Spielfolge erörtert werden, denn es ist weder gleichgültig, *welche* Spiele für eine bestimmte Gruppe ausgewählt werden, noch, in welcher *Reihenfolge* sie gespielt werden.
Der zweite Abschnitt befasst sich mit kritischen Aspekten der Regelspiele im Zusammenhang mit Wettkampf, Kooperation und Glück im Spiel. Anschließend werden in zwei weiteren Teilabschnitten der Einsatz von Geländespielen und Rallyes kurz behandelt, und Computerspiele werden in ihrer Bedeutung für das einzelne Kind, die Gruppe und die Gruppenleitung betrachtet.

4.5.1 Aufbau einer Spielfolge – Planung und Spontaneität

Anregung zum Eindenken in die Thematik

Erfahrungsaustausch

a) Sprechen Sie in Gruppen über Erfahrungen mit Spielrunden, beispielsweise dem Stuhlkreis im Kindergarten, einem Spielenachmittag im Hort, vielleicht auch einem Kindergeburtstag in der Familie und natürlich über eigene Erinnerungen im Zusammenhang mit einer Spielfolge.
Was waren angenehme, was unangenehme Erfahrungen? Wären unangenehme vom jeweiligen Spielleiter zu vermeiden gewesen?

b) Planen Sie fiktiv für Ihre eigene nächste Geburtstagsparty eine Spielfolge von drei Spielen.
Wenn Sie eine solche Geburtstagsparty auf keinen Fall durchführen wollten, suchen Sie nach Gründen für die Ablehnung von Spielen für Erwachsene.

Häufig stellen Erzieherinnen die Spiele für eine Spielrunde spontan zusammen. Wie sie gerade einfallen und je nachdem, welche Spiele von den Teilnehmern vorgeschlagen werden. Wenn Gruppenleiter/innen gewohnt sind mit einer bestimmten Altersgruppe zu arbeiten, wissen sie, welche Spiele der Gruppe Spaß machen und ihrer Entwicklungsstufe entsprechen. Trotzdem kann es sein, dass ihnen Fehler unterlaufen, die sie nicht wahrnehmen. Sie führen möglicherweise entstehende Unruhe und Lustlosigkeit auf die geringe Ausdauer der Gruppenmitglieder oder die niedrige Motivation für Regelspiele zurück. Fehler können aber in der Auswahl und in der Reihenfolge der Spiele liegen.

Auswahl der Spiele

Es erscheint jedem selbstverständlich, dass Spiele für eine angeleitete Spielrunde so ausgewählt werden müssen, dass sie dem **Entwicklungsstand** der Gruppenmitglieder entsprechen. Dabei müssen die Fähigkeiten der schwächsten Teilnehmer berücksichtigt werden. Man könnte sagen, jede Gruppe ist nur so stark wie ihr schwächstes Glied. Natürlich ist es manchmal auch notwendig, ein jüngeres Kind mitlaufen zu lassen, auch wenn es nicht alle Spielregelanteile nachvollziehen kann. Möglicherweise kann es unterstützt werden oder bei manchen Spielen mit einem Partner zusammen spielen. Bei einer unterschiedlich zusammengesetzten Gruppe kann eine zu einfache Auswahl die Gruppe unterfordern oder eine häufige Wiederholung von Spielen, die einem jüngeren Kind entsprechen würde, die älteren Gruppenmitglieder langweilen.

Abgesehen vom angemessenen Schwierigkeitsgrad eines ausgewählten Spieles darf auch **die augenblickliche Situation und die Zusammensetzung** einer Gruppe nicht übersehen werden. Eine Gruppe kann in ihrer Zusammensetzung unruhig, rastlos und sehr bewegungsmotiviert sein, während andere Gleichaltrige sich ausgeglichener und ruhiger verhalten. Ein solch unterschiedliches Verhalten kann auch bei ein und derselben Gruppe zu unterschiedlichen Zeiten auftreten, beispielsweise wird eine Gruppe unruhiger, wenn sie nicht ausreichende Möglichkeiten für Bewegung und Abreaktion von Stress hat oder wenn sie insgesamt stark fremdbestimmt wird und die selbstbestimmte Spielgestaltung zu kurz kommt.
Spiele müssen also nach dem Entwicklungsstand und der augenblicklichen Situation sowie den Bedürfnissen einer Gruppe ausgewählt

werden. Das bedeutet, dass der Spielleiter planen, zugleich aber auch gegenwärtige Bedürfnisse der Gruppe spontan erfassen muss.

Spiele mit **Wartezeiten** für einzelne Spieler dürfen nur sparsam eingesetzt werden. Auf keinen Fall sollten mehrere solcher Spiele nacheinander folgen.

Spiele, in denen sich die Gruppe auf Kosten einzelner Spieler amüsiert im Sinne der Schadenfreude würde ich als Spielleiterin nie einsetzen. Solche **Blamierspiele** entsprechen nicht meiner Grundhaltung von Wertschätzung jedes einzelnen Spielers.

Beispiel eines Blamierspieles: Über Flaschen steigen
Ein Gruppenmitglied wird vor die Tür geschickt. Die Gruppe wird über den Spielverlauf informiert. Der vor der Tür stehende Mitspieler wird hereingerufen und soll mit verbundenen Augen über Flaschen steigen, möglichst ohne sie umzuwerfen. Die bereitgestellten Flaschen werden ihm zunächst gezeigt, während des Augenverbindens von der Gruppe aber leise entfernt. Während er nun vorsichtig über nicht vorhandene Flaschen steigt, die Gruppe ihn möglicherweise noch anfeuert, gibt es viel zu lachen.

Problematisch ist die Entscheidung, ob und wie weit man **Vorschläge von Gruppenmitgliedern** in das Programm aufnimmt. *Dafür* spricht, dass ein Spielleiter immer versuchen sollte seine eigene Dominanz auf Kosten der Mitbestimmung von Gruppenmitgliedern zurückzunehmen. *Dagegen* spricht, dass die vorgeschlagenen Spiele möglicherweise weder der Gruppe entsprechen noch in den Aufbau der Spielfolge passen. Wenn sie dem Spielleiter unbekannt sind und vielleicht vom Gruppenmitglied nur unvollständig erklärt werden können, kommen zusätzliche Wartezeiten und Verunsicherungen für die Gruppe und den Spielleiter hinzu. Vielleicht gibt es die Zwischenlösung, sich den Spielvorschlag rechtzeitig vorher erklären zu lassen und dem Gruppenmitglied zu begründen, warum man das Spiel vielleicht nicht einbeziehen oder für eine spätere Spielstunde zurückstellen möchte.

Bei einer vorgesehenen Zeit von einer Stunde für eine Spielfolge kann man etwa von einer **Anzahl** von fünf bis sechs Spielen ausgehen. Es ist immer besser, etwas mehr zu planen und ggf. einzelne Spiele wegzulassen, als unter Druck zu geraten, wenn ein Spiel bei der Gruppe nicht ankommt oder wenn einzelne Spiele schneller als erwartet beendet werden.

Die **Dauer der einzelnen Spiele** hängt von der Art des Spieles ab und von der Spiellust der Gruppe. Hier ist spontane Wahrnehmung des Gruppenleiters gefragt. Manchmal hält die Spielfreude an einem Spiel lange an, an anderen Tagen kommt das gleiche Spiel vielleicht gar nicht gut an. Es gibt Spiele, die nur ein einziges Mal gespielt werden, beispielsweise Kennenlernspiele, etwa das gegenseitige spielerische Vorstellen. Die unterschiedliche Länge von Spielen muss bei einer Wiederholung berücksichtigt werden. Bei längeren Spielen muss gut überlegt werden, ob eine Wiederholung angemessen ist. Darüber hinaus gibt es Spiele, die jederzeit beendet werden können, weil sie kein erkennbares Ende haben.
In der Regel kann davon ausgegangen werden, dass ein Spiel so lange gespielt wird, bis die Spielfreude einen Höhepunkt erreicht hat und gerade beginnt abzusinken. Natürlich werden nicht alle Spieler diesen Höhepunkt zur gleichen Zeit erleben. Wieder heißt die Regel: Jede Gruppe ist so stark wie das schwächste Glied. Und wieder kann es Ausnahmen geben, wenn ein einzelnes Gruppenmitglied nicht zu fesseln ist.

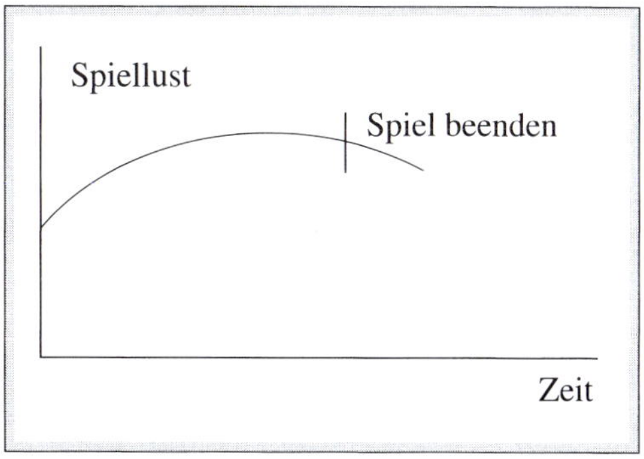

Manchmal bieten sich auch **Spielvariationen** an. Beim Spiel „Plätze wechseln" muss der langsamste Spieler, weil er keinen Platz mehr gefunden hat, das nächste Spiel anführen. Da ältere Kindergartenkinder dieses Spiel zu einfach und zu langweilig finden wollen sie gerne der Spielführer sein. Sie können deshalb bewusst keinen leeren Stuhl finden. Sie tun so, als würden sie die wenigen noch freien Stühle nicht sehen, stolpern und wälzen sich auf dem Boden herum.
Wenn die Spielregel verändert wird und nicht mehr das letzte Kind Spielführer wird, finden selbst die großen Jungen wieder schnell einen Stuhl. Allerdings bleibt zu fragen, ob dieses offensichtlich für sie langweilige Spiel überhaupt sinnvoll ist.

Spielekette oder thematische Spielaktion
Wenn Spiele unter einem gemeinsamen Motto stehen und sich aufeinander aufbauen, sprechen wir von Spieleketten oder auch von einer thematischen Spielaktion. Den Spielern wird beispielsweise vorgeschlagen eine Forschergruppe zu sein, die in den Urwald auf Entdeckungsreise geht, oder sie soll als Ritter vorgesehene Abenteueraufgaben bestehen. Faszinierend kann auch sein sich als Gespenster zu fühlen, die ein Schloss unsicher machen. Die Spiele bauen unter dem jeweiligen Motto aufeinander auf. Das jeweils vorangehende Spiel ist die Voraussetzung für das nächste.

Die Reihenfolge der ausgewählten Spiele

Der Aufbau einer Spielfolge lässt sich am besten mit konkreten Beispielen erklären und verdeutlichen. Dafür wähle ich eine Hortgruppe im Alter von etwa sieben bis zehn Jahren. Übertragungen in eine Gruppe älterer Jugendlicher, die sich noch wenig kennen, zum Beispiel auf einer Freizeit, werde ich dabei vornehmen.
Irene Flemming teilt eine Spielfolge in vier Abschnitte: in die Aufwärmphase, in Wechsel und Steigerung, in den Höhepunkt und in den ruhigen Ausklang (Flemming 1992, S. 92 ff). Diese Einteilung soll im Folgenden eingehalten und verdeutlicht werden.

Das erste Spiel: Aufwärmen
Eine Spielfolge sollte mit einem Spiel begonnen werden, das allen Spaß macht, aber noch keinen überfordert oder verschreckt. Eine Überforderung kann zum Beispiel darin liegen, sich gleich zu Beginn, wenn jeder noch abwartend und zurückhaltend ist, als Einzelner vor der Gruppe darstellen zu müssen, etwa durch eine pantomimische Einlage.
Auch ein Spiel mit Platzwechsel kann für einzelne Spieler, die sich für diese Spielrunde vielleicht neben eine vertraute Person setzen wollten, eine Enttäuschung und ein Abfallen der Spiellust bedeuten.
Betrachten wir uns unter diesen Aspekten das sehr bekannte Spiel „Mein rechter Platz ist leer"! Ein Spieler im Stuhlkreis, dessen rechter Platz frei ist, sagt diesen Spruch und wünscht sich einen Spieler in der Gangart eines Tieres neben sich. Vom einzelnen Spieler wird hier verlangt: Platzwechsel und sich vor der Gruppe darstellen. Dazu kommt, dass das Spiel den Hortkindern schon vom Kindergarten her vertraut ist. Das Spiel bietet keine Spannung mehr. Das wäre ein ungünstiger Anfang für eine Spielrunde. Manche Kinder überspielen ihre Unsicherheit oder ihre Unlust mit Hektik, Albernheiten oder Provokationen. Das würde zusätzlich den Anfang erschweren. Die Motivation, mit der die Spieler in eine Spielstunde einsteigen, kann den gesamten Ablauf beeinträchtigen. Der erste Eindruck ist oft ein bleibender!

Deshalb: Achtsam das erste Spiel auswählen!
Wie also anfangen?

Das erste Spiel muss weitgehend vom Spielleiter gelenkt werden, denn die Spieler sind noch unsicher und zurückhaltend, es sei denn, diese Spielrunden werden in der Gruppe sehr häufig gespielt. (Dazu rate ich allerdings nicht, denn dann fehlt ihnen der „Pep". Sie werden zur Gewohnheit und bieten keinen Höhepunkt mehr.)
Als Anfang könnte ein Spiel gewählt werden, bei dem der Spielleiter eine Geschichte erzählt, sie mit Bewegungen begleitet und die Gruppe diese Bewegungen mitvollzieht.

Beispiel: Die Bärenjagd
Der Spielleiter erzählt, dass sich die Gruppe aufmacht um einen Bären zu fangen. Die Gruppe läuft eine Straße entlang (mit den Füßen stampfen), geht durch hohes Gras einer Wiese (die Hände im Rhythmus aneinander reiben), hastet über eine Holzbrücke (mit den Fäusten auf die Brust klopfen), watet durch einen Sumpf (mit der Zunge schnalzen) usw. Schließlich erreicht sie die Bärenhöhle, schaut hinein, erschrickt und läuft hastig den Weg (mit allen Geräuschen und Bewegungen) zurück.

Irene Flemming schlägt ein ähnliches Erzählspiel für den Anfang vor (I. Flemming 1992, S. 93). Sie erzählt eine selbst erfundene Geschichte, die von der Gruppe gemimt wird.

Bei Gruppen, die sich schon kennen und öfter miteinander singen, kann der Anfang auch ein Spiellied sein, bei dem die Teilnehmer Bewegungen ausführen. Kindergartenkinder mögen in der Regel Spiellieder gerne. Auch Schulkinder können an Spielliedern wie „Mein Hut, der hat drei Ecken" noch Spaß haben. Allerdings müssen diese Lieder für den Beginn einer Spielstunde der Gruppe schon bekannt sein. Wenn die Gruppe eine Spielstunde erwartet, dann aber ein neues Lied lernen soll, sind Gruppenmitglieder oft frustriert und nicht mehr motiviert. Ich rate auch nicht dazu, Pfänder für Fehler einzusammeln. Durch Pfänder wird auf Fehler auffallend hingewiesen, ganz abgesehen von den dadurch entstehenden Wartezeiten für die Restgruppe. Es gibt auch Spaß machende Spiellieder für ältere Kinder und Jugendliche, die nicht auf Fehler hinweisen, etwa das Regenwurmlied, bei dem die im Kreis sitzenden oder stehenden Spieler im Rhythmus des Liedes mit ihren Händen zuerst auf die eigenen Oberschenkel schlagen, dann mit der rechten Hand auf den linken Oberschenkel des rechten Nachbarn sowie mit der linken Hand auf den eigenen rechten, danach wieder auf die eigenen. Anschließend das ganze nach links und zurück. Dieses Spiellied macht Spaß und wirkt sehr erheiternd. Allerdings verlangt es schon intensiven Kontakt mit dem Nachbarn. Das kann die Kontaktbereitschaft einer Gruppe, die sich nicht kennt, am Spielbeginn überfordern.
Bei älteren Kindern, die sich noch wenig kennen, zum Beispiel auf der Freizeit, kann ein Begrüßungs- oder Kennenlernspiel angemessen sein:

Beispiele:
Begrüßungsspiel
Die Teilnehmer gehen ungeordnet durch den Raum und begrüßen die Spielpartner, denen sie gerade begegnen, auf die jeweilige Weise, die der Spielleiter vorgibt.
Zum Beispiel: mit Handschlag und Namensnennung, mit Berührung der Fußsohlen, der Ellbogen, der Rücken usw., mit Schattenboxen und Ähnlichem. Der Spielleiter kann auch Stimmungen vorgeben: freundlich, vornehm, zerstreut. (Intime Berührungen, etwa den russischen Bruderkuss, vermeiden! Und Vorsicht mit aggressiven Gefühlen, zum Beispiel einer zornigen Begrüßung, wenn die Gruppe sich noch nicht gut kennt oder zu aggressivem Verhalten neigt!)

Drei Dinge verändern
Dieses Spiel bietet eine etwas zurückhaltendere Form des Kennenlernens ohne direkten Körperkontakt. Die Spielenden stellen sich in zwei Reihen auf, die sich mit etwa 2 m Abstand gegenseitig ansehen. Jeder Spieler betrachtet sein Gegenüber genau. Auf Anweisung des Spielleiters drehen sich alle herum, so dass sie mit den Rücken zueinander stehen. Jeder verändert drei kleine Dinge an seiner Person (Kleidung, Schmuck oder Frisur). Auf Anweisung des Spielleiters sehen sich die Spieler wieder an und versuchen, die Veränderung des Gegenübers herauszufinden.

Das zweite und das dritte Spiel: Wechsel und Steigerung
Was Lebhaftigkeit, Spannung und Kontakt betrifft, soll nun eine Steigerung geboten werden. Der Einzelne will mehr gefordert werden, nachdem er aufgetaut ist und Spaß an der Sache gefunden hat.
Zum Beispiel eignet sich die „Löffelgeschichte" oder „Flut und Ebbe".

Die Löffelgeschichte
Die Gruppe sitzt im Kreis auf dem Boden. Bei mehr als 12 Spielern sind zwei Kreise sinnvoll. In der Mitte des Kreises liegen Löffel oder andere unzerbrechliche Gegenstände, einer weniger als Spieler. Ein Spieler beginnt eine Geschichte zu erzählen. Sowie das Wort Löffel fällt, greifen alle zu einem Löffel. Wer keinen Löffel erwischt hat, erzählt weiter.

Ähnlich, aber bewegungsreicher ist „Flut und Ebbe“:

Flut und Ebbe
Die Spieler gehen ungeordnet im Raum herum, in dem verstreut Stühle oder andere Sitzmöglichkeiten stehen. Ein Spieler erzählt eine Geschichte. Bei dem Wort „Ebbe“ müssen sich alle auf den Boden setzen, bei dem Wort „Flut“ müssen alle dafür sorgen, dass kein Körperteil den Boden berührt. Derjenige, der zuletzt richtig reagiert hat, erzählt weiter.

Von der Bewegung her darf die Spielfolge nicht zu wild werden. Aus der Sicht der Spannung und des Kontaktes kann und sollte gesteigert werden. Vielleicht entscheidet sich der Spielleiter als nächstes Spiel zum Zublinzeln.

Zublinzeln
Der Kreis wird aus Spielerpaaren gebildet, die jeweils hintereinander mit dem Gesicht zur Kreismitte stehen. Der vordere Spieler kann auch auf einem Stuhl sitzen. Einer der Spieler hat keinen vorderen Spielpartner. Er versucht nun über Zublinzeln sich einen Partner heranzulocken. Die jeweils hinteren Spieler müssen ihre Hände auf dem Rücken halten, müssen aber schnell reagieren und ihre Partner festhalten, wenn denen zugeblinzelt wird.
Wer seinen Partner verloren hat, muss nun blinzeln.

Etwa das vierte Spiel: der Höhepunkt
Ebenso schnelle Reaktionsfähigkeit, aber enge körperliche Kontakte sowie Beteiligung aller Spieler (also keine Wartezeiten für die einzelnen Spieler) bietet das Spiel „Ozeanwelle“.

Ozeanwelle
Die Gruppe sitzt auf eng aneinandergestellten Stühlen im Kreis. Ein Stuhl ist frei. Ein Spieler steht in der Mitte des Kreises und sagt „links“ oder „rechts“, und zwar beliebig oft und beliebig schnell oder langsam. Der jeweils links oder rechts vom freien Stuhl sitzende Spieler rückt auf den freien Stuhl, die weiteren Spieler rücken nach. Das bedeutet, dass sich der Kreis jeweils nach links oder rechts bewegt. Der Spieler in der Mitte muss versuchen den wandernden freien Platz zu ergattern. Dabei wird er oft auf dem Schoß von Spielern landen.
Dieses Spiel kann als ein Höhepunkt angesehen werden, und zwar sowohl aus der Sicht der Spannung, der Bewegung wie auch des Kontaktes.

Das fünfte und vielleicht das sechste Spiel: ruhiger Ausklang
Jetzt wird es Zeit, vom Höhepunkt herunterzukommen und wieder Ruhe einkehren zu lassen. Der Höhepunkt soll nicht am Schluss liegen, sondern kurz davor, damit sich die Gruppe noch etwas beruhigen kann, bevor sie die Spielrunde verlässt, den Heimweg antritt oder Konzentration für eine andere Aktivität aufbringen muss. Sollte die Anzahl der Spiele gekürzt werden, dann muss vorher ein Spiel herausgenommen werden, damit noch genügend Zeit für den Abschluss bleibt. Nur der Kontakt darf zunehmen, wenn er bis jetzt noch nicht auf einem Höhepunkt war. Bewegung, Konzentration und Spannung müssen reduziert werden.
Eines der an zweiter Stelle vorgeschlagenen Spiele könnte ans Ende passen, wenn es vorher nicht schon gespielt wurde, oder auch ein ruhigeres Spiel, zum Beispiel „Der Dirigent“.

Der Dirigent
Ein Spieler wird vor die Tür geschickt. Die Gruppe macht sich im Stuhlkreis aus, wer der Dirigent ist. Wenn der Spieler hereinkommt, spielen alle pantomimisch ein Instrument, zum Beispiel eine Geige. In kurzer Folge wechseln die Spieler das Instrument. Der Ratende muss herausfinden, wer im Kreis derjenige ist, der als Dirigent jeweils als erster das Instrument wechselt. (Vorsicht! Die Gruppenmitglieder können

es dem Ratenden leicht machen, indem sie auf den Dirigenten sehen.)

Irene Flemming schlägt als Abschlussspiel einer Spielfolge den „Gruppengeist" vor, ein Spiel, das ausgesprochen beruhigend wirkt und zugleich zu engem Kontakt veranlasst: (Flemming 1992, S. 97):

Der Gruppengeist
Die Gruppenmitglieder stehen eng im Kreis, Schulter an Schulter, und fassen hinter dem Rücken den Übernächsten an den Händen. Am besten werden die Augen geschlossen. *„Der Gruppengeist wird uns jetzt ohne Worte mitteilen, in welche Richtung wir anfangen zu schunkeln. Wir müssen es mit dem Körper spüren." Ganz vorsichtig setzt eine Bewegung ein, und schließlich kommt die Gruppe gleichmäßig ins Schaukeln. Wir müssen allerdings darauf achten, dass sich aktive Spieler ebenfalls passiv verhalten und sich anpassen, sonst artet das Spiel in eine Rangelei aus. Gelingt es aber, den 'Gruppengeist' wirken zu lassen, ist das für alle ein sehr positives Erlebnis von Gemeinsamkeit. Der Spielleiter kann die Gruppe langsam wieder zum Stillstand dirigieren.*

Zusammenfassend können die Anforderungen an Bewegung, Spannung, Kontakt und Konzentration etwa folgendermaßen dargestellt werden: Bewegung und Spannung können eine ähnliche Kurve aufzeigen. Langsam beginnend, ansteigend bis zu einem Höhepunkt, der nicht am Ende der Spielstunde liegen soll, sondern ein bis zwei Spiele davor.

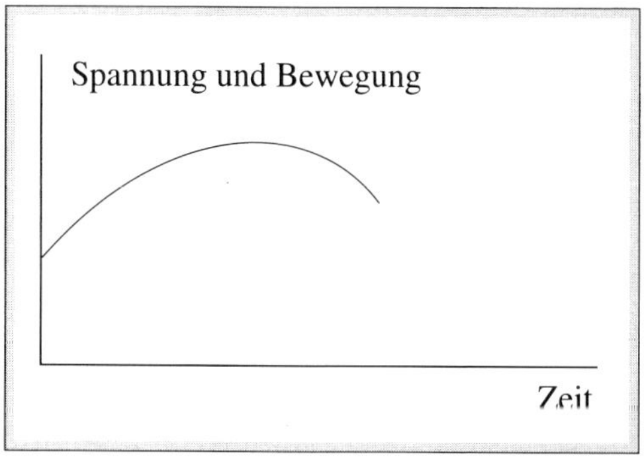

Natürlich muss die Kurve nicht gleichmäßig ansteigen. Sie könnte auch durch Wechsel gekennzeichnet sein.

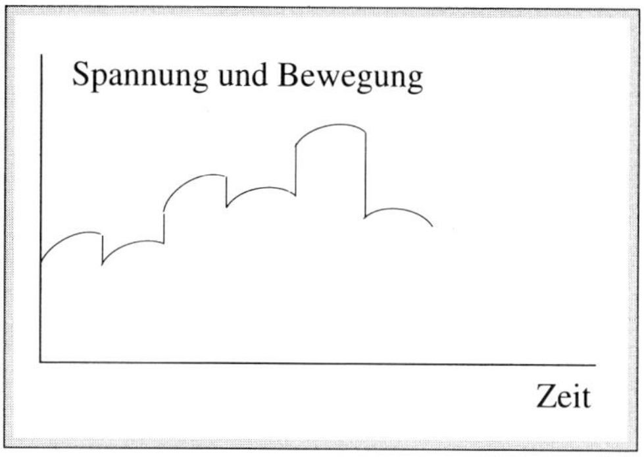

Der Kontakt braucht am Ende nicht zurückgenommen zu werden. Die Kurve kann, muss aber nicht, bis zum Schluss ansteigen.

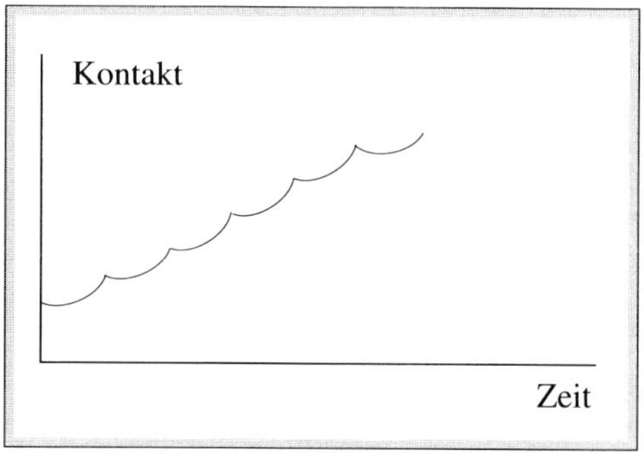

(Vergleiche Irene Flemming 1992, S. 92 ff)

Bei der Konzentration sollte auf einen Wechsel geachtet werden. Nicht zu starke Konzentration zu Beginn fordern und später zwischen schneller Reaktion und anhaltender Aufmerksamkeit wechseln, lange Wartezeiten aber – wie gesagt – vermeiden.

Übertragung der Gedanken auf kommerzielle Regelspiele
Regelspiele gibt es in einer Vielzahl zu kaufen, vor allem in Form von Brett- und Kartenspielen. Was für die Auswahl der Spiele ohne spezielles Spielmaterial gilt (siehe Seite 170 f) betrifft weitgehend auch den Umgang mit kommerziellen Spielen: Entwicklungsstand der Spieler,

Gruppenzusammensetzung, augenblickliche Bedürfnisse, Vermeidung von längeren Wartezeiten, Spielvorschläge der Teilnehmer/innen.
Meist sind die Spielergruppen auf zwei bis sechs Teilnehmer beschränkt. Die Spiele werden also jeweils von einer Teilgruppe im Kindergarten, Hort, Heim oder der offenen Jugendgruppe gespielt. Es ist im Allgemeinen ratsam, wenn Gruppenmitglieder mit etwa dem gleichen Entwicklungsstand zusammen spielen. Es kann aber auch durchaus sein, dass jüngere Kinder teilnehmen, denen von älteren Spielern geholfen wird. Die schwächeren Teilnehmer dürfen allerdings nicht grundsätzlich verlieren, vor allem dann nicht, wenn sie bereits in einem Alter sind, in dem sie sich durch das Verlieren betroffen fühlen.
Der Spannungsbogen ist auch bei diesen Spielen zu beachten. Wenn die Konzentration und die Spiellust bei den Spielern nachlassen, kann es besser sein ein Spiel abzubrechen als es bis zum Abschluss zu spielen. In der späteren Erinnerung kommen oft Gefühle hoch, die das Ende des Spiels begleiteten (zum Beispiel „Schade, dass es zu Ende ist“, oder „Langweilig, langatmig“). Ein als unangenehm erinnertes Spiel wird oft lange links liegen gelassen.
Im Allgemeinen ist nicht dazu zu raten mehrere unterschiedliche kommerzielle Spiele nacheinander zu spielen, zum Beispiel Mensch-ärgere-dich-nicht, Malifiz, Fang den Hut. Diese Spiele haben meist einen längeren Spielablauf. Während vielleicht das erste Spiel großen Spaß machte und die Gruppe motiviert das zweite Spiel begann, fällt die Leistungskurve während des Spielens steil ab. Die Spielfreude des ersten Spiels wird in der Erinnerung durch die zunehmende Unlust des zweiten Spiels leicht verdrängt.

4.5.2 Kooperation, Wettkampf und Glück im Spiel – heimliche Erzieher

Anregung zum Eindenken in die Thematik

Bearbeitung eines Textes

- *Lesen Sie den folgenden Text von Irene Flemming,*
- *diskutieren Sie die darin geäußerten Gedanken,*
- *vergleichen Sie Erfahrungen und Erinnerungen mit Konkurrenzspielen und*
- *sprechen Sie über unterschiedliches mögliches Erzieherverhalten im Zusammenhang mit Gewinnspielen.*

„Jeder Mensch kommt mit einer guten Portion Optimismus auf die Welt. Wir glauben, dass es uns gut gehen wird – wenn nicht jetzt, dann später. Wir glauben, dass Gefahren uns nicht treffen werden. Wir glauben an ein gutes Ende wie im Märchen.
Jeder braucht diesen Lebensmut, das Vertrauen auf das eigene Glück. Sonst könnte er nicht bestehen.
Auch kleine Kinder erwarten, dass das Leben sein ganzes Füllhorn an Glück über sie ausschütten wird. Sie erwarten, dass die Eltern es uneingeschränkt lieben. Sie meinen, dass alles sich um sie dreht.
Nun aber verliert das Kind ein Brettspiel. Muss das nicht sein ganzes Weltbild erschüttern? Bedenken wir dabei, dass es oft ein Spiel noch nicht vom wahren Leben trennen kann, so verstehen wir, wie hart es getroffen wird.
Soll es nun lernen ein Verlierer zu sein? Das ist doch wohl nicht unser Ernst.
Ich finde es verständlich und richtig, dass das Kind das Verlieren *nicht* akzeptiert. Ich würde ihm immer Mut machen es noch einmal zu versuchen. „Man gewinnt nicht immer“ ist das Äußerste, was ein Kind wirklich innerlich annehmen kann.
Der Glaube an das Glück soll dem Kind erhalten bleiben. Erich Kästner erzählt, dass sein

Vater ihm ein Fahrrad kaufte, ihm aber vorspielte, er hätte es gewonnen. Der Vater wollte, dass sein Junge an das Glück glaubt.
Viele Eltern und Erzieher sagen: „Das Kind muss verlieren lernen." Nein, es soll gewinnen lernen. Es soll lernen nicht aufzugeben und sich nicht unterkriegen zu lassen. Kinder, die auf das Verlieren sehr heftig reagieren, haben ein geringes Selbstwertgefühl. Sie meinen, nur sie hätten immer das Pech. Sonst auch, immer und überall, und nun auch noch im Spiel.
Ich meine, solchen Kindern kann man nicht durch Brettspiele helfen. Die geringe Frustrationstoleranz hat tiefere Ursachen und vielleicht sollte so ein Kind gar kein Brettspiel mitmachen sondern nur zuschauen."

Irene Flemming 1992, S. 36

Wenn wir herkömmliche Regelspiele kritisch in Bezug auf Kooperation und Konkurrenz betrachten, werden wir feststellen, dass Konkurrenz häufig im Spiel ist. Das ist bei Brett- und Kartenspielen so, zum Beispiel Mensch-ärgere-dich-nicht, Mühle, Dame, Schach, Quartett, Schwarzer Peter, wie auch bei Spielen im Kreis, etwa bei der Reise nach Jerusalem, oder bei Schreibspielen wie Stadt-Land-Fluss usw. Bei diesen Spielen gewinnt immer nur *ein* Spieler. Wenn es sich nicht um Partnerspiele handelt wie Mühle und Dame, sondern um Gruppenspiele wie Mensch ärgere dich nicht, verlieren mehrere Spieler. Das heißt, es sind eigentlich nicht Gewinn-, sondern Verlierspiele. Diese Spiele sind trotz der häufigen Niederlagen durchaus beliebt. Warum ist das so?

Gründe für die Beliebtheit der Konkurrenzspiele

Sicherlich ist als ein Grund für die Beliebtheit der Konkurrenzspiele deren Spannung anzusehen: **Der Wettkampf spornt an und macht das Spiel spannend**. Jeder will der Beste sein. (Das soll er auch, denn sonst hätten Wettspiele keinen Reiz!) Spannung hängt mit Risiko, Angst und Angstbewältigung zusammen. Die Angst zu verlieren und das Verlieren zu vermeiden ist einer der Gründe für die Faszination. Jeder bemüht sich darum, die geforderte Leistung möglichst gut und geschickt auszuführen und alle im Rahmen der Spielregeln erlaubten Vorteile, wenn es sein muss – und das muss es oft –, auf Kosten der anderen für sich zu nutzen. Besonders deutlich, wie rigoros sich der Einzelne gegen die anderen Spieler durchsetzt, ist das zum Beispiel bei der Reise nach Jerusalem oder bei Malefiz. Bei manchen Spielen trägt auch das Glück dazu bei, dass gewonnen wird. Gewinnen bedeutet ein Erfolgserlebnis und bestätigt dem Gewinner, dass er etwas besser kann als andere. Dieses Gefühl besteht meist auch dann, wenn das Glück zum Gewinnen beigetragen hat. Oft lässt sich das Glück durch geschicktes oder strategisch gutes Vorgehen auch noch besser nutzen, beispielsweise die gewürfelten Sechser bei Mensch-ärgere-dich-nicht, wenn man mehrere Figuren ins Feld setzt.

Ein anderer Grund für die Beliebtheit von Konkurrenzspielen ist wohl auch: **In den Spielregeln spiegelt sich das gesellschaftliche Leben wider**. Das Kind macht die Erfahrung, dass das Leben genauso wie das Spiel funktioniert. Wer sich am besten durchsetzt und die höchsten Leistungen vollbringt, wird belohnt. Kinder müssen auch im Leben lernen sich durchzusetzen. Sie wollen das auch. Aber dabei geraten sie in einen Widerspruch. Einerseits sollen sie Einfühlungsvermögen in andere Menschen (Kinder) zeigen, beispielsweise wird Mitleid von ihnen verlangt, wenn ein anderes Kind traurig ist, andererseits wird von ihnen erwartet leistungsstark zu sein. Als Maßstab gilt der Vergleich. Sie werden gelobt, wenn sie besser sind als andere. Besser sein als andere bedeutet aber, kein Mitgefühl für den Schwächeren zu zeigen und nur an sich selbst zu denken.

Mit diesem Widerspruch müssen sie lernen umzugehen und müssen abschätzen, in welchen Situationen Durchsetzung und in welchen Rücksichtnahme angebracht ist. Im Spiel können sie diese Durchsetzung, die ihnen im Alltag manchmal verwehrt wird und als unmoralisch bezeichnet wird, erproben und üben, und zwar innerhalb von Spielregeln, das heißt innerhalb von akzeptierten und gerechten (?) Verhaltensvorschriften. Das bedeutet: Das Spiel lässt egoistische Wünsche zu, die im Alltag oft verwehrt oder widersprüchlich vermittelt werden.

Es ist anzunehmen, dass es vielen Spielern auch eine Befriedigung ist, ungestraft anderen schaden zu dürfen, sich zu rächen, sie aus dem Rennen zu werfen, ihnen Steine in den Weg zu legen, nicht immer sozial, einfühlsam, verständnisvoll handeln zu müssen. Es ist im Spiel erlaubt, den Mitspieler als Feind anzusehen. Im Alltag müssen so viele Kränkungen eingesteckt werden, ohne dass man zurückzahlen kann oder darf. Hier im Spiel darf man. Es ist erlaubt, anderen zu schaden, um selbst besser zu sein. Es ist sogar erlaubt, Schadenfreude zu zeigen. **Das Selbstwertgefühl kann nach Niederlagen aufgerichtet werden**, in gewisser Weise auch dann, wenn man verliert, weil dem anderen ja immerhin geschadet wurde und man sich rächen konnte. Beim Gewinnen kann man den Sieg über den anderen lustvoll auskosten. Leider sind es aber eben oft die gleichen Spieler, die häufiger verlieren.

Natürlich darf man bei Wett- und Konkurrenzspielen nicht nur Spielreize sehen, die einen fragwürdigen, das heißt egoistischen und unsozialen Hintergrund haben. Menschen können nicht absolut selbstlos sein. Für eigene Rechte und eigene Erfolge muss auch gekämpft werden (dürfen).
Wettspiele fordern den Spieler heraus das Beste zu geben, sich anzustrengen, Höchstleistungen zu erbringen. Der Spieler hat – vor allem beim Sieg – ein Gefühl der eigenen Stärke, Kraft und Strategiefähigkeit. Ohne diese Herausforderungen wirken Regelspiele auf ältere Kinder oft langweilig. Ein Brettspiel beispielsweise, das nur Wettläufe aufgrund von Zufallstreffern des Würfels bietet, fordert keine Anstrengung und vermittelt wenig Spielreiz. Kooperative Spiele vermitteln zwar auch Spielfreude, Schulkinder und Jugendliche wollen sich aber in Wettspielen messen.

Wettspiele geben Regeln vor. **Das gemeinsame Unterwerfen unter die gleichen Regeln verbindet und bietet Sicherheit**. Es wird *gemeinsam* ein Spiel gespielt. Für alle gelten die gleichen Regeln. Neben dem Gegeneinander ist auch ein Miteinander zu spüren.

Gründe für die Reduzierung von Wett- und Konkurrenzspielen

Seit den 70er Jahren ist eine Gegenbewegung zu den Konkurrenz- und Wettspielen festzustellen. Zahlreiche Spiele und Spielmöglichkeiten wurden entwickelt, bei denen Kooperation die ausschlaggebende Vorgehensweise ist. Solche Spiele sind beispielsweise die kooperativen Brett- und Kartenspiele, die vor allem für das Vorschulalter entwickelt wurden und in Kindergärten viel gespielt werden. Bei diesen Spielen spielt die Gruppe gemeinsam gegen einen imaginären Feind, etwa ein aufkommendes Gewitter. Noch deutlichere kooperative Spiele sind diejenigen, bei denen es überhaupt nicht um Gewinnen geht. Eine Gruppe (älterer Kinder oder Jugendlicher) „baut" zum Beispiel aus sich selbst eine große Maschine, indem ein Spieler in der Kreismitte beginnt, sich mit einer Bewegung hinzustellen. Die anderen schließen sich an, müssen sich an irgendeiner Stelle mit der bereits vorhandenen „Maschine" berühren und sich ebenfalls bewegen.
Spiele mit der Fallschirmseide, mit dem Großball oder Spiele im Raum wie Kennenlern- und Vertrauensspiele sind kooperative Spiele.
Diese Spiele für ältere Kinder und Jugendliche sind in großer Zahl entwickelt oder wiederentdeckt und veröffentlicht worden. Bücher mit Spielanweisungen, in denen herkömmliche Spiele gesammelt, verändert und neue kooperative Spiele vorgeschlagen werden, gibt es inzwischen in allen möglichen Spielbereichen und in großer Anzahl.

Für die Reduzierung von Wett- und Konkurrenzspielen zugunsten von kooperativen Spielen spricht einiges:

1. Konkurrenzspiele bestärken die sowieso schon durchsetzungsfähigen Kinder und entmutigen die leistungsschwächeren.

Bei Wettspielen gewinnt – wie schon gesagt – in der Regel nur *ein* Spieler, aber mehrere verlieren. Nun wird zwar manchmal gesagt, Kinder müssten auch das Verlieren lernen. Sie müssten Misserfolge einstecken können ohne zu resignieren. Diese Hoffnung (nämlich auf Erfolge) kann durch das Verlieren nur dann erhalten bleiben und zu höherer Leistung anspornen, wenn es sich um einen mittleren Schwierigkeitsgrad, das heißt um erreichbare Leistungsziele, handelt. Hoffnung wird eher durch Erfolge als durch Misserfolge aufgebaut und Misserfolge führen eben zum Resignieren und nicht zum Hoffen. Sowohl Unter- wie auch Überforderung demotivieren.

Oft sind es gerade die durchsetzungsfähigen Kinder, die als Sieger hervorgehen, weil sie bereits gelernt haben sich mit wenig Mitgefühl und geringen Skrupeln gegen andere zu behaupten. Diejenigen, die vorsichtig, ungeschickt oder einfühlsam sind, werden weniger oft Sieger. Was als „Verlierenlernen" bezeichnet wird, ist eigentlich ein „Sich-damit-zufrieden-Geben", dass man weniger als andere kann. Das heißt, das Selbstwertgefühl wird gedrückt.

Es kann angenommen werden, dass Konkurrenzspiele die gesellschaftlich hierarchischen Ordnungen bestärken, nämlich eine Struktur von Über- und Untergeordneten. Konkurrenzspiele fördern möglicherweise nicht wirklich demokratisches Denken. Allerdings sind diese Wirkungen bisher nicht ausreichend untersucht und nicht bewiesen worden. Es wurde aber festgestellt, dass bei Kindern aus Gesellschaften mit einer stark konkurrierenden Struktur mehr Wettspiele vorkommen als bei Kindern aus kooperativeren Gesellschaftsformen, beispielsweise bei den Eskimos. Wahrscheinlich sind die Erfahrungen im Alltag ausschlaggebender als die Spiele, zumal ja auch anzunehmen ist, dass die Spielauswahl von Kindern eine Folge ihres Alltagslebens ist und auf Nachahmung und Übertragung des gesellschaftlichen Zusammenlebens beruht.

Möglicherweise haben Wettspiele keine ausschlaggebende Wirkung auf das spätere Verhalten, ebensowenig wie wir Krieg spielenden Kindern nachsagen können, dass sie für ihr späteres Leben feindliches Denken verinnerlichen. Allerdings haben Spiele eine Auswirkung auf das augenblickliche Gefühl des Kindes. Sein Selbstwertgefühl und seine Selbstliebe werden beeinflusst.

Häufig werden Kinder bei Konkurrenzspielen auch dann mitspielen, wenn sie sich eigentlich davor ängstigen. Immerhin ist es für sie noch eher zu verkraften zu verlieren als gar nicht zu mitzuspielen und Außenseiter zu sein. Das heißt, sie können sich gegen ihr Verlieren nicht wehren.

2. Konkurrenzspiele führen zu Abgrenzung und Isolation.

Wer in einem Spiel gewinnen will, darf mit den anderen Spielern kein Mitgefühl empfinden. Das aber ist in unserem sonstigen pädagogischen Vorgehen gerade ein wichtiges Ziel. Unsoziale Gefühle werden durch Konkurrenzspiele bestärkt wie: Schadenfreude, Besser-sein-wollen, Härte. Deshalb macht sich nicht nur der Verlierer, sondern auch der Gewinner hart und unempfindlich gegenüber den eigenen Gefühlen. Der Konkurrenzspieler (Gewinner wie auch Verlierer) wird vereinzelt. Er steht allein. Kooperative Spiele suchen das Gegenteil. Hier führt das Miteinander zum Ziel.

Es gibt auch Spiele, die *zwischen* Konkurrenz und Kooperation stehen, zum Beispiel Zuzwinkern: Man nimmt möglichst geschickt den anderen Spielern den Partner weg, aber es gibt keine Sieger und Verlierer.

3. Konkurrenzspiele lenken den Blick auf das Ergebnis.

Konkurrenzspiele sollen zwar Spaß machen, und sie werden ja auch wegen des Spaßes an der Tätigkeit gespielt, aber die Spielfreude entsteht weitgehend aufgrund der Hoffnung auf das Gewinnen und der damit verbundenen Spannung. Dadurch wird der Blick auf das Ergebnis gelenkt. Es zählt, was dabei herauskommt. Das Spiel war im Nachhinein für denjenigen Spieler erfolgreich, für den das Ergebnis zufriedenstellend war. Spiel als solches ist aber stark prozessorientiert. Es geht um ein lustbetontes Handeln, um einen reizvollen Prozess. Dieses so wichtige Merkmal des Spiels, nämlich sich in ein lustvolles Handeln einzulassen (ohne die Frage: „Was bekomme ich dafür?“), tritt bei Konkurrenzspielen in den Hintergrund. Der Sieger steht deutlicher im Blickfeld als der Verlierer, der die Zuwendung eigentlich dringend brauchte um mit seinem Misserfolg fertig zu werden.

Vorgehen in der sozialpädagogischen Praxis

Was bedeutet diese Kritik an Konkurrenzspielen für die sozialpädagogische Praxis?

1. Konkurrenzspiele reduzieren und zu kooperativen Spielen anregen

Konkurrenzspiele sind nicht ganz auszuschließen – und das will man auch nicht, weil das Leben eben auch konkurrierendes Verhalten verlangt und die Kinder von sich aus Konkurrenzspiele wählen. Aber kooperative Spiele können als eine alternative Regelspielform das Erleben der Regeln im Spiel aus einer anderen sozialen Sicht ergänzen. Das kann geschehen, indem zum Beispiel weniger Brett-, Karten- und sonstige Spiele dieser Art angeschafft und Wettspiele seltener in Spielrunden oder bei Bewegungsspielen im Freien von den Betreuern vorgeschlagen werden. Stattdessen können spannende, fröhliche, reizvolle kooperative Spiele angeboten werden. Das betrifft insbesondere das jüngere Kind, also vor allem den Kindergarten. In der Krippe erfassen die Kinder noch nicht Wettverhalten. Selbst die jüngeren Kinder im Kindergarten durchschauen noch nicht, dass etwa ein schnelleres Erreichen des Zieles für sie vorteilhaft sein soll. Dazu kommt, dass sich die Erzieherin beim Mitspielen in einer fragwürdigen Rolle befindet: Spielt sie ehrlich, wird sie gewinnen und das Kind wird verlieren. Läßt sie das Kind gewinnen, fühlt es sich möglicherweise nicht ernst genommen. Kinder im Hort müssen sich – wie schon gesagt – mit Konkurrenz in anderen Lebensbereichen, vor allem der Schule, bereits stark auseinander setzen. Für sie kann – muss aber nicht – die Hoffnung auf ein Gewinnen bei einem Wettspiel ein Ausgleich zu den Misserfolgen in den alltäglichen Konkurrenzkämpfen, etwa in der Schule, sein, bei denen die Aussichten auf Erfolg hoffnungslos niedrig sind. Das ist manchmal ein Grund, weshalb sich Hortkinder Wettspiele wünschen.

Zu einer Reduzierung von Konkurrenzspielen gehört auch, dass an Festen von Wettspielen abgesehen wird, wie das in vielen Tagesstätten schon der Fall ist. Beim Sommerfest werden beispielsweise Spielecken angeboten, in denen die Spieler nicht in Wettbewerb treten, sondern – auch Eltern und Kinder – zusammen werken (sägen, hämmern), bauen (beispielsweise Häuser oder Schiffe aus großen Kartons), mit Fingerfarben malen, einen Tastparcours entlang gehen, sonstige Wahrnehmungsspiele ausprobieren oder Bewegungsspiele ohne Gewinnen durchführen (siehe S. 202).

2. Spielregeln von Konkurrenzspielen verändern

Bei manchen Konkurrenzspielen geht es zu wie bei der Reise nach Jerusalem: Wer als Erster verliert, scheidet aus dem Spiel aus. Das bedeutet:

1. Meist sind es diejenigen Mitspieler, die sowieso schon häufig Frusterlebnisse einstecken müssen, die als Erste ausscheiden.
2. Der Ungeschickteste oder anderweitig schwächste Spieler bekommt in dieser Spielrunde keine Möglichkeit mehr, sein Können zu üben. Der fähigste Spieler übt sich im Spiel am intensivsten, weil er am längsten im Spiel bleibt.

Die Enttäuschung und der Frust der Verlierer zeigen sich dann oft darin, dass sie sich als Zuschauer auffällig, die anderen abwertend oder sonstwie störend verhalten.

Manchmal können Spielregeln verändert oder abgemildert werden, zum Beispiel scheidet der verlierende Spieler immer nur für eine Runde aus. Dann kann allerdings auch kein Endsieger ermittelt werden (was in der Regel auch nicht nötig ist). Eine Zwischenlösung besteht etwa darin, dass nach jeder Spielrunde jeweils mehrere Stühle weggenommen werden, damit es nicht immer nur *ein* Spieler ist, der von allen (hämisch?) als Verlierer angesehen wird. Zugleich kommt das Spiel schneller zu einem Ende und kann wieder von Neuem begonnen werden. Das bedeutet, dass insgesamt mehr Sieger ermittelt werden. Bei einer solchen Spielregel muss auch nicht bis zu einem einzigen Endsieger gespielt werden, sondern es kann eine Gewinnergruppe geben. Manchmal wird das Spiel auch dahingehend verändert, dass zwar Stühle weggenommen werden, aber keine Spieler ausscheiden. Die Spielenden versuchen dann, auf den immer weniger werdenden Stühlen sitzend oder stehend, zusammen zu rücken. Allerdings können die Stühle dabei leiden.

3. Spielfreude betonen, das Spielergebnis weniger beachten

Vor allem bei Kindergartenkindern ist es oft gleichgültig, wer zum Beispiel die meisten Karten beim Memoryspiel erhalten hat. Die Kinder werden am Spielende vielleicht gar nicht vergleichen, wenn die Erzieherin eine Zeitlang nicht darauf aufmerksam macht oder wenn sie den Schwerpunkt anders setzt. Und beim Würfelspiel „gewinnt" das zweite, dritte und letzte Kind auch, nur eben etwas später. Da kann die Wortwahl schon eine Menge ausmachen. Bei Kindern im Schulalter ist eine solche Verschiebung der Spielmotivation allerdings nicht mehr möglich. In jedem Fall kann die Erzieherin dann aber ihren eigenen Standort bezüglich des Gewinnens deutlich machen, nämlich indem sie erklärt, dass sie spielt, weil das Spielen Spaß macht, und nicht, weil ihr das Gewinnen wichtig ist. Natürlich muss sie diese erklärte Spielfreude auch tatsächlich empfinden. Ihre Äußerungen müssen echt sein und dürfen ihren Gefühlen nicht widersprechen.

4. Anstelle von Einzelwettspielen Gruppenwettspiele bevorzugen

Diesen Ersatz empfinde ich nur begrenzt als eine Alternative, weil lediglich innerhalb der Spielgruppe Kooperation empfunden und geübt wird. Die Spieler der anderen Gruppe(n) sind nach wie vor Feinde. Es kann auch passieren, dass die Verlierergruppe einen Schuldigen bei ihren eigenen Mitgliedern sucht. Dieser sowieso schon leistungsschwache und frustrierte Spieler wird dann endgültig klein gemacht und isoliert.

Bei solchen Spielen muss auch vermieden werden, dass vor Beginn zwei Spielführer sich jeweils abwechselnd die Teilnehmer für ihre Gruppe auswählen. Damit wird zwar erreicht, dass die Gruppen aus etwa gleichstarken Spielern zusammengesetzt sind, aber die schwächsten Spieler werden zuletzt gewählt. Das einzelne Gruppenmitglied bangt wahrscheinlich bei jeder Namensnennung und fühlt sich immer schlechter, je später es gewählt wird. Oft können Kinder das allerdings nicht zugeben. Sie sagen, es sei ihnen unwichtig. Erst als Erwachsene können sie über die wirklichen Gefühle solcher Prozeduren sprechen, und auch das nicht immer.

Bei Gruppenwettspielen muss dafür gesorgt werden, dass die Gruppenzusammensetzung häufig wechselt, damit sich Freund-Feind-Denken nicht verfestigen kann.

Ein entsprechendes Gruppendenken, bei dem sich der einzelne Spieler als Teil der Gruppe empfindet und nicht alleine für sich kämpft, setzt allerdings erst im Schulalter ein. Für den Kindergarten sind deshalb Gruppenwettspiele selten geeignet. Selbst die Spielregeln der kooperativen Brettspiele, bei denen die Spielergruppe gemeinsam gegen einen imaginären Feind spielt, zum Beispiel gegen einen Drachen oder gegen die steigende Flut, werden nur langsam von den Kindern im Vorschulalter verstanden.

Glücksspiele

Häufig sind Gewinnspiele auch Glücksspiele: Würfelspiele bedeuten Glück für einzelne Spieler. Die zufällige Zuordnung von Karten, Spieleinsätzen usw. verursacht für die Spieler einen günstigen oder einen ungünstigen Spielanfang. Jeder will gerne einmal Glück haben. Gewinnen und Verlieren können bei Glücksspielen gelassener aufgenommen werden, weil sie nicht mit den eigenen Fähigkeiten oder Unfähigkeiten in einen Zusammenhang gebracht werden müssen. Der Gewinner kann Mitgefühl mit dem Verlierer zeigen, er muss sich nicht hart machen. Allerdings handelt es sich selten um reine Glücksspiele.

Glücksspiele müssen Spiel bleiben, Scherz, Zufall, eigentlich Ausnahme. Wenn Menschen nur noch ihren Erfolg im Glück suchen, haben sie das Vertrauen in ihr Können oder die Bereitschaft ihr Können einzusetzen, verloren. Die Gefahr, dass Kinder später eine Spielsucht entwickeln, kann bestehen, wenn ihr Selbstvertrauen und ihr Leistungswillen insgesamt eingebrochen sind. Die Spiele selbst machen das Kind aber nicht zu krankhaften Spielglücksuchern, sondern das alltägliche Leben. Trotzdem sollten ausgesprochene Glücksspiele Ausnahme bleiben. Sie tragen nicht zur Stabilisierung der Persönlichkeit bei. Und es sollte nicht verstärkt werden, was durch ungünstige Lebenseinflüsse eines jungen Menschen vielleicht

Konkurrenz und Kooperation im Spiel

Beliebtheit von Konkurrenzspielen
- Durch Sieg und Niederlage sowie durch Leistungsvergleich entstehen Ansporn und Spannung.
- Verpönte egoistische Verhaltensweisen dürfen innerhalb von sozial anerkannten Regeln ausgelebt werden.
- Unsoziale Gefühle wie Rache und Aggressionen sind im Rahmen der Spielregeln erlaubt.

↓

Spielregeln der Konkurrenzspiele entsprechen dem realen Leben und dem Überlebenswillen von Lebewesen,
aber widersprechen moralisch-ethischen Ansprüchen.

↓

Wirkung von Konkurrenzspielen
- Bestärkung der Leistungsstarken
- Bereitschaft zu Durchsetzung und Kampf
- hierarchische Strukturen anstelle von demokratischem Denken
- ergebnis- und nicht prozessorientiert
- Isolation des einzelnen Spielers
- Gegeneinander statt Miteinander

↓

Pädagogische Schlußfolgerungen
- Konkurrenzspiele zugunsten von kooperativen Spielen reduzieren
- Spielregeln von Konkurrenzspielen zuweilen verändern
- Spielfreude betonen, Spielergebnis weniger beachten
- Gruppenwettspiele anstelle von Einzelwettspielen ab Schulalter einsetzen, aber aufmerksam beobachten
- das Verhalten von Siegern und Verlierern beobachten und behutsam lenken

schon gefährlich nahe gerückt ist: die Resignation gegenüber der eigenen Leistungsfähigkeit.

Pfänderspiele

Bei einem Pfänderspiel gibt derjenige Spieler, der bei einem Spiel verloren hat, einen Gegenstand als Pfand ab. Am Ende der Spielrunde werden alle eingesammelten Pfänder ausgelöst. Im Allgemeinen geht das so vonstatten: Der Spielleiter oder ein Mitspieler nimmt verdeckt ein Pfand in die Hand und fragt: „Was soll derjenige, dem dieses Pfand gehört, tun?" Die Gruppe überlegt sich nun eine Aufgabe. Meist werden Aufgaben gesucht, die zum Lachen anregen und Überwindung kosten. Unausgesprochen ist das eine Form von Strafe für das Verlieren, wenn auch eine scherzhafte. Die Aufgaben sind oft etwas peinlich für den Ausführenden, zum Beispiel eine Turnübung machen, eine kurze Rede ausdenken, etwas vorsingen, etwas Dummes zum Fenster hinausrufen.

Pfänderspiele werden heute zunehmend seltener gespielt. Und das ist gut so. Sie bauen den Verlierer nicht auf, sondern bestrafen ihn. Der Spielleiter sollte Pfänderspiele einschränken oder in jedem Fall versuchen, Peinlichkeiten für sensible Spieler zu vermeiden. Wenn ältere Kinder und Jugendliche im selbstgewählten Spiel solche Spiele aussuchen, müssen sie nicht als unangemessen vergrault werden. Sie müssen nicht verboten werden, aber ein Blick auf die Verteilung der Pfänder und auf die wahrzunehmenden Gefühle der Mitspieler ist auch dann angebracht. Es könnte sein, dass eine Gruppe diese Spiele wählt, weil bestimmte Spieler immer die meisten Pfänder abgeben müssen und die anderen sich aufgrund deren Blamage wohl fühlen. Hier wäre ein Einschreiten in Form eines vorsichtigen Bewusstmachens angebracht.

Beurteilung von kommerziellen Gruppenspielen

Die meisten Brett- und Kartenspiele bauen auf Wettverhalten der einzelnen Spieler zueinander auf. Wenige Spiele sind kooperativ ausgerichtet. Letztere wirken auf die Spieler manchmal langweilig, weil mit weniger Einsatz und weniger Risiko gespielt wird.

In Prospekten und in ihrer Aufmachung werden die kommerziellen Spiele grundsätzlich als spannend und faszinierend dargestellt. Sie sollen ja gekauft werden. Meist tragen die Spielekartons Abbildungen von lachenden und fröhlich spielenden Kindern und Jugendlichen.

Es ist nicht einfach, aus der enormen Vielzahl sinnvolle Spiele für eine Gruppe auszuwählen wenn man die Spiele nicht kennt und sie nicht schon einmal gespielt hat. Empfehlungslisten, zum Beispiel die Auszeichnungen „Spiel des Jahres", bieten nur geringe Anhaltspunkte.

Ein Team muss sich überlegen, nach welchen Kriterien Spiele betrachtet werden sollten um sich gezielt für einen Einkauf zu entscheiden. Da ist zunächst einmal wie fast immer in zwei Gesichtspunkte zu unterscheiden, die sich allerdings manchmal überschneiden können: formale Aspekte, zu denen die Aufmachung, Haltbarkeit und andere Gestaltungselemente zählen und inhaltliche Aspekte, bei denen es um Spielverläufe und Spielziele geht und um damit verbundenes Denken und Handeln.

Insbesondere der inhaltliche Aspekt ist schwer zu beurteilen, weil dem einen gefallen kann, was dem anderen unmöglich erscheint. Ulrich Baer schreibt (1995, S. 44). *...für den einen ist ein gutes Spiel, bei dem man „so richtig die Sau rauslassen kann", für den anderen ist es ein Spiel, das ihm eine einfache Form des Kontakts zu attraktiven anderen Menschen ermöglicht; und wieder andere empfinden ein Spiel als gut, wenn es ihnen Chancen wenigstens in der Spielwelt eröffnet, die sie im wirklichen Leben nie haben werden (z.B. eine Hotelkette oder magische Kräfte zu besitzen); und für einige ist ein Spiel erst dann gut, wenn es ihnen alternative Gefühle und Kommunikationsweisen verschafft.*

Um überhaupt Anhaltspunkte zu bekommen, nach denen man ein Spiel beurteilen kann, ist es vielleicht sinnvoll sich zunächst Fragen zu stellen und dann zu überlegen, welche dieser Fragen man bei der Untersuchung eines Spiels in Betracht ziehen möchte. Einige solcher Fragen will ich beispielhaft aufschreiben:

Fragen zu formalen Kriterien
- Ist die äußere Gestaltung des Spiels ansprechend?
- Wie sieht es mit der Haltbarkeit aus (auch der Einzelteile)?
- Sind Kleinteile, die verloren gehen können, nachbestellbar?
- Ist die vorgesehene Spielerzahl für die Gruppe, für die das Spiel angeschafft wird, angemessen?
- Benötigt das Spiel eine lange Aufbauzeit, bevor begonnen werden kann, und wie lange ist die Spielzeit? Kann das Spiel jederzeit abgebrochen werden wie Memory oder Mikado oder muss ein Abschluss erreicht werden?
- Ist die Spielbeschreibung verständlich?
- Stimmt der Preis? Ist das Spiel möglicherweise ersetzbar durch alltägliche Dinge (zum Beispiel Mühle selbst aufzeichnen und Steine oder Knöpfe als Spielsteine verwenden)?

Fragen zur inhaltlichen Beurteilung
- Um welche Art von Spiel handelt es sich (Glücksspiel, Geschicklichkeitsspiel, strategisches Spiel oder Mischform)?
- Wie ist der thematische Spielinhalt?
- Wie komplex ist der Spielverlauf? (Erstrebenswert wären einfache Grundregeln, auf die durch komplexe Spielverläufe aufgebaut werden kann und dadurch das Spiel für eine längere Zeit interessant bleibt.)
- Bietet das Spiel Variationsmöglichkeiten? Ist das Spielgeschehen abwechslungsreich?
- Durch welches Risiko wird im Spiel Spannung erzeugt? (Herausforderung durch Wissen, Strategie, Geschicklichkeit, Durchsetzungsfähigkeit, Phantasie, Spontaneität, Kreativität, Glück?) Bleibt die Spielspannung bis zum Ende erhalten?
- Wie sieht der Spielverlauf für den einzelnen Mitspieler aus? Ist der Weg zum Verlieren lang und „qualvoll", weil die Spieler frühzeitig wissen, was auf sie zukommt? Welche Wartezeiten entstehen für die einzelnen Spieler?
- Welche emotionalen Prozesse setzt das Spiel in Gang und welche Art von Kontakten entsteht zwischen den Spielern?

Als beste Vorbereitung für einen Kauf wird immer das eigene Ausprobieren sein.

4.5.3 Geländespiele und Rallyes – Gruppen in Konkurrenz

Anregung zum Eindenken in die Thematik

Entwerfen und Ausprobieren eines Geländespieles

Teilen Sie Ihre Lerngruppe in Kleingruppen, die aus mindestens sechs Teilnehmern, möglichst einer gerade Anzahl, bestehen.
Jede Gruppe entwickelt eine Rallye, deren Zeit begrenzt werden muss, zum Beispiel etwa für die Dauer einer halben Stunde. Die Rallye soll von Ihrem Lernort ausgehen und die nahe Umgebung und/oder das Haus einbeziehen.
Die Aufgaben der Rallye werden in zwei Ausfertigungen erstellt, und zwar so, dass die Aufgaben für die zweite Darstellung in umgekehrter Richtung laufen, das heißt von hinten anfangen.
Nachdem alle *Gruppen ihren Rallye-Entwurf beendet haben, werden die Aufgaben in der doppelten Ausführung einer der anderen Gruppen übergeben, so dass jede Gruppe einen fremden Rallye-Entwurf zweifach, und zwar jeweils vorn und hinten beginnend, erhält.*
Die Gruppen teilen sich jetzt in zwei gleich große Kleingruppen und lösen die gestellten Aufgaben im Wettstreit miteinander (kürzeste Zeit und fehlerfreie Lösungen).

Im Anschluss an die durchgeführte Rallye wird über die Erfahrungen gesprochen. Dabei können die unterschiedlichen Ideen und Möglichkeiten für den Entwurf einer Rallye unter die Lupe genommen werden.

Geländespiele und Rallyes werden in einem großen Gelände gespielt. Das können Wald, Felder und Wiesen, aber auch die Stadt oder – je nach Spiel – ein größerer Spielplatz oder ein großes Gebäude sein. Diese Spiele sind nicht nur räumlich, sondern auch zeitlich umfangreich. Am bekanntesten sind neben Rallyes wahrscheinlich „Räuber und Gendarm“ und „Schnitzeljagd“. Beide Spiele werden in vielen Variationen gespielt.

Es gibt eine Fülle dieser Spiele. Sie können sich aus unterschiedlichen „Bausteinen“ zusammensetzen. Fast immer treten dabei Gruppen in Konkurrenz. Sie können sich gegenseitig bekriegen (fangen, Lebensbändchen abnehmen, Schatz rauben u.a.) oder in einen Wettkampf treten, welche Gruppe am schnellsten ist und die zu erledigenden Aufgaben am besten gelöst hat. Es handelt sich immer um Gruppenspiele.

Die Spielfreude und die Spannung dieser Spiele entstehen durch mehrere Faktoren:

1. Der Wettkampf als solcher: Welche Gruppe wird als Sieger hervorgehen?
2. Die Aufgabenstellungen: Es muss dem Spieler beispielsweise gelingen, Mitglieder der Gegenpartei zu fangen. Oft muss man zugleich vermeiden, dass man selbst gefangen wird. Gruppenmitglieder können sich gegenseitig helfen, zum Beispiel Gefangene wieder einlösen.

Zu Stadterkundungsspielen gehören oft Aufgaben, bei denen sich die Spieler überwinden müssen, beispielsweise auf fremde Menschen zuzugehen und Auskünfte einzuholen. Gegenstände müssen besorgt, bestimmte Örtlichkeiten gefunden, sich nach einem Stadtplan orientiert werden. Die Aufgaben sind oft witzig und originell, dürfen allerdings nicht zu schwer sein.

Während bei den Rallyes die Aufgaben in der Regel realistisch sind und meist das Kennenlernen der Örtlichkeiten anstreben, haben Geländespiele oft Rollenspielanteile, zum Beispiel Ritter zu sein oder Räuber und Polizist.

Häufig ist es nicht der Spielleiter, sondern eine Teilgruppe, die sich die Aufgaben ausdenkt (bei jüngeren Kindern mit Unterstützung des Gruppenleiters) und dabei nach interessanten Aufgaben sucht. Das Entwickeln einer Rallye oder einer Schnitzeljagd kann der Gruppe großen Spaß machen.

3. Auch der äußere Rahmen kann Spielfreude und Spannung bringen: Innerhalb der Teilgruppe entstehen durch die Aufgaben, die gemeinsam gelöst werden müssen, Kontakte und Zusammengehörigkeitsgefühl. Örtlichkeiten werden dabei kennengelernt.

Bei älteren Kindern oder Jugendlichen kann die Rallye auf Fahrrädern, im Winter vielleicht auf Skiern, oder im Dunkeln vorgenommen werden.

Geländespiele und Rallyes benötigen allerdings auch eine intensive Vorbereitung, die – wie schon gesagt – oft mit einer Teilgruppe vorgenommen wird. Bei Kindern im Grundschulalter (für jüngere Kinder sind sie ungeeignet) muss jeweils ein Erwachsener die Teilgruppen begleiten. Bei den Aufgabenbewältigungen muss er sich allerdings zurückhalten.

Viele Erwachsene werden sich mit angenehmen Gefühlen an frühere Geländespiele erinnern (zum Beispiel an Räuber und Gendarm),

Geländespiele und Rallyes

- immer ein Spiel in Gruppen und mit Bezug zu den Gruppenmitgliedern
- intensive Vorplanung, teilweise gemeinsam mit den Gruppenmitgliedern
- bei guter Planung: abenteuerreicher, spannender Ablauf

realitätsbezogen, zum Beispiel bei Erkundung der Umgebung (Rallyes),
oder
phantastisch, zum Beispiel bei phantasievollen Aufgaben oder
dem Handeln auf der unrealistischen Spielebene (Räuber und Gendarm)

bei denen sie sich in ihrer Spielgruppe so richtig zugehörig und gebraucht gefühlt haben. Möglicherweise war die Spielgruppe auch bei sonstigen Aktivitäten eine geschlossene, stark zusammenhaltende Gruppe (Clique). Das Bedürfnis, zu einer verlässlichen Peergruppe (Gruppe Gleichaltriger) fest dazuzugehören, ist in der Zeit der Vorpubertät und der Pubertät besonders stark. Die Jugendlichen befinden sich auf der Suche nach der eigenen Identität. Sie lösen sich vom Vorbild der Eltern und suchen ihren eigenen Weg. In dieser Unsicherheit brauchen sie die Gruppe Gleichaltriger um nicht allein zu sein. Die Abgrenzung zu anderen Peergruppen (im Spiel die Gruppe der feindlichen Mannschaft) verstärkt das Zugehörigkeitsgefühl zur eigenen Gruppe. Aus diesem Grund sind Mannschaftsspiele in diesem Alter sehr beliebt.

4.5.4 Computerspiele – pro und kontra

Anregung zum Eindenken in die Thematik

Bewußtmachung von Gefühlen im Zusammenhang mit Computerspielen

Setzen Sie sich in einen Stuhlkreis.

Schreiben Sie Gedanken, die Ihnen zum Computerspiel im Zusammenhang mit Ihrem Beruf einfallen, in großer Schrift auf je einen Zettel. Sagen Sie diesen Gedanken laut, bevor Sie ihn aufschreiben, damit Wiederholungen vermieden werden.

Wenn die Gedanken ausklingen, lassen Sie sich von den Zetteln anmuten.

Ordnen Sie die Zettel nach Gesichtspunkten, zum Beispiel „positiv – negativ", „betrifft alle oder nur einzelne Computerspiele", „Der Gedanke entstand aus eigener Erfahrung oder aus angeeignetem Wissen/Vermuten".

Sprechen Sie über Ihre angenehmen oder auch sorgenvollen Vorstellungen im Zusammenhang mit Computerspiel und Beruf.

Welche Computerspiele gibt es und wie denken Erzieher/innen darüber?

Spielzeuge mit einem mechanischen Laufwerk haben eine lange Tradition (zum Beispiel Spielzeug, das man mit einem Schlüssel aufgezogen hat, Brummkreisel oder später die heute noch üblichen Spielzeuge, die mit Batterien angetrieben werden). Heute gibt es immer mehr computergesteuerte Spielmaterialien, zum Beispiel Lauf- und Sprechpuppen oder Wendeautos. Sie unterscheiden sich von ihren rein mechanischen Vorgängern zwar durch die Menge und Rafinesse dessen, was sie technisch können, aber nicht in ihrem Prinzip: Es läuft ein Mechanismus ab, der vom Spielenden nicht beeinflusst werden kann.

In Tagesstätten werden solche Spielmaterialien so gut wie nicht angeschafft. Erzieherinnen und Erzieher werden das Spiel damit in der Regel auch nicht fördern, weil Kreativität wenig angeregt und das Spiel bald monoton wird.

Der vorliegende Abschnitt bezieht sich im Folgenden auf die „eigentlichen" Computerspiele. Sie wurden geboren, als vor wenigen Jahren die ersten Homecomputer auf den Markt kamen. Der Computer wurde anfangs meist an das häusliche Fernsehgerät angeschlossen, das als Bildschirm fungierte. Von Anfang an entstanden neben Programmen für diverse Arbeitsanwendungen auch Spiele. Wir finden Computerspiele heute in drei grundsätzlichen Geräteformen vor:

– miniaturisiert als selbstständig funktionsfähige, tragbare Spielgeräte mit einem Display anstelle eines großen Bildschirms (zum Beispiel Gameboys) – in Preislagen eines „normalen" Spielzeugs,
– als selbstständige Spielgeräte mit der Funk-

tion einer Konsole, die eine eigens für sie geschaffene Software benötigen und nach wie vor ans Fernsehgerät (oder an einen Computer) angeschlossen werden und
- als Computersoftware für die heute in zahlreichen Haushalten anzutreffenden leistungsfähigen Personalcomputer.

Während Hort- und vielleicht schon Kindergartenkinder möglicherweise ihren „Gameboy“ mitbringen, werden Jungendliche – insbesondere in Heimen – eher mit den größeren Geräten spielen. Alle drei Formen unterscheiden sich zwar in der technischen Qualität (einschließlich Ton und Bild) sowie der Differenzierung der Spielmöglichkeiten, folgen aber ein- und demselben Prinzip: Die Spielenden sitzen vor dem Gerät und steuern etwas, was auf dem Display oder dem Bildschirm abläuft. Das Spiel findet nicht mehr in der realen Welt statt (das Wendeauto fährt ja noch, wenn auch automatisch, im Gruppenraum umher), sondern es wird in einer „virtuellen Welt“ gespielt. Ich spreche im Folgenden deshalb auch von Videospielen.

Vorbehalte von Erzieher/innen

Computer- bzw. Videospiele werden oft spontan abgelehnt – Erzieher/innen äußern dafür mehrere Gründe:
- Die Kinder sitzen allein vor dem Gerät und spielen nicht miteinander.
- Die Geräte üben zu starke Faszination aus, die Kinder gehen zu fanatisch damit um, sie sind für nichts anderes mehr ansprechbar, das Gruppenleben leidet darunter.
- Manche Spielinhalte sind gewalttätig und soziale Fähigkeiten wie Einfühlung, Kooperation, Konfliktbearbeitung sind weder Spielinhalt noch werden sie im spielenden Umgang mit dem Computer gefördert.

Es kommt hinzu, dass manche Gruppenleiter/innen gegenüber Computer- bzw. Videospielen unsicher sind und erleben müssen, dass ihnen Gruppenmitglieder in Kenntnissen und Umgang überlegen sind.

Da sich aber gewiss nicht sämtliche Computerspiele in Bausch und Bogen verdammen lassen, die Berührung mit ihnen in einer zunehmend computerisierten Welt nicht vermieden werden kann (und sollte) und manche Computerspiele auch fördernd wirken und sinnvoll in sozialpädagogische Arbeit einbezogen werden können, ist eine differenzierte Betrachtung angebracht.

Die Spielhandlung in Computerspielen

Jürgen Fritz hat in seinem Buch „Spielzeugwelten“ die Videospiele in „Knöpfchenspiele“ und „Köpfchenspiele“ eingeteilt (Jürgen Fritz 1992, S. 176). Das ist eine Unterscheidung nach einem Wortspiel, die bis heute ihre Gültigkeit nicht verloren hat und sehr anschaulich zwei Grundtypen charakterisiert. Allerdings sollte man sich davor hüten, die eine als eher schlecht und die andere als eher gut zu bewerten – in beiden kommt es immer auf den Spielinhalt an!
- Bei Knöpfchenspielen geht es in erster Linie um Geschicklichkeit, Konzentration, Reaktionsschnelligkeit und Ausdauer.
  Beispiele:
  Funny Games (Figuren müssen spaßige Aufgaben erfüllen.)
  Sportspiele (Eine Sportart wird am Bildschirm nachempfunden – beliebt sind „Ballspiele“ jeder Art, die schnelles und geschicktes Parieren des Balles vom Spielenden erfordern, oder auch Autorennen o.ä.)
  Abschießspiele (Es wird gekämpft, ein Gegner ist zu vernichten.)
- Bei Köpfchenspielen setzt der Spielende Wissen ein und handelt in der Regel strategisch, ähnlich wie das bei vielen Regelspielen der Fall ist.
  Beispiele:
  Abenteuerspiele als „Textadventures“ (Das Spiel führt wie ein Bilderbuch durch einen Ablauf, der Spielende entscheidet sich anhand von Texten für sinnvolle Handlungsalternativen – in solchen Spielen werden oft „Welten“ nachgebildet, z.B. das Leben in einer exotischen Region oder in einer historischen Epoche, Sciencefiction.)
  Rollenspiele (Der Computer gibt durch Texte und Bilder Handlungsvarianten für das Handeln in einer Rolle vor.)

Nachbildungen klassischer Spiele (Z.B. Regelspiele können am Computer gespielt werden, wobei dieser evtl. auch Partner ersetzt – Schachcomputer.)
technische Simulationen (z.B. Fahrzeug-, Flugzeugsimulation)
Simulationsspiele gesellschaftlicher Prozesse (z.B. Wirtschaftsspiele, Kriegsführungsspiele, politische Simulationen)

Es versteht sich fast von selbst, dass sich beide Spielformen überlappen (zum Beispiel kann ein Abenteuerspiel in manchen Aufgaben manuelles Geschick mit Joystick oder Maus, in anderen wiederum Wissen und Strategie erfordern).

Wie bei den Nicht-Computerspielen gibt es für Computer auch Lernspiele und dies wiederum kombiniert mit Elementen des echten, zweckfreien Spiels: Reisen als Abenteuer, bei dem Aufgaben über die Länder der Erde zu lösen sind – allein spielbar oder zu mehreren und dann auch als Wettspiel. Die Softwarebranche hat für unterhaltsame Lernspiele die Bezeichnung „Edutainement" (Education + Entertainement) geprägt.

Eigenschaft und Typen von Computerspielen

Eigenschaft	**Typen**	
Spielende bedienen Gerät: Spiel spielt sich auf einem Bildschirm (oder Display) ab (nicht in realer Welt)	Knöpfchenspiele Es geht vor allem um Geschick und Reaktion.	Köpfchenspiele Es geht um Spielinhalt, braucht Wissen und Strategie.
	Mischformen Lernspiele/Edutainement	

Die Bedeutung von Computerspielen für junge Menschen und für Gruppenleiter/innen

Der vorangegangene Abschnitt macht deutlich: Es gibt zahlreiche, sehr unterschiedliche Computerspiele. Wenn wir ihren pädagogischen Wert beurteilen oder – umgekehrt – möglichen Schaden, den sie anrichten könnten, vermeiden wollen, sollten wir zunächst die gleichen Kriterien anlegen wie an beliebige andere Spiele: Wenn es zum Beispiel in einer Gruppe darum geht, das Zusammengehörigkeitsgefühl zu stärken, werden wir vermeiden, dass jeder Einzelne am Computer vor sich hin spielt; wenn ein Jugentlicher vorrangig mit aggresivem Inhalt spielt, werden wir versuchen ihn zu einer anderen Wahl zu beeinflussen.

Was aber macht das Besondere von Computerspielen aus und finden wir es eher auf einer Seite, wo Kinder und Jugendliche gefördert werden oder müssen wir den Skeptikern oder den Ablehnenden Recht geben?

Faszination der Videospiele

Von Computer- und Videospielen geht eine starke Faszination aus. Dafür können zwei Gesichtspunkte genannt werden:

- **Spaß und Spannung**
  Sie entstehen durch den Abwechslungsreichtum der Bilder, durch die Notwendigkeit schnell zu handeln, durch das Eingreifenkönnen in ein Geschehen auf dem Bildschirm, durch die ausgelösten und oft überraschenden oder auch ängstlich erwarteten Wirkungen. Spannung hat immer mit einer Portion Angst zu tun und diese Angst ist beim Computerspiel eingegrenzt und beherrschbar.
- **Leistungsanforderungen**
  Videospiele fordern den Spieler heraus. Er muss handeln und er bekommt sofort Rück-

meldung, wie er gehandelt hat (Fehler, Punkte, Handlungsfortgang, ggf. Ende des Spiels). Das wirkt herausfordernd, reizt zum Weiterspielen und spornt an.

Die Wirkung von Videospielen

Über die Wirkung von Videospielen wird viel gemutmaßt, es ist auch schon viel geforscht, aber noch wenig wirklich nachgewiesen worden. Anzunehmende Wirkungen sind unter anderem:

- **Förderung von Fähigkeiten**

  Zweifellos werden einzelne Fähigkeiten wie schnelle Reaktion und detaillierte Auffassungsgabe, Gedächtnis, Koordination von Auge und Hand sowie vorausschauendes Denken durch Videospiele geschult. Diese Fähigkeiten haben auch Bezug zur Lebens- und Berufswelt heutiger Jugendlicher. Darüber hinhaus wird der Umgang mit dem Computer gelernt.

  Kritisiert wird allerdings oft, dass der Spieler sich von der Realität abwendet, nicht im sozialen Zusammenhang handelt, sich nicht mit Menschen, sondern dem Computer als Spielpartner befasst. Diese Kritik hält den Gegenargumenten aber nicht immer stand. Vor allem bei älteren Spielern findet Kommunikation untereinander statt, weil häufig abwechselnd gespielt, das Spiel kommentiert oder auch gemeinsam mit Partnern gespielt wird. Während Kinder in Familien öfter allein spielen, weil ihnen der Partner fehlt, wird in sozialpädagogischen Einrichtungen häufig zu zweit oder zu mehreren gespielt.
- **Wirkungen auf die Gefühlswelt und die Einstellungen junger Menschen**

  Negative Auswirkungen auf die Gefühlswelt werden am ehesten bei destruktiven Spielen befürchtet: Es wird im Spiel zerstört, verletzt, getötet bis hin zur Zerstörung des eigenen Stellvertreters im Spiel. Hier wäre zu wiederholen, was bereits zum Schießen spielen (S. 140 ff) gesagt wurde. Untersuchungen lassen vermuten, dass aus dem Alltag resultierende Frusterlebnisse und Aggressionen durch das Spiel abreagiert werden. Im Spiel wird der Aggressor symbolisch vernichtet und der Spieler ist weitgehend Beherrscher der Szene. Er kann in der Realität erlebte Kränkungen im Spiel teilweise ausgleichen und muss sie nicht unverdaut schlucken. Grundlegende Einstellungen, etwa mangelnde Wertschätzung von Menschen und Dingen oder übersteigerte Abwehr-Angriffshaltungen entstehen durch das Erleben im Alltag, nicht im Spiel. (Auch überzeugte Kriegsdienstverweigerer haben Krieg gespielt!)

  Videospiele können allerdings gegenüber Spielinhalten gleichgültig machen, weil durch das Bemühen um den Sieg oder das eigene Überleben (des Stellvertreters) auf Zerstörungen jedweder Art keine Rücksicht genommen wird. Die Inhalte werden gleichgültig.
- **Geringerer Bezug zur Realität und zur Individualität**

  Das Kinderspiel ist grundsätzlich eine Handlung des Spielers im Zwischenbereich der eigenen Phantasie und der Realität (S. 10). Im Spiel gestaltet der Spieler die Realität so um, dass er fiktiv handeln kann. Spielhandlungen haben keine direkten Folgen für die Realität. Diesen intermediären Bereich gestalten die Spieler selbst aufgrund ihrer Gefühle, ihrer Spielideen und ggf. der Spielregeln.

  Beim Videospiel ist dies eindeutig eingeschränkt, denn der Spielraum ist vorgegeben. Der Spieler gestaltet sein Spiel nicht mehr aufgrund seiner eigenen einmaligen Fantasie und Realität, sondern er handelt in der simulierten Scheinwelt, in der sowohl seine Handlungsmöglichkeiten als auch deren Wirkungen vorherbestimmt sind. Das Individuelle eines echten Spiels, die Einmaligkeit und die Offenheit fehlen. Die Spielwelt ist sichtbar vorgegeben und täuscht damit Realität vor. Der Spielende ist auch nicht mehr der Schöpfer seiner eigenen Spielwelt.

Zusammengenommen: Computer- und Videospiele fördern auf der einen Seite Fähigkeiten, bieten aber auf der anderen Seite kein echtes Spiel.

Der Umgang mit Computerspielen in sozialpädagogischen Einrichtungen
Erzieherinnen und Erzieher sollten nach dem gerade Gesagten bevorzugt darauf achten, dass Computerspiele sich vernünftig in das Gesamtgeschehen der Einrichtung einfügen. Eine Gefahr geht weniger vom den Computerspielen an sich aus, sondern ein überhaupt bestehendes Problem eines Kindes oder eines Jugendlichen kann sich beim Computerspiel verstärken. Beispiele sind mangelnder Ideenreichtum, fehlende Initiative oder aggressives Verhalten. Auch bei anderem Spielmaterial kann ein einseitiges Überangebot junge Menschen ungünstig beeinflussen, zum Beispiel die starke Betonung von Lernspielen, ein häufiges Spiel mit aggressiven Puppen (Stellvertreter), wie sie manchen Fernsehsendungen nachgebildet werden, oder überhaupt die Überfülle von Spielmaterial.

Normalerweise sind Programme von Spielfreaks nach einigen Wochen ausgereizt. Wenn sich beispielsweise ein Kind dauerhaft und intensiv (an den Computer) zurückzieht, ist zu fragen, welche anderen Ursachen vorliegen, weshalb das Kind soziale Spiele meidet: Ängste, Misserfolge, langweilige Spielangebote, frustrierende familiäre oder schulische Erlebnisse?
Wenn sich Jugendliche bevorzugt mit brutalen Spielen befassen, werden sie – wie schon gesagt – möglicherweise in ihrem realen Leben mit Aggressionen konfrontiert. Videospiele sind dann oft auch nicht die einzige Medienwirkung mit grausamem Inhalt, der sie ausgesetzt sind oder sich bevorzugt selbst aussetzen. Hier muss anders geholfen werden als durch das bloße Verbot der betreffenden Spiele. Das kann und soll nicht als Freibrief für Spiele beliebig aggressiven Inhalts missverstanden werden: Der Presse kann immer wieder entnommen werden, dass zum Beispiel das Internet, das ja auch vielen Jugendlichen zugänglich ist, für den Transport sehr übler Inhalte missbraucht wird. Es liegt in der Verantwortung einer jeden Erzieherin, eines jeden Erziehers, hier aufmerksam zu sein und nach eigenem Standort eine Grenze zu ziehen.

Die Erfahrung zeigt auch, dass Videospiele nur einen Teil der Freizeit von Kindern und Jugendlichen einnehmen. Deshalb ist in der Regel nicht zu fürchten, dass sie die Kinder von Partner- und Gruppenspielen abhalten. Trotzdem kann es als eine Aufgabe der Gruppenleiter in sozialpädagogischen Einrichtungen angesehen werden, dass Spiele, die aus individuellen Spielideen der Gruppenmitglieder entspringen und von ihnen gestaltet und getragen werden, nicht zu kurz kommen. Das bedeutet aber nicht, dass Videospiele abgelehnt werden müssten.
Wichtig sind in diesem Zusammhang klare „Spielregeln". Denn Computerfreaks erschweren genau wie Leseratten die Planung und Durchführung von gemeinsamen Gruppenaktivitäten. Solche Spielregeln können eine tägliche Zeitbegrenzung sein oder die Vereinbarung, dass gemeinsame Gruppenaktivitäten Vorrang vor dem Spiel mit dem Computer haben müssen. In jedem Fall verlangen Computerspiele vom Team eine Standortfindung und pädagogischen Umgang mit diesem Medium, dessen Wirkung auf die Entwicklung der jungen Menschen schwer abzuschätzen und trotz stattfindender Forschnung keineswegs eindeutig geklärt ist.

Zusammenfassung

- Regelspiele müssen für eine Spielfolge sorgsam ausgewählt werden, damit die Gruppe mit Spielfreude daran teilnehmen kann und weder über- noch unterfordert wird.
- Ausgewählte Spiele sollten nicht zufällig aneinandergereiht, sondern nach einer sinnvollen Struktur geordnet werden. Dabei ist zu beachten, dass zu Beginn

Kontakt, Lebhaftigkeit und Spannung noch nicht zu hoch sind, sondern sich im Laufe des Spiels steigern. Bewegung und Spannung sollten den Höhepunkt vor dem letzten Spiel haben, damit am Schluss wieder etwas Ruhe eintritt. Der Kontakt kann beim letzten Spiel am höchsten sein.

- Spiele mit Wartezeiten für einzelne Spieler sollten sparsam eingesetzt werden. Blamierspiele sind zu vermeiden. Pfänderspiele können Spieler, die Fehler gemacht haben, doppelt blamieren. Glücksspiele führen nicht zu Spielsucht, wenn der Alltag des jungen Menschen ausgeglichen und sein Selbstwertgefühl stabil ist. Sie sind allerdings auch Verlierspiele, die das Selbstvertrauen beeinträchtigen können.

- Konkurrenzspiele entsprechen weitgehend unserem gesellschaftlichen Leben. Sie ermöglichen dem Spieler einerseits sich ohne Skrupel durchzusetzen, aber sie isolieren andererseits auch, weil gegeneinander gespielt wird. Mitgefühl hat bei Wettspielen keinen Platz.

- Bei Wettspielen gewinnen gewöhnlich die leistungsstärksten und die durchsetzungsfähigsten Spieler. Es ist deshalb sinnvoll, Konkurrenzspiele zugunsten von kooperativen Spielen zu reduzieren oder die Konkurrenz vor allem bei jüngeren Kindern durch eine Veränderung der Spielregel abzumildern. Gruppenwettspiele können neben der Konkurrenz das Zugehörigkeitsgefühl zur Gruppe stärken. Sie eignen sich aber erst für Kinder im Schulalter.

- Geländespiele und Rallyes sind bewegungsreiche Spiele in einem größeren Gelände, bei denen Gruppen von Jugendlichen miteinander konkurrieren. Innerhalb der Gruppen wird Teamgeist erwartet und gefordert. Bestimmte, vorher festgelegte Aufgaben müssen erfüllt werden. Vor allem Geländespiele, bei denen gegen eine andere Gruppe gekämpft wird, entsprechen dem Bedürfnis vieler Jugendlicher sich innerhalb von Peergruppen zugehörig, anerkannt und gebraucht zu fühlen.

- Computerspiele gibt es als kleine, tragbare Spielzeuge (zum Beispiel Gameboys), als größere Spielgeräte, die an einen Fernseher angeschlossen werden und als Computersoftware. Im Kindergarten werden Computerspiele bis jetzt nicht angeschafft, Kinder bringen die kleinen Geräte aber manchmal von zu Hause mit. Im Hort und im Heim hat das Computerspiel Einzug gehalten. Erzieher/innen müssen sich deshalb mit dem Inhalt und der Wirkung von Computerspielen auseinandersetzen.

- Die Faszination, die von Videospielen ausgeht, hängt einerseits mit Spaß und Spannung, andererseits mit den Leistungsanforderungen zusammen. Die schnelle Rückmeldung des Computers auf getroffene Entscheidungen erhöht zusätzlich die Spielfreude. Dabei können sich Kinder und Jugendliche durch die geforderte schnelle Reaktion und/oder durch verlangtes durchdachtes Entscheiden (beispielsweise strategisches Denken) gefordert fühlen.

- Videospiele sind nicht pauschal zu verurteilen. Sie müssen, wie jedes andere Spielmittel, kritisch betrachtet werden. Wenn sich Kinder durch Videospiele von Spielkameraden und gemeinsamen Spielen auffallend zurückziehen (was meist nur vorübergehend vorkommt) oder wenn sie sich vorwiegend gewalttätigen Spielinhalten zuwenden, ist zu fragen, warum sie sich von anderen Spielen zurückhalten. In solchen Fällen kann versucht werden, die Spielwahl des jungen Menschen zu beeinflussen. Zeitbegrenzungen sind für Computerspiele in sozialpädagogischen Einrichtungen in der Regel festzulegen.

Zum Nachdenken:

❍ René Reichel und Reinhold Rabenstein beschreiben Einstellungen, die durch Konkurrenz im Spiel entstehen oder verstärkt werden (1987, S. 31):

❒ *– Das einander ausschließliche Wahrnehmen, wer gewinnt, wer verliert.*
– Das Einteilen der Mitspieler in Gegner bzw. gegnerische Mannschaften.
– Das Beurteilen voneinander unter alleinigem Gesichtspunkt von besser oder schlechter.
– Die Abhängigkeit des Spiel- und Handlungsgewinns von Gewinnen und Verlieren, Siegen und Besiegtsein.
– Die gegenseitige Zuneigung wird gemessen daran, wieviel wer zum Sieg beigetragen bzw. an der Niederlage Schuld trägt.
– Das Auffächern der Mitspieler in eine Rangfolge von gut bis schlecht. ❒

❍ **Übung als Lernkontrolle:**
Nehmen Sie zu nachstehender Spielezusammenstellung kritisch Stellung:

Erzieherin Anke hat folgende Spiele für eine Spielrunde anlässlich einer Geburtstagsfeier im Hort bei sechs- bis neunjährigen Kindern zusammengestellt:
1. Mein rechter Platz ist leer
2. Blind über Flaschen steigen
(Das Geburtstagskind und zwei von ihm ausgewählte Kinder werden nach draußen geschickt. Sie sind die Spieler, die einzeln hereingerufen werden und über die Flaschen steigen sollen. – Spielregel siehe Seite 171).
3. Die Reise nach Jerusalem
(Nach Musik mit Kassettenrecorder. Anke bedient den Recorder. Die ausgeschiedenen Kinder sollen sich an den Rand des Raumes setzen und den Sieger ermitteln.)
4. Ich schicke ein Telegramm
Spielregel: Die Kinder sitzen im Kreis und fassen sich an den Händen. Ein Kind steht im Kreis. Die Hände der Kreismitglieder sind sichtbar. Ein Spieler sagt, dass er ein Telegramm schickt, und zwar an einen bestimmten anderen Spieler. Möglichst unauffällig drückt er die Hand seines linken oder rechten Nachbarn. Danach sagt er „Abgeschickt!“ Der Händedruck wird unauffällig weitergegeben, bis er sein Ziel erreicht. „Angekommen!“, sagt der adressierte Spieler. Wenn es dem Kind in der Mitte gelingt, den Händedruck irgendwo unterwegs festzustellen, muss der Spieler, der zu auffällig gedrückt hat und erkannt worden ist, in die Kreismitte.
5. Der Obstkorb fällt um
Spielregel: Die Gruppenmitglieder werden in etwa vier bis fünf Obstsorten eingeteilt. Ein Spieler in der Kreismitte, der keinen Stuhl hat, nennt zwei der Obstsorten. Die entsprechenden Spieler stehen auf und suchen einen frei gewordenen Stuhl. Dabei versucht das Kind in der Kreismitte ebenfalls, einen Stuhl zu bekommen. Der übrig bleibende Spieler geht nun in die Kreismitte. Der Satz „Der Obstkorb fällt um“ bedeutet, dass alle Spieler den Platz wechseln.

Die Spielstunde verläuft folgendermaßen:
– Beim ersten Spiel fangen einige Kinder an zu albern, aus diesem Grund wechselt Anke schnell zum zweiten Spiel.

– Die Gruppe hat viel Spaß, als das Geburtstagskind und die beiden anderen sorgsam über nicht vorhandene Flaschen steigen.

– Beim dritten Spiel nörgeln einige, dass das Spiel langweilig sei. Um den letzten Stuhl gibt es Streit. Anke ärgert sich vor allem über die ausgeschiedenen Kinder, die herumalbern und die spielenden Kinder stören.

– Auch beim vierten Spiel kehrt keine Ruhe ein, die aber für dieses Spiel notwendig wäre. Wegen dauernder Störungen und Albernheiten muss Anke das Spiel abbrechen.

– Beim fünften Spiel herrscht Chaos. Die Kinder halten sich nicht an die Regeln, stolpern in der Kreismitte herum, als sei der Boden glatt und als rutschten sie aus. Es ist überhaupt nicht zu ermitteln, wer als Letzter einen Stuhl gefunden hat, weil sich ständig mehrere Kinder auf dem Boden herumwälzen.

Anke ist genervt. Sie bricht ab und schickt die Kinder in den Hof. Als sie nach einiger Zeit nachkommt, spielt die Gruppe geschlossen Verstecken und fragt, ob Anke mitspielen wolle. Anke fragt sich, was sie falsch gemacht hat.

❍ **Ausprobieren von Computerspielen**
Wenn Ihre Schule ausreichend Computer hat, bringen Sie Software für Videospiele mit. Tauschen Sie die Spiele untereinander aus. (Aber bitte kein unerlaubtes Weiterkopieren!)

❍ **Bewußtmachen der Wirkungen von Computerspielen**
Vergegenwärtigen Sie sich
– eigene Faszination oder Frustration bei Computerspielen,
– ein Kind/einen Jugendlichen allein und zwei Spielende an einem Computer,
– Jugendliche, die sich über ein Computerspiel unterhalten.
Vergleichen Sie in der Gruppe Ihre Gedanken, Gefühle und Erfahrungen.
Vergegenwärtigen Sie sich Ihren Standort gegenüber Computerspielen vor der Behandlung dieses Themas (Aufgabe S. 186) und überprüfen Sie, ob sich Ihre Meinung zum Einsatz und Gebrauch von Computerspielen verändert hat.

Claudia, Sabine und Frank
Studierende einer Fachschule für Sozialpädagogik

◆ **Sabine:** Wenn ich mir die Zusammenfassung dieses Kapitels ansehe, dann finde ich es ganz schön umfassend und voller problematischer spielpädagogischer Gedanken.
Es fängt damit an, dass die Zusammenstellung einer Spielfolge, die ich bisher einfach aus dem Ärmel geschüttelt habe, durchdacht werden muss. Ich sehe das natürlich ein, aber es ist aufwendig.
Dann sollten wir über Konkurrenz und Kooperation nachdenken. Dafür einen Standort zu finden halte ich schon allein für einen dicken Brocken. Pfänderspiele und Glücksspiele werden in Frage gestellt. Und schließlich die Computerspiele. Lediglich die Geländespiele empfinde ich als wenig problematisch. Aber wann macht man sie schon!
◆ **Claudia:** Ich habe diesen Text aus dem Blickfeld meines beabsichtigten Arbeitsfeldes, dem Kindergarten, gelesen. Da habe ich vieles nicht so richtig an mich rankommen lassen.
◆ **Sabine:** Du legst aber den Grundstein,

Claudia. Wenn die Kinder bei dir gelernt haben an Wettspielen Freude zu haben und Leistungsschwächere abzuwerten, dann wird es für mich im Hort oder Heim schwer, ihnen anderes zu vermitteln.

◆ **Claudia:** Ja, das sehe ich auch so, aber ich habe es nicht so schwer, beispielsweise Wettspiele zu reduzieren, wie ihr mit euren Schulkindern, Jugendlichen oder Behinderten, die nach Konkurrenz, Abwertung und vielleicht Blamage anderer Spieler verlangen, um sich selbst besser zu fühlen, oder mit strengen Regeln und allen möglichen Tricks vom Computerspiel weggeholt werden müssen.

◆ **Frank:** Ich vermute, dass ich mit diesen Problemen bei Behinderten auch weniger Sorgen haben werde. Ich stelle es mir allerdings schwer vor, ihnen zu vermitteln, dass sie nicht auf der Verliererseite stehen und dass sie genauso wertvoll sind wie jeder andere Mensch. Ich meine im Alltag, nicht im Spiel. Vielleicht verändern Spiele an einer Grundeinstellung überhaupt nicht viel. Ich vermute, sie bringen nur zum Ausdruck, was im Menschen schon geprägt worden ist.

◆ **Sabine:** Wie meinst du das, Frank?

◆ **Frank:** Ich kannte eine überaus hilfsbereite Frau, die keiner Fliege etwas zuleide tun konnte. Sie erzählte mir, dass sie als Kind nicht gerne Mühle oder Mensch-ärgere-dich-nicht gespielt hat, weil sie es nicht fertig brachte, jemanden herauszuwerfen. Und seht euch doch mal an, wie manche Kinder es schadenfroh genießen, jemanden rauszuwerfen. Solche Grundeinstellungen liegen doch beim Spielen schon fest. Ich bezweifle, dass diese Frau jemals durch Spiele gelernt hätte für ihre Rechte zu kämpfen und dass durchsetzungsfähige Kinder im Spiel Einfühlungsvermögen lernen. Jedenfalls nicht im Regelspiel.

◆ **Claudia:** Vielleicht ist das ab Schulalter so. Ich bin aber fest davon überzeugt, dass Spiel für jüngere Kinder einen großen Einfluss auf die Empfindungen und Einstellungen hat. Schließlich erproben die Kinder im Spiel ihrem Umgang miteinander.

Literaturempfehlung

(Es handelt sich hierbei nicht um Spielesammlungen!)

Ulrich Baer: Spielpraxis. Eine Einführung in die Spielpädagogik. Verlag Kallmeyer 1995.

Irene Flemming: Einfach anfangen. Spielpädagogik ganz praktisch. Matthias-Grünewald-Verlag 1992

René Reichel / Reinhold Rabensein: Spielpädagogik. Grundlagen und Berichte. Ökotopia Verlag 1987

Jürgen Fritz: Spielzeugwelten. Eine Einführung in die Pädagogik der Spielmittel. Juventa Verlag 1992 (2), darin die Kapitel: „Wie 'gut' sind 'kooperative Brettspiele'?" und „Videospiele – ein problematisches Freizeitmedium?"

4.6 Übergreifende Spielformen

Nicht alle Spiele lassen sich eindeutig einer der vier Grundformen zuordnen, nämlich den Funktions-, Konstruktions-, Rollen- und Regelspielen, weil sie Anteile von mehreren Spielformen enthalten.
Im Rahmen dieses Buches kann nicht auf alle Spielarten eingegangen werden. Einige der übergreifenden Spielformen, die für Kinder und Jugendliche und/oder für das pädagogische Vorgehen der Erzieherinnen eine besondere Bedeutung haben, werden im Folgenden herausgegriffen und kurz beleuchtet.

4.6.1 Koselieder, Kniereiter-, Finger- und Singspiele – Beziehung zwischen Erwachsenem und Kind

Anregung zum Eindenken in die Thematik

Auswendig lernen, mitteilen und über die Wirkung nachdenken

- *Suchen Sie vorbereitend in Fachbüchern nach Kose-, Finger- oder Singspielen und lernen sie eine vorher vereinbarte Anzahl auswendig.*
- *Sagen oder singen Sie Ihr Spiel in der Kleingruppe vor.*
- *Versuchen Sie wahrzunehmen, was in Ihnen für Gefühle und Gedanken ablaufen, während Sie die Spiele der anderen hören.*
- *Sprechen Sie über Ihre Gedanken hinsichtlich*
  der Wirkung solcher Spiele auf Kinder und
  der Rolle des Erwachsenen bei der Vermittlung oder dem Zusammenspiel.

Die Koselieder, Kniereiterspiele sowie die Finger- und Singspiele für die Kleinsten haben einen geregelten Ablauf und könnten aus dieser Sicht als Regelspiele bezeichnet werden. Im eigentlichen Sinne sind sie für die Kinder noch keine Regelspiele. Das Kind genießt zwar den festgelegten und immer wiederholbaren Ablauf wie bei Regelspielen auch, aber es spielt diese Spiele als Einzelwesen im Kontakt zur Bezugsperson, zum Erwachsenen, nicht im Bezug zur Gruppe. Wenn Finger- oder Singspiele mit Krippen- oder Kindergartenkindern in einer Gruppe gespielt werden, spielen die Kinder in der Regel nebeneinander. Sie kooperieren nicht und treten auch nicht in Wettstreit miteinander. Natürlich gibt es Fingerspiele, besser gesagt Handspiele oder Singspiele, die als Regelspiele anzusehen sind. Sie werden dann meist von älteren Kindern gespielt, beispielsweise das Singspiel „Jetzt fahr'n wir über'n See" oder das Spiel mit den Händen „Ich hab' gefischt, ich hab' gefischt, und habe noch keinen Fisch gefischt". (Die Hände aller Spieler liegen auf dem Tisch, ein Spieler kreist mit seiner Hand über den Händen. Beim letzten Wort „gefischt", schlägt er eine Hand ab, sofern die Hand nicht in schneller Reaktion zurückgezogen wird.) Beide Spiele können als Pfänder- oder als Wettspiele gespielt werden, oder natürlich auch ohne „Bestrafung" für zu langsame Reaktion. Bei diesen Spielen, die sich an ältere Spieler richten, handelt es sich um echte Regelspiele. Hier unterstellt sich der Spieler zusammen mit den anderen Spielern der vorgegebenen Spielregel. Dagegen sind die zärtlichen **Kose- und Kniereiterspiele** oder die Einschlafliedchen als Spiele für die Kleinen vor allem Funktionsspiele. Das Kind genießt die Zuwendung des Erwachsenen und erfreut sich am Reim und der körperlichen Berührung. Die Wiederholung des Spiels bietet Vorausschau auf das Geschehen und vermittelt Sicherheit hinsichtlich des Spielablaufs. Zugleich wartet das Kind gespannt auf das Ende, das in vielen Spielen einen Höhepunkt bringt.
Dem Kind in der Krippe würde ein wichtiger Bereich seiner emotionalen und körperlichen lustvollen Erlebnisse fehlen, wenn Krippenerzieherinnen (und Eltern) diese Spiele nicht mit ihnen spielten. Sie bieten zugleich eine emotional betonte Einführung in Lyrik und Gesang.

Beispiele:
Kommt ein Mäuschen,
kriecht ins Häuschen,
was wird's suchen?
Pfefferkuchen
Da hinein!

Dabei krabbelt der Erwachsene während des Sprechens mit seiner Hand von der Hand des Kindes ausgehend den Arm hinauf, bis er in der Halskuhle endet.

Da hast 'nen Taler,
geh auf den Markt,
kauf 'ne Kuh,
Kälbchen dazu,
Kälbchen hat Schwänzchen,
Schwänzchen macht kille-kille-Gänschen.
Der Erwachsene streicht dem Kind dabei über die Handinnenfläche und kitzelt bei der letzten Zeile.

Einen breiten Bereich nehmen bei diesen Zuwendungsspielen die **Fingerspiele** ein. In den meisten Fingerspielen symbolisieren die einzelnen Finger Menschen, Tiere oder Fantasiewesen. Damit werden die Fingerspiele zu einfachen und wiederholbaren Symbol- und Rollenspielen, zum Beispiel das bekannte „Das ist der Daumen“ oder das ebenso häufig gespielte „Himpelchen und Pimpelchen“.

Manche älteren Reime müssen allerdings kritisch gesehen werden, weil sie festgefahrenes und nicht mehr aktuelles Gedankengut vermitteln können, beispielsweise die dominante Vaterrolle bei Fingerspielen (Der Vater ist immer der Daumen!) oder die Strafandrohungen bei Einschlafliedchen:
Schlaf, Kindchen schlaf,
am Himmel steh'n zwei Schaf,
ein schwarzes und ein weißes,
und wenn das Kind nicht schlafen will,
dann kommt das schwarze und beißt es!
(Abgesehen von der Strafandrohung handelt es sich auch noch um ein dunkles Schaf!) Solche Reime müssen vermieden oder umgeändert werden.

Im Kindergarten werden die Sing- und Spiellieder in der Gruppe gespielt, seltener mit einzelnen Kindern. Es muss vor allem für ältere Kindergartenkinder nicht immer ein vorgegebener, in gleicher Form wiederholbarer Text sein. Die Erzieherin kann sich selbst Geschichten ausdenken, die sich mit den Fingern spielen lassen, Sie kann auch die Kinder in die Erfindung einbeziehen. Zur kleinen Vorführung – nicht zum Mitspielen – kann sie sich Fingerpuppen über ihre Finger ziehen – ein Übergang zum Handpuppenspiel.

Fingerspiele können dazu beitragen, Wartezeiten lustbetont zu überbrücken, weil weder eine bestimmte Sitzordnung noch Material benötigt werden. Eine spontane Geschichte am Ende des Kindergarten-Vormittages kann die Gruppe zum Beispiel zu rückblickenden, den Vormittag reflektierenden Gedanken anregen.

Es gibt eine ganze Reihe von Büchern mit gesammelten Fingerspielen. Die Erzieherin muss die Spiele, die sie anwenden will, auswendig lernen. Ein abgelesener Text wirkt steif und die Erzieherin muss die Zuwendung zum Kind durch den Blick in das Buch unterbrechen. Damit verlieren die Spiele ihren Reiz für das Kind, denn es muss die Schritte zwischen Fantasiewelt und Realität (ins Buch sehen) mitvollziehen.

Pousset sieht außer den emotionalen, sprachlichen und psychomotorischen Wirkungen des Spiels auch einen ganz praktischen Grund für deren Einsatz. Dabei denkt er vor allem an die Arbeit in der Krippe oder auch an Eltern. (Pousset, 1984. S. 12 f):
Für gestresste Erzieher springen neben dem gemeinsamen Lachen und der psychomotorischen Förderung zuerst ganz andere Anwendungsmöglichkeiten ins Auge: das Beruhigen in den verschiedenen Situationen. Als Spontanspiel kann ein Fingerspiel das Kind beim Wickeln ablenken, beim Essen konzentrieren, beim Nägelschneiden beruhigen, beim langen Warten faszinieren, beim Zubettgehen einschlummern lassen, das Ohrenreinigen problemloser gestalten und bei kleinen Schmerz- und Angstzuständen „magischen“ Trost erfahren lassen. So oft wie möglich sollte dabei der Name des Kindes, anderer Kinder oder Bezugspersonen eingesetzt (...) werden.
Mit dem Einbeziehen seines Namens fühlt sich das Kind direkt angesprochen und ernst genommen.
Auf eine Gefahr bei den Fingerspielen weist Pousset hin (ebenda, S. 17):
Erwachsene sind meist Rechtshänder, gleichzeitig sind sie nicht nur ein ästhetisches Modell für ihre linkshändigen Kinder („Nimm das

schöne Händchen!“), sondern sie schädigen auch ihre rechtshändigen Kinder. Diese ahmen nämlich den Rechtshand-Gebrauch nach bzw. gehen oft auf die Aktivierung der echten Hand bereitwillig ein, was eine geringere Beanspruchung der entsprechenden Gehirnhälfte beim Kind fördert. Achten Sie also beim Fingerspiel auch auf den Einsatz beider Hände!

Singspiele sind eine weitere Gruppe von Spielen, bei denen Reim, gespielte Handlung und Bewegungsablauf miteinander verbunden sind. Hinzu kommt die Melodie. Singspiele leiten über zum reinen Tanzspiel, bei dem der Text und damit die Handlung wegfällt. Dem Kind im Kindergartenalter ist das symbolhafte Darstellen von Rollen und Geschehnissen in den Singspielen ein wichtiges Spielelement. Das Kind hat mit etwa vier Jahren die Fähigkeit zum Rollenspiel entwickelt. In den Singspielen kann es vorgegebene und wiederholbare Rollen und Geschehnisse in einfacher Form spielen. Melodie, Text und Rhythmus begleiten die weitgehend festgelegten Bewegungen und Handlungen. Die häufige Wiederholung der Spiele bietet Sicherheit, die Übernahme von Rollen bedeutet Spannung und Spielreiz. Oft werden Tiere gespielt, die sich einen Partner suchen.
Früher wurden diese Spiele meist im Freien in einem sich bewegenden Kreis gespielt. Heute ist der Stuhlkreis an Stelle der bewegungsreicheren Form des Gehkreises getreten. Dadurch bewegen sich in der Regel nur diejenigen Kinder, die eine Rolle in der Kreismitte übernommen haben.

Gegen Ende der Kindergartenzeit flacht das Interesse an den Singspielen im Kreis meist ab. Erzieherinnen müssen deshalb darauf achten, dass Spiele im Kreis nicht zu häufig gespielt werden. Manchmal glauben sie fälschlicherweise, dass die Gruppe diese Spiele wünscht. Wenn sie nämlich im Stuhlkreis nach Spielwünschen fragen, nennen Kinder – auch die älteren – häufig ihnen bekannte und von der Gruppe oft gespielte Singspiele. Hier kann eine Täuschung vorliegen. Wenn die Kinder daran gewöhnt sind, dass der Kindergartenvormittag mit einem Stuhlkreis abgeschlossen wird, bei dem vor allem Singspiele vorgenommen werden, nennen sie schnell ihnen einfallende Spiele. Die am häufigsten gespielten Spiele fallen zuerst ein. Diese Spiele wünschen sie sich aber oft nicht deshalb, weil sie so reizvoll sind, sondern weil sie in ihren Augen unabänderlich zum Abschluss des Vormittags gehören. Dann ist es für sie immerhin am besten, gleich ein Spiel zu nennen in der Hoffnung dann die führende Rolle einnehmen zu dürfen. Ich habe auf diese Täuschung schon im Kapitel 3.3 auf Seite 97 aufmerksam gemacht. Sie bezieht sich auch nicht nur auf Kinder im Vorschulalter.
Die Stuhlkreise werden von vielen Erzieherinnen im Kindergarten vorgenommen, weil sie meinen, dass die Gruppe ein Gruppengefühl entwickeln muss und deshalb etwas Gemeinsames tun sollte.
Gruppengefühl kann aber auch über andere Tätigkeiten angesprochen werden, wenn überhaupt. Kindergartenkinder haben es noch schwer, sich als ein Teil einer Gruppe zu identifizieren und ein Wir-Gefühl zu entwickeln. Das brauchen sie auch noch nicht. Sie müssen sich in diesem Alter noch darin üben, innerhalb einer kleinen Gruppe und nur für die Dauer eines Spieles einen Gruppenbezug aufzubauen und durchzuhalten, beispielsweise bei einem gemeinsamen Bauspiel oder einem Rollenspiel. Natürlich sollen sie sich auch in Spiele mit der Gesamtgruppe eingliedern oder eine Gesprächsrunde mit der ganzen Gruppe mitgestalten oder wenigstens durchhalten.
In jedem Falle sollten Erzieherinnen ihren Stuhlkreis kritisch betrachten. (Es muss auch nicht immer ein Kreis sein und auf Stühlen muss man auch nicht unbedingt sitzen!) Vielleicht genügt an manchen Tagen ein gemeinsames Lied, ein kurzes rückblickendes oder vorplanendes Gespräch mit der Gruppe. Gemeinsame Planungen und Reflexionen auf einfacher Ebene binden die Kinder auch in die Gruppe ein und beteiligen sie am Programm. Viele andere Spiele – außer den Singkreisspielen mit ihren häufigen Wartezeiten – eignen sich ebenfalls für eine Aktivierung der ganzen Gruppe.

Kose-, Kniereiter-, Finger- und Singspiele

vermitteln
dem Kleinkind:
- Zuwendung, das Gefühl geliebt zu werden, Geborgenheit, Angenommensein
- Trost und Beruhigung bei kleinen Schmerzen und Ängsten
- Sprache und Melodie als Form der Beziehungsäußerung und der Gefühlsvermittlung

dem Kindergartenkind:
- sich wiederholenden, Sicherheit bietenden Ablauf
- Einführung in Lyrik und Gesang
- die Möglichkeit zu führenden Rollen und eigenen Erfindungen innerhalb eines festgelegten Rahmens
- erste Empfindungen des Kindes als Teil einer Gruppe

bedeuten für die Erzieherin:
- auswendig zu lernen
- sich emotional einzubringen
- spontan zu reagieren
- selbst kreativ zu sein
- Stuhlkreise kritisch zu betrachten

4.6.2 Spiele zum Innehalten – Besinnung und Interaktion

Anregung zum Eindenken in die Thematik

Eigene Erfahrungen sammeln

a) Wählen Sie aus Ihren Erfahrungen oder aus Fachbüchern eine Selbsterfahrungsübung aus. Ein Gruppenmitglied, das Erfahrung hat, leitet dieses Spiel. Wer sich darauf nicht einlassen mag, sollte den Raum so lange verlassen.
Sprechen Sie anschließend über Ihre Erfahrungen
- *hinsichtlich des durchgeführten gemeinsamen Spiels,*
- *über evtl. frühere solche Erfahrungen aus dem Privatleben oder der beruflichen Praxis, vom Hörensagen oder aus der Literatur.*

b) Spielen Sie einige gruppendynamische Spiele, zum Beispiel nach Klaus Vopel, und sprechen Sie wie unter a) über Ihre Gefühle, Erfahrungen und Gedanken.

Besinnliche Spiele und Stilleübungen
In den letzten Jahren nehmen im Rahmen der angeleiteten Spiele solche Aktivitäten zu, die den Kindern Ruhe und Besinnung vermitteln sollen. Sie werden in der Regel von Kindern gerne angenommen. Diese Spiele finden in entspannter Atmosphäre, häufig im Liegen und bei gedämpftem Licht statt. Bei vielen dieser Spiele steht der eigene Körper mit seinen Wahrnehmungen im Mittelpunkt. Das sind zum Beispiel Wahrnehmungen über die Haut, etwa eine Wettermassage (ein Spielpartner massiert den anderen in Anlehnung an unterschiedliches Wetter: Sonnenschein, Nieselregen, Sturm, Hagel

usw.). Wahrnehmung der Bewegung, beispielsweise mit Luftballons, mit denen vorsichtig und sanft umgegangen werden muss, oder auch Seifenblasen: Bedachtsamkeit, achtsames Umgehen, einfühlsame Wahrnehmung werden gefordert.
Manche Körperübungen ähneln autogenem Training oder lehnen sich an Yoga an.
Eine andere Gruppe von besinnlichen Spielen rankt sich um Erzählungen und Traumreisen: Die Teilnehmer liegen in entspannter Haltung auf einer Decke und lassen sich durch die Erzählung des Gruppenleiters zu phantasievollem Träumen anregen. Das kann ein Spaziergang in eine schöne Gegend sein, ein sanfter Flug mit einem Ballon oder auf Wolken oder eine Reise in die farbenprächtige Unterwasserwelt. Die entsprechenden Erzählungen haben immer einen wohltuenden Inhalt, wodurch Fantasiebilder beim Zuhörer hervorgerufen, aber nur wenig Handlungen festlegt werden.
Wenn die Betrachtung eines Bildes, etwa eines Kunstdruckes, im Mittelpunkt der Entspannungsübung steht, dann handelt es sich nicht um eine beschreibende Betrachtung, bei der es darauf ankäme, den Bildinhalt zu erfassen, sondern um träumende Betrachtungen. Der Betrachtende soll sich in seine Gefühle einlassen, die im Zusammenhang mit diesem Bild in ihm auftauchen. Es können auch Gegenstände betrachtet werden, etwa eine brennende Kerze, ein beleuchteter Stein oder die Wolken.
Musik ist ein anderes Medium, das zu Ruhe anregen kann, etwa schweigend zu Musik malen. Es ist verwunderlich, wie positiv sogar schon Kindergartenkinder auf solche Übungen reagieren können. Das tägliche Leben ist für Kinder oft rastlos und bietet wenig träumende Nachdenklichkeit. Vielleicht werden solche Ruhephasen deshalb als angenehm und wie ein Erlebnis empfunden.
In Holland wurde für behinderte Kinder das snoezelen (sprich snuzelen) erfunden, das sich auch auf gesunde Kinder übertragen lässt: In einem Raum, der von den Geräuschen der Außenwelt abgeschirmt ist, können Kinder Abstand zum Alltag gewinnen und sich auf angenehme Sinnesreize einlassen. Das können gedämpftes Licht und Lichtorgeln sein, sanfte Geräusche, manchmal Duftlampen und die Möglichkeit Wahrnehmungen über die Haut zu genießen durch unterschiedliche Unterlagen, auf die man sich legen kann (siehe auch Kapitel 5.3.2, Seite 255).

Früher hatten Kinder im Laufe des Tages wahrscheinlich mehr Zeiten als heute, in denen sie nicht zielstrebig denken, sondern den Gedanken einfach freien Lauf lassen, „die Seele baumeln lassen" konnten. Solche Zeiten ergaben sich, wenn sie sich bei monotonen Arbeiten in Haus und Garten beteiligen mussten wie Kartoffeln schälen und Gemüse putzen, nähen, stricken, waschen. Schul- und Einkaufswege waren vielfach lang und boten Zeit zum Träumen. Heutige Kinder haben oft einen gerafften Terminplan. Und dort, wo er nicht ausgefüllt ist, sitzen sie viel vor dem Fernsehen mit seinen schnell vorbeifliegenden Bildern, die Träumereien nicht zulassen. Es ist sicher kein Zufall, dass oft gerade verhaltensauffällige Kinder im Vorschul- und Schulalter auf besinnliche Spiele so stark ansprechen und sie sich immer wieder von den Gruppenleiterinnen wünschen.

Die Notwendigkeit solcher Spiele wird zunehmend erkannt und ihre Wirkung wird in der pädagogischen Arbeit genutzt. Kritiker könnten allerdings sagen, es handele sich dabei nicht um wirkliches Spiel. Yoga oder autogenes Training bezeichnen wir auch nicht als Spiel, sondern als angeleitete Übungen. Aber dort, wo dem Kind Raum für seine eigene Traumwelt gelassen wird und es sich in seine träumende Fantasie einlässt, spielt es mit seinen Gedanken und Wünschen.

Stilleübungen

„Die Seele baumeln lassen",
zur inneren Ruhe finden

Anregungen zum Träumen
durch sanfte Lenkung
zum Beispiel:
- Fantasiereisen
- Musikträume
- angenehme Körpermassage
- träumende Bildbetrachtungen
- langsame, behutsame Bewegungen

Interaktionsspiele

Interaktion bedeutet wechselseitig beeinflusstes Denken, Fühlen und Handeln. Mit Interaktionsspielen sind solche Spiele gemeint, bei denen die Wahrnehmung des eigenen Denkens und Fühlens im sozialen Kontext (Zusammenhang) sowie die Wahrnehmung der anderen Mitspieler im Mittelpunkt stehen. Zugleich werden auch Gruppenbeziehungen bewusst gemacht, zum Beispiel Konflikte in der Gruppe oder der Umgang miteinander.

Während bei den reinen Wahrnehmungsspielen der eigene Körper mit seinen Fähigkeiten und die Umwelt lustvoll und staunend betrachtet werden, haben bei den Interaktionsspielen die Mitspieler eine ausschlaggebende Bedeutung für die Wahrnehmung. Der einzelne Spieler sieht sich im Spiegel des Du, das heißt, er sieht, wie sein spielerisches Handeln auf den Partner wirkt und wie der andere darauf reagiert. Oder er vergleicht, wie unterschiedlich andere Mitspieler in der gleichen Situation empfinden und reagieren. Zugleich ist er selbst Spiegel für die Mitspieler. Durch die bewusste Wahrnehmung können einseitige Sichtweisen, Missverständnisse und Fehleinstellungen bearbeitet werden. Der einzelne Spieler erhält einen erweiterten Blick für sein eigenes Denken, Fühlen und Handeln.

Bekannte deutliche Interaktionsspiele für Jugendliche sind zum Beispiel:

- Die Gruppe malt ohne vorherige Absprache und ohne zu sprechen ein gemeinsames Bild.
- Ein Spieler in der Kreismitte versucht aus dem geschlossenen Kreis herauszukommen, was die Gruppe zu verhindern sucht.
- Ein Spieler lässt sich im eng aneinanderstehenden kleinen Kreis wie eine steife Puppe fallen und wird – die Füße auf dem Boden – von den Umstehenden herumgeschoben.

Für diese Spiele wird allerdings bereits eine Vertrautheit mit den Gruppenmitgliedern sowie eine gewisse Sicherheit im Umgang mit solchen Spielen vorausgesetzt. Sie sind keine Spiele für Anfänger und sie müssen unbedingt im Anschluss bearbeitet werden, weil die Gefahr besteht, dass einzelne Spieler mit ihren Erfahrungen (zum Beispiel Ängsten) allein gelassen werden. Interaktionsspiele können frühere beängstigende Erfahrungen, die verdrängt wurden, berühren. Sie verlangen deshalb ein äußerst vorsichtiges Vorgehen. Spielleiter ohne diesbezügliche Erfahrungen sollten sich solche Interaktionsspiele aussuchen, die weniger tief gehen.

Viele bekannte Spiele, die nicht als Interaktionsspiele entworfen wurden, können als solche eingesetzt werden, wenn die gedanklichen und gefühlsmäßigen Prozesse, die während des Spiels in den einzelnen Spielern ablaufen, bewusst gemacht werden. Zum Beispiel Zublinzeln, die Ozeanwelle, Plätze wechseln (siehe Seiten 174 ff). Um solche Spiele als Interaktionsspiele zu nutzen muss im Nachhinein mit den Spielern darüber gesprochen werden. Die Gefühle und Erfahrungen müssen aufgearbeitet werden.

Die Teilnahme an Interaktionsspielen muss freiwillig sein, ebenso die Offenlegung der eigenen Gedanken und Gefühle. Über die angestrebten Ziele sollten die Gruppenmitglieder vorher informiert sein, damit sie sich nicht überrumpelt fühlen.

Interaktionsspiele können vor allem für Jugendliche, die sich mit ihrer eigenen Person auseinander setzen und ihre Identität suchen, oder für Jugendliche, die bereit sind an Gruppenprozessen zu arbeiten, interessante und wichtige Auseinandersetzungen bieten.

Echte Spiele sind Interaktionsspiele nicht, weil die Ziele, die mit ihnen verfolgt werden, das Spiel bestimmen. Sie können zwar mit Spielfreude und Spannung verbunden sein, aber sie werden wegen eines außerhalb des eigentlichen Spieles liegenden Zieles vorgenommen.

Interaktionsspiele

Wahrnehmung des Mitmenschen und der eigenen Person über das Du

durch Gruppenspiele, in denen das Miteinander-Umgehen bewusst gemacht und Gefühle widergespiegelt werden sowie eigenes Denken und Empfinden betrachtet und verglichen werden.

4.6.3 Spiele bei Festen und Feiern – ausgelassene Fröhlichkeit und ernste Besinnlichkeit

Anregung zum Eindenken in die Thematik

Erinnerung

Nehmen Sie jeder ein Blatt und falten Sie es längs.
Schreiben Sie auf die linke lange Seite Feste und Feiern aus Ihrer Kindheit und Jugend, bei denen Spiel in irgendeiner Weise vorkam.

Wenn diese Sammlung in der Gruppe beendet ist, sammeln Sie gemeinsam auf der anderen langen Seite (die beschriebene Seite bitte verdecken!) Gefühle und Empfindungen, die bei Festen vorkommen. (Es müssen nicht nur positive Gefühle sein, auch Trauer, Vereinsamung und Ausgeschlossensein können dazugehören!)
Decken Sie anschließend die linke Blattseite wieder auf und ziehen Sie Verbindungsstriche von den Festen zu den Gefühlen, wie sie Ihrer Erinnerung entsprechen. Gefühle, die Sie nicht erinnern, streichen Sie aus.

Sprechen Sie über positive und negative Erinnerungen an Feste, versuchen Sie dabei die Gefühle an konkreten Anteilen, zum Beispiel Geschenke, Atmosphäre, erlebte Spiele, festzumachen und Spiel deutlich einzubeziehen.

„Feste und Feiern“: Beide Begriffe werden oft gemeinsam genannt, aber es gibt Unterschiede. Eine Feier kann ernst sein, ein Fest ist immer fröhlich. Allerdings kann ein Teil eines Festes eine Feier sein, zum Beispiel bei der Taufe oder der Hochzeit, zu Ostern oder bei dem Erntedankfest. Das fröhliche Fest rankt sich um den feierlichen ernsten Teil.
Es gibt einen zweiten Unterschied: Beim Fest sind in der Regel die Teilnehmer aktiv einbezogen, bei der Feier gibt es Akteure und Zuschauer oder Zuhörer. Die Feier wird *für* andere gestaltet, das Fest *mit* allen Beteiligten gefeiert. Das schließt allerdings nicht aus, dass auch bei Festen etwas vorgeführt werden kann.

Im Zusammenhang mit Spiel denken wir vorrangig an Feste, an Fröhlichkeit und Ausgelassenheit. Es kann aber auch bestimmte Spiele bei Feiern geben: Eine Kindergartengruppe trägt beispielsweise durch ein Spiellied zu einer kirchlichen Erntedankfeier bei. Ein kurzes Theaterspiel oder ein Tanz können Teil einer Feier sein, und natürlich Lieder oder Musikstücke – wobei wir hier kaum mehr von Spiel sprechen werden.

Bei Kindergartenkindern rate ich dazu, solche Spiele (oder andere Aktivitäten) bei Feiern und Festen vorzuführen, die wenig Üben verlangen. Das Üben zum Zwecke einer Vorführung erinnert mich bei kleineren Kindern an Drill, Fremdbestimmung und Peinlichkeiten. Kinder können Fehler bei der Aufführung zwar oft in den Augen der Erwachsenen humorvoll überspielen, aber sie – die Kinder – merken doch die Peinlichkeit, wenn es nicht so geklappt hat, wie die Erzieherin sich das beim Üben gewünscht hat. Von Kindern wird keine Perfektion erwartet. Es reicht aus, wenn sie Spiele und Lieder vorführen, die sie aus ihrem Alltag kennen oder einfach gerne spielen und vor dem Fest ein paar Mal durchgespielt haben. Ein langes Üben oder systematisches Auswendiglernen von Texten und Melodien entspricht weder ihrem Spielbedürfnis noch dem Alltag im Kindergarten (siehe hierzu auch Kapitel 4.4.4. Theaterspiel).
Eine Programmnummer bei einem Fest oder ei-

ner Feier für geladene Gäste ist immer eine Öffnung nach außen, eine Selbstdarstellung. Erzieherinnen und Erzieher müssen sich deshalb überlegen, wie sie sich und ihre Einrichtung darstellen wollen oder welche Wirkungen ein ausgewähltes Vorspiel auf den Beschauer ausüben wird. Dabei müssen sie sich klar darüber werden, welche Erwartungen der Eltern sie erfüllen wollen. Erzieherinnen fühlen sich möglicherweise verpflichtet einem bestimmten Kind eine Rolle zu geben, weil sie den Elternwünschen nachkommen (wollen), vielleicht, um belastende Konflikte zu vermeiden. Es ist deshalb oft sinnvoll, vor Beginn einer Vorführung deutlich zu machen, was man mit der Darstellung erreichen möchte, um möglichen unangemessenen Erwartungen gleich die Spitze abzubrechen. Das kann vielleicht schon vorher bei einem Elternabend sein oder in der Elternzeitung und vielleicht auf der Einladung.

Ältere Kinder und Jugendliche können an Vorführungen ihre Freude haben. Aber auch da sollte das Üben eingegrenzt werden. Kinder im Hort zum Beispiel sind häufig durch die familiären Situationen belastet (allein erziehende und berufstätige Eltern, Scheidungserfahrungen). Viele von ihnen haben Schulprobleme. Sie brauchen die freie Zeit im Hort, die neben den Hausaufgaben sowieso gering ist, für entspannendes und selbstbestimmtes Spiel. Hier muss die Erzieherin behutsam abtasten, wo die Bedürfnisse der Kinder liegen. Sie muss versuchen zu erkennen, ob eine vorführende Tätigkeit der Kinder wirklich eine positive Erfahrung bei den Betroffenen hinterlassen wird. Es muss auch nicht immer eine gelernte Vorführung sein. Manchmal können Hortkinder zum Beispiel bei einem Sommerfest einzelne Spiele anleiten und dabei Führungsaufgaben übernehmen, sie können bei den Festmahlzeiten bedienen, können Ansager sein. Wichtig ist vor allem darauf zu achten, dass alle Kinder eine Funktion erhalten, in der sie Erfolgserlebnisse verbuchen können.

Feste und Feiern benötigen ein Programm. Nur selten kann man sie einfach spontan feiern. Das ist vielleicht bei einer Party oder einem Gartenfest für Jugendliche möglich. Dort gibt der Rahmen bereits einen festlichen Charakter, der die Teilnehmer aus dem Alltag heraushebt, beispielsweise die Dekoration, das Essen und Trinken, die Musik, die Gesamtstimmung.
Feste mit Kindern kommen ohne Programm nicht aus. Einzelne Teile dieses Programms werden bei Kinderfesten – oft auch noch bei Jugendlichen – Spiele sein.
Teile eines Festprogramms werden oft durch Traditionen bestimmt, insbesondere der Rahmen eines Festes. Das Kind erinnert sich und freut sich auf die Wiederkehr dieses Programms oder auf die entsprechende Feststimmung. Es freut sich zum Beispiel auf das Laternenfest, weil es die Stimmung und den Ablauf vom vergangenen Jahr erinnert. Es freut sich zu Ostern auf das Suchen der Eier, an seinem Geburtstag auf das Anzünden der Kerzen, das Singen des Geburtstagsliedes oder auf die besondere Rolle, die es an diesem Tag einnimmt.
Feste sind aber nicht nur Tradition. Sie bringen auch Spannung durch die Einmaligkeit, die sie bieten. Zu einem Fastnachtsfest gehören zum Beispiel immer wiederkehrend die Verkleidung und der Klamauk. Aber die Verkleidung des Einzelnen ist jedes Jahr neu und weitgehend einmalig, jedenfalls für den Betreffenden. Die Spiele, die in ein Programm aufgenommen werden, gehören in der Regel zu den einmaligen Fest- oder Feierabschnitten.

Wett- und Konkurrenzspiele, wie sie bei Sommerfesten in Tagesstätten häufig gespielt werden, können für Verlierer Peinlichkeiten und Enttäuschung bedeuten. In der Regel werden die Gruppenleiter dafür sorgen, die Spiele so auszuwählen und zu strukturieren, dass möglichst alle Kinder auch zu Erfolgserlebnissen kommen. Trotzdem: Wenn es sich um Wettspiele handelt, bei denen zwei Spieler miteinander konkurrieren, muss die Hälfte der Teilnehmer verlieren und Misserfolge einstecken. In vielen Kindergärten und Horten kommt man deshalb heute von Wettspielen ab. Stattdessen werden konkurrenzfreie Spiele angeboten. Es werden beispielsweise Spielecken geschaffen, in denen besondere Materialien oder originelle Vorschläge zu einem Spiel einladen. Das können konstruktive Spiele sein, etwa eine Werkmöglichkeit zum Sägen und Hämmern (Eltern zusammen mit ihrem Kind), Malen, Bauen mit großen Kartons, Stoffmalerei und Ähnliches. Eine andere konkurrenzfreie Spielmöglichkeit bieten die Wahrnehmungsspiele: ein Barfußparcours, ein Tastparcours, ein „Sehweg", bei dem die Umwelt auf unterschiedliche Weise betrachtet wird. Kooperative Spielmaterialien bieten eine weitere konkurrenzfreie Spielmöglichkeit für Feste: ein aufgeblasener Riesenball, der bewegt werden muss, Spiele mit der Fallschirmseide, Luftballons, Stelzen, unterschiedliche fahrbare Geräte (s. S. 180).

Ziele beim Zusammenstellen eines Programms für ein Fest oder eine Feier sind vor allem:
1. Die Teilnehmer müssen Zugehörigkeit empfinden und sich beteiligt fühlen. (Zuschauen kann eine Form von Beteiligung sein. Wartezeiten wirken sich dagegen ungünstig auf das Zugehörigkeitsgefühl aus.)
2. Die Teilnehmer müssen das Fest als einen Höhepunkt in ihrem Alltag empfinden und später gerne an diesen Tag zurückdenken. Ein Höhepunkt muss nicht immer Spaß und Lachen sein. Auch eine besinnliche Feier kann in guter Erinnerung bleiben.

Es ist nicht einfach, ausländischen Gruppenmitgliedern ein Zugehörigkeitsgefühl bei einem Fest zu vermitteln. Unsere Festtradition entspricht nicht ihrem familiären und gesellschaftlichen Hintergrund, insbesondere bei Kindern aus dem Islam oder anderen nichtchristlichen Religionen. Erzieher und Erzieherinnen bemühen sich dann oft deren Kultur in irgendeiner Form einzubeziehen. Am einfachsten ist das bei Speisen. Ausländische Speisen lassen sich meist gut integrieren und kommen bei den Gästen auch gut an. Ich sehe darin allerdings eine Gefahr: Die ausländische Kultur wird auf Speisen und Getränke, auf das Gaststättengewerbe, auf Dienstleistungen beschränkt. In diesem Bereich bestehen bei uns sowieso nur selten Vorurteile oder Abneigungen. Die Gruppenleiter müssen sich bemühen, dort, wo es möglich ist, auch andere Bereiche in

Feste und Feiern

Einmaligkeit und Vergänglichkeit	← beides gehört zu Festen in unterschiedlicher Gewichtung →	Tradition und Wiederkehr

Fest: Fröhlich. Teilnehmer sind aktiv. Es wird *mit* allen gefeiert.
Feier: Auch ernst und besinnlich. Es wird *für* andere gestaltet: Zuhörer, Zuschauer.

Spiele im Rahmen eines Fest- und Feierprogramms
Bei Vorführungen:
- Vorführungen, für die nicht viel geübt werden muss,
- das Leben in der Einrichtung angemessen offen legen,
- mit Erwartungen der Zuschauer (Eltern) kritisch umgehen.

Bei gemeinsamen Spielaktionen:
- Kooperative Spiele gegenüber Wettspielen bevorzugen,
- möglichst alle Beteiligten einbeziehen,
- wenn realisierbar, ausländischen Beteiligten gerecht werden.

das Fest einzubeziehen, beispielsweise ausländische Spiele, Tänze und Lieder. Es gibt auch bereits Einrichtungen, Kindergärten und Horte, die bei einem größeren Anteil von Kindern aus einem bestimmten Land Feste dieses Landes mit der gesamten Gruppe feiern.

Zusammenfassung

- Die Kose-, Finger- und Singspiele sind für das Kleinkind zärtliche Spiele zwischen ihm und dem Erwachsenen. Sie vermitteln Zuneigung und Ernstgenommensein, und das auch dann noch, wenn sie nicht nur mit einem einzelnen Kind, sondern mit einer Kindergruppe – vor allem im Kindergarten – gespielt werden.

- Eine kritische Auswahl hinsichtlich ihres Inhalts ist notwendig, weil viele Reime heutigen Vorstellungen von Kindererziehung nicht mehr entsprechen.
  Die Erzieherin muss die Reime und Melodien auswendig lernen um sie lebendig vermitteln zu können.

- Neben vorgegebenen Reimen wirken spontan erzählte und gespielte Geschichten phantasieanregend und belebend. Sie helfen kleine Wartezeiten lustbetont zu überbrücken.

- Ruhige und besinnliche Spiele werden von Kindern und Jugendlichen in der Regel gerne angenommen. Sie scheinen im heutigen hastigen Tagesablauf den Kindern ein Bedürfnis zu erfüllen: Zeit haben zum Träumen. In ruhiger und warmer Atmosphäre erhalten die Kinder in kleinen Gruppen Anregungen sich ihren Gedanken und Träumen hinzugeben.

- Interaktionsspiele haben das Ziel, dass sich die Gruppenmitglieder innerhalb der Gruppe wahrnehmen, sich mit anderen Gruppenmitgliedern vergleichen oder sich Gruppenbeziehungen bewusst machen.
  Intensive Interaktionsspiele können verdrängte Gefühle ins Bewusstsein heben und dadurch schmerzlich sein. Sie sind nur von erfahrenen Spielleitern durchzuführen. Einfachere Interaktionsspiele tragen dagegen zu bewussterem Umgang mit der eigenen Person und der Bearbeitung von Gruppenbeziehungen bei.

- Zu den meisten Festen gehören Spiele. Sie sollen möglichst allen Spielteilnehmern Spielfreude und Zugehörigkeit vermitteln. Wettspiele, bei denen immer ein Teil der Spieler verliert, sind deshalb nur sehr begrenzt als Festspiele geeignet. Ausländische Teilnehmer (Gruppenmitglieder und Besucher) in das Fest einzubeziehen verlangt von den Erzieherinnen einfühlsames und ideenreiches Vorgehen.

- Für manche Feste und Feiern sind Vorführungen geplant. In der Regel ist langes Üben für Kinder in sozialpädagogischen Einrichtungen unangemessen. Oft lassen sich Vorführungen aus dem täglichen Spiel und dem Alltagsleben ohne langes Üben ableiten. Das kann bedeuten, dass Eltern und andere Zuschauer vor der Aufführung über pädagogische Ziele informiert werden, damit falsche Erwartungen vermieden werden.

Zum Nachdenken:

❍ Im Zusammenhang mit Stille-Übungen und Selbsterfahrungsvorschlägen sagen Eva Manteufel und Norbert Seeger (1994, S. 14):

❒ *Nehmen Sie sich einen Moment Zeit und stellen Sie sich Folgendes vor: Sie halten eine saftige Zitrone in der Hand. Sie führen die Zitrone langsam zum Mund und beißen hinein. Der Saft läuft Ihnen die Finger entlang. Die Zitrone schmeckt sauer. Beobachten Sie sich. Sie werden wahrscheinlich spüren, wie in Ihrem Mund mehr Speichel fließt, sich die Mundschleimhäute zusammenziehen ...*
Stellen Sie sich jetzt etwas Angenehmes vor, vielleicht Ihre Freundin/Frau oder Freund/Mann mit Ihnen am Strand liegend... Was immer Sie auch wählen, die Bilder wirken auf Ihre Psyche und Ihren Körper. Imaginationen lassen Sie bewusster neue Anteile in Ihnen erleben. ❑

❍ **Planungsübung: Spielezusammenstellung im Rahmen eines Festprogramms**
Wählen Sie in Gruppen ein Fest für eine sozialpädagogische Einrichtung aus, zum Beispiel „Geburtstag bei Heimkindern im Schulalter" oder „Erntedankfest im Kindergarten eines kirchlichen Trägers" und diskutieren Sie, ob und welche Spiele dafür angemessen wären.

Claudia, Sabine und Frank
Studierende einer Fachschule für Sozialpädagogik

◆ **Claudia:** Dieses Kapitel hat drei Abschnitte, die überhaupt nicht zusammenpassen. Sie nacheinander zu lesen kommt mir vor wie ein Wechselbad: Kleinkindspiele, Stille-Übungen und Festprogramme!

◆ **Sabine:** Ich denke, wir müssen das ganze Kapitel 4 mehr als Nachschlagwerk nehmen. Wobei mir jetzt bei diesem Wort „Nachschlagwerk" der Wortteil „schlag" nachklingt. Ich fühle mich von dieser Fülle tatsächlich erschlagen. Die Themen, mit denen man sich in diesem Beruf auseinander setzen muss, nehmen kein Ende!

◆ **Frank:** Ihr müsst gelassener drangehen und auswählen, was euch betrifft. Wenn ich an die von mir geplante Arbeit bei Behinderten denke, sind Feste ein wichtiges Thema. Sehr wichtig. Auch Vorführungen. Die behinderten Erwachsenen – wie ich sie im Vorpraktikum kennen gelernt habe – waren mächtig stolz, wenn sie etwas vorführten. Sie stellten auch keine großen Ansprüche. Sie haben einfach ein Lied vor dem Mikrofon gesungen. Das war erstens eine Leistung und zweitens ein Erfolg! Das Üben *und* das Vorführen! Das Kapitel mit den Festen habe ich mir angesehen. Die anderen beiden – Spiellieder und besinnliche Spiele – brauch' ich nicht. Und wenn, dann kann ich sie immer noch lesen.

◆ **Claudia:** Mich haben die besinnlichen Spiele nachdenklich gemacht. Es gibt dafür auch zig Bücher. Ob die wirklich bei Kindern so gut ankommen?

◆ **Sabine:** Am wenigsten haben uns offensichtlich die Fingerspiele und Spiellieder interessiert. Claudia, da wirst du im Kindergarten aber nicht drum rum kommen!

◆ **Claudia:** Will ich auch nicht. Allerdings werde ich, wenn ich kann, auswendig Gelerntes gering halten und mehr Ausgedachtes mit den Kindern spielen. Vorausgesetzt, unsere Fantasie reicht aus. Himpelchen und Pimpelchen werde ich jedenfalls nur spielen, wenn ich muss, obwohl ich das vom Vorpraktikum her tatsächlich auswendig kann. Mehr als auswendig!

Literaturempfehlung

Raimund Pousset: Fingerspiele und andere Kinkerlitzchen. Spiel-Lust mit kleinen Kindern. rororo Elternrat. Rowohlt Verlag 1984
Michael Renner: Spieltheorie und Spielpraxis. Eine Einführung für pädagogische Berufe. Lambertus Verlag 1995. Darin das Kapitel: Zur Sinnhaftigkeit von Spiel, Kult und Fest.
Eva Manteufel / Norbert Seeger: Selbsterfahrung mit Kindern und Jugendlichen. Ein Praxisbuch. Kösel-Verlag 1994 (2. Aufl.)

4.7 Freizeitaktivitäten, die über das Spiel hinausgehen

Es gibt eine große Anzahl von Freizeitaktivitäten, die im Grenzbereich von Spiel angesiedelt sind oder die nicht zum Spiel gezählt werden können. Beobachten, Zuhören und Lesen sind ein solcher Grenzbereich, ebenso die Gespräche des Kindes oder Jugendlichen. Nicht zuletzt gibt es den fließenden Übergang zwischen Spiel und Arbeit. Arbeit kann auch durchaus von Kindern und Jugendlichen als Freizeitbeschäftigung gewählt oder von ihnen gefordert werden.

4.7.1 Rezeptionsbetonte Aktivitäten – Sehen, Hören, Lesen

Anregung zum Eindenken in die Thematik

Bewusst machen, was rezeptionsbetonte Aktivitäten für einen selbst bedeuten
Stellen Sie sich vor, dass Sie – aus welchen Gründen auch immer – für eine Woche einschließlich Wochenende keine Medien nutzen könnten: weder Musik hören, noch Fernsehen, Video oder Bücher und Zeitungen.
Schreiben Sie für sich auf einen Zettel auf, was das für Sie bedeuten würde.

Sprechen Sie anschließend in der Gruppe darüber, welchen Stellenwert technische Medien für Sie haben und wie stark sie Ihre Freizeit ausfüllen.

Rezeption heißt Aufnahme oder auch Übernahme. Man spricht zum Beispiel von Rezeption im Rahmen der Literaturwissenschaft, wenn der Leser oder Hörer ein literarisches Werk aufnimmt. Mit „rezeptionsbetonten Aktivitäten" meine ich solche Handlungen von Kindern und Jugendlichen, bei denen die Aufnahme von Eindrücken im Mittelpunkt steht, und zwar von solchen Eindrücken, die weitgehend mit äußerer Passivität aufgenommen werden, etwa das Märchenhören, das Bildbetrachten, das Tierbeobachten oder das Musikhören und Fernsehen. Während das Musikhören vor allem bei Jugendlichen *neben* anderen Tätigkeit läuft, verlangen die meisten anderen Aktivitäten die volle Konzentration.
Diese Aktivitäten sind zwar nicht mit sichtbaren äußeren Handlungen verbunden, aber sie können trotzdem Merkmale des Spiels enthalten: Zweckfreiheit, Spontaneität, Freiwilligkeit, Fantasie. Charlotte Bühler bezeichnet diese Tätigkeiten des Kindes als Rezeptionsspiele. Es ist allerdings in Frage zu stellen, ob wir sie als Spiel bezeichnen können. Wir sprechen beim Lesen, Musik hören und dem Theaterbesuch des Erwachsenen auch nicht vom Spiel, während wir seine sportlichen Spiele, das Theaterspielen oder seine Regelspiele durchaus als

Spiel bezeichnen. Ich will im Folgenden auf diese spielähnlichen Handlungen des Kleinkindes und auf entsprechende Freizeitaktivitäten des älteren Kindes und Jugendlichen nur kurz eingehen, weil sie auch in anderen Unterrichtsfächern der Erzieherausbildung zur Sprache kommen (Deutsch, Jugendliteratur, Medienerziehung, Didaktik/Methodik).

Kinder und auch Jugendliche sind vom Betrachten und Beobachten fasziniert, wenn es sich um etwas handelt, das ihr Interesse trifft: Kleine Kinder beobachten mit Wonne Tiere. Sobald sie abgebildete Gegenstände erkennen können, betrachten sie sich immer wieder Bilderbücher. Auch Kunstdrucke können schon mit Kindergartenkindern betrachtet werden. Kindergartenkinder beobachten Handwerker und andere für sie durchschaubare Handlungen der Erwachsenen. Jugendliche beobachten Sport, betrachten sich Lexika, lesen Romane. Kindergartenkinder können auch durchaus schon Interesse für einen Museumsbesuch entwickeln. Wanderungen, die Besteigung eines Aussichtsturmes oder der Besuch einer Burg – es gibt eine Menge von Möglichkeiten der Betrachtung und Beobachtung. Dazu kommt das Hören: Erzählungen zuhören sowie Berichten und Vorgelesenem, Musik hören, Filme sehen und hören.

Interesse und Ausdauer für solche Aktivitäten sind bei Kindern sehr unterschiedlich. Das macht sich besonders bei gemeinsamen Aktivitäten von altersgemischten Gruppen bemerkbar. Deshalb ist es sinnvoll, solche Aktivitäten in Kleingruppen durchzuführen. Oft wollen sich Kinder auch allein oder mit wenigen anderen ohne Erzieherin in beobachtende oder hörende Handlungen einlassen, zum Beispiel beim Kassettenhören, bei Bilderbetrachtungen oder bei Tierbeobachtungen.
Wenn rezeptionsähnliche Aktivitäten mit Gruppen vorgenommen werden, ist auf Gruppenmitglieder mit geringerer Geduld oder schwächeren Interessen Rücksicht zu nehmen, weil diese Kinder sonst stören. Oder die Erzieherin muss den Gruppenmitgliedern ermöglichen die Gruppe still zu verlassen, wenn es zu langweilig wird (ohne Tadel!). Sowohl Unruhe der Gruppe wie auch Ermahnung zur Ruhe können diejenigen Gruppenmitglieder, die vertieft sind, aus ihrer Betrachtung und Vertiefung herausholen. Damit verliert die Tätigkeit für alle Kinder ihre Faszination.
Es ist gut, wenn die Gruppe sich vorher bewegen kann, vor allem bei jüngeren Kindern wie in der Krippe und dem Kindergarten. Ein kurzer Lauf im Freien, notfalls Bewegungen auf dem Stuhl oder um ihn herum, helfen den Kindern die anschließende körperliche Ruhe besser durchzuhalten.

Nach dem Zuhören oder Zusehen hat der junge Mensch meist ein starkes Mitteilungsbedürfnis, wenn das nicht schon während der Aktivität gestillt werden konnte (oder wenn das Kind die Erfahrung gemacht hat, dass sein Erzählen nicht auf Interesse stößt). Bei starker Betroffenheit ist allerdings oft zuerst einmal verarbeitende Ruhe nötig. Manchmal helfen auch andere Formen von „Sprache" um dem Eindruck einen Ausdruck geben zu können: malen, ein Rollenspiel, etwas Entsprechendes formen oder bauen, weitere Informationen einholen wie nachschlagen usw. oder auch einfach nur sich bewegen um die innere und äußere Anspannung abzureagieren.

Kassetten werden im Kindergarten oft eingesetzt, das heißt, das Kassettenhören wird den Kindern ermöglicht. Ein gezieltes gemeinsames Zuhören von Erwachsenen und Kindern findet seltener statt. Manchmal kann ein kleiner ruhiger Raum für das Hören eingerichtet werden. Es kann sich bei den Kassetten um Erzählungen und Hörspiele, also um gesprochenes Wort, handeln oder auch um Lieder. Kindergartenkinder sind durchaus auch für klassische Musik zu begeistern, vorausgesetzt die Erzieherin hat selbst Gefallen daran.
Wichtig ist, das die Kassetten nicht als Geräuschhintergrund bei anderen Spielen laufen. Dadurch lernt das Kind nicht das Zuhören oder die Konzentration auf eine Sache, sondern es übt sich darin, sprunghaft und in Teilstücken wahrzunehmen.

Bei älteren Kindern und Jugendlichen, zum Beispiel im Heim, ist es oft ein Erziehungsproblem, zu Rücksicht im Zusammenhang mit Musikhören zu erziehen. Die Jugendlichen sehen nur schwer ein, dass sie durch ihre Musik andere Gruppenmitglieder einschließlich der Betreuer zum Mithören zwingen. Durch Kopfhörer ist diese Rücksichtnahme ohne eigene Einschränkungen möglich. Nachteil der Kopfhörer ist, dass die Betreuer keinen Einfluss auf die Lautstärke haben. Jugendliche sind nur schwer davon zu überzeugen, dass laute Musik, die rauschähnliche Zustände hervorrufen kann, sowohl dem Gehör wie auch der Sensibilität schadet.

Ebenso problematisch ist der Umgang mit Fernsehen oder Video. Im Kindergarten und im Hort werden bisher nur sehr begrenzt Filme eingesetzt. Die Meinungen über die Aufnahmefähigkeit von bewegten Bildern im Vorschulalter gehen auseinander. Wenn man davon ausgeht, dass Kinder in diesem Alter zu Hause häufig unkritisch Filme sehen, ist eine kritische Auseinandersetzung im Kindergarten denkbar. Andererseits wird argumentiert, dass ein Kind im Kindergartenalter von diesen schnell vorüberziehenden Bildern irritiert wird und dass solche Medien dem Auffassungsvermögen von Kindern in diesem Alter noch nicht entsprechen.

Bei älteren Kindern, vor allem im Heim, wird von den Betreuern das Fernsehen in der Regel kontrolliert und begrenzt. Auch Videos dürfen ohne Zustimmung der Betreuer nicht gesehen werden. Ein Fernsehgerät, das so untergebracht ist, dass es nicht ins Auge fällt, zum Beispiel in einem Schrank, und ein Fernsehraum, der nicht sonderlich gemütlich eingerichtet ist, können zusätzlich dazu beitragen, dass der Wunsch nach Filmen weniger stark auftritt und andere Aktivitäten häufiger bevorzugt werden.
Natürlich ist es wichtig, dass die Betreuer immer wieder Sendungen mit Kindern gemeinsam sehen um Nähe während des Filmes zu vermitteln und im Nachhinein über Darstellungen und Eindrücke zu reflektieren sowie über Meinungen sprechen zu können. Dabei ist zu beachten, dass die Gruppenleiter vorsichtig und verständnisvoll vorgehen, um nicht von vornherein eine Opposition hervorzurufen.

Rezeptionsbetonte Tätigkeiten
lustbetonte Aufnahme über das Sehen, Hören und Lesen

Reale Begebenheiten	**Für Zuschauer und Zuhörer individuell aufbereitete Eindrücke**	**Über Medien aufbereitete Eindrücke**
Beobachtungen, Ausflüge, Besichtigungen	Erzählungen, Vorlesen, Handpuppenspiel u.a. Theaterbesuch, Konzerte	Bücher, Bilder, Zeitungen, Zeitschriften, Filme, Tonträger

↓

Anforderungen an Erzieherinnen und Erzieher:
- Wichtig nehmen
- Kritisch (so weit sinnvoll) die Auswahl beeinflussen
- Konzentrierte Aufnahme ermöglichen
- Zu Rücksichtnahme hinführen
- Gelegenheiten bieten um dem Eindruck einen Ausdruck zu geben (Gespräch, Malen, Bewegen)

Gestaltung des Außenraumes

Unterschiedliche Bodenbeläge

Ein kleiner Hang im Außengelände

Ein Weidenhaus (Tipi), von Eltern gebaut

Baumstämme im Hof des Kindergartens

Gestaltung des Innenraumes

Eltern bauen eine zweite Ebene

Von Eltern gebaute Bällchenkiste, mit gesammelten Kastanien gefüllt

Von Eltern gebautes Auto im Flur

Spiel mit selbstgebautem Schiff

Wahrnehmung im Spiel

Eigene Grenzen austasten

Ohne Handschuhe den Schnee untersuchen

Selbst Jugendliche haben noch Spaß am Spiel mit dem Gleichgewicht

Wirkungen und Zusammenhänge erkennen

Bauen und Rollenspiel

Eine den Tag begleitende Handpuppe – durch die Erzieherin zum Leben erweckt

Ordnen, Bauen und Anfänge des Rollenspiels

Für das Rollenspiel bauen

Im Spiel erwachsen sein können

Theaterspiel – für Zuschauer spielen

Konstruktionsspiele

Ausprobierphase – Vorstufe zur geplanten Konstruktion

Ein Haus bauen – und sei es noch so klein!

Spielzeug selbst erfinden – ein Katapult

Staudamm bauen – auch für Jugendliche noch reizvoll

Kinder wollen auch arbeiten

Verantwortung für Pflanzen

Eigene Fähigkeiten erproben

Für die Gruppe kochen

Freundschaftsbändchen knüpfen – Abschiedsgeschenke im letzten Kindergartenjahr

Ob groß oder klein, alle spielen

Große und Kleine spielen miteinander

Eltern werken mit Kindern – anstelle von Wettspielen beim Sommerfest

Ein Kind mit schwerer Behinderung, ins Spiel vertieft

Nichtbehinderte und Behinderte beim gemeinsamen Spiel

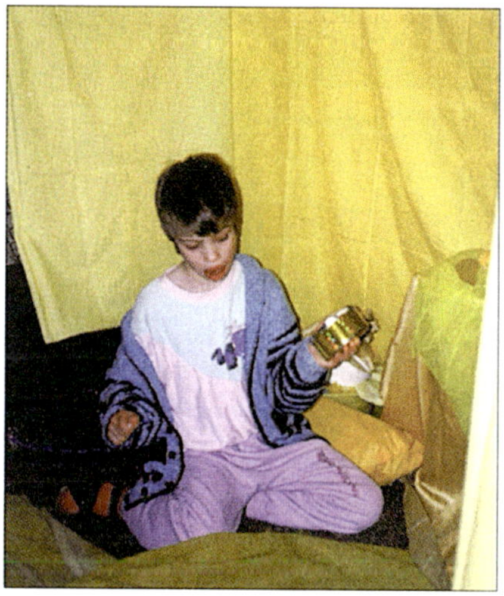

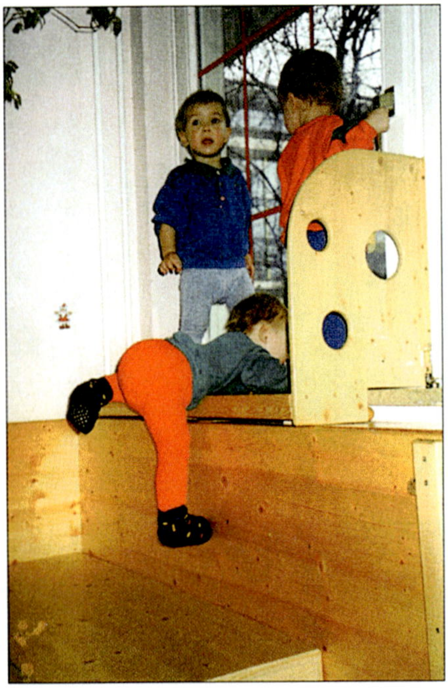

Spiel will gewagt sein

Ein selbst gesetztes Ziel erreichen

Das Risiko lockt

Ein Kratzer beim spannenden Rollenspiel – unwichtig!

Selbstgebaute Bretterbude

4.7.2 Arbeit der Gruppenmitglieder – Geben und Nehmen

Anregung zum Eindenken in die Thematik

Bewusst machen der eigenen Gefühle im Zusammenhang mit Arbeit

Setzen Sie sich in einen Stuhlkreis, bei größeren Gruppen in zwei Kreise.
Entscheiden Sie sich gemeinsam für eine Form von Arbeit, die Sie in Ihrer Freizeit zu leisten haben, zum Beispiel Wohnungsputz, Kochen, Wäschepflege usw. Schreiben Sie diese in großer Schrift auf einen Zettel. Legen Sie den Zettel in die Kreismitte auf den Boden.
Die Gruppenmitglieder überlegen nun, welches Gefühl diese Arbeit bei ihnen hervorruft, schreiben jeder das Gefühl auf einen Zettel und legen ihn auf den Boden, und zwar sehr nah an die Arbeitsform, wenn sie dieses Gefühl als stark empfinden und entfernt, wenn sie es nur als schwach wahrnehmen. Über das entstandene Bodenbild wird nun gesprochen.
Wiederholen Sie das Ganze mit einer anderen Arbeitsform in der Kreismitte.

Ziel dieser Übung soll sein sich bewusst zu machen, dass Arbeit mit sehr unterschiedlichen Gefühlen verbunden sein kann, und zwar sowohl bei verschiedenen Menschen wie auch bei der selben Person in unterschiedlichen Zusammenhängen. Es soll auch deutlich werden, dass Arbeit keineswegs nur negative Gefühle hervorruft.

Der Übergang zwischen Spiel und Arbeit ist fließend (siehe Seite 12).
Es gibt in der Ausbildung zur Erzieherin, zum Erzieher kein Fach, das „Arbeitserziehung“ oder so ähnlich heißt. Es ist aber Aufgabe der Betreuer, die Kinder und Jugendlichen auch im Bereich der Arbeit anzuleiten und sie zu einer angemessenen Haltung gegenüber Arbeit zu führen, damit sie sich später selbst versorgen und auch verlässliche berufliche Arbeit leisten können. Das heißt, die Erzieherin muss sowohl Grundkenntnisse für notwendige Arbeiten als auch eine angemessene Einstellung zur Arbeit vermitteln. Ich will deshalb in diesem Kapitel methodisches Vorgehen bei solchen Tätigkeiten erörtern, die Arbeit bedeuten oder die als Übergang zwischen Spiel und Arbeit angesehen werden können.
Um die Vielfalt durchschaubarer zu machen gliedere ich zunächst nach dem Grad des Arbeitscharakters der Tätigkeiten:
1. Spaß machende Tätigkeiten auf freiwilliger Ebene, die auf ernste und notwendige Arbeiten vorbereiten: Dazu kann zum Beispiel Kochen und Backen, Handarbeit, Werken, Sammeln, Sortieren, Gartenarbeit zählen.
2. Hobbyähnliche Tätigkeiten, die auf Ergebnisse und Fortschritte ausgerichtet sind, beispielsweise sportliche Betätigungen einschließlich Schwimmen, Skifahren usw., ein Instrument lernen, Werk- und Malkurse, Beteiligung am Chorsingen und vieles mehr.
3. Ausgesprochene Arbeiten, die für die Bewältigung des Alltags notwendig sind wie: Körperpflege, Ordnung, Raum- und Wäschepflege, Raumgestaltung, Einkaufen, Nahrungszubereitung u.a.

Arbeitsähnliche Tätigkeiten und ausgesprochene Arbeiten lassen sich auch nach anderen Zusammenstellungen gliedern. Nachdenklich macht zum Beispiel das Ordnen nach der Frage, wem die Tätigkeiten dienen: der eigenen Person, der Gruppe oder einer einzelnen anderen Person (etwa Hilfsbereitschaft oder Geschenke).

Wenn das Kind nicht spielt, sondern arbeitet, muss es um ein gutes Ergebnis bemüht sein. Das trifft auch bei Tätigkeiten zu, die es freiwillig und gern, vielleicht auch spielend macht, bei denen aber das Ergebnis im Mittelpunkt steht. Ich denke zum Beispiel an Aktivitäten wie freiwillige Handarbeit, Werken oder die Teilnahme an einem sportlichen Kurs. Auch wenn der Erwachsene diese Tätigkeit vielleicht als kindlich oder als unnötig ansieht, kann sie für das Kind arbeitsähnlich sein. Das Sammeln von Gegenständen ist solch eine Tätigkeit, die von Kindern manchmal sehr ernst und sorgsam vorgenommen wird: Murmeln, bestimmte kleine Spielzeuge, Sprüche in Poesiealben, Briefmarken. Das Kind hat bei all diesen Tätigkeiten einen Bereich, in dem von Erwachsenen (oft) kein Druck ausgeübt wird. Es kann sich freiwillig einer eigenen Ergebnisorientierung stellen. Der junge Mensch wird diese Tätigkeit aufgeben, wenn er sich weiterentwickelt hat und sie für ihn uninteressant geworden ist. Natürlich kann er auch aufgeben, wenn ihm das Ergebnis nicht befriedigend gelingt. Aber dann wird das Aufgeben mit dem Gefühl einer Niederlage verbunden sein.

Diejenigen Arbeiten, die zur Bewältigung des eigenen Alltags oder des gemeinsamen Gruppenlebens dienen, sind häufig problematisch für die Erzieherin. Oft sind sie für den jungen Menschen uninteressant, langweilig, nichts weiter als Pflichterfüllung. Solche Tätigkeiten sind beim kleinen Kind die Körperpflege, das An- und Ausziehen, das Aufräumen von Spielmaterial oder gebrauchtem Geschirr. Hier muss der Erwachsene auf angemessene Ausführungen achten, auch schon beim Kindergartenkind. Kinder, die nicht gewohnt sind solche Tätigkeiten eigenständig zu übernehmen, machen sie entweder gern und mit einem gewissen Stolz, weil sie ein Gefühl von Erwachsensein vermitteln, oder sie drücken sich davor, lassen sich dabei helfen, und zwar auch dann noch, wenn es eigentlich nicht mehr nötig wäre. Manchmal ist der Grund für die Arbeitsablehnung die mangelnde Bereitschaft des Kindes, sich anzustrengen. Oft suchen Kinder auch über ihre Unselbstständigkeit Zuwendung, insbesondere am Morgen, wenn sie noch Anlaufschwierigkeiten haben. Außerdem: Manche Eltern, vorrangig Mütter, fühlen sich in ihrer Mutterrolle bestätigt, wenn das Kind noch unselbstständig ist. Sie wollen dem Kind etwas zu geben haben, wollen benötigt sein. Dem Kind signalisieren sie, dass es für diese Tätigkeiten noch zu klein sei. Manchmal ist auch die Zeitknappheit oder Ungeduld der Eltern die Ursache, weshalb sie das Kind mit Tätigkeiten bedienen, die es bereits selbst leisten könnte. Es geht schneller, wenn die Mutter es macht. Die Erzieherin muss deshalb nach der Ursache suchen, weshalb ein Kind unselbstständiger als nötig ist, damit sie das Kind nicht in einen Widerspruch bringt. Wenn das Kind beispielsweise Zuwendung sucht, muss sie ihm diese Zuwendung in einem anderen Zusammenhang zukommen lassen um seine Unselbstständigkeit nicht zu verstärken. Wenn sie die Ursache bei den Eltern vermutet, wäre ein klärendes Elterngespräch notwendig.

Beim Jugendlichen, zum Beispiel im Heim, nimmt der Bereich der eigenen selbstständigen Versorgung einen breiten Raum ein. Das geschieht nicht immer freiwillig. Lernen über Einsicht ist auch nicht immer möglich. Oft muss Druck ausgeübt und Konsequenzen müssen nicht nur angedroht, sondern auch eingehalten werden. Manche Jugendlichen kommen aus einem wenig gepflegten familiären Leben, andere wurden überbehütet. Sie haben es nicht gelernt, sich angemessen selbst zu versorgen.
Noch schwieriger wird es oft bei Arbeiten für die Gruppe. Es müssen Dienste eingerichtet werden um die Arbeit gerecht zu verteilen. Auf die Einhaltung der Dienste muss strikt geachtet werden. Flexibilität und Entgegenkommen kann von Jugendlichen ausgenutzt und provoziert werden. Deshalb muss bei Diensten oft konsequent und hart vorgegangen werden. Manche Jugendlichen hatten als Kinder nicht die Vorbilder, die ihnen Arbeit als etwas Positives und Befriedigendes vorlebten.

Bei denjenigen Tätigkeiten, die für andere erledigt werden (müssen), wird das Geben am deutlichsten.
Menschen, die geben, sind in der Regel aktiv. Geben bedeutet Einsatz, Fleiß, Verantwortung. Andererseits macht Geben stark. Der Geber ist demjenigen, der nimmt, überlegen. Er bringt den anderen in seine Schuld.

In der Regel muss im Zusammenleben Geben und Nehmen ausgeglichen sein. Wenn beispielsweise in einer Partnerschaft das Geben und Nehmen nicht ausgeglichen ist, fühlt sich einer von beiden oder fühlen sich beide nicht wohl.
Im Zusammenleben zwischen Erwachsenem und Kind ist das Geben und Nehmen nicht ausgeglichen, jedenfalls nicht im sichtbaren Bereich. Erwachsene geben mehr, Kinder nehmen mehr. Kinder wissen aber, dass sie als Erwachsene geben werden können. Allerdings müssen sie das Geben auch schon als Kind erleben können. Nur Nehmen ist schwer zu ertragen, auch als Kind, weil Nehmen im Gegensatz zum Geben passiv ist und dankbar, abhängig, schwach und hilflos macht. Ein Kind, dem nicht Gelegenheit gegeben wird auch zu geben, gerät in Gefahr zu fordern anstatt zu nehmen, denn Fordern ist wiederum aktiv. Wenn der Mensch fordert, empfindet er ein Recht zu nehmen. Er fühlt sich nicht in der unterlegenen Rolle.
Ein Kind, das zu viel fordert und meint ein Recht zu haben nur zu nehmen und nicht zu geben, hat es schwer, das Geben angemessen zu lernen. Es verliert das Gespür für ein ausgewogenes Verhältnis zwischen Geben und Nehmen. Kinder, die dagegen nur zum Geben angehalten werden, laufen Gefahr nicht nehmen oder nicht fordern zu können, wenn es angebracht ist. Diese Kinder werden leicht ausgenutzt, auch noch als Erwachsene. Sie können ihr Selbstwertgefühl nicht richtig entwickeln.

Neben der pflichtmäßigen Arbeit zur Bewältigung der eigenen Versorgung und des Gruppenlebens gibt es zusätzliche freiwillige Möglichkeiten des Gebens, vor allem Hilfsbereitschaft und Geschenke. In dieser Hinsicht haben es Kinder heute schwer. Sie sind oft Einzelkinder oder haben keine jüngeren Geschwister, für die Fürsorge (= Geben) nahe liegend wäre. Helfen für Erwachsene, zum Beispiel im Haushalt, ist nicht mehr so wie früher gefragt, weil vieles mit Maschinen gemacht wird – vom Spülen bis zum Staubsaugen.
Noch schwieriger sind Geschenke. Wenn man sich schon als Erwachsener abquälen muss jemandem ein angemessenes Geschenk zu machen, „weil er schon alles hat", spürt das Kind das genauso.
Es bleibt für Kinder sehr wenig Raum, um zu geben. Ein Kind gibt zwar im emotionalen Bereich, aber zum einen sind Gefühle nicht messbar und zum anderen geschieht dieses Geben „unter der Oberfläche", das heißt wenig sichtbar, wenig geplant und oft nicht bewusst.

Es ist ein wichtiges Gebiet beruflicher Arbeit von Erzieherinnen und Erziehern, das Kind zu einer angemessenen Arbeitshaltung zu führen. Diese Haltung gegenüber der Arbeit geht über das Erlernen konkreter Arbeitstechniken hinaus. Um dem Kind diese Haltung zu vermitteln, muss sich der Erwachsene zunächst seiner Vorbildwirkung bewusst sein. Wenn er sich beispielsweise im Geben wohl fühlt und das Kind zum Nehmen zwingt, kann das Kind ihn nicht nachahmen. Wenn er sich umgekehrt verhält und selbst zu wenig gibt, fühlt das Kind sich nicht geborgen und anerkannt und lernt das Geben ebenfalls nicht.
Eine weitere Möglichkeit, auf eine angemessene Arbeitshaltung des Kindes Einfluss zu nehmen, ist die Bewusstmachung von Gefühlen (verbal und nonverbal) und die Rückmeldung bei geleisteter oder nicht geleisteter Arbeit: „Ich helfe dir gern, wenn du es noch nicht kannst, aber ich freue mich, wenn du es alleine schaffst!", „Ich danke dir, dass du das für mich getan hast!" Ein gegenseitiges Aufrechnen sollte sich allerdings auf Ausnahmen beschränken, weil dadurch das Geben und Nehmen nur in den sichtbaren, messbaren, materiellen Bereich verlegt wird. Emotionales kann nicht gut verglichen und aufgerechnet werden.
Wie immer wird die familiäre Erziehung wichtiger sein als die Erziehung in der Institution. Trotzdem ist die Wirkung institutioneller Beeinflussung nicht zu unterschätzen. Für ein Einzelkind werden möglicherweise Weichen gestellt, wenn es im Kindergarten erfährt, dass es anderen Kindern etwas zu geben hat, dass es Freude machen kann, dass es andere begeistern kann, oder auch, dass von ihm verlangt wird sich selbst zu versorgen und sich nicht unnötig bedienen zu lassen.

Hort- und Heimkinder, von denen viele die Erfahrung gemacht haben, dass sie erwartete Leistungen nicht erbringen konnten, benötigen Erfolgserlebnisse im Bereich des Gebens, ohne dass sie dabei das Gefühl haben, ausgenutzt zu werden. Das Gleichgewicht zwischen Nehmen/Fordern und Geben ist bei Kindern, die negative Erfahrungen im Bereich der Anerkennung, Zugehörigkeit und Sicherheit machen mussten, oft unausgewogen. Sie fühlen sich zum Beispiel viel öfter ausgenutzt als ausgeglichene Jugendliche und reagieren mit Abwehrhaltung.

Zusammenfassend: Erzieherinnen und Erzieher haben die Aufgabe, junge Menschen zu einem ausgewogenen Geben und Nehmen, das heißt im Zusammenhang mit Arbeit, zu einer angemessenen Bereitschaft, sich einzubringen, hinzuführen. Das setzt eine verständnisvolle, trotzdem aber konsequente pädagogische Haltung voraus und bedeutet eine berufliche Herausforderung.

Anleitung zu Arbeit

1. **Lustvolle, freiwillige Arbeiten Übergang vom Spiel zur Arbeit**	2. **Arbeit zur Bewältigung des eigenen Alltags**	3. **Arbeit für einen anderen oder die Gemeinschaft**
z.B. backen, handwerken, sammeln, musizieren, Kurse belegen	z.B. Körper- und Wäschepflege, eigene Nahrungszubereitung, Hausaufgaben	z.B. Ämter, Hilfsbereitschaft, Betreuung Jüngerer, Geschenke

Ziel: Sinnvolle Ausgewogenheit zwischen Geben und Nehmen
Bei Unausgewogenheit: Gefahr, dass der Nehmende sich minderwertig fühlt oder ins Fordern ausweicht

Eine angemessene Arbeitshaltung ist bei jungen Menschen anzustreben über Vorbildlernen, Einsicht und, soweit erforderlich, Konsequenz

4.7.3 Gespräche – Nähe und Distanz

Mit Gesprächen im Bereich der Freizeitgestaltung sind nicht solche Gespräche gemeint, bei denen eine notwendige Mitteilung gegeben wird, sondern hier ist an diejenigen Gespräche gedacht, die zur Abreaktion, zur Erholung, zur Entspannung, zur Herstellung von emotionaler Nähe und Begegnung, zur interessanten Information usw. dienen und in der Regel mit einem Lustgefühl verbunden sind oder jedenfalls weitgehend freiwillig vorgenommen werden.

Anregung zum Eindenken in die Thematik

Eigene Gespräche in ihrer Bedeutung einschätzen

Zeichnen Sie einen Kreis, der Ihre gesamte Freizeit symbolisiert. (= Alle nicht verpflichtend festgelegten Abschnitte des Tages, wahrscheinlich wenige Stunden während der Woche, und längere Zeit am Wochenende. Vergessen Sie nicht die Pausen zwischen den Unterrichtsstunden.)
Schätzen Sie, wie viel Ihrer Freizeit mit Gesprächen ausgefüllt ist (Zeit, in der Sie mit jemandem sprechen oder zuhören).
Sprechen Sie anschließend darüber, welche Bedeutung das Gespräch (Reden, Zuhören) für Sie und Ihre Freizeitgestaltung hat.

Gespräche werden als Freizeitaktivität oft übersehen. Sie werden häufig nur als ein Pausenfüller angesehen, wenn man nicht gerade an gezielte Gruppengespräche denkt.
Gespräche können in unterschiedlicher Form eine Freizeitaktivität von Kindern und Jugendlichen sein: Gespräche in der Gruppe Gleichaltriger mit einem oder mehreren Gesprächspartnern, Gespräche von Kindern an Erwachsene gerichtet oder vom Erwachsenen zum jungen Menschen. Häufig laufen sie in Form einer Begleitung bei einer anderen Tätigkeit ab, beispielsweise während einer Arbeit, auf dem Schulweg, in einer Wartezeit. In solchen Situationen sind sie meist locker und druckfrei, bleiben aber oft im Bereich von Smalltalks ohne einen tieferen Gedankenaustausch. Manchmal steht auch das Gespräch im Mittelpunkt und die Handlung läuft nebenbei. Eine volle Konzentration auf das Gespräch ohne irgendeine Handlung findet selbstverständlich auch bereits unter Kindern statt. Je älter das Kind wird, desto ausgedehnter können Gespräche sein. Jugendliche können halbe Nächte über sich und die Welt diskutieren.
Gespräche unter Gleichaltrigen tragen dazu bei, dass der junge Mensch sich selbst und sein Denken, Empfinden und Handeln aus einer anderen Sicht sehen und erweitern kann. Natürlich finden die Erweiterung der Kenntnisse und die Veränderung des Selbstbildes nicht nur in Form von Gesprächen statt. Das sonstige Zusammenleben trägt ebenfalls dazu bei.
Im Gespräch werden Ähnlichkeiten und Unterschiede im Denken und Empfinden deutlich, während im alltäglichen Zusammenleben eher das Handeln verglichen wird. Je mehr ein Kind durch das Gespräch – vor allem mit Erwachsenen – gelernt hat sich angstfrei offen zu legen, desto weniger muss es seine Gefühle verdrängen. Allerdings darf es nicht an Menschen (Jugendliche) geraten, die Offenheit als Angriffsfläche für eigene Aggressionen und Frustrationen nutzen.
Gespräche tragen zur Nähe und Freundschaft bei, wenn sie offen und angstfrei geführt werden können. Verletzende Gespräche veranlassen zu Rückzug und Distanz.

Für Erzieherinnen und Erzieher bedeutet das: Gespräche sind ein wichtiger Teil der Freizeitaktivitäten von Kindern und Jugendlichen. Ihren Gesprächen muss Zeit und Bedeutung zugemessen werden. Das betrifft sowohl das Gespräch der Betreuer mit der Gruppe und mit einzelnen Gruppenmitgliedern wie auch die Gespräche der Gruppenmitglieder untereinander. Im Rahmen der Möglichkeiten ist darauf zu achten, dass die Gespräche für alle Teilnehmer konstruktiv sind. Damit meine ich, dass beispielsweise ein Gruppenmitglied von anderen nicht abgewertet und erniedrigt wird und dass die Gesprächsinhalte niemandem schaden.
Inhalte von Gesprächen können vieles betreffen, vom Informationsgespräch über Erfahrungs- und Gedankenaustausch bis zur Konfliktbearbeitung.
Im Detail will ich auf Gesprächsführung und deren unterschiedliche Techniken wie Erzählen, Vorlesen, passives und aktives Zuhören hier nicht eingehen. Gesprächsführung wird in anderen Unterrichts- und Fachbüchern ausführlich behandelt. Ich möchte im Zusammenhang mit Freizeitgestaltung lediglich deutlich machen, dass der Wert von Gesprächen nicht unterschätzt werden darf, und möchte daran erinnern, dass das Gesprächsverhalten von erwachsenen Bezugspersonen Vorbildfunktion für den jungen Menschen hat.
Der Erwachsene darf allerdings nicht zu schnell unangemessenes Sprachverhalten von Kindern und Jugendlichen verurteilen, bestrafen oder als eigenes pädagogisches Versagen ansehen. Jugendliche verhalten sich oft im Sinne von „Angriff ist die beste Verteidigung!“ Vermuteter oder auch (fälschlicherweise) empfundener Angriff wird oft mit massiven Reaktionen beantwortet. Einen gangbaren Mittelweg kann der junge Mensch meist nur langsam finden.
Neben der verbalen Kommunikation darf die nonverbale Mitteilungsmöglichkeit nicht übersehen werden, die vor allem bei kleinen Kindern, die sich noch wenig über Sprache äußern können, hoch ist, nämlich Ausdrucksformen, die sich in Bewegungen, Gesten, Mimik, Geräuschen, Berührungen usw. zeigen. Meist sind wir gewohnt, sie bei sehr kleinen Kindern

wahrzunehmen und zu beachten, zum Beispiel das Hochstrecken der Arme, um aufgenommen zu werden, das Abwenden des Gesichtes, das Lachen als Zustimmung. Sobald Kinder sprechen können, beachten wir die Körpersprache weniger, staunen aber, wenn wir feststellen, dass Kinder noch viel davon behalten haben, beispielsweise wenn sie mit einem fremdsprachigen Kind problemlos spielen.

Worte werden in der Regel von nonverbalen Ausdrucksformen begleitet, wobei dem Sprecher oft nicht bewußt ist, dass er auch auf der nonverbalen Ebene „spricht“. Während einerseits nonverbale Ausdrucksformen nicht eindeutig sind und durch fehlerhafte Deutung zu Missverständnissen führen können, beispielsweise ein Abwenden oder ein ernstes Gesicht, sind sie andererseits aber auch ehrlicher. Mit Worten kann man bewußt (oder auch nicht bewußt) lügen. Mit nonverbalen Ausdrucksformen ist das schwerer: Ein unechtes Lächeln wirkt verkrampft.

Für Sie als Erzieherin oder Erzieher bedeutet das:

1. Sie müssen sich selbst so echt wie möglich geben, damit das Kind einerseits nicht durch sich widersprechende Botschaften und Deutungen irritiert ist, und andererseits in Ihnen ein überzeugendes, stimmiges Vorbild erlebt.
2. Versuchen Sie, die nonverbale Sprache des jungen Menschen wahrzunehmen und ihm wohlwollend Ihr Verständnis mitzuteilen, damit er sich angenommen und verstanden fühlt.
3. Nutzen Sie nonverbale Kommunikationsformen im Alltag und auch in Form von Spielen, damit die nonverbale Sprache gelebt, wahrgenommen und nicht unterdrückt wird. Solche Spiele sind zum Beispiel Pantomimen, Rollenspiele, Theaterspiel und auch viele Regelspiele, etwa Zuzwinkern, Armer schwarzer Kater, das Begrüßungsspiel (S. 173) und vieles mehr.

Erzieherverhalten bei Gesprächen als Freizeitaktivität

- Gespräche unter Gruppenmitgliedern als Freizeitaktivität anerkennen
- Gesprächswünsche von Gruppenmitgliedern gegenüber der eigenen Person wahrnehmen und ihnen, soweit angemessen und möglich, entsprechen
- sinnvolle Gesprächstechniken anwenden um Vertrautheit und Nähe herzustellen und ggf. Tiefgang ins Gespräch zu bringen
- Wirkungen von Gesprächen unter Gruppenmitgliedern behutsam beobachten um Abwertungen und andere negative Einflüsse niedrig zu halten
- nonverbale Kommunikation wahrnehmen, im Alltag beachten und im Spiel unterstützen

Zusammenfassung

- Bei rezeptionsbetonten Aktivitäten steht das Aufnehmen von Eindrücken im Mittelpunkt, und zwar über das Sehen und Hören. Äußerlich ist der Aufnehmende weitgehend passiv. Bei jüngeren Kindern verlangen Eindrücke auch Möglichkeiten des Ausdrucks, beispielsweise über Sprechen, Malen, Bewegen, Rollenspiel.

- Ältere Kinder und Jugendliche – zum Beispiel im Heim – geraten in Gefahr Medien unkritisch zu konsumieren, und zwar sowohl was die Menge als auch den Inhalt von Filmen, Musik und Büchern betrifft. Junge Menschen müssen häufig dazu angehalten werden, ihren Konsum über technische Medien einzuschränken und Rücksicht auf andere zu nehmen.

- Erziehung zu einer angemessenen Arbeitshaltung bedeutet zunächst, dass das Kind und der Jugendliche lernen sich entwicklungsangemessen selbst zu versorgen, ihren pflichtgemäßen Anteil für die Gemeinschaft zu leisten und für berufliche Arbeit vorbereitet zu werden.
  Darüber hinaus trägt Arbeit auch dazu bei, Geben und Nehmen zwischen Menschen auszugleichen. Das Kind muss die Erfahrung machen können anderen zu geben und auch zu nehmen, ohne unverhältnismäßig zu fordern oder – im Gegensatz dazu – das eigene Geben zu niedrig einzuschätzen.

- Gespräche unter Gleichaltrigen oder mit Erwachsenen nehmen einen guten Teil der Freizeit von Kindern und Jugendlichen in Anspruch. Kinder, die im Gespräch mit ihren erwachsenen Bezugspersonen erfahren, dass sie angstfrei und offen ihre Gedanken äußern können, werden auch mit Gleichaltrigen Nähe herstellen können, wenn sie sich nicht durch kränkende Erfahrungen zurückziehen müssen.

- Durch angreifendes Gesprächsverhalten versuchen (junge) Menschen oft, einem vermuteten Angriff vorzubeugen oder eine empfundene Kränkung abzuweisen. Sie benötigen Verständnis, aber auch Konsequenz.

Zum Nachdenken:

❍ **Gespräch über die Handhabung von Massenmedien**

Setzen Sie sich in Gruppen zusammen, und zwar je nach Vorerfahrungen in bestimmten Einrichtungen: Kindergarten, Hort, Heim usw.
Vergleichen Sie, wie unterschiedlich mit der Handhabung von Massenmedien umgegangen wurde: Bücher, Filme, Tonträger.
Nehmen Sie Stellung zum unterschiedlichen Umgang.

❍ **Vergleich von Praxiserfahrungen im Zusammenhang mit „Hinführung zur Arbeit“**

Vergegenwärtigen Sie sich unterschiedliche Situationen aus Ihren Praktika, in denen Kinder oder Jugendliche arbeiteten.
Überlegen Sie, wie die Erzieher/innen die Gruppenmitglieder zu Arbeit anleiteten.
Verdeutlichen Sie sich Einstellungen, das heißt Konzepte oder Grundhaltungen, die hinter der Anleitung gestanden haben könnten.
Suchen Sie nach Ihrem eigenen Standort im Zusammenhang mit Anleitung zu Arbeit.

❍ **Rollenspiel mit leeren Stühlen** (Jürgen Fritz, 1981, S. 193)

Als Material werden Bilder benötigt.

❒ *Einer der Teilnehmer wählt sich eines der Bilder aus und skizziert der Gruppe kurz, um was es geht. Er kann auch frei ei-*

ne Situation wählen, gegebenenfalls auch eine, die er selbst erlebt hat oder die sich so häufig zuträgt. Der Teilnehmer – und das ist das Besondere an dieser Übung – spielt alle Rollen abwechselnd selbst. Für jede Rolle steht ein leerer Stuhl zur Verfügung. Setzt sich der Teilnehmer auf einen der Stühle, spielt er die jeweilige Rolle. So kann er selbst recht verzweigte rollenbezogene Situationen vorspielen. Die übrigen Teilnehmer beobachten das „Rollenspiel mit leeren Stühlen", achten darauf, wie die verschiedenen Rollen ausgefüllt sind und zueinander in Beziehung gebracht werden, und tauschen ihre Beobachtungen aus. ❑

Ziel dieses Spiels ist es, sich in unterschiedliche Rollen zu versetzen um für Gespräche Einfühlungsvermögen, Wertschätzung, Akzeptanz und Echtheit zu üben.

Claudia, Sabine und Frank
Studierende einer Fachschule für Sozialpädagogik

◆ **Frank:** Zuhören, Arbeiten, Reden. Das sind die Stichworte für diesen Rückblick. Was fällt euch dazu ein?

◆ **Sabine:** Gespräche wird es in unserem Beruf immer geben. Die finde ich vor allem dann nicht leicht, wenn ich unausgeglichen oder müde bin. Ich stelle bei mir fest, dass ich Tätigkeiten mit mehr spannenden Anforderungen an mich, zum Beispiel eine Spielrunde anleiten oder mit Handpuppen etwas vorspielen, auch an einem müden Tag eher bewältige als Alltagsgespräche. Wahrscheinlich hängt das mit dem Adrenalinspiegel zusammen. Bei Gesprächen rutsche ich leicht ab in „Naja, nicht so wichtig!". Beim Zuhören passiert mir das mehr als beim Reden.

◆ **Claudia:** Du kannst dich nicht überfordern, Sabine. Wir müssen zwischendurch auch langsam treten und uns das auch erlauben. Sonst brennt uns der Beruf aus! – Wenn man „burnout" so übersetzen darf. Damit meine ich nicht, dass man Gespräche nicht ernst nehmen soll.

◆ **Frank:** Bei Behinderten verlangen Gespräche auch enorme Geduld. Die Behinderten sagen vieles, was einem als selbstverständlich erscheint, man darf bei zahllosen Wiederholungen nicht ungeduldig werden und muss das eigene Sprachniveau ständig ihrer Ebene anpasssen. Eine Erschlaffung stelle ich mir auch im Bereich der Medien vor. Die Konflikte bei erwachsenen Behinderten, wenn wir Medien begrenzen wollen, dürften ganz schön heftig sein. Dann ist es auch für uns Erzieher eine Versuchung, vor den Problemen und Konflikten auszuweichen und uns plötzlich mit der Gruppe vor dem Fernseher wiederzufinden. Zumal es ja auch pädagogisch wichtig sein kann, die Gruppe bei den Sendungen nicht allein zu lassen.

◆ **Sabine:** Und beim Stichwort „Arbeitserziehung" schon wieder so eine Gratwanderung! Das Kind soll geben und nehmen und von beidem nicht zu viel und nicht zu wenig!! Übrigens beziehe ich das nicht nur auf die Arbeit, sondern auf alles: auf Spiele, auf Gespräche, auf Nähe (psychische Nähe meine ich, aber körperliche natürlich auch!) und wahrscheinlich noch viel mehr. Wie soll man das können?

◆ **Claudia:** Ich vermute mal, indem wir uns bemühen in unserer eigenen Person ein Gleichgewicht zu finden. Dann kommt die Übertragung auf Kinder und Jugendliche schon ganz von selbst. Darauf vertraue ich jedenfalls. Allerdings muss man seine Ziele und seine Verantwortlichkeit aufrechterhalten.

◆ **Frank:** Da kommt mir der Gedanke, dass von Erzieherinnen oft eine besondere Hilfsbereitschaft erwartet wird, zum Beispiel eine überhöhte Arbeitsbereitschaft hinsichtlich Überstunden, wenn Kinder nicht pünktlich abgeholt werden, oder auch immer noch von manchen Trägern zusätzliche Aufgaben. Dagegen müsst ihr euch wehren, denn in anderen Berufen werden Überstunden abgefeiert oder bezahlt. Ich sage „ihr", weil ich der Überzeugung bin, dass wir Männer auf diesem Gebiet ernster genommen werden.

5 Spezielle Anwendungsbereiche von Spiel

Bisher ist in diesem Buch über solches Spiel und dessen Lenkung nachgedacht worden, das „normal" verläuft, das heißt bei dem keine Störung vorliegt. In dem folgenden Kapitel werden gestörtes und störendes Spielverhalten, das Spielverhalten kranker Kinder und Jugendlicher sowie das Spiel und Freizeitverhalten von behinderten Menschen behandelt.

5.1 Das verhaltensauffällige Kind

In vielen sozialpädagogischen Einrichtungen leben verhaltensauffällige Kinder und Jugendliche. Verhaltensauffälligkeiten zeigen sich auch im Spiel. Sie können in zahlreichen Formen zum Ausdruck kommen, zum Beispiel in ängstlichem und zurückhaltendem Spielverhalten, in mangelnder Ausdauer, in Unruhe und Rastlosigkeit, in Resignation oder der ständigen Überzeugung benachteiligt zu werden, in Dominanz, Aggression und Provokation.
Das Kapitel wird in zwei Abschnitte geteilt. Zunächst soll über mögliches Erzieherverhalten im Umgang mit Verhaltensauffälligkeiten im Zusammenhang mit Spiel nachgedacht werden. Anschließend wird ein kurzer Einblick in die Rolle des Spiels bei Psychotherapien von Kindern gegeben werden. Damit will ich erreichen, dass Sie Unterschiede erkennen, wie Spiel in verschiedenen psychotherapeutischen Richtungen zur Behandlung von Verhaltensstörungen genutzt wird. Zugleich sollen Sie Anhaltspunkte erhalten, um therapeutische Wirkungen des Spiels gruppenpädagogisch zu nutzen ohne selbst therapeutisch zu arbeiten.

5.1.1 Spielunlust und Spielstörungen und der pädagogische Umgang damit

Anregung zum Eindenken in die Thematik

Erinnerung und Bewusstmachung

- *Setzen Sie sich in einen Stuhlkreis oder in Gruppen.*
- *Schreiben Sie auf entsprechend große Zettel Fragen, die Ihnen im Zusammenhang mit Lenkung von Spiel und Freizeit in den Sinn kommen, wenn sie an berufliche Arbeit mit verhaltensauffälligen Kindern und Jugendlichen denken.*
- *Sehen Sie sich die Zettel auf dem Fußboden oder bei Kleingruppen auf dem Tisch an und setzen Sie an alle Fragen einen Strich, für die Sie ebenfalls eine Antwort suchen.*
- *Sprechen Sie anschließend über den Prozess und das Ergebnis.*

- *Heben Sie diese Zettel auf und besprechen Sie nach Beendigung dieser Einheit, inwieweit Ihnen die theoretische Auseinandersetzung mehr Sicherheit geben konnte und welche Fragen Sie in Ihre praktische berufliche Arbeit mitnehmen werden (müssen). Möglicherweise werden Sie sich dazu entschließen, jemanden aus der Praxis zu einem Gespräch zu bitten um weitere Informationen zu erhalten.*

Hintergründe und Auswirkungen von auffallendem Spielverhalten

In der sozialpädagogischen Praxis fallen vor allem drei Gruppen von Abweichungen von erwartetem und erwünschtem Spiel- und Freizeitverhalten der Kinder und Jugendlichen als störend und schwer zu handhaben auf.

Das ist zum einen ablehnendes Spielverhalten, das sich auch als Ablehnung bestimmter Spielformen oder als Spielunlust und Spielhemmung oder Resignation, Mutlosigkeit oder Ängstlichkeit äußern kann.

Die zweite große Gruppe von auffallendem Verhalten sind die Aggressionen im Spiel. Sie können sich in zornigem Verhalten gegenüber Spielmaterial zeigen, in verbalen oder handgreiflichen Angriffen auf die Spielpartner oder die Spielleitung, aber auch in Autoaggressionen, das heißt in zornigem Verhalten gegenüber der eigenen Person. Auffallendes Dominanzverhalten hat ebenfalls mit Durchsetzung und Aggression zu tun. Manchmal steckt hinter Aggression auch Angst.

Als dritte Gruppe sind Unruhe und Rastlosigkeit anzusehen. Um sich in ein Spiel einlassen zu können muss der Spieler mit seiner Aufmerksamkeit und seinen Gedanken beim Spiel sein. Wenn das Kind durch sorgenvolle, angstvolle oder anders ablenkende Gedanken oder auch durch starken Bewegungsdrang nicht voll beim Spiel ist, wird das Spiel oberflächlich und unkonzentriert bleiben. Das Kind ist vielleicht sprunghaft im Spiel und wechselt das Spiel oft.

Manchmal äußern Kinder auch zwanghaftes Spielverhalten, das heißt, sie wiederholen bestimmte Spiele, ohne dass man den Eindruck hat, dass diese Wiederholungen der natürlichen Entwicklung des Kindes entsprechen. Das Kind wirkt, als würde es auf der Stelle treten.

Störendes Spielverhalten kann an einem unangemessenen Spielangebot liegen. Es braucht nicht immer eine Verhaltensauffälligkeit vorzuliegen, im Gegenteil, das störende Verhalten ist vielleicht der Versuch des Kindes sich gegen entwicklungsbehindernde Umweltbedingungen zu wehren. Mangelnde Bewegungsmöglichkeiten können zu Rastlosigkeit, aber auch zu Trägheit führen. Unterforderung und Gleichförmigkeit bei den Spielangeboten und Spielmöglichkeiten des Kindes rufen Langeweile und Lustlosigkeit hervor. Überfülle von Spielmaterial – vor allem von perfektioniertem Spielzeug – kann die gleiche Wirkung erzeugen. Spielmaterial, das den Spieler überfordert oder den Lernaspekt zu stark in den Mittelpunkt stellt, frustriert. Ablehnung, Aggression oder Oberflächlichkeit können die Folge sein. Spiel, das nicht zum Erfinden oder zur Kreativität anregt, bietet oft keine Spannung.

Unangemessenes Spielverhalten eines Kindes kann auch an seinen Spielpartnern liegen. Wenn ein Kind etwa aus einer Spielgruppe konstant ausgeschlossen wird, zu der es gerne gehören möchte, oder wenn es seine Wünsche nach Spielführung nicht ausleben kann, wenn es sich unterdrückt fühlt, kann es mit Rückzug oder störendem Verhalten oder auch mit Rastlosigkeit reagieren.

Ein psychisch unausgeglichenes Kind, das mit Verhaltensauffälligkeiten auf die Einflüsse seiner Umwelt reagiert, wird diese Auffälligkeiten meist auch im Spiel zeigen. Eine Veränderung des Spielangebotes oder der Spielleitung kann dann nur wenig helfen.

Es gibt verschiedene Gründe, warum Pädagogen darum bemüht sein müssen, Spielstörungen zu vermeiden und sie, wenn sie aufgetreten sind, so weit es geht, zu verringern:

1. Spiel beeinflusst auf verschiedene Weise und sehr intensiv die Entwicklung der Persönlichkeit des Kindes. Ein Kind, das nicht vertieft spielen kann, wird in seiner gesamten Entwicklung stark beeinträchtigt. Spielstörungen verstärken abweichendes Verhalten. Es muss deshalb ein Anliegen der Erzieherin sein, dem Kind zu einem angemessenen Spielverhalten zu verhelfen.

2. Kinder, die über einen längeren Zeitraum nicht fähig sind, vertieft zu spielen, sind bereits in ihrer Entwicklung beeinträchtigt. Spiel kann eine Methode sein, die psychisch heilende Wirkungen hat (siehe Kapitel 5.1.2). Spiel kann deshalb dazu beitragen, dass das Kind wieder ein besseres Gleichgewicht in seiner Persönlichkeitsentwicklung findet.

3. Das gestörte Spielverhalten eines Gruppenmitglieds wirkt sich auf das Spiel und das Verhalten der anderen Gruppenmitglieder aus, sei es, dass das auffallende Kind zu passiv, zu aggressiv oder auch zu rastlos ist. Die anderen Kinder werden davon in ihrem Spiel berührt. Um für die Gruppe eine angemessene Spielatmosphäre zu schaffen muss das Spiel des einzelnen Gruppenmitglieds in etwa situationsangemessen sein.

Pädagogisches Vorgehen bei auffallendem Spielverhalten

Die Beobachtung

Die Beobachtung des auffallenden Spielverhaltens steht am Anfang einer pädagogischen Beeinflussung und wird sie laufend begleiten. Natürlich muss es in manchen Situationen auch zu einer „Krisenintervention“ kommen, ohne dass eine längere Beobachtung vorausgegangen sein kann, zum Beispiel wenn das Kind traurig und vereinsamt wirkt oder wenn es das Spiel anderer Kinder stört.

Beobachtungen werden zunächst einen Gesamteindruck des betreffenden Kindes anstreben um festzustellen, ob das auffallende Verhalten mehr als eine kurzfristige Abweichung von der Erwartungshaltung des Erwachsenen ist. Ein Kind, das sich zum Beispiel nach einem frustrierenden Erlebnis in der Familie, in der Gruppe oder in der Schule nicht in ein Spiel vertiefen kann oder aggressiv reagiert, zeigt kein auffallendes Verhalten. Erst wenn solche Situationen gehäuft auftreten, wird eine genauere Beobachtung notwendig, die ein objektives Erfassen der Häufigkeit und Stärke des abweichenden Verhaltens anstrebt.
Es können auch körperliche Gründe vorliegen, weshalb sich ein Kind vorübergehend nicht in ein Spiel einlassen kann, beispielsweise beginnende oder nicht erkannte Krankheiten, Schlafstörungen oder zu wenig Schlaf.
Die Erzieherin wird durch ihre Beobachtung versuchen Hintergründe und Ursachen für auffallendes Spielverhalten zu erkennen. Zugleich wird sie sich darum bemühen, einschränkenden Umweltbedingungen entgegenzutreten, zum Beispiel durch intensive Zuwendung, ausreichende Bewegungsmöglichkeiten, angemessenes Spielmaterial, sinnvolle Spielzeit und natürlich durch entsprechende Elternberatung.
Bei Gesprächen mit Eltern muss vorsichtig vorgegangen werden. Manche Eltern reagieren erschrocken und sehen in einem Hinweis sofort eigenes schuldhaftes Verhalten. Andere suchen die Schuld beim Kind und strafen womöglich. Wieder andere geraten in eine angstvolle Abwehrhaltung und schieben die Ursache für ungewöhnliches oder störendes Spielverhalten ihres Kindes den Erzieherinnen zu.

Je älter das Kind wird, desto mehr nimmt das Spiel ab zugunsten von ergebnisorientierten und arbeitsähnlichen Aktivitäten. Entspannung und Verwirklichung werden in Tätigkeiten gesucht, die ein Ergebnis bringen. Natürlich dürfen solche Tätigkeiten nicht verpflichtend, sondern müssen frei gewählt sein, wenn sie dem Spiel entsprechen sollen. Handwerkliche und sportliche Tätigkeiten gehören dazu. Andererseits treten Rezeptionsformen (aufnehmende Handlungsformen) an die Stelle des Spiels: vor allem Musik hören und Filme ansehen, manchmal auch Lesen. Die Sprache tritt mehr in den Mittelpunkt. Jugendliche können viel Zeit für Gespräche mit Gleichaltrigen verwenden.

Das bedeutet: Wenn älter werdende Schulkinder oder Jugendliche sich nicht mehr freiwillig in Spiele einlassen und zum Beispiel Gesellschaftsspiele, Sportspiele oder Wahrnehmungsspiele ablehnen, muss keineswegs ein auffallendes Spielverhalten vorliegen.

Gespräche

Ein Kind, das sich in das fast immer lustbetonte Spiel nicht einlassen kann oder die Spielkameraden häufig unangemessen stört, wird in der Regel unter einem Leidensdruck stehen, auch wenn es dieses Unbehagen nicht konkret wahrnimmt. Noch weniger kann es darüber sprechen. Es wird in seinen Antworten auf die Frage, warum es nicht spielt oder nicht in einer bestimmten akzeptierten Weise spielt, selten wirkliche Gründe sagen können. Es wird nur dann sein Verhalten begründen können, wenn ein aktueller, sichtbarer Grund vorliegt: „Ich darf nicht mitspielen!", „Ich warte darauf, dass ich abgeholt werde!" oder „X hat mir etwas weggenommen!" usw. Tiefer liegende Gründe kann das Kind in der Regel nicht formulieren. Sie sind ihm ja auch oft gar nicht bewusst, beispielsweise das Gefühl übervorteilt zu werden, seine Sehnsucht nach Geborgenheit, seine Angst zu versagen, oder wenn es seinen Bewegungsdrang nicht befriedigen kann. Die Frage der Erzieherin: „Warum spielst du nicht?" oder „Warum hast du dich so verhalten?" kann deshalb bei Kindern, die keinen aktuellen Grund zu sagen haben, leicht zu Abwehrhaltungen führen. Sie empfinden die Frage als Vorwurf im Sinne von „Du solltest eigentlich so spielen, wie ich es erwarte, aber du tust das nicht!" Mit Warum-Fragen ist deshalb sehr vorsichtig umzugehen.

Es ist eher sinnvoll, solche Gesprächsformen anzuwenden, die beim Kind keine Verteidigungshaltungen hervorrufen. Das sind vor allem die Gesprächstechniken des passiven und aktiven Zuhörens. Passives Zuhören kommt nur dann in Frage, wenn das Kind das Bedürfnis hat über sich zu reden. Es bedeutet: intensiv und einfühlsam zuhören, das Gehörte nicht bewerten und lediglich zurückmelden, dass man zuhört. Aktives Zuhören lässt sich dagegen fast immer anwenden. Bei aktivem Zuhören wird zurückgemeldet, was der Hörer verstanden hat, und zwar ebenfalls nicht wertend. Es benötigt allerdings viel Einfühlungsvermögen, eine grundsätzliche Akzeptanz der Person des Kindes und Echtheit in der eigenen Haltung. Eine gewisse Erfahrung mit dieser Technik ist Voraussetzung um sie angemessen einsetzen zu können.

Beide Gesprächsformen können bewirken, dass das Kind angstfreier wird, seine Gefühle besser zulassen und auch eher äußern kann. Manchmal braucht das Kind dann nur unterstützende und Mut machende Bestärkungen, um selbst Lösungen für seinen Konflikt zu finden. Lösungen, die das Kind selbst findet, werden immer erfolgreicher sein als Ratschläge, die der Erwachsene gibt.

Pädagogisches Handeln

Sprache ist nicht die einzige Kommunikationsform des Kindes und keineswegs immer die effektivste, abgesehen davon, dass vor allem kleine, ausländische und sprachgestörte Kinder über Worte nur bruchstückhaft erreicht werden. Die sprachliche Aussage und nonverbale Botschaften müssen übereinstimmen, damit das Kind keinen Widerspruch empfindet. Wenn die Erzieherin zum Beispiel zum Kind sagt: „Dieses Spiel macht dir bestimmt Spaß!", sich aber zugleich abwendet, kann das Kind die Abwendung als deutlichere Aussage im Sinne von „macht keinen Spaß" deuten als die ausgesprochenen Worte.

Nonverbale Kommunikationsformen können auf Kinder oft einen stärkeren Einfluss haben als Worte. Dazu gehören zum Beispiel die Spielbegeisterung, mit der die Erzieherin mitspielt, wie sie ein Spiel anleitet (etwa ein neues Regelspiel einführt), welches Material sie anbietet – und dabei das Interesse des Kindes erkannt hat –, welche Raumgestaltung und Raumnutzung sie ermöglicht, welche Regeln sie setzt und wie sie damit umgeht, worüber die Erzieherin sich freut, was sie bedrückt usw. Ihr Handeln und der Ausdruck ihrer Gefühle werden beim Kind oft mehr bewirken als ihre Worte.

Um bei älteren Kindern und Jugendlichen unangemessenes Freizeitverhalten zu beeinflussen ist ebenfalls das eigene Verhalten und die Ausstrahlung der Betreuer die stärkste Einflusskraft. Wenn der Betreuer beispielsweise freudig bei sportlichen Aktivitäten mitmacht, Ausflüge, etwa Fahrradtouren, offensichtlich gern unternimmt, für handwerkliche Tätigkeiten – wenn auch für keineswegs alle! – motiviert ist, Begeisterung bei einer Rallye ausstrahlt, eigene Spannung bei einer Nachtwanderung verspürt und äußert usw., dann wird er stärker als über verbale Animationsversuche in Richtung eines sinnvollen und angemessenen Freizeitverhaltens anregen können.
Viele Auffälligkeiten im Freizeitverhalten Jugendlicher sind durch das gesellschaftliche Leben, in dem die jungen Menschen aufgewachsen sind, entstanden. Dazu gehören – wie in diesem Buch schon öfters betont – die Verinselung der Kindheit (die ihnen nicht ausreichend das Erforschen der Welt und das selbstbestimmte Umgehen mit Spielpartnern ermöglichte), die materielle Fülle, die geringe Möglichkeit, im Rahmen von Spiel zu erfinden und Abenteuer zu erleben, die Einflüsse von Fernsehen und Video und vieles mehr. Freizeitangebote in Jugendzentren und Heimwohngruppen sollten deshalb weitgehend aus solchen Bereichen ausgewählt sein, die Erfindungsfreude hervorrufen können und *selbstgefundene* Spannung bieten. Konkret heißt das, dass eine Fahrradtour, eine Nachtwanderung oder ein Zeltwochenende für Jugendliche mehr bedeutet als ein Bowlingabend, ein Minigolfspiel oder eine Fahrt in einen Freizeitpark, in dem das Vergnügen der Besucher bereits vorerfunden wurde und gegen Geld angeboten wird.

Erzieher und Erzieherinnen sind keine Spieltherapeuten. Sie können nicht von sich erwarten wirkliche Verhaltensauffälligkeiten von Kindern und Jugendlichen über Spiel zu beeinflussen und zu verringern. Es wird lediglich erreichbar sein, durch ein einfühlsames, zugleich aber konsequentes Erzieherverhalten und das Ermöglichen von angemessenem Spiel dazu beizutragen,

1. dass vordergründige Ursachen für Spielauffälligkeiten behoben werden (zum Beispiel Bewegungsmangel, unangemessenes Spielmaterial, Spielzeugüberfülle, Mangel an Rückzugsmöglichkeiten oder unpassende Spielkameraden),
2. dass auffallende Kinder vielleicht Spielformen finden, die ihnen weiterhelfen (etwa Erfolgserlebnisse im Spiel, emotionale Befriedigung wie Geborgenheit und Zuwendung, Abreaktionsmöglichkeiten), und
3. dass die Gruppe so wenig wie möglich durch spielgestörte Gruppenmitglieder beeinträchtigt wird, beispielsweise durch Einbezug weiterer Räume, durch angemessene Beschäftigung der unausgeglichenen Gruppenmitglieder.

(Siehe dazu auch den folgenden Abschnitt.)

Spielunlust und störendes Spielverhalten

Gründe:
- eingeschränkte Spielmöglichkeiten?
- unpassende Spielangebote?
- unausgewogene Persönlichkeitsentwicklung aufgrund ungünstiger Umwelteinflüsse?
- Krankheit? Organische Störungen?

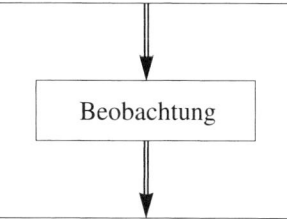

↓

Beobachtung

↓

- Gespräche (einfühlsame Gesprächsführung!)
- veränderte Spiel- und Freizeitangebote
- behutsame und motivierende Anleitung
- vorsichtige Elterngespräche

5.1.2 Spiel im Rahmen psychotherapeutischer Behandlung von Kindern

Anregung zum Eindenken in die Thematik

Erkennen von unterschiedlichen Wirkungen des Kinderspiels

Zwei etwa fünfjährige Kinder spielen ein Rollenspiel: Das eine der Kinder liegt auf dem Boden, tut, als ob es Schmerzen hätte und weinte. Das andere wickelt als Arzt eine Binde um sein Bein, hält ihm eine „Moralpredigt“, dass der Unfall wegen des unvorsichtigen Überquerens der Straße passiert sei, tröstet im nächsten Augenblick aber wieder und sagt, dass die Mama gleich kommen wird. Das „verletzte“ Kind soll nun zum Krankenwagen, drei hintereinandergestellten Stühlen, hickeln. Der Arzt von eben ist jetzt der Krankenwagenfahrer.

Angenommen, drei Vertreter unterschiedlicher psychotherapeutischer Richtungen würden das Spiel beobachten und aus der Sicht ihrer therapeutischen Denkrichtung bewerten:
Der Tiefenpsychologe würde in diesem Spiel wahrscheinlich die Bewältigung von Ängsten und die Verarbeitung von früheren, konflikthaften Erfahrungen zuerst sehen, insbesondere von solchen, die ins Unbewusste verlagert wurden.
Der Verhaltenstherapeut würde an erster Stelle auf die Vielfalt von Lernerfahrungen aufmerksam werden: Wissen, Sprache, Gefühle, Sozialverhalten, Kreativität, Motorik. Er würde sich darüber freuen, wie vielseitig und freiwillig die Kinder durch Spiel lernen.
Der Kindertherapeut, der nach der nicht-direktiven Spieltherapie arbeitet, würde bemerken, wie leicht es den Kindern fällt, sich selbst in unerschiedlichen Rollen zu sehen und das Bild vom eigenen Können zu erweitern.

Erzieherinnen und Erzieher haben – wie bereits gesagt – keine Ausbildung um verhaltensauffällige Kinder spieltherapeutisch zu behandeln. Der Einblick in psychotherapeutische Richtungen und deren Einbezug von Kinderspiel kann aber in verschiedener Hinsicht nützlich sein:

1. für die Beratung von Eltern,
2. um mögliche Therapien von Gruppenmitgliedern durch eigenes (spiel)pädagogisches Verhalten zu unterstützen,
3. um für eigenes (spiel)pädagogisches Verhalten Anregungen im Umgang mit verhaltensauffälligen Kindern zu erhalten.

Es gibt unterschiedlichste psychotherapeutische Vorgehensweisen, sowohl für Erwachsene als auch für Kinder. Bei der Beschreibung von therapeutischen Richtungen und deren Einbezug von Kinderspiel beschränke ich mich auf drei Therapiekonzepte: den tiefenpsychologischen (analytischen) Ansatz, die Verhaltenstherapie und die nicht-direktive Spieltherapie. Natürlich gibt es innerhalb dieser Konzepte wiederum unterschiedliche Schulen, die sich aber nach dem gleichen Grundkonzept richten. In Ausnahmefällen werden unterschiedliche therapeutische Ansätze kombiniert.

Der tiefenpsychologische (psychoanalytische) Ansatz

Im Spiel wiederholt das Kind Erfahrungen aus seinem Leben. Dadurch kann es unangenehme oder schwer zu verstehende Erlebnisse verarbeiten. Das Spiel hat eine kathartische (reinigende) Wirkung. Das Kind erleichtert zum Beispiel durch sein Spiel Schuldgefühle, genauso wie der Erwachsene im Gespräch mit vertrauenswürdigen Mitmenschen seine Erlebnisse und Gefühle abreagiert und sich erleichtert. Triebhafte Wünsche und Sehnsüchte (innere

Antriebe), zum Beispiel der Wunsch nach Sicherheit, Wertschätzung oder Anerkennung, können den Wertvorstellungen widersprechen, etwa den Vorstellungen von Bescheidenheit, Rücksichtnahme oder Unaufdringlichkeit. Dadurch gerät der Mensch, insbesondere das Kind, in Konflikte. Es muss zum Beispiel die Zuwendung, die es von seiner Mutter erhält, mit einem nachgeborenen Geschwister teilen. Es will aber die Zuwendung uneingeschränkt behalten (Triebwunsch). Zugleich sieht es den Anspruch des jüngeren Kindes auf ebensolche Zuwendung ein (Wertvorstellung). Seinen Zorn auf das Geschwister ordnet es als böse ein. Nicht bewältigte Konflikte können zur Bildung von Abwehrmechanismen führen. Im Unbewussten bleiben die Konflikte erhalten und verursachen bei starker Diskrepanz unangemessenes Verhalten. Das Kind kann zum Beispiel in kleinkindhaftes Verhalten (unbewusst) zurückfallen (einnässen, kleinkindhaft sprechen) um sich mit dem Anspruch, nämlich auf Zuwendung zu verzichten, nicht mehr identifizieren zu müssen.

In der psychoanalytischen Therapie kann das Kind druckfrei spielen. Es braucht keine Angst vor hohen Wertvorstellungen und Spieleinschränkungen durch den Therapeuten zu haben. So wie der Erwachsene in Gesprächsassoziationen (Vorstellungsverknüpfungen) Unbewusstes äußern kann, bringt das Kind im Spiel Unbewusstes zum Ausdruck. Es stellt zum Beispiel Zuwendungswünsche im Rollenspiel dar. Dabei macht es die Erfahrung, dass der Therapeut seine Triebwünsche nicht verurteilt. Nun kann es den Konflikt zwischen Wunsch ('Es') und Gewissen ('Überich') bearbeiten und seine gestörte Ich-Identität neu aufbauen. Diese Bearbeitung kann auf der Ebene des Spiels stattfinden. Einsicht und verbale Bewusstmachung sind bei Kindern nicht grundsätzlich erforderlich.

Die analytische Therapie dauert in der Regel recht lange, selten unter einem Jahr, weil das Kind sich langsam in frühere Entwicklungsphasen zurückspielt (schwer wiegende Auffälligkeiten sind in der Regel in früher Kindheit entstanden) und nur langsam eine neue, stabile Identität aufbauen kann. (Ein gutes Beispiel für den Verlauf einer psychoanalytischen Behandlung eines sechsjährigen Mädchens wird im Buch „Betty, Protokoll einer Kinderpsychotherapie" von Anneliese Ude beschrieben.)

Therapeuten, die in psychoanalytischer Richtung mit Kindern arbeiten, haben in der Regel eine Ausbildung zum Psychagogen.

Aus der Sicht psychoanalytischer Therapie kann freies Spiel zur Prävention (Vorbeugung) von Verhaltensauffälligkeiten beitragen. Zugleich müssen die Bezugspersonen dem Kind Sicherheit vermitteln. Für den spielpädagogischen Arbeitsbereich der Erzieherin und des Erziehers bedeuten die tiefenpsychologischen Erkenntnisse:

1. Das Kind muss ohne Verurteilung und Abwertung so spielen dürfen, wie es seinen Motivationen entspricht. Es muss seine individuelle Freiheit im Spiel austasten dürfen. (Natürlich hat diese Freiheit dort Grenzen, wo ernster Schaden entsteht.) In dieser Freiheit verwendet das Kind Symbole um seine verdrängten Konflikte spielen zu können, ohne sie sich bewusst machen zu müssen und ohne sie der Umwelt offen zu legen. Es spielt beispielsweise einen bissigen Hund und nicht die erlebte, Grenzen setzende Mutter und auch nicht die eigenen zornigen, realen Gefühle, sondern eben die des Hundes. In dieser Symbolik lässt es aber die verdrängten Gefühle – ohne sie mit der Realität konkret zu verbinden – hochkommen, wiederholt sie und verarbeitet sie. Damit tastet es sich an die Realität heran und kann seine Spannungen abreagieren. Zugleich werden neue Einsichten ermöglicht.
Neben dem Spiel bieten Märchen eine gute Basis für die Verarbeitung von Frustrationen auf der symbolischen Ebene.

2. Auch außerhalb des Spiels sind dem Kind eine eigene Persönlichkeit und sein eigener Wille zuzugestehen. Es muss seine individuelle

Freiheit innerhalb von vorgegebenen Grenzen spüren können. Die Konfrontation mit den Grenzen soll weitmöglichst bewusst geschehen.

3. Der Erwachsene muss für das Kind als Vorbild fungieren. Wenn er Einfühlungsvermögen zeigt, wertschätzend mit den Mitmenschen umgeht und sich als verlässlich beweist, bietet er dem Kind Halt und Sicherheit.

4. Die Erzieherin und der Erzieher müssen das Kind ermutigen Eigenständigkeit und Mut im Alltag und im Spiel zu äußern um Probleme selbst zu lösen, damit das Kind verarbeitet anstatt zu verdrängen.

Das lernpsychologische Verfahren (Verhaltenstherapie)

Die Lernpsychologie geht im Wesentlichen davon aus, dass eine Verhaltensänderung das Ergebnis eines Lernprozesses ist. Das Kind vollzieht eine ungeheure Menge von Lernprozessen, durch die es sich zunehmend kompetenter mit seiner Umwelt auseinander setzen kann. Dabei erwirbt das Kind allerdings auch Verhaltensweisen, die unangemessen sind, weil es sehr vielen und nicht immer wünschenswerten Umwelteinflüssen ausgesetzt ist oder auch Maßnahmen falsch deutet.

Spiel ist ein wesentlicher Handlungsbereich des Kindes. Durch das Lustgefühl, das die meisten Spiele begleitet, wirkt der Lernvorgang, der im Spiel stattfindet, nachhaltig und drängt auf Wiederholung und Vertiefung. Deshalb sollte das Spiel sowohl häufig als selbstbestimmte lernende Tätigkeit wie auch als beabsichtigte und bewusst gelenkte Lernform eingesetzt werden, und zwar nicht nur, um ein gewünschtes Verhalten zu erlernen, sondern, wenn nötig, auch um ein erlerntes, nicht erwünschtes Verhalten wieder zu verlernen.

Die Verhaltenstherapie arbeitet mit den sichtbaren Verhaltensäußerungen. Eine ausführliche Diagnose hinsichtlich des unerwünschten Verhaltens ist deshalb für eine therapeutische Behandlung notwendig. Es muss beobachtet werden, welche Verhaltensweisen in welchen Situationen von der erwarteten Norm abweichen. Dafür muss es Gründe gegeben haben oder noch geben. Das Kind hat sich ein unangemessenes Verhalten angeeignet, beispielsweise durch eine zu strenge Erziehung, die das Kind dazu brachte, den Anforderungen auszuweichen. Oder der unbefriedigte Wunsch des Kindes nach elterlicher Zuwendung kann das Kind veranlasst haben sich so zu verhalten, dass es mehr Zuwendung erhält, zum Beispiel aufsässig, weinerlich oder kleinkindhaft. Diese vielleicht noch vorhandenen negativen Einflüsse aus der Umwelt müssen im Rahmen der Möglichkeiten ausgeschaltet werden (in den beschriebenen Beispielen die zu strenge Erziehung und die mangelnde Zuwendung).

In der Therapie wird erwünschtes Verhalten „angelernt". Dafür können alle Lernformen der Lernpsychologie eingesetzt werden wie klassisches und operantes Konditionieren, Bekräftigungslernen, Nachahmungslernen, Lernen durch Versuch und Irrtum sowie durch Einsicht, einschließlich der Motivation zur Selbstverpflichtung. Zugleich wird jede Verstärkung des unerwünschten Verhaltens vermieden, notfalls wird unerwünschtes Verhalten auch negativ sanktioniert (bestraft).

Hierbei hat das Spiel als solches keine symbolhafte Bedeutung wie in der tiefenpsychologischen Therapierichtung. Weil Spiel aber eine wesentliche Handlungsform des Kindes ist, wird es selbstverständlich in eine Therapie einbezogen, das heißt, vor, während und nach dem Spiel werden lernpsychologische Techniken angewandt um das Verhalten im Spiel und über das Spiel hinaus in der gewünschten Weise zu beeinflussen. Das Kind wird zum Beispiel gelobt oder belohnt, wenn es ansatzweise erwünschtes Verhalten, etwa weniger Aggressionen, äußert. Spielformen können auch gezielt eingesetzt werden um ein unangemessenes Verhalten zu beeinflussen. Insbesondere bei Angstsymptomen eignet sich das Spiel, weil es auf der Spielebene, das heißt, nicht in der vollen Realität abläuft. Das Kind weiß, dass es sich im Spiel *freiwillig* in Gefühle (Angst) einlässt und sie jederzeit begrenzen oder abbrechen

kann. Wenn das Kind beispielsweise eine Hundephobie (krankhafte Angst) hat, beginnt der Therapeut vielleicht mit einem Plüschhund oder einer Bildbetrachtung. Später wird möglicherweise mit einem echten kleinen Welpen gespielt usw.
Es gibt natürlich auch Lernbereiche, bei denen das Spiel nicht einbezogen wird, nämlich dann, wenn die Verstärkungen sinnvoller während anderer Phasen des Tagesablaufes eingesetzt werden, etwa bei Konzentrationsschwäche während der Hausaufgaben oder unangemessenem Essverhalten (beispielsweise Magersucht).
Als Prävention oder als Hilfe für den Umgang mit Verhaltensauffälligkeiten bei Kindern und Jugendlichen kann für Erzieherinnen und Erzieher folgendes (spiel)pädagogisches Verhalten gelten:

1. Es wird beobachtet, in welchen Zusammenhängen das unerwünschte Verhalten auftritt und durch welche Einflüsse es möglicherweise verstärkt wird. Diese Verstärkungen müssen vermieden werden.
Das ist nicht einfach. Es kann zum Beispiel sein, dass ein jüngeres Kind im Kindergarten in der Gruppe von den Spielkameraden liebevoll umsorgt wird, und zwar vor allem dann, wenn es sich ängstlich, wehleidig oder kleinkindhaft verhält. Das Verhalten der älteren Spielkameraden zu verändern und sie beispielsweise dazu zu veranlassen, das weinende Kind nicht zu beachten, würde ihre Einsicht voraussetzen und die Fähigkeit zwischen angebrachter und unangebrachter Hilfsbereitschaft zu unterscheiden.
Unangemessene Verstärkungen müssen deshalb sorgsam in ihrem Zusammenhang erkannt und im Rahmen der Möglichkeiten abgebaut werden.

2. Das Kind wird verstärkt, wenn es sich im Spiel (oder sonst) in Richtung des gewünschten Verhaltens verändert.
Das ist ebenfalls nicht einfach. Angenommen, hinter der Aggression eines Kindes steckt niedriges Selbstwertgefühl und ein starker Wunsch nach Beachtetwerden. Das Kind wird von der Erzieherin und den Spielkameraden automatisch immer dann beachtet werden, wenn es mit seinen Aggressionen auffällt. Hier kann der Tadel für das Kind bereits verstärkend wirken, weil er auch eine Form von Zuwendung ist. Das Kind zu loben, wenn es weniger aggressiv ist, verlangt konzentrierte Beobachtung, die für eine Gruppenleiterin kaum leistbar ist.
Ähnlich schwierig ist die positive Verstärkung beim Abbau von Spielhemmungen. Ein Kind, das Zugangsschwierigkeiten zum Spiel hat, untätig zuschaut, aber offensichtlich mitspielen möchte, muss von der Spielgruppe angenommen und behutsam einbezogen werden. Es wird möglicherweise schnell verschreckt und zieht sich wieder zurück oder kompensiert durch störendes Verhalten. Damit bestätigt es sich selbst in seiner Spielunfähigkeit.
In diesem Zusammenhang wird von der Erzieherin, dem Erzieher verlangt das Augenmerk nicht auf das auffallende unangemessene Verhalten zu lenken, sondern sich auf gezeigtes – nicht auffallendes – wünschenswertes Verhalten im Rahmen der Möglichkeiten zu konzentrieren.

3. Dem Kind müssen solche Spiele und Spielsituationen angeboten werden, in denen es Verhaltensfortschritte leisten kann und die verlangten Schritte nicht zu groß sind. Es darf nicht überfordert werden um Mut und Motivation für eine Verhaltensänderung zu behalten.
Auch das kann für die Erzieherin problematisch sein, denn von den Spielkameraden kann ein solches schrittweises Vorgehen nicht erwartet werden. Insbesondere dann nicht, wenn beispielsweise in der gleichen Spielgruppe ein zweites Kind mit geringer Frustrationstoleranz ist und durch sein Verhalten hohe Anforderungen an die Toleranz der Spielpartner und eben auch an jedes andere Kind mit starken Aggressionen gestellt werden.
Hier können Sie als Erzieherin und Erzieher nicht mehr tun als aufzupassen und das Beste daraus zu machen.

4. Der Erwachsene muss als Modell zu angemessenem Spielverhalten anregen. Dazu

gehören eigene Spielbeteiligung, Spielfreude, Kompromissbereitschaft und Regeleinhaltung (sowohl von Spielregeln als auch von Regeln für das Spiel, etwa Aufräumen).

Die nicht-direktive Spieltherapie

Die nicht-direktive Spieltherapie basiert auf der von Carl Rogers entwickelten Selbsttheorie oder Theorie des Selbstkonzeptes. Sie wird in der Regel bei Kindern zwischen etwa zwei und zwölf Jahren als Spieltherapie durchgeführt. Mit Jugendlichen und Erwachsenen wird unter der Bezeichnung „Personen- oder klientenzentrierte Therapie" in der Gesprächsform gearbeitet.

Nach dieser Theorie entwickelt der Mensch sein Verhalten durch die subjektive Sicht der Realität. Ausschlaggebend für den Aufbau seiner Persönlichkeit ist nicht die Realität als solche, sondern die individuelle Wahrnehmung der Realität, also die Art und Weise, wie der Mensch die Realität interpretiert. Ein Kind, das durch das Bellen eines Hundes erschrickt, wird den Hund möglicherweise als bedrohlich empfinden und Angst vor diesem oder auch anderen Hunden entwickeln. Ein anderes Kind, für das Hunde bereits als angenehme Spielgefährten gelten, wird durch das gleiche Bellen des Hundes vielleicht nicht erschrecken und in seiner Beziehung zu Hunden keineswegs beeinflusst werden. Möglicherweise deutet es das Bellen sogar als Spielwunsch des Hundes und bestärkt damit seine bisherige Einstellung gegenüber Hunden, nämlich sie als Spielfreund anzusehen. Während also die gleiche Realität – Bellen eines Hundes – bei dem einen Kind zu unangemessenen Ängsten führen kann, wird das gleiche Bellen beim anderen Kind keine Änderungen hervorrufen oder vielleicht sogar das Gegenteil bewirken, nämlich eine zu geringe Angst im Sinne eines Unterschätzens von Gefahr.

Rogers sagt weiterhin, dass der Mensch sich ein Bild von sich selbst macht, das heißt, dass er ein Selbstkonzept entwickelt. Dieses Selbstkonzept gliedert sich in ein Realselbst (so wie er sich sieht) und in ein Idealselbst (so wie er sich sehen möchte). Bei einer psychisch gesunden Entwicklung werden diese beiden Sichtweisen des Selbstkonzeptes sich nicht zu weit voneinander entfernen. Ihre Unterschiedlichkeit kann ohne erhebliche Beeinträchtigung des Selbstwertgefühles verkraftet werden. Wenn diese Bilder aber weit auseinander klaffen, ist eine ausgeglichene Persönlichkeitsentwicklung gefährdet.

Das Spiel ist ein frei gewähltes Handeln des Kindes. Das Kind wird sich solche Spiele aussuchen und seine Spielverläufe so strukturieren, wie sie in sein Selbstbild passen. Wenn das sechsjährige Kind beispielsweise aufgrund bisheriger Erfahrungen und ermutigenden Verhaltens von Seiten der Erwachsenen davon überzeugt ist, dass es Anerkennung erhält, wenn es sich vor anderen darstellt, etwa in Pantomimenspielen, wird es sich in darstellende Spiele einlassen und sein Selbstbild diesbezüglich festigen. Wenn es dagegen die Erfahrung macht oder ihm vermittelt wird, dass es unattraktiv oder lächerlich wirkt, wird es diese Gefahr in sein Selbstbild aufnehmen und möglicherweise solche Handlungen meiden. Es wird auch in Konflikte geraten, wenn es sich den Spielkameraden angleichen möchte oder Selbstdarstellung von ihm verlangt wird, etwa vor mehreren Zuhörern zu sprechen.

Das Spiel beeinflusst das Selbstbild eines Kindes.

Ein Mensch mit Verhaltensproblemen hat Schwierigkeiten beim Aufbau eines stimmigen Selbstbildes. Zugleich ist aber jeder Mensch, auch jedes Kind, darum bemüht, Unstimmigkeiten zwischen Realbild und Idealbild auszugleichen. Die Theorie des Selbstkonzeptes geht davon aus, dass in jedem Menschen Selbstheilungskräfte angelegt sind. Der Therapeut schafft deshalb „nur" die Voraussetzungen, dass diese Selbstheilungskräfte wirken können. Das sind vor allem erstens eine angstfreie Atmosphäre, in der sich der Klient ungehemmt geben kann. Zweitens versucht der Therapeut dem Klienten die Gefühle, die er bei ihm wahrnimmt, zurückzuspiegeln.

In der nicht-direktiven Spieltherapie signalisiert der Therapeut dem Kind eine warme, freundliche Beziehung. Er nimmt das Kind be-

dingungslos an. Er lässt es gewähren (solange es nicht Grenzen überschreitet, die als Voraussetzung für ein angenehmes Zusammensein gelten müssen oder die neue Ängste schaffen würden wie Schmerzen zufügen oder Dinge beschädigen). Damit schafft er eine weitgehend angstfreie Atmosphäre.
Der Therapeut ist wachsam um die im Spiel ausgedrückten Gefühle des Kindes zu erkennen. Das Kind kann sie in der angstfreien Spielatmosphäre leichter zulassen und äußern als in seinem Alltag. Dem Kind gegenüber zeigt der Therapeut ein einfühlsames, nicht wertendes Verhalten, eine warme emotionale Zuwendung und Echtheit. Diese Echtheit äußert sich in einer Übereinstimmung dessen, was er sagt, mit dem, was er denkt und empfindet. Damit wird er für das Kind zu einem verlässlichen und vertrauenswürdigen Partner.
Die Grundhaltungen des Therapeuten sind somit: Empathie (Einfühlungsvermögen), Akzeptanz (Wertschätzung) und Kongruenz (Übereinstimmung) bzw. Authentizität (Echtheit). Die beim Kind wahrgenommenen Gedanken und Gefühle werden vom Therapeuten dem Kind in vorsichtiger Form – weitgehend über aktives Zuhören – rückgemeldet. In dieser Atmosphäre kann das Kind sein unstimmiges Selbstbild angstfrei betrachten und von Fehleinstellungen loslassen.

Die nicht-direktive Spieltherapie sollte immer von einer Arbeit mit den Eltern begleitet werden, damit deren eigenes Verhalten ebenfalls stärker an den Grundhaltungen von Akzeptanz, Empathie und Echtheit ausgerichtet wird. Das bedeutet, dass auch Erzieherinnen und Erzieher in ihrem Zusammensein mit verhaltensauffälligen Kindern und Jugendlichen – und nicht nur mit ihnen, sondern mit allen jungen Menschen – diese Grundhaltungen anstreben und zum Ausdruck bringen sollten. Sie äußern sich im alltäglichen Umgang mit dem Kind oder Jugendlichen, im Akzeptieren und Unterstützen seines Spiels und in der Kommunikation, vor allem im aktiven Zuhören.

Die Bedeutung von Spiel im Rahmen psychotherapeutischer Behandlungen von Kindern

1. Der Standort des Spiels in psychologischen Theorien

Psychoanalytische Theorie	**Verhaltenstheorie**	**Selbsttheorie**
Spiel als Äußerung von Bedürfnissen und als Möglichkeit Erlebtes zu verarbeiten und Unbewusstes symbolhaft darzustellen	Spiel als (lustbetontes) Lernen und als Möglichkei das Verhalten an die Anforderungen der Realität anzupassen	Spiel als selbstbestimmte Handlungsform und als Möglichkeit ein stimmiges Selbstbild (Realbild und Idealbild) zu entwickeln

2. Der Einbezug von Spiel in psychotherapeutische Behandlungsformen von Kindern

Psychoanalytische Therapie	**Verhaltenstherapie**	**nicht-direktive Spieltherapie**
Im Spiel wiederholt und verarbeitet das Kind auf symbolischer (verschlüsselter) Ebene ins Unbewusste verlagerte konflikthafte Erfahrungen. Durch die Spannungsentladung wird es entlastet und gewinnt neue Einsichten.	Unangemessenes Verhalten wird umgelernt. Fehlendes, wünschenswertes Verhalten wird eingeübt. Spiel wird teilweise einbezogen und als Lernform genutzt.	In der bedingungslosen Annahme durch den Therapeuten korrigiert das Kind im nicht bewerteten Spiel unangemessene Diskrepanzen in in seinem Selbstbild, nämlich zwischen Realbild und Idealbild.

Zusammenfassung

- Bei gestörtem Spielverhalten von Kindern muss zunächst geprüft werden, ob die Umwelt- und Spielbedingungen das vertiefte Spiel des Kindes beeinträchtigen, beispielsweise Bewegungsmangel, Ablenkungen, Über- und Unterforderungen, Spielzeugüberfülle, ungünstige Spielgruppenzusammensetzung.

- Neben unangemessenen äußeren Bedingungen können Verhaltensauffälligkeiten Kindern ein vertieftes Spiel unmöglich machen, zum Beispiel Hemmungen, Aggressionen, Rastlosigkeit und Unruhe. Kinder, die nicht vertieft spielen können, erleiden erhebliche Defizite in ihrem augenblicklichen Wohlbefinden (Spiel ist lustvoll!) wie auch in ihrer Entwicklung. Zugleich stören sie das Spiel der anderen Gruppenmitglieder. Erzieherinnen müssen sich deshalb darum bemühen, Spielstörungen im Rahmen ihrer Möglichkeiten zu verringern.

- Um spielstörendes Verhalten von Kindern zu bearbeiten, ist zunächst Beobachtung wichtig, um einerseits zu erkennen, ob äußere Gründe das Kind von vertieftem Spiel abhalten, andererseits, um wahrzunehmen, in welchen Situationen die Störung auftritt.

- Bei Gesprächen mit Kindern und Jugendlichen muss behutsam vorgegangen werden, weil Kinder die Gründe für ein Fehlverhalten oft nicht benennen können, vor allem dann nicht, wenn das Fehlverhalten keinen konkreten fassbaren Anlass hat, sondern aus unangemessenen Gefühlen des Kindes entsprungen ist. Ebenso müssen Gespräche mit den Eltern vorsichtig angegangen werden, damit die Eltern nicht überreagieren.

- In Anlehnung an spieltherapeutisches Vorgehen können Erzieherinnen und Erzieher im Rahmen ihrer Möglichkeiten:
  - dem Kind ein möglichst wenig einschränkendes Spiel bieten, damit es seine Bedürfnisse im Spiel ausdrücken kann, zugleich muss es allerdings durch klare Grenzen Sicherheit spüren,
  - erwünschtes Verhalten im Spiel verstärken und unerwünschtes Verhalten wenig beachten oder wenn möglich umlenken,
  - die Grundhaltungen von Akzeptanz; Empathie und Echtheit verinnerlichen und vor allem in der Kommunikation zum Ausdruck bringen. Sie äußern sich unter anderem im aktiven Zuhören.

Zum Nachdenken:

❍ Anneliese Ude beschreibt in „Betty" den Prozess der tiefenpsychologischen Behandlung eines sechsjährigen Mädchens. Ein Ausschnitt einer Stunde gegen Ende der Therapie (1978, S. 148 f):

❒ *Betty geht zielstrebig auf den in der äußeren Ecke stehenden Pappkarton zu, in dem sie vor Monaten wie ein Baby von mir hin- und her geschaukelt werden wollte. Was will sie heute damit anfangen?*

Sie schleift ihn in die Mitte des Raumes, während ich untätig zuschaue. Sie kritisiert: „Du könntest auch mal mit zufassen."
„Ich weiß ja nicht, was du damit machen willst, Betty."
„Das wirst du gleich sehen", gibt sie kess zur Antwort. Sie richtet den Karton auf, sodass die Deckel jetzt wie große Türen wirken. Mit Buntstiften malt sie nun Fenster mit Gardinen an die Außenwände, die Türen bekommen Klinken.
„Aha", sage ich, „es wird ein Haus."
„Mein Haus", gibt sie zur Antwort und arbeitet weiter. Sie kriecht in ihr Haus hinein, legt auf den Boden eine Matte und malt auf die Innenwände eingerahmte Blumenbilder. Sie ist ganz eifrig. Dann bohrt sie noch einen Stock durch das „Dach" und sagt dazu: „Das ist der Schornstein."
Ich soll nun all die Bonbons und die Maggiflaschen holen und mit ihr in ihrem Haus eng zusammenhocken. Als ich erwähne, dass ich es schöner fände, wenn man auch die Fenster öffnen könnte, wehrt sie ab: „Es ist nicht nötig, dass jeder in mein Haus gucken kann; es genügt, wenn die Tür zu öffnen ist."
Ich gebe ihr Recht, füge aber hinzu, dass ich es schon lieber hätte, wenn man auch die Fenster manchmal öffnen könnte, damit man noch besser hinausschauen könne, noch mehr frische Luft und Sonne hereinkomme und es auch heller sei.
„Ach, mir ist es so hell genug ... die Türen sind doch so groß ... komm, hilf mir, wir wollen jetzt einen Hausgarten bauen." (...) Betty scheint sichtlich befriedigt zu sein von ihrem Haus und ihrem Garten. (...)
Als Betty das Zimmer verlassen hat, bleibe ich noch einen Augenblick auf der kleinen Bank sitzen. „Guter, alter Pappkarton", denke ich vor mich hin. „Du hast hier eine lange Wegstrecke mit uns zurückgelegt. ... Zuerst warst du eine Wiege ... Vielleicht sogar der Mutterleib, in den sich Betty wie ein Embryo zurückverkriechen wollte. Es sollte ganz dunkel und ganz still sein, nur leise wollte sie in dir hin und her gewiegt werden ... Dann wurde aus dir ein Piratenschiff mit einer Totenkopffahne ... und heute bist du ein Haus, ihr Haus, das erste Haus mit einer offenen Tür!" ❑

Versuchen Sie sich Ziele und methodisches Vorgehen tiefenpsychologisch ausgerichteter Therapie an diesem Beispiel deutlich zu machen.

❍ Vera Kuhlen (1974, S. 139) beschreibt die Behandlung eines Kindes mit einer Phobie (krankhafte Angst) in verhaltenstherapeutischem Vorgehen:
Ein achtjähriges Kind hatte zwei Jahre nach einem Autounfall immer noch so starke Ängste vor allen bewegten Fahrzeugen, dass es das Haus kaum verlassen konnte. Zunächst wurden in den Therapiesitzungen mit dem Kind nur Gespräche über Fahrzeuge geführt. Dann wurde das Spiel eingesetzt: Das Kind spielte mit allen möglichen kleinen Fahrzeugen. Schließlich wurden stehende Fahrzeuge betreten. Nach jedem bewältigten Schritt wurde das Kind belohnt. Innerhalb von sechs Wochen war das Kind so weit, dass es nicht nur angstfrei in Fahrzeugen fahren konnte, sondern sogar ausgesprochenen Spaß daran hatte.

Überlegen Sie, welche der Ihnen bekannten Lerntheorien in einem solchen Programm Anwendung finden können und welchen Standort das Spiel dabei einnimmt.

❍ Ein kurzer Auszug aus „Dibs" von Virginia Axline wirft ein Licht auf die Behandlung im nicht-direktiven Verfahren. Dibs steht noch am Beginn seiner Behandlung. Er hat in der letzten Stunde im Sand gebaut und erwartet, dass der Sand nicht bis zu seinem nächsten Kommen verändert wird. (Axline 1975, S. 67):
❑ *Er ging zum Sandkasten und starrte auf den geglätteten Sand und die verschiedenen Figuren, die darin herumlagen. „Wo ist meine kleine Ente?", fragte er.*

„Du möchtest wissen, was mit der kleinen Ente geschehen ist, die du da oben auf dem Sandberg gelassen hast?", fragte ich. Er drehte sich schnell um und sah mich direkt an. „Stimmt", sagte er ärgerlich. „Wo ist meine kleine Ente?"
„Du wolltest, dass sie stehen blieb, und jemand hat sie weggenommen", antwortete ich und versuchte die Situation kurz zusammenzufassen. Gleichzeitig wollte ich seine Reaktionen durch meine Antworten verlangsamen, damit er seine Gedanken und Gefühle genauer registrieren konnte.
Er kam dicht zu mir heran und sah mir in die Augen. „Stimmt", sagte er nachdrücklich. „Warum?"
„Du möchtest wissen, warum ich nicht dafür gesorgt habe, dass sie dort blieb, wo du sie hingestellt hast?", erläuterte ich.
„Ja", sagte er. „Warum?"
„Warum glaubst du wohl, habe ich es zugelassen?"
„Ich weiß es nicht. Es macht mich böse. Sie hätten es nicht erlauben dürfen."
Jetzt war es an mir, die Fragen zu stellen. „Warum hätte ich das tun sollen? Habe ich es dir versprochen?"
Er sah hinunter auf den Boden. „Nein", antwortete er und seine Stimme wurde fast zu einem Flüstern.
„Aber du wolltest, dass ich es tun sollte?"
„Ja", flüsterte er. „Ich wollte, dass Sie es für mich tun."
„Andere Kinder kommen hierher und spielen mit den Sachen", sagte ich. „Eins davon hat wahrscheinlich deine Ente weggenommen."
„Und meinen Berg", sagte er. „Meine kleine Ente stand oben auf dem Berg."
„Ich weiß. Und jetzt ist dein Sandberg auch nicht mehr da, nicht wahr?"
„Er ist fort."
„Und deshalb bist du böse und enttäuscht, nicht wahr?"
Dibs nickte zustimmend. ❑

Verdeutlichen Sie sich, wann und wie die Therapeutin aktives Zuhören anwandte und was sie dadurch bewirken wollte.

Nach einer Idee der italienischen Zeitschrift „bambini"

Claudia, Sabine und Frank
Studierende einer Fachschule für Sozialpädagogik

◆ **Claudia:** In diesem Abschnitt werden wir schon wieder vor Alternativen gestellt: Freiraum, aber Grenzen – Verstärken, aber selbst bestimmen lassen – Elterngespräche, aber vorsichtig vorgehen!
Ich wollte, ich hätte einen Büroberuf gewählt! Nein, wollte ich doch nicht. Da wäre ich vielleicht der verlängerte Arm von irgendjemandem und von dessen Interessen. Ich hätte nichts selbst zu entscheiden. Ich ziehe doch die Gratwanderungen vor.

◆ **Sabine:** Als ich den Teil der therapeutischen Richtungen gelesen habe, kam mir das entsprechende pädagogische Verhalten logisch und auch reizvoll vor. Ging euch das auch so?

◆ **Claudia:** Theorie liest sich leicht. Die Umsetzung ist nie so klar wie eine theoretische Erklärung. Du stehst plötzlich vor Entscheidungen, die du nicht durchschaust.

◆ **Frank:** Mir wird im Zusammenhang mit Entscheidungsspielraum immer wieder klar, wie viel das Team bedeutet: Einerseits kann ich mich im Team gestützt und aufgefangen fühlen, andererseits hilft mir das Team Situationen nicht einseitig zu sehen. Ein Verhalten eines Kindes, das ich zum Beispiel als auffällig ansehe, empfindet ein anderer vielleicht als normal. Es hat doch jeder eine eigene Sichtweise. Davon hat mich die Karrikatur jedenfalls überzeugt.

◆ **Sabine:** Jetzt stell' dir mal vor, Frank, du kommst in ein verklemmtes Team! Da stehst du allein und wirst schließlich selbst noch gestört, weil du meinst, die Mehrheit müsse ja wohl normal sein.

◆ **Claudia:** Eins weiß ich: Ich gehe in keine Stelle, in der ich nicht vorher hospitiert habe. Und die Probezeit nehme ich auch aus meiner Sicht ernst. Ich lasse mich nicht nur prüfen, ich prüfe auch!

◆ **Frank:** Dann darf es allerdings nicht passieren, dass wir zwischen einer unangenehmen Stelle und Arbeitslosigkeit entscheiden müssen.

◆ **Sabine:** Frank, in dieser Beziehung bist du im Vorteil. Du bist als Mann Mangelware in sozialpädagogischen Einrichtungen und wirst immer genommen werden.

◆ **Claudia:** Geht es euch auch so, dass ihr sagt: Verhaltensprobleme bei Gruppenmitgliedern lassen sich verkraften, wenn das Team gut ist. Aber bei einem unpassenden Team reibe ich mich auch bei den besten Kindern auf?

◆ **Sabine:** Ja, bei Kindern und Jugendlichen mache ich mir erstens immer bewusst, dass sie sich nicht aus eigener Schuld so verhalten, sondern dass die Umwelt sie verbogen hat. Bei Erwachsenen suche ich die Verantwortlichkeit bei ihnen selbst, obwohl es bei ihnen eigentlich auch nicht anders ist. Und zweitens fühle ich mich bei unangemessenem Verhalten von Teammitgliedern hilfloser und ausgelieferter.

◆ **Frank:** Das geht mir auch so. Aber warum eigentlich? Wir könnten doch auch bei Erwachsenen rückmelden, was uns gefällt oder nicht gefällt und dadurch ihr Verhalten vielleicht verändern. Da tun wir's aber sicher viel weniger.

◆ **Claudia:** Klar, es fällt doch viel leichter, bei „Untergebenen" Stellung zu nehmen als bei Gleichberechtigten. Da kommt man sich doch ganz schnell überheblich vor.

◆ **Sabine:** Eigentlich verrückt. Verschenkte Chancen für Annäherung und Kooperation.

Literaturempfehlung

Wolfram Wolf-Wedigo: Präventive Kindergartenpädagogik. Grundlagen und Praxishilfen für die Arbeit mit auffälligen Kindern. Juventa Verlag 1995

Gerd Hansen / Willi Seitz: Entstehung und Behandlung von Verhaltensstörungen im Kindes- und Jugendalter. Centaurus-Verlagsgesellschaft 1991

Gudrun Gauda: Therapie für Kinder. Kösel Verlag 1994

5.2 Spiel des kranken Kindes

Anregung zum Eindenken in die Thematik

Fiktiver Brief oder Protokoll eines ausgedachten Telefongesprächs
Versetzen Sie sich in Ihre Kindheit, etwa Grundschulzeit.
Nehmen Sie an, Sie wären plötzlich und unerwartet am Blinddarm operiert worden. Sie sind jetzt im Krankenhaus in einem Zimmer mit zwei weiteren Kindern, von denen eines sehr schwer krank zu sein scheint. Die Krankenschwestern haben keine Zeit für Sie. Sie wissen, dass Sie heute auch keinen Besuch bekommen werden, weil Ihre Eltern verreist sind.
Schreiben Sie jetzt einen Brief an Ihre Eltern (Elternteil) oder protokollieren Sie Ihr Telefonat mit einem Elternteil in der oben angebenen Rolle eines kranken Kindes im Krankenhaus.

Vereinbaren Sie in der Gruppe die Zeit, wie lange Sie schreiben wollen.
Sprechen Sie anschließend über Ihre Gedanken während des Schreibens.
Wenn Sie wollen, tauschen Sie Ihre Briefe aus und lesen Sie die Gedanken (eines) Ihrer Gruppenmitglieder oder führen Sie die ausgedachten Telefongespräche.

Wenn Sie an kranke Kinder denken, kommen Ihnen wahrscheinlich zuerst Kinder mit kurzen, vorübergehenden Krankheiten in den Sinn: Kinder liegen mit Kinderkrankheiten oder einer Erkältung im Bett, sind apathisch, geschwächt und zuwendungsbedürftig oder auch ungeduldig, rastlos und aggressiv. Vielleicht denken Sie auch an einen kurzen Krankenhausaufenthalt, wie er oben beschrieben ist.
Mit dieser Art von krankem Kind haben Sie beruflich nur zu tun, wenn Sie im Heim arbeiten, möglicherweise hin und wieder in einer Freizeit. Indirekt werden solche Themen Sie berühren, wenn Eltern um Rat fragen, weil sie mit einem kranken Kind schlecht zurechtkommen oder Hilfe suchen.

Eine andere, sehr intensive Auseinandersetzung mit kranken Kindern wird von Erzieherinnen und Erziehern gefordert, wenn sie in Einrichtungen arbeiten, in denen kranke Kinder leben: im Spielzimmer eines Krankenhauses, in Rehabilitationszentren oder auch in Kurheimen. Kinder haben hier nicht nur die Krankheit zu ertragen, sondern müssen auch die Belastungen und Schmerzen der Behandlung durchstehen, zusätzlich zur Trennung von den Eltern. Bei einem Krankenhausaufenthalt kann in manchen Fällen auch der Beginn einer chronischen Krankheit oder einer Behinderung festgestellt werden, zum Beispiel Diabetes oder ein bleibender Schaden nach einem Unfall. Kinder müssen auf ihr verändertes Leben vorbereitet werden. Krankenhausaufenthalt kann – wenn auch bei Kindern sehr selten – mit dem Tod enden. Kinder können deshalb ihren Krankenhausaufenthalt mit Gedanken an den Tod verbinden.

Spiel ist nicht nur eine Beschäftigungsform für das kranke Kind, sondern auch eine Ausdrucks- und Kommunikationsform. Das Kind äußert im Spiel seine Gedanken und Gefühle, es verarbeitet Erlebnisse und nimmt über das Spiel auch Informationen auf. Das Spiel eines kranken Kindes verlangt deshalb vom Erwachsenen einfühlsame Beobachtung und pädagogisch gut durchdachte Reaktionen. Auf einige bedeutende Aspekte für die berufliche Arbeit von Erzieherinnen und Erziehern will ich im Folgenden kurz eingehen.

Beschäftigung des bettlägerigen Kindes
Auf den ersten Blick erscheint dieser Teilbereich sicher als der einfachste der Aufgaben bei

der Arbeit mit dem kranken Kind. In der Praxis erweist er sich aber oft als gar nicht einfach. Dem Erwachsenen müssen Möglichkeiten und Ideen einfallen, wie er ein bettlägeriges Kind beschäftigen kann. Solange ein Kind akut erkrankt ist und sich sehr schlapp fühlt, sucht es oft nur die Nähe der Bezugsperson. Für Spiel ist es in dieser Phase nicht aktiv genug. Bei Besserung der Krankheit und in der Rekonvaleszenz wird die Beschäftigung des Kindes oft schwierig. Problematisch wird es vor allem dann, wenn das Kind bereits wieder einen Bewegungsdrang entwickelt, dem aber nicht nachgeben darf oder kann, zum Beispiel bei Unfällen und Operationen, wenn Körperteile ruhig gestellt sein müssen.

Als geeignete Spielformen kommen vor allem in Frage:

- Spiele, bei denen das Kind auf einem Tisch (auch Tablett oder Betttisch) spielen, beispielsweise bauen und malen kann,
- handwerkliche Tätigkeiten wie basteln, nähen,
- Rollenspielmaterialien, wobei auch solche Spielanregungen sein sollten, mit deren Hilfe das Kind seine augenblickliche Situation umsetzen und dadurch bearbeiten kann, wie Puppen und Spieltiere, die krank sein können, Arztutensilien wie Stethoskop, Fieberthermometer, Injektionsspritze, Verbände,
- begrenzt Materialien für Rezeptionsspiele (aufnehmende Spiele) wie Bilderbücher, Erzählen, Kassetten, Fernsehen, Wahrnehmungsspiele wie Kaleidoskop, Lupe oder Fernglas (begrenzt deshalb, weil sie einseitige Anforderungen stellen und das Kind dabei körperlich mehr passiv als aktiv ist),
- bei älteren Kindern Computer- und Videospiele,
- Brett- und Kartenspiele, soweit der Erwachsene oder ein anderes Kind mitspielen können. Hin und wieder spielen Kinder auch allein damit, wenn sie als zwei Personen spielen.

Häufig verlangt das Kind nach der Bezugsperson. Es will nicht allein spielen. Hier muss der Erwachsene versuchen wahrzunehmen, welche inneren Einstellungen hinter dem Kranksein des Kindes und seinem Bedürfnis nach Zuwendung liegen. Oft ist es nicht nur das körperliche Unbehagen. Möglicherweise verbindet das Kind sein Kranksein mit Schuldgefühlen (als Strafe oder Folge für ein Fehlverhalten), wobei manchmal schwer nachzuvollziehende magische Vorstellungen sein Denken bestimmen können. Es kann sich vorstellen wegen einer Lüge bestraft worden zu sein oder ungewollt zu sein und sterben zu müssen. Es sucht in der Zuwendung, ohne darüber reden zu können, Erleichterung seiner Schuldgefühle oder es möchte einfach geliebt sein.

Andererseits kann ein Kind im Kranksein auch einen Gewinn sehen, zum Beispiel mehr Zuwendung von der Bezugsperson zu erhalten, ernst genommen zu werden, Nachsicht gegenüber seinem Verhalten oder Vermeidung von Anforderungen zu erreichen. Krankheitsgewinn kann oft der Grund für psychosomatische Krankheiten sein. Damit sind körperliche Krankheiten, die aufgrund psychischer Ursachen entstehen, gemeint, beispielsweise Krankheitssymptome durch Überforderung und durch Ängste. Psychische Ursachen liegen häufig bei Verdauungsstörungen, Kopfschmerzen oder manchmal auch bei Erkältungskrankheiten vor. Thorwald Dethlefsen (1989) sieht in *jeder* Krankheit eine psychische Ebene. Für ihn sind Körper und Seele nicht zu trennen. Hinter Krankheit steht für ihn immer ein zu bearbeitendes seelisches Problem, das dem Kranken (und seiner Umwelt) in der Regel allerdings nicht bewusst ist.

Die Bezugspersonen müssen bei Kindern, deren Verhalten während der Krankheit nachdenklich macht, prüfen, wie weit sie ihr eigenes Verhalten in der Zeit *nach* der Genesung des Kindes verändern sollten oder auch die Anforderungen, die an das Kind gestellt werden, überdenken. Zugleich müssen sie abschätzen, wie weit sie dem Kind in seinem Kranksein Zuwendung geben, um durch ein Überangebot den Krankheitsgewinn des Kindes nicht zu verstärken, trotzdem aber dem Bedürfnis des Kindes entgegenzukommen und ihm Nähe und Schutz zu bieten.

Beim Angebot von Spiel für kranke Kinder sollte darauf geachtet werden, dass das Kind Spielmöglichkeiten erhält, bei denen es seine Gedanken und Gefühle in möglichst vielen Formen zum Ausdruck bringen kann. Dafür eignen sich vor allem Malen, Konstruktionsspiele und Rollenspiele. Aber auch Rezeptionsspiele können geeignet sein, wie Bilderbuchbetrachtungen und Erzählungen, wenn anschließend darüber gesprochen wird. Vorsicht ist allerdings bei zu schnellen Rückschlüssen geboten. Wenn das Kind beispielsweise spielt: „Zur Strafe ins Bett!", muss das noch lange nicht heißen, dass es so etwas an sich selbst erlebt hat oder etwa befürchtet aus Strafe krank geworden zu sein. Vielleicht will das Kind einfach nur abreagieren und seine Eindrücke und Gefühle verarbeiten.
Es geht beim Spiel des kranken Kindes also darum,

1. dass es beschäftigt ist und sich nicht langweilt,
2. dass es sich mitteilt und der Erwachsene seine Gefühle und Einstellungen wenn möglich erkennt (diagnostischer Aspekt) und
3. dass das Kind im Spiel seine Belastungen verarbeitet (therapeutischer Aspekt).

Das Kind hat einen Anspruch darauf, dass seine Fragen ernst genommen und ehrlich beantwortet werden. Das muss einfühlsam und Mut machend geschehen. Für Unehrlichkeit hat es in der Regel ein feines Gefühl. Es spürt auch häufig, wenn der Erwachsene seine Frage nicht beantworten will. Dann fragt es oft nicht weiter, und der Erwachsene meint, dass die Frage belanglos war und vergessen worden ist. Das Kind hat aber die Erwartungshaltung des Erwachsenen erfüllt, nämlich dass er nicht darüber sprechen will.
Das kranke Kind benötigt vor allem dann einfühlsame Kommunikation (nicht nur sprachliche), wenn die Krankheit chronische Folgen hinterlassen wird, auf die ein Kind vorbereitet werden muss, zum Beispiel auf Diät, auf Bewegungseinschränkungen oder auf sonstige Lebenseinschränkungen, etwa bei Herzkrankheiten oder Beeinträchtigungen der Sinneswahrnehmungen.

Vorbereitung auf einen Krankenhausaufenthalt

Die Vorbereitung auf einen Krankenhausaufenthalt, zum Beispiel im Kindergarten, kann dazu beitragen, dass die psychischen Belastungen in einem Ernstfall für ein Kind verringert werden. Psychische Belastungen haben immer auch Auswirkungen auf den körperlichen Prozess und die physische Gesundung des Kindes. Da es nicht auszuschließen ist, dass Kinder unerwartet in ein Krankenhaus gebracht werden müssen (plötzliche Krankheit, Unfall) oder auch Angehörige in einem Krankenhaus aufgenommen werden und dort möglicherweise sterben (Großeltern), ist eine Bearbeitung der Krankenhausthematik für Kindergärten in jedem Fall sinnvoll. Anteile einer solchen Einheit können Gespräche sein, ein Besuch in einem Krankenhaus und bei einem Arzt, Bilderbuchbetrachtungen und vor allem gelenkte und freie Rollenspiele.

Auseinandersetzung mit dem Tod

Gedanken im Zusammenhang mit dem Tod sollten bei Kindern – unabhängig vom Kranksein – kein Tabu sein. Wenn Kinder sofort abgelenkt werden, wenn sie sich über den Tod von Angehörigen oder den eigenen Tod äußern, wird der Tod bei ihnen stärkere beängstigende Gefühle hervorrufen, als wenn sie ihre Gedanken zum Ausdruck bringen können und angemessene Antworten erhalten. „Angemessen" heißt allerdings auch ihre Überlegungen und Nachfragen zum Tod nicht überzubewerten. Dabei müssen Gefühle aber ernst genommen werden, beispielsweise Verlustängste (Tod von Angehörigen) oder Ängste vor dem eigenen Tod. Letzteres ist bei einem gesunden Kind selten der Fall, wenn nicht Schuldgefühle und Bestrafungen damit in Zusammenhang gebracht werden. Im Allgemeinen haben Kinder ein natürlicheres Verhältnis zum Tod und der Vergänglichkeit als Erwachsene. Auch todkranke Kinder verkraften die Auseinandersetzung mit ihrem Tod oft besser als vermutet wird.
Kinder werden im heutigen Alltag, vor allem

über Fernsehen, sehr viel mit dem Tod konfrontiert und zwar im fiktiven Film und auch in der Realität der Nachrichten. Sie müssen die Möglichkeit haben über Tod – auch den eigenen – zu reden. „Reden" kann auch heißen, dass das Kind eine andere Kommunikationsform wählt als Worte, beispielsweise, dass es malt oder einen Friedhof baut, Puppen im Spiel krank werden und sterben lässt. Schießspiele haben dagegen wenig mit Gedanken an den Tod zu tun, sondern vielmehr mit Macht, Zorn, Rache und mit dem Kampf für das Gute und Gerechte.

Auf die spielpädagogische Arbeit mit Kindern und Jugendlichen in einem Krankenhaus oder Rehabilitationszentrum kann in diesem Buch nicht genauer eingegangen werden. Für diese spezielle berufliche Arbeit müssen sich Erzieherinnen und Erzieher zusätzlich qualifizieren, an entsprechenden Fortbildungen teilnehmen und von Berufskollegen mit Erfahrung lernen. Supervision, das heißt die Aufarbeitung von eigenen Gefühlen, beruflichen Belastungen und pädagogischem Verhalten unter der Anleitung eines ausgebildeten Supervisors, sollte in solchen Einrichtungen Selbstverständlichkeit sein.

Spiel im Zusammenhang mit Krankheit

- das bettlägerige Kind beschäftigen
- als Spielpartner/in flexibel mit Zuwendungswünschen umgehen
- dem Kind spielerische Möglichkeiten zur Verarbeitung seiner Erfahrungen und Ängste bieten
- das Kindergartenkind auf einen evtl. Krankenhausaufenthalt mit Hilfe von Spielangeboten und Gesprächen vorbereiten
- Tod im Spiel und im Gespräch nicht tabuisieren, aber auch nicht überbewerten

Zusammenfassung

- Erkrankte Kinder müssen beschäftigt werden. Das ist insbesondere dann schwierig, wenn das Kind bereits wieder so weit genesen ist, dass es aktiv sein möchte, sich aber aus gesundheitlichen Gründen bewegungsarm verhalten muss (Unfall, Operation).
  Mit solchen Situationen hat die Erzieherin im Heim oder im Spielzimmer eines Krankenhauses zu tun.

- Krankheiten können bei Kindern mit bedrückenden Gefühlen verbunden sein, zum Beispiel mit Schuldgefühlen und unerfüllten Zuwendungsbedürfnissen. Einerseits müssen die Gefühle befriedigt und aufgearbeitet werden (sofern sie von den Betreuern überhaupt bemerkt werden), andererseits kann starke Zuwendung das Kind in seinem Kranksein bestärken. Deshalb muss nach der Gesundung des Kindes das pädagogische Verhalten der Bezugsperson auf nötige Veränderungen hin überprüft werden.

- Das Kind hat während der Krankheit, vor allem, wenn sie mit einem Krankenhausaufenthalt verbunden ist, nicht nur seine körperlichen, sondern auch die psychischen unangenehmen Erfahrungen und Ängste zu verarbeiten. Dazu können Spiele, die unterschiedliche Ausdrucksformen enthalten, beitragen.

- Wenn Kinder Totsein und Sterben spielen, können sich dahinter unausgesprochene Fragen und Ängste im Zusammenhang mit Tod verbergen. Das Kind hat ein Recht auf entwicklungsangemessene und ehrliche Antworten. Sein diesbezügliches Spiel und seine Fragen dürfen aber nicht überbewertet werden. Das Kind hat meist ein natürliches Verhältnis zu Tod und Vergänglichkeit.

- Um Kindergartenkinder auf einen evtl. Krankenhausaufenthalt vorzubereiten sind Einheiten unter diesem Thema angebracht. Sie helfen dem Kind mit weniger Angst eine mögliche Krankheit mit Krankenhausaufenthalt durchzustehen.

- Krankheit kann für ein Kind chronische Folgen nach sich ziehen. Krankheit erinnert an Tod. Wenn Kinder ihre sorgenvollen Gedanken nicht äußern dürfen, weil Erwachsene sich vor dem Gespräch ängstigen oder meinen, Schweigen sei für das Kind besser, wird es mit seinem Kummer und seinen Ängsten allein gelassen.

- Bei beruflichen Anforderungen, durch die Erzieherinnen selbst emotional sehr berührt werden, ist Supervision unbedingt erforderlich um die eigenen Gefühle aufarbeiten zu können.

Zum Nachdenken:

❍ **Bewusstmachung: Die Bedeutung von Spielmaterial für kranke Kinder (im Krankenhaus)**

Durchdenken Sie, welche Bedeutung eine Puppe für ein krankes Kind bedeuten kann. Beziehen Sie unterschiedliche Puppen in Ihre Gedanken mit ein, zum Beispiel Puppen aus unterschiedlichem Material, mit unterschiedlichem Aussehen, unterschiedlicher Größe, unterschiedlicher Art, etwa eine selbsthergestellte Puppe, eine Handpuppe, eine von zu Hause mitgebrachte vertraute und geliebte Puppe, unterschiedliche Puppenfiguren wie Arzt und Kind, Imitationen von Fernsehfilmen, weiche Tierfiguren u.a.

Claudia, Sabine und Frank
Studierende einer Fachschule für Sozialpädagogik

◆ **Sabine:** Der Abschnitt, in dem das Bedürfnis nach Zuwendung bei kranken Kindern beschrieben wurde, hat mir beim Lesen unangenehme Erinnerungen geweckt: Ich habe ja noch zwei Geschwister. Meine Mutter hat – so weit sie Zeit hatte – meinen Vater in seinem Betrieb unterstützt. Der Betrieb ging dann allerdings doch Pleite. Meine Eltern haben lange versucht ihn aufrechtzuerhalten. Deshalb war für mich wenig Zeit da. Nur wenn ich krank war, hatte meine Mutter Zeit für mich, und zwar ausreichend und ohne Eile. Sie saß am Bett, bediente mich, las mir vor und ließ sich das auch nicht nehmen. Ich erinnere mich an ganz zwiespältige Gefühle. Erstens: Endlich fühlte ich mich ernst genommen. Zweitens: Dankbarkeit ihr gegenüber. Drittens: Schuldgefühle, dass ich krank war und dass sie meinem Vater nicht helfen konnte. Die Schuldgefühle waren hoch, zumal ich ja froh war, dass sie bei mir saß. Dieses Frohsein konnte ich mir gar nicht verzeihen. Zusätzlich wusste ich, dass diese Zeit auch meinen Geschwistern abging, die sich doch sicher genauso wie ich nach ihrer Zuwendung sehnten.
Wenn ich wieder gesund war, musste ich immer mein schlechtes Gewissen beruhigen, indem ich meiner Mutter besonders viel half und zu meinen Geschwistern freundlich war. Ich weiß bis heute nicht, ob das meiner Mutter bewusst war. Ich muss mal mit ihr reden.

◆ **Frank:** Ich hatte eine Zeit lang häufig Magenverstimmungen. Ich weiß nicht mehr, ob ich immer erbrochen habe, weil ich das wollte, oder ob es wirklich eine in den Körper abgesackte Schulangst war. Immer morgens, bevor ich zur Schule ging. Jedenfalls weiß ich, dass ich manchmal bewusst auf der Toilette den Finger in den Hals steckte und möglichst geräuschvoll würgte um meinen Eltern zu demonstrieren, dass ich krank war und nicht in die Schule gehen konnte. Das hatte dann natürlich Erfolg.
Ich habe mich dann immer erst mal ins Bett gelegt und über Kopfweh gejammert um dann einige Zeit später ausführlich zu spielen.

◆ **Claudia:** Ich habe keine speziellen Erinnerungen an Krankheit. Deshalb habe ich Krankheiten bisher nie so stark mit psychischen Problemen in Verbindung gebracht. Aus Zuwendungssehnsucht oder aus Schulangst krank werden! Wie stark und wie quälend müssen die Gefühle bei euch gewesen sein! Das erschreckt mich richtig. –
In meinem zukünftigen Arbeitsbereich im Kindergarten werde ich mit Krankheiten wohl nicht viel zu tun haben.

◆ **Sabine:** Wart's ab! Du wirst dich wundern! Ständig sollst du irgendwelche Medikamente geben oder du musst Eltern von fieberkranken Kindern anrufen und sie davon überzeugen, dass das Kind abgeholt werden muss.

◆ **Claudia:** Aber ich werde selten kranke Kinder beschäftigen müssen.

◆ **Frank:** In meinem zukünftigen Arbeitsfeld mit Behinderten muss ich nicht nur mit ernsthaft kranken Menschen, sondern auch mit deren Tod umgehen, denn manche von ihnen haben einen frühen Tod.

◆ **Claudia:** Wenn du siehst, wie ein Mensch leidet, fühlst du doch dann neben dem Verlust auch eine Erleicherung, oder ?

◆ **Frank:** Denke bitte nicht, Claudia, Behinderte hätten keine Lebensfreude! So empfindest du nur, wenn sie an ihrem Lebensende wirklich leiden.

Literaturempfehlung

Karin Spielhofer / Monika Abel-Pfeiffer / Wolfgang Willig: Lesebuch für Entwicklungspsychologie – Pädagogik – Kind im Krankenhaus. Baslingen. Selbstverlag W. Willig 1988

Hajo Bücken: Spiel und Spaß am Krankenbett für Kinder und die ganze Familie. Falken-Verlag 1993. (Hierbei handelt es sich um eine Spielesammlung)

5.3 Das Spiel von Menschen mit Behinderung

Anregung zum Eindenken in die Thematik

Einschätzung von Zeiten
Zeichnen Sie jeder auf ein Blatt zwei Kreise.
Schätzen Sie die unterschiedliche Zeiteinteilung von nichtbehinderten und behinderten Kindern ein. Gehen Sie davon aus, dass die beiden Kreise je die 24 Stunden des Tages symbolisieren, der eine Kreis für ein behindertes, der andere für ein nichtbehindertes, gleichaltriges Kind, einen Jugendlichen oder einen Erwachsenen.
Berücksichtigen Sie:
- *Schlaf,*
- *pflegerische Tätigkeiten, An- und Ausziehen, Nahrungsaufnahme,*
- *spezielle Fördermaßnahmen,*
- *Fahrten und Wartezeiten,*
- *Schule, falls Sie von einem Schulkind ausgehen,*
- *Tätigkeiten mit Arbeitscharakter wie Raum- und Wäschepflege, Aufräumen, usw.,*
- *Spiel.*

Vergleichen und diskutieren Sie Ihre Einschätzungen.

Oft wird von Menschen mit Behinderungen gesprochen als seien sie eine homogene (gleichartige) Gruppe von Menschen. Behinderungen sind aber äußerst unterschiedlich. Gemeinsam ist behinderten Menschen lediglich, dass sie in irgendeinem Bereich – körperlich oder geistig – mit nichtbehinderten Menschen nicht mithalten können, weil sie beeinträchtigt sind. Die Beeinträchtigungen sind selbst dann äußerst unterschiedlich, wenn sie die gleiche Bezeichnung tragen. Das Down-Syndrom beispielsweise kann sich in unterschiedlichen Graden von geistiger Behinderung zeigen und spastische Lähmungen äußern sich in verschiedenartigen schweren und leichteren Verkrampfungen. Menschen mit Behinderungen müssen deshalb *immer* als Individuen gesehen werden.
Durch Frühförderungen können bei Behinderungen oft erstaunliche Erfolge erreicht werden. Kinder mit Behinderungen müssen deshalb oft schon in frühem Alter einem Training unterzogen werden. Das heißt, sie haben weniger Zeit zum Spielen als Nichtbehinderte.
Der Tageslauf eines Kindes mit Behinderungen hat darüber hinaus im Vergleich zum Tagesablauf eines nichtbehinderten Kindes wesentlich mehr festgelegte Zeiten, in denen das Kind nicht spielen kann. Solche Tagesabschnitte, durch die Spielzeit verloren geht, sind zum Beispiel ein größerer Zeitaufwand für die Körperpflege, oft lange Fahrten zur therapeutischen Behandlung (Fahrten, in denen das Kind angeschnallt in einem Auto sitzt), Wartezeiten oder auch solche Zeiten, die das Kind passiv verbringt, weil es vielleicht nicht so wie nichtbehinderte Kinder in jeder Situation Spiele erfinden kann. Dazu kommt: Kinder mit Behinderungen sind meist nicht so in der Lage wie nichtbehinderte, im Spiel von der sie umgebenden Welt Besitz zu ergreifen. Sie brauchen mehr Zeit um sich mit den Anforderungen der Realität auf der folgenlosen Ebene des Spiel auseinanderzusetzen.
Fördermaßnahmen mit dem Kind werden oft in spielerischen Formen durchgeführt, beispielsweise Sprachschulungen, Koordinationsübungen, lebenspraktisches Training, Krankengymnastik usw. Natürlich ist es gut und notwendig erforderliche Übungen in dieser Weise auf das Spielbedürfnis und die Handlungsbereitschaft des Kindes abzustimmen. Es darf aber nicht angenommen werden, dass das Kind oder der Ju-

gendliche damit seine Spielbedürfnisse abgedeckt habe. Das Spiel, bei dem der junge Mensch von innen heraus, aus eigener Motivation lustvolle Handlungen vollzieht, die im Bereich zwischen Fantasie und Realität angesiedelt sind, die er jederzeit wieder abbrechen kann (weil sie keinem Ergebniszwang unterliegen), muss dem Heranwachsenden, auch dem Behinderten, in ausreichendem Maß ermöglicht werden.
Erfolge der (Früh-)Förderung, aber auch der pädagogische Anspruch Kinder in ihrer Entwicklung zu fördern, bergen die Gefahr, das eigenständige Spiel des (jungen) Menschen unterzubewerten.

In den 70er Jahren hat ein „Lernboom", oder besser gesagt ein „Lehrboom", die Kindergärten erfasst, weil man glaubte die Intelligenz des Kindes durch Förderung im Vorschulalter steigern zu können. Lernspiele standen im Mittelpunkt des Kindergartens. Erzieherinnen suchten ihr berufliches Selbstverständnis in der eigenen (Lehr-)Aktivität und nicht im Herstellen eines angemessenen Spielraumes für Kinder. (Mit Spielraum meine ich sowohl die Örtlichkeit als auch die eigenständige Handlungsmöglichkeit des Spielenden.) Inzwischen wurde das Spiel im Kindergarten weitgehend aufgewertet und seine Unterstützung als berufliche Professionalität anerkannt.
Bei der Arbeit mit Behinderten bekommt die Ermöglichung und Begleitung des Spiels als berufliche Qualifikation erst langsam Gestalt. Die Förderung – durchaus mit spielerischem Charakter, aber eben Förderung und nicht echtes Spiel – verdrängt in vielen Fällen immer noch das selbstbestimmte Spiel des behinderten jungen Menschen.
Erwachsene, die sich um die Betreuung von Kindern und Jugendlichen mit Behinderungen kümmern, müssen sich zunächst einmal die entwicklungsfördernde Wirkung des selbstbestimmten Spieles bewusst machen, um auch wirklich aus Überzeugung das Spiel des Kindes unterstützen zu können und Spiel gegenüber andersartigen Erwartungen der Umwelt (insbesondere der Eltern) verteidigen zu können.
Wenn der Erwachsene als Spielpartner auf die Spielhandlungen des Kindes *re*-agiert, also nicht lenkt, sondern sich lenken lässt, unterstützt er die Initiative des Kindes. *Agieren* (das Kind lenken und anregen) und *Re-agieren* müssen sinnvoll im Wechsel stehen, je nachdem, wie weit das Kind Initiative ergreifen kann. Das Hinführen zu neuen Spielformen, zum Beispiel einen Turm zu bauen oder die Puppe ins Bett zu legen, muss sehr behutsam vorgenommen werden, damit daraus nicht wieder ein Förderprogramm entsteht. Wenn das Kind nicht erfährt, dass sein eigenständiges Spiel – auch das unscheinbare – wertgeschätzt und akzeptiert wird, könnte es sonst das Spielen verlernen und glauben, dass nur die vom Erwachsenen angeleiteten Aktivitäten erwünscht sind. Damit würde eine abwartende und passive Haltung erzeugt oder bestärkt werden.
Spiel ist mit Wohlgefühl verbunden. Auch das Spiel des behinderten Kindes. Dieses Lustgefühl ist für seine Selbstwahrnehmung und sein Selbstwertgefühl wichtig. Das Kind ist in dem Bereich aktiv, in dem es etwas kann, das heißt dort, wo es seine Kompetenzen einsetzen kann und seine Schwächen weniger wahrnimmt.
Das Kind muss spüren, dass der Erwachsene sich über sein Spiel und sein Wohlgefühl freut. Wenn das Kind eigene Initiative entwickelt und sich dabei gut fühlt, wird es mutig. Es wächst in seiner Bereitschaft auf Dinge zuzugehen. Es reduziert Ängste und versucht eher, Handlungen, die es bei anderen sieht, oder Handlungen, die es gerne vornehmen würde, auch zu wagen.

Bei der Unterstützung des Spiels müssen Erzieherinnen und Erzieher vorsichtig vorgehen. Das Kind muss beobachtet werden, bevor helfend unterstützt wird. Eine zu schnelle Hilfe verhindert, dass die Kinder Erfolgserlebnisse empfinden und an eigene Handlungsfähigkeiten und Erfolge glauben. Sie halten sich dann für hilfsbedürftiger als sie es vielleicht tatsächlich sind.
Die sprachliche Begleitung eines gemeinsamen Spiels zwischen Erwachsenem und behindertem Kind ist wichtig. Auch dann, wenn das Kind die Sprache nicht versteht. Sprache bedeutet mehr als sich über Worte verständlich zu machen. Der nonverbale Teil der Sprache darf nicht übersehen werden: die Stimme mit ihrer

gefühlsmäßigen Ausstrahlung, die Mimik und Gestik und auch die Wirkung, die Sprache auf den Sprechenden selbst hat. Der Erwachsene spielt anders mit einem Kind, wenn er schweigt, als wenn er spricht (wobei Sprache nicht nur aus Worten bestehen muss). Babysprache ist allerdings in der Regel zu vermeiden. Sie vermittelt dem Kind nicht ernst genommen zu werden. Allerdings soll die Sprache mit geistig Behinderten zärtliche Worte enthalten. Sie muss einfach sein und bei Kindern mit schweren geistigen Behinderungen wird sie sich auf begrenzte Worte beschränken, damit das Kind sich an vertraute Worte gewöhnt und nicht überfordert wird.

Insgesamt werden Kinder mit Behinderungen leicht überfordert, andererseits aber auch oft überbehütet. Wenn sie in der Lage sind ihren Unterschied zu Nichtbehinderten wahrzunehmen und sich mit anderen zu vergleichen, müssen sie mit ihrer Andersartigkeit fertig werden. Verzweifelte Bemühungen sich anzupassen oder Resignation können die Folge sein. Kinder mit Behinderungen sind deshalb zusätzlich in Gefahr Verhaltensauffälligkeiten zu entwickeln. Sie können ihre Situation der Beeinträchtigung nicht immer reibungslos verkraften.

Menschen mit starker Behinderung können sich auch im Erwachsenenalter nicht selbstständig versorgen. Eine stationäre Betreuung oder mindestens eine lose Betreuung in Wohngruppen ist für sie notwendig. Erzieherinnen und Erzieher arbeiten deshalb auch mit erwachsenen Behinderten. Die Anleitung zu angemessener Freizeitgestaltung gehört zu ihren Aufgaben. Dafür müssen Formen gefunden werden, die dem Behinderten entsprechen und zwar seinen Interessen wie auch seinen Fähigkeiten. Das verlangt eine durchdachte Vorgehensweise. Es wäre zum Beispiel falsch, einem Erwachsenen mit geistiger Behinderung ein Kinderspiel anzubieten, das zwar seiner Auffassungsgabe entspricht, aber nicht seinem eigenen Selbstverständnis als Erwachsener. Oft wird auch Körperbehinderten, zum Beispiel spastisch bewegungseingeschränkten Menschen, geistig zu wenig zugetraut. Das bedeutet für diese Menschen sich mit ihren Fähigkeiten ständig beweisen zu müssen.

Im Folgenden will ich konkreter auf Spiel und die Förderung des Spiels bei Menschen mit Behinderungen eingehen und dabei in drei Gruppen gliedern: Kinder mit Körperbehinderungen, zu denen ich auch sinnesbeeinträchtigte Kinder zähle, als zweite Gruppe die entwicklungsverzögerten und leichter geistig behinderten Kinder, Jugendlichen und Erwachsenen und schließlich die schwer und mehrfach behinderten Menschen.
Wenn hier auch eine Zusammenfassung in Gruppen vorgenommen wird, so soll doch deutlich bleiben, dass jeder behinderte Mensch eine individuelle Beeinträchtigung hat und in seinen speziellen Fähigkeiten und Behinderungen gesehen werden muss.

Eine breite Bearbeitung dieses Themenbereiches ist im Rahmen des Buches nicht möglich. Erzieherinnen und Erzieher, die bei Behinderten arbeiten, müssen sich durch erfahrene Teammitglieder und durch Fort- und Weiterbildungen genauere Kenntnisse für die Lenkung des Spiels und der Freizeitgestaltung Behinderter aneignen.

5.3.1 Kinder mit einer Körperbehinderung

Anregung zum Eindenken in die Thematik

Körperbehinderungen selbst erfahren

Bilden Sie Gruppen.
Jede Gruppe überlegt sich eine Möglichkeit, wie der Einzelne eine Behinderungsform ausprobieren könnte, zum Beispiel:

– *den aktiven Arm festbinden, die andere Hand durch einen dicken Handschuh in der Bewegung und der Tastmöglichkeit einschränken. In diesem Zustand ein Glas Wasser eingießen oder möglichst unbekannte Gegenstände (blind) ertasten,*
– *ein Ohr mit Oropax verschließen und Autogeräusche lokalisieren,*
– *eine fest sitzende Brille aus dunklem Karton erstellen, bei der das eine Auge voll verdeckt ist, das andere nur durch ein kleines Loch (Nadelstich) sehen kann. Dieses Loch kann zusätzlich mit einem Butterbrotpapier beklebt werden.*

Probieren Sie Ihre vorbereitete Behinderungsform selbst aus und übertragen Sie die Übung jeweils einer anderen Gruppe.
Sprechen Sie anschließend über Ihre Erfahrungen.

Körperbehinderungen können wie alle Behinderungen sehr unterschiedlich aussehen. Es gibt kaum Merkmale, die für alle körperbehinderten Kinder zutreffen. Gemeinsam ist ihnen lediglich, dass sie in ihrer Lebensweise – meist der Bewegung – in irgendeiner Form eingeschränkt sind. Das können Lähmungen oder Verkrampfungen des Bewegungsapparates sein, fehlende oder fehlgewachsene Gliedmaßen oder auch Schwächen der Muskulatur. Ein blindes oder gehörloses Kind ist zwar in seinen Bewegungsmöglichkeiten als solchen nicht eingeschränkt, aber es muss sich vorsichtiger als nichtbehinderte Altersgenossen bewegen. Ein gehörloses oder stark hörbehindertes Kind benötigt zum Beispiel für seine Kommunikation immer den Blickkontakt. Es kann auch Gefahren nicht über das Gehör wahrnehmen.

Die Begriffe *Begreifen* und *Erfassen* meinen auch geistige Funktionen. Bewegungseingeschränkte Kinder sind gefährdet sich geistig nicht in gleicher Weise wie nichtbehinderte Kinder zu entwickeln, weil sie körperlich nicht so gut fassen und greifen können. Bei Kindern, die von Geburt an körperbehindert sind, wurden früher oft auch angeborene geistige Behinderungen angenommen, bis über gezielte Frühförderung bewiesen wurde, dass die retardierte geistige Entwicklung in vielen Fällen eine Folge der Körperbehinderung war. Kinder mit starken körperlichen Einschränkungen müssen deshalb sehr gezielt in ihren Sinneswahrnehmungen unterstützt werden. Es ist auch schon vorgekommen, dass Menschen, die aufgrund schwerer Sprach- und Bewegungseinschränkungen nicht in der Lage waren, ihre geistigen Fähigkeiten zum Ausdruck zu bringen, fälschlicherweise als geistig behindert angesehen und so behandelt wurden. Und das nicht nur in der Vergangenheit.
Die gezielte Förderung eines Kindes darf allerdings nicht – wie schon gesagt – das Spiel verdrängen. Es muss deshalb darauf geachtet werden, dass Wartezeiten und Zeiten ohne Spielmöglichkeit für das Kind sehr gering gehalten werden und dass Kinder in unbelegten Zeiten wirklich spielen können. Dafür müssen ihre Spielbedürnisse wahrgenommen werden, Spielmaterial muss für sie erreichbar sein und das Spiel durch wohlwollende und bestärkende Atmosphäre bestätigt werden. Spiel darf von den Betreuern und den behinderten Menschen nicht als Pausenfüller angesehen werden.

Die Spielentwicklung und deren Unterstützung

Funktionsspiele, bei denen das Kind seine Wahrnehmung und seine Motorik erprobt und lustvoll beherrschen lernt, sind für das Erfassen und Begreifen von Dingen und Zusammenhängen äußerst wichtig. Sie sind bei stark bewegungseingeschränkten Kindern oft nur begrenzt möglich und bedürfen der Hilfe durch den Erwachsenen, zum Beispiel Material anreichen, das Kind zum Material hinbewegen.
Das Spielmaterial muss den Fähigkeiten des Kindes entsprechen, zum Beispiel in Größe, Schwere, Weichheit, Standfestigkeit, Handhabung usw. Die Kinder müssen im Rahmen ihrer

Möglichkeiten ihre Ganzkörperbewegungen spielend erproben können. Das ist vor allem dann nötig, wenn sie nicht gehen können: krabbeln, liegen auf Bauch und Rücken, stehen auf dem Stehbrett, unterschiedlich sitzen, getragen und gefahren werden, schaukeln, wippen usw.
Es ist nachgewiesen, dass körperbehinderte Kinder in der Regel länger Funktionsspiele spielen als nichtbehinderte Kinder. Erika Wölfert-Ahrens schlägt nach einer Untersuchung des Spielverhaltens von körperbehinderten Erstklässlern vor (In: K. J. Kreuzer 1984, S. 321):
Das Spielzeugangebot für körperbehinderte Kinder im Schulanfangsalter, so lässt sich schlussfolgern, sollte Gegenstände enthalten, die sich für Funktionsspiele eignen, also Spielzeuge aus Holz oder aus Plastik zum Rollen und Ziehen, zum Stoßen und Werfen, zum Stecken, Drehen und Schrauben, wie sie für jüngere Vorschulkinder angeboten werden. Wichtige Grunderfahrungen mit sich bewegenden und zu bewegenden Objekten können im Umgang mit diesen Spielzeugen gesammelt werden, die auf die bewegungsbeeinträchtigten Kinder in der Regel faszinierende Wirkungen ausüben.
Für Kinder mit starker Sehbehinderung ist die Ordnung im Raum wichtig, damit das Kind problemlos die Materialien finden und selbst holen kann.
Gehörlose Kinder benötigen auch Spielzeug, mit dem sie Geräusche erzeugen können, weil sie Geräusche über Vibration wahrnehmen.

Auch im Bereich der Konstruktionsspiele haben körperbehinderte Kinder oft Defizite, denn Konstruktionsspiele bauen auf Funktionsspielen auf. Hierfür benötigen körperbehinderte Kinder häufig auch eine spezielle Auswahl von Spielmaterial, beispielsweise große, standfeste Bausteine bei körperlicher Unbeholfenheit, kleinere und vor allem leichte Bausteine bei geringer Körperkraft, Steckbausteine bei schlechter Bewegungskontrolle (Verkrampfungen).
Bei Rollen- und Szenenspielen sind weniger Defizite bei Kindern mit Körperbehinderungen aufgefallen. Gemäß ihrem Alltag spielen sie viele Szenenspiele mit Inhalten, die Krankheiten und Behandlungen betreffen: Arzt, Krankenhaus, Krankengymnastik, Unfälle usw. Hierfür benötigen sie entsprechendes Material. Wenn sie sich aufgrund ihrer Behinderung schlecht bewegen können, etwa Kinder, die auf Gehhilfen angewiesen sind, muss das Material klein und leicht zu handhaben sein. Während andere Kinder sich selbst in andere Rollen versetzen, benötigen diese Kinder „Stellvertreter“ in Form von Puppen (Stehpüppchen, Puppenstuben) und Material um Szenen zu spielen. Auch hier muss an Erleichterungen gedacht werden, beispielsweise können Stehfiguren an der Stehfläche mit doppelseitigem Klebeband versehen werden, damit sie nicht so leicht umkippen.
Auch im Bereich der Regelspiele müssen sich Gruppenleiter auf die Körperbehinderung einstellen. Ein Teil der üblichen Regelspiele mit körperlicher Bewegung fällt bei diesen Kindern weg, vor allem bei Gehbehinderten. Dafür benötigen sie einen angemessenen Ersatz, um sich mit anderen Kindern in solchen Bereichen messen zu können, in denen sie nicht von vornherein unterlegen sind.

Integration

Es ist heute fast selbstverständlich geworden, dass körperbehinderte Kinder in integrativen Kindergruppen aufwachsen, vor allem in Kindergärten und in Schulen. Wenn der Umgang zwischen nichtbehinderten und behinderten Kindern alltäglich geworden ist, wird das gemeinsame Spiel für beide Vorteile bringen. Die Behinderten lernen sich in Gruppen Nichtbehinderter sicher zu fühlen, ihre Wünsche angemessen durchzusetzen und sich den Anforderungen im Rahmen ihrer Möglichkeiten zu stellen. Die Nichtbehinderten lernen sich auf die individuellen Fähigkeiten und Bedürfnisse der einzelnen Gruppenmitglieder einzustellen und das Spiel entsprechend zu gestalten. Sie müssen ein Mittelmaß zwischen allgemeiner Hilfsbereitschaft und übertriebener Fürsorglichkeit finden und leisten. Dafür ist die Vorbildhaltung der Gruppenleiter/innen wichtig. Notwendige Hilfe muss demonstriert, Einfühlung, Akzeptanz und Echtheit müssen vorgelebt werden. Zugleich muss die Gruppenleiterin zeigen, dass vom behinderten Kind auch gefordert werden kann.

Das Spiel von Kindern mit Körperbehinderungen

- darauf achten, dass das Kind neben der gezielten Förderung auch spielen kann (Zeit, Möglichkeit, Bestärkung)
- berücksichtigen, dass das Kind in seiner Spielentwicklung teilweise verzögert sein kann
- ausreichendes und angepasstes Material für alle Spielformen anbieten
- die Initiative des Kindes unterstützen und erweitern
- bei Kindern mit starken Seheinschränkungen darauf achten, dass die Spielsachen an denselben Stellen zu finden sind
- Kindern mit Hörbehinderungen auch Spiele anbieten, die Geräusche z.B. über Vibration erfahrbar werden lassen
- gemeinsames Spiel mit nichtbehinderten Kindern fördern

5.3.2 Spiel und Freizeitverhalten geistig behinderter Kinder, Jugendlicher und Erwachsener

Anregung zum Eindenken in die Thematik

Hospitation und Erfahrungsaustausch
Wenn Sie noch keine Einrichtung für junge oder ältere Menschen mit geistigen Behinderungen von innen gesehen haben, sollten Sie zunächst einen halben Tag in einer entsprechenden Institution hospitieren und dabei auf Spiel- und Freizeitaktivitäten achten sowie Gruppenleiter/innen danach fragen.

Setzen Sie sich in Gruppen zusammen und sprechen Sie über Ihre Erfahrungen mit Behinderten, durchdenken Sie zum Beispiel Fragen wie:
- *Wie schwer waren die Behinderungen, die ich erlebt habe?*
- *Was hat die Begegnung mit Behinderten für mich bedeutet?*
- *Wie haben die Behinderten auf mich gewirkt (fröhlich, zugänglich, depressiv, gehemmt, aufdringlich usw.)?*
- *Was habe ich über Spiel und Freizeitaktivitäten der Behinderten erfahren?*
- *Gibt es spezielle Spiele für Behinderte?*

Geistige Behinderungen weisen unterschiedliche Schweregrade auf, oft sind geistig Behinderte zugleich körperbehindert. Da sich das Spiel und die Anleitung zu Spiel bei unterschiedlichen Schweregraden der Behinderung unterscheiden, will ich in diesem Kapitel zunächst auf leichter Behinderte und anschließend auf Spiel von Schwerstbehinderten eingehen.

Das Spiel von entwicklungsverzögerten und leichter geistig behinderten Kindern und Jugendlichen und das Freizeitverhalten von Erwachsenen mit geistigen Behinderungen

Das entwicklungsverzögerte oder leicht geistig behinderte Kind ist oft in seiner gesamten Entwicklung, häufig jedoch nur in Teilbereichen, langsamer als der Durchschnitt der Gleichaltrigen. Die Gefahr das Kind übermäßig fördern zu

wollen ist bei manchen Eltern besonders groß, weil sie hoffen, dass das Kind über Förderung eine normale Entwicklung erreicht. In anderen Familien wird die Retardierung (Verzögerung) nicht erkannt oder Eltern wollen sie nicht wahrhaben. Dann kommt die Förderung zu kurz.
Wenn das freie, selbstbestimmte Spiel für das geistig behinderte Kind auch ebenso bedeutend ist wie für jedes nichtbehinderte Kind, so kann freies Spiel eine notwendige Förderung jedoch nicht ersetzen. Beides muss eingeplant werden: Förderung *und* Spiel.

Der Erwachsene muss beobachten, wie das Kind spielt und wo es Initiative entwickelt – und sei sie noch so gering – und muss unterstützend reagieren. Wir sind meist gewohnt bei nichtbehinderten Kindern auf Spielhandlungen angemessen zu reagieren, wenn sie in einem von uns erwarteten Alter und im gewohnten Zusammenhang gezeigt werden. Wenn beispielsweise der Säugling greift und fallen lässt, mit den Augen Dinge verfolgt, lallt, mit Gegenständen hantiert, sich fortzubewegen beginnt, wenn das zweijährige Kind auf Guckguck-Spiele reagiert usw. antworten wir durch fröhliches Mitspielen und bestärken das Kind in seinem Spiel.
Wenn aber ein zehnjähriges behindertes Kind Greifen und Fallenlassen erproben will, reagieren wir möglicherweise mit Unverständnis und schränken es ein.
Das Kind mit einer geistigen Behinderung ist auf unsere bestärkenden Reaktionen und auf vorsichtig anregendes Spielverhalten von Spielpartnern angewiesen, damit es sich in seiner Spielkompetenz bestätigt fühlt und Neues wagt. Es hat weniger Bereiche als andere Kinder, in denen es seine Fortschritte wahrnimmt und daran wächst. Deshalb benötigt es häufigere Bestätigung von Seiten des Erwachsenen mit der Versicherung, dass der Betreuer mit ihm zufrieden ist.

Spielmaterial
Häufig wird nach speziellem Spielmaterial und nach Spielen für Behinderte gefragt. In der Regel spielen Kinder mit geistigen Behinderungen nicht anders als nichtbehinderte Kinder. Allerdings sind sie in ihrer Spielentwicklung partiell oder insgesamt verzögert. Spielmaterial muss deshalb individuell ausgewählt werden und häufig einfacher in der Struktur sein als das Spielmaterial für Nichtbehinderte, beispielsweise Baumaterial oder Puzzles.
Es gibt auch nur wenige Spielesammlungen in Buch- oder Karteiform für behinderte Kinder. Die angebotenen Sammlungen enttäuschen manchmal, weil die vorgeschlagenen Spiele letztlich wie alle anderen Spielvorschläge und Materialien von der Erzieherin für die spezielle eigene Situation verändert und angepasst werden müssen.

Integration
Das Zusammenleben mit nichtbehinderten Kindern wird das Spiel und das Spielvermögen eines Kindes mit einer geistigen Behinderung in der Regel verstärken. Wenn die Spielpartner sich auf das behinderte Kind einstellen können, was Kindern bereits im Kindergartenalter oft erstaunlich gut gelingt, wird das behinderte Kind auch nicht überfordert. Ausnahmen sind

vielleicht bei sehr schwer behinderten Kindern zu machen oder auch bei Kindern, die das Spiel der Nichtbehinderten so stark einschränken oder störend beeinflussen, dass gutes Spiel nicht zustande kommen kann. Nichtbehinderte Kinder müssen motiviert sein, mit einem behinderten Kind zu spielen, denn echtes Spiel kann nicht erzwungen werden.
Nichtbehinderte Kinder müssen auch das Recht haben, ohne behinderte Kinder spielen zu können und nicht immer Rücksicht nehmen zu müssen. Auch das Nebeneinander im Spiel ist eine Form von Miteinander, von dem Behinderte profitieren.

Freizeitgestaltung bei jugendlichen und erwachsenen Behinderten

Jugendliche Behinderte besuchen eine Sonderschule und Erwachsene haben einen Arbeitstag (meist in den für sie eingerichteten speziellen Werkstätten). In diesen Abschnitten des Tages wird von ihnen weitgehend Leistung verlangt. Die tägliche Selbstversorgung und die Beiträge, die sie für das Gruppenleben zu geben haben – von der Körperpflege bis zum Essenkochen –, verlangen im Rahmen ihrer Möglichkeiten weitere Leistungen von ihnen.
Die Freizeit, die von diesen verpflichtenden und auf Ergebnisse ausgerichteten Aktivitäten frei ist, muss möglichst lustbetont erlebt werden (womit ich nicht sagen will, dass Arbeit und Selbstversorgung nicht auch mit Lebensfreude verbunden sein sollten).
Erzieherinnen und Erzieher müssen abtasten, welche Spiele und welches Freizeitverhalten die Bewohner der Einrichtung ansprechen. Manche Behinderte verhalten sich in ihren Freizeitaktivitäten sehr monoton: immer wieder die gleichen Spiele oder die gleiche Handarbeit und das stundenlang. Andere sind rastlos, können sich schwer in ein freiwilliges Tun versenken, benötigen Anregung und Anleitung. Für beide Gruppen und alle Zwischenformen sind Anregungen wichtig, damit die Lernfähigkeit und das Einstellen auf neue Situationen nicht erschlaffen. Ohne Anregungen und Motivationen besteht auch die Gefahr, dass die Behinderten ihre Freizeit nur passiv vor dem Fernseher verbringen.
Die Anregungen werden den Freizeitaktivitäten von Nichtbehinderten ähneln, wenn sie auch auf einer einfacheren Ebene vorgenommen werden: sportliche Spiele, Brett- und Kartenspiele, Puzzles, handarbeiten, den eigenen Raum gestalten, anderen eine Freude bereiten wie backen und kochen, Geschenke herstellen, Feste vorbereiten und feiern, ausgehen usw. Erzieherinnen und Erzieher werden bei behinderten Jugendlichen und Erwachsenen insbesondere auf Motivationen und Verstärkungen wie Lob achten müssen, damit die Bereitschaft erhalten bleibt.
Außerdem haben Behinderte oft weniger Möglichkeiten als Nichtbehinderte ihre Vorstellungen von Spiel und Freizeit umzusetzen, beispielsweise sich nach Öffnungszeiten zu erkundigen, öffentliche Freizeitangebote zu erfahren und zu nutzen, sich zu trauen usw. Möglichkeiten müssen ihnen deshalb für Freizeitgestaltung eröffnet und oft auch schmackhaft gemacht werden. Bei der Realisierung benötigen sie je nach ihren Fähigkeiten Hilfe. Manchmal ist auch die Beteiligung der Betreuer sinnvoll. Wenn es sich dabei um Spiel handelt, sollte es auch den Betreuern Spaß machen, denn erzwungenes Spiel ist kein echtes Spiel, auch nicht für die Betreuer.
Behinderte haben oft gelernt, nonverbale Aussagen ihrer Mitmenschen sensibler wahrzunehmen als Worte. Sie spüren echte oder vorgetäuschte Spielfreude der Betreuer.

Spielförderung bei (jungen) Menschen mit einer geistigen Behinderung

- Spiel neben Alltagsbewältigung und Fördermaßnahmen nicht zu kurz kommen lassen
- individuell unterschiedliche Spielfähigkeiten und Spielmotivationen erkennen
- Spielmaterial und Spielanleitung soweit nötig individuell auf den Behinderten abstimmen
- Integration in das Spiel mit nichtbehinderten Kindern anstreben
- Jugendliche und Erwachsene in ihren Bedürfnissen ernst nehmen

Spiel bei Kindern, Jugendlichen und Erwachsenen mit schwerer Mehrfachbehinderung

Wolfgang Lamers schildert Beispiele vom Spiel schwerstbehinderter Kinder (1994, S. 175f):

Maren hat ein langes Band mit Haustürschlüsseln um ihren Hals. Bei allem, was sie tut, hält sie mit einer Hand die Schlüssel fest und spielt damit.

Achim sitzt auf dem Fußboden vor zwei großen Kunststoffkisten, wovon eine leer und die andere mit Legosteinen gefüllt ist. Seine lang andauernde Beschäftigung besteht darin, die Legosteine Stück für Stück von einer in die andere Kiste und wieder zurück zu werfen.

Maria sitzt auf dem Fußboden, ihre Hände liegen auf einem roten Ball. Verstreut um sie herum liegen verschiedene andere Spielmaterialien, die sie kurz berührt oder in ihre Hand nimmt und wieder wegwirft.

Anna läuft im Raum umher. Sie scheint die vielen Spielmaterialien, die überall umherliegen, aber auch die Trockenduschen, die zum Spielen anregen sollen, gar nicht wahrzunehmen.

Franz hat sich ein Spielzeugauto genommen. Er hält es an den Hinterrädern fest und lässt es vor seinen Augen hin und her schaukeln.

Katrin sitzt mit einer Puppe in der Spielecke und reißt ihr so lange die Haare aus, bis eine Erzieherin sie daran hindert.

Schwer geistig behinderte Kinder spielen auf den ersten Blick anders als nichtbehinderte Kinder. Häufig scheinen sie sehr monoton und gleichförmig zu spielen und das ausdauernd oder auch nur ganz kurz und sprunghaft, mit langen passiven Phasen. Bei genauem Hinsehen wird deutlich, dass diese Handlungen Spiel für sie bedeuten und dass es sich durchaus nicht nur um stereotype (gleichförmige, sich wiederholende) Handlungen handelt (Lamers 1994, S. 175 ff). Den individuellen Spielbedürfnissen Behinderter muss Raum gegeben werden. Grenzen sind nur dann zu setzen, wenn das Kind Schaden anrichtet oder sich und andere in Gefahr bringt.

Kinder mit schwersten Behinderungen können auch so stark beeinträchtigt sein, dass kaum festgestellt werden kann, wie weit sie ihre Umwelt überhaupt wahrnehmen. Wenn ein behindertes Kind auf Reize aus der Umwelt nicht reagiert, nicht mit Bewegung, nicht mit Sprache, nicht mit Lächeln, Weinen, Mimik, Gestik und selbst Hunger nicht wahrzunehmen scheint (oder seine Wahrnehmung nicht äußern kann), ist wirkliches Spiel kaum vorstellbar. Allerdings sind wir geneigt, Spiel mit sprudelnder Aktivität zu verbinden. Für das Spiel schwerstmehrfachbehinderter Menschen muss sich die Wahrnehmung der Betreuer ändern. Spiel hängt nicht von der sichtbaren Aktivität ab, sondern vom inneren Zustand des Spielenden.
Wenn der Erwachsene mit einem schwerstbehinderten Kind spielt und diese Aktivität selbst als Spiel versteht, weil sie fröhlich ist, weil er kein bestimmtes Programm oder Lernziel verfolgt, ist dennoch nicht gesagt, dass das Kind diese Tätigkeit als Spiel wahrnimmt. Wenn das Kind folgsam mitmacht, weil das von ihm so erwartet wird oder weil es die Nähe zum Betreuer genießt, muss die Tätigkeit nicht dem Spiel entsprechen. Spiel beruht auf lustvoller Hingabe an das Tun. Das Kind muss das Spiel als solches genießen.
Der Erwachsene muss die Handlungsfreude des Kindes wahrnehmen, muss seine eigenen Reaktionen darauf einstellen und muss versuchen, sich symbolisch neben den behinderten Spielenden zu stellen und nicht über ihn. Wolfgang Lamers (1996, S. 84 f) weist darauf hin, dass jede Art von „Sorge“ sich nicht mit dem Spiel verträgt: versorgen, umsorgen, besorgen, sorgen.

Insgesamt wird im Rahmen der Forschung und der Entwicklung pädagogischer Arbeit mit schwerstbehinderten Menschen dem Spiel immer noch ein zu geringer Wert beigemessen. Dort, wo das Spiel heute bei Schwerstbehinderten gezielt eingesetzt und unterstützt wird, hat

es häufig einen Bezug zu diagnostischen oder therapeutischen Maßnahmen. Es dient also einem äußeren Zweck. Erst langsam wird nach möglichen Formen des Spiels für geistig Schwerstbehinderte gesucht und versucht dieses Spiel zu fördern.
Das beginnt bei der bewussten spielfördernden Gestaltung der Innenräume, zum Beispiel Räumen mit Rückzugsmöglichkeiten und mit Geborgenheit vermittelnder Atmosphäre, wie sie Wolfgang Mahlke nicht nur für Kindergarten und Heim (siehe S. 56), sondern auch für Behinderte entworfen hat (Mahlke 1996). Ebenso müssen den Behinderten Außenräume mit vielseitigen Spielmöglichkeiten geboten werden.
Spielmaterial kann von kreativem Personal teilweise selbst entwickelt werden.
Beispiele:

- Verpackungsmaterial eignet sich häufig für unterschiedliche Wahrnehmungen und vielfältige Spiele,
- Trockenduschen lassen sich leicht herstellen, ein Bällchenbad lässt mit unterschiedlichen Materialien füllen, nicht nur mit den industriell hergestellten Plastikbällen,
- Elisabeth Braun (1996, S. 104) schlägt anstelle eines Schwungtuches ein Vogelschutznetz mit seinem geringen Gewicht und der leichten Greifbarkeit für Spielmöglichkeiten mit einer Gruppe Behinderter vor.

Viele Einrichtungen für Behinderte haben in den letzten Jahren Snoezelräume eingerichtet. Die Methode des Snoezelens (sprich snuselen) wurde in den Niederlanden entwickelt. Die Bezeichnung ist eine Verbindung der niederländischen Worte snüffelen (schnüffeln, schnuppern) und doezelen (dösen, schlummern). Durch Snoezelen soll der Behinderte (oder auch der Nichtbehinderte) über beruhigende, angenehme Sinnesreize erreicht werden und zu einer entspannten inneren Ruhe finden. Snoezelen benötigt in der Regel einen eigenen Raum, wird allerdings auch schon in abgeschirmten Ecken in einem anderweitig genutzten Raum oder im Freien erprobt.
Die Atmosphäre im Raum ist warm und ruhig. Der Benutzer ist äußerlich kaum aktiv, er lässt die Reize auf sich wirken. Er liegt zum Beispiel auf einem Wasserbett, das durch ruhige Musik vibriert oder auf einer Matte, einem bequemen Sessel, in der Hängematte, auf einer Schaukel, im Bällchenbad usw. Die Sinnesreize sind sanft: ruhige Musik, gedämpftes Licht, warme Farben, langsame Lichtorgeln und Wasserspiele, Duftlämpchen oder Riechschläuche, sich bewegende Trockenduschen. Die Kinder, Jugendlichen und Erwachsenen lassen die Eindrücke auf sich wirken.
Snoezelen fordert die Aktivität des Behinderten allerdings wenig heraus. Zudem setzt es einen hohen technischen Aufwand voraus. Es ist mit der Animation von großen Freizeitparks vergleichbar und birgt die Gefahr, dass der Behinderte dort als versorgt gilt und „abgestellt" wird. Der Bezug zu dem zugewandten und verstehenden Mitmenschen, den der Behinderte dringend braucht, wird durch diese Räume möglicherweise verringert. Snoezelräume ersetzen nicht das wirkliche Spiel des Behinderten, sie sind eher dem Förderbereich zuzuordnen.

In der aufkommenden Erkenntnis, dass Behinderte Spiel benötigen, auch Jugendliche und Erwachsene mit schwersten geistigen Behinderungen, und zwar nicht nur das Alleinspiel, sondern auch das Spiel mit Partnern und Gruppen, wird nach Formen gesucht, wie Behinderte und Nichtbehinderte gemeinsam Spielstimmung erleben können. Zunächst erscheint das unwahrscheinlich. Wenn man sich aber bewusst macht, dass Erwachsene im Spiel mit einem Kleinkind durchaus selbst Spielstimmung empfinden können, ist die Vorstellung, mit und neben einem Behinderten zu spielen, zum Beispiel überraschende Wahrnehmungsspiele, nicht mehr so abwegig. Wolfgang Lamers hat mit Studenten solche Spiele entwickelt und sie gemeinsam mit Menschen mit geistiger Behinderung ausprobiert: Licht- und Farbeffekte, Geräusche und Erzählungen, einfache Bewegungen und Aktivitäten, behutsame Berührungen. Voraussetzung ist allerdings eine positive und wertschätzende Haltung der Nichtbehinderten gegenüber den Behinderten.

Spiel von Kindern, Jugendlichen und Erwachsenen mit schwersten Behinderungen

Behinderter	Betreuer
– lustbetontes Empfinden	– beobachten
– individuell unterschiedliches Spiel	– individuelle Spielformen ermöglichen
– Erlebnis eigener Kompetenz	– nur notwendige Grenzen setzen

Zusammenfassung

- Behinderte Menschen müssen in ihrer Individualität gesehen werden. Jede Behinderung ist einmalig. Dementsprechend muss auch das Spiel des Behinderten in seiner Einmaligkeit erkannt und gefördert werden.

- Wenn Kinder mit Körperbehinderungen in ihrer Bewegung von Geburt an sehr eingeschränkt sind, besteht die Gefahr, dass sie sich auch geistig langsamer entwickeln, weil sie weniger körperlich begreifen, erfassen und handeln können. Notwendige Förderprogramme schränken die Zeit für ihr Spiel ein. Zeit für Spiel muss gefunden und Wartezeiten müssen vermieden oder zumindest so niedrig wie möglich gehalten werden.
  Das gleiche gilt für geistig behinderte Menschen.

- Im Bereich der Funktions- und der Konstruktionsspiele sind Kinder mit schweren Körperbehinderungen manchmal retardiert, weil sie diese Spiele weniger spielen können als nichtbehinderte Kinder. Sie benötigen deshalb bis in höheres Alter Spielmaterial für Funktions- und Konstruktionsspiele. Dieses Material muss so ausgewählt werden, dass das Kind damit möglichst ohne Hilfe spielen kann.
  Im Rollenspiel weisen körperbehinderte Kinder seltener Rückstände auf, benötigen aber oft spezielles Spielzeug: für sie handhabbares und auf ihr individuelles Erleben abgestimmtes Material.

- Sinnesbeeinträchtigte Kinder brauchen eine ihnen entsprechende vorbereitete Umgebung und angemessene Hilfestellungen, um ihre Umwelt möglichst umfassend wahrnehmen und handeln zu können (konstante Ordnung, auf ihre Beeinträchtigung abgestimmtes Spielmaterial).

- Kinder mit Entwicklungsverzögerungen und und leichten geistigen Behinderungen spielen ähnlich wie nichtbehinderte Kinder, entwickeln sich in ihrem Spielverhalten aber insgesamt oder partiell langsamer. Ihre eigene Initiative im Rahmen von Spiel muss unterstützt werden, damit sie mutig bleiben sich selbst zu erproben, und damit sie ihr spielendes Handeln als erwünscht und als lustvoll erleben.

- Kinder mit schweren geistigen Behinderungen scheinen häufig monoton, ausdauernd oder auch rastlos zu spielen. Ihre Spielformen müssen respektiert und unterstützt werden, weil sie ihnen Befriedigung und Lebensfreude bringen.

- Das gemeinsame Spiel mit nichtbehinderten Kindern kann das behinderte Kind animieren, sich in neue Spielhandlungen einzulassen und sich im Umgang mit Nichtbehinderten zu erproben und zu üben. Voraussetzung ist, dass die nichtbehinderten Kinder akzeptierend und einfühlsam mit den Behinderten umgehen. Dazu sind sie bereits im Kindergartenalter durchaus in der Lage, vor allem bei angemessenem Vorbild durch die Erzieherin.
  Nichtbehinderte haben allerdings das Recht, nicht immer ihre Aktivitäten auf behinderte Kinder einstellen zu müssen.

- Integration muss nicht immer heißen, dass *miteinander* gespielt wird. Auch das Nebeneinander oder parallele Spiel kann Gemeinsamkeiten vermitteln, zu gegenseitigem Beobachten veranlassen, kleine Kontakte hervorrufen und vor allem Atmosphäre schaffen.

Zum Nachdenken:

❍ Carol Wilcox rät Erzieherinnen (und Lehrerinnen), die sich für die Integration körperbehinderter Kinder entscheiden (1991, S. 15 ff):

- *Schaffen Sie ein Klima, in dem individuelle Gemeinsamkeiten wahrgenommen und individuelle Unterschiede respektiert werden. (...)*
- *Vermeiden Sie Gönnerhaftigkeit. Scheuen Sie nicht davor zurück, ein behindertes Kind zu korrigieren oder zu tadeln. (...)*
- *Unterstützen Sie die Einstellung, es sei natürlich, Fehler zu machen.*
- *Das Wichtigste ist, aus Fehlern zu lernen, und den Mut zu haben, einen Misserfolg zu riskieren.*

❍ An anderer Stelle sagt sie zum Umgang mit Rollstuhlfahrern (ebenda, S. 20):

- *Die meisten Rollstuhlfahrer betrachten ihren Rollstuhl als Teil ihres Körpers. Gehen Sie deshalb sorgfältig und rücksichtsvoll mit dem Rollstuhl um, sodass eine Verletzung der persönlichen Sphäre des Kindes vermieden wird.*
- *Fragen Sie, bevor Sie Ihre Hilfe anbieten, und auch nur, wenn Hilfe wirklich benötigt wird – die Würde eines Rollstuhlfahrers sollte zu jeder Zeit geachtet und niemals verletzt werden.*
- *Blickkontakt ist von großer Wichtigkeit – wenn Sie mit dem Kind sprechen, begeben Sie sich auf die Blickhöhe des Kindes und vergessen Sie nicht, dass es auf das Kind ermüdend und anstrengend wirkt, wenn es sich ständig bemühen muss, selbst den Blickkontakt zu halten.*

❍ Im Spiel handelt das Kind mit seinen Kompetenzen. Bei der Förderung wird mit seinen Schwächen gearbeitet. Ursula Haupt sagt in diesem Zusammenhang zur Förderung behinderter Kinder:

❐ *Die Kinder bekommen Therapien, Fördermaßnahmen, Funktionstraining. Sie verlieren das Empfinden für ihre eigene Kompetenz. Sie verlieren die Möglichkeit selbst ihre eigene Kompetenz zu entwickeln und zu zeigen. So entsteht ein Teufelskreis aus der Annahme von Inkompetenz und deren Eintreten.* ❑
(Ursula Haupt, 1996, S. 15)

Claudia, Sabine und Frank
Studierende einer Fachschule für Sozialpädagogik

◆ **Claudia:** Ich glaube, ich könnte nicht mit körperbehinderten Kindern arbeiten. Ich würde ständig Mitleid haben: an den Rollstuhl gefesselt zu sein, Krücken benutzen zu müssen, nicht greifen zu können, zum Beispiel bei spastischer Lähmung. Diese Kinder sind doch ständig im Nachteil.

◆ **Frank:** Sprich bitte in diesem Zusammenhang nicht vom Gefesselt sein, der Rollstuhl gibt ihnen Fortbewegungsmöglichkeiten. Er fesselt sie nicht. Außerdem: Mit Mitleid machst du sie hilfloser.

◆ **Claudia:** Ich weiß, aber du kannst doch Gefühle nicht mit dem Verstand verändern! Es wäre ja auch falsch, so zu tun, als hätte ich kein Mitleid, wenn ich es eben habe!

◆ **Sabine:** Ich bin bei Behinderten auch völlig verunsichert. Da stand neulich ein erwachsener Behinderter in seinem Rollstuhl vor einem Geschäft. Ich war nicht in der Lage hinzugehen und zu fragen, ob er Hilfe braucht. Ich war zerrissen zwischen: Braucht er Hilfe? Getraut er sich nicht zu fragen? Mache ich ihn mit einem Hilfsangebot hilfloser, als er ist? – Ich bin weitergegangen mit einem schlechten Gewissen.

◆ **Frank:** Ich hätte auch nicht gefragt, aber vielleicht wäre ich betont langsamer vorbeigegangen, um ihm zu signalisieren, dass ich bereit bin, wenn er mich braucht.
(An Claudia gerichtet:) Aber, Claudia, du musst an deiner Grundeinstellung und nicht an der Hilfsbereitschaft arbeiten. Solange du nämlich davon ausgehst, dass Nichtbehinderte „normal" und Behinderte „nicht normal" sind, wirst du dich als vom Schicksal bevorzugt halten. Also reagierst du mit Mitleid. Bei anderen Unterschieden, die du als normal ansiehst, reagierst du nicht so.

◆ **Claudia:** Das verstehe ich nicht.

◆ **Frank:** Fühlst du dich vielleicht selbst benachteiligt, weil du als Frau nicht so viel Kraft hast wie ein Mann und dir den Wasserkasten von ihm tragen lässt? Oder hältst du ein Kind für benachteiligt, weil du ihm einen Gegenstand aus einem hohen Regal anreichen musst? Bestimmt nicht.
Behinderte sind nicht *nur* auf andere angewiesen. Sie können auch geben.

◆ **Sabine:** Jetzt fällt mir eine Kurzgeschichte ein, die ich einmal gelesen habe und die mich sehr beeindruckt hat:
Eine Frau, ich glaube eine Journalistin, spricht mit ihrer Freundin. Diese erzählt ihr von einer älteren Frau mit einem völlig verunstalteten Gesicht. „Du musst sie kennenlernen!", sagt die Freundin. „Du wirst von ihr beeindruckt sein, aber du wirst zunächst erschrecken. Ich werde sie fragen, ob es ihr recht ist, wenn du sie besuchst." Ein Termin kommt zustande. Die Journalistin hat sich auf den Besuch vorbereitet und sich Gesprächsthemen ausgedacht. Als die Behinderte ihr die Tür öffnet, ist sie trotzdem zutiefst erschrocken. Mühsam sucht sie nach ihren Gesprächsinhalten, als sie sich im Wohnzimmer gegenüber sitzen. Da sagt die alte Frau, als könne sie Gedanken lesen: „Bemühen Sie sich nicht um ein Gespräch. Nehmen Sie sich Zeit. Genehmigen Sie sich, dass es schwerfällt, sich hinter einem abstoßenden unmenschlichen Aussehen einen Menschen wie jeden anderen vorzustellen." Die Journalistin hat sich in diesem Augenblick selbst als behindert empfunden. *Sie* war es, die Hilfe brauchte, um mit dem Anblick fertig zu werden. Die Behinderte war die Helfende, die Verstehende, die Einfühlsame.

◆ **Frank:** Ja, Körperbehinderte haben oft ein überaus gutes Einfühlungsvermögen. Übrigens habe ich das auch manchmal während meines Zivildienstes bei geistig Behinderten bemerkt. Sie können es nur nicht so klar ausdrücken.

◆ **Claudia:** Die Vorstellung, mit schwerstgeistigbehinderten Kindern und Jugendlichen zu spielen, stimmt mich auch traurig. Die ganze Freude des Spiels in seiner Vielfalt, in seiner Kreativität – für das Kind wie auch für mich als erwachsenem Mitspieler oder Beobachter –, nichts bleibt davon übrig. Es ist reduziert auf ein körperliches Wohlgefühl, wenn überhaupt. Das ist alles.

◆ **Frank:** Das sehe ich anders, Claudia. Du gehst wieder vom nichtbehinderten Menschen aus. Was weißt du, was Vielfalt für einen Behinderten bedeutet? Du musst deine Maßstäbe verändern. Dann wirst du plötzlich merken, wie schön das Spiel mit Behinderten sein kann.

◆ **Claudia:** Interessant, wie unterschiedlich Menschsein gesehen werden kann. Ich schätze bei dir immer wieder, Frank, dass du so offen bist gegenüber der Unterschiedlichkeit des Menschen. Es gibt für dich nicht *den* Menschen, glaube ich, sondern nur viele, unendlich viele einzelne Menschen.

◆ **Sabine:** Ich denke, wir dürfen auch Körper, Seele und Geist nicht trennen. Das tust du, wenn du Wohlgefühl nur auf den Körper beziehst. Wir nichtbehinderten, erwachsenen Menschen können sagen, wir fühlen uns körperlich wohl, wenn wir schmerzfrei, gesund, satt usw. sind. Wir fühlen uns psychisch wohl, wenn wir keine Sorgen haben, wenn wir uns anerkannt fühlen und angstfrei vor Versagen und anderen Gefahren sind. Vielleicht können wir auch noch von einem geistigen Wohlgefühl sprechen, wenn wir geistige Anregungen erhalten, jedoch nicht über- oder unterfordert werden. Ich gehe davon aus, dass der Behinderte in einer anderen Einheit lebt als wir.

◆ **Frank:** Ich denke auch, geistig Behinderte leben viel mehr in der Gegenwart. Sie sind deshalb oft weniger nachtragend.

◆ **Claudia:** Ja, ich sehe eure Argumente ein. Wahrscheinlich liegt eine Gefahr darin, dass wir viel zu häufig von einem subjektiv festgelegten Menschenbild ausgehen. Das betrifft nicht nur die Behinderten. Die Folge der Verallgemeinerung des menschlichen Verhaltens, in unserenm Fall von Kindern und Jugendlichen, ist sicher ein festgelegtes, unflexibles pädagogisches Vorgehen.

Als ich noch im Vorpraktikum war, habe ich geglaubt in der Ausbildung Regeln kennen zu lernen, Gemeinsamkeiten zu erfahren, zum Beispiel nach denen sich Spiel vollzieht und nach denen ich Spiel lenken kann. Statt dessen haben wir eigentlich Vielfalt kennen gelernt und immer wieder die Notwendigkeit erfahren hinzuschauen und individuelle Entscheidungen zu treffen.

◆ **Sabine:** Das heißt aber auch, dass wir nie sagen können: „Jetzt weiß' ich wie's geht." Jeder Tag, jede Situation wird immer wieder neue, noch nie da gewesene Momente bringen. Immer werden wir uns im Nachhinein fragen, ob unsere Entscheidungen gut waren. Wir werden nie auslernen.

◆ **Frank:** Das empfinde ich als eine Herausforderung und als Anstrengung, aber zugleich auch als eine Chance der beruflichen Arbeit, nämlich, nicht in Routine zu erschlaffen.

Literaturempfehlung

Carol Wilcox: Spiele für körperbehinderte Kinder. Ein praktischer Weg zur Integration. Rowohlt Taschenbuch 1991

Miedaner Lore: Gemeinsame Erziehung behinderter und nichtbehinderter Kinder. Materialien zur pädagogischen Arbeit im Kindergarten. Juventa Verlag 1991 (2. Aufl.)

Gisela Hundertmarck (Hrsg.): Leben lernen in Gemeinschaft. Behinderte Kinder im Kindergarten. Herder 1981

Wolfgang Lamers / Werner Lenz / Rudi Tarneden (Hrsg.): Spielräume – Raum für Spiel. Spiel- und Erlebnismöglichkeiten für Menschen mit schweren Behinderungen. verlag selbstbestimmtes leben, Düsseldorf 1996 (2. Aufl.)

Ulrich Heimlich: Einführung in die Spielpädagogik. Eine Orientierungshilfe für sozial-, schul- und behindertenpädagogische Handlungsfelder. Verlag Julius Klinkhardt 1993

Michael Baumgartner / Gisela Färber / Franz Michels: Spielkartei für Sonder- und Heilpädagogik. Verlag modernes lernen 1995 (2. Aufl.)

6 Spiel und Freizeitgestaltung im Rahmen sozialpädagogischer Konzepte

Da das Spiel eine wesentliche Handlungsform des Kindes ist – insbesondere im Vor- und Grundschulalter – müssen pädagogische Konzepte immer das Spiel und den Umgang mit Spiel einbeziehen.
Konzepte können sehr variieren.
Sie werden beeinflusst von psychologischen Kenntnissen und Ansichten, von pädagogischen Zielen und von den Strömungen der Zeit. Innerhalb der verschiedenen Konzepte wird auch das Spiel unterschiedlich betrachtet, gewertet und gelenkt.

Im Folgenden werden bekannte pädagogische Konzepte kurz dargestellt, die auf die Arbeit in Tageseinrichtungen, die offene Jugendarbeit und die Arbeit im Heim Einfluss haben. Dabei wird der Blick auf den jeweiligen Standort des Spiels innerhalb dieser Konzepte gelenkt.
Insgesamt soll dieses Kapitel deutlich machen, dass das Spiel des Kindes und des Jugendlichen auf sehr unterschiedliche Weise gesehen, unterstützt und gefördert werden kann. Dabei werden die Beschreibungen möglichst objektiv und ohne Wertung vorgenommen.

6.1 Das Spiel in Tageseinrichtungen

Im Kindergarten, den Kinder nach dem Rechtsanspruch drei Jahre lang besuchen, kann nach unterschiedlichen Konzepten gearbeitet werden. Für die Krippe und den Hort gibt es weniger anerkannte und veröffentlichte Vorgehensweisen. Deshalb kann im Folgenden auf den Kindergarten breiter als auf Krippe und Hort eingegangen werden.

6.1.1 Das Spiel in den Konzepten bedeutsamer Richtungen der Kindergartenpädagogik

Anregung zum Eindenken in die Thematik

Unterschiedliche Arbeitsweisen vergleichen

Auf einer Fortbildung kommen fünf Teilnehmer/innen, die in Kindergärten mit unterschiedlichen Konzepten arbeiten, ins Gespräch. Sie vergleichen ihre Arbeitsweise an einem kleinen Ausschnitt des Spiels in ihren Kindergärten.

Sylvia: *Wir arbeiten in unserem Kindergarten nach dem Situationsansatz.*
Vor zwei Wochen habe ich eine Thematik aufgegriffen, die mir wichtig erschien, mit der wir immer noch intensiv beschäftigt sind: Die Jungen spielten wieder einmal gehäuft ihre Schießspiele. Vorwiegend spielten sie Fernsehsendungen nach, trotz unserer Elternbe-

einflussung hinsichtlich geringem Fernsehkonsum! Die größeren Mädchen übernahmen als Mutter die Führung im Familienspiel. Kleinere Jungen durften bei ihnen als Babys oder Kinder der Familie mitspielen. Ältere Jungen mussten Väter sein und wurden „zur Arbeit" geschickt. Sie irrten im Gruppenraum herum ohne konkrete Vorstellung, was sie tun könnten. Häufig sah ich sie dann bei den Schießspielen, in denen sie Fernsehhelden imitierten, aber keinen Vater spielten.
Jetzt befassen wir uns mit Berufen der Erwachsenen, und zwar Männern und *Frauen. Wir durchstöbern unsere Nachbarschaft hinsichtlich sichtbarer und durchschaubarer beruflicher Arbeit, besuchen Elternteile bei ihrer Arbeit und spielen viel im Rollenspiel nach. Zur Zeit habe ich im Gruppenraum einen gebauten „Bus" stehen und der Nebenraum wurde zu einem Kaufhaus, vorrangig einem Schuhgeschäft. Dafür haben wir uns aus allem Möglichen Regale gebaut und leere Schuhschachteln sowie abgelegte Schuhe gesammelt. Ständig werde ich aufgefordert etwas einzukaufen oder mit dem Bus zu fahren.*
Ich gehe davon aus, dass Spiele mit beruflichem Inhalt noch einige Zeit aktuell bleiben werden. Jetzt planen wir mit den Kindern einen Besuch bei einem Gärtner und demnächst einen bei einem Arzt. Dann könnte das Spiel eine Wende nehmen: von der Identifikation mit den Erwachsenen zur Auseinandersetzung mit dem eigenen Körper und mit Krankheiten. Die Spielveränderung der Kinder kann sich dann zum Beispiel darin äußern, dass Doktorspiele wieder mehr gespielt werden und wir auf sexuelle Fragen eingehen müssen. Natürlich werden wir dann zunächst die Eltern informieren, die wir überhaupt sehr viel einbeziehen.

Wilma: *In zweierlei Hinsicht kann ich dem, wie du euer Spiel beschreibst, nicht zustimmen: Die Waldorfpädagogik ist davon überzeugt, dass Fernsehen für Kinder in diesem Alter nicht gut für ihre Entwicklung ist. Wir erklären unseren Eltern die Wirkungen des Fernsehens auf Kinder. Da die Eltern ihre Kinder bewusst wegen unserer pädagogischen Richtung bei uns anmelden, können wir allerdings auch mehr Erwartungen an sie stellen als ihr. Aber natürlich bleibt ihnen die Entscheidung überlassen und sicher werden auch einige unserer Kinder ab und zu vor dem Fernseher sitzen.*
Ich rege durch entsprechendes einfaches Spielmaterial die Kinder dazu an, Szenen aus ihrem eigenen Leben, aus dem, was sie beobachten und aus ihrer Fantasie, und nicht aus dem Fernsehen zu spielen. Berufe der Erwachsenen spielen sie bei uns oft. Nachahmung ist ein typisches Merkmal der ersten sieben Lebensjahre des Kindes.
Anders ist bei mir auch: Ich spiele in der Regel nicht mit. Das wäre ein falsches Vorbild. Ich spiele nur bei solchen Spielen mit, die inhaltlich festgelegt sind wie Reigen oder Märchenspiele. Im Freispiel beobachte ich und beschäftige mich im Hintergrund mit einer Arbeit, wie sie Erwachsenen entspricht: Nähen, Essen zubereiten und so. Ich beteilige mich nur dann am Spiel der Kinder, wenn es ins Stocken gerät und ich ihm wieder Anstöße geben kann.

Markus: *Wir beeinflussen die Eltern unserer Kinder auch, dass sie die Kinder möglichst nicht vor den Fernseher setzen. Was das Spiel betrifft, haben die Kinder im Montessori-Kinderhaus zwar Möglichkeiten auch Fernsehsendungen nachzuspielen, wir greifen bei starkem Interesse solche Themen auch auf und die Kinder können ihre Eindrücke verarbeiten. Aber das läuft nebenher. Montessori-Pädagogik hat eine andere Richtung. Wir bieten den Kindern unser spezielles und formschönes Material an, mit dem sie sich jeweils nach ihren individuellen Interessen auseinander setzen. Die Kinder sind von den Spielmöglichkeiten des Montessori-Materials fasziniert. Sie erproben und erweitern ihr*

Können, ihre Sinneswahrnehmung, ihre Geschicklichkeit, ihr Wissen und ihr Denkvermögen. Beispielsweise haben sie Zylinder, die sie in entsprechende hölzerne Blöcke einordnen. Sie vergleichen die Oberflächen und die Größen von ästhetisch schönen Materialien, sie spielen mit Geräuschen, schütten Wasser in verschiedene Gefäße und vieles mehr. Unsere Kinder arbeiten *mehr, als sie im eigentlichen Sinn spielen. Aber es macht ihnen Spaß und sie freuen sich an ihren Erfolgen. Das Spielmaterial ist so gestaltet, dass sie erkennen können, ob sie die richtige Lösung gefunden haben. Sie wachsen daran.*

Ramona: *Ich finde mich am ehesten bei Sylvia wieder. Wahrscheinlich hätte ich in unserem Kindergarten in Reggio Emilia, nachdem wir einen Handwerker besucht haben, entsprechendes Material einfach nur in die Gruppe gelegt und hätte abgewartet, was die Kinder daraus machen. Wenn ich gemerkt hätte, dass dieses Spiel für die Kinder wichtig ist, wäre ich darauf eingegangen und hätte sie in ihrem Spiel bestärkt. Sicher hätte unsere Kunstpädagogin die Kinder dazu angeregt, ihre Vorstellungen und Gedanken zu malen. Kinder haben viele Sprachen, in denen sie sich äußern können. Wir müssen sie nur lassen und müssen ihnen Gelegenheit dazu geben, anstatt sie mit unseren Gedanken zuzuschütten und zum Schweigen zu bringen.*

Olga: *Wir lassen unseren Kindern mehr Freiraum als ihr das tut, Sylvia. Die Kinder müssen sich bei uns nicht in einem bestimmten Gruppenraum aufhalten. Wir haben offene Gruppen, das heißt Funktionsräume. Angenommen, ich hätte die Aufsicht im Rollenspiel-, Bewegungs- oder Kreativraum und würde bemerken, dass die Kinder gehäuft Fernsehsendungen nachspielen oder nicht in der Lage sind, einen Vater zu spielen, dann würde ich durchaus auch Anregungen geben, damit sie das Leben von Männern besser verstehen können. Ich würde ebenfalls vorschlagen, Berufstätige im Gemeinwesen bewusst zu beobachten. An meinem Angebot würden aber nur diejenigen Kinder aus dem ganzen Kindergarten teilnehmen, die das auch wollen. Kinder, die andere Interessen haben und nicht an den Besuchen und dem Spiel im Zusammenhang mit Berufen teilnehmen wollen, werden in einen anderen Raum gehen.*

Wenn sich Grundkonzepte, nach denen in Kindergärten gearbeitet wird, sehr unterscheiden, wird auch das Spiel der Kinder anders beeinflusst. Die Unterschiedlichkeit zeigt sich nicht nur in gelenkten Spielphasen, sondern auch im freien Spiel der Kinder.
Im Folgenden wird die Beschreibung der oben kurz dargestellten Kindergartenkonzepte chronologisch (zeitlich geordnet) nach ihrer Entstehung vorgenommen.

Lernen durch Spiel und Arbeit im Montessori-Kinderhaus

Ähnlich wie Fröbel (1782–1852), der Gründer des Kindergartens, hat Maria Montessori (Italienerin, 1870–1952) eine Tageseinrichtung für Kinder von drei bis sechs Jahren geschaffen. Während bei Fröbel das emotional geprägte Spiel einen breiten Raum einnahm und Spiel grundsätzlich als kindgemäßes Handeln anerkannt und gewürdigt wurde, stellte Montessori die Wahrnehmung und das kognitive (erkenntnismäßige) Denken und Handeln sowie die Sensomotorik in den Mittelpunkt ihrer Pädagogik. Im Jahr 1907 entstand ihr erstes Kinderhaus (die Bezeichnung ihres Kindergartens) in einem Armenviertel von Rom.
Montessori war Ärztin. Als Assistenzärztin hatte sie sich mit geistig und sozial deprivierten entwicklungsverzögerten Kindern befasst und erkannt, dass diese Kinder gefördert werden konnten. In Fortführung dieser Erkenntnisse suchte sie nach vorhandenen geeigneten Spielmaterialien und entwickelte selbst weitere,

durch die nicht nur behinderte, sondern alle Kinder gefördert werden konnten. Überraschend war und ist heute noch, wie fasziniert Kinder mit Montessorimaterial spielen – oder besser gesagt: arbeiten –, welche Lösungsmöglichkeiten sie suchen und welchen Lernerfolg sie dabei erreichen.
Besonders bekannte Montessorimaterialien sind Einsatzzylinder, Farb- und Tastplättchen, die geordnet werden; Geräuschdosen; Türme, die nach einem bestimmten System aufgebaut werden oder Übungsrahmen mit unterschiedlichen Verschlüssen wie Schleifen und Knöpfen. Zur Einführung eines Materials zeigt die Erzieherin zunächst dem Kind, wie es gehandhabt wird, danach hält sie sich beobachtend zurück und greift nur ein, wenn das Kind sie um Hilfe bittet oder wenn es nicht weiterkommt. Ein grundsätzliches Prinzip Montessoris ist, dass das Kind selbst entscheidet, welches Material es sich auswählt und selbstständig mit diesem Material umgehen kann. „Hilf mir es selbst zu tun!" ist ein charakteristischer Satz ihrer Erziehungsvorstellungen. Deshalb ist das Material auch weitgehend so gestaltet, dass das Kind seine Fehler selbst erkennt. Das bedeutet, dass es bei diesen Spielen auf richtige Lösungen ankommt. Das Kind erkennt Richtig und Falsch.

Das Material umfasst fünf Bereiche:

1. Übungen des praktischen Lebens, zum Beispiel Wasser und Reis umschütten, Schleife binden,
2. Sinnesmaterial, zum Beispiel Einsatzzylinder, Tasttäfelchen, Geräuschdosen, Glockensatz und Klangstäbe,
3. sprachschulendes Material, beispielsweise Buchstaben zum Tasten und Lesen, Wortsymbole, Material, das zum Beschreiben anregt (zum Beispiel einen Bauernhof),
4. mathematisches Material wie Stäbchen und Perlentreppen im Dezimalsystem, geometrische Formen,
5. Material zur kosmischen Erziehung, zum Beispiel ein tastbarer Globus oder Landkartenpuzzles.

Ein weiteres wichtiges Merkmal für die Montessori-Pädagogik ist die „vorbereitete Umgebung". Sie besteht aus

- dem vorgegebenen strukturierten Material (das jeweils nur einmal vorhanden ist, damit kein Wettkampf und keine Konkurrenz entsteht, Ablenkendes und Überflüssiges wird vermieden),
- aus der Ordnung im Raum (klar strukturiert, kein „Dekoladen", ästhetisch schön) und
- der kundigen Erzieherin (die Handhabung des Materials wird durch sie erklärt und zu neuen Spielvarianten bietet sie Anregungen).

Jedes Material hat seinen Platz und wird vom Kind nach Beendigung der Arbeit auch wieder dorthin zurückgebracht. Auch innerhalb der Spielkästen ist das Material in der Regel so eingeordnet, dass das Kind die Ordnung sofort erkennt und sie einhalten kann.

Da ein Kinderhaus immer Materialien für unterschiedliche Entwicklungsstufen anbietet und das Kind sich die Materialien nach seinen Fähigkeiten und Interessen selbst auswählt, sind diese Einrichtungen auch für behinderte Kinder geeignet. Die behinderten Kinder werden nicht überfordert, die nichtbehinderten Kinder nicht unterfordert. Integrative Einrichtungen haben oft einen stärkeren Einbezug von Montessori-Material.

Zusammenfassend kann das Spiel im Montessori-Kinderhaus so beschrieben werden: In einer vorbereiteten Umgebung wird das Kind in den Umgang mit speziellem formschönem Lernmaterial eingeführt und entscheidet selbst, mit welchem Material es wie lang arbeiten möchte, und zwar nach dem Prinzip „Hilf mir, es selbst zu tun".
Ziel dieser pädagogischen Richtung ist es das Kind bewusst in seiner geistigen Entwicklung zu fördern, aber auf einer individuellen, freiwilligen und lustvollen Basis. Dahinter steht die Erkenntnis, dass es in seiner Entwicklung in Wahrnehmung, Motorik und Intelligenz förderbar ist.
Montessori-Pädagogik ist international bekannt geworden. Kinderhäuser und Vorschuleinrichtungen nach ihrem Konzept sind in vielen Ländern zu finden. In der Bundesrepublik

Deutschland gibt es mehrere hundert Kinderhäuser, in denen vorrangig nach den Methoden von Montessori gearbeitet wird. Einige der Sinnesmaterialien sind – manchmal nicht in ihrer Originalform – in fast allen Kindergärten zu finden.

Spiel im Tageslauf eines Waldorfkindergartens

Die Konzeption der Waldorfpädagogik wurde von Rudolf Steiner (1861–1925) entworfen und durch seine anthroposophische Menschenkunde geprägt. Die erste Waldorfschule entstand 1919, der erste Kindergarten 1925. Waldorfschulen und -kindergärten sind Einrichtungen in freier Trägerschaft. Heute gibt es in der Bundesrepublik Deutschland über dreihundert Waldorfkindergärten, weltweit über tausend.
Typische Merkmale für das Spiel im Waldorfkindergarten sind:

Raumgestaltung und Spielmaterial

Das Kind soll in einer freundlichen und einfachen Atmosphäre solches Spiel entfalten können, das seiner Entwicklungsstufe entspricht.
Die ersten sieben Jahre des Kindes werden nach Auffassung der anthroposophischen Menschenkunde durch Nachahmung bestimmt. Das Kind kann in dieser Zeit noch nicht nach gut oder schlecht unterscheiden. Es nimmt vertrauensvoll auf, was um es geschieht. Deshalb benötigt es nach Ansicht der Waldorfpädagogik eine einfache, durchschaubare Welt, in der es von zu vielen Eindrücken abgeschirmt wird und sich vorrangig in sein nachahmendes Spiel versenken kann. In diesem Spiel wird es seine Wahrnehmungen vertiefen und verarbeiten. Voraussetzung für diese Versenkung sind beruhigende, nicht überladene Räume mit angenehmer Farbgebung und einfaches, zur Fantasie anregendes Spielmaterial. Waldorfpuppen sind beispielsweise aus weichem Stoff hergestellt und haben lediglich angedeutete Gesichter. Plastikspielsachen und schreiende Farben findet man dort nicht.

Freispiel

Dem freien, selbstbestimmten Spiel wird ein breiter Raum gegeben. In dieser Zeit befasst sich die Erzieherin meist mit irgendeiner häuslichen Arbeit. Das hat zwei Gründe: Einerseits ist es nicht Absicht der Erzieherin, mitzuspielen. Die Kinder sollen ihr Spiel selbst bestimmen und ihre eigene Fantasie entwickeln. Merkt die Erzieherin allerdings, dass bei einer Kindergruppe oder einem einzelnen Kind das Spiel ins Stocken gerät, so fädelt sie sich doch ein und gibt Anregungen, die zum Nachahmen geeignet sind und das Spiel wieder in Fluss bringen.
Zum anderen will die Erzieherin Vorbild sein und den Kindern, insbesondere in der heutigen von Maschinen geprägten Zeit, grundlegende Handlungen zur Bewältigung des täglichen Lebens vorleben und damit zur Nachahmung anregen. Kinder, die das möchten, können sie bei ihrem Tun nachahmen und mitmachen: Mahlzeiten zubereiten, Raum und Pflanzen pflegen, leichte Reparaturen vornehmen, Nähen.
Die Kinder werden bei ihrem Spiel so wenig wie möglich gestört, weder durch ein Überangebot von Spielzeug oder durch Spielmaterial, dessen Struktur sie nicht durchschauen, noch durch Bastelangebote oder ähnliche Anregungen. Wenn die Erzieherinnen die Kinder zu bestimmten Aktivitäten veranlassen wollen, so werden dafür eigene Zeiten festgelegt.

Reigen und Märchen

Neben dem Freispiel nehmen Reigenspiele in Form von Sing-, Kreis- und Tanzspielen einen festen Platz im Tageslauf ein. Vorbild und Nachahmung sind eine der beiden Säulen der Kindergartenpädagogik, die andere ist Rhythmus und Wiederholung. Der Rhythmus zeigt sich auch in den festgelegten Phasen des Tagesablaufs, der zwischen freiem und angeleitetem Spiel oder der gemeinsamen Mahlzeit wechselt.
Ein Märchen schließt meist den Tag ab. Mehrere Tage nacheinander wird das gleiche Märchen erzählt, damit die Kinder es zunehmend erfassen können.

Zusammenfassend:
In Einfachheit, Naturbezogenheit, Ruhe und Besinnung, Abgeschirmtheit von Hektik und

Überfülle des heutigen Lebens Erwachsener kann sich das Kind in selbstbestimmtes und auch vorgegebenes Spiel vertiefen. Technisches Spielzeug, technische Medien wie Fernsehen und Computer werden vom Kind in diesem Alter so weit als möglich ferngehalten. Es soll sich in seinen ersten Lebensjahren in einer Welt, die seiner Entwicklungsstufe entspricht, spielend zurechtfinden und durch Rhythmus und Wiederholung, Vorbild und Nachahmung für die Stunden im Kindergarten einen Rahmen erhalten, in dem es sich sicher fühlt. In diesem Rahmen kann es spielend die Welt erforschen und seine Eindrücke verinnerlichen.
Hintergrund dieser pädagogischen Richtung ist die anthroposophische Menschenkunde, das heißt, die von Rudolf Steiner begründete Lehre von der Entwicklung der menschlichen Erkenntnisfähigkeit.

Das Spiel in den Krippen und Kindergärten von Reggio Emilia

Reggio Emilia (sprich Redscho Emilia) ist eine Stadt in Norditalien. Nach dem zweiten Weltkrieg entstanden in Reggio Emilia durch Elterninitiativen Tagesstätten (Krippen und Kindergärten), für die nach einem neuen Erziehungskonzept gesucht wurde. Ein junger Grundschullehrer, Loris Malaguzzi, hörte von dieser Initiative, war davon fasziniert und übernahm die pädagogische Beratung. Die von ihm begründete Pädagogik wurde später auf die kommunalen Krippen und Kindergärten der Stadt Reggio Emilia ausgedehnt. Inzwischen ist die Reggio-Pädagogik weit über Italien hinaus bekannt.

Raumgestaltung

Die Reggio-Pädagogik bleibt für alle, die einmal dort gewesen sind, die eine der Ausstellungen besucht oder an einer Fortbildung teilgenommen haben, durch ihre Raumgestaltung in Erinnerung: weite, vielfältig anregende Räume mit großen Fenstern oder Glaswänden. Insbesondere sinnesanregende Gegenstände wie Kaleidoskope, Zerrspiegel oder Spiegelzelte sind beeindruckende Elemente der Raumgestaltung.

Die pädagogische Konzeption

Die Raumgestaltung gibt nur ein äußeres Bild für das pädagogische Anliegen. Zwei kurze Sätze können die Reggio-Pädagogik treffend charakterisieren: „Dem Eindruck einen Ausdruck geben“ und „Das Kind hat 100 Sprachen“. Im Mittelpunkt der Reggio-Pädagogik stehen die Wahrnehmung des Kindes und die Darstellung seiner Eindrücke. Auf vielfältige Weise versuchen die Erzieherinnen die Wahrnehmung des Kindes wach zu halten und zu unterstützen. Sie wollen die Kinder allerdings nicht nach Denkmustern der Erwachsenen lenken. Sie unterstützen, indem sie Angebote setzen und beobachten, wie die Kinder darauf reagieren und was sie aus der Vielfalt annehmen. Nicht die Kinder sollen die Erwachsenen verstehen, sondern die Erwachsenen wollen die Kinder verstehen.
In Reggio Emilia sind Künstler und Kunstpädagogen in den Krippen und Kindergärten angestellt, allerdings nicht um Kurse zu halten, sondern um das Kind in seinem Ausdruck zu bestärken. Dabei geht es nicht nur um Malen, Formen und Bauen, sondern auch um Bewegung, Sprache, Musik und Rollenspiel.
Erika Kazemi-Veisari schreibt zur Arbeit in Reggio (1996, S. 5): *Das Kind wird nicht – wie in der traditionellen Pädagogik – als Küken vom Menschen verstanden, das erst noch wachsen muss um eine Persönlichkeit zu werden. Das Kind ist von Anfang an stark und nicht schwach, es kommuniziert mit Personen und Dingen seiner Umgebung und ist nicht passiv und unfähig.*

Diese Pädagogik, die das Kind in seiner Wahrnehmung und in seinem Ausdruck so ernst nimmt, will ich an zwei Beispielen verdeutlichen. Erika Kazemi-Veisari (1996, S. 7) zitiert aus einem Vortrag einer Erzieherin aus Reggio bei einer Fortbildung in Hamburg. Die Erzieherin beschreibt dabei am Beispiel des Umgangs mit Farben, wie Kinder und wie Erzieherinnen sich verhalten. Die Erzieherin erklärt in diesem Vortrag, dass sie als Erwachsene neugierig sein muss auf das Denken der Kinder und herausfinden muss, was sie meinen. *Auf die Frage 'Was ist eurer Meinung nach Farbe?' antworteten die Kinder: 'Die Farbe ist eine Sache, die drin ist. Die Farbe ist in allen Dingen der Welt. Die hellen Farben sind aus Licht gemacht, alle dunklen Farben sind aus Dunklem gemacht, aus Schatten, und nachts mischen sich alle Farben und das Schwarz legt sich drumherum.' Wir stellen den Kindern schwierige Fragen, aber die Antworten zeigen, dass die Kinder in der Lage sind auf ihre Weise die Realität zu interpretieren. (...) So ein Sehen kann zu einer abenteuerlichen Reise werden. Beim Untersuchen einer Zwiebel wird diese wie ein Buch aufgeblättert, die Kinder entdecken verschiedene Farben mit unterschiedlichen Abstufungen. Die Zwiebelhaut wird angefeuchtet und ans Fenster geklebt, durch sie hindurch entdecken die Kinder die Welt neu. Wir als Erwachsene haben die Chance die Welt mit den Augen der Kinder wiederzuentdecken.*

Annette Dreier schildert ein Beispiel anderer Art:

Die Erzieherinnen hatten beobachtet, dass die vierjährigen Kinder ihrer Gruppe stets getrennt spielten. In der einen Ecke waren die Mädchen mit dem An- und Ausziehen, Kämmen und Baden ihrer Barbie-Puppen beschäftigt, in einer anderen Ecke bauten die Jungen ihre Weltraumstationen unter Einsatz vielfältiger Materialien. Ihre Eindrücke diskutierten die Erzieherinnen im Team und entwickelten den Vorschlag die Aktivitäten der Kinder genauer zu beobachten. Mit einem Tonband nahmen sie die Äußerungen der Kinder bei ihren jeweiligen Spielen auf und waren über die Ergebnisse außerordentlich überrascht: Der Wortschatz der Mädchen war gering, er enthielt einfache Alltagsbegriffe wie 'Essenkochen', 'Saubermachen', 'Einkaufen' oder 'Umziehen', die Anzahl von Begriffen war bei den Jungen hingegen um das Dreifache höher und umfasste Worte wie 'Transformieren', 'Konstruieren', 'Ausbalancieren' oder 'Fortbeamen'. In den darauf folgenden Teamgesprächen der Erzieherinnen entstand die Idee, dass die Kinder ihre jeweiligen Spielräume einmal tauschen sollten, um mehr über ihren Umgang mit den Lieblings-Materialien des anderen Geschlechts zu erfahren. Die Jungen konnten allerdings mit der Puppenecke wenig anfangen und verschwanden nach kurzer Zeit in den Garten, die Mädchen machten aus der Weltraumstation eine Fernsehshow, in der sie die neuesten Hits und Moden vortrugen. (Dreier 1993, S. 82)

Dreier berichtet weiter, dass die Erzieherinnen dieses Thema aufgegriffen haben und in der nächsten Zeit den Kindern Projekte zum Thema „Geschlechterrollen" anboten. *Diese Art des Vorgehens verdeutlicht ein Prinzip der Planungsarbeit in Reggio: Am Anfang stehen stets die Beobachtungen der Kinder...* (ebenda, S. 83).

Spielpädagogik in den Kindergärten von Reggio Emilia ist – zusammenfassend formuliert – die Aufbereitung eines angemessenen Nährbodens, in dem das Kind seine vielfältigen Wahrnehmungen spielend zum Ausdruck bringen kann und in seinen hundert Sprachen möglichst nicht eingegrenzt, sondern bestärkt wird.

Dahinter steht eine pädagogische Auffassung, nach der das Kind nicht zum Erwachsenen hin erzogen werden muss, sondern dass es aus sich heraus entwicklungsfähig ist. Allerdings benötigt es für seine Entwicklung entsprechende Wertschätzung und angemessene Rahmenbedingungen.

Spiel im Situationsansatz

Der Situationsansatz wurde in den 70er Jahren vom Deutschen Jugendinstitut in München unter der Leitung von Jürgen Zimmer ins Leben gerufen. Er hat das Ziel den Kindern Gelegenheiten zu bieten und Wege zu ebnen, um in ihrem täglichen Leben möglichst selbstbestimmt und kompetent handeln zu können.

Diese angestrebte Selbstbestimmung darf allerdings nicht als reine Bedürfnisbefriedigung gedeutet werden. Das Kind muss sich im Rahmen seiner (entwicklungsgemäßen) Möglichkeiten verantwortlich verhalten. Selbstbestimmung darf deshalb zum Beispiel nicht heißen, dass das Kind ein Spiel mit Spielpartnern nur nach eigenen Wünschen bestimmt, sondern dass es die Vorschläge und Wünsche anderer Mitspieler einbezieht und Kompromisse findet. Selbstbestimmung darf auch nicht mit hohem Materi-

alverbrauch verbunden werden. Selbstbestimmung steht im Situationsansatz also immer in sozial und ökologisch verantwortlichem Zusammenhang.
Die Erzieherinnen bemühen sich herauszufinden, wo die Kinder ihrer Gruppe Kompetenzen (Fähigkeiten) und Bedürfnisse haben, die sie nicht genügend umsetzen und ausleben können. Dafür schaffen sie – soweit möglich – Voraussetzungen, beispielsweise indem sie mit den Kindern Spielräume angemessen gestalten und ihnen ausreichende vielgestaltige Bewegungsmöglichkeiten bieten, indem sie Kinder bestärken eigene Wünsche wahrzunehmen, zu äußern und mit anderen abzustimmen oder indem sie Kinder ermutigen und sie unterstützen ihre Umwelt zu erforschen. Sie entwickeln mit der Gruppe auch Projekte, etwa um das Gemeinwesen zu erkunden oder dem Bedürfnis nach Wahrnehmungsmöglichkeiten und Abenteuerspielen entgegenzukommen, um im Wald spielen zu können und öffentliche Spielplätze zu benutzen oder um ein geplantes Zeltlager vorzubereiten.
Die Erzieherinnen beobachten, wo die Kinder unangemessen eingeschränkt und eben nicht handlungsfähig sind. Das Eingangsbeispiel zeigt eine solche Hilflosigkeit der Kinder (Seite 260 f): Die Kinder hatten keine rechte Vorstellung von dem Berufsleben Erwachsener, die sie im Spiel darstellen wollten. Deshalb unternimmt die Erzieherin mit der Gruppe Besuche bei berufstätigen Erwachsenen. Sie will damit erreichen, dass die Kinder die nötigen Kenntnisse gewinnen um spielen zu können, was sie spielen wollen: Identifikation mit den Eltern und anderen Erwachsenen.
Im Spiel können die Kinder auf der Als-ob-Ebene *tun* und auch *sein*, was sie möchten. Sie können wie Erwachsene handeln, zum Beispiel Autos und Flugzeuge lenken, Feuer anzünden und als Feuerwehr Feuer löschen. Sie können wilde Tiere sein und auch wilde Tiere jagen und besiegen. Sie können Mutter und Vater, Lehrerin und Erzieherin sein und damit nicht in der untergeordneten, sondern der dominanten, bestimmenden Rolle handeln. Das eigengestaltete Spiel ist deshalb die zentrale Methode und ein wesentlicher Teil des Situationsansatzes, weil das Kind hier selbstbestimmt und kompetent handeln kann und weil es Handlungsweisen, die es in der Realität erlebt hat, spielend umsetzen kann. Natürlich strebt der Situationsansatz die zunehmende Selbstbestimmung und Kompetenz des Kindes im *realen* Alltag an. Im Spiel findet das Kind aber eine Möglichkeit neu erworbene Handlungsfähigkeiten zunächst auf der Als-ob-Ebene zu erproben, um sie dann in den Alltag zu übertragen und seinen realen Handlungsradius zu erweitern. Ein Kind kann, wenn es im Spiel nicht mehr zurechtkommt, einfach aussteigen und irgendwann unter neuen Bedingungen und mit anderen Motivationen und Vorstellungen wieder neu anfangen. Das Spiel erweist sich deshalb als hervorragende Möglichkeit für das Kind Selbstbestimmung und Kompetenz zu üben. (Für das Rollenspiel ist das Kind übrigens kompetenter als Erwachsene!)

Häufig wird der Situationsansatz als eine Art Anlasspädagogik im Sinne „Wir planen nicht, wir arbeiten situativ“ missgedeutet. Der Fehler dieser falschen Auslegung liegt darin, dass Erzieherinnen manchmal glauben, der Situationsansatz verlange lediglich das Aufgreifen momentaner, spontaner Fragen und Handlungswünsche der Kinder. Aber Fragen von Kindern zu beantworten und spontane Wünsche weitmöglichst zu erfüllen, ist eine pädagogische Selbstverständlichkeit, insbesondere für die Unterstützung des kindlichen Spiels. Das gehört in jedes Konzept. Der Situationsansatz greift dort auf, wo Unsicherheiten und Handlungswünsche längerfristig entstehen und deshalb auch längerfristig bearbeitet (und geplant!) werden müssen. Weitere Beispiele sind etwa: die Innen- und Außenräume nach den Bedürfnissen der Kinder umzugestalten; Ausflüge ins Gemeinwesen vorzunehmen oder dem Kind zu helfen, mit seinen realen Situationen, Problemen und Ängsten, etwa mit Trennungen und Abschied nehmen, besser fertig zu werden; nach dem Weggang der ältesten Kindergartenkinder mit der neuen Rolle als älteste Kinder der Gruppe zurechtzukommen.
Grundprinzip des Situationsansatzes ist die Un-

terstützung der Kinder in der (möglichst selbstbestimmten und kompetenten) Bewältigung ihres Alltags und ihres sozialen Zusammenlebens. Die Erzieherin sucht mit ihnen gemeinsame Wege, wie sie weiterkommen können, wenn sie an Grenzen stoßen. Überwindbare Grenzen können beispielsweise sein: eigene Empfindungen zum Ausdruck zu bringen, seine Meinung zu sagen, Informationen einzuholen, Wünsche zu formulieren und mit den Wünschen anderer Betroffener abzustimmen. Dabei wird das Kind durch seine Erfolgserlebnisse bestärkt.
Hier werden Spiel und Arbeit, Spiel und Auseinandersetzung, Spiel und Planung, Spiel und verantwortliches, soziales Handeln miteinander verbunden. Dem Kind wird vermittelt, dass es sein Leben in die Hand nehmen und im Rahmen sozialer und ökologischer Verantwortlichkeit in seiner Selbstbestimmung wachsen kann.

Zusammenfassend: Spiel im Situationsansatz ist Verarbeitung von Erlebtem und Ausprobieren von neuen Handlungsformen. Zugleich ermöglicht das Spiel dem Kind einen sozialen Umgang, bei dem es in einer ihm angemessenen Tätigkeitsform verantwortliche Selbstbestimmung, Kompetenz und solidarisches Handeln erproben kann.
Der Situationsansatz ist eine Antwort auf heutige gesellschaftliche Situationen, die vom späteren Erwachsenen verlangen, selbstbestimmt und verantwortlich reale Probleme anzupacken und nach Lösungen zu suchen. Er ist eine lustvolle Auseinandersetzung und Vorbereitung, um jetzt als Kind und später als Erwachsener in demokratischem Denken und Handeln Mitverantwortung zu übernehmen.

Das Spiel in offenen Gruppen oder im offenen Kindergarten

„Offene Arbeit" ist ein zunehmendes pädagogisches Prinzip in Kindergärten. Die Arbeit nach dem Situationsansatz setzt Offenheit voraus. Offenheit als solche bedeutet, dass den Kindern eine starke Selbstbestimmung zugebilligt wird und dass die Erwachsenen flexibel in ihren Angeboten sind. Unter Offenheit versteht man auch eine Öffnung nach außen, das heißt, dass die Einrichtung nicht hinter verschlossenen Türen arbeitet. Einerseits wird möglichst viel der pädagogischen Arbeit in der Einrichtung nach außen offen gelegt, andererseits spielt und handelt die Gruppe nicht nur in der Einrichtung, sondern auch im Gemeinwesen. Das zeigt sich zum Beispiel in der Benutzung von öffentlichen Spielplätzen, in Einkäufen (bei denen Gruppenmitglieder beteiligt werden), durch Besuche bei Personen und Einrichtungen im Gemeinwesen usw. Eine solche Offenheit ist ein Merkmal jedes gut arbeitenden Kindergartens.

Der Kindergarten mit offenen Gruppen geht in seiner Offenheit weiter. Hier werden die Gruppenräume weitgehend aufgelöst. Die Kinder haben die Wahl, in welchen Räumen sie spielen wollen. Sie haben zwar noch eine Bezugserzieherin und die Zugehörigkeit zu einer Gruppe, aber dieser Bezug beschränkt sich auf begrenzte Zeiten.
Uta Funke und Eva Sanders beschreiben Abstufungen der inneren Öffnung (In: Regel/Wieland [Hrsg.] 1993, S 115 f):

Offene Gruppen

– *die Kinder können im ganzen Haus oder im ganzen Kindergarten spielen, manchmal probeweise einmal in der Woche*
– *das geschieht in der Freispielzeit oder in der gesamten Kindergartenzeit*
– *die Mahlzeiten werden im Gruppenraum oder in einem Bereich für alle eingenommen (Cafeteria)*
– *die Frühstückszeit ist flexibel*
– *Angebote/Projekte finden in der Stammgruppe statt und/oder gruppenübergreifend, manchmal probeweise an einem Tag in der Woche (Aktionstag)*
– *die Verantwortung für die eigene Gruppe bleibt Schwerpunkt*

Offener Kindergarten (innere Öffnung)

– *Auflösung der üblichen Raumstrukturen*
– *von den Funktionsecken zu Spiel- und Funktionsbereichen wie: Kreativbereich, Tobe- und Bewegungsbereich, Ruhe- und Kom-*

munikationsbereich, Rollenspiel- und Baubereich oder:
- *von den Funktionsecken zu Funktionsräumen; so weit es möglich ist, entstehen einzelne Spielräume, z.B. für Bewegung, Rollenspiel, Kreativität, Ruhe*
- *Angebote und Projekte sowie Nutzung aller Räumlichkeiten für alle Kinder*
- *Mahlzeiten werden in einer Cafeteria eingenommen*
- *Erzieherinnen sind den einzelnen Bereichen/Räumen verantwortlich zugeordnet*
- *Erhaltung der Stammgruppen für bestimmte Funktionen (z.B. Morgenkreis, Schlusskreis, Geburtstagsfeier); kleinere Einrichtungen lösen auch ihre Stammgruppen auf*
- *Verantwortlichkeit aller für alles*
- *Vollversammlung als neue Gemeinschaftsform*

Bei der zweiten Form des offenen Kindergartens (innere Öffnung) haben die Kinder im Allgemeinen auch noch ihre Bezugserzieherin, das heißt, es bestehen meist kleine, überschaubare Basisgruppen (ca. 10 bis 15 Kinder), die sich in der Regel einmal am Tag treffen. Eine Zugehörigkeit zu einer Großgruppe im traditionellen Sinne gibt es nicht mehr. In jedem größeren Raum hat eine Erzieherin die Aufsicht und steht den Kindern als Ansprechpartnerin zur Verfügung. Die Kinder wählen nicht nur ihre Tätigkeit wie im üblichen Freispiel, sondern auch ihren Raum und ggf. ihre Erzieherin.
Angeleitete Tätigkeiten werden meist am späteren Vormittag angeboten. In den Besprechungen der Basisgruppen haben die Kinder vorher erfahren, an welchen Angeboten sie teilnehmen können, oder sie wählen aufgrund von Räumlichkeiten, Freundschaften oder Erzieherzuneigungen.

Das Team des Kindergartens in Tungern/Wardenburg beschreibt die Organisation und Gestaltung der Angebote unter anderem folgendermaßen (In: Regel/Wieland [Hrsg.] 1993, S. 379):
Wie auch im Freispiel überschneiden sich in den Angeboten die Spielformen und die Spielbereiche. So finden z.B. Rollenspiele auch im Bewegungs- oder im Ruheraum statt. Stifte, Kleber und Papier werden auch im Rollenspielbereich oder im Bewegungsraum eingesetzt. Gesungen wird im Ruheraum wie auch im Bewegungs- oder Rollenspielbereich.
So bekommen die Kinder vielfältige Anregungen, auch wenn sie sich täglich für den gleichen Bereich entscheiden sollten.

Offene Arbeit läßt engere und weitere Auffassungenvon Offenheit zu. Das bedeutet, dass das Team einer Einrichtung nach derjenigen Form der Öffnung suchen muss, die der gegebenen Situation (beispielweise Größe der Einrichtung), der Zusammensetzung der Bezugsgruppe (etwa Selbständigkeit der Kinder), und den eigenen Einstellungen im Team sowie der Experimentierbereitschaft der Eltern entspricht.

Oft wird eine offene Struktur als „bequeme Arbeitsform der Erzieher/innen“ abgetan. Wenn Offenheit verantwortlich vorgenommen wird, ist sie das in keinster Weise. Die Erzieherin reduziert ihre Lenkung hin zur deutlicheren Unterstützung des Spiels von Kindern, wobei sie sich für alle Kinder der Einrichtung verantwortlich fühlen und im Team kooperativer arbeiten muss.

Zusammenfassend: In Kindergärten, die nach offenen Konzepten arbeiten, haben Kinder während der Freispielphase die größtmögliche Selbstbestimmung für ihr Spiel. Auch bei den angeleiteten Spielangeboten durch Erzieherinnen haben sie Wahlmöglichkeiten. Der Bezug zu einer konstanten Gruppenerzieherin muss bei dieser Offenheit reduziert werden, geht aber nicht ganz verloren. Besondere Bedeutung hat der Austausch der Kolleginnen untereinander.
Der offene Kindergarten kann ebenso wie der Situationsansatz als eine Antwort auf heutige gesellschaftliche Situationen aufgefasst werden. Er hat aber einen anderen Bezug: Kinder haben heute wenig Freiraum ihr Spiel nach eigenen Wünschen zu gestalten. Neben eingeschränkten familiären Spielräumen sind Kinder oft in von Erwachsenen gelenkte und beaufsichtigte Angebote eingebunden. Der offene Kindergarten will die Institutionalisierung reduzieren und den Freiraum für das Kind öffnen.

Konzepte für die Arbeit im Kindergarten

Spiel im **Montessori-Kinderhaus**	Spiel im **Waldorfkindergarten**	Spiel in **Reggio Emilia**	Spiel im **Situationsansatz**	Spiel im **Offenen Kindergarten**
Spiel als selbstständiges Lernen (Montessori spricht von Arbeit)	Spiel als Nachahmung in geschützter Umgebung	Spiel als selbstbestimmter Ausdruck von vielfältigen Eindrücken	Spiel als Selbstbestimmung und als Auseinandersetzung mit den Anforderungen des Alltags	Spiel als selbstbestimmtes Handeln oder Annehmen von selbstgewählten unterschiedlichen Angeboten

Aufgaben der Erzieherin

die „vorbereitete Umgebung“ gestalten (Material, Ordnung)	kindgemäßen Raum und fantasieanregendes Spielmaterial bieten, für Rhythmus und Wiederholung sorgen	das Kind beobachten und verstehen	Interessen u. Einschränkungen d. Kindes erkennen u. aufgreifen, z.B. Spielbedürfnisse, Ängste, Spielraum gestalten	sich für alle Kinder der Einrichtung verantwortlich fühlen, mit Kolleginnen austauschen und gemeinsam planen
einzelne Kinder individuell in das Material einführen	Vorbild sein mit durchschaubarer Arbeit eines Erwachsenen	seine Wahrnehmung unterstützen und erweitern	Das Kind in die Planung und Organisation einbeziehen	Selbstbestimmung unterstützen, Freiraum breit halten
beobachten und helfen, wenn das Kind alleine nicht weiterkommt	Einflüsse, die das Kind überfordern, von ihm fernhalten	unterschiedliche Ausdrucksformen ermöglichen und das Kind darin bestärken	Spiel als Möglichkeit sehen, den Alltag kompetenter zu bewältigen u. zu verarbeiten	Spielangebote vielfältig gestalten, Lebenssituationen der Kinder aufgreifen

6.1.2 Das Spiel in der Krippe, dem Hort und in Gruppen mit erweiterter Altersmischung

Anregung zum Eindenken in die Thematik

Berichte von Studierenden nach einem Blockpraktikum:

Katja erzählt von ihren Erfahrungen aus der Krippe:
Ich hatte geglaubt, Krippenkinder seien noch sehr unfähig und die Hauptsache meiner Arbeit bestände im Wickeln, Füttern, Waschen, Schlafenlegen usw. Weit gefehlt! Sie haben gespielt! Und wie! Und dabei Fortschritte gemacht, dass ich nur so staunte!

Oliver war in einem Hort mit einem offenen Konzept:
Die Kinder in unserem zweigruppigen Hort hatten einen großen Freiraum. Wann sie Hausaufgaben machten, bestimmten sie selbst. Dafür gab es einen Hausaufgabenraum, in dem Ruhe herrschte (was natürlich nicht immer klappte). Von 13.30 bis 15.00 Uhr war Hausaufgabenpflicht für alle, die damit noch nicht fertig waren. Erzieherinnen führten die Aufsicht und halfen, wenn Kinder Hilfe brauchten.
Die Kinder hatten nur insofern eine Gruppenzugehörigkeit, als dass für das An- und Abmelden eine bestimmte Erzieherin für sie zuständig war und dass jeweils in ihrem Gruppenraum das Mittagessen und zweimal wöchentlich Gruppenbesprechungen stattfanden. Für ihr Spiel konnten sie im ganzen Hort und im Freien entscheiden, was sie tun wollten.

Fatma berichtet aus einem Hort, der sich nach der Freinet-Pädagogik richtet:
Als Erstes war ich überrascht, als ich die Raumgestaltung dieses mehrgruppigen Hortes sah. Da gab es unterschiedliche Werkräume: eine Holzwerkstatt, eine Druckerei, einen Kellerraum zum Töpfern, eine Schreibmaschinen-Computerecke, ein Malatelier.
Zweitens war ich zunächst geschockt von den Regeln, die für fast alles und jedes festgelegt waren. Man durfte selbstständig in einen der Werkräume gehen, wenn ...Überall sah ich hierarchische Strukturen. Die Kinder mussten ein Diplom (!) ablegen, bevor sie selbstständig in einem Raum arbeiten durften. Also auch so etwas wie Zeugnisse außerhalb der Schule!
Aber nachdem ich mich eingelebt hatte, erkannte ich eigentlich, dass die Regeln und deren Einhaltung die Voraussetzung waren für eine hohe Selbstbestimmung der Kinder und für Aktivitäten, die sie jederzeit ohne Aufsicht durchführen konnten wie Schreinern und Töpfern.

Gesine ist von der Gruppe mit erweiterter Altersmischung fasziniert:
Diese Gruppenstruktur, nämlich Krippen-, Kindergarten- und Hortkinder in einer einzigen Gruppe zusammenlebend, hat mir gut gefallen. Ich musste mich zwar ständig auf eine völlig neue Handlungsebene einstellen, zum Beispiel mit einem zweijährigen Kind ein Bilderbuch betrachten, einen Fünfjährigen bei seinem Höhlenbau unterstützen und daran denken, wann ein Schulkind zu seinem Sportverein geschickt werden sollte. Das war anstrengend, aber abwechslungsreich und überzeugend. Große spielten mit Kleinen und Kleine lernten von Großen.

Das Spiel in der Krippe

In der Krippe ist die Bedeutung von Spiel und spielpädagogischem Vorgehen lange Zeit wenig beachtet worden. Die pflegerische Versorgung des Kindes stand im Mittelpunkt der Krippenarbeit. In den letzten Jahrzehnten hat sich das geändert.

Durch die Raumgestaltung, dem Kind entsprechendes, bewegungsanregendes Spielmaterial und durch die Gestaltung des Tageslaufes werden den Kindern unterschiedlichste Spielmöglichkeiten geboten. Dabei werden die individuellen Spielbedürfnisse der Kinder, so weit es geht, berücksichtigt. Während manche Kinder sich viel bewegen wollen und Spielmöglichkeiten bevorzugen, bei denen sie ihren ganzen Körper einsetzen wie krabbeln, klettern, etwas hiner sich herziehen, etwas schieben, mit Fahrzeugen fahren usw., steht bei anderen Kindern die Wahrnehmung mehr im Mittelpunkt: schauen und hören, Spielmaterial ausprobieren, sprechen und erzählen oder vorgesungen bekommen. Einige Kinder lehnen sich sehr an Erwachsene an und suchen bei ihnen Sicherheit und Schutz, andere verhalten sich eher selbstständig in ihrem Spiel.

Angeleitete Spiele gibt es in der Krippe ebenfalls. Natürlich sind diese gezielten Spielangebote kürzer als im Kindergarten und die Gruppen sind kleiner. Häufig spricht die Krippenerzieherin nur ein einzelnes Kind an, zum Beispiel um mit ihm zu bauen, gemeinsam ein Bilderbuch zu betrachten oder ein Fingerspiel zu spielen.

Es wird darauf geachtet, dass Wartezeiten für das Kind gering gehalten oder dort, wo sie unvermeidbar sind, mit Spiel verbunden werden.

Spiel- und Freizeitgestaltung in den Konzepten der Hortpädagogik

Das Kind im Hort hat durch seine Kindergartenzeit bereits das Leben in Gruppen kennen gelernt. Es kann und will sich weitgehend selbstständig in seiner Freizeit beschäftigen. Durch die Schule wird es vielseitig angeregt und muss sich in seinem Handeln an Vorgaben halten. Der Tageslauf im Hort hat ebenfalls vorgegebene Zeiten, in denen das Kind sich nach Gruppenregeln richten muss: Mahlzeiten, Hausaufgaben, Dienste. Hortpädagogik setzt deshalb eine offene Pädagogik in dem Sinne voraus, dass Vorgaben niedrig gehalten werden und die Teilnahme an Angeboten weitgehend freiwillig ist. Zugleich muss die Öffnung nach außen groß sein, damit das Kind seinen Handlungsradius über die Einrichtung hinaus erweitern kann: Ausflüge (auch mit dem Fahrrad), Schwimmen, Besichtigungen, Einkäufe usw.

An zwei Beispielen will ich darstellen, wie Selbstbestimmung und Selbstorganisation von eigenständiger Freizeitgestaltung für Hortkinder konzipiert werden können.

Auf Nachmittagsbetreuung von Schulkindern in Grundschulen und Jugendzentren soll nicht gesondert eingegangen werden.

Offene Gruppen

Die offene Arbeit im Hort wird wie das Konzept der inneren Öffnung im Kindergarten organisiert. Die Kinder haben zwar eine Gruppenzugehörigkeit, die aber nur in bestimmten Abschnitten des Tages zum Ausdruck kommt. Sie treffen sich mit der Gruppe und ihrer Erzieherin zu den Mahlzeiten und zu bestimmten Programmen in ihrem Gruppenraum. Ansonsten steht ihnen die Nutzung der Räume, der Spielecken sowie der Raum im Freien gruppenübergreifend offen. Sie melden sich bei ihrer Erzieherin ab, wenn sie nach draußen gehen. Die Erzieherin beobachtet, steht für Kontaktwünsche der Kinder bereit und unterstützt sie bei ihrem Spiel und ihrer Alltagsbewältigung.

Da Hortkinder häufig aus Familien kommen, in denen die Eltern wenig Zeit für die Kinder haben, hat die Erzieherin als Bezugsperson eine wichtige Aufgabe. Längere Phasen des Tages steht sie den Kindern zu Gesprächen und individueller Spielbegleitung zur Verfügung, beispielsweise um sich die Sammlung von Briefmarken oder das Poesiealbum eines Kindes anzusehen, um Kinder bei einer Werkarbeit zu unterstützen oder den von Kindern gebauten Tastparcours in der Turnhalle zu bewundern und hinsichtlich seiner Gefahrenquellen zu überprüfen; ab und zu auch um eine Aktivität anzubieten.

Da Horte in der Regel kleiner sind als Kindergärten – nur wenige Horte haben mehr als zwei Gruppen –, ist die Übersichtlichkeit für die Kinder und die Erzieherinnen leichter als in oft viergruppigen Kindergärten bei offenen Konzepten. Ein Gruppengefühl kann sich deshalb durchaus auch bei offener Gruppenstruktur entwickeln.

Übertragung der Schulpädagogik von Célestin Freinet auf den Spiel- und Freizeitbereich im Hort

Célestin Freinet (1896–1966), ein französischer Dorfschullehrer, hat seine Pädagogik für den Unterricht in einer Grundschule entwickelt. Sein pädagogisches Konzept, das weit über Frankreich hinaus bekannt geworden ist, fußt auf der Überzeugung, dass der Lehrer dem Kind mehr Eigenaktivität, Selbstständigkeit und Verantwortung für sein eigenes Lernen und Leben zutrauen kann, als allgemein angenommen wird. Für diese Selbstständigkeit hat Freinet Voraussetzungen geschaffen, die sich auf den Hort übertragen lassen.

Wenn die Kinder im Hort in der von Freinet vorgeschlagenen Weise selbstbestimmt spielen und arbeiten, benötigen sie wie bei der Montessori-Pädagogik eine vorbereitete Umgebung. Horte, die nach Freinet arbeiten, richten Werkstätten ein, in denen die Kinder selbstständig und ohne Aufsicht arbeiten können, beispielsweise eine einfache Schreinerwerkstatt, eine Töpferei, eine Forscherecke. Um die Werkstätten oder -ecken selbstständig zu benutzen, legen die Kinder ein Diplom ab. Dafür müssen sie eine entsprechende Arbeit erstellen und beweisen, dass sie die Regeln und Ordnungen dieses Raumes verinnerlicht haben, einhalten und mit dem Handwerkszeug sachgemäß umgehen können. Auf die Einhaltung der Ordnung und der Regeln wird geachtet. Dabei muss die Verantwortung keinesfalls immer bei den Erwachsenen liegen. Ein Kind, das kein Diplom hat, darf nur in Begleitung und unter der Betreuung eines anderen Kindes, das ein Diplom hat, die Werkstatt benutzen. Kooperation und Verantwortung werden dadurch gefordert und umgesetzt. Auf einem Wandbrett kennzeichnen die Kinder, wo sie sich aufhalten. Ein An- und Abmelden bei der Erzieherin ist dadurch nicht erforderlich.

In regelmäßigen Abständen finden Gruppenbesprechungen statt, in denen über das Gruppenleben, die Regeln und deren Einhaltung gesprochen und für die nächste Zeit neu geplant wird. Dabei wird den Kindern eine möglichst hohe Mitbestimmung zugetraut und von ihnen erwartet.

Spiel in der Gruppe mit erweiteter Altersmischung

Gruppen mit erweiteter Altersmischung nehmen in Tagesstätten zu, soweit sie nicht aus finanziellen Gründen eingeschränkt werden müssen. (Altersgemischte Gruppen verlangen nämlich einen anderen Personalschlüssel und Räumlichkeiten, die auf alle Altersstufen abgestimmt sind, zum Beispiel Wickelgelegenheit und Schlafraum für die Kleinen, Hausaufgabenraum für die Großen.) Die Altersmischung kann unterschiedlich vorgenommen werden. Sie kann vom Säuglings- bis zum Hortalter reichen oder sich auf Kinder bis zu sechs Jahren oder auch drei bis zwölf Jahren und älter beschränken. Für altersgemischte Gruppen sind unterschiedliche Bezeichnungen bekannt: Kindergemeinschaftsgruppe, Familiengruppe oder „Orte für Kinder", auch Kinderhaus.

Die größere Altersspanne von Kindern in einer Gruppe bedeutet für das Spiel, dass das Kind unterschiedliche Entwicklungsstufen und Spielformen erlebt und sich solchen Spielen und Spielpartnern zuwenden kann, die ihm in seiner augenblicklichen Phase entsprechen. Ein älteres Kind kann ungehemmt mit einem jüngeren Kind spielen. Während es dabei möglicherweise eigene kindlichere Spielbedürfnisse auslebt, braucht es keine Hänseleien von anderen zu befürchten, dass es zu „babyhaft" spiele. Es braucht sich auch vor sich selbst nicht zu schämen, noch kleinkindhaft zu spielen. Es tut ja etwas sozial Anerkanntes. Es spielt *mit* jüngeren Kindern. Zugleich kann das ältere Kind auch seinen Entwicklungsvorsprung genießen, sich

größer fühlen und den jüngeren Kindern seine Kenntnisse vermitteln oder ihr Spiel anleiten. Jüngere Kinder, die sich nicht ausgefüllt fühlen, beispielsweise Kinder im letzten Kindergartenjahr, können sich an den Spielen älterer Gruppenmitglieder beteiligen.
Die Erzieherinnen können dadurch Spielanregungen, die sie sonst selbst geben müssen, an Kinder abtreten und dadurch die eigene Führung im Zusammenhang mit Spiel zurücknehmen. Das bedeutet, dass die Selbstbestimmung der Gruppenmitglieder erhöht wird. Gezielte Aktivitäten können sie auf eine Kleingruppe beziehen ohne deshalb andere Kinder mit „Es sind schon zu viele Teilnehmer!" abweisen zu müssen.
Behinderten Kindern kann die Erzieherin leichter gerecht werden als bei geringerer Altersmischung. Voraussetzung ist allerdings ausreichendes Personal und kleine Gruppen.

Spiel- und Freizeitgestaltung in Krippe, Hort und Familiengruppe

Spiel in der Krippe
- breite, entwicklungsangemessene Spielmöglichkeiten
- Unterstützung des Bewegungs- und Forscherdranges des Kindes
- Vermeidung von Wartezeiten für das Kind

Spiel in den offenen Gruppen im Hort
- gruppenübergreifende, selbstbestimmte Freizeitgestaltung der Hortkinder
- beobachtende, unterstützende und anregende Tätigkeiten der Erzieherin
- kurze, meist kleingruppenbezogene Abschnitte im Tagesablauf

Freinet-Pädagogik im Hort
- hohe Selbstbestimmung in den Grenzen von Regeln
- Unabhängigkeit von der Zustimmung durch die Erzieherin
- eigenständiger, verantwortlicher Umgang in den Werkstätten

Spiel in der Familiengruppe
- Möglichkeit für ältere Kinder kindhafter zu spielen oder jüngere anzuleiten
- Gelegenheit für jüngere Kinder sich an den Spielen älterer zu beteiligen
- Angebote für Kleingruppen von Seiten der Erzieherin

Zusammenfassung

- Je nach dem Konzept, nach dem eine Einrichtung arbeitet, werden auch die indirekte Spielleitung (Raumgestaltung, Spielmaterial, Spielregeln und Spielzeit) sowie die direkte Spielleitung (unterstützen und anleiten) unterschiedlich vorgenommen.
- In unterschiedlichen, heute üblichen Kindergartenkonzepten wird das Spiel auf verschiedene Weise gefördert:

– Das Montessori-Kinderhaus bietet dem Kind erlesenes Lern- und Spielmaterial. Das Kind wählt die Materialien entsprechend seinen Interessen und seiner Entwicklung aus. Die Erzieherin beobachtet und unterstützt das Kind. „Hilf mir es selbst zu tun!“ ist das Leitmotiv der Montessori-Pädagogik.

– Im Waldorfkindergarten wird die Nachahmung als vorrangiges Spielmotiv der Kinder unterstützt. „Rhythmus und Wiederholung“ ist ein zweiter Grundsatz für die Erziehung des Kindes. Vor Einflüssen, die seiner Entwicklungsstufe noch nicht entsprechen, wird das Kind im ersten Jahrsiebt weitgehend geschützt.

– In den Krippen und Kindergärten von Reggio Emilia unterstützt die Erzieherin die unterschiedliche Wahrnehmung des Kindes und versucht ihm vielfältige Ausdrucksmöglichkeiten für seine Erfahrungen zu bieten: Sprache, Rollenspiel, kreative Werktätigkeiten, Experimente u.a.

– Im Situationsansatz wird dem Kind geholfen sich in seine Interessen zu vertiefen und mit seinem Alltag selbstbestimmter zurechtzukommen. Über Spiel wird seine Auseinandersetzung mit dem Alltag unterstützt. Es erweitert seine Handlungsmöglichkeiten. Soziale und ökologische Verantwortlichkeit sind dabei ein wichtiges Erziehungsziel.

– In der offenen Kindergartenarbeit (innere Öffnung) kann das Kind Spielorte, Spielpartner und Spielart in der gesamten Einrichtung wählen. Die klassische Kindergartengruppe gibt es nicht mehr, allerdings kleine Stammgruppen, in denen sich die Kinder regelmäßig, aber nur für kurze Zeit treffen, nicht den ganzen Vormittag. Auch die Teilnahme an angeleiteten Spielangeboten bietet eine breite Wahlmöglichkeit für das einzelne Kind.

• In der Krippenerziehung wird das Spiel heute als wesentliche Handlungsform des Kleinkindes anerkannt und dafür gesorgt, dass die Kinder einen möglichst großen Handlungsspielraum für eigengestaltetes Spiel und auch angemessene, kindgemäße Spielanleitungen erhalten.

• Hortkonzepte bieten außerhalb der festgelegten Anteile des Tagesablaufes (Mahlzeiten, Dienste, Hausaufgaben) grundsätzlich einen breiten selbstgewählten Handlungsspielraum für das Spiel des Gruppenmitglieds in Kleingruppen oder als Einzelspiel. Hortpädagogik entspricht deshalb einem sehr offenen Konzept. Diese Offenheit kann unterschiedlich organisiert werden. Bei offenen Gruppen bleibt die Erzieherin die zentrale Kontaktperson für die Kinder. In der Freinet-Pädagogik geben einzuhaltende Regeln (zum Beispiel Abmeldetafel, Werkstattdiplome) den Gruppenmitgliedern eine größere Unabhängigkeit von den Gruppenleiterinnen.

• Die größere Altersmischung in Tagesstättengruppen bietet den Gruppenmitgliedern die Möglichkeit sich denjenigen Spielen zuzuwenden, die ihrem individuellen Entwicklungsstand und Bedürfnis entsprechen. Jüngere Kinder können sich am Spiel älterer beteiligen und größere Kinder können bei den Kleinen

kindliche Spielbedürfnisse befriedigen und ihren eigenen Entwicklungsvorsprung wahrnehmen.
Altersgemischte Gruppen gehen in der Regel von einem weitgehend offenen Konzept mit hoher Selbstbestimmung der Kinder aus.

Zum Nachdenken:

○ **Erfahrungsaustausch**
Durchdenken Sie, ob, und wenn ja, nach welchen Konzepten, in den sozialpädagogischen Einrichtungen, die Sie kennen gelernt haben, das Spiel und die Freizeittätigkeiten der Gruppenmitglieder gefördert und unterstützt wurden.

Vergleichen Sie in Kleingruppen Ihre Erfahrungen.

Claudia, Sabine und Frank
Studierende einer Fachschule für Sozialpädagogik

◆ **Frank:** Mich ärgert, dass in diesem ganzen Kapitel der unterschiedlichen Konzepte die Behinderten so gut wie nie erwähnt wurden. Als würden sie immer nur irgendwie mitlaufen.
◆ **Sabine:** Stimmt! Kann es sein, dass für Behinderte noch viel zu wenig geforscht und geplant wird, oder liegt es daran, dass Behinderte eben nicht eine homogene Gruppe sind?
◆ **Frank:** Vielleicht das Letzte.
◆ **Claudia:** Ich verstehe, dass du, Frank, in allen Texten nach dem Bereich suchst, in dem du später arbeiten willst. Dementsprechend sehe ich durch die Brille der Kindergartenpädagogik und komme zu meinem Recht.
Ich denke gerade darüber nach, wie ich bei einem Vorstellungsgespräch für mein Berufspraktikum erkennen kann, nach welchem Konzept gearbeitet wird. Na, gut, Waldorfpädagogik kann ich schon mal ausschließen. Das sind eigene Kindergärten. Ein Montessori-Haus kann ich am Spielmaterial erkennen. Von Reggio gibt es in Deutschland höchstens Anteile. Die offene Gruppenarbeit dürfte offensichtlich sein. Übrig bleibt der Situationsansatz. Ob ich den an einem Hospitationstag wohl erkennen kann? Wie oft wird er missverstanden im Sinne von „Wir planen nicht, wir arbeiten situativ". Eins ist mir jedenfalls klar: In einem Kindergarten, in dem nach Schablonen gearbeitet wird, arbeite ich nur bei Gefahr von Arbeitslosigkeit – und dann auch nur mit kontinuierlichem Bemühen, diese Einstellung im Team zu verändern.
◆ **Sabine:** Auf den ersten Blick habe ich es – was konzeptionelle Arbeit betrifft – im Hort als meinem wahrscheinlich zukünftigen Arbeitsgebiet mit offener Arbeit leichter. Auf den zweiten Blick kann das heißen: offen, aber richtungslos. „Offen" kann dann unter Umständen auch bedeuten: Nichts planen, mal sehen, was auf uns zukommt. Und das will ich ebenfalls nicht. Das wäre mir zu wenig.
◆ **Frank:** Allerdings lebt ein Konzept vom Team. Ein Team mit einer wertschätzenden, einfühlsamen Haltung gegenüber dem Kind kann wahrscheinlich aus jedem Konzept eine erfreuliche Pädagogik machen.
◆ **Sabine:** Was gibt es denn eigentlich für Heimerziehung für Konzepte? Darüber steht hier nichts!
◆ **Claudia:** Ich vermute mal: sehr offen. Wenn es sich um jüngere Kinder handelt, geht das Team familienähnlich vor. Bei Jugendlichen wird erst recht nicht festgelgt.
◆ **Sabine:** Das sehe ich auch so. Aber ich hätte es gerne auf den Punkt gebracht und formuliert.

Literaturempfehlung

Kurze Artikel in Fachzeitschriften:
In den Heften „Kindergarten heute“ 10/95-5/96 (Herder Verlag) werden in kurzen Artikeln Konzepte für Tageseinrichtungen beschrieben; zusammengefaßt werden sie in: Kindergarten heute spezial: Pädagogische Handlungskonzepte von Fröbel bis zum Situationansatz. Herder Verlag o.J.

Hefte aus der Reihe TPS-extra, Luther Verlag
TPS extra 4: Anne Kebbe: Haus für Kinder – Der Kindergarten der Zukunft? 1991
TPS extra 12: Ursula Knipping / Reinhold Wagner: Waldorfpädagogik im Kindergarten. Eine Einladung zum Gespräch. 1992
TPS extra 18: Sieglinde Mühlum / Ch. Lipp-Peetz (Hrsg.): Situationsansatz konkret. 1994
TPS extra 19: Anne Kebbe (Hrsg.) Kinderhaus konkret. Altersmischung 0 bis 12 Jahre. Analysen, Erfahrungen, Berichte. 1995

Bücher:
Marielle Seitz / Ursula Hallwachs: Montessori oder Waldorf? Ein Orientierungsbuch für Eltern und Pädagogen. Kösel Verlag 1996

Elisabeth Grunelius: Erziehung im frühen Kindesalter. Der Waldorfkindergarten. Novalis Verlag 1994

Elke Andersen: Alles über Kindergärten. Ravensburger Buchverlag 1996

Freya Jaffke: Spielen und arbeiten im Waldorfkindergarten. Verlag Freies Geistesleben 1991

Annette Dreier: Was tut der Wind, wenn er nicht weht? Begegnung mit der Kleinkindpädagogik in Reggio Emilia. FIPP-Verlag, Berlin 1993

Hedi-Colberg-Schrader / Marianne Krug / Susanne Pelzer: Soziales Lernen im Kindergarten. Ein Praxisbuch des DJI. Kösel 1991

Gerhard Regel / Axel Jan Wieland (Hrsg.): Offener Kindergarten konkret. Veränderte Pädagogik in Hindergarten und Hort. E.B.-Verlag Rissen 1993

Lothar Klein / Herbert Vogt: Leben in der Familiengruppe. Ein Praxisbuch über die große Altersmischung. Lambertus Verlag 1995

6.2 Erlebnispädagogik – nicht spektakuläre Unternehmungen, sondern pädagogische Grundeinstellung

Anregung zum Eindenken in die Thematik

Erinnerung an erlebnisintensive abenteuerreiche Spiele

Setzen Sie sich bequem hin oder legen Sie sich auf eine Decke. Gehen sie in Gedanken Ihr Leben zurück und halten Sie inne, wenn Ihnen Abenteuer in den Sinn kommen. (Es ist einfacher, die Gedanken beim Thema zu halten, wenn die Besinnung von einer Person durch langsames Sprechen mit langen Pausen gelenkt wird.)
Schreiben Sie anschließend *Stichworte für die erinnerten Abenteuer auf, damit Sie Ihre Erinnerungen nicht wieder vergessen.*

Bilden Sie Gruppen und sprechen Sie über diese Abenteuer und darüber, was sie für Sie bedeutet haben.

Sprechen Sie im Plenum über Fragen wie:
- *Was empfand ich bei den erinnerten Abenteuern?*
- *Welche Rolle spielten dabei Erwachsene, Spielkameraden, Räumlichkeiten (innen und außen), Material, Natur?*
- *Welche Möglichkeiten bestanden auszusteigen und aufzuhören?*
- *Empfand ich Gruppendruck? Reale Gefahr?*
- *Wie sehe ich die Chancen für heutige Kinder Abenteuer zu erleben?*

Wer schon etwas von Erlebnispädagogik gehört hat, verbindet sie möglicherweise mit ungewöhnlichen, häufig spektakulären Großprojekten:
- Mehrwöchige Segelfahrten, bei denen die Gruppe sich bewähren muss, denn es gibt kein Entweichen und Wind und Wetter sind die eigentlichen „Lehrmeister",
- Kanufahrten in gefährlichem Wildwasser oder in menschenleeren Gegenden, beispielsweise in Kanada oder Schweden,
- Höhlenbegehungen auf dunklen, unwegsamen, glitschigen, beängstigenden Wegen, die nur mit gegenseitiger Hilfe bewältigt werden können,
- Klettertouren und mehrtägige Bergwanderungen in einsamen Gegenden und schwindelerregenden Höhen.

Solche aufwendigen Unternehmungen sind allerdings nur ein Teil der Erlebnispädagogik, und zwar ein Teil, der in der Öffentlichkeit den erlebnispädagogischen Grundgedanken nur verzerrt wiedergibt, weil er auf die Erlebnispädagogik ein einseitiges Licht wirft.

Die heutige Umwelt bietet den Kindern nur noch wenig abenteuerliche Erlebnisse und Spielmöglichkeiten, die zu Wagnis und Risiko auffordern. Medien ersetzen für viele das eigene Erlebnis (siehe Kapitel 2.1 und 4.1.2). Für die Entwicklung des Kindes ist die freiwillige, selbstbestimmte und konkrete Auseinandersetzung mit seiner Umwelt, bei der auch Angst im Spiel sein kann, aber notwendig (Kapitel 1.4.1). Hier setzt Erlebnispädagogik an. Sie ist eine pädagogische Richtung, die grundsätzlich Bildungs- und Erziehungsformen im Sinne der Ergänzung oder der Alternative beeinflussen und akzentuieren möchte.

Die oben aufgezählten herausfordernden Erlebnisformen (Segelfahrten usw.) gleichen Umweltdefizite nicht aus. Sie verändern kaum den Alltag der Jugendlichen. Sie werden vor allem in der Heimerziehung als eine Form von Krisenintervention eingesetzt, und zwar bei Jugendlichen, die mit ihren Lebensbedingungen nicht mehr zurechtkommen. In der unausweichlichen Situation mit den Gruppenmitgliedern und den Gruppenleitern, bei denen alle Mitglieder aufeinander angewiesen sind, müssen die Jugendlichen sich bewähren und können dadurch manchmal ihr (soziales) Gleichgewicht wieder finden.
In der offenen Jugendarbeit werden diese Großprojekte als besondere Ferienprogramme und Höhepunkte angeboten und bleiben als solche einmalige oder seltene – durchaus aber herausragende – Erlebnisse.

Gemeinsame Unternehmungen mit einer Gruppe verhaltensproblematischer Jugendlicher, die ihre Orientierung im Alltag verloren haben, sind nicht für jeden ertragbar und leistbar. Deshalb werden auch Aktionen mit einzelnen Jugendlichen unternommen (sogenannte individualpädagogische Maßnahmen), insbesondere im Rahmen der Heimerziehung.
Beispiele:
- Ein Betreuer und ein Jugendlicher reisen in ein außereuropäisches Land, etwa Südamerika, um dort mit möglichst wenig Geld einige Monate zu leben.
- Zwei Betreuerinnen und zwei jugendliche Mädchen reisen gemeinsam in ein europäisches Land mit Fahrrädern oder öffentlichen Verkehrsmitteln und knappem Geld. Durch die beabsichtigte Struktur dieser Reise sind sie aufeinander angewiesen.

Diese Projekte bezwecken eine intensive Bindung zwischen Jugendlichem und Betreuer und eine Bewährung, bei der beide ein Risiko eingehen. Der Jugendliche spürt, dass er auf den Betreuer angewiesen ist, erkennt aber auch, dass der Betreuer ihn ernst und wichtig nimmt und dass er selbst zum Gelingen dieses Projektes beitragen muss. Der Betreuer ist nicht mehr derjenige, der im Rahmen der Unternehmung grundsätzlich einen Vorsprung hat. Diese Projekte zeigen durchaus Erfolge, wenn natürlich auch nicht immer.

Solche Formen von Erlebnispädagogik sind in der Öffentlichkeit bekannt geworden und teilweise als kosten- und personalintensive Großprojekte mit zuweilen fragwürdigem Erfolg in manchen Kreisen in Verruf geraten.
Das eigentliche Anliegen der Erlebnispädagogik ist die Gestaltung des erlebnisintensiven Lebensalltags von Kindern und Jugendlichen. Sie betrifft den *Alltag* in Familie, sozialpädagogischer Einrichtung und Schule und beginnt nicht erst, wenn Jugendliche mit ihrem Leben nicht mehr zurecht kommen. Diese Art von Krisenintervention ist lediglich ein Versuch über intensives gemeinsames Erlebnis etwas nachzuholen, was über Jahre in den Alltag gehört hätte: ganzheitliches Gefordertsein mit erinnerungsintensiven Erlebnissen.
Willy Klawe schreibt im Zusammenhang mit erlebnispädagogischen Großprojekten (1995, S. 13): *Die Konzentration auf spektakuläre Projekte und Aktionen verstärkt die Gefahr, dass man solche Ansätze als Ausweichmöglichkeit vor der Auseinandersetzung mit den komplexen Anforderungen des Alltags nutzt. Diese Gefahr ist besonders groß, wenn man die Teilnahme an einem solchen Projekt zum pädagogischen „Bonbon" im Jahreslauf („unsere große Ferienfahrt") stilisiert. (...)* Diese Art von (F. P.) *Erlebnispädagogik kann zukunftsweisende Konzeptionen der Kinder- und Jugendarbeit nicht ersetzen und ist auch kein Universalmittel gegen Gewalt und soziale Probleme. Erlebnispädagogisches Denken hat seinen Stellenwert in der Suche nach erlebnisintensiven, orientierenden und kreativen Gestaltungselementen der alltäglichen Praxis – nicht mehr, aber auch nicht weniger.*

Entstehung und Definition der Erlebnispädagogik

Ihre Wurzeln hat die Erlebnispädagogik in der sogenannten Reformpädagogik im ersten Drittel des 20. Jahrhunderts, als einzelne Schulpädagogen, vor allem Kurt Hahn, nach Wegen suchten um die verkopfte bürgerlich ausgerichtete Schule hin zu mehr Lebendigkeit zu verändern. In ihrem pädagogischen Anliegen geht die Erlebnispädagogik allerdings viel weiter zurück. Der Wandervogel und andere Gruppen der Jugendbewegung Anfang des Jahrhunderts oder die noch viel früheren Wanderjahre der Handwerksburschen hatten ähnliche Anliegen. Während des zweiten Weltkrieges ging die schulische Reformpädagogik in den Erziehungsvorstellungen des nationalsozialistischen Regimes unter. In der Zeit nach dem Krieg waren naturbezogene, stark fordernde Gruppenaktivitäten politisch negativ belastet. Das Bemühen um wirtschaftlichen Aufschwung wurde die Grundlage für Bildungs- und Erziehungsarbeit, später in der Ost-West-Spannung der Wettlauf um die Macht und um größtmögliche Intelligenzförderung. Erst in den 80er Jahren wurde Erlebnispädagogik ein Thema, jetzt aber nicht mehr vorrangig bezogen auf die Schule, sondern primär auf außerschulische Einrichtungen, insbesondere auf die Arbeit mit auffälligen und schwierigen Jugendlichen.
Während übliche Bildungsarbeit – nicht nur in der Schule – von einem Lernen mit „Kopf, Herz und Hand" spricht, dreht die Erlebnispädagogik diese Begriffe um: „Herz, Hand und Kopf". Erlebnispädagogik möchte ein ganzheitliches Lernen erreichen, bei dem das Erleben, verbunden mit Handeln, im Mittelpunkt steht. „*Erlebnis, Erfahrung, Erkenntnis* sind wichtige Begriffe, in der und für die Erlebnispädagogik." (Jörg Ziegenspeck 1994, S. 3) An anderer Stelle (S. 6) schreibt er: „Nicht das *Lernen über den Kopf* ist Trumpf (und wie viele Jugendliche haben durch ein solches verschultes Lernen das Lernen verlernt?), sondern das *Lernen über die Hand und die unmittelbare Beobachtung und Erfahrung* wird angebahnt (und steigt dann manchem auch wohl zu Kopfe!) Wer etwas *'behandelt'*, wer sich mit etwas *'befasst'*, wer

etwas *'begreifen'* will, der muss dazu auch Chancen erhalten – im wahrsten Sinne des Wortes."

Erlebnispädagogische Maßnahmen und Programme sind also von einem ganzheitlichen Ansatz gekennzeichnet. Jörg Ziegenspeck definiert sie so:
Unmittelbares Lernen mit Herz, Hand und Verstand in Ernstsituationen und mit kreativen Problemlösungsansätzen und sozialem Auffoderungscharakter bilden den Anspruchsrahmen erzieherisch definierter, verantwortbarer und auf eine praktische Umsetzung ausgerichteter Überlegungen, die auf individuelle und gruppenbezogene Veränderungen von Haltungen und Wertmaßstäben ausgerichtet sind und durch sie veranlasst und begründet werden. (ebenda, S. 97)
Bei erfolgreicher, erlebnispädagogischer Arbeit muss es sich um solche praktischen Maßnahmen gehandelt haben,
– *bei denen das Engagement von Jugendlichen aktiviert wurde,*
– *bei denen die Eigen- und Mitverantwortlichkeit der Gruppenteilnehmer gestärkt wurden,*
– *bei denen die Teilnehmer körperlich gefordert und sozial gefördert wurden,*
– *bei denen die konkreten Aufgaben gruppen- und leistungsgerecht gemeistert wurden,*
– *bei denen Toleranz geübt wurde und Rücksichtnahme und gegenseitige Achtung durchgängig spürbar waren.* (ebenda, S. 97)
Prinzipiell gilt in der Erziehung (J. Ziegenspeck): Wer Kinder und Jugendliche fördern will, muss konkrete Forderungen stellen. Unter erlebnispädagogischen Gesichtspunkten geht es um erzieherisch motivierte und stimulierte Vorhaben, bei denen junge Menschen herausgefordert werden. Kurt Hahn: Jugendliche sollen erfahren, dass mehr in ihnen steckt als sie bisher wissen.

Konkrete Formen der Erlebnispädagogik im Lebensalltag sozialpädagogischer Einrichtungen

Erlebnispädagogik ist eine pädagogische Richtung, die noch in ihren Anfängen steckt. Über ihre Formen etwas auszusagen bedeutet lediglich über Ansätze zu berichten, die zur Zeit erprobt werden, von denen sich viele vielleicht bewähren und ausgedehnt werden, andere aber auch sicherlich wieder verworfen werden können.

1. Erlebnispädagogik als Grundeinstellung im Alltag der sozialpädagogischen Einrichtung

Wenn Erlebnispädagogik auf einzelne Aktionen beschränkt bleibt, wird sie Kinder und Jugendliche zwar faszinieren, sie wird den Beteiligten auch echtes Erleben von „Herz, Hand, und Kopf" vermitteln können und zu besonderen Erinnerungen beitragen. Sie wird aber möglicherweise das Alltagserleben der Kinder und Jugendlichen in und außerhalb der sozialpädagogischen Einrichtung nicht verändern.
Erlebnispädagogische Tendenzen müssen in der alltäglichen Erziehung in sozialpädagogischen Einrichtungen Fuß fassen können. Das bedeutet, dass das Spiel und die Freizeitgestaltung der jungen Menschen einerseits aus dem Bereich von Anleitung, Lenkung und Vorgaben im Sinne von Animation oder Lernen weitgehend herausgenommen und hin zu selbstbestimmter Erfahrung und Experiment tendieren müssen und zwar mit Merkmalen von Wagnis, Abenteuer und Risiko. Andererseits erschöpft sich Erlebnispädagogik keineswegs im Lustprinzip. Sie fordert den Einsatz des jungen Menschen und verlangt auch Überwindung und Leistung. Konzepte für zukünftige (sozial)-pädagogische Arbeit werden sicher solche Tendenzen enthalten müssen.

Erlebnispädagogische Tendenzen und Erprobungen einer Veränderung von *alltäglichem* Spiel und eigengestalteter Freizeit sind in folgenden Beispielen erkennbar:

– Der „Bastelkindergarten", in dem Kinder nach den Vorgaben der Erzieherinnen Produkte zu erstellen oder Beweise ihrer Lernfortschritte zu liefern haben, nimmt auffallend ab. Spielformen nehmen zu, bei denen Kinder ihr Spiel selbst erfinden (vom Spielmaterial bis zur Bewegungsbaustelle) und durch das sie – mit der Unterstützung der Erzieherinnen – ihre

Welt erforschen. Anstelle *vorgegebener* Programme schaffen sie sich Erlebnisse und eigenständige Erfahrungen mit Erinnerungswert.

– Manche Kindergärten nehmen vom gekauften Spielmaterial weitgehend Abstand. Die Kinder spielen mit Alltagsgegenständen und Naturmaterial. Dabei experimentieren sie – auch großräumig – und erfinden ihr Spielzeug und ihre Spielverläufe selbst.

– Das Leben der Kinder wird in einigen Tageseinrichtungen auffallend ins Freie verlagert. Durch weiträumiges und naturnahes Außengelände, die Anschaffung von Tieren (zum Beispiel Hühnern) und großzügige Spielgestaltungsmöglichkeiten im Freien (Hüttenbau, Bewegungsbaustelle) schaffen sich die Kinder ihre Erlebnisräume.

– Einige Kindergärten – auch städtische – schaffen es, *häufig* Spielausflüge vorzunehmen. Damit meine ich nicht Zoobesuche oder Burgbesichtigungen, die wenig eigenständiges Spiel zulassen, sondern Ausflüge, die zu Spiel im Wald und auf Wiesen anregen. Ein Stadtwald ist oft mit öffentlichen Bussen erreichbar. Das darf auch durchaus immer die gleiche Stelle sein, an der vielleicht geklettert, gebaut, mit Wasser und Matsch gespielt werden kann und Tiere (auch Kleintiere) beobachtet werden.

– Es gibt den Waldkindergarten. Darunter ist ein Kindergarten zu verstehen, der keinen Raum oder nur einen Notraum hat. Die Kinder erleben den Vormittag grundsätzlich im Freien. In den letzten Jahren wurde wiederholt in Fachzeitschriften über Naturkindergärten berichtet, obwohl es sie – zum Beispiel in Wiesbaden – schon lange gibt. Ihre Zahl wächst auffallend. Allmählich gehen auch einzelne Tagesstätten zu Naturgruppen über, sodass manche Kinder aus Ganztagseinrichtungen ebenfalls Chancen erhalten.

– In der offenen Jugendarbeit bieten Tagesunternehmungen und Wochenendfahrten, bei denen auf Komfort verzichtet wird, Gelegenheit zu Erlebnissen, die sich vom Konsum-Alltag abheben, beispielsweise Fahrradtouren, Zeltfahrten, Bergwanderungen, Zeltlager auf Jugendzeltplätzen (ohne den üblichen Zeltplatzkomfort), aber auch Unternehmungen in der Stadt wie:

- Eine Gruppe von Jugendlichen eines Jugendzentrums wird in unbekannte Stadtteile der Großstadt gebracht und muss allein zum Jugendzentrum zurückfinden.
- Jugendliche erproben in Kleingruppen einen Tag ohne Geld, wobei sozial akzeptierte Verhaltensweisen Voraussetzung sind, Diebstahl also ausgeschlossen ist (Willy Klawe 1995).
- Auch innerhalb des Jugendzentrums wird nach erlebnisintensiven Programmen gesucht. W. Klawe (1995) schlägt beispielsweise eine „verkehrte Welt" vor, bei der Kinder im Alter von neun bis fünfzehn Jahren und die Erzieher ihre Rollen tauschen, sodass Jugendliche ganz konkret die Verantwortung des pädagogischen Handelns übernehmen (wobei allerdings bestimmte Bereiche ausgeklammert bleiben wie Akteneinblick oder der Zugang zur Kasse).

In der Heimerziehung bestehen ebenfalls Tendenzen den *Alltag* erlebnisintensiver zu gestalten. Erlebnispädagogik bedeutet in der Heimerziehung keineswegs nur große Projekte mit (problematischen) Jugendlichen zu unternehmen. Beispielsweise kann die jugendliche Wohngruppe gemeinsam Fahrradtouren unternehmen, auf einem ruhigen Fluß (nicht einem reißenden!) Kanu fahren, eine Nacht-Waldwanderung organisieren oder vielleicht sogar eine Morgendämmerungs-Wanderung mit Vogelstimmenführung. Die Gruppe kann im Sommer auf der Dachterrasse übernachten, sie kann am Wochenende an einem Kletterkurs teilnehmen, mit Lagerfeuer zelten, den Hausgarten neu anlegen, die Räume renovieren und nach eigenen Wünschen umgestalten (mit einem Flohmarkt zur Finanzierung beitragen), selbst für die Ernährung (umweltbewusst) sorgen, die Ferienfahrt bewusst einfach planen.

Im Bereich der sozialpädagogischen (und der schulischen) Arbeit mit Behinderten geht der

„Boom“ der Förderung langsam etwas zurück zugunsten von Spiel und erlebnisreicher Freizeitgestaltung der Behinderten. Hier wird erkannt, dass ein Kind auch übertherapiert werden kann. Förderung ist nicht alles. Auch ein behindertes Kind benötigt Spiel und spannende Alltagserlebnisse.

2. Besondere Projekte mit erlebnispädagogischen Tendenzen

Es gibt eine Reihe von sozialpädagogischen Aktionen und Programmen, die der Erlebnispädagogik entsprechen, nicht unbedingt den Alltag hin zu mehr Erlebnistiefe verändern, sondern eben erlebnisreiche Höhepunkte im Leben des Kindes oder Jugendlichen sind und als solche in Erinnerung bleiben. In ihrer Entstehung und Durchführung werden sie manchmal nicht als Erlebnispädagogik angesehen, sondern entspringen aus anderen Motivationen, entsprechen aber einer erlebnisintensiven Grundeinstellung.

Beispiele:

– Wenn Erzieherinnen im Kindergarten sich entscheiden – zusammen mit den Kindern –, für einige Monate das Spielzeug in den Keller zu räumen und sich auf Materialien aus der Umwelt zu beschränken, dann sehe ich darin eine Form von Erlebnispädagogik, auch wenn die jeweiligen Erzieherinnen von dieser pädagogischen Richtung möglicherweise noch nichts gehört haben und das Projekt unter ganz anderen Motivationen vornahmen, zum Beispiel „Weg vom Konsum“ oder hin zu Drogenprävention.

– Jugendliche bauen zusammen mit einem Betreuer und mit handwerklicher Anleitung eine Skateboard-Anlage (H. D. Güntner: Erlebnispädagogik und Sonderschule 1994).

– Zeltfreizeiten in Kindergärten, Horten, Heimen, Vereinen oder der offenen Jugendarbeit nehmen zu und werden manchmal so geplant, dass auf Komfort in einem ungewöhnlichen Maß verzichtet und Naturbezug, ökologisches und soziales Denken sowie abenteuerliche Erlebnisse in den Mittelpunkt gestellt werden. Beispielsweise wird mit den Kindergartenkindern am Lagerfeuer (nicht dem Grill!) gekocht und Stockbrot gebacken. Ältere Jugendliche haben zum Beispiel auf Zeltfreizeiten (nicht auf öffentlichen, sondern speziell für sie ausgewiesenen Zeltplätzen) ihre eigene Toilette mit Sickergrube gebaut und eine Dusche mit Wasserzufuhr (über Schlauch oder Eimer) angelegt, anstatt einen Toiletten- und Waschwagen zu bestellen.

Zehnjährige können bereits am brennenden Lagerfeuer Nachtwache halten. (Ein abenteuerreiches Unterfangen, das für manche durchaus an die Grenze der Belastbarkeit reichen kann – nämlich sich wach zu halten und mit Ängsten umzugehen.) Eigenständiges Kochen, Geländespiele, eine Theaterolympiade und andere selbst erfundene Spiele bieten mehr Abenteuer und Wagnis als Versorgtwerden und Spiel nach vorgegebenen Regeln oder mit kommerziellem Spielzeug.

Wenn die Gruppe der Elf- bis Fünfzehnjährigen nachts ein fünf Kilometer entferntes anderes Jugendlager aufsucht um heimlich deren Fahne zu ergattern, so werden das Abenteuer und die Anstrengung eine Erinnerung bleiben. (Die gegenseitige Entführung der Fahne ist nicht als Diebstahl anzusehen!)

Solche Erlebnishöhepunkte können vielleicht dem Kind oder Jugendlichen Lust auf selbst erfundenes Spiel wecken, zu Eigeninitiative anregen und zu Wagnis in der eigenen Lebensgestaltung ermutigen. Wenn der Alltag diese im Keim entstandene Bereitschaft aber nicht unterstützt, wird sie schwerlich wachsen können oder möglicherweise gar nicht geweckt werden. Erlebnispädagogik muss deshalb, um Breitenwirkung zu erreichen, den Alltag von Kindern und Jugendlichen einschließen. Es müssen Formen gefunden werden, die im Alltag sozialpädagogischer Einrichtungen umsetzbar sind. Dafür müssen sozialpädagogische Fachkräfte selbst zu neuen und einmaligen Experimenten bereit sein. Sie müssen eine Grundeinstellung entwickeln, die Erlebnistiefe und eigenständige Spielformen und Freizeitgestaltung zulässt und fördert.

Darüber hinaus ist auch Öffentlichkeitsarbeit wichtig, damit erlebnisintensive Spiel- und Freizeitgestaltung durch ungünstige Rahmenbedingungen nicht eingeschränkt wird. Auch die Eltern müssen einsehen, dass junge Menschen angemessene Abenteuer selbst erleben müssen, anstatt sie in übersteigerter Form bei anderen Menschen (Medien) zu betrachten oder sich von Material und Angeboten der Spiel- und Freizeitbranche animieren zu lassen.

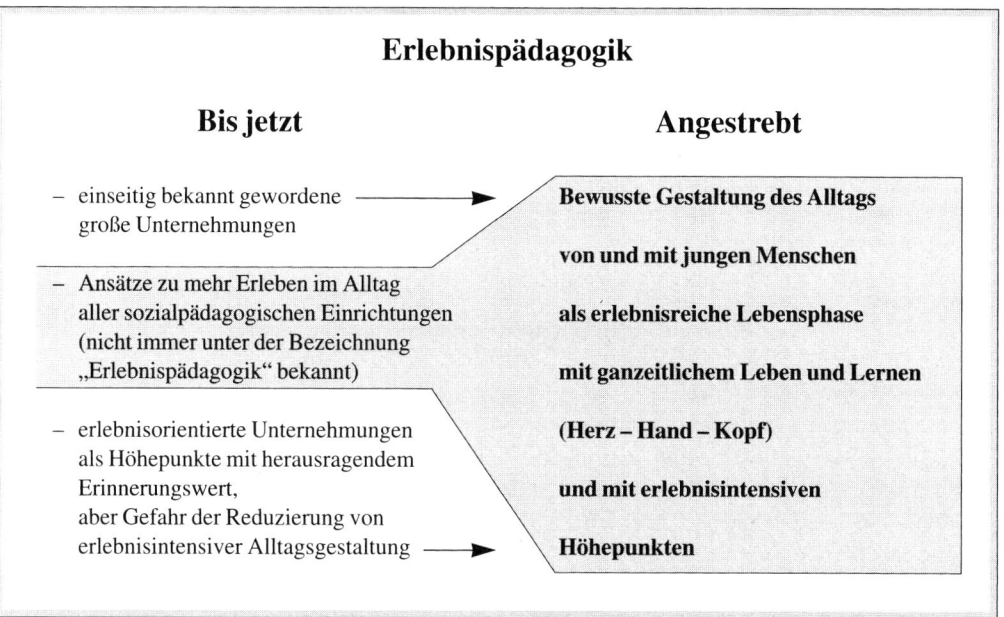

Erlebnispädagogik

Bis jetzt	**Angestrebt**
– einseitig bekannt gewordene große Unternehmungen → – Ansätze zu mehr Erleben im Alltag aller sozialpädagogischen Einrichtungen (nicht immer unter der Bezeichnung „Erlebnispädagogik" bekannt) – erlebnisorientierte Unternehmungen als Höhepunkte mit herausragendem Erinnerungswert, aber Gefahr der Reduzierung von erlebnisintensiver Alltagsgestaltung →	**Bewusste Gestaltung des Alltags** **von und mit jungen Menschen** **als erlebnisreiche Lebensphase** **mit ganzeitlichem Leben und Lernen** **(Herz – Hand – Kopf)** **und mit erlebnisintensiven** **Höhepunkten**

Zusammenfassung

- Erlebnispädagogik wird oft nur mit aufwendigen Projekten gleichgesetzt, und zwar mit Projekten, die für die erwachsenen Gruppenleiter wie auch für die jugendlichen Teilnehmer abenteuerliche Grenzerfahrungen bedeuten: Segel- und gefährliche Kanufahrten, Bergwanderungen, Klettertouren.
- Die Bewegung der Erlebnispädagogik will mehr: Das Leben von Kindern und Jugendlichen, das heute häufig nur noch wenig direktes Abenteuer bietet, sondern übersteigerte Abenteuer aus zweiter Hand (Medien), soll selbst wieder mehr Abenteuer im Rahmen von Spiel und Freizeitgestaltung ermöglichen. Die Konkretisierung dieser pädagogischen Denkrichtung steckt noch in den Anfangsschuhen.
- Erlebnispädagogik darf nicht auf Kinder und Jugendliche mit Verhaltensproblemen oder auf Einmal-Projekte beschränkt bleiben. Das alltägliche Spiel von Kindern und Jugendlichen und ihr Leben müssen mehr Möglichkeiten zu abenteuerlichem Erleben und zu Selbterfahrung mit begrenzbarem Risiko beinhalten. Entsprechende Formen werden zur Zeit gesucht und gewinnen an Boden. Beispiele dafür sind:
  - Veränderung des Spielmaterials in Kindergärten,

- Verlagerung des Spiels in naturnahen Außenbereich mit Gelegenheit zu großräumigem, kreativem Spiel,
- häufiges Hinausgehen zu Wald- und Wiesenspielen bis hin zum Waldkindergarten,
- veränderte Tageslaufgestaltung in Heimen mit Reduzierung von Versorgtwerden und Erhöhung einfacher und naturnaher Freizeitgestaltung,
- Wochenend- und Freizeitunternehmungen bei Verzicht auf Komfort und entbehrliche Lebensgewohnheiten.

• In der offenen Jugendarbeit, aber auch in anderen sozialpädagogischen Einrichtungen werden einzelne größere Unternehmungen angeboten, die Wagnis und Überwindung enthalten und den Jugendlichen als besonderes Erlebnis in Erinnerung bleiben können. Sie dürfen aber nicht den erlebnisintensiven Alltag verdrängen.

Zum Nachdenken:

❐ *Um sich diese Abenteuer-, Erlebnis- oder Erfahrungswelten auch erschließen zu können, bedarf es zweier wichtiger Voraussetzungen, die sich nur scheinbar widersprechen. Zum einen muss ein Potential an Geheimnissen noch vorhanden sein, das ich mir nun erschließen kann, denn nichts wirkt so destruktiv wie das Bewusstsein oder das Scheinbewusstsein alles schon zu kennen, gesehen zu haben, gehört zu haben und womöglich auch noch zu können. Zum anderen ist für die gesunde Bewältigung der Pubertät das Maß und die Intensität von Abenteuererfahrungen, die in der Kindheit gemacht wurden, von großer Bedeutung. Diese Erfahrungen erlauben es quasi im Rückgriff, Erlebniswelten zu reaktivieren und zu intensivieren, die die jetzt so bedeutenden „Ich-bin-Gefühle" vermitteln. Ist dieser Erfahrungsschatz eher klein und bescheiden, so wächst die Chance, sich delinquenter Verhaltensweisen zu bedienen, indem auf Formen zurückgegriffen wird, die durch unzählige Kriminal- und Actionfilme bekannt sind und nur allzu grell und verführerisch einfach erscheinen.* ❑
(Thomas Lang, 1995, S. 23)

❍ **Standortsuche und Ideenfindung**
- Lesen Sie die unten folgende Unterhaltung der drei Studierenden und suchen Sie nach Ihrem Standort hinsichtlich eigener Lust und Bereitschaft zu Wagnis und Risiko.
- Denken Sie über Einschränkungen durch die Aufsichtspflicht bei erlebnispädagogischen Projekten nach und zwar unter dem Motto: *„Aufsicht ist und bleibt Nebenpflicht zur Erziehungspflicht"* (Christa Preissing und Roger Prott 1994, S. 50). Beachten Sie dabei, dass Schwimmen strenger Aufsicht unterliegt.
- Machen Sie sich Ihre Ängste im Zusammenhang mit beruflicher Erlebnispädagogik bewusst (nicht nur Ängste vor Verletzungsgefahren!).
- Suchen Sie in Gruppen nach Ideen, wie Sie in derjenigen Einrichtungsart, in der Sie später voraussichtlich arbeiten wollen, den Gruppenmitgliedern zu häufigem erlebnishaftem Spiel und abenteuerreicher Freizeitgestaltung verhelfen können. Beziehen Sie dabei auch Alltagsregeln mit ein, beispielsweise die Benutzung von Neben- und Außenräumen.

Claudia, Sabine und Frank
Studierende einer Fachschule für Sozialpädagogik

◆ **Claudia:** Ich habe von Fachschulen gehört, die selbst erlebnisorientierte Projekte durchgeführt haben. Dazu hätte ich auch Lust.

◆ **Sabine:** Was zum Beispiel?

◆ **Claudia:** Kanufahrten, Klettertouren, drei Tage in einem abgelegenen Selbstversorgerhaus leben mit echter Selbstversorgung bis zum Schlachten von Hühnern.

◆ **Frank:** Lieber fleischlos als Hühner umbringen!

◆ **Claudia:** Frank, du bekämest dann eine andere Aufgabe, die Überwindung kostet! Nicht jeder muss Hühner schlachten!

◆ **Sabine:** Mich würde zum Beispiel reizen: Einen Tag Gelegenheitsarbeit zu suchen oder etwas an Haustüren zu verkaufen, zum Beispiel Waren aus Kooperativen der Dritten Welt oder auch betteln. Ich stelle es mir schrecklich vor und würde das ohne Druck nie machen. Aber wenn ich einen Gruppendruck hätte, könnte ich die Erfahrung vielleicht in mein späteres Leben mitnehmen.

◆ **Frank:** Das geht mir entschieden zu weit. Aber eine Woche am Fließband arbeiten. Das fände ich gut! Dann würde ich wahrscheinlich meinen abwechslungsreichen Beruf noch mehr schätzen als ich es sowieso schon tue.

◆ **Sabine:** Meine Heim- oder Hortkinder sollen jedenfalls Abenteuer erleben. Ich habe sie als Kind doch auch so intensiv und mit voller Wonne ausprobiert! Zum Beispiel Übernachtungen in der Einrichtung – mit Schlafsäcken heute kein Problem. Im Freien müsste man das machen unter dem Sternenhimmel! Vielleicht gibt es ja auch noch irgendwo eine Scheune, in der man im Heu oder Stroh übernachten darf. Nachtwanderungen, Fahrradtouren, Zeltfreizeiten, Gespensterbahn im verdunkelten Turnraum bauen und und und! Ich freue mich schon jetzt darauf!

◆ **Claudia:** Jetzt wird mir klar, dass in diesem Buch eigentlich einiges steht, das in Richtung alltäglicher Erlebnistiefe deutet.

◆ **Frank:** Was zum Beispiel?

◆ **Claudia:** Das Anliegen des Situationsansatzes: Bereits als Kind nach Möglichkeiten zu suchen, kompetenter im Alltag zu handeln, anstatt die Erwachsenen für einen sorgen zu lassen; die Umwelt zu erforschen, zum Beispiel die Berufe der Erwachsenen auszukundschaften und sich dabei in neue Tätigkeitsformen wagen, etwa Fragen an Unbekannte zu stellen, eigene Meinung zu äußern.

◆ **Sabine:** Wenn du so weit gehst, dann zeigt die heutige Tendenz der Innen- und der Außenraumveränderung auch in Richtung Erlebnispädagogik. Allerdings müssen wir dann aufpassen, dass wir uns nicht damit zufrieden geben. Das sind nur erste Schritte, meine ich.

◆ **Claudia:** Ja, auf jeden Fall! Sonst ruht man sich schnell selbstzufrieden aus und gerät wieder ins alte Fahrwasser. Übrigens sehe ich auch das Beispiel als richtungweisend, in dem Kindergartenkinder Farben „erlebten" und nicht nur lernten sie zu benennen, wie das in meinem Vorpraktikum der Fall war. Erinnert ihr euch daran? Kinder, die einen Rot-Such-Spaziergang vornahmen und dabei feststellten, dass Rot ein Gefahrensignal ist, die sich in der Kirche vom Rot der Fenster anmuten ließen und sich Geschichten vom kleinen Rot erzählten.

◆ **Sabine:** Ich frage mich, ob ein erlebnisbetonter Alltag in der Heimerziehung möglich ist. Ob man nicht von den notwendigen Arbeiten vereinnahmt wird und durch die geringe Motivation der Jugendlichen resigniert? Erfahren und ausprobieren möchte ich das schon. Das verlangt allerdings ein stabiles Team.

◆ **Frank:** Ihr macht mich nachdenklich. In meinem Zivildienst hat ein Teammitglied mit den Behinderten, das heißt bewusst *mit* ihnen und nicht für sie, den Raum umgestaltet und renoviert. Wenn ich so eine Einzelaktion in einen größeren Zusammenhang stelle und es nicht eine einzelne Aktion bleibt, dann weist das auch in diese Richtung. Eigentlich interessant. Das macht mir geradezu Lust auf Experimente. Ich begebe mich da ja auch selbst ins Risiko. Neues wagen, Misslingen und Misserfolge einkalkulieren. Das empfinde ich als spannend.

◆ **Claudia:** Glaubt ihr, das geht?

◆ **Sabine und Frank:** Was?

◆ **Claudia:** Selbst erlebnisintensiver im Beruf zu leben. Denn was wir nicht selbst empfinden, können wir schlecht weitergeben. Konkret heißt das doch auch zum Beispiel: mit Spannung den Tag beginnen, bereit sein ein Risiko einzugehen, trotzdem aber nicht blauäugig und ungeplant in den Tag hineinleben, sondern eine Linie haben. Und die Linie heißt dann so etwas wie: Du, Kind, du bist so wertvoll, dass ich dir jeden Tag zu einer Kostbarkeit machen möchte.

◆ **Sabine**: Mit „Kostbarkeit" meinst du einen erinnerungswerten Tag, Claudia? Damit bin ich nur einverstanden, wenn wir uns dabei nicht übernehmen, nicht ausbluten.

◆ **Frank:** Indem wir versuchen, den Tag auch für uns zu einem spannenden immer wieder neuen Erlebnis zu machen, bei dem wir nicht nur geben.

◆ **Sabine:** Und wenn die Arbeitsbedingungen so sind, dass wir nicht nur von Organisation und Krisenintervention vereinnahmt werden.

Literaturempfehlung

Thomas Lang: Kinder brauchen Abenteuer. Ernst Reinhardt Verlag 1995 (2. Aufl.)

Jörg Ziegenspeck: Erlebnispädagogik. Rückblick – Bestandsaufnahme – Ausblick. Verlag „edition erlebnispädagogik" 1992

Willy Klawe: Arbeit mit Jugendlichen. Einführung in Bedingungen, Ziele, Methoden und Sozialformen der Jugendarbeit. Juventa Verlag 1996 (4. überarbeitete Aufl.)

Udo Lange/Thomas Stadelmann: Spielplatz ist überall – Lebendige Erfahrungswelten mit Kindern planen und gestalten. Herder Verlag 1996

Willy Klawe: Körper und Erleben – erlebnispädagogische Ansätze im Alltag der Kinder- und Jugendarbeit. In: Schüttler-Janikulla, Klaus (Hrsg.): Handbuch für Erzieherinnen. Neuausgabe 13. Lieferung, mvg-verlag 1995

Maria Salosnig u.a.: Zwei Monate ohne Spielzeug. In TPS Heft 1/1995, S. 34–36

Gerwig, Kurt: Spielzeug zerbricht, Erlebnisse sind unsterblich – Waldkindergärten in Deutschland. Video-Kassette. AV 1 TV & Video-Produktion, Pfalzstraße 10, 34260 Kaufungen, Tel. 05605 / 4321, Fax 05605 / 70219

Beratung zur Erlebnispädagogik kann bei folgender Stelle eingeholt werden:
Institut für Erlebnispädagogik e.V., Barckhausen Straße 8, 21335 Lüneburg, Tel. 04131 / 406147 Fax 04131 / 406148

Sinnspruch aus dem Sanskrit:

Achte gut auf diesen Tag,
Denn er ist das Leben –
Das Leben allen Lebens.
In seinem kurzen Ablauf
Liegt alle Wirklichkeit und
Wahrheit des Daseins,
Die Wonne des Wachsens,
Die Größe der Tat.
Die Herrlichkeit der Kraft –
Denn das Gestern ist nichts
Als ein Traum
Und das Morgen nur eine Vision,
Das Heute jedoch – recht gelebt –
Macht jedes Gestern zu einem Traum
Voller Glück
Und jedes Morgen zu einer Vision
voller Hoffnung.
Drum achte gut auf diesen Tag!

Rückblick auf die Ausbildung

1. Zeichnen Sie diese Pakete angemessen groß auf ein Blatt.
Durchdenken Sie im Vorblick auf Ihre zukünftige berufliche Spiel- und Freizeitgestaltung Annehmlichkeiten, die Ihnen freudig und leicht, sowie Belastungen, die Ihnen schwer erscheinen.
Schreiben Sie Ihre Vermutungen jeweils in das leichte oder in das schwere Paket, vergleichen Sie und ziehen Sie Schlußfolgerungen!

2. Zeichnen Sie zwei *geöffnete* Pakete (schwer und leicht) sowie einen Mülleimer oder Abfallkorb und einen Einkaufskorb oder Zettelkasten.
Durchstreifen Sie gedanklich Ihre (spielpädagogische) Ausbildung im Hinblick auf: Leichtes und Vergnügliches, Schwieriges und Belastendes, Unnötiges, Fehlendes.
Vielleicht benötigen Sie „Zwischenfächer".
Vergleichen Sie Ihre Erinnerungen und Eindrücke und geben Sie Rückmeldung!

◆ **Frank:** Im Nachhinein denke ich, das Wesentliche, das wir in diesem Fach gelernt haben, sind nicht die Details, sondern die Grundeinstellung.

◆ **Claudia:** Meinst du zum Beispiel: Kinder selbst erfinden lassen, anstatt vorzugeben?

◆ **Sabine:** Claudia, lass „zum Beispiel" weg! Ich denke, das ist der Kernsatz. Er bezieht sich auf Raumgestaltung, Spielmaterial, Spielvorschläge und auch auf unsere Spiellenkung!

◆ **Frank:** *Ich* würde ihn als Beispielsatz deuten. Was ist, wenn sich Gruppenmitglieder gegenseitig unterdrücken oder wenn der Spielende sich selbst oder der Umwelt schadet?

◆ **Claudia:** Dann ändere ich den Satz um: „So viel wie möglich selbstbestimmt spielen und erfinden lassen; so wenig wie nötig vorgeben und lenken!"

◆ **Sabine:** Womit wir wieder beim Detail angekommen wären. Was, bitte, ist als „möglich" und was ist als „nötig" zu verstehen? Das muss ich nämlich in jeder einzelnen Situation selbst entscheiden und verantworten.

◆ **Frank:** Gerade deshalb ist der Beruf so reizvoll!

◆ **Claudia:** Und so verantwortungsvoll!

Verwendete und weiterführende Literatur

Alt, Christian: Typologie elektronischer Spiele. In: Deutsches Jugendinstitut (Hrsg.): Handbuch der Medienerziehung im Kindergarten. Teil 1. Verlag Leske und Buderich 1994

Andersen, Elke: Alles über Kindergärten. Ravensburger Buchverlag 1996

Arbeitsausschuß Kinderspiel + Spielzeug e.V.: Gutes Spielzeug von A - Z. Ratgeber für Auswahl und Gebrauch. Ulm. Jährliche Neuausgaben

Axline, Virginia: Dibs. Die wunderbare Entfaltung eines menschlichen Wesens. Scherz Verlag, 12. Aufl., 1975

Baer, Ulrich: Spielpraxis. Eine Einführung in die Spielpädagogik. Kallmeyersche Verlagsbuchhandlung 1995

Ballstaedt Steffen-Peter: Möglichkeiten zur Aggressionsverminderung im Spiel. In: Kreuzer, Karl Josef (Hrsg.): Handbuch der Spielpädagogik. Band 4. Verlag Schwann-Bagel 1984, S. 289-302

Basset, Klaus: Spielen und spielen lassen. Das Spielebuch der Stuttgarter Jugendhäuser. Praxisbücher für Jugendarbeit und Erziehung. Katzmann Verlag 1985

Bauer, Karl W./Hengst, Heinz: Wirklichkeit aus zweiter Hand. Kindheit in der Erfahrungswelt von Medienprodukten. Rowohlt Taschenbuch Verlag 1980

Baumgartner, Michael/Färber, Gisela/Michels, Franz: Spielekartei für Sonder- und Heilpädagogik. Verlag modernes lernen. 2. Aufl. 1995

Bean, Reynold: Kreative Kinder. Was Eltern und Pädagogen dazu beitragen können. Rowohlt Taschenbuch Verlag 1994

Becker-Textor, Ingeborg: Friedrich Fröbel - erst greifen, dann begreifen. In: Kindergarten heute, 4/96, Herder Verlag, S. 3 - 11

Becker-Textor, Ingeborg: Maria Montessori - Erziehung zur Selbständigkeit. In: Kindergarten heute 1/96, Herder Verlag, S. 3 - 8

Beisl, Horst u.a.: Puppen - Bau und Spiel im Kindergarten. Verlag Ludwig Auer 1981

Beltzig, Günter: Kinderspielplätze mit hohem Spielwert - planen, bauen, erhalten. Bauverlag Wiesbaden und Berlin 1987

Berger, Manfred: Sexualerziehung im Kindergarten. Brandes und Aspel, 3. Aufl., 1993

Böhm, Winfried: Wider die Pädagogisierung des Spiels. In: Kreuzer, Karl Josef (Hrsg.): Handbuch der Spielpädagogik. Band 1. Verlag Schwann-Bagel 1983, S. 281-293

Börsch, Susanne/Bauer, Michael: Kinderkram. Spiele ohne Anweisung. Transit-Buchverlag 1981

Bort-Gsella, Wolfgang/Gsella, Monika: Stock und Hut steh'n uns gut. Theater mit Kindern. Ökotopia-Verlag Münster 1994

Braun, Elisabeth: Spielerischer Umgang mit einfachen Materialien. Ein Beitrag zur Kreativitätsförderung schwerbehinderter Menschen. In: Lamers, Wolfgang u.a. (Hrsg.): Spielräume - Raum für Spiel. Verlag selbstbestimmtes leben, Düsseldorf 1996, S. 99-106

Britz-Crecelius, Heidi: Kinderspiel - lebensentscheidend. Verlag Urachhaus, J. M. Mayer 4. Aufl., 1982

Brocher, Tobias: Wenn Kinder trauern. Wie sprechen wir über den Tod? Kreuz-Verlag 1980

Broich, Josef: Gruppenspiele anleiten. Maternus Verlag 1991

Broich, Josef: Spiel-Bibliographie. Literaturnachweis 1980 bis 1994 zu Spiel, Bewegung, Animation. Maternus Verlag 1995

Bücken, Eckart: Feste feiern. Neue Ideen für Gruppenfeste. Burckhardthaus-Laetare Verlag 1991

Bücken, Hajo: Spiel und Spaß am Krankenbett für Kinder und die ganze Familie. Falken Verlag 1993

Bundesjugendwerk der Arbeiterwohlfahrt: Praxismappe: Spiele für Kinder, Jugendliche und Erwachsene. Ollenhauerstr. 3, Bonn 1980

Büttner, Christian: Mit aggressiven Kindern leben. Beltz Verlag 1988

Büttner, Christian: „Gewalt" im Kinderspiel - zur kindlichen Identifikation mit Medienhelden. In: Deutsches Jugendinstitut (Hrsg.): Handbuch der Medienerziehung im Kindergarten. Verlag Leske und Buderich 1995

Caiati, Maria/Delač, Svjetlana/Müller, Angelika: Freispiel - Freies Spiel? Erfahrungen und Impulse. Don Bosco Verlag 1994

Caiati, Maria: Kinder und Medien - Beobachtung als pädagogische Aufgabe der Erzieherinnen. In: Deutsches Jugendinstitut (Hrsg.): Handbuch der Medienerziehung im Kindergarten. Teil 2. Praktische Handreichungen. Verlag Leske + Buderich 1995

Cornell, Joseph B.: Mit Kindern die Natur erleben. Ahorn Verlag 1979

Dethlefsen, Thorwald/Dahlke, Rüdiger: Krankheit als Weg. Deutung und Be-deutung der Krankheitsbilder. Goldmann Verlag 1990

Deutsches Jugendinstitut (Hrsg.): Handbuch der Medienerziehung im Kindergarten. Teil 1: Pädagogische Grundlagen. Teil 2: Praktische Handreichungen. Verlag Leske und Buderich 1995

Diem, Walter: Spielausflüge. Rallyes und Spiele im Grünen. Rowohlt Taschenbuch Verlag 1988

Dirx, Ruth: Kind ärgere dich nicht. 280 Spiele ohne Verlierer. Fischer Taschenbuch Verlag 1984

Dörger, Dagmar: Aggressionsbegriff und Spielpädagogik. In: Kreuzer, Karl Josef (Hrsg.): Handbuch der Spielpädagogik. Band 4, Verlag Schwann-Bagel 1984, S. 375-379

Dreier, Annette: Was tut der Wind, wenn er nicht weht? Begegnung mit der Kleinkindpädagogik in Reggio Emilia. Luchterhand Verlag 1993

Eichinger, Wolfgang: City Bound. Erlebnispädagogik in der Stadt. Reihe: Praktische Erlebnispädagogik. Verlag Dr. Jürgen Sandmann 1995

Einsiedler, Wolfgang: Das Spiel der Kinder. Zur Pädagogik und Psychologie des Kinderspiels. Julius Klinkhardt Verlag. 1991

Ellwanger, Wolfram/Grömminger, Arnold: Das Puppenspiel. Psychologische Bedeutung und pädagogische Anwendung. Herder 1989

Erning, Günther/Neumann, Karl/Reyer, Jürgen (Hrsg.): Geschichte des Kindergartens. Band I: Entstehung und Entwicklung der öffentlichen Kleinkinderziehung in Deutschland von den Anfängen bis zur Gegenwart. Lambertus Verlag 1987

Erning, Günter: Bilder aus dem Kindergarten. Bilddokumente zur geschichtlichen Kleinkindererziehung in Deutschland. Lambertus-Verlag 1987

Faltin, Günter/Zimmer, Jürgen: Reichtum von unten. Die neuen Chancen der Kleinen. Aufbau-Verlag 1995

Fischer, Dieter/Klawe, Willy/Thiesen, Hans-Jürgen (Hrsg.): (Er)leben statt Reden. Erlebnispädagogik in der offenen Jugendarbeit. Juventa Verlag, 2. Aufl., 1991

Flemming, Irene: Einfach anfangen. Spielpädagogik ganz praktisch. Matthias-Grünewald-Verlag 1992

Flemming, Irene: Theater ohne Rollenbuch. Handbuch für kreatives Laienspiel. Matthias-Grünewald-Verlag 1994
Flitner, Andreas (Hrsg.): Das Kinderspiel. R. Piper & Co. Verlag, 5. Aufl., 1988
Flitner, Andreas: Spielen - Lernen. Praxis und Deutung des Kinderspiels. R. Piper & Co. Verlag, 8. Aufl., 1986
Förster, Marlies: Die Beziehung zwischen Freispiel und Angebot. In: Regel, Gerhard/Wieland Axel Jan (Hrsg.): Offener Kindergarten konkret. E. B.-Verlag Rissen 1993
Freudenreich, Dorothee/Gräßer, Herbert/Köberling, Johannes: Rollenspiel für Kinder und Erzieher in Kindergärten, Vorklassen und ersten Schuljahren. Schroedel Verlag, 4. Aufl., 1990
Fritz, Jürgen: Methoden des sozialen Lernens. Juventa Verlag, 2. Aufl., 1981
Fritz, Jürgen: Vom Verständnis des Spiels zum Spielen mit Gruppen. Pädagogische Hilfen für den Spielleiter. Matthias-Grünewald-Verlag 1986
Fritz, Jürgen: Theorie und Pädagogik des Spiels. Eine praxisorientierte Einführung. Juventa Verlag 1991
Fritz, Jürgen: Spielzeugwelten. Eine Einführung in die Pädagogik der Spielmittel. Juventa Verlag, 2. Aufl., 1992
Funke, Uta/Sander, Eva: Offene Arbeit mit vielen Gesichtern. In: Regel, Gerhard/Wieland, Axel Jan (Hrsg.): Offener Kindergarten konkret. E. B. Verlag Rissen 1993, S. 113 - 119
Gauda, Gudrun: Therapie für Kinder. Kösel-Verlag 1994
Gerwig, Kurt: Spielzeug zerbricht, Erlebnisse sind unsterblich - Waldkindergärten in Deutschland. Videokassette AV 1 TV & Video-Produktion, Pfalzstr. 10, 34260 Kaufungen
Gibran Khalil: Der Prophet. Walter Verlag, 33. Aufl., 1996
Götte, Rose: Sprache und Spiel im Kindergarten. Handbuch zur Sprach- und Spielförderung mit Jahresprogramm und Anleitungen für die Praxis. Beltz Verlag 1977
Grunelius, Elisabeth: Erziehung im frühen Kindesalter. Der Waldorfkindergarten. Novalis Verlag 1994
Güntner, Hans-Dieter: Erlebnispädagogik und Sonderschule. In: Zeitschrift für Erlebnispädagogik, Heft 2/3, Verlag edition erlebnispädagogik. Barckhausen Straße 8, 21335 Lüneburg 1994
Hansen, Gerd/Seitz, Willi: Entstehung und Behandlung von Verhaltensstörungen im Kindes- und Jugendalter. Centaurus-Verlagsgesellschaft 1991
Harms, Gerd/Mannkopf, Lutz (Hrsg.): Spiel und Lebensraum Großstadt. FIPP-Verlag 1989
Haupt, Ursula: Körperbehinderte Kinder verstehen lernen - Auf dem Weg zu einer anderen Diagnostik und Förderung. Verlag selbstbestimmtes Lernen. Düsseldorf 1996
Heckhausen, Heinz: Entwurf einer Psychologie des Spielens. In: Flitner, Andreas (Hrsg.): Das Kinderspiel. R. Piper & Co. Verlag 1973
Heimlich, Ulrich: Einführung in die Spielpädagogik. Eine Orientierungshilfe für sozial-, schul- und behindertenpädagogische Handlungsfelder. Verlag Julius Klinkhardt 1993
Hellmich, Achim/Teigeler, Peter (Hrsg.): Montessori - Freinet - Waldorfpädagogik. Konzeption und aktuelle Praxis. Beltz Verlag 1992
Hoppe, Hans: Pädagogische Funktionen und Implikationen des Kinderspiels. In: Kreuzer, Karl Josef (Hrsg.): Handbuch der Spielpädagogik, Band 1, Verlag Schwann-Bagel 1983, S. 159-179
Hundertmarck, Gisela: Leben lernen in Gemeinschaft. Behinderte Kinder im Kindergarten. Verlag Herder 1981
Jaffke, Freya: Spiel und arbeiten im Kindergarten. Verlag Freies Geistesleben 1991
Jaffke, Freya: Waldorfpädagogik im Kindergarten. In: Kindergarten heute, 2/96, Verlag Herder, S. 3-9
Jörg, Sabine: Der Knopfdruck durch die Kindheit. Die Technik betrügt unsere Kinder. Quadriga Verlag 1987
Kahl, Reinhard: Kleine Fluchten aus Enge und Tempokratie. In: GEW: Erziehung und Wissenschaft. Heft 7/8 1995, S. 3-9
Kálló, Éva/Balog, Györgyé: Von den Anfängen des freien Spiels. Pikler Gesellschaft, Grunewaldstr. 82, 10823 Berlin 1996
Kazemi-Veisari, Erika: Zur gesellschaftlichen und pädagogischen Funktion von Spielwaren in der Gegenwart. Eine Analyse ihres wesentlichen Beitrags zur Entfremdung in der Kindheit und zur Problematik in der Institution Kindergarten. Verlag Haag und Herrchen 1987
Kazemi-Veisari, Erika: Räume gestalten Beziehungen. Raumgestaltung im Kindergarten. In: Kindergarten heute 3/1991, Verlag Herder, S. 13-18
Kazemi-Veisari, Erika: Der Situationsansatz. In: Kindergarten heute, 10/95, S. 3-10
Kazemi-Veisari, Erika: Reggio-Pädagogik. In: Kindergarten heute, 3/96, S. 3-11
Kebbe, Anna: Das Haus für Kinder - der Kindergarten der Zukunft? Konzeptionen und erprobte Modelle. Anregungen und Begründungen. TPS extra, Heft 4. Luther-Verlag 1991
Kebbe, Anna (Hrsg.): Kinderhaus konkret. Altersmischung 0 bis 12 Jahre. Analysen, Erfahrungen, Berichte. TPS extra, Heft 19. Luther-Verlag 1995
Kettner, Anne/Haug-Zapp, Egbert (Hrsg.): Das Kindergartenbuch. Was Eltern wissen müssen. Rowohlt Taschenbuch Verlag 1990
Keysell, Pat: Pantomime mit Kindern. Ein Spielbuch für Kinder von 5-12 Jahren. Otto Maier Verlag, 4. Aufl., 1985
Kindergarten heute spezial: Pädagogische Handlungskonzepte von Fröbel bis zum Situationsansatz. Herder o. J.
Klawe, Willy: Körper und Erleben - erlebnispädagogische Ansätze im Alltag der Kinder- und Jugendarbeit. In: Schüttler-Janikulla, Klaus (Hrsg.): Handbuch für ErzieherInnen in Krippe, Kindergarten, Vorschule und Hort. Neuausgabe 13. Lieferung 1995
Klawe, Willy: Arbeiten mit Jugendlichen. Einführung in Bedingungen, Ziele, Methoden und Sozialformen der Jugendarbeit. Juventa Verlag, 4. Aufl., 1996
Klein, Irene: Gruppenleiten ohne Angst. Ein Handbuch für Gruppenleiter. Verlag J. Pfeiffer, 4. Aufl., 1992
Klein, Lothar/Vogt, Herbert: Leben in der Familiengruppe. Ein Praxisbuch über die große Altersmischung. Lambertus-Verlag 1995
Klein, Lothar: Célestin Freinet auf der Spur. In: Kindergarten heute. Heft 5/96, Verlag Herder, S. 3-11
Kleinschmidt, Horst: Phantasie will geplant sein. Kreatives Arbeiten im Kindergarten. In: Kindergarten heute. Verlag Herder Heft 11-12, 1996 (mit Fortsetzungen), S. 28-38
Kleinschmidt, Lothar/Martin, Beate/Seibel, Andreas: Lieben, Kuscheln, Schmusen. Hilfen für den Umgang mit kindlicher Sexualität. Pro Familia NRW. Sexualpädagogische Reihe. Ökotopia Verlag 1994
Kluge, Norbert (Hrsg.): Spielpädagogik. Verlag Julius Klinkhardt 1980
Kluge, Norbert: Sexuelle Grunderfahrungen im Spiel. In: Kreuzer, Karl Josef (Hrsg.): Handbuch der Spielpädagogik. Band 2. Verlag Schwann-Bagel 1983, S. 145-156
Knauer, Reingard/Brand, Petra: Ich schütze nur, was ich liebe. Konzept einer ganzheitlichen Umweltpädagogik. Verlag Herder 1995
Knipping, Ursula/Wagner, Reinhold: Waldorfpädagogik im Kindergarten. Eine Einladung zum Gespräch. TPS extra, Heft 12, Luther-Verlag 1992
Kooij, Rimmert van der: Die psychologischen Theorien des Spiels. In: Kreuzer, Karl Josef (Hrsg.): Handbuch der Spielpädagogik. Band 1. Verlag Schwann-Bagel 1983, S. 297-335

Krappmann, Lothar/Peukert, Ursula (Hrsg.): Altersgemischte Gruppen in Kindertagesstätten. Reflexionen und Praxisberichte zu einer neuen Betreuungsform. Lambertus Verlag 1995
Kreuzer, Karl Josef (Hrsg.): Handbuch der Spielpädagogik. Verlag Schwann-Bagel. Band 1 und 2: 1983, Band 3 und 4: 1984
Kuhlen, Vera: Verhaltenstherapie im Kindesalter. Grundlagen, Methoden und Forschungsergebnisse. Juventa Verlag, 4. Aufl., 1974
Kurzrock, Ruprecht (Hrsg.): Das Spiel. Forschung und Information. Schriftenreihe der Rias-Funk-Universität. Band 34. Kolloquium Verlag 1983
Lamers, Wolfgang: Spiel mit schwerstbehinderten Kindern und Jugendlichen. Verlag Mainz, Wissenschaftsverlag, Aachen 1994
Lamers, Wolfgang/Lenz, Werner/Tarneden, Rudi (Hrsg.): Spielräume - Raum für Spiel. Spiel- und Erlebnismöglichkeiten für Menschen mit schweren Behinderungen. verlag selbstbestimmtes leben. Düsseldorf 1996
Lang, Thomas: Kinder brauchen Abenteuer. Ernst Reinhardt Verlag, 2. erg. Aufl., 1995
Lange, Udo/Stadelmann, Thomas: Spielplatz ist überall - Lebendige Erfahrungswelten mit Kindern planen und gestalten. Herder Verlag 1996
Liegel, Wolfgang: „Wir sitzen alle im gleichen Boot...". Zur Begründung und vorläufigen Einschätzung der Erlebnispädagogik und erlebnispädagogischer Projekte. In: Informationen für Interessenten. Bundesverband Erlebnispädagogik e.V. Barckhausen Straße 8, 21335 Lüneburg 1993, S. 5-10
Lorentz, Gerda: Freispiel im Kindergarten. Chancen seines bewußten Einsatzes. Verlag Herder, 8. Aufl., 1995
Mahlke, Wolfgang/Schwarte, Norbert: Raum für Kinder. Ein Arbeitsbuch zur Raumgestaltung in Kindergärten. Beltz Verlag 1989
Mahlke, Wolfgang: Gestaltung von Lebensräumen für und mit behinderten Menschen. In: Lamers, Wolfgang u.a. (Hrsg.): Spielräume - Raum für Spiel. Verlag selbstbestimmtes leben 1996, S. 45-61
Manteufel, Eva/Seeger, Norbert: Selbsterfahrung mit Kindern und Jugendlichen. Ein Praxisbuch. Kösel-Verlag, 2. Aufl., 1994
Miedaner, Lore: Gemeinsame Erziehung behinderter und nichtbehinderter Kinder. Materialien zur pädagogischen Arbeit im Kindergarten. Juventa Verlag, 2. Aufl., 1991
Miedzinski, Klaus: Die Bewegungsbaustelle - Kinder bauen ihre Bewegungsanlässe selbst -. verlag modernes lernen, 7. erw. Aufl., 1996
Mogel, Hans: Psychologie des Kinderspiels. Die Bedeutung des Spiels als Lebensform des Kindes, seine Funktion und Wirksamkeit für die kindliche Entwicklung. 2. Aufl., Springer Verlag 1994
Mönkemeyer, Karin: Spiele für alle fünf Sinne. Hören, riechen, schmecken, greifen: wie Babys und kleine Kinder spielend lernen. Rowohlt Taschenbuch Verlag 1988
Mönkemeyer, Karin: Kindliche Sexualität - heute. Tabus - Konflikte - Lösungen. Beltz Verlag 1993
Montessori, Mario: Erziehung zum Menschen. Montessori-Pädagogik heute. Fischer Taschenbuch Verlag 1984
Montessori, Renilde/Schneider-Henn, Karin: Montessori-Erziehung im Bild. Verlag Klett Cotta 1983
Mühlum, Sieglinde/Lipp-Peetz, Christine (Hrsg.): Situationsansatz konkret. TPS extra Nr. 18, Luther Verlag 1994
Müller, Helga/Oberhuemer, Pamela: Kinder wollen spielen. Spiel und Spielzeug im Kindergarten. Verlag Herder, 3. Aufl., 1994
Müller-Hiestand, Ursula/Vogel, Johannes/Vogel-Teepe, Gudrun: Verwandlungen – Mit Kindern verkleiden, maskieren, schminken. AT Verlag Aarau/Schweiz, 1994
Münchmeier, Anne-Bärbel: Spielen mit kleinen Kindern und Babys. Ideen - Anregungen - Spielzeug im Test. Rowohlt Taschenbuch Verlag 1990
Myrdal, Alva: Chancen und Gefahren für das Kinderspiel in unserer leistungsorientierten Gesellschaft. In: Flitner, Andreas (Hrsg.): Das Kinderspiel. R. Piper & Co. Verlag, 5. Aufl., 1988
Myschker, Norbert: Verhaltensstörungen bei Kindern und Jugendlichen. Erscheinungsformen - Ursachen - Hilfreiche Maßnahmen. Kohlhammer-Verlag, 2. Aufl., 1996
Naturschutzzentrum Nordrhein-Westfalen: Natur-Spiel-Räume für Kinder. Eine Arbeitshilfe zur Gestaltung naturnaher Spielräume an Kindergärten und anderswo. Naturschutzzentrum NRW bei der Landesanstalt für Ökologie, Recklinghausen, o. J.
Nickel, Horst/Schmidt-Denter, Ulrich: Vom Kleinkind zum Schulkind. Eine entwicklungspsychologische Einführung für Erzieher, Lehrer und Eltern. Ernst Reinhardt Verlag, 4. Aufl., 1991
Pausewang, Freya: Schießen spielen im Kindergarten - ja oder nein? In Schüttler-Janikulla, K. (Hrsg.): Handbuch für ErzieherInnen in Krippe, Kindergarten, Vorschule und Hort. Neuausgabe, 3. Lieferung. mgv-verlag 1991
Pausewang, Freya: Wenn Kinder die Führung übernehmen. In: Schüttler-Janikulla, K. (Hrsg.): Handbuch für ErzieherInnen in Krippe, Kindergarten, Vorschule und Hort. Neuausgabe. 14. Lieferung. mvg-verlag 1995
Pausewang, Freya: Vom Geben und Nehmen. In: Schüttler-Janikulla (Hrsg.): Handbuch für ErzieherInnen in Krippe, Kindergarten, Vorschule und Hort. Neuausgabe, 16. Lieferung. mvg-verlag, 1995
Petzold, Hilarion/Ramin, Gabriele (Hrsg.): Schulen der Kinderpsychotherapie. Junfermann-Verlag 1987
Postmann, Neil: Das Verschwinden der Kindheit. S. Fischer Verlag. 1983
Pousset, Raimund: Fingerspiele und andre Kinkerlitzchen. Spiel-Lust mit kleinen Kindern. Rowohlt Taschenbuch Verlag, 2. Aufl., 1984
Preissing, Christa/Prott, Roger: Pädagogik vor Aufsichtspflicht. In: Kindergarten heute. Heft 11-12/1994, Verlag Herder, S. 48-50
Regel, Gerhard/Wieland, Axel Jan (Hrsg.): Offener Kindergarten konkret. Veränderte Pädagogik in Kindergarten und Hort. E. B. Verlag Rissen. 1993
Reichel, René (Hrsg.): Spielpädagogik. Grundlagen und Berichte. Münster Ökotopia 1987
Reichle, Karl/Gellert, Manfred: Handbuch für Gruppenleiter. Leben und Lernen mit Kindern von 8 bis 13. Burckhardthaus-Verlag, 3. Aufl., 1986
Renner, Michael: Spieltheorie und Spielpraxis. Eine Einführung für pädagogische Berufe. Lambertus Verlag 1995
Reuys, Eva/Viehoff, Hanne: Feste kreativ gestalten. 1000 Ideen für Kindergruppen. Don Bosco Verlag, 2. Aufl., 1991
Rosar, Rainer J.: Spieleketten im Kindergarten. Spieleketten und Spielaktionen für die Arbeit in Kindergärten und Schulen. Kreisel Verlag 1990
Salosnig, Maria u.a.: Zwei Monate ohne Spielzeug. In TPS, Heft 1/1995, S. 34-36
Schäfer, Gerd E.: Spielphantasie und Spielumwelt. Spielen, Bilden und Gestalten als Prozesse zwischen Innen und Außen. Juventa Verlag 1989
Schaub, Horst/Zenke, Karl G.: dtv-Wörterbuch zur Pädagogik. Deutscher Taschenbuch Verlag 1995
Schenk-Danzinger, Lotte: Zur entwicklungspsychologischen Bedeutung des Spiels. In: Kreuzer, Karl Josef: Handbuch der Spielpädagogik. Band 1. Verlag Schwann-Bagel 1983, S. 369-384

Scheuerl, Hans: Alte und neue Spieltheorien. In: Flitner, Andreas (Hrsg.): Das Kinderspiel. R. Piper & Co. Verlag, 5. Aufl., 1988, S. 32-52
Schilling, Johannes: Jugend und Freizeit. Luchterhand Verlag 1991
Schmidtchen, S./Erb, A.: Analyse des Kinderspiels. Ein Überblick über neuere psychologische Untersuchungen. Verlag Kiepenhauer & Witsch 1976
Schmidtchen, Stefan: Kinderpsychotherapie. W. Kohlhammer Verlag 1989
Schmutzler, Hans-Joachim: Fröbel und Montessori. Zwei geniale Erzieher - Was sie unterscheidet, was sie verbindet. Verlag Herder 1991
Schoenaker, Theo/Seitzer, Julitta/Wichtmann, Gerda: So macht mir mein Beruf wieder Spaß. Ein Selbsthilfebuch für Erzieherinnen. Kösel-Verlag 1995
Schön, Bernhard: Rallyes mit Köpfchen. Unterwegs auf rätselhaften Spuren. Rowohlt Taschenbuch Verlag 1991
Schubert, Elke/Strick, Rainer: Freie Räume schaffen. Das Projekt „Spielzeugfreier Kindergarten". In: Kindergarten heute. Verlag Herder, Heft 6/1994, S. 3-8
Schwarz-Mager, Cornelia: Der Waldkindergarten - ein Experiment, das anzuregen vermag. In: Schüttler-Janikulla, Klaus (Hrsg.): Handbuch für ErzieherInnen in Krippe, Kindergarten, Vorschule und Hort. Neuausgabe, 11. Lieferung, mgv-verlag 1994
Seeger, Roland: Der Garten als Erlebnisraum. In: Kindergarten heute. Verlag Herder, Heft 9/94, S. 26-32
Seitz, Marisella/Hallwachs, Ursula: Montessori oder Waldorf? Ein Orientierungsbuch für Eltern und Pädagogen. Kösel-Verlag 1996
Sienkiewicz-Mercer, Ruth/Kaplan, St.: Ruth - Ich sage ja zum Leben. Droemersche Verlagsanstalt Th. Knaur 1989
Smilansky, Sara: Wirkungen des sozialen Rollenspiels auf benachteiligte Vorschulkinder. In: Flitner, Andreas (Hrsg.): Das Kinderspiel. R. Piper & Co. Verlag, 5. Aufl., 1988, S. 184-202
Spiel gut Arbeitsausschuß (Hrsg.): Gutes Spielzeug von A bis Z. Ratgeber für Auswahl und Gebrauch. Ulm, Neuauflagen
Spielhofer, Karin/Abel-Pfeiffer, Monika/Willig, Wolfgang: Lesebuch für Entwicklungspsychologie - Pädagogik - Kind im Krankenhaus. Balingen, Selbstverlag W. Willig 1988
Staatsinstitut für Frühpädagogik und Familienforschung (Hrsg.): Handbuch der integrativen Erziehung behinderter und nichtbehinderter Kinder. Ernst Reinhardt Verlag 1990
Stein, Adelheid: Sozialtherapeutisches Rollenspiel. Erfahrungen mit einer Methode der psychosozialen Behandlung im Rahmen der Sozialarbeit/Sozialpädagogik. Verlag Luchterhand 1993
Strätz, Rainer: Beobachten. Anregungen für Erzieher im Kindergarten. Kohlhammer-Verlag, 2. Aufl., 1990
Strick, Rainer/Schubert, Elke: Spielzeugfreier Kindergarten. Ein Projekt zur Suchtprävention für Kinder und mit Kindern. Herausgeber: Aktion Jugendschutz, Landesarbeitsstelle Bayern, Fasaneriestr. 17, 80636 München 1995
Stuckenhoff, Wolfgang: Das Verhältnis von Spielaltern und Spielformen als Basis für eine Spielförderung. In: Kreuzer, Karl Josef (Hrsg.): Handbuch der Spielpädagogik. Band 1. Verlag Schwann-Bagel 1983, S. 181-195.
Sutton-Smith, Brian und Shirley: Hoppe, hoppe Reiter. Die Bedeutung von Kinder-Eltern-Spielen. R. Piper & Co. Verlag 1974
Sutton-Smith, Brian: Die Dialektik des Spiels. Verlag Karl Hoffmann 1978
Theorie und Praxis der Sozialpädagogik. Heft 6/90: Thema: Basteln. Luther-Verlag
Thier-Schroeter, Lore/Diedrich, Renate: Kinder wollen bauen. Kreatives Spielen nach Fröbel. Don Bosco Verlag 1995
Thiesen, Peter: Kreatives Spiel mit Kindern, Jugendlichen und Erwachsenen. Bardtenschlager Verlag 1985
Thoma, Peter/Baumgärtel, Werner/Gimborn, Bernd/ Rohrmann, Tim: „Manns-Bilder" Jungen in Tageseinrichtungen für Kinder. Fachhochschule Braunschweig/ Wolfenbüttel 1996. Ludwig-Winter-Straße 2a, 38120 Braunschweig
Träger, Friedrich: Kaspertheater spielen - mit selbstgemachten Puppen. frech-verlag 1980
Twellmann, Walter: Spielen und Arbeiten - Spielen und Feiern - Spielen und Lernen. Ambivalente Bezüge des Spielens im Raum der Erziehung. In: Kreuzer, Karl Josef (Hrsg.): Handbuch der Spielpädagogik. Band 1. Verlag Schwann-Bagel 1983, S. 197-209
Ude, Anneliese: Betty. Protokoll einer Kinderpsychotherapie. Deutscher Taschenbuch Verlag 1978
Uhl/Stoevesandt: Von Fröbel lernen: Das Bauen mit Würfel und Quader. TPS extra Heft 6. Luther-Verlag 1961/1991
Vopel, Klaus W.: Interaktionsspiele für Kinder. Affektives Lernen für 8 bis 12 Jährige. Teil I: Kontakt - Wahrnehmung - Identität. iskopress, 5. Aufl., 1991
Weber, Gunthard (Hrsg.): Zweierlei Glück. Die systemische Psychotherapie Bert Hellingers. Auer Verlag 1993
Wegener, Reinhard: Die Bedeutung des Spiels in den ersten Lebensjahren aus lernpsychologischer Sicht. In: Kreuzer, Karl Josef (Hrsg.): Handbuch der Spielpädagogik. Band 2. Verlag Schwann-Bagel 1983, S. 33-56
Wilcox, Carol: Spiele für körperbehinderte Kinder. Ein praktischer Weg zur Integration. Rowohlt Taschenbuch Verlag 1991/Liepman AG 1988
Windau, Günter: Spaß an Masken. Johannes Stauda Verlag 1983
Winnicott, D. W.: Warum Kinder spielen. In: Flitner, Andreas (Hrsg.): Das Kinderspiel. R. Piper & Co Verlag, 5. Aufl., 1988, S. 107-110
Winnicott, D. W.: Aggression. Versagen der Umwelt und antisoziale Tendenz. Verlag Klett Cotta 1988
Wolf-Wedigo, Wolfram: Präventive Kindergartenpädagogik. Grundlagen und Praxishilfen für die Arbeit mit auffälligen Kindern. Juventa Verlag 1995
Wölfert-Ahrens, Erika: Spielverhalten und Spielförderung bei körperbehinderten Schulanfängern. In: Kreuzer; Karl Josef (Hrsg.): Handbuch der Spielpädagogik. Band 4. Verlag Schwann-Bagel 1984, S. 313-326
Ziegenspeck, Jörg: Erlebnispädagogik. Rückblick - Bestandsaufnahme - Ausblick. Bericht über den gegenwärtigen Entwicklungsstand der Erlebnispädagogik in der Bundesrepublik Deutschland unter besonderer Berücksichtigung der Lüneburger Anstöße und Projekte. Verlag „edition erlebnispädagogik" Lüneburg 1992
Ziegenspeck, Jörg: Hinweise und Informationen zur Erlebnispädagogik. Verlag „edition erlebnispädagogik Lüneburg 1994
Zimmer, Jürgen: Zukunftswerkstatt Überleben. In: klein und groß, Verlag Luchterhand, Heft 10/95, S. 7-11
Zimmer, Renate: Handbuch der Bewegungserziehung. Didaktisch-methodische Grundlagen und Ideen für die Praxis. Verlag Herder, 2. Aufl., 1994
Zimmer, Renate: Handbuch zur Sinneswahrnehmung. Grundlagen einer ganzheitlichen Erziehung. Herder Verlag 1995
Zimmer, Renate: Ohne Sinne kein Verstand. Zur Bedeutung sinnlicher Erfahrungen in einer sinnen-losen Zeit. In: Kindergarten heute. Verlag Herder Heft 9/95, S. 20-27

Sachwortverzeichnis

T

U

V

W

Z

Fotonachweis

Heike Kaiser, Städtische Kindertagesstätte, Feldbergplatz, Mainz: Umschlagfoto

Heide Wettich, Städtische Kinderkrippe, Mainz: Seiten 45, 121, 211 Mitte links und unten, 216 oben links

Renate Reifert, Wiesbaden: Seiten 130, 213 Mitte, 244

Städtische Kindertagesstätte, Feldbergplatz Mainz: Seiten 209, 210, 211 oben, 212 oben rechts, Mitte links und unten, 213 oben, 214 oben links und unten, 215 Mitte

Rosemarie Schüler, Mainz: Seite 212 oben links

Marlies Kopplow, Wiesbaden: Seiten 212 Mitte rechts, 213 unten links, 214 Mitte links und rechts, 215 oben, 216 unten links

Haus Sankt Martin Ingelheim: Seite 215 unten links

Christiane Reißner, integrative Einrichtung, Mainz: Seite 215 unten rechts

Wolfgang Schneck, Mainz: Seite 216 oben rechts

Abenteuerspielplatz Worms: Seite 216 unten rechts

Förderkindergarten Bingen-Büdesheim: Seite 252